艺术卷

25

中国历代图书总目

李致忠 主编

北京国图书店有限责任公司
北京广臻文化艺术有限公司 编纂

文物出版社

# 作者索引

## Q

《奇袭白虎团》连环画创作组 5180, 5234

《奇袭白虎团》美术创作组 3179

《奇袭白虎团》水粉画创作组 2934

《羌笛声声颂太阳》编辑组 11795

《青年歌声》编辑部 11705

《青少年摄影》编写组 8747

《轻音乐》编辑部 11357

《晴山堂法帖》出版委员会 8279

《庆阳》画册编委会 8959

《曲艺志资料·辽宁卷》编辑部 12938

《曲苑》编辑部 12770

《屈原碑林》编委会 8308

《衢州市曲艺志》编纂委员会 12977

《全国儿童简笔画大赛优秀作品选》编委会 6759

《全国煤炭系统中小学生书法大赛作品集》编审 委员会 8225

《群众文艺宫》节目组 11487

仇春辉 1863

仇德鉴 7441, 7477, 7492

仇德树 2235, 5278

仇河清 11366

仇靖 7751

仇丽芬 2188, 2811

仇修 6455, 6559

仇学宝 5234

仇耀庭 5320

仇寅 7424, 7444, 7462, 7521, 7532

仇英 1559, 1561, 1562, 1564, 1565, 1566, 1567, 1568, 1572, 1573, 1574, 1578, 1579, 1582, 1586, 1587, 1588, 2702, 6818

仇宇 2977, 7629

仇占国 2321, 4047

仇铮 714

仇志海 8630

董世春 1117

七星 1237, 6314

柒建华 6287, 6336, 6396

柒万里 879, 1120, 3280, 3290, 5344, 5414, 5586, 5863, 5975, 6287, 6462, 7073

柒亿华 6287, 6336

栖梅美 4693

栖霞县文化馆 3840

戚单 2988

戚道彦 3246

戚道彦 3246, 3248, 3859

戚福光 10215, 10296, 10303, 10312, 10319, 10324, 10570

戚戈平 3443

戚国强 6267, 6560

戚宏 5750, 5765, 5816, 5880, 5882, 5980, 6118

戚洪 6118

戚继华 6946

戚建平 10742

戚建庄 9138

戚俊杰 10716

戚林杰 6423

戚明 10303, 10309, 10611

戚浦 10895

戚仁发 12275

戚墅堰机车车辆工厂工人业余美术组 5181

戚廷贵 065, 098, 167

戚亭湘 13303

戚未全 5648

戚晓虹 10354

戚新国 5342, 5625, 5842, 5893

戚序 4329

戚彦 12408

戚永安 8860

戚永昌 3252

戚志蓉 096

戚子斌 3727

漆德琰 1171, 1176, 1177, 3135, 3193, 3564, 3597, 3658, 3686, 3741, 4082, 5082

漆浩 10588

漆荒诗 9322

漆剑影 5134, 7363

漆星 13104, 13106

漆跃辉 6571

亓官良 2527

亓珍 13258

齐·宝力高 11310

齐爱华 4095

齐白石 321, 334, 498, 499, 688, 716, 997, 1319, 1323, 1411, 1428, 1431, 1436, 1439, 1443, 1449, 1515, 1719, 1721, 1722, 1724, 1726, 1727, 1729, 1730, 1731, 1732, 1733, 1734, 1735, 1736, 1737, 1738, 1739, 1740, 1741, 1745, 1746, 1747, 1748, 1751, 1752, 1753, 1754, 1755, 1757, 1758, 1759, 1761, 1762, 1768, 1770, 1771, 1775, 1780, 1781, 1782, 1784, 1788, 1789, 1790, 1791, 1792, 1794, 1795, 1796, 1798, 1859, 1868, 1878, 1883, 1889, 1890, 1891, 1893, 1894, 1898, 1905, 1913, 1921, 1922, 1930, 1942, 1947, 1974, 1985, 1989, 1991, 1993, 2006, 2009, 2017, 2026, 2027, 2057, 2086, 2143, 2182, 2195, 2208, 2238, 2295, 2296, 2307, 2311, 2333, 2415, 2423, 2479, 2480, 2484, 2487, 2489, 2490, 2491, 2493, 2497, 2498, 2505, 2507, 2545, 2546, 2547, 2548, 2551, 2556, 2557, 2567, 2585, 2586, 2609, 2617, 2620, 2653, 2659, 2665, 2683, 2687, 2690, 2696, 2702, 2706, 2707, 2708, 2855, 4032, 4628, 7166, 8150, 8289, 8307, 8564, 8566, 8573, 8575, 8579, 8584, 8587, 10448, 10497

齐白石作品集编辑委员会 1782

齐程翔 6140

齐冲天 7300, 7332, 7370

齐传 3382

齐传禄 6039

齐传玉 2784, 3245, 3261, 3306, 3833

齐春晓 6790, 6827

齐春元 7514

齐大鹏 2014, 2367, 2368, 3910, 4171, 4225, 4327, 4435, 4478, 4516, 4625, 4693, 4740

齐代 6115

齐涤昔 8741, 8753, 8776

齐东明 8797

齐东生 6262

齐方 3614, 4155

齐放 10606, 11501

齐峰 10580

齐凤阁 192, 1213

齐佛来 2537

齐斧 1124

齐岗 11951

齐格佛里德·克拉考尔 13104

齐功 7603

齐观山 8920, 8976, 9040

齐国卿 12653

齐和 5175

齐河县文化馆 3843, 3850

齐璜 792, 1717, 1718, 8557, 8559

齐辉 5858

齐吉祥 423

齐济南 5323

齐佳 6335

齐家 6523

齐家全 12114

齐嘉 5959

齐嘉笨 12273

齐洁 9587

齐捷 2769, 2778, 3938, 3939

齐进 4756, 4759

齐景全 11264, 11273

齐均 6425

齐开义 7366, 7671

齐康建 2920

齐克斌 11154

齐昆 7579

齐来陵 3486

齐磊 6368

齐力 5329, 9230

齐力合 10207

齐丽生 3949

齐良迟 827, 865, 943, 944, 947, 988

齐良已 2143

齐良芷 1933

齐林 1489, 1490, 1491, 1519, 1521, 2549, 2586, 6384

齐林家 5227, 5418, 5425, 5560, 5684, 5841, 6496

齐临 5515

齐隆壬 13059

齐鲁 7167

齐鲁书画家协会 2308

齐鲁书社 7764

齐鲁艺术中心 2537

齐曼 12533

齐矛 5278, 5309

齐湄 10717

齐梦慧 3998

齐梦章 2222

齐鸣 616, 1158, 4881

齐平 5564

齐齐哈尔人民广播电台 11387

齐齐哈尔市工农兵艺术馆 11646

齐齐哈尔市群众艺术馆 11795

齐齐哈尔铁路局"革委会"政治部 5160

齐齐哈尔铁路局政治部工人业余美术创作组 5148

齐秦 11713

齐人 2961

齐如山 11031, 11292, 12710, 12746, 12836, 12838, 12839, 12856, 12857, 12858, 12859, 12860, 12861, 12864, 12868, 12869, 12875, 12894

齐森 9862

齐森华 12855

齐山 2014

齐生 6497, 7103, 7104, 7105

齐石 5911, 5912

齐士龙 13219, 13220, 13221, 13222

齐仕荣 5456

齐仕蓉 5386

齐书勤 7745

齐崧 12875

齐藤 6567

齐天 5678, 5690, 5740

| | | | |
|---|---|---|---|
| 齐天剑 | 5243 | 齐振夏 | 5399 |
| 齐为群 | 5111 | 齐震霞 | 4907 |
| 齐卫东 | 10000, 10048 | 齐稚忠 | 8739 |
| 齐卫国 | 10299 | 齐宙 | 12708, 13026, 13082 |
| 齐文华 | 11758 | 齐宗康 | 12700, 12806 |
| 齐锡宝 | 5973 | 祁安全 | 5324 |
| 齐熙涛 | 5079 | 祁本隆 | 12591, 12625 |
| 齐熙耀 | 5600, 6165 | 祁步 | 9311 |
| 齐相潼 | 12581 | 祁春浦 | 11327 |
| 齐香 | 12746 | 祁东县"革命委员会"政工组 | 5209 |
| 齐小凤 | 11241 | 祁恩进 | 2475 |
| 齐小梅 | 6731 | 祁尔士 | 11180 |
| 齐晓 | 10314 | 祁光路 | 11102, 11986 |
| 齐心 | 706, 2071, 5719 | 祁海峰 | 2824 |
| 齐辛民 | 2519, 2542 | 祁华 | 2018 |
| 齐欣 | 12512 | 祁继庆 | 8229 |
| 齐新民 | 1861, 3747 | 祁建 | 9225 |
| 齐星 | 13164 | 祁建民 | 2334 |
| 齐修林 | 1737 | 祁今燕 | 5387 |
| 齐轩 | 6562 | 祁景芳 | 12117 |
| 齐学进 | 9322, 10100 | 祁寯藻 | 1455 |
| 齐亚明 | 6090, 6335, 6381 | 祁力 | 5552 |
| 齐雁 | 5414 | 祁隆麟 | 1355 |
| 齐燕铭 | 8558 | 祁门县历口区渚口业余剧团 | 12605 |
| 齐勇立 | 2828 | 祁明聪 | 11154 |
| 齐宇 | 13049, 13056, 13082 | 祁其 | 5351 |
| 齐玉芳 | 6024, 6280 | 祁山 | 1371 |
| 齐玉新 | 7450 | 祁世长 | 7235 |
| 齐岳 | 4927, 4976, 4989, 4993, 4999 | 祁思 | 10756, 10758 |
| 齐兆凡 | 3991 | 祁旺 | 2038 |
| 齐兆璠 | 957, 1884, 1897, 1910, 1965, 1993, 2004, 2632, 4074, 4126, 4220, 4221, 4250, 4263, 4272, 4276, 4279, 4469, 4499, 4533, 4579, 4614 | 祁卫东 | 11102 |
| | | 祁文源 | 10805, 10969 |
| | | 祁县人民文化馆 | 12147 |
| | | 祁小山 | 429 |
| 齐振林 | 681 | 祁协玉 | 1986, 2810, 6627 |

| | |
|---|---|
| 祁秀绢 | 6072 |
| 祁炎培 | 5288 |
| 祁野耘 | 2346, 5032, 5043, 6582 |
| 祁艺 | 13222 |
| 祁英 | 6390 |
| 祁聿民 | 10770 |
| 祁毓麟 | 7329 |
| 祁祯 | 1932, 2636, 4208, 4349, 4386, 4387, 4523, 4605 |
| 祁宗丁 | 5620 |
| 祁宗辉 | 6244 |
| 岐从文 | 4981 |
| 岐岖 | 8566, 8582 |
| 岐山县文化馆 | 3813, 3857 |
| 其丹 | 5479, 6070, 6171 |
| 其度 | 6675 |
| 其加达瓦 | 3014, 3050 |
| 其林 | 6176 |
| 其美 | 8546 |
| 其芮 | 7991 |
| 其生 | 5906 |
| 其扬 | 5777 |
| 其中 | 3321 |
| 奇捷 | 5125 |
| 奇乐 | 10587 |
| 奇普 | 020 |
| 奇松 | 7531 |
| 奇特 | 1126 |
| 奇彤 | 5875 |
| 奇羽 | 6165, 6238 |
| 歧鸣 | 12221 |
| 祈建 | 5419 |
| 琪树 | 11564 |
| 綦连安 | 8304 |
| 綦山 | 13089 |
| 屺瞻 | 1784 |
| 岂凡 | 11709, 12403 |
| 企释 | 11492 |
| 杞居发 | 8576 |
| 启笛 | 7342, 7503, 8254, 8333 |
| 启东县业余美术创作组 | 3016, 3017 |
| 启东县业余木刻创作组 | 5231 |
| 启恩 | 7579 |
| 启功 | 093, 298, 1437, 1717, 2272, 2705, 7263, 7273, 7284, 7297, 7315, 7348, 7608, 8169, 8193, 8216, 8245, 8264, 8314, 8417 |
| 启功校 | 8417 |
| 启和 | 5559 |
| 启奎 | 10096 |
| 启兰 | 8111 |
| 启良 | 7469, 7526, 7535, 7536 |
| 启蒙 | 3559 |
| 启民 | 4637, 4760 |
| 启明 | 6338 |
| 启朋氏 | 381 |
| 启让 | 8162 |
| 启森 | 6181 |
| 启铣 | 5716 |
| 启骧 | 8319 |
| 启新 | 10888 |
| 启忆 | 11713 |
| 起奎 | 9738, 10097 |
| 起闻 | 6227 |
| 起雄 | 5081 |
| 绮成 | 6279 |
| 绮红 | 11503 |
| 契阿里尼 | 13034 |
| 契保塔列夫 | 13260 |
| 契尔卡索夫 | 13215, 13216, 13217 |
| 契尔内歇夫 | 12654 |

契格达耶夫　　　　　　　　　365
契诃夫　　　5492, 5822, 5841, 5985
契洪宁　　　　　　　　　　10782
契克·扬　　　　　　　　　　6949
契利佐夫　　　　　　　　　　8718
契普　　　　　　　　　　　　020
契斯纳特　　　　　　　　　5479
契斯恰科夫　　　　　　　　6907
契塔奇　　　　　　　　　　6829
千藏八郎　　　　　　　　　12501
千臣　　　　　　　　　　　5014
千古丰碑编委会　　　　　　8856
千和淑　　　　　　　　　　1695
千里香　　　　　　　　　　8597
千明茂熊　　　　　　　　　13254
千目　　2703, 2846, 6926, 9513, 9516, 9517, 9518,
　　　9519, 9522, 9779, 9780, 9782, 9783, 10011
千目图片　　2703, 9521, 9522, 10098
千目图片公司　　9514, 9515, 10009
千渠　　　　　　　　　　　6878
千山风景名胜区管理局　　　8968
千田光穗　　　　7005, 7008, 7009
千阳县文化馆　　　　　　　3844
千羽里芳　　　　10733, 10734
芊里　　6070, 6120, 6128, 6183, 6336
芊目　　　　2960, 9510, 9514, 9516,
　　9518, 9519, 9520, 9521, 9522, 9763, 9777,
　　9779, 9780, 9783, 9910, 9925, 9926, 9928,
　　10005, 10009, 10011
芊目图片公司　　9927, 9929, 10011
芊目图片社　　9517, 10124, 10172
芊目　　　　　　　　　　　2304
迁武雄　　　　　　　　　　12745
铅笔　　　　　　　　　　　10337
谦信　　　　　　　　2846, 10010

骞国政　　　　　　　　　　13314
铃广礼　4985, 4994, 5007, 5008, 5014, 5036, 5045
前锋业余美术创作组　　　　3180
前进　　　　　　　　　　　5196
前进歌舞团　　　　　　　　3341
前平　　　　　　　　　　　3356
前涉　　　　　　　　　5113, 5214
前田真三　　　　　　　　　10163
前召　　　2499, 10257, 10298
钱宝森　　　　　　　　　　12866
钱葆昂　　　　　　　　　　1705
钱本殷　　　　　　　　7432, 7485
钱病鹤　　　1423, 1631, 1701, 2922
钱伯伟　　　　　　　　　　2459
钱伯庸　　　　　　　　　　3139
钱彩　5732, 5938, 6352, 6372, 6374, 6513, 6549
钱长龄　　　　　　　　　　4887
钱超　　　　　　　　　　　12995
钱朝鼎　　　　　　　　　　1044
钱乘旦　　　　　　　　184, 371
钱初熹　　　　　　　　　　595
钱初颖　　　　　　　　　　596
钱锄湘　　　　　　　　　　12900
钱琮平　　　　　　363, 493, 582
钱凑　　　　　　　　　　　8487
钱达尔　　　　　　　　　　6352
钱大泾　　　　3269, 3361, 3362
钱大经　　　　　　　　　　6002
钱大径　　　　　　　　　　3334
钱大礼　　　　　　　　　　8267
钱大昕　　　2714, 3075, 3079, 3083, 3087, 3102,
　　3103, 3104, 3112, 3117, 3121, 3123, 3133,
　　3138, 3144, 3152, 3167, 3330, 3337, 3348,
　　3360, 3369, 3376, 3381, 3733, 3735,
　　6747, 7210, 7693

钱黛 10924

钱道宗 8319

钱稻孙 122

钱德华 5688, 6209

钱定华 5807, 5961, 6064, 6112, 6440

钱定平 6906

钱定一 2238

钱东 1637

钱杜 467, 468, 469, 679, 778, 1628, 1632, 1638

钱法成 12940

钱凡 715

钱方 5587

钱方平 11348

钱沣 8040, 8041, 8047, 8056, 8067

钱峰 5425

钱锋 1077, 1087, 6943

钱凤根 528, 1176, 10195, 10212, 10760, 10763, 10767, 10771

钱福生 11873

钱钢 10977

钱岗南 038

钱戈 6431, 6565

钱歌川 12354

钱庚 8516

钱耕莘 11366

钱贡 1579

钱谷 1571

钱关康 6256

钱广仁 12308

钱贵荪 1124, 3668, 4925, 5001, 5050, 5062, 5068, 5102, 5103, 5137, 5168, 5171, 5205, 5245, 5364, 5398, 5509, 5539, 5541, 5567, 5583, 5609, 5614, 5689, 5699, 5713, 5814, 5819, 5824, 5851, 5870, 5880, 5925, 5996, 6003, 6119, 6131, 6224, 6295, 6459, 6500, 6587

钱国静 10438

钱国民 13122

钱国盛 6114, 6194

钱海燕 3522, 3528

钱海源 114, 8604, 8607

钱汉庭 1734

钱悍 8911

钱行健 628, 695, 818, 944, 947, 954, 955, 957, 988, 990, 991, 992, 994, 995, 1887, 1889, 1890, 1934, 1975, 1982, 1995, 2144, 2154, 2182, 2308, 2496, 2501, 2515, 2565, 2584, 2607, 2657, 4305, 4306, 4671, 4716, 10445

钱浩 8892, 9305

钱鹤龄 1469, 1474, 1498, 1531, 1573

钱鹤鸣 5626, 5705

钱宏 5724

钱洪 5789, 5938, 5952, 6138, 6157

钱洪兵 2953, 2963

钱洪明 10579

钱湖 7227

钱化佛 1471

钱惠良 2516, 8822, 9439, 9612, 9635, 9665, 9698, 9700, 9726, 9981

钱慧安 1597, 1622, 1635, 1691

钱基博 8109

钱济鄂 1859

钱继伟 6396, 6587

钱骥骏 6169

钱加婺 5611, 5699

钱家骏 11904

钱家索 12642

钱家婺 5726

钱家骅 5446, 5660, 6304

钱嘉航 2571, 2580

钱建华 7402

| | |
|---|---|
| 钱建隆 | 11096 |
| 钱建明 | 11129 |
| 钱建忠 | 7604, 7614 |
| 钱剑华 | 693 |
| 钱江 | 6224, 6237 |
| 钱金祥 | 5739 |
| 钱进 | 7354, 12135 |
| 钱觐 | 8484 |
| 钱景长 | 124, 362, 576, 1069, 8601, 8607 |
| 钱景文 | 5886 |
| 钱景渊 | 8607 |
| 钱九鼎 | 8249 |
| 钱聚朝 | 383 |
| 钱君匋 | 524, 1680 |
| 钱君匋 | 120, 170, 171, 408, 1384, 1392, 1680, 1684, 2502, 2542, 4872, 8279, 8363, 8436, 8539, 8556, 8558, 8561, 8563, 8564, 8565, 8575, 8579, 8584, 10368, 10662, 11482, 11504, 11542, 11930, 11931, 12091, 12411, 12442, 12485, 12486, 12487, 12575 |
| 钱君陶 | 7626, 11366, 11992 |
| 钱浚 | 432, 8550 |
| 钱开文 | 7819, 8403 |
| 钱凯 | 5756 |
| 钱坤强 | 198 |
| 钱来忠 | 2208, 4208, 5767 |
| 钱兰忠 | 5259 |
| 钱乐知 | 12364 |
| 钱磊 | 11286 |
| 钱丽遐 | 7088 |
| 钱利生 | 11526 |
| 钱廉成 | 1674 |
| 钱凉 | 12239 |
| 钱留声 | 3829 |
| 钱流 | 3792, 3822, 5273, 5294, 5375, 5399, 6665 |

| | |
|---|---|
| 钱吕明 | 6507 |
| 钱茂生 | 8146, 8184, 8210, 8319 |
| 钱梅溪 | 7762 |
| 钱孟珊 | 7115 |
| 钱默君 | 8543 |
| 钱纳利 | 1326, 6790 |
| 钱南园 | 8059, 8060, 8061, 8101 |
| 钱沛公 | 7277 |
| 钱沛云 | 7372, 7379, 7414, 7416, 7422, 7425, 7436, 7440, 7443, 7453, 7454, 7464, 7467, 7472, 7476, 7480, 7483, 7488, 7490, 7492, 7499, 7517, 7525, 7534, 7538, 7542, 7543, 7545, 7551, 7566, 7568, 7573, 7574, 7575, 7579, 7580, 7581, 7611, 7612, 7620, 8348, 8384, 8429, 8434 |
| 钱佩衡 | 5217, 5231 |
| 钱平吉 | 1416 |
| 钱平政 | 1450 |
| 钱朴 | 3614, 3615 |
| 钱浦云 | 8500 |
| 钱谦益 | 1597 |
| 钱强 | 9455 |
| 钱晴碧 | 2520 |
| 钱人龙 | 7700 |
| 钱仁华 | 4065, 4078, 6671 |
| 钱仁康 | 10794, 10795, 10835, 10854, 10864, 10873, 10899, 10924, 10925, 10928, 10974, 10984, 11216, 11217, 11508, 11941, 12187, 12188, 12191, 12364, 12384, 12399, 12400, 12406, 12410, 12426, 12441, 12442, 12449, 12488, 12489, 12491, 12494, 12505, 12538, 12541 |
| 钱仁平 | 10884 |
| 钱仍烈 | 6418 |
| 钱少敏 | 7458, 7895, 8150 |

钱绍孟　　　　　　　　　　　552
钱绍武　289, 306, 2414, 2865, 2875, 2891, 8634
钱沈英　　　　　　　　　　　12180
钱生发 3115, 3116, 3125, 3137, 3141, 3155, 3209,
　　　3504, 3509, 3514, 5366, 5415, 5453,
　　　5499, 5642, 5653, 5672, 5754, 5756, 5831,
　　　5833, 5848, 5856, 5858, 5865, 5875, 6032,
　　　6198, 6226
钱石昌　　　　　　　　　　　5798
钱实成　　　　　　　　　　　4220
钱士青　　　　　　　　　　　8119
钱士权　　　　　　　　　　　5140
钱世刚　　　　　　　　　　　4031
钱世锦　　　　　　　　　12670, 12671
钱世明　　　　　　　　　5476, 5658
钱世征　　　　　　　　　　　8501
钱侍辰　　　　　　　　　　　1053
钱瘦铁　　　　　1970, 2193, 2424, 8267
钱叔盖　　　　　　　　　　　8488
钱淑和　　　　　　　　　7644, 10383
钱嗣杰　　　　　　　　　8885, 9285
钱嗣祥　　　　　　　　　　　5871
钱松　8488, 8511, 8513, 8517, 8524, 8525, 8547
钱松樵　　　　　　　　　　　13163
钱松嵒 683, 684, 694, 713, 716, 1429, 1724, 1736,
　　　1743, 1747, 1748, 1749, 1750, 1757, 1761,
　　　1762, 1763, 1766, 1771, 1777, 1778, 1782,
　　　1789, 1792, 1794, 1795, 1796, 1797, 1798,
　　　1799, 1800, 1801, 1802, 1804, 1808, 1811,
　　　1816, 1817, 1818, 1821, 1822, 1824, 1833,
　　　1834, 1835, 1838, 1842, 1855, 1863, 1864,
　　　1875, 1876, 1881, 1891, 1896, 1943, 1970,
　　　2010, 2026, 2044, 2051, 2127, 2198, 2208,
　　　2420, 2421, 2426, 2431, 2476, 2484, 2548,
　　　2588, 2590, 2593, 2595, 2596, 3749, 3832

钱颂光　　　　　　　　　2101, 6010
钱泰吉　　　　　　　　　　　1456
钱唐　　　　　　　　　　　5503
钱塘　　　　　　　　　11009, 11018
钱塘书画研究社　　　　　　　688
钱铁民　　　　　　　　　　　10920
钱廷栋　　　　　　　　　　　8490
钱万里 2642, 8816, 9085, 9358, 9365, 9367, 9374,
　　　9559, 9573, 9816, 10034, 10039
钱为纲　　　　　　　　　　　7428
钱维乔　　　　　　　　　1632, 1634
钱伟　　　　　　　　　　6493, 9586
钱伟明　　　　　　　　　　　10190
钱炜　9407, 9613, 9630, 9640, 9641, 9676, 10105
钱文选　　　　　　　　　　　8111
钱婺　　　　　5563, 5656, 5663, 5843, 6129
钱香如　　　　　　　　　　　13000
钱湘　　　　　　　　　　　7227
钱小凡　　　　　　　　　　　4908
钱小晦　　　　　　　　　　　2986
钱小惠　　　　　　　　　1281, 1354
钱小铭　　　　　　　　　　　8909
钱小芸　　　　　　　　　　　6246
钱晓刚　　　　　　　　　　　5264
钱晓明　　　　　　　　　　　13186
钱笑呆　　3563, 3652, 3983, 4884, 4890, 4896,
　　　4924, 4956, 4963, 4969, 5014, 5022, 5032,
　　　5043, 5044, 5066, 5101, 5104, 5491, 6192,
　　　6576, 6580, 6582, 6583, 6584, 6586, 6587,
　　　6588, 6590, 6591, 6593, 6594
钱辛　　　　　　　1631, 1632, 1700, 3391
钱欣　　　　　　　5629, 5649, 6009, 6304
钱新余　　　　　　　　　　　5314
钱兴凤 5416, 5439, 5440, 5441, 5494, 5879, 6063,
　　　6292

| | |
|---|---|
| 钱兴华 | 247 |
| 钱星 | 9733 |
| 钱旭 | 1568 |
| 钱旭涛 | 10383 |
| 钱玄同 | 8122 |
| 钱选 | 1535 |
| 钱学格 | 5530, 5854, 13221 |
| 钱学森 | 046 |
| 钱学文 | 704, 8292, 8329 |
| 钱亚东 | 7007 |
| 钱延康 | 2731, 2733, 2924 |
| 钱一华 | 9997, 10014, 10029 |
| 钱一鸣 | 6728 |
| 钱一羽 | 11141 |
| 钱怡舟 | 6440, 6469 |

钱亦平 10835, 10864, 10881, 10889, 12218, 12553

钱逸敏 3238, 3243, 3287, 4021, 5776, 5969, 6203, 6264, 6638, 6707, 7075

| | |
|---|---|
| 钱毅 | 3830 |
| 钱应金 | 8484 |
| 钱英郁 | 12803, 12817 |
| 钱英智 | 5653, 5756 |
| 钱永召 | 5280 |
| 钱永忠 | 8364 |
| 钱咏 | 9238 |
| 钱泳 | 470, 7746, 7762, 7763, 7985, 8018, 8038 |
| 钱予强 | 3985, 9219, 9511, 9769, 10045 |
| 钱玉驷 | 9860 |

钱豫强 2369, 2452, 2679, 4633, 8807, 8808, 8811, 8816, 8818, 8820, 8833, 8848, 8850, 9004, 9006, 9072, 9081, 9082, 9086, 9088, 9090, 9111, 9219, 9222, 9225, 9226, 9232, 9356, 9368, 9386, 9407, 9408, 9411, 9421, 9433, 9448, 9453, 9454, 9455, 9456, 9458, 9461, 9488, 9509, 9511, 9516, 9518, 9520, 9521, 9620, 9645, 9649, 9677, 9697, 9714, 9720, 9721, 9722, 9725, 9726, 9729, 9733, 9738, 9739, 9740, 9758, 9764, 9765, 9771, 9777, 9778, 9799, 9855, 9911, 9941, 9942, 9944, 9945, 9961, 10058, 10074, 10079, 10084, 10096, 10113, 10114, 13122

| | |
|---|---|
| 钱苑 | 11951, 12157 |
| 钱月明 | 9141 |
| 钱沄 | 4870 |
| 钱允祺 | 5317 |
| 钱运 | 2035 |

钱运选 3144, 3300, 3774, 3782, 5414, 5550, 5772, 5938

| | |
|---|---|
| 钱桢 | 8494, 8513 |
| 钱振汉 | 6718 |
| 钱振宗 | 415, 416 |

钱震之 8594, 10271, 10379, 10565, 10732, 10737

| | |
|---|---|
| 钱镇华 | 9559 |
| 钱正伐 | 8895 |
| 钱正钧 | 11986 |
| 钱正珠 | 192 |
| 钱志 | 811 |
| 钱志和 | 11314 |
| 钱志林 | 3208, 6017 |
| 钱志平 | 5936 |
| 钱志强 | 415 |

钱志清 4365, 5031, 5032, 5130, 5133, 5141, 5571, 5622, 5638, 5645, 5646, 5717, 5754, 5755, 5763, 5820, 5823, 5834, 5850, 5883, 5914, 5973, 6046, 6065, 6084, 6085, 6172, 6200, 6240, 6360, 6385, 6422, 6488

| | |
|---|---|
| 钱鮮 | 7762 |
| 钱忠平 | 1143 |
| 钱钟海 | 12151 |

| | |
|---|---|
| 钱竹 | 10236, 10767, 10768 |
| 钱筑生 | 5208, 5298, 6073 |
| 钱壮 | 7625 |
| 钱子强 | 9457, 10068 |
| 钱自成 | 5506, 5594, 5620, 5718, 5782, 5866, 6064, 6408, 6519 |
| 钱宗范 | 6084, 6137 |
| 钱宗廉 | 12641, 12661 |
| 钱祖武 | 5085 |
| 钱祖炎 | 5255 |
| 钱佐 | 6134 |
| 钳韵宏 | 12892 |
| 乾华 | 6676 |
| 乾隆 | 8020, 11022, 11023, 11024, 11025, 11026, 11027 |
| 乾县文化馆 | 10421 |
| 乾钊 | 10261, 10298 |
| 潜道人 | 8027 |
| 潜隐 | 12811 |
| 黔登 | 5662 |
| 黔东南苗族侗族自治州"革命委员会"政治部 | 344 |
| 黔东南苗族侗族自治州文化局 | 474, 12940 |
| 黔东南苗族侗族自治州文学艺术研究室 | 10679, 12268 |
| 黔南文学艺术研究室 | 12613 |
| 黔南州民委 | 12063 |
| 黔南州文化局 | 12063 |
| 浅草 | 5551, 5586, 5807, 5825, 5832, 5863, 5874, 5919, 6016, 6018, 6059, 6068, 6096, 6250, 6264, 6275 |
| 强行健 | 8489 |
| 强华 | 6216 |
| 强桑 | 4497, 4574 |
| 强卫 | 218 |
| 强文 | 10741 |
| 强阳 | 6444 |
| 强原 | 9472 |
| 强远 | 9485, 9762 |
| 强贞信 | 11473 |
| 乔·埃奈斯库 | 12503 |
| 乔·安娜·阿奈特 | 1088 |
| 乔·德森富瓦 | 11270 |
| 乔艾宓 | 6352 |
| 乔保华 | 3149, 3213, 5118, 6007 |
| 乔布森 | 12517 |
| 乔长森 | 166 |
| 乔长义 | 5230, 5262, 5292, 5897, 5964, 5971 |
| 乔常义 | 5558, 5595, 5600, 5757, 5766, 5875 |
| 乔琛 | 1178 |
| 乔承伟 | 7084 |
| 乔崇让 | 1627 |
| 乔大壮 | 8267, 8530 |
| 乔德珑 | 3907, 5299, 5558, 6017, 10255 |
| 乔德胜 | 7415 |
| 乔德文 | 12778 |
| 乔典运 | 5998 |
| 乔东君 | 12626 |
| 乔恩·查普尔 | 11206 |
| 乔飞 | 12283, 12344 |
| 乔谷 | 12125 |
| 乔谷凡 | 5356, 6430 |
| 乔海民 | 9009, 13119 |
| 乔好贤 | 5593 |
| 乔红 | 5904 |
| 乔吉·巴拉 | 12529 |
| 乔吉幽 | 6630, 6653, 6655, 6662, 6664, 7068, 7073 |
| 乔建中 | 10908, 10911, 10916, 10978, 11352, 11358 |
| 乔晋津 | 7638 |
| 乔居中 | 2165 |

| | | | |
|---|---|---|---|
| 乔俊武 | 7291 | 乔熙炎 | 5686 |
| 乔卡 | 12369 | 乔晓冬 | 10821 |
| 乔克 | 7087, 10649 | 乔晓光 | 6361 |
| 乔力平 | 11526 | 乔筱波 | 7471, 7530, 7555 |
| 乔留邦 | 10650 | 乔新建 | 11133 |
| 乔伦 | 11810, 12444 | 乔兴智 | 10354 |
| 乔迈 | 5469, 5592, 13133 | 乔炎 | 12387 |
| 乔满囤 | 3822 | 乔一琦 | 8073, 8077 |
| 乔梅 | 10871 | 乔伊·亚当森 | 5862 |
| 乔明宽 | 3114, 4948 | 乔伊丝·派克 | 1089 |
| 乔木 | 694, 938, 939, 952, 965, 969, 973, 1927, 2287, 2519, 2523, 2537, 2604, 2636, 2667, 4034, 4202, 4641 | 乔宜男 | 7399 |
| | | 乔莹洁 | 7012, 7140, 7142 |
| 乔纳森·希尔顿 | 8786, 8787, 8792 | 乔永福 | 12618 |
| 乔平 | 5923, 5978 | 乔羽 | 11606, 11642, 11677, 11907, 11967, 11975, 12033, 12094 |
| 乔奇·雷维兹 | 13259 | |
| 乔清秀 | 11149 | 乔玉川 | 1924, 1939, 1995, 2334, 2629, 4120, 4193, 4369, 4479, 4578, 4607, 4686, 5444, 10458 |
| 乔庆余 | 5710 | |
| 乔十光 | 325, 330, 1091, 2814 | 乔玉钏 | 3595 |
| 乔实 | 13268 | 乔元利 | 11149 |
| 乔世达 | 7561, 7578, 7592 | 乔曾劬 | 8559 |
| 乔寿宁 | 12942 | 乔之 | 5942 |
| 乔书明 | 5688, 6151 | 乔治 | 12695 |
| 乔书田 | 10846, 11127 | 乔治·阿伦斯 | 8676 |
| 乔淑芳 | 13066 | 乔治·贝克 | 6957, 7014 |
| 乔树 | 3923 | 乔治·查斯罗 | 6201 |
| 乔澍声 | 6196 | 乔治·斐克 | 3402 |
| 乔松 | 528 | 乔治·卢卡斯 | 5705, 6306, 6399 |
| 乔松年 | 10947, 10948 | 乔治·路易斯 | 10774 |
| 乔天富 | 403, 8890, 8896, 8982, 9085, 9384, 9419, 9510, 9550, 9651, 9667, 9778, 9887, 9926, 10058, 10108 | 乔治·罗姆耐 | 6885 |
| | | 乔治·莫兰迪 | 6881 |
| | | 乔治·奇尼亚哥 | 10778 |
| 乔伟 | 1145 | 乔治·让克洛 – 莫塞 | 8678 |
| 乔文科 | 1816, 2366, 3730, 3932, 4507 | 乔治·萨杜尔 | 13180 |
| 乔无疆 | 8581 | 乔治·韦克菲尔德 | 8731 |
| | | 乔治·韦治 | 11070, 11071 |

| | |
|---|---|
| 乔治·西默农 | 6317, 6335, 6336, 6337 |
| 乔治国 | 11308 |
| 樵子 | 6572 |
| 峭石 | 4904 |
| 峭岩 | 5318 |
| 切尔诺斯维托夫 | 13261 |
| 切列姆兴 | 11142 |
| 切民 | 12568 |
| 切帕迪 | 1104, 1110, 6900 |
| 郄聪魏 | 5184 |
| 锲斋 | 7806 |
| 钦志新 | 5791 |
| 钦州地区"革命委员会" | 5189 |
| 芹子 | 5895, 6033, 6047, 6066, 6091, 6093, 6144, 6175, 6177, 6189, 6193, 6199, 6203 |
| 芩国田 | 5342 |
| 秦安 | 11047, 11462 |
| 秦北极 | 6320, 6321, 6337, 6671, 6712, 12040 |
| 秦彬 | 7203 |
| 秦炳春 | 4606 |
| 秦炳文 | 1622, 1638 |
| 秦查泽 | 12542 |
| 秦昌林 | 12122 |
| 秦长安 | 5321 |
| 秦川 | 11532, 11535, 11757, 12183 |
| 秦创萍 | 6664 |
| 秦春雨 | 7522 |
| 秦大虎 | 1080, 1980, 2731, 2738, 2750, 2751, 2757, 2791, 2819, 3138, 3256, 3258, 3342, 3344, 3813, 3824, 3887, 3891, 3937, 3999, 4023, 4050, 4051, 4073, 4087, 4131, 4159, 4170, 4182, 4280, 4321, 4412, 4450, 4617, 4709, 5185, 5192, 5366, 5826, 5903 |
| 秦大树 | 432 |
| 秦咢生 | 8179, 8188, 8198, 8202, 8425 |
| 秦芳 | 4843 |
| 秦风 | 10088 |
| 秦枫 | 12119 |
| 秦峰 | 9405 |
| 秦福牲 | 4046 |
| 秦淦 | 1701 |
| 秦港《引航》创作组 | 5269 |
| 秦庚云 | 311 |
| 秦弓 | 039 |
| 秦公 | 2238 |
| 秦古柳 | 1944 |
| 秦关文 | 7312 |
| 秦观 | 7678, 7686 |
| 秦光锡 | 11373 |
| 秦桂珍 | 056 |
| 秦国良 | 5471 |
| 秦寒光 | 2815, 8986 |
| 秦汉 | 1420 |
| 秦昊 | 1152, 7649, 7849, 10317, 10321 |
| 秦赫 | 6486 |
| 秦蘅 | 529 |
| 秦宏懿 | 5414, 5534, 5549, 6257 |
| 秦怀新 | 6563 |
| 秦淮碧 | 11931 |
| 秦焕艺 | 5543 |
| 秦皇岛市摄影协会 | 9846 |
| 秦皇岛市外事办公室 | 9816 |
| 秦惠浪 | 2087, 4066, 4327 |
| 秦建敏 | 6586 |
| 秦建明 | 6486 |
| 秦剑铭 | 1814, 1818, 1845, 2422, 3914 |
| 秦剑萍 | 6677 |
| 秦健君 | 4390 |
| 秦节 | 5295, 5507, 5628, 5807 |
| 秦金波 | 12936 |

| | | | |
|---|---|---|---|
| 秦锦章 | 8216 | 秦荣镛 | 8950 |
| 秦晶 | 10182 | 秦汝文 | 1335, 2437, 2568, 2639, 3680 |
| 秦绚孙 | 7757, 7758 | 秦润明 | 12238 |
| 秦俊香 | 13066 | 秦少华 | 5634 |
| 秦恺 | 8710 | 秦生贤 | 5651 |
| 秦亢宗 | 6602 | 秦胜国 | 8207 |
| 秦克新 | 12040 | 秦胜洲 | 3049 |
| 秦快仁 | 7440, 7552, 7556 | 秦晟 | 10335 |
| 秦魁杰 | 10597 | 秦石蛟 | 10707 |
| 秦昆 | 5873 | 秦始皇兵马俑博物馆 | 396, 401, 8570 |
| 秦犁 | 6543 | 秦氏古鉴阁 | 8040 |
| 秦立新 | 1258, 6320, 6321, 6337 | 秦霜 | 5110 |
| 秦连生 | 994, 1138, 1253, 1255 | 秦爽业 | 5391 |
| 秦霖华 | 4969, 4976, 4986, 5815, 5938, 6021 | 秦顺新 | 360 |
| 秦翎 | 5837 | 秦松 | 10043 |
| 秦岭 | 353, 1100, 1110, 12646 | 秦太英 | 6214 |
| 秦岭云 | 573, 908, 912, 946, 1222, 1541, 1676, 2224, 2256, 2419, 2425, 2442, 2464, 2465, 2479, 6621 | 秦天 | 464 |
| | | 秦天建 | 3357 |
| 秦龙 | 720, 1413, 3263, 5498, 5697, 6350, 6610 | 秦天健 | 1126, 2764, 3158, 3209, 3266, 3300, 3325 |
| 秦绿枝 | 12790 | 秦天通 | 6493 |
| 秦罗敷 | 13248 | 秦天卫 | 9383, 9669, 10063 |
| 秦明兰 | 11189 | 秦天喜 | 9426, 9445, 10581 |
| 秦明良 | 3157, 3211, 3215, 3294, 3360, 4024, 4351 | 秦天柱 | 2087 |
| 秦明智 | 7706, 7707, 7724 | 秦廷光 | 2384, 10282 |
| 秦牧 | 4914, 5009, 5456, 5557, 5898, 6385, 6393 | 秦廷栻 | 8601 |
| 秦鹏章 | 12333, 12337 | 秦庭耀 | 4963, 4976 |
| 秦平 | 4568 | 秦絅孙 | 7757 |
| 秦蒲 | 6025 | 秦王克 | 12993 |
| 秦蒲荆 | 8737 | 秦望 | 9400, 9445, 9595, 10067 |
| 秦岐山 | 1596 | 秦威 | 2947 |
| 秦倩 | 2680 | 秦维瀚 | 12306 |
| 秦清泉 | 3229 | 秦蔚诚 | 1488 |
| 秦清曾 | 1563, 1619, 1627 | 秦文 | 1804, 2003, 3769, 3820, 3863, 4047 |
| 秦秋等 | 6653 | 秦文锦 | 7660, 7662, 7710, 7750, 7752, 7759, 7796, 7797, 7806, 8109, 8115, 8359 |

| | |
|---|---|
| 秦文君 | 6724 |
| 秦文美 | 1838, 2595, 2766, 3858 |
| 秦西炫 | 10799, 10816, 11083, 11091, 11094, 11110, 11523, 11614, 11944, 11945, 11949 |
| 秦锡麟 | 326, 330, 10655, 10656, 10657 |
| 秦喜全 | 2045, 4611 |
| 秦先源 | 4386 |
| 秦小红 | 2048 |
| 秦小平 | 8987, 8991, 9910, 9929 |
| 秦小秋 | 6183 |
| 秦小松 | 2949 |
| 秦小玮 | 13191, 13222 |
| 秦晓平 | 3472 |
| 秦晓秋 | 6081 |
| 秦新民 | 11523 |
| 秦新田 | 11959 |
| 秦秀青 | 8180 |
| 秦旭峰 | 4351 |
| 秦序 | 10977, 11356 |
| 秦轩 | 848 |
| 秦勋栋 | 9402 |
| 秦逊元 | 6158 |
| 秦延光 | 2380 |
| 秦彦士 | 3517 |
| 秦燕 | 6572, 9313 |
| 秦一峰 | 1162, 1189 |
| 秦一真 | 5445 |
| 秦怡 | 13093 |
| 秦艺 | 11496 |
| 秦佚 | 13173 |
| 秦益民 | 10054 |
| 秦映奎 | 8020 |
| 秦永春 | 1335, 1929, 1977, 2025, 2028, 2050, 2375, 3153, 3761, 3941, 4412, 4418, 4448, 4456, 4459, 4472, 4489, 4505, 4574, 4642, 5103, 5301, 5625 |
| 秦永丰 | 2183 |
| 秦永龙 | 7161, 7284, 7336, 7365, 8325 |
| 秦咏诚 | 10910, 11268, 11356, 11911, 11958, 11982, 12152, 12169, 12173 |
| 秦勇 | 6758, 10270 |
| 秦勇军 | 3368 |
| 秦友友 | 12646 |
| 秦于 | 6265 |
| 秦预 | 4183 |
| 秦裕权 | 13301 |
| 秦毓宗 | 6799, 8656 |
| 秦豫 | 5598 |
| 秦元阅 | 5289, 5876 |
| 秦原 | 5619 |
| 秦云海 | 5243, 5292, 5335, 5403, 5442, 5583, 5758, 6036, 6227, 6372 |
| 秦在潼 | 11417 |
| 秦赞光 | 4334, 4459, 4487, 4584 |
| 秦增美 | 4991 |
| 秦兆阳 | 4904 |
| 秦榛 | 10194 |
| 秦征 | 2851 |
| 秦之棣 | 395 |
| 秦志法 | 219 |
| 秦志刚 | 4386 |
| 秦志钰 | 5419, 5493 |
| 秦钟 | 10034 |
| 秦仲文 | 571, 839, 1777, 1778, 1779, 1780, 1781, 1783, 1785, 1921, 2419, 2722 |
| 秦珠 | 6564 |
| 秦自谋 | 12776 |
| 秦宗贤 | 5281, 5416 |
| 秦祖永 | 668, 669, 670, 671, 672, 673, 1602, 1651, 8445 |

| | |
|---|---|
| 琴涅尔 | 13253 |
| 琴声 | 11487, 11926 |
| 琴石主人 | 1602 |
| 琴音 | 11981, 12383 |
| 勤耕 | 11665 |
| 勤克 | 11169 |
| 勤学 | 9754 |
| 勤学阳阶 | 5621 |
| 沁阳县文化局《戏曲志》编辑组 | 12771 |
| 青冰 | 4918 |
| 青冰馆主人 | 1468 |
| 青春文艺社 | 275 |
| 青岛出版办公室 | 11674 |
| 青岛出版社 | 9100 |
| 青岛港务局"革命委员会" | 5199 |
| 青岛警备区 | 3852 |
| 青岛市"革命委员会" | 1807, 5183 |
| 青岛市博物馆 | 1585, 7867 |
| 青岛市对外文化交流协会 | 9100 |
| 青岛市工人文化宫 | 11750 |
| 青岛市崂山风景区管理委员会 | 8973 |
| 青岛市人民政府新闻办公室 | 8973, 10324 |
| 青岛市市徽工作领导小组办公室 | 10324 |
| 青岛市文化局 | 1217, 3066 |
| 青岛市总工会外语推广歌曲编辑组 | 12387 |
| 青岛四方机车厂职工业余美术组 | 3747 |
| 青岛文化局连环画创作组 | 5300 |
| 青岛驻军桃源河英雄事迹联合宣传办公室 | 1807, 5183 |
| 青冬 | 1227, 5972 |
| 青孚山人 | 776 |
| 青菓 | 11764 |
| 青海画报美术组 | 4926 |
| 青海画报社 | 6619 |
| 青海民族出版社 | 9073 |
| 青海民族出版社藏编室 | 6580 |
| 青海人民出版社 | 1070, 1357, 1363, 2693, 2859, 4959, 5145, 5159, 5171, 5174, 5207, 6620, 8935, 9092, 9486, 9763, 10169, 11630, 11637, 11643, 11644 |
| 青海人民出版社美术编辑室 | 3078 |
| 青海人民出版社美术组 | 3070, 4967, 4986 |
| 青海人民广播电台 | 11631 |
| 青海省"革命委员会"文化局歌曲征集组 | 11465 |
| 青海省"革命委员会"文卫组 | 5145, 5146 |
| 青海省纪念毛主席《在延安文艺座谈会上的讲话》发表三十周年办公室 | 1360 |
| 青海省接待归国藏胞办公室 | 9100 |
| 青海省美术工作者协会 | 279 |
| 青海省民族歌舞剧团 | 12104, 12109 |
| 青海省民族事务委员会 | 8895 |
| 青海省农林厅 | 8957 |
| 青海省群艺馆革命领导小组 | 6743 |
| 青海省群众文化处 | 5159, 6748 |
| 青海省群众艺术馆 | 5146, 6619, 10685, 11450, 11605, 11629, 11643, 11644, 11648, 11772, 11782, 11795, 11797, 12128 |
| 青海省人民政府办公厅 | 8956 |
| 青海省文化局 | 9059 |
| 青海省文化厅 | 13184 |
| 青海省文联 | 1355 |
| 青海省文物考古队 | 394 |
| 青海省文学艺术研究所 | 12939 |
| 青海省新闻出版局 | 8973 |
| 青海省伊斯兰教协会 | 8895, 10526 |
| 青海省音乐工作者协会 | 11605, 11772, 11782 |
| 青海省邮票公司 | 10496 |
| 青海省总工会宣教部 | 11637 |
| 青海石油管理局"革委会"政治部 | 5183 |
| 青海玉树藏族自治州文化局 | 8701 |

| | | | |
|---|---|---|---|
| 青禾 | 6167 | 青溪菰芦钓叟 | 11872 |
| 青华 | 9149 | 青讯 | 5137, 5796 |
| 青焕 | 12383 | 青野 | 5314, 5373, 5850 |
| 青蛟 | 4688 | 青野季吉 | 003, 004, 005, 006 |
| 青井洋 | 11273 | 青予 | 4942, 4961, 4984, 5422, 5423 |
| 青柳 | 2224 | 青云 | 13143 |
| 青柳善吾 | 10786 | 青舟 | 5881 |
| 青龙居士 | 12242 | 青州市博物馆 | 463 |
| 青美 | 3443 | 青竹 | 5579 |
| 青苗 | 4953, 4987 | 青主 | 11366 |
| 青木寿一郎 | 13269 | 轻浮 | 10077 |
| 青木正儿 | 12748 | 轻工业部 | 10231 |
| 青木正儿原 | 12748 | 轻工业部工艺美术公司 | 2863, 2867 |
| 青木正夫 | 10210, 10211 | 轻工业部工艺美术局 8616, 10174, 10196, 10347 | |
| 青霓 | 4688 | 轻工业部陶瓷工业科学研究所 10647, 10651 | |
| 青年歌声出版社 | 11372 | 轻舟 | 5602, 5795, 8295 |
| 青年歌声社 | 11547 | 卿烈军 | 11174 |
| 青年军人丛书编辑委员会 | 11383 | 卿启云 | 8300 |
| 青年团北京市委宣传部 | 11406 | 卿樵 | 5096 |
| 青年团广州市工作委员会青年文工团 | 11569 | 卿云诗书画联谊社 | 2032 |
| 青年文摘杂志社 | 6791 | 清白音 | 4708 |
| 青年协会平民教育科 | 8119 | 清代扬州画派研究会 | 851 |
| 青平果电脑工作室 | 6729, 6730 | 清道人 | 1566 |
| 青萍 5082, 5577, 5607, 5826, 10666, 10669 | | 清高宗 8041, 10939, 10952, 11008, 11029 | |
| 青青 | 5869, 11730 | 清华 | 5098 |
| 青山 5850, 6046, 6358, 7513, 9373 | | 清华大学音乐室 | 10827, 11984 |
| 青山山农 | 1602 | 清华音乐室 | 11933 |
| 青山杉雨 | 8460 | 清静 | 5016 |
| 青山为吉 | 123 | 清明 | 5247, 11715 |
| 青少年书法编辑部 | 8188 | 清内府 | 1271, 1467, 1534 |
| 青石 | 5330 | 清泉 | 6461, 11735 |
| 青四 | 4959 | 清圣祖 | 1529, 8019, 8104, 11011 |
| 青松 | 9822 | 清圣祖玄烨 | 11011 |
| 青松林 | 9436, 9631 | 清圣祖玄烨 | 8087 |
| 青田 | 5001 | 清水吉治 | 128, 10375 |

| | | | |
|---|---|---|---|
| 清水教高 | 7010 | 庆曾 | 6330 |
| 清水玲子 | 6963 | 庆志 | 9487, 9488, 9489 |
| 清水胜 | 631 | 庆祝中华人民共和国成立五十周年系列书法大 | |
| 清水义治 | 7138, 7141, 7142 | 展组委会 | 8333 |
| 清水正夫 | 12672 | 庆子 | 7002 |
| 清文 | 6026, 6090, 6139, 6161, 6167 | 琼安·雪芙 | 211 |
| 清翁树培 | 380 | 琼莲芳 | 12923 |
| 清溪樵子 | 1605 | 琼斯 | 1177, 13178 |
| 清湘老人 | 1617, 1642 | 琼斯·伊顿 | 129 |
| 清新音乐社编辑部 | 11195 | 琼瑶 | 11927, 13166 |
| 清宣宗 | 1596 | 丘斌 | 10374, 10394 |
| 清渊诗社 | 8230 | 丘斌藏 | 10733 |
| 清源 | 6394 | 丘超群 | 6259 |
| 清韵艺术中心 | 311, 8646 | 丘淙 | 7647 |
| 晴安 | 13268 | 丘丹青 | 5814 |
| 晴川书画家联谊会 | 2272 | 丘峰 | 6255 |
| 晴帆 | 4892 | 丘逢年 | 11018 |
| 晴好 | 6424 | 丘刚强 | 12008 |
| 庆安县"革委会"宣传组 | 5190 | 丘公明 | 12308 |
| 庆琛 | 12264 | 丘禾 | 2531 |
| 庆成 | 6326 | 丘鹤俦 | 11264, 12320, 12339 |
| 庆国 | 6224, 6283, 6341, 6501, 6573 | 丘煌 | 12928 |
| 庆国龚 | 6573 | 丘吉尔 | 13266 |
| 庆红 | 6322 | 丘金峰 | 262, 2221, 2468 |
| 庆宽 | 8490 | 丘俊杰 | 11061 |
| 庆瑞 | 12306 | 丘兰生 | 5269 |
| 庆生 | 6045, 6368, 6415, 6677, 11515, 11737 | 丘岭 | 6195 |
| 庆涛 | 4607, 4904, 6607 | 丘琼荪 | 10956, 10960, 10961, 10968 |
| 庆旺 | 12891 | 丘山 | 1105, 9753 |
| 庆文 | 9431, 9436, 9452, 9458, 9460, 9708, 9721, 9728, 9741 | 丘石 | 8588 |
| 庆晓 | 6877, 6879, 6880, 6881, 6906, 10657 | 丘思泽 | 4095, 5690 |
| 庆贻 | 13242 | 丘特切夫 | 12428 |
| 庆崟 | 6224, 6330 | 丘挺 | 724, 924 |
| 庆云 | 6525, 6641, 12372 | 丘伟 | 6279 |
| | | 丘玮 | 3283, 3380, 3833, 5390, 5518, 5564, 5728, |

5919, 5988, 5989, 6314, 6368, 6486, 6800

| | |
|---|---|
| 丘雪莹 | 7071 |
| 丘扬 | 7077 |
| 丘耀秋 | 5210 |
| 丘永福 | 126, 128, 10611 |
| 丘幼 | 1681 |
| 丘幼宣 | 1682, 8081 |
| 丘玉卿 | 262, 2221 |
| 丘允爱 | 5558 |
| 丘振声 | 062, 115, 12759 |
| 丘仲彭 | 12109 |
| 丘自操 | 12093, 12094 |

邱百平 3287, 3315, 3323, 3328, 3335, 3341, 3342, 3343, 3354, 3357, 3364, 4138, 6042

| | |
|---|---|
| 邱柏源 | 8333 |
| 邱斌 | 10394 |
| 邱秉钧 | 631, 6801, 7145 |
| 邱炳皓 | 5349 |
| 邱步洲 | 844 |
| 邱才桢 | 7583 |
| 邱长沛 | 4591 |
| 邱昶 | 5808 |
| 邱承德 | 118, 10181, 10262, 10392, 10735 |
| 邱承嗣 | 844 |
| 邱从仪 | 2439 |
| 邱大成 | 12319 |
| 邱德镜 | 6135, 6352 |
| 邱德修 | 8460 |
| 邱定夫 | 688 |
| 邱东皓 | 9438, 9924 |
| 邱东联 | 1493, 8341 |
| 邱冬 | 6448, 6685 |
| 邱尔金 | 12365 |

邱刚强 11999, 12001, 12005, 12006, 12008, 12012, 12014, 12029, 12050

| | |
|---|---|
| 邱光正 | 2655, 3714 |

邱国华 5480, 5531, 5584, 5681, 5685, 5719, 5758, 5805, 8721

| | |
|---|---|
| 邱含 | 10657 |
| 邱汉桥 | 2335, 5626 |
| 邱恒聪 | 5230, 5242, 5420, 5891 |
| 邱宏建 | 9505 |
| 邱怀生 | 11350 |
| 邱焕堂 | 10652 |
| 邱吉雄 | 8728 |
| 邱戟 | 10597 |
| 邱坚 | 10655 |
| 邱建华 | 084 |
| 邱建军 | 3840 |
| 邱剑英 | 2158 |
| 邱劲光 | 9721 |
| 邱景梅 | 568 |
| 邱久钦 | 8910 |
| 邱久荣 | 12580 |
| 邱祖泰 | 6043 |
| 邱军 | 9546, 10022 |
| 邱均毓 | 5957 |
| 邱钧毓 | 3015, 3016, 3017, 3019, 4028 |
| 邱开明 | 2056, 2118, 2146, 4711, 4798, 4805, 4809 |
| 邱坤良 | 448, 11148, 12790 |
| 邱立新 | 1148 |
| 邱丽娟 | 1940, 2006, 2039, 2093, 4365, 4525, 4733 |
| 邱丽君 | 1087, 1191 |
| 邱莲 | 6493 |
| 邱良 | 8974 |
| 邱琳婷 | 551 |
| 邱陵 | 4892, 10174 |
| 邱孟娴 | 7064 |
| 邱梦蕾 | 12654 |
| 邱米昉 | 1971 |

| | | | |
|---|---|---|---|
| 邱敏东 | 8787 | 邱宪然 | 5835 |
| 邱明强 | 7332, 7418, 7420, 7475, 7509, 7532, 7537, 7567, 7574 | 邱湘军 | 7110, 7111, 7112, 7113 |
| | | 邱湘亚 | 5389 |
| 邱明文 | 5974 | 邱祥锐 | 2256 |
| 邱明元 | 9341 | 邱小玉 | 3612, 4900, 4946, 5383, 5567, 5688, 6494 |
| 邱明原 | 10060 | 邱晓枫 | 10897 |
| 邱明远 | 9394 | 邱笑春 | 10976 |
| 邱铭诚 | 13157 | 邱新良 | 1147, 1191 |
| 邱模庆 | 7398 | 邱兴发 | 6183, 6238, 6251 |
| 邱木生 | 3490 | 邱星 | 11066 |
| 邱沛笪 | 10382 | 邱旋 | 5533 |
| 邱启光 | 3875 | 邱学华 | 5427 |
| 邱启明 | 13067 | 邱学敏 | 1029 |
| 邱启先 | 5289 | 邱亚农 | 9278 |
| 邱琼茹 | 863 | 邱艳波 | 115 |
| 邱琼瑶 | 10151 | 邱扬 | 4951, 5057, 5459, 6578, 12685 |
| 邱荣业 | 4930 | 邱耀秋 | 3755, 5685, 5789 |
| 邱瑞敏 | 2774, 2779, 2824, 3244, 3260, 3280, 3303 | 邱页 | 5649, 6105 |
| 邱若龙 | 3439 | 邱一峰 | 12981 |
| 邱少华 | 7380, 7395 | 邱以仁 | 5606 |
| 邱胜贤 | 5302, 5335, 5419 | 邱义军 | 6545 |
| 邱石冥 | 1761, 2666 | 邱英生 | 7299, 7301 |
| 邱寿岩 | 1679 | 邱永坚 | 6400 |
| 邱受成 | 858, 2523, 2684 | 邱又兰 | 8255 |
| 邱绶臣 | 2651 | 邱玉璞 | 11124 |
| 邱松 | 142 | 邱玉祥 | 2957 |
| 邱涛峰 | 907 | 邱源 | 4808 |
| 邱陶峰 | 2480 | 邱苑琪 | 3389 |
| 邱天德 | 2427 | 邱瑷 | 10828 |
| 邱婷 | 12952, 12955 | 邱允爱 | 4953, 5467 |
| 邱婉谊 | 6594, 6595 | 邱彰 | 173, 180 |
| 邱望湘 | 11380, 11542, 11932, 11992, 12485 | 邱振亮 | 820 |
| 邱伟 | 7536, 11733, 11739 | 邱振中 | 7279, 7285, 7329, 7360, 7363 |
| 邱文藻 | 11878, 11879 | 邱镇先 | 13186 |
| 邱显德 | 099, 1174, 7637, 10374 | 邱正旦 | 12173 |

| | | | |
|---|---|---|---|
| 邱正桂 | 11272 | 秋水 | 6296, 6389 |
| 邱正基 | 4935 | 秋松 | 12130 |
| 邱正伦 | 079 | 秋文 | 12869, 12881 |
| 邱之稑 | 11007, 11008 | 秋霞 | 5677, 12053 |
| 邱志刚 | 12997 | 秋雅 | 10766 |
| 邱质樸 | 11111 | 秋岩 | 2150 |
| 邱仲彭 | 12107 | 秋雁 | 4882 |
| 邱祖深 | 6743 | 秋扬 | 5602 |
| 邱作霖 | 6170 | 秋野 | 6353, 10302 |
| 秋宝 | 6049 | 秋叶 | 9899, 9901 |
| 秋次郎 | 5604 | 秋英 | 9485 |
| 秋风 | 5055 | 秋影 | 6176 |
| 秋枫 | 5107, 5674, 5687, 6039 | 秋友 | 5988 |
| 秋谷 | 5635, 5739, 5765 | 秋原 | 11509 |
| 秋寒 | 9731 | 秋耘 | 5584 |
| 秋禾 | 952, 992 | 秋子 | 6396, 7571 |
| 秋桦 | 046 | 求伶 | 11962 |
| 秋卉 | 6643 | 求艺 | 6348 |
| 秋兰 | 5883 | 求知 | 5220 |
| 秋里 | 11106, 11108, 11118, 11937, 11967, 11990 | 逎清 | 6643 |
| 秋丽莉 | 5699 | 裘忱耀 | 3748 |
| 秋林 | 2836, 5914, 10054 | 裘成源 | 7269, 7354 |
| 秋旻 | 5759 | 裘国骥 | 2706, 2709, 5235, 5396, 5407, 5547, 5641, 5709, 5838, 5860, 5920, 5939, 5963, 5981, 6131, 6145, 6152, 6218 |
| 秋明 | 5491 | | |
| 秋娜 | 5926, 6242 | | |
| 秋妮 | 6319 | 裘海索 | 6313 |
| 秋农氏 | 12307 | 裘缉木 | 2334 |
| 秋浦 | 13238 | 裘家康 | 9517, 9927, 10098, 10124 |
| 秋琪 | 10721 | 裘可 | 8594 |
| 秋山光和 | 575 | 裘力 | 6548 |
| 秋声 | 12927 | 裘柳钦 | 11064, 11157, 12151 |
| 秋石 | 10227 | 裘梦痕 | 11033, 11176, 11212, 11364, 12186 |
| 秋石印社 | 8575 | 裘沙 | 1327, 2917, 3099, 3225, 5528, 6608, 6617 |
| 秋实 | 10567 | 裘树刚 | 6455 |
| 秋实选 | 7446 | 裘树平 | 3463, 3514, 6719 |

| | | | |
|---|---|---|---|
| 裴廷桢 | 1270 | 曲秉义 | 4953 |
| 裴为 | 6385 | 曲波 5096, 5124, 5340, 5350, 5357, 5360, 5361, | |
| 裴耀章 | 11230 | 5374, 5468, 5484, 5519, 5697, 5754, 5759, | |
| 裴愉发 | 5420, 5958 | 5766, 5785, 5817, 5844, 6492 | |
| 裴羽 | 7466 | 曲波原 | 4935, 6086 |
| 裴在兹 | 2887 | 曲晨 | 6003 |
| 裴樟清 | 2201 | 曲大安 | 1261, 6762 |
| 裴兆明 | 2238, 6260 | 曲代学 | 5666 |
| 裴尊生 | 1280 | 曲德森 | 10384 |
| 区本泉 | 2077, 2375, | 曲德义 | 6926 |
| 3579, 3582, 3697, 3739, 3750, 3751, | | 曲凡 | 6637 |
| 4136, 4219, 4235, 4324, 4383, 4497, 5052, | | 曲阜孔子博物院 | 8341 |
| 5334, 5616 | | 曲阜市楹联协会 | 8341 |
| 区础坚 5291, 5802, 5825, 6123, 6169, 6186, 6222 | | 曲阜县文物管理委员会 | 6196 |
| 区桂芝 | 13190 | 曲岗 | 8951 |
| 区焕礼 | 3817, 5316, 5770 | 曲冠杰 | 908, 914 |
| 区焕章 | 6264 | 曲广义 | 12270, 12272 |
| 区晖 | 3539, 3592, 3604, 3644, 3674 | 曲国彦 | 12535 |
| 区惠 | 10018, 10020, 10021, 10024, 10025 | 曲皓 | 12658, 12672 |
| 区剑星 | 4872 | 曲洪启 | 10894 |
| 区锦汉 | 3397 | 曲慧贞 | 5391, 5465 |
| 区锦生 3871, 3974, 4107, 4395, 5235, 5325, 5557, | | 曲建方 | 5638, 5655, 6636 |
| 5831, 6267 | | 曲江月 | 10219 |
| 区丽庄 | 2192 | 曲金 | 5085 |
| 区佩仪 | 6911 | 曲金良 | 5311 |
| 区鹏 | 5808 | 曲敬彬 | 5408 |
| 区潜云 | 8333 | 曲敬基 | 9341 |
| 区荣光 | 5405, 5632, 5644 | 曲敬蕴 | 3445 |
| 区松德 | 9374 | 曲靖版画院 | 3050 |
| 区文 | 6290 | 曲靖地区行署文化局 | 12776 |
| 区文化局戏剧研究室 | 11149 | 曲靖地区行政公署办公室 | 8953 |
| 区五一 | 6290 | 曲靖市文化局 | 12771 |
| 区显祖 | 11388 | 曲克勇 | 5190 |
| 区小敏 | 6267 | 曲崑 | 12383 |
| 区元浩 | 11202 | 曲丽丽 | 7488 |

曲利明　8989
曲六乙　2366, 12670, 12701, 12715, 12815, 12941, 12945
曲路　5741
曲梅　5002
曲佩林　5492
曲奇章　5281
曲绮章　5587
曲清荣　032
曲日莲　4906
曲润海　12824, 12952, 13019
曲山　5261
曲舒　7435, 7444, 7597
曲涛　1265
曲卫平　8899
曲文　5827, 6175
曲文玉　9220, 9225
曲湘建　637, 1082, 1142
曲祥　12268, 12270, 12271
曲欣　199
曲新元　5258
曲学霭　4400
曲亚　5135
曲延波　4832
曲延钧　5927, 6006, 6077, 6168
曲延强　5575, 6665
曲盐　9548, 9722, 9891
曲艳娜　1159, 1189
曲羊　4967, 4994, 5073
曲一梅　11163
曲渊　1232, 7062, 8672, 10298, 10732, 10735, 10738, 10740
曲园杂　10945
曲云　12320
曲兆亭　10667

曲正礼　1232
曲正言　11173
曲直　6278
曲致政　12448
曲中显　5851
屈保寿　3854
屈趁斯　8248
屈纯久　2323
屈干臣　11099, 11488, 11489, 11498, 11502, 11515, 11752
屈根升　2088
屈海浪　12622
屈虹　5312
屈建国　3750, 3862, 5286
屈江吟　12704
屈解　5256, 5361, 5416
屈连江　12323, 12324
屈凌君　6025
屈柳菴　2554
屈鲁　5690
屈泥　4959, 5096
屈启发　5404
屈文霞　4309
屈向东　3530
屈兴岐　5070
屈醒陶醉室主人　12738
屈义林　2287
屈应超　8279
屈原　6386, 6580, 8057, 8203
屈正　9453
屈正一　9024, 9442, 9669, 9699, 9700, 9746
渠川璐　6613
渠丘集印社　8536
渠亭印社　8538
渠岩　1121

瞿白音　　　　　　　　11383, 12681

瞿碧波　　　　　　　　　　7622

瞿布贤　　　　　　　　　　11789

瞿彩康　　　　　　　　8758, 8777

瞿春泉　　　　　　　　　12276

瞿从森　　　　　　　5917, 6168

瞿琮　11091, 11466, 11474, 11682, 11695, 11968,
　　11981

瞿昉　　　3698, 3707, 3708, 3710

瞿傅婉漪　　　　　　　　　8112

瞿谷寒　3225, 3952, 4988, 5015, 5101, 5130, 5251,
　　5312, 5454, 5562, 5659, 5685, 5798, 6119

瞿谷量　　　1399, 2462, 2468, 2472

瞿光照　　　　　　　　　12754

瞿国良　　　　　　　　　　4217

瞿国梁　　　　　　　3639, 4129

瞿国樑　　　　　　　2720, 2930

瞿鸿彬　　　　　　　　　6183

瞿焕祥　　　　　　　　　12372

瞿家振　　　　　　5892, 13294

瞿九思　　　　　　　　　11001

瞿军安　　　　　　　　　6669

瞿史公　　　　　　　　　12752

瞿世镇　　　　　　　　　11367

瞿式耜　　　　8022, 8031, 8041

瞿顺发　　　　　　　　10736

瞿昙　5040, 5042, 5044, 5689, 5702, 5810, 5813,
　　5980

瞿维　10833, 11271, 11632, 11675, 11676, 11682,
　　11957, 12096, 12192, 12197, 12200,
　　12208, 12214, 12227, 12230, 12231,
　　12542, 13236

瞿文早　　　　　　　　　5883

瞿希贤　11072, 11073, 11391, 11619, 11708,
　　11786, 11883, 11943, 11951, 11956,

　　11957, 11960, 11961, 11962, 11978,
　　12004, 12031, 12039, 12170

瞿希耀　　　　　　　　　5979

瞿小松　　　　　　12178, 12233

瞿新华　　　　　　　　　6411

瞿应绍　　　　　　　　　　668

瞿永发　　　　　　　　　12013

瞿有衡　　　　4947, 4989, 5025

瞿中溶　　　　　　　　　　381

瞿自新　　　　　　12372, 12416

衢县美术创作组　　　　　5229

衢县正文办公室　　　　　1805

衢州市政协浙西书画院　　　317

取火　　　　　　　　　　6048

权吉浩　　　　　　　　　12216

权寿万　　　　　　　　10320

权悌　　　　　　　　　　4910

权伍松　　　　　　　　10780

权希军　　　　　　　　　8237

权新园　　　　　　　　　2465

权正环　　　　　　　2874, 3697

全百惠　　　　　　　　　7565

全昌　　　　　　　　　　6406

全昌植　　　　　　9546, 9944

全归　　　　　　　9452, 9458

全国第七届美展广东省筹委会办公室　　346

全国第一届少年体育运动会宣传处　　9248

全国电视学研究委员会　　　13084

全国电影录音技术座谈会　　13265

全国高等师范院校手风琴学会　11236, 11237,
　　11240

全国工人歌曲征歌办公室　11726, 11727

全国工艺美术展览会　　　10231

全国国画展览会筹委会　　　1722

全国回族书画展组委会办公室　　1342

全国基督教青年会军人服务部　7626
全国监察系统书画展领导小组　2223
全国交通系统第二届职工书画大展组委会 2282
全国交通系统第三届职工书画大展组委会 2334
全国经济委员会水利处里下河工程局　9294
全国煤矿书法研究会　8207
全国美术协会　2985
全国美术协会上海分会　7628,8615
全国美术展览会　1280,6771
全国美术展览会华东作品观摩会评选委员会
　1355
全国美术作品展览办公室　3936
全国美协上海分会　2986
全国民兵预备役歌曲评奖委员会　11755
全国民族音乐学第三届年会筹委会　11295
全国名优企业职工书法艺术大赛组委会　8238
全国牡丹争评国花办公室　2545
全国农业展览馆　8924,9277
全国农业展览会　9268
全国侨联宣传部《中国记者》杂志社　9329
全国青少年宫协会　10839
全国少工委办公室宣教处　11492
全国少年儿童文化艺术委员会　12035
全国少年儿童音乐表演评选委员会　12032
全国少年歌曲评选办公室　12036
全国少数民族群众业余艺术观摩演出会 11625,
　11884,12154
全国少数民族群众业余艺术观摩演出会云南省
　代表团　13015
全国少数民族业余艺术观摩演出会西藏代表团
　12610
全国摄影公开赛组织委员会　8892
全国摄影艺术展览办公室8882,8883,8884,8923
全国摄影艺术展览会办公室　8885
全国声乐教学会议　11112

全国书画(业余)等级考核委员会　6767
全国舞台美术展览会办公室　12829
全国戏剧志辽宁卷阜新编辑部　12766
全国新闻　8726
全国新闻摄影理论年会论文编辑组　8726
全国学雷锋钢笔书法大赛组委会　7499
全国音乐工作者协会上海分会　11565
全国影展办公室　8884,9216
全国政协办公厅　1717
全国职业高中商品营销专业教材编写组　7338,
　8351
全国中等师范学校美术教材编委会　019,093,
　10178,10209
全国中等艺术师范学校教材编写组　11259
全国中等艺术学校文艺理论研究会　029
全国中等职业学校计算机应用、　135
全国中等职业学校计算机应用、实用美术专业
　教材编写组　135,136
全国中等职业学校实用美术类专业教材编写组
　565,722,1150,1157,10224,10333,
　10398,10400,10615
全国中师美术教材编委会　018
全国中小学生文艺汇演组委会　12049
全继昌　1362,3798
全金　10778
全景　2304,2701,2846,6926,9495,
　9500,9504,9508,9509,9511,9512,9513,
　9514,9515,9516,9519,9521,9522,9777,
　9778,9780,9782,9783,9921,9926,9928,
　9985,10005,10009,10094,10097,10099,
　10124,10125,10171,10639
全景美景图片公司 2704,9520,9781,9926,9928,
　9929,10098,10126
全景美录图片公司　10011
全景视拓图片有限公司　2704

全景图片公司　9493, 9762, 9767, 9768, 9781, 9910, 9916, 9925, 9926, 10008, 10148, 10169, 10638

全景图片公闻　9914

全景图片制作公司　9985

全录图片公司　10169

全美　2701, 6894, 9511, 9923, 9925, 10009, 10096, 10124

全强孙　7632

全泉　1155

全如　12472

全如玢　11910

全如珑　11243

全如瑚　11184, 11188, 12472

全山石　305, 544, 1085, 1087, 2730, 2767, 2784, 2788, 2796, 2815, 2875, 2881, 2911, 3932, 4286, 6796, 6837, 6838, 6874, 6876, 6877, 6880, 6881, 6897, 6900, 6901, 6909

全淑子　12032

全苏克鲁普斯卜娅人民创作室　473

全太安　1000

全恬　1256, 6298, 6381

全蔚　10734

全先刚　3506, 3513

全显德　1346

全显光　1132, 6786

全心　2827

全燕云　5762, 6171, 6294, 10275, 10740

全懿　6302, 6307

全音乐谱出版社　11722, 12406, 12498, 12511

全印美术工艺协会　359

全玉玺　9514

全云燕　6101

全祝明　1820, 2026, 3230, 3731, 3789, 4161, 4338, 4577, 5018

全自立　1358, 3155, 3282

荃中　9954

泉鸣　10407

泉深　4961

泉水　5500

泉源出版社编辑部　8343, 8358

泉州地方戏曲研究社　12950, 12980

泉州历史文化中心　12133

泉州历史文化中心办公室　11336, 11337

泉州市教育局　11338

泉州市南音研究社　12126

泉州市文化局　11338

泉州晚报社　1370

犬上博史　7005, 7008, 7009

阙阿静　10331

阙阿宁　10328, 10331

阙昌禄　5481

阙岗　2649

阙汉骞　8280

阙文　10128, 10723

阙兴俊　7489

阙真　12733

阙仲瑶　11546, 11547, 12360

群弟　6159, 6223

群芳慈善基金会　1279

群华　12995

群慧　4715, 6651, 6654, 6658, 6663, 10348

群力　1111, 5373, 5391, 9006, 9112, 9369, 10105, 13291

群立　9125

群敏　5299

群山　5838

群文　6131

群扬　10676

群益堂　3611, 8133

| | | | | |
|---|---|---|---|---|
| 群影 | 9563 | 染惠统 | | 6450 |
| 群众出版社 | 3405 | 染万里 | | 6324 |
| 群众歌声编辑室 | 12401 | 让 - 奥古斯特 - 多米尼克·安格尔 | | 6852 |
| 群众歌选编委会 | 11568 | 让 - 巴蒂斯特·格瑞兹 | | 6852 |
| 群众书店编辑部 | 13305 | 让 - 巴蒂斯特·科罗 | | 2776, 2779 |
| 群众演唱材料选辑编委会 | 11626 | 让·埃费尔 | | 6991 |
| 戎戈 | 2994 | 让·艾飞 | | 6957 |
| 戎林 | 5627 | 让·奥利维埃 | | 5717 |
| | | 让·博德里亚 | | 052 |
| **R** | | 让·费朗索瓦·米勒 | | 6846 |
| 《人民的悼念》联合编辑组 | 9002 | 让·弗朗索瓦·米勒 | | 6846 |
| 《人民画报》 | 9170 | 让·吕克·古得雷 | | 7057, 7058 |
| 《人民音乐》 | 3252 | 让楚河 | | 7358 |
| 《人民音乐》编辑部 | 11088, 11114, 11356, 11465 | 饶秉钧 | | 11838 |
| 《人像摄影》编辑部 | 9006 | 饶丹 | | 11174 |
| 《人像摄影》杂志编辑部 | 9034 | 饶广平 | | 9975 |
| 《榕江》画册编辑委员会 | 8950 | 饶汉桢 | | 11939 |
| 《软件村》编写组 | 11163, 13272 | 饶华友 | | 7889, 7942 |
| 然而 | 5058 | 饶介 | | 8419 |
| 然国廉 | 12118 | 饶净植 | | 5690, 5783, 6114 |
| 冉丹 | 5203, 5261 | 饶敏思 | | 6564 |
| 冉锋 | 6865 | 饶明华 | | 13130 |
| 冉光彪 | 11128 | 饶芘子 | | 12693 |
| 冉国选 | 12724 | 饶尚豪 | | 5300 |
| 冉红 | 5864, 5972, 6191 | 饶生史亭 | | 12809, 12810, 12811 |
| 冉华 | 2091 | 饶师清 | | 8498 |
| 冉茂魁 | 3042, 3054, 3058 | 饶世璜 | | 11174 |
| 冉茂芹 | 3895, 4002 | 饶世伟 | | 11173 |
| 冉冉 | 9359, 9549, 9550 | 饶朔光 | | 13068 |
| 冉文中 | 7498 | 饶湘平 | | 3818, 4031, 4045, 4049 |
| 冉熙 | 2941, 2944 | 饶湘萍 | | 4005 |
| 冉祥正 | 909 | 饶晓 | | 6384 |
| 冉祥政 | 4464 | 饶余燕 | | 12213, 12236 |
| 冉一 | 5638, 5673, 5711 | 饶自然 | | 468, 470, 901 |
| 冉中 | 3710 | 饶宗颐 703, 2015, 2089, 2224, 7734, 11055, 11056 | | |

饶祖培 7668

饶作勋 2957

绕翠岚 5528, 5621, 5774, 5909, 6015, 6056, 6122,
  6150, 6233, 6238, 6239

绕岚 5687

热光 3661

热河省文学艺术工作者联合会 10664

热河省文学艺术界联合会 11563

热拉尔·贝东 13080

热血 10871

人鄂 12711

人丁口 3429

人见顺子 10748

人杰 11890

人民唱片厂 11574

人民出版社 9195, 12685

人民歌唱手册编辑部 11575

人民画报 8870, 9170, 9786, 9959, 13099

人民画报社 8805, 8868, 8889, 8890, 8895, 8899,
  8951, 8964, 8965, 9001, 9034, 9120, 9208,
  9283, 9844, 10127

人民画报社画册研究中心 8861

人民交通出版社 9775, 10122

人民教育出版社 8593, 8594

人民教育出版社美术室 058, 479, 481, 482, 483,
  493

人民教育出版社体育室 12637

人民教育出版社音乐室 10826, 10836, 10837,
  11064, 11132, 11236, 11246, 11263, 11727

人民教育出版社幼儿教育室 093, 100, 487,
  558, 10181, 10870, 11053, 11092, 11121,
  11233, 11237, 12569

人民美术出版社 092, 215, 278, 280,
  281, 289, 306, 307, 346, 359, 362, 368,
  503, 504, 506, 950, 951, 1283, 1284, 1286,
  1287, 1288, 1292, 1293, 1294, 1295, 1296,
  1297, 1362, 1365, 1376, 1377, 1378, 1380,
  1390, 1395, 1427, 1449, 1659, 1709, 1721,
  1724, 1739, 1740, 1742, 1752, 1763, 1778,
  1779, 1782, 1783, 1784, 1785, 1786, 1793,
  1802, 1806, 1876, 1891, 1892, 1909, 1917,
  1962, 1973, 2011, 2017, 2019, 2022, 2182,
  2374, 2426, 2488, 2500, 2502, 2610, 2612,
  2613, 2620, 2623, 2632, 2635, 2644, 2794,
  2850, 2853, 2854, 2855, 2856, 2858, 2859,
  2860, 2861, 2862, 2867, 2937, 2987, 2988,
  2990, 2993, 3003, 3006, 3007, 3008, 3020,
  3023, 3024, 3026, 3068, 3130, 3131, 3134,
  3136, 3146, 3287, 3402, 3403, 3404,
  3405, 3406, 3409, 3410, 3564, 3714,
  3808, 4886, 5168, 5172, 5176, 5177, 5178,
  5179, 5188, 5203, 5230, 5231, 5247, 5255,
  5274, 5284, 5316, 5320, 5516, 6619, 6621,
  6745, 6746, 6774, 6776, 6778, 6779, 6781,
  6783, 6787, 6791, 6845, 6856, 6895, 6897,
  6917, 6919, 6928, 6931, 6932, 7144, 7668,
  7752, 7915, 8151, 8158, 8172, 8187, 8191,
  8594, 8628, 8629, 8649, 8658, 8659, 8669,
  8879, 8886, 8888, 8926, 8930, 9262, 9279,
  9294, 9532, 9775, 10133, 10170, 10248,
  10250, 10266, 10352, 10353, 10410,
  10437, 10453, 10461, 10469, 10472,
  10477, 10489, 10665, 10724

人民美术出版社《西沙之战》美术创作组 5238

人民美术出版社编辑部 6895, 6918

人民美术出版社编辑室 288, 289, 1294, 1298,
  1299, 1300, 1764, 1875, 1876, 1912, 2783,
  2789, 2866, 2870, 2940, 2941, 3025, 6782,
  8129, 8669, 10246

人民美术出版社创作组 3154

人民美术出版社连环画册编辑室　4941

人民美术出版社联合创作组　5218

人民美术出版社门市部　8137

人民美术出版社前薛大队编辑组　3240

人民美术出版社顺义编辑组　5290

人民美术出版社图片组　3095, 3105

人民美术出版社印刷厂工人业余美术编创组

　3260

人民美术出版社装帧设计组　3108

人民美术人民出版社　10245

人民日报出版社　3422

人民日报社　3409

人民日报社《讽刺与幽默》编辑部　3431

人民日报社华东分社　8782

人民日报摄影部　9293

人民日报文艺部　11488

人民体育出版社　1837, 3149,
3804, 9248, 9249, 9250, 9263, 9274, 9321,
9772, 10089, 10251, 10261, 10413, 10414,
10415, 10421, 10422, 10428, 12653

人民体育出版社汇　3307

人民铁道出版社　9294

人民文学出版社　6895, 11656, 11657, 11658,
11659, 11660, 11662, 11665, 11668,
11671, 11793, 11963, 12023, 12024,
12201, 12714, 13098

人民文学出版社编辑部　12875

人民文艺工作团　11762

人民音乐出版社　10805, 11194, 11479, 11496,
11537, 11678, 11686, 11704, 11793,
11867, 11887, 12155, 12254, 12255,
12256, 12257, 12419, 12497, 12504,
12555, 13004

人民音乐出版社编辑　11913, 13004

人民音乐出版社编辑部　2621, 10800, 10820,

10825, 10845, 10860, 10865, 10867,
10903, 10909, 10988, 10994, 11028,
11098, 11100, 11106, 11119, 11148,
11151, 11194, 11281, 11433, 11469,
11470, 11471, 11473, 11475, 11479,
11487, 11508, 11582, 11592, 11608,
11698, 11699, 11701, 11704, 11717,
11726, 11757, 11758, 11777, 11801,
11807, 11868, 11887, 11912, 11913,
11920, 11921, 11922, 11923, 11926,
11929, 11947, 11970, 11973, 11974,
11980, 11981, 11984, 11991, 12025,
12033, 12034, 12098, 12148, 12155,
12160, 12179, 12180, 12183, 12202,
12203, 12207, 12208, 12209, 12214,
12217, 12218, 12219, 12221, 12231,
12233, 12234, 12239, 12260, 12269,
12270, 12271, 12272, 12283, 12284,
12285, 12315, 12316, 12317, 12323,
12337, 12338, 12373, 12374, 12375,
12376, 12377, 12378, 12379, 12380,
12381, 12382, 12386, 12419, 12422,
12432, 12444, 12450, 12464, 12476,
12479, 12483, 12496, 12497, 12500,
12503, 12504, 12505, 12506, 12507,
12512, 12526, 12549, 12555, 12557,
12634, 12635, 13004, 13005, 13006

人民音乐出版社编辑部三结合编创小组　11693

人民音乐出版社编辑部舞蹈组　12612

人民音乐出版社舞蹈组　12582, 12583

人民音乐社　11550, 11556

人民邮电出版社　7129

人人　11509, 11514

人伟信　3134, 3147

人武部　5181, 5183

人毅 5365, 5388

人子 5869, 6057, 6092

仁川 12599

仁康 6163

仁可 6033

仁民 10060

仁敏 9241

仁显 1269

仁意 10095

仁增多吉 449

仁真朗加 2372, 3020, 4196, 4205, 4238, 6181

仁之玉 3978

茬荪 13241

刃锋 1204, 4329

刃森尊 6998

仞之 4896

任安义 2447

任白鸥 10853

任白言 5638

任半塘 10959, 12759

任宝山 6204

任宝贤 4144, 4616, 5452, 5459, 5485, 5535, 5711,
5743, 5845, 5959, 6056, 6148, 6174, 6237

任宝阳 5737

任葆琦 12725

任斌强 4742

任斌武 5067, 5340

任秉惠 8578

任秉义 625, 5326

任波 7142

任伯宏 4953, 4962, 4975, 4994, 4996, 5038, 5116,
5134, 5889, 5934, 7075, 10248

任伯年 656, 821, 884, 1522, 1652, 1653, 1654,
1655, 1656, 1657, 1658, 1659, 1660, 1661,
1662, 1664, 1665, 1667, 1670, 1673, 1676,

1678, 1681, 1683, 1691, 1694, 1696, 2599,
2609, 2610, 2611, 2629, 2638, 2642, 2644,
2645, 2654, 2661, 2662, 2663, 2665, 2708,
2709, 2711

任伯言 4953, 4962, 4996, 5038, 5880, 6034, 6134

任步武 7385, 8225, 8334

任策 11106, 11387

任昌龙 4088, 4207

任澈 7500

任城 4198

任骋 5462

任楚才 5641

任川 2423, 3139, 3884

任春成 8941

任达华 8909

任达敏 11101, 11103, 12526, 12557

任大钧 10641

任大霖 5104, 5951, 6570

任大卫 11937

任大星 5726, 5841, 5904

任丹生 11517

任道斌 594

任德山 7314, 7325, 7460

任德耀 5980, 6495, 12092

任东流 4924, 5022

任东明 10268

任端科 12994, 12995

任尔瑛 8107

任二北 12757

任范洪 7576

任芳琴 5339, 5517

任芬 5010

任峰扬 2334

任凤生 6088

任凤舞 12147

任哥舒 3503
任耕生 6064, 6286
任光 11474
任光椿 5848
任光亮 5120
任光荣 2320
任光生 6098, 6099
任光伟 12784, 12851
任光祥 5509
任光宣 028, 035
任广智 4398
任桂芬 6771
任桂林 12725
任桂子 8280
任国恩 4210, 9089, 9094, 9413, 9831, 9834, 9836, 9848, 9857
任国钧 553
任国培 5020
任国思 9996
任国新 6067
任国兴 1318, 8832, 9018, 9224, 9313, 9344, 9638, 9800, 9813, 9819, 9837, 9859, 9941, 9943, 9950, 9953, 9954, 10031, 10051, 10643
任国一 5300
任海根 5273
任海宁 3917
任海荣 5251
任涵之 9845, 9880
任涵子 9098, 9400, 9799, 9833, 9834, 9835, 9939, 9984, 10041, 10047
任汉苗 12672
任豪 5063
任何 12759
任和 031
任衡道 5819, 8852

任红伏 9318, 9319, 9320
任红举 5323, 5359, 5494, 11973, 12093, 12094, 12672
任红雨 7461
任红状 6284
任宏武 626
任虹 11551
任洪 5877
任鸿翔 12316, 12319
任鸿禹 8550
任后文 11697
任怀珠 7474, 7513, 7543, 7566
任慧君 8791
任慧英 8327
任继民 2415
任佳 6040
任家綦 6708, 6710, 6712, 6715
任建国 5676, 6647, 6666
任杰 1890, 2071, 2082, 3814, 4233, 4369, 4419, 4524, 4609, 5890
任杰生 8122
任金光 6260
任金州 13267, 13271, 13272
任进强 8238
任晶 638, 1191
任鲸 9073, 9847
任军 3493, 3511, 6424
任俊杰 9397
任峻 10562
任可 5385, 8349
任克明 11220, 12190, 12193, 12196, 12197
任昆石 533
任兰新 2832
任立 3146
任立生 7642

任丽　　　9478

任丽宏　　　12514

任丽君　　　3924

任丽璋　　　8298

任连江　　　5862, 6122

任林泉　　　7405

任留　　　4886

任满鑫　　　229

任曼逸　　　691

任茂棠　　　12793

任梅　3232, 5254, 5319, 5341, 5356, 5370, 5382,
5384, 5487, 6260, 13160

任美君　　　3222, 3228, 3244, 3314

任美莲　　　5218

任梦龙　876, 1527, 1902, 1909, 4091, 4328, 5890,
6028, 6152

任梦强　　　6047, 6059

任梦熊　　　876, 1527

任梦章　　　3204

任梦璋　2719, 2726, 2728, 2730, 2755, 2796, 2874,
3234, 3242, 3250, 3271, 3731, 7065

任民业　　　4389

任明　2748, 4887, 5089, 5117, 5122, 5129, 8996

任明福　　　8806, 9335

任明耀　　　12890

任铭生　　　3801, 3902

任莫　　　5116

任佩　　　5428, 5515

任平　7335, 7413, 7424, 7427, 7430, 7443, 7460,
7472, 7488, 7531, 7553, 7581, 7593, 7601,
7605, 7902, 8212, 13100

任平等　　　7480

任凭　　　10223, 10692, 10702

任萍　5708, 10504, 11601, 11881, 11882, 11959,
12093

任朴　　　5625

任其钟　　　5294, 5619, 6014

任奇　　　11738, 11740, 11742

任芑　　　2045, 4470, 4559, 4628

任迁乔　　　4873, 4874, 5913

任强　　　6168, 6462

任钦功　　　7543

任沁琦　　　11104

任青　　　4121, 6140

任清威　　　8826, 8833, 9018, 9245

任清志　　　12311

任秋　　　6064

任人　　　12101

任壬　　　6008

任仁发　　　1542, 1545, 2618

任荣　　　8607

任容清　　　8375

任蓉　　　11104

任溶溶　521, 4901, 5060, 5475, 6197, 6571, 6940,
7049, 12977

任茹　　　6300

任瑞华　　　1145

任三杰　　　5041

任善评　　　626

任尚永　　　1831, 3770, 3816, 3853

任绍春　　　4567, 8746

任生　　　5681, 5710

任诗吟　　　8806, 10019, 10032

任士荣　　　11237, 11260, 12204, 12215

任世成　　　11962

任守一　　　10588

任书博　　　945

任书香　　　5246

任叔衡　　　8280

任树青　　　6729

任率英　872, 1445, 1732, 1786, 1852, 1914,
　　2090, 2348, 2430, 2606, 2609, 2643, 3090,
　　3543, 3594, 3597, 4064, 4121, 4145,
　　4271, 4333, 4361, 4394, 4560, 4896, 4976,
　　5029, 5039, 5077, 5121, 5381, 5692, 6194,
　　6563, 9551, 10438, 10453

任舜华　5884

任松跃　1145

任颂华　5420

任素贤　1883, 3837, 4078

任腾阁　8617

任廷琯　5035

任同祥　12248

任微音　1094, 1096

任伟　10535

任渭长　1520, 1583, 1676, 2972, 2994, 3039, 3040,
　　3041, 3042, 3057

任伍　5304, 5414, 5734

任锡海　8952, 8992, 9061, 9823

任侠　11484, 11485, 12445

任侠志　4286, 4320

任霞　2649

任芎圃　12301

任象极　7245

任小红　6679

任晓丹　6101

任晓时　3525

任效飞　10317

任心溪　3687, 5056, 5077, 5081, 5103, 5143

任新昌　2257, 8225, 8273

任新田　12094

任新有　7524

任鑫根　6215

任兴　1130, 2308, 3072, 3082, 3084, 3090, 3097,
　　3099, 3112, 3123, 3127, 3131, 3138, 5325,

　　6099

任熊　1452, 1597, 1622, 1627, 1630, 1632, 1644,
　　1669, 1675, 1682, 1684, 1687, 1694, 2646,
　　2972, 2973, 2974, 3057, 3060

任秀英　10401

任绪民　7508, 7619, 7624

任学礼　5913

任学良　8218

任薰　1600, 1675, 2696

任逊　683

任亚　5843

任亚华　9715

任嫣叔　2346, 2347

任彦芳　5273

任雁风　11992

任耀辉　7649

任一　10005

任一鸣　3507, 3512, 7022

任一萍　12250, 12919

任一权　8697, 8886, 8906, 8956, 8984, 8986, 8987,
　　8989, 10136, 10148

任颐　1441, 1603, 1605, 1640, 1646, 1652, 1666,
　　1669, 1672, 1676, 1679, 1681, 1684, 1685,
　　1686, 1689, 1690, 1691, 1694, 2683, 2690

任易　5701

任毅华　10323

任音童　12216

任殷　13128

任应凯　11828, 12110, 12111, 12115

任英　12215

任雍谊　11952

任永健　9910

任永温　172

任友　8726

任有名　10253

| | | | |
|---|---|---|---|
| 任俞凯 | 4106 | 任竹 | 6037 |
| 任愚颖 | 5402, 5453, 6454 | 任子龙 | 4947 |
| 任羽 | 5008, 5542, 5610 | 任宗德 | 13285 |
| 任玉德 | 2371, 4751 | 纫石 | 483 |
| 任玉玲 | 8371, 8386 | 韧石 | 2616, 2664 |
| 任玉涛 | 7534 | 日本 G 社 | 10775 |
| 任玉忠 | 6585 | 日本 LC 公司 | 1242 |
| 任预 | 1626 | 日本 K's Art 设计制作室 | 1242, 1243, 1248 |
| 任元新 | 5349 | 日本财团法人全国美术振兴会 | 8197 |
| 任远 | 13060, 13123, 13298 | 日本财团法人全国书美术振兴会 | 8159 |
| 任远远 | 321 | 日本法书会编辑部 | 8349 |
| 任泽匡 | 6563 | 日本共产党中央指导部电影政策委员会 | 13174 |
| 任兆凤 | 8548, 8550 | 日本国际墨绘协会 | 2244 |
| 任兆和 | 5300 | 日本国家住宅产业株式会社 | 10764 |
| 任兆麟 | 10948, 11013, 11324, 12261 | 日本漫画技法研究会 | 1243, 1248 |
| 任兆祥 3522, 4093, 4614, 5667, 5837, 6013, 6054, 6091, 6121, 6154 | | 日本美乃美 | 10645, 10646 |
| | | 日本南画院 | 1929 |
| 任真汉 | 682 | 日本人民反帝斗争图片·木刻展览会展出委员会编 | 6916 |
| 任振江 3261, 3305, 3994, 4014, 4058, 5651 | | 日本少女漫画技法研究会 | 1248 |
| 任镇北 | 5667, 9642 | 日本视觉设计研究所 149, 557, 629, 856, 907, 946, 1074, 1090, 1170 | |
| 任正先 | 5438, 5440, 5739, 6057, 6577 | 日本视觉艺术设计研究所 | 1118 |
| 任政 7255, 7256, 7257, 7273, 7277, 7306, 7377, 8153, 8168, 8238, 8239, 8253, 8381, 8388, 8427, 8433 | | 日本视觉造型研究所 | 1122 |
| | | 日本书潮会 | 8301 |
| 任之玉 | 3697 | 日本武藏野美术大学造型学院油画系研究室 | 1114 |
| 任至昌 | 6519, 6529, 6541 | | |
| 任志明 | 13270 | 日本小学馆 | 7145 |
| 任志萍 | 11973 | 日本雄鸡社 | 10744 |
| 任志琴 | 11061 | 日本艺术教育研究所 | 1255 |
| 任志新 | 6061 | 日本中国文化交流协会 | 6780 |
| 任致嵘 | 12004 | 日本驻港总领事馆 | 10725 |
| 任中 | 1698 | 日彩 | 9527 |
| 任仲伦 | 13143 | 日辰 | 6730 |
| 任仲泉 | 10613 | 日程 | 7428 |
| 任重 | 4884, 7041 | | |

| | | | |
|---|---|---|---|
| 日丹 | 13078, 13081, 13200, 13216 | 荣非 | 3499, 3500 |
| 日丹诺夫 | 10980 | 荣福 | 6408 |
| 日贩编辑部 | 10605, 10698 | 荣富 | 4393 |
| 日广 | 6478 | 荣格 | 030 |
| 日华古今绘画展览会 | 1472 | 荣根良 | 10122 |
| 日嘉尔科 | 13206 | 荣官 | 8595 |
| 日青 | 5500 | 荣广润 | 13098 |
| 日曲 | 5888 | 荣国 | 3847, 7577 |
| 日升 | 5524 | 荣和 | 10244 |
| 日托米尔斯基 | 11141 | 荣华 | 10681 |
| 日月 | 9739, 11753 | 荣华书画社 | 2090 |
| 日照县文化馆 | 3837 | 荣记大舞台 | 12856 |
| 日中艺术交流中心 | 3046 | 荣家 | 6658, 7068 |
| 戎蓓蕾 | 3918, 3926 | 荣剑尘 | 12963 |
| 戎经亚 | 5328 | 荣健文 | 1070, 1165 |
| 戎君 | 4114 | 荣金珠 | 4985 |
| 戎林 | 5739 | 荣景甡 | 6648, 10678 |
| 戎鸣岐 | 5733 | 荣均 | 11709 |
| 戎念竹 | 6446, 6491, 6510 | 荣君立 | 037, 048 |
| 荣宝斋 | 1387, 1428, 1429, 1430, 1431, 1432, 1433, 1437, 1438, 1473, 1474, 1479, 1511, 1583, 1677, 1682, 1683, 1712, 1891, 2015, 2017, 2024, 2031, 2037, 2047, 2051, 2082, 2086, 2099, 2113, 2143, 2165, 2359, 2433, 2441, 2495, 2512, 2513, 2672, 2991, 3047, 3530, 6601, 7726, 7728, 7862, 8073, 8074, 8125, 8138, 8254, 8367, 8380, 8425, 8455, 8539, 8556, 10162, 10530 | 荣莲 | 13207 |
| | | 荣梅芳 | 156 |
| | | 荣明礼 | 10279 |
| | | 荣培羽 | 12611, 12650 |
| | | 荣琦 | 6471 |
| | | 荣荣 | 3477 |
| | | 荣升 | 6163 |
| | | 荣淑铭 | 5664 |
| | | 荣漱乐 | 10738 |
| 荣宝斋编辑部 | 1482, 7726 | 荣卫 | 8819, 9012, 9239 |
| 荣宝斋出版社 | 1430, 1452, 1485, 1540, 2552, 8583, 8592 | 荣新 | 9710 |
| | | 荣一得 | 5052 |
| 荣宝主人 | 1605 | 荣羽 | 12095 |
| 荣滨 | 2811 | 荣誉 | 8491 |
| 荣城县京剧团 | 3863 | 荣斋 | 12325, 12336 |
| 荣村 | 1816, 3801 | 荣章 | 10282 |

| | | | |
|---|---|---|---|
| 荣子 | 6211, 6226, 6358, 6440 | 如意 | 6567, 6569, 6590, 6592, 8840 |
| 容丹 | 6099, 6264 | 如月 | 6464 |
| 容庚 | 1474, 7665, 7711, 7789 | 如云 | 11514 |
| 容桂宏 | 2344 | 茹尔·瓦莱斯 | 6008 |
| 容璞 | 3550 | 茹桂 | 033, 3995, 5254, 7258, 7380, 8144, 8146, |
| 容世诚 | 12854 | | 8149, 8150, 8151, 8165, 8174, 8272 |
| 容天圻 | 092, 095, 497 | 茹桂敬 | 8144 |
| 容田文 | 4359 | 茹可夫 | 362, 6779 |
| 容铁 | 2310, 8354, 8468 | 茹枚 | 12833 |
| 容兄 | 9772, 9920, 10122 | 茹民康 | 3130, 4945 |
| 容庤庚 | 8533 | 茹鹏生 | 9406, 9805 |
| 容庤祖 | 8533 | 茹萍 | 6662 |
| 容州 | 1261, 6215, 6307, 6310, 6347, 6380 | 茹齐葵 | 2672 |
| 容洲 | 6307 | 茹茄 | 245, 1094 |
| 蓉春氏 | 12240 | 茹世保 | 8573 |
| 蓉湖 | 5991 | 茹遂初 | 8803, 8945, 9062, 9063, 9104, 9111, 9138, |
| 蓉蓉 | 6457, 7016, 7142 | | 9295, 9331, 9843 |
| 蓉兄 | 10007 | 茹文 | 5259 |
| 榕树 | 11258 | 茹辛 | 12604 |
| 熔岩 | 2383 | 茹银鹤 | 12052 |
| 柔石 | 5507, 5544 | 茹郁青 | 8331 |
| 如代尔 | 7028, 7030 | 茹志鹃 | 5046, 5106 |
| 如东县工农兵美术学习班 | 3179 | 茹逐初 | 9068, 9470 |
| 如东县工农兵业余美术创作组 | 1807 | 儒勒·凡尔纳 | 5551, 5743, 5770, 5829, 5831, 5852, |
| 如东县工农美术学习班 | 3179 | | 5921, 5963, 5976, 6521, 6522, 6737, 7051, |
| 如东县毛泽东思想宣传馆 | 3179, 3196 | | 7052, 7053, 7055 |
| 如东县民间文学集成办公室 | 11811 | 儒墨 | 6364 |
| 如东县文化馆 | 5201 | 儒仙室 | 11365 |
| 如皋县美术创作组 | 5198, 5229 | 孺牛 | 5716, 5756, 5799, 5975, 6026, 6091, 6092 |
| 如花 | 5413 | 汝洁 | 11252 |
| 如兰 | 3447, 10778 | 汝京海 | 5338 |
| 如莲居士 | 6531, 6546 | 汝平 | 5082 |
| 如麟 | 6634 | 汝强 | 5056 |
| 如平 | 10605 | 汝田 | 5426 |
| 如如 | 6079 | 汝信 | 074, 077 |

| | | | |
|---|---|---|---|
| 汝阳 | 4034 | 阮士旺 | 5278 |
| 乳山县文化馆 | 3859 | 阮士钊 | 3862, 3890, 3962, 4035, 4070, 4244 |
| 入江秦吉 | 9880 | 阮蜀蓉 | 3158 |
| 阮霭南 | 12661 | 阮腾文 | 4917 |
| 阮班超 | 5286, 5959 | 阮廷瑜 | 1900 |
| 阮北恒 | 5081 | 阮退之 | 8415 |
| 阮波 | 6611, 6612, 8174, 13156 | 阮望 | 8026 |
| 阮伯英 | 11381 | 阮未青 | 3069 |
| 阮长江 | 10618, 10621, 10766 | 阮文苍 | 12428 |
| 阮诚 | 3793, 5349, 5579, 5587 | 阮文辉 | 341, 3529, 8200, 8664, 8665, 10201 |
| 阮充 | 8454 | 阮文龙 | 2164 |
| 阮德全 | 12369 | 阮文商 | 12266 |
| 阮恩泽 | 3550, 5077, 5081, 5088 | 阮仪三 | 8857, 8962 |
| 阮观东 | 817, 859 | 阮义忠 | 8688, 8690, 8693, 8696, 8711, 8929, 8933, 8944 |
| 阮亨 | 10783 | 阮义忠暗房工作室 | 8942 |
| 阮辉瑜 | 11164, 12543 | 阮逸 | 10933, 10934, 10943, 10945, 11027 |
| 阮籍 | 11013 | 阮雍崇 | 8621 |
| 阮健 | 6492, 6556, 6572 | 阮御澜 | 4947, 4959, 4972, 4987 |
| 阮均 | 3126 | 阮元 | 764, 1614, 7209, 7267, 7689, 7985, 8017, 8489 |
| 阮恺 | 8119 | 阮章竞 | 1738, 5659, 11883, 13228 |
| 阮克敏 | 978, 1311, 2184, 4163 | 阮章宪 | 5774 |
| 阮礼荣 | 717, 1147, 1149, 1189, 6702, 10331 | 阮志远 | 12954 |
| 阮立林 | 11140 | 阮宗华 | 8466 |
| 阮立威 | 5199, 5264, 5325 | 软硬天师 | 3433, 6296 |
| 阮励 | 6148 | 蘽珠旧史 | 12736, 12737, 12738 |
| 阮慕潮 | 12661 | 芮光庭 | 4882, 4884 |
| 阮璞 | 589, 595, 597, 690 | 芮鹤九 | 13034, 13217 |
| 阮琦 | 10201 | 芮衡之 | 5431, 5647, 5688, 6445 |
| 阮潜 | 13205 | 芮虎 | 6191 |
| 阮青 | 10709 | 芮金富 | 10348 |
| 阮庆祥 | 5130 | 芮连侠 | 6796, 9090, 9091, 9646, 9854, 9862, 9997, 10056 |
| 阮荣春 | 261, 270, 458, 1489, 1490, 1588, 1684 | 芮伦宝 | 12324 |
| 阮荣助 | 9251 | | |
| 阮润学 | 12798 | | |
| 阮士良 | 6254 | | |

615

| | | | |
|---|---|---|---|
| 芮淑敏 | 12602 | 若文 | 6133, 6135, 6311, 6431 |
| 芮维新 | 8494 | 若希 | 5376, 5590, 5974, 6327, 10257, 10306 |
| 芮文元 | 12037 | 若由 | 6169 |
| 芮祚国 | 12775 | 若峪 | 5893, 5928, 6611 |
| 瑞德 | 13131 | 若泽·梅科 | 7065 |
| 瑞东 | 4135 | 若泽·萨斯波尔特斯 | 12580 |
| 瑞赋 | 6593 | 若曾 | 11564 |
| 瑞林 | 6110, 6111 | 若竹 | 5479, 5582, 5585, 5691 |
| 瑞士国家旅游局 | 4714 | | |

## S

| | | | |
|---|---|---|---|
| 瑞托米尔斯基 | 11144 | "三年"摄制组 | 13081 |
| 瑞贤 | 3586, 3648 | "首都绿色文化碑林"编委会 | 8279 |
| 瑞雪 | 4527, 9395 | "苏州"画册编辑委员会 | 8919 |
| 瑞智 | 12996 | 《三门峡市戏曲志》编纂委员会 | 12789 |
| 瑞庄 | 6405, 6406 | 《三峡丰碑》编委会 | 9292 |
| 润民 | 6207 | 《山东歌曲》编辑部 | 11698 |
| 润青 | 5414, 5522, 5730 | 《山东青年》杂志社 | 12643 |
| 润群 | 11769 | 《山东治淮国画选》创作组 | 1843, 3893 |
| 润苏 | 12711 | 《山东治维国画选》创作组 | 1843 |
| 润棠 | 160, 161, 553, 554 | 《山西群众文艺》编辑组 | 11792 |
| 若昂·贝纳尔·达·科斯塔 | 13196 | 《山西省古代书画珍品》编委会 | 1521 |
| 若般 | 12370 | 《山西新军影集》编辑部 | 9326 |
| 若弓 | 5127 | 《陕西古代美术巡礼》编辑小组 | 402, 8650 |
| 若谷 | 5937 | 《陕西戏剧(曲)志》编辑部 | 12758 |
| 若谷和子 | 7013, 7015 | 《陕西戏剧志》编辑部 | 12928 |
| 若华 | 6308, 6309 | 《商店设计丛书》编写组 | 10619 |
| 若骏 | 5716 | 《商业实用美术》编写组 | 10384 |
| 若岚 | 3761 | 《上海电视》编辑部 | 11923, 13112 |
| 若雷 | 129 | 《上海电影志》编纂委员会 | 13198 |
| 若林骏介 | 11163 | 《上海歌声》编辑部 | 11431, 11613 |
| 若鹏 | 4467, 4632 | 《上海沪剧志》编辑委员会 | 12960 |
| 若屏 | 12159 | 《上海京剧志》编辑部 | 12896 |
| 若泉 | 3739 | 《上海昆剧志》编辑部 | 12900 |
| 若忍 | 1086, 1155 | 《上海市中小学生美术作品选》编辑组 | 1363 |
| 若水 | 5053 | 《上海文化艺术志》编纂委员会 | 12896, 12900, |
| 若望－乔治·诺维尔 | 12568 | | |

12957, 12960

《上海越剧志》编纂委员会　12957

《少男少女》函授中心　1245

《少年儿童合唱曲选》编辑小组　12026

《设计集》编委会　10229

《社会心理研究》编辑部　10926

《社会主义新生事物赞》创作组　3938

《摄影》编辑部　9386

《摄影家》编辑部　9023, 9435, 9697, 9700, 9705, 10164, 10633

《摄影家》杂志编辑部　9714

《摄影美学初探》编委会　8690

《摄影世界》编辑部　9354, 9388

《摄影之友》编辑部　8689

《神奇地带》编辑部　6948

《沈阳市戏曲志》编纂委员会　12781

《生死为革命》连环画创作组　5166

《声屏报》编辑部　12422

《师范生实用美术》编写组　10188

《石少华作品选》编委会　8978

《石湾艺术陶器》编委会　8662

《时代劲歌》编辑部　11730, 11740, 11741

《时代劲歌》编辑组　11730

《实用隶书字典》编纂组　8376

《世纪行》摄制组　13296

《世纪之光》编委会　313

《世界工商企业指南》编辑委员会　3464

《世界华人画家三峡刻石》编委会　8677

《世界摄影设计全集》编辑委员会　10133

《世界知识画报》编辑部　10143

《书法》编辑部　7149

《书法》杂志编辑部　7339

《书法家》编辑部　7157

《书法教程》编写组　7349

《书画集锦》编委会　320

《书与画》编辑部　7344, 7345, 7352

《抒情歌曲精选大观》编辑部　11983

《疏勒河丛书》编委会　11505

《曙光杯》全国少年儿童书法绘画大奖赛组委会　6763

《谁是"108"》连环画创作组　5361

《水彩艺术》编辑部　1179

《水墨风情书画作品集》编委会　2238

《丝绸之路黄金道》编委会　8861

《四川民族民间舞蹈集成》阿坝藏族羌族自治州文化局集成编写组　12618

《四川民族民间舞蹈集成》德阳市资料卷编写组　12618

《四川文学》编辑部　12922

《四川新歌》编辑部　11794

《四川新歌》编辑组　11792

《素描艺术》编辑部　2876

匙芳　1259

单柏钦　1759, 1761, 1790, 1958, 2232, 3147, 3723, 3754, 5113, 5208

单宝忠　8794

单保童　8575

单伯钦　3866

单春荣　1841

单大伟　9486

单单　5081

单德林　1091, 2892, 6175, 10653

单仃　10668

单玎　13282

单复　4907

单刚　10597

单国霖　821, 1278, 1677, 1695

单国强　821, 822, 825, 1488, 1697

单行之　2715

单华驹　3876, 3948

| | |
|---|---|
| 单绘生 | 1929, 1977, 2025, 2028, 2050, 2183, 2375 |
| 单纪兰 | 5375 |
| 单剑峰 | 3795 |
| 单剑锋 | 1915, 1941, 1976, 1997, 2456, 3895 |
| 单杰华 | 7942 |
| 单炯 | 596 |
| 单联孝 | 3246, 3248, 3770, 3859 |
| 单良生 | 4792, 8207 |
| 单明 | 5264, 5316, 5370 |
| 单世联 | 12731 |
| 单曙光 | 2471 |
| 单文 | 13242 |
| 单文清 | 7601 |
| 单文质 | 995 |
| 单锡和 | 2624, 2751, 3235, 3809, 3945, 3962, 4017, 4046, 4063, 4065, 4071, 4104, 4119, 4120, 4125, 4131, 4154, 4187, 4238, 4255, 4268, 4273, 4303, 4322, 4403, 4412, 4420, 4444, 4467, 4518, 4738, 4867, 10561 |
| 单锡明 | 1256 |
| 单小天 | 4202 |
| 单晓报 | 10294 |
| 单晓丹 | 812 |
| 单晓天 | 4722, 8158, 8184, 8186, 8459, 8558, 8562 |
| 单孝天 | 8134 |
| 单雄威 | 8989 |
| 单秀华 | 10563 |
| 单恂 | 3615, 5237 |
| 单锡和 | 4348, 4395 |
| 单应桂 | 1810, 1819, 1827, 1837, 2002, 2414, 2593, 3748, 3752, 3923, 4250, 10423 |
| 单越明 | 2309 |
| 单昭祥 | 1318 |
| 单忠雨 | 3881 |
| 眭关荣 | 3142, 3265, 3331, 3920, 4331 |
| 萨·马尔夏克 | 6197 |
| 萨本敦 | 13188 |
| 萨本介 | 8289 |
| 萨比那 | 12449 |
| 萨比尼娜 | 11142 |
| 萨波 | 6899 |
| 萨波奇·本采 | 11088 |
| 萨波日尼科夫 | 11178, 11187 |
| 萨杜尔 | 13175, 13176, 13180, 13306, 13307 |
| 萨尔地 | 13169, 13304 |
| 萨尔蒂柯夫 | 10724 |
| 萨尔瓦多·达利 | 6804 |
| 萨尔瓦托 | 13271 |
| 萨符拉索夫 | 6874 |
| 萨甫拉索夫 | 6858 |
| 萨哈尔钦科 | 13254 |
| 萨嘉诺维奇 | 13012 |
| 萨金特 | 6806, 6867 |
| 萨克 | 13088 |
| 萨克斯 | 12578 |
| 萨空了 | 010 |
| 萨拉里也夫 | 13256 |
| 萨拉萨帝 | 12206 |
| 萨拉沙提 | 12467 |
| 萨洛姆 | 8731 |
| 萨那巴特尔 | 5376 |
| 萨维茨基 | 123, 473, 495 |
| 萨依柯夫斯卡雅 | 12655 |
| 萨迎阿 | 8020 |
| 萨佐诺夫 | 13251 |
| 塞草 | 10731 |
| 塞茨 | 12230, 12464 |
| 塞尔登 | 6328 |
| 塞尔柯克 | 7020, 7025 |
| 塞尔玛·拉格洛孚 | 5810, 5816 |

| | | | |
|---|---|---|---|
| 塞冈蒂尼 | 514, 6838 | 三轮薰 | 8793 |
| 塞格廷斯基 | 12364 | 三毛 | 7029, 9029 |
| 塞克 | 11937, 13251 | 三门峡市文化局 | 12973 |
| 塞库伊 | 12372 | 三民公司 | 8117 |
| 塞莱 | 7127 | 三明市文学艺术界联合会 | 11534 |
| 塞勒姆 | 1078 | 三木健 | 10776 |
| 塞尚 | 6785, 6797, 6864, 6881 | 三年制中师美术教材编写组 | 491 |
| 塞索耶夫 | 124 | 三实 | 7646, 10310 |
| 塞万提斯 | 5837, 7055 | 三水 | 6182 |
| 塞之 | 5206, 5635 | 三台 | 6316, 6335 |
| 赛多夫 | 7017, 7018 | 三台县"革委"连环画创作组 | 5243 |
| 赛福鼎·艾则孜 | 10913 | 三条陆 | 6993, 6994, 6995, 6996 |
| 赛凯维奇 | 13261 | 三通图书公司 | 016 |
| 赛罗夫 | 6886 | 三尾公三 | 1090 |
| 赛门·佛瑞兹 | 10989 | 三畏 | 8186 |
| 赛宁 | 13256 | 三喜 | 6278 |
| 赛赛 | 6205 | 三野文艺科 | 11555 |
| 赛时礼 | 5485 | 三野政宣文艺科 | 11555 |
| 赛西亚乐 | 2897 | 三野政治部剧院 | 11565 |
| 赛英 | 9974 | 三原淳雄 | 6980 |
| 三八八三部队业余演出队 | 11884 | 三月 | 4767 |
| 三边 | 5728 | 三泽隆茂 | 13000 |
| 三采文化编企部 | 10708, 10709 | 三宅正太郎 | 035 |
| 三草 | 3521 | 三只眼工作室 | 10768, 10772 |
| 三川钢笔书院 | 7453, 7455, 7469, 7554, 7557 | 散木 | 7406 |
| 三大 | 4607, 4686 | 散如 | 4822 |
| 三岛 | 6009 | 桑阿 | 1938, 1941, 4280 |
| 三丰出版社编辑部 | 1177 | 桑安柱 | 12439 |
| 三禾 | 9253 | 桑登却 | 11800 |
| 三江 | 6642 | 桑蒂斯 | 13101 |
| 三结合编创组 | 1844 | 桑顿 | 8752 |
| 三结合编选小组 | 11680 | 桑多尔 | 11243 |
| 三井隆一 | 7117 | 桑夫 | 11561, 11945, 13216 |
| 三联书店(香港)编辑部 | 13129 | 桑桂荣 | 4840 |
| 三林 | 3688 | 桑国振 | 5978 |

| | |
|---|---|
| 桑行之 | 416 |
| 桑弧 | 6553, 11829, 12106, 13093 |
| 桑慧芬 | 11158 |
| 桑吉才让 | 2812 |
| 桑吉雅 | 3634 |
| 桑建国 | 6463, 6468, 6469 |
| 桑建平 | 545 |
| 桑建新 | 1155 |
| 桑江 | 6992 |
| 桑介吾 | 2363, 4942 |
| 桑抗 | 366 |
| 桑麟康 | 5309, 5316, 5387, 5465, 5597, 5601, 5645, 5835, 5861, 5985, 6065, 6123, 6384, 6405, 6484, 6528 |
| 桑梅 | 11732 |
| 桑敏 | 6176 |
| 桑木 | 6663 |
| 桑麒康 | 5835 |
| 桑勤志 | 5761 |
| 桑仁 | 5994 |
| 桑山弥三郎 | 8595, 10728, 10736, 10743 |
| 桑世昌 | 7181, 7182, 7197, 7207, 7237, 7682 |
| 桑世志 | 189 |
| 桑守真 | 4974 |
| 桑涛 | 10754 |
| 桑特鲁 | 6859 |
| 桑桐 | 11086, 11087, 11600, 11681, 11682, 11785, 11966, 12036, 12189, 12194, 12195, 12198, 12212, 12226 |
| 桑叶湘 | 11244 |
| 桑叶舟 | 11244 |
| 桑晔 | 3446 |
| 桑晔绘 | 6361 |
| 桑榆 | 6734, 9018, 9019, 9450, 9461, 9464, 9465, 9467, 9469, 9485, |

| | |
|---|---|
| | 9490, 9512, 9718, 9720, 9730, 9734, 9741, 9743, 9753, 9891, 9898, 9924, 9982, 9983, 10077, 10081, 10113, 10603 |
| 桑原 | 5247, 5266 |
| 桑沢 | 6679 |
| 桑正 | 8972 |
| 桑植县 | 8189 |
| 桑忠泉 | 6463 |
| 桑子中 | 2922 |
| 桑作楷 | 8289 |
| 扫叶山房 | 8366, 8422 |
| 涩川育由 | 155 |
| 瑟福 | 586 |
| 瑟斯顿 | 10179 |
| 森川和代 | 13162 |
| 森川让次 | 7121 |
| 森村 | 6252 |
| 森村诚一 | 5777 |
| 森德 | 8752 |
| 森德兰 | 587 |
| 森久保秋子 | 6957 |
| 森磊 | 6154 |
| 森里 | 8920 |
| 森林 | 5980, 6039, 9598, 9599 |
| 森秀雄 | 1089 |
| 森优 | 1089 |
| 森园美留久 | 3492 |
| 森哲郎 | 1249 |
| 沙柏 | 10255 |
| 沙兵 | 1384, 2924 |
| 沙丙德 | 5119 |
| 沙赤卡雅 | 10791 |
| 沙茨卡娅 | 12442 |
| 沙丹 | 13236, 13244 |
| 沙德安 | 3355, 3376, 4775 |

沙地　　　　　　　　　　　　　　　6044

沙丁　　　　　　　　　　　　　　　2981

沙尔金　　　　　　　　　　　　　　6888

沙飞　　　　　　　　　　　　8907, 9288

沙弗拉涅克　　　　　　　　　　　13260

沙甫钦告　　　　　　　　　　　　13254

沙馥　　　　　　　　　　　　　　　1637

沙根道尔夫　　　　　　　　　　　　6949

沙更世　　3107, 3108, 3588, 3610, 3647, 3676,
　　　　3694, 3714, 3720, 4901, 6425, 8288

沙更思　　　　2924, 3090, 3539, 10408

沙汉昆　　　　　　　　　11092, 11101

沙痕　　　　　　　　　　　　　　　107

沙惠荣　　　　　　　　　　5837, 5925

沙洁　　　　　　　　　　　5666, 5922

沙金　　6783, 6887, 6888, 11947, 11950, 12428,
　　　　12803

沙金成　　　　　　　　　　　　　8772

沙匡世　　　　　　　　　　　　　8547

沙磊　　　　　　　　　　　4945, 4983

沙里晶　　　　　　　　　11342, 12318

沙砾　　　　　　　　　　　　　　5916

沙璘　　　2750, 2755, 3215, 3218, 3285, 3342

沙罗德　　　　　　　　　　　　11195

沙曼翁　　　　　8185, 8190, 8217, 8562

沙茂世　　　　　　　　　　　　　8288

沙梅　11141, 11392, 11430, 11438, 11560, 11569,
　　　11578, 11602, 11937, 11938, 11939,
　　　11942, 11950, 12135, 12166

沙蒙　　　　　　　　　　　　　　5085

沙孟海　4720, 7161, 7277, 7368, 8153, 8157, 8166,
　　　8188, 8189, 8193, 8194, 8268, 8288, 8295,
　　　8406, 8460, 8559, 8587

沙姆威　　　　　　　　　　　　11058

沙南　　　　　　　　　　　5926, 6043

沙鸥　　　3030, 5418, 5505, 11939, 12005

沙淇　　　　　　　　　　　　　　7066

沙启彦　　　　　　　　　　3862, 5936

沙青　　　　　　　　　　　　　11551

沙清泉　　　　　　　　　　　　　2987

沙人　　　　　　　　　　　　　　8732

沙人文　　　　　　　　　　　　10137

沙仁　　　　　　　　　　　3115, 6233

沙山春　　　　　　　　　　　927, 1604

沙市市业余美术创作组　　　　　　5163

沙似鹏　　　　　　　　　　　　13185

沙莎　　　　　　　　　　　3091, 5658

沙铁军　5347, 5389, 5435, 5443, 5462, 5467, 5474,
　　　5498, 5607, 5610, 5666, 5669, 5703, 5712,
　　　5818, 5860, 5943, 5948, 6004, 6037, 6068,
　　　6104, 6124, 6164, 6196, 6269, 6327, 6357,
　　　6360, 6364, 6365, 6374, 6407, 6465

沙维尔强　　　　　　　　　　　10980

沙维拉斯　　　　　　　　　　　13252

沙衍孙　　　　　　　　　　　　6359

沙燕　　　　　　　　　　　　　4898

沙扬　　　　　　　　　　　　　5928

沙杨　　　　　　　　　　　　　4934

沙叶新　　　　　　　　　　3504, 5536

沙页　　　　　　　　　　　　10738

沙雨　　　　　　　　　　　　　5143

沙鹬　　　　　　　　　　　　13062

沙月　　　　　　　　　　　5787, 5953

沙澋　　　　　　　　　　　　13215

沙占祥　　　　　　　　　　　　8755

沙志明　　　　　　　　　　426, 10656

沙舟　　　　　　5476, 7439, 7528, 7553

沙庄诺夫　　　　　　　　　　　13254

沙兹　　　　　　　　　　　　13316

沙子芳　　　　　　　　　　　10364

沙子风　　13293

沙子铨　　12139

山岸伸　　10148

山本ヤクォー　　7005

山本邦一　　6979

山本萨夫　　13249

山本喜久男　　13187

山本玉岭　　10598

山本正男　　041

山本正英　　1113

山本直纯　　10823

山城义彦　　144

山川　　4760, 9106, 9300, 9436, 9444

山川美　　10398

山村聪　　13252

山东大学摄影学会　　10138

山东大学校友诗书画社　　1316

山东费县颜真卿研究会　　8007

山东广播电视艺术团　　5704, 5762, 5764, 5793,
　　5828, 5856, 5859, 5882

山东菏泽柏青大厦有限公司　　9315

山东画报出版　　1245

山东画报出版社　　4867, 10007

山东画报出版社《老漫画》编辑部　　1244, 1245

山东画报出版社编辑部　　8911

山东画报社　8964, 8966, 8969, 8973, 9734, 10002,
　　10532, 10535

山东画院　　2136, 2157, 2181, 2251, 2293, 2397,
　　2453, 2457

山东教育出版社　　10483, 11505

山东军区政治部文艺工作团　　11563

山东临沂羲之书画艺术研究院　　2259

山东旅游局　　10497

山东美术出版社　　318, 1674,
　　2034, 2037, 2133, 2507, 2674, 2900, 2948,

4824, 9241, 9461, 9480, 9481, 9718, 9892,
9981, 10086, 10165, 10169, 10234, 10530,
10633, 10635

山东美术出版社编辑室　　2789

山东美术出版社组织　　6430

山东农学院　　9304

山东轻工业学院工艺美术分院　　10276

山东人民出版社　　445, 1355, 1357, 1771, 1811,
　　1887, 1903, 1976, 2752, 2852, 3254, 3410,
　　3714, 3755, 3780, 4399, 4481, 7627,
　　9040, 9210, 9304, 10170, 11395, 11476,
　　11568, 11586, 11625, 11633, 11636,
　　11640, 11641, 11649, 11650, 11698,
　　11699, 11767, 11841, 11913, 11915,
　　11916, 12032, 12140, 12444

山东人民出版社编辑部　　7628, 11568

山东人民出版社集体　　10250

山东人民广播电台　　11395, 11399

山东人民广播电台文艺部　　11703, 12402

山东少儿书画院　　6766

山东省"革命委员会"文化局　　12257

山东省博物馆　　1685

山东省昌潍地区"革命委员会"政治部　　11454

山东省出版总社聊城分社　　8203

山东省出版总社临沂办事处　　7720

山东省出版总社泰安分社　　8651

山东省地图出版社　　2687, 7589

山东省第一轻工业科学研究所　　2865

山东省电影电视评论学会　　13133

山东省电影发行放映公司　　13184

山东省儿童少年文化艺术委员会　　12038

山东省二轻局工艺美术公司　　1850

山东省高等学校书画研究会　　827

山东省歌舞团　　9214

山东省歌舞团舞蹈编导组　　12639

山东省革命群众艺术馆　　11646, 11649, 11650

山东省"革命委员会"农林局　　9271

山东省"革命委员会"农业局　　9273

山东省"革命委员会"水利局　　9273

山东省"革命委员会"外贸局　　9273

山东省"革委"文化局革命歌曲征集办公室 11674

山东省"革委"文化局民歌编选小组　　11795

山东省工艺美术学校　　1850

山东省工艺美术研究所　　1062

山东省画院选　　8224

山东省计划生育委员会宣教处　　6276

山东省纪念毛主席《在延安文艺座谈会上的讲
　　话》发表三十周年办公室　　1360, 12842

山东省济宁市文物局　　7771

山东省教委艺术教育委员会　　618, 11507, 12041

山东省教学研究室　　7299

山东省教育厅　　10794, 11430, 12192

山东省教育委员会　　11517

山东省教育委员会艺术教育委员会 12221, 12240

山东省京剧团　　5144, 5340, 5456, 11841, 12081

山东省京剧团《奇袭白虎山》剧组　　12085

山东省京剧团《奇袭白虎团》剧组　　12083, 12085

山东省科学技术协会　　8755, 13283

山东省科学技术宣传馆　　5173

山东省立剧院编译处　　12747

山东省立剧院年刊委员会　　12747

山东省连环画研究会　　6264

山东省聊城地区行政公署文化局　　8928

山东省柳子剧团　　12123

山东省吕剧团　　11832, 11964, 12104

山东省吕剧团音乐组　　12122

山东省旅游局　　10511

山东省漫画学会　　3487

山东省农业科学院　　5173

山东省青岛工艺美术学校　　10235

山东省青岛和平书画社　　2689

山东省青年摄影家协会　　8890

山东省曲阜市文物管理委员会　　1482

山东省曲阜县文工团　　12124

山东省群众艺术馆　　2994,
　　2995, 10668, 11114, 11418, 11440, 11583,
　　11586, 11587, 11594, 11600, 11604,
　　11609, 11610, 11620, 11627, 11781,
　　11783, 11787, 11788, 12005, 12007,
　　12010, 12012, 12023, 12148, 12248,
　　12251, 12337, 12343, 12365, 12562,
　　12581, 12606, 12609, 12638

山东省人口普查领导小组办公室　　3341

山东省人民政府农林厅　　8868

山东省人民政府文化事业管理局　　11406, 13013

山东省人民政府文教厅　　13012, 13013

山东省扫除文盲协会　　11430

山东省山东梆子剧团　　12124

山东省摄影家协会　　8953

山东省诗词协会　　8265

山东省书法家协会　　8295, 8310, 8326

山东省泰安地区文物管理局　　7784

山东省泰山风景区管理局　　7784

山东省潍坊市博物馆　　4774

山东省委宣传部　　11517

山东省文化局　　11430, 11440, 11607, 11782,
　　12153, 12828

山东省文化厅　　11480

山东省文化厅科教处　　1350

山东省文化厅史志办公室　　10969, 13184

山东省文化厅文化处　　12038

山东省文联　　11418, 11430, 11782

山东省文联济南工作部　　12011

山东省文物局潍坊地区出版办公室　　1674

山东省文物考古研究所　　429

山东省文物总店 7764

山东省文学艺术界联合会 11529

山东省文艺创作研究室 8224

山东省文艺工作者联合会 11430

山东省"五·七"艺术学校民乐教学组 12334

山东省"五·七"艺校美术队 3247

山东省戏曲研究室 12139

山东省小戏队 3879, 3892, 13099

山东省新创作音乐、舞蹈、曲艺会演办公室 12154

山东省烟台地区文化馆 10675

山东省烟台军分区政治部 5338

山东省腰斩黄河文艺服务团 6598

山东省艺术馆 318, 6766, 11674, 11680, 11700, 11799, 12322, 12346

山东省艺术学校《简谱乐理知识》编写组 11046

山东省峄县教育局 11434

山东省音乐工作者协会筹委会 11566

山东省音乐工作组 11407, 11772, 12002, 12138, 12247, 12341

山东省"跃进"歌舞大会 12638

山东省杂技艺术家协会 12993, 12996

山东省展览工作室 3184, 3193, 3197

山东省政协文史资料委员会 12793, 12853

山东省淄博市文艺工作团 12592

山东师范学院艺术系 3313

山东师范学院中文系 3247

山东石刻博物馆 7816

山东石刻艺术博物馆 411, 7304, 7800, 7809

山东书法家协会 8335, 8336

山东书画联谊会 8250

山东文艺编辑部 3410

山东文艺出版社 11699, 11924, 11925, 11926, 12479

山东新华书店编辑部 10239, 11391

山东新闻图片社 8927, 9269, 9273, 9285

山东新知图书公司 2294

山东艺术学校教师创作组 3746

山东艺术学校美术创作组 5127, 5140

山东艺术学院柳子谷书画作品遗作展暨纪念活动筹委会 2306

山东艺术专科学校 1285

山东艺术专科学校集体创 3536

山东艺术专科学校美术专修科二年级学生 3090

山东艺术专科学校美术专修科三,四年级学生 4997

山东艺术专科学校美术专修科三年级学生 3084

山东艺专 3107

山东音乐家协会山东分会 11440

山东英浸礼会 12436

山东友谊出版社 2690, 9481, 9755, 9907

山东友谊书社 1479, 6196, 6197, 8391, 8890, 9834, 10158, 10273, 10483, 10485, 10496, 10497

山东枣庄市枣庄矿务局"革命委员会"政治部 5227

山东张家洼工程指挥部宣传组 3181

山豆 8772

山发 11510

山风 5863, 5865, 7479, 7519

山枫 2380

山峰 11493

山歌社 11762, 11805

山根银二 10981

山谷 2438, 5940, 8883

山海关文物保管所 9797

山华 10145

山佳 9471

山江 1247

山今 5819

| | | | |
|---|---|---|---|
| 山菊英 | 5257 | 山西画报社 | 8897 |
| 山君 | 11747 | 山西教育出版社 | 8096 |
| 山俊明 | 2308 | 山西晋城市郊区文化局 | 12776 |
| 山口修 | 10838 | 山西晋词文物保管所 | 1663 |
| 山兰 | 12372 | 山西晋祠文物管理所 | 1657 |
| 山蕾 | 5759 | 山西晋中地区"革命委员会"文化局 | 2859 |
| 山立 | 12385 | 山西老年书画研究会 | 2183 |
| 山路 | 5615 | 山西临猗县眉户剧团创作组 | 12122 |
| 山伦 | 5895 | 山西临猗县眉户剧团音乐研究组音乐 | 12122 |
| 山内顺仁 | 10148 | 山西群众艺术馆　10797, 11414, 11615, 11627, | |
| 山朋 | 6714 | 　　12341, 12343 | |
| 山奇　9451, 9456, 9569, 9596, 9646, 9677, 9699, | | 山西人民出版社　3098, 5143, 6072, 7666, 8067, | |
| 　　9739 | | 　　8344, 10668, 11429, 11629, 12030 | |
| 山崎爱子 | 7143 | 山西人民歌剧团附设山西省音乐工作组　11139, | |
| 山琦诚久 | 6958 | 　　11767 | |
| 山青 | 6447 | 山西人民歌剧团附设山西音乐工作组　11776 | |
| 山燃 | 12529 | 山西人民歌舞团 | 11769 |
| 山人 | 5749 | 山西人民广播电台文艺部　11633, 11923 | |
| 山仁 | 5404, 6104, 6157, 6161 | 山西省"革命委员会"政工组文教办公室　11856 | |
| 山仁友和 | 6437, 6693, 7135 | 山西省《大寨》画册编辑组 | 8926, 8927 |
| 山石 | 4817, 5422, 5432, 5927 | 山西省《大寨画册》《昔阳画册》办公室　9337 | |
| 山石孜 | 6515, 6516 | 山西省博物馆　448, 1492, 1657, 8069, 8649 | |
| 山松 | 10005 | 山西省地方税务局 | 3500 |
| 山松质文 | 10820 | 山西省电力工业管理局 | 5345 |
| 山田邦祐 | 522 | 山西省电力建设公司珍珠岩厂 | 5221 |
| 山田和夫 | 13308 | 山西省电影公司 | 11911 |
| 山田洋次 | 13208 | 山西省歌舞剧院《黄河儿女情》创作组　12099 | |
| 山田玉云 | 856 | 山西省"革命委员会"水利局 | 9273 |
| 山宛中 | 11373 | 山西省观摩团 | 5138 |
| 山文 | 6116 | 山西省国家税务局 | 3500 |
| 山文琛 | 8319 | 山西省话剧院 | 13018 |
| 山西《革命文艺》编辑组 | 11617, 12023 | 山西省晋剧院　11859, 12125, 12950 | |
| 山西大学艺术系 | 11791 | 山西省晋中地区 | 6600 |
| 山西电视台文艺部 | 11926 | 山西省晋中地区"革命委员会"文教办公室 | |
| 山西歌声编辑部 | 11613, 12011, 12013 | | 11676 |

山西省晋中行署文化局　　　　　　12933
山西省晋中艺术学校　　　　　　　12933
山西省考古研究所　　　　　　　　7740
山西省临猗县眉户剧团创作组　　　12122
山西省吕梁地区文化馆　　　　　　11146
山西省旅游供应公司　9073, 10508, 10517, 10521
山西省旅游局　　　　　　　　　　9127
山西省美协筹委会　　　　1740, 1746, 10669
山西省轻工业学校《昔阳盛开大寨花》美术创作
　　组　　　　　　　　　　　　　6600
山西省群众艺术馆　11594, 11626, 11772, 11776,
　　11833, 12341
山西省人民歌剧团附设山西省音乐工作组
　　　　　　　　　　　　　　　　11396
山西省人民政府文化事业管理局音乐工作室
　　　　　　　　　　　　　　　　11396
山西省社教展览会美术组　　　　　5143
山西省首届民间剪纸展览会　　　　10668
山西省水利局　　　　　　　　　　3241
山西省委宣传部　　　　　　　　　12593
山西省卫生厅　　　　　3077, 3080, 3096
山西省文化馆《革命文艺》编辑部　　11651
山西省文化馆群众文化编辑部　　　11646
山西省文化局　　　11355, 12606, 13014
山西省文化局革命歌曲征集小组　　11695
山西省文化局美术工作室　　　　　10664
山西省文化局摄影展览办公室　　　8923
山西省文化局戏剧工作研究室　12117, 12930
山西省文化局音工组　　　11692, 12026
山西省文化局音乐工作室　　　　　12345
山西省文化局音乐工作组　11396, 11400, 11462,
　　11688, 11772, 12002
山西省文化局音乐工作组《山西群众文艺》编辑
　　组　　　　　　　　　　　　　11680
山西省文化厅　　　　　　　　　　10473

山西省文化厅文艺理论研究室　　　12781
山西省文化厅戏剧工作研究室　　　12929
山西省文化厅艺术处　　　　　　　10821
山西省文联文艺理论研究室　　　　067
山西省文物管理工作委员会　　　　6621
山西省文物管理委员会　　　　　　1657
山西省文物局　　　　　　　　　453, 462
山西省文学艺术界联合会　　　　　11467
山西省忻县地区北路梆子剧团　　　11861
山西省音乐工作者协会　　　　　　11764
山西省音乐舞蹈研究所　　　　　　11809
山西省运城地区蒲剧团　　　11862, 12125
山西省中苏友好协会　　　10127, 10128
山西师范大学戏曲文物研究所　12771, 12849,
　　12850
山西师范大学戏曲文物研究所主办　12850
山西实验剧院歌舞剧团　　　　　　11778
山西西师大戏曲文物研究所　　　　12849
山西忻县地区文联　　　　　　　　8138
山西新绛县文化馆　　　　　　　　10683
山西阳城县立第一民族革命高校　　11373
山西阳泉市城乡建设环境保护局　　10489
山西艺术学院舞蹈研究班　　　　　12638
山下秀树　　　　　　　　　7060, 7061
山形雄策　　　　　　　　　　　　13308
山岩　　　　　　　　　　　　　　11980
山阳酒狂仙客　　　　　　　　　　12291
山野井良民　　　　　　　　　　　6977
山鹰　　　　　　　　　　　　　　5329
山永明子　　　　　　　　　　　　7003
山雨　　　　　　　　　　　　　　6102
山雨撰　　　　　　　　　　　　　6551
山原义人　　　　　　　　　　　　6694
山岳　　　　　　　　　　　6022, 6172
山支　　　　　　　　　　　　　　10824

山中水　　　　　　　　　　　12045

杉本幸子　　　　　　　　　　7140

杉川　　　　　　　　　4896, 13237

杉谷隆志　　　　　　　　　　6842

杉浦康平　　　　　　　　　　142

杉浦茂　　　　　　　　7048, 7049

杉人　　　　　　　　　9714, 9943

杉山尚次　　　　　10890, 11109

杉山勋　　　　　　　　　　　1215

姗姗　　　　　　　　　　　　6957

珊瑚　　　　　　　　　　　11624

珊琳　　　　　　　　　　　　5779

珊人　　　　　　　　　　　　5024

珊珊　　　　　　　　　　　　6333

珊英丹　　　　　　　　　　　4712

珊影　　　　4014, 4016, 4024, 4049

闪居良　　　　　　　　　　　5987

闪淑华　　　　　　　　　　　8461

闪修山　　　　　　　　　　　8650

闪源昌　　　　　　　11260, 11960

陕北革命建设委员会　　9286, 9287

陕甘宁边区文化协会戏剧　　12103

陕甘宁边区文化协会戏剧工作委员会　12099,
　　12100, 12103

陕甘宁边区文化协会音乐工作委员会　11763,
　　12100

陕甘宁地区文化协会音乐工作委员会　12099,
　　12100

陕甘宁晋绥联防军抗日战争史编审委员会
　　　　　　　　　　　　　　12789

陕西妇女摄影学会　　　　　　8695

陕西工人报　　　　　　　　　3407

陕西汉中市褒斜石门研究会　　7668

陕西汉中市博物馆　　　　　　7668

陕西画报社　　8979, 9735, 9898, 10533

陕西幻灯印刷厂　　　　　　　2351

陕西金融书画协会秘书处　　　2208

陕西科学技术出版社　　　　10482

陕西老年摄影学会　　8695, 8704, 8979

陕西老年书画学会　　　2183, 8268

陕西历史博物馆　　　　　　10299

陕西麟县游县文化馆　　　　　7283

陕西麟游博物馆　　　　　　　7283

陕西旅游出版社　　　　　　10514

陕西人民出版社　　1070, 1251, 2946, 4892,
　　5205, 5221, 5232, 5251, 5266, 5305, 5330,
　　5335, 6748, 6749, 8870, 8874, 8876, 8899,
　　11636, 11642, 11650, 11654, 11698, 11791

陕西人民广播电台　　12228, 12267, 12280

陕西人民广播电台文艺组　　12124, 12125

陕西人民美术出版社　　　872, 2682, 4759,
　　6857, 7752, 7820, 7929, 7930, 7934, 7936,
　　8012, 9494, 9499, 9501, 9503, 9505, 9763,
　　9915, 10007, 10008, 10088, 10134, 10553,
　　10555, 10637

陕西日报　　　　　　　　　　5002

陕西省"革命委员会"科技局　　13096

陕西省"革命委员会"文化局革命歌曲征集办公
　　室　　　　11666, 11675, 11683

陕西省《民舞集成》编辑办公室　12932

陕西省宝鸡峡工程指挥部　　　8881

陕西省宝鸡峡引渭灌溉管理局　8881

陕西省博物馆　　387, 388, 391, 402, 6621, 7714,
　　7720, 7728, 7761, 7766, 7773, 7805, 7806,
　　7856, 7877, 7880, 7881, 7884, 7885, 7888,
　　7889, 7890, 7891, 7985, 8063, 8138, 8156,
　　8648, 8649, 9038, 10103, 10245

陕西省博物馆供　　　　　　　7791

陕西省地方志编纂委员会　8125, 8173, 8174

陕西省第一届皮影木偶戏观摩演出大会筹委会

| | |
|---|---|
| | 12978 |
| 陕西省第一届戏剧观摩演出大会 | 13014 |
| 陕西省电影家协会 | 13144 |
| 陕西省定边县"革命委员会"政工组 | 9049 |
| 陕西省纺织材料公司 | 10251, 10350 |
| 陕西省高陵县文化馆 | 5234 |
| 陕西省歌舞剧院 | 11462 |
| 陕西省歌舞剧院创作组 | 12096 |
| 陕西省歌舞团《长安乐舞》创作组创 | 9236 |
| 陕西省工农兵艺术馆　1251, 3843, 5166, 10799, | |
| 　11671, 11694, 11852 | |
| 陕西省工农兵艺术馆艺术组 | 12631 |
| 陕西省古籍整理办公室 | 413 |
| 陕西省广播文工团 | 12429 |
| 陕西省汉中博物馆 | 8126 |
| 陕西省汉中地区书法学会 | 8126 |
| 陕西省汉中地委宣传部 | 10517 |
| 陕西省教委中教处 | 11501 |
| 陕西省经济体制 | 8965 |
| 陕西省军区政治部 | 9283 |
| 陕西省考古研究所 | 394 |
| 陕西省考古研究所汉陵考古队 | 411 |
| 陕西省麟游县博物馆 | 7885 |
| 陕西省美术创作组　1822, 2746, 2747, 2748, 2749, | |
| 　2752, 2754, 2755, 2769, 2774, 3767, 3810 | |
| 陕西省木偶剧团 | 3987 |
| 陕西省农村音乐活动小丛书编委会 | 12321 |
| 陕西省农林科学院 | 9285 |
| 陕西省农民画协会 | 1406 |
| 陕西省农业技术推广总站 | 9285 |
| 陕西省农业厅畜牧局 | 4907 |
| 陕西省秦腔音乐改革学习班 | 11852 |
| 陕西省群众艺术馆 | 552, 553, |
| 　555, 556, 601, 1094, 1095, 1100, 1406, | |
| 　3000, 10667, 10669, 10671, 10681, 11044, | |

| | |
|---|---|
| 　11045, 11087, 11593, 11604, 11625, | |
| 　11776, 11782, 12109, 12128, 12136, | |
| 　12148, 12563, 12581, 12595, 12596, 12633 | |
| 陕西省人民政府外事办公室 | 8892 |
| 陕西省陕北革命建设委员会 | 4055, 4086, |
| 　8931, 9286, 9287 | |
| 陕西省摄影家协会 | 8988 |
| 陕西省书法家协会 | 7351 |
| 陕西省书法篆刻研究会 | 8150, 8151 |
| 陕西省水土保持局 | 8888 |
| 陕西省铜川市歌舞剧团 | 12631 |
| 陕西省团委宣传部 | 12596 |
| 陕西省外办 | 395 |
| 陕西省外办宣传处陕西省歌舞团 | 9964 |
| 陕西省外事办公室 | 9255 |
| 陕西省外事办公室宣传处 | 396, 401, 10484 |
| 陕西省卫生厅 | 3367 |
| 陕西省渭南地区书法家协会 | 308 |
| 陕西省文管会 | 8649 |
| 陕西省文化局《陕北革命民歌选集》编辑组 | |
| | 11795 |
| 陕西省文化厅　336, 11518, 12695, 12724, 12932, | |
| 　12944, 13198 | |
| 陕西省文教群英会筹委会 | 3099 |
| 陕西省文史研究馆 | 1486 |
| 陕西省文物管理委员会 | 388, 391, 8649 |
| 陕西省文物事业管理局 | 9352 |
| 陕西省戏剧志编纂委员会 | 12784 |
| 陕西省戏剧志编纂委员会 | 12784, 12785 |
| 陕西省戏曲剧院 | 11858 |
| 陕西省戏曲剧院眉碗团 | 12125 |
| 陕西省戏曲剧院艺术委员会音乐组 | 11830, |
| 　11834, 11837, 12110, 12111 | |
| 陕西省戏曲学校研究室 | 12685, 12815 |
| 陕西省戏曲研究院院志编纂委员会 | 13019 |

陕西省咸阳市博物馆 396

陕西省新闻摄影学会 8770

陕西省新闻图片社 9288

陕西省延安地区安塞县文化馆 10676

陕西省延安地区安塞县文化文物局 10676

陕西省移植革命样板戏《红灯记》秦腔音乐学习
班 11854

陕西省移植样板戏《红灯记》秦腔音乐学习班
11854

陕西省艺术创作研究协调委员会 12724

陕西省艺术创作研究中心 12706

陕西省艺术学校 3199, 3203, 3209, 3215, 3778,
5221, 11677

陕西省艺术学校工农兵美训班 3201

陕西省艺术学院 3243

陕西省艺术学院美术系 1292

陕西省艺术学院美术系工艺美术教研组 1164

陕西省艺术学院美术系连环画学习小组 5279

陕西省艺术研究所 12927, 12928

陕西省榆林地区"革命委员会" 8928

陕西省榆林地区"革命委员会"政工组 9049

陕西省直属文化系统美术学习班 3177

陕西省中师选修课教材编写组 12583

陕西省总工会 11518

陕西师大历史系工农兵学员 5261

陕西书学院 7318

陕西文艺工作者 11661, 11790, 11791

陕西西安人民广播电台文艺部 12120

陕西戏剧志编委会编辑部 12758

陕西咸阳地区文管会 8067

陕西新闻摄影学会 9035

陕西于右任书法学会供 8418

陕县文教局 11597

讪意 6685

汕头地区文化局 12128

汕头地区新华书店 3183

汕头画苑 1898

汕头画院 1369

汕头市潮州音乐研究室 12944

汕头市建设委员会 8947

汕头市旅游局 10519

汕头市戏剧研究室 12944

汕头市艺术研究室 12951, 12959

汕头市艺术研究室,汕头市潮州音乐研究室
12349

汕头市政协岭海诗社 8312

善安 10169

善泓 7770

善建明 055

善耆 8034

善盛 3684

善思 5678, 5740, 5860

善玉 7476

商承杰 2538

商承霖 8324

商承祚 386, 7166, 7245, 7246, 8152, 8640

商城县文化局 12775

商鼎编辑室 12886

商福田 13233

商敬诚 946, 1340, 4405

商沐忠 3255

商盘 663

商丘地区《铁腿红心》连环画创作组 5214

商丘地区文化局 12773

商丘地区戏曲志编辑部 12773

商丘军分区政治部 2746

商人俱乐部同人 11305

商务印书馆 1470, 1471, 1473, 1718, 7664, 7712,
7789, 9037, 12484

商务印书馆编译所 1469, 1470, 8712, 9037, 9261

商务印书馆编译所编　1199
商务印书馆函授学社国文科　7660
商务印书馆函授学校国文科　7238
商县电影院　3896
商县文化馆　3843
商县文艺创作组　12096
商业部饮食服务局　8717
商业文艺基金会　1307
商易　12590
商羽　5459, 5706
商作澍　5265
上钢十厂工会长宁区工人美术创作组　5262
上钢一厂工人美术组　3846
上港三区工人业余写作组　5224
上官超英　2549
上官丰　1486
上官甫贵　7427
上官灵芝　7829, 7830, 7833, 7834
上官周　1591, 1592, 1593, 1679
上海《"红小兵"报》　5162
上海《美化生活》杂志社　8277
上海阿波罗文化艺术公司　8957
上海爱国教育社　8231
上海爱美社　060
上海安定别墅广播电台　11030
上海八一三歌咏队内地宣传队　11545
上海芭蕾舞团　9961
上海碧日　7138
上海博物馆　205, 394, 405, 418, 422, 1475, 1544,
　　1545, 1556, 1580, 1653, 1655, 1672, 2684,
　　2696, 2711, 6828, 7665, 7713, 7725, 7738,
　　7792, 7793, 7794, 7860, 7869, 7969, 7970,
　　7971, 7972, 7973, 8062, 8064, 8343, 8543,
　　8550, 8588, 8636, 10228, 10441
上海博物馆藏并　7713
上海博物馆工艺美术研究组　1062
上海博物馆青铜器研究组　401
上海出版系统出版"革命组"　5151, 5155, 12964
上海船厂　3216
上海船厂《船台战歌》创作组　3254
上海船厂《胸怀》连环画创作组　5266
上海创新工艺品一厂　10673
上海春华设计彩印有限公司　2845
上海辞书出版社　2288, 2297, 2308, 2309, 2312
上海大同平剧研究会　11828
上海大学文学院　8702
上海大学文学院文化管理教研室　209
上海第二建筑工程公司　3908
上海第二十二棉纺织厂业余文艺宣传队　12600
上海第二十五棉纺织厂　12592
上海第六师范学校　13066
上海第五棉纺厂理论小组　5256
上海第一钢铁厂工人业余美术创作组　1828
上海第一医学院生理教研组　4903
上海点石斋　1465
上海电报局电霞艺术会　12745
上海电机厂"革命委员会"政宣组　2747
上海电机厂工人业余文艺宣传队　12052
上海电机公司美术组　5312
上海电机制造学校　12598
上海电器制造学校　12595
上海电声周刊社　13304
上海电视剧制作中心　13140
上海电视台　5664, 6364
上海电影发行公司　13097
上海电影家协会　13187
上海电影乐团资料室　11899, 11904
上海电影系统《半夜鸡叫》编摄组　5147
上海电影系统《草原小姐妹》编绘组　5148
上海电影系统《地道战》连环画编辑小组　5148

上海电影系统《地雷战》连环画编辑小组　5159

上海电影艺术研究所　　13057，13189

上海电影译制版厂　　5481

上海电影译制厂　5548，5742，5782，5836，5857

上海电影译制片厂　　5562，13250，13259

上海电影制片厂　　　3879，3892，5275，

　　5307，5376，5530，5570，5663，5732，5881，

　　5942，11893，12105，12106，12110，13093，

　　13097，13099，13100，13136，13139，

　　13146，13254，13255，13262

上海电影制片厂《放学以后》摄制组　　5173

上海电影制片厂配音　　13255

上海电影制片厂译制厂　　13259

上海电影制片厂音乐创作室　　11893

上海东方电视台　　6721

上海东方口琴会　　12503

上海对外供应公司　　4096

上海朵云轩文化经纪有限公司　　1352

上海朵云轩艺术品拍卖公司　　2218

上海儿童出版社　　12627

上海纺织工人　　11779

上海纺织局工代会美术创作组　　3197

上海非凡文化艺术有限公司　　429

上海佛记书局　　7784

上海港驳船运输公司业余文艺宣传队　12592

上海港工人业余写作组　　5151

上海港务局第一装卸区《冲不垮的防波堤》创作

　　组　　5247

上海港务局工会业余美术创作组　　5252

上海歌剧社　　11888

上海歌剧院　　9218

上海工农兵美术创作学习班　　1222

上海工农动力机厂　　3217

上海工人文化宫　8918，11431，11587，12598

上海工人文化宫版画组　　3022

上海工人文化宫业余美术创作组　　3153

上海工业设计促进会　　10770

上海工业展览会　　9052

上海工艺美术工厂　　3190

上海工艺美术工厂创　　8644

上海工艺美术研究室　　8556，10350

上海古籍出版社　　110，256，3055，10494

上海古籍书店　　7874

上海光华摄影学会编辑委员会　　8867

上海广播乐团　　11606，11607

上海锅炉厂文艺宣传队　　11462

上海锅炉厂业余文艺宣传队　　12600

上海国际信息交流协会　　8947，8953

上海国棉八厂　　3190

上海国棉一厂工人业余美术组　　3182

上海海燕电影制片厂　5337，13090，13091，13093，

　　13094，13247

上海海运局大连分局"革委会"　　5180

上海航道船队工人美术组　　1843

上海航道局船队工人创作组　　5217，5262

上海航道局工人创作组　　5211

上海航道局工人美术组　　3263

上海合唱团　　11444，11598

上海沪东工人文化宫　　3888

上海沪剧团　　5317，11862

上海沪剧院　　12917

上海画报　　6851

上海画报出版社　　6788，6790，6852，6854，8933，

　　9008，9601，10156，10157，10486，10579，

　　10606，10617，13218

上海画报社　　2644，6784，6788，10134，10478，

　　11479

上海画册编辑委员会　　8919

上海画片出版社　　3531，3532

上海话剧艺术中心　　12916

上海黄桂秋艺术研究小组　　　　12085

上海黄浦江大桥工程建设指挥部　　8861

上海机床厂工人业余美术组　　　3237

上海机床附件一厂工人业余美术创作组　3217

上海机电一局工人美术创作组　3827, 3851

上海建新歌舞团　　　　　　　12638

上海交通大学文学艺术系　　　　806

上海教育出版社　3154, 3383, 4916, 5508, 7252,
　　7408, 8245, 11484, 12630

上海教育学院中文系电影文学研究室　13120

上海金山农民画院　　　1374, 10561

上海京剧团《海港》　　　　　11857

上海京剧团《海港》剧组　9157, 11856, 11857,
　　12083, 12084

上海京剧团《龙江颂》剧组　12082, 12083, 12874

上海京剧团《智取威虎山》剧组　5169, 9170,
　　9172, 11842, 11846, 11847, 11848, 11849,
　　11851, 11853, 11856, 12081, 12082

上海京剧团剧组　　　　　　　11851

上海京剧院　9150, 9152, 12077, 12079, 12080

上海京剧院《海港》创作组　　　12081

上海京剧院理论研究室　　　　　12893

上海警备区　　　　　　　　　3192

上海警备区业余创作组　　　　　5216

上海警备区业余美术创作组　3192, 5222

上海警备区政治部　　　　　8926, 9271

上海警备区政治部宣传部　　　　1282

上海警务区六三九七部队政治部创作组　3216

上海警务区业余美术创作组　　　3213

上海净缘社　　　　　　　　　1272

上海剧艺社　　　　　　　　　12904

上海卡通文化发展有限公司　　　6730

上海开圆信息开发有限公司　6543, 6548, 6719,
　　6721, 6722, 6725, 6726

上海开圆信息开发有限公司创意　　6717

上海柯达公司　　　　　　　　8714

上海科技出版社　　　　　　　6730

上海科学电影制片厂　　　　　13255

上海科学技术出版社　　　　　5112

上海科学技术出版社书籍装帧艺术研究会　8595

上海科学技术出版社装帧设计组　10728

上海科学教育电影制片厂　4895, 4899, 4902,
　　4907, 7031, 13239, 13247, 13257, 13262,
　　13277, 13292

上海科学教育电影制片厂动画工作间　13264,
　　13292

上海昆剧团　　　　　　　　　5530

上海昆曲研习社研究组　　　　　12110

上海劳动报编辑部　　　　　　　278

上海老干部大学　　　　　　　7279

上海老文化艺术工作者协会　　　315

上海乐团　11402, 11406, 12228, 12327, 12328

上海良友图书公司　　　　　　9303

上海林风眠艺术研究协会　　　　1381

上海鲁迅纪念馆　　3006, 3048, 8123, 9295

上海美术电影制片厂　4931, 5340, 5400, 5695,
　　6515, 13091, 13100

上海美术馆　　　　　　　　　2139

上海美术年鉴编辑组　　　　　　1364

上海美术年刊编辑组　　　　　　1364

上海美术设计公司 3179, 3182, 3186, 3191, 3195,
　　3200

上海美术学校第五期工农兵美术创作学习班
　　　　　　　　　　　　3833, 3861

上海美术学校工农兵美术学习班　6600

上海美术用品社　　　　　　　1375

上海美术专科学校　　　　　242, 343

上海民兵普陀区指挥部政工组　　5253

上海民兵指挥部　1361, 3190, 3197, 8925, 9271

上海民兵指挥部政工组　　　　　3242

上海民乐三厂工人文艺理论小组　　　5263

上海木刻研究会　　　2987

上海木偶剧团　　　5184

上海南市区肇周路小学　　　12630

上海评弹团　　　11864, 11871

上海七一工具厂"革委会"政宣组美术通讯员

　　　5157

上海汽车底盘厂"革委会"　　　5147

上海青年报社读物编辑室　　　11122

上海青年宫　　　9264, 12590, 12598

上海青年书法家协会　　　8255

上海青年文工团　　　12603

上海轻工业专科学校装潢美术专业　　　10370

上海轻机公司创作组　　　5509

上海求新造船厂美术创作组　　　5303

上海群众文化编辑委员会　　　1358

上海群众文艺编辑委员会　　　11447

上海群众艺术馆　　　11618, 11619, 11624, 12342,
　　　12343, 12598, 12639

上海人民出版　　　1360

上海人民出版社　　　092, 497, 506, 507, 624, 1223,
　　　1289, 1290, 1292, 1361, 1362, 1446, 1804,
　　　1831, 2352, 2749, 2858, 2859, 2860, 2861,
　　　2933, 2934, 2935, 3014, 3015, 3021, 3022,
　　　3023, 3024, 3025, 3187, 3207, 3217, 3226,
　　　3240, 3246, 3359, 3409, 3410, 3799,
　　　3883, 3913, 5137, 5150, 5155, 5162,
　　　5165, 5166, 5177, 5180, 5201, 5207, 5216,
　　　5219, 5227, 5234, 5238, 5239, 6750, 6753,
　　　7631, 7632, 8645, 8665, 8806, 8881, 8883,
　　　8884, 8922, 8923, 8925, 8926, 8927, 8961,
　　　9001, 9052, 9054, 9177, 9186, 9187, 9195,
　　　9196, 9204, 9205, 9267, 9274, 9275, 9276,
　　　9278, 9279, 9280, 9296, 9323, 9333, 9339,
　　　9340, 10012, 10175, 10248, 10250, 10417,

10418, 10420, 10425, 10428, 10429,
10491, 10673, 11453, 11455, 11464,
11655, 11658, 11678, 11685, 11689,
11690, 11691, 11692, 11791, 11860,
11885, 12026, 12027, 12083, 12084,
12202, 12203, 12280, 12582, 12631,
12632, 12650, 12707, 12874, 13098

上海人民出版社《出版通讯》　　　3409

上海人民出版社《工农兵歌曲》编辑小组　11410

上海人民出版社《红灯记》连环画创作组　5149,
　　　5173

上海人民出版社《红色娘子军》连环画创作组

　　　5161, 5174

上海人民出版社《知识青年上山下乡歌曲集》编
　　　辑小组　　　11678

上海人民出版社《中国历代绘画图谱》编写组

　　　1518

上海人民出版社连环画学习班　　　5317

上海人民出版社美术通讯员　　　3198, 3761, 5151,
　　　5158, 5159, 5160, 5163, 5165, 5167, 5168,
　　　5169, 5179, 5180, 5184, 5185, 5188, 5190,
　　　5205

上海人民出版社美术组宣传画小组　　　3216

上海人民出版社南汇小组　3257, 3258, 3266, 3267

上海人民出版社年画学习班　　　3863

上海人民出版社三结合创作组　　　3792

上海人民出版社通讯员　　　5182, 5202

上海人民出版社宣传画创作组　　　3205, 3237

上海人民出版社宣传画组　　　3252, 3254, 3259

上海人民出版社重　　　6600

上海人民广播电台　11404, 11405, 11407, 12002,
　　　12118, 12870

上海人民广播电台"立体声之友"节目组　12407

上海人民广播电台广播歌选编辑室　　　12415

上海人民广播电台广播乐团　　　11387, 11393

上海人民广播电台文艺台戏曲科　　12883

上海人民广播电台文艺台音乐部　　11713

上海人民广播电台戏曲组　　12920

上海人民广播电台音乐组　11617, 12403

上海人民淮剧团　　11863

上海人民美术出版　　8878

上海人民美术出版社　　092, 165, 227,
　　228, 229, 282, 283, 284, 285, 286, 287,
　　305, 346, 361, 363, 496, 506, 512, 513,
　　624, 800, 1164, 1206, 1207, 1222, 1274,
　　1284, 1285, 1286, 1288, 1295, 1298, 1300,
　　1356, 1358, 1359, 1375, 1381, 1382, 1388,
　　1446, 1475, 1516, 1520, 1545, 1574, 1578,
　　1580, 1586, 1654, 1655, 1667, 1712, 1713,
　　1757, 1758, 1759, 1871, 1872, 1877, 1886,
　　1888, 1897, 1903, 1930, 2013, 2415, 2422,
　　2423, 2426, 2494, 2604, 2634, 2680, 2682,
　　2693, 2779, 2780, 2781, 2788, 2792, 2862,
　　2863, 2864, 2927, 2932, 2935, 2936, 2937,
　　2938, 2941, 2942, 2943, 2986, 2991, 2993,
　　2994, 2995, 2996, 3005, 3007, 3008, 3009,
　　3011, 3012, 3027, 3029, 3030, 3036, 3040,
　　3069, 3071, 3084, 3086, 3094, 3116, 3121,
　　3126, 3128, 3129, 3135, 3143, 3145, 3150,
　　3151, 3156, 3158, 3168, 3182, 3330, 3385,
　　3405, 3406, 3407, 3408, 3411, 3416,
　　3532, 3598, 3619, 3644, 3679, 3697,
　　3698, 3712, 3754, 3978, 4090, 4298,
　　4299, 4912, 4917, 4937, 4946, 4967, 4985,
　　5036, 5059, 5090, 5138, 5388, 5389, 5402,
　　5403, 5406, 5413, 5419, 5423, 5561, 6435,
　　6485, 6521, 6532, 6533, 6535, 6538, 6540,
　　6620, 6623, 6632, 6748, 6756, 6774, 6778,
　　6782, 6790, 6794, 6795, 6797, 6802, 6807,
　　6846, 6847, 6850, 6853, 6856, 6857, 6860,
　　6862, 6893, 6896, 6897, 6901, 6911, 6918,
　　7066, 7344, 7373, 7374, 7631, 7632, 7669,
　　7876, 8075, 8076, 8083, 8084, 8126, 8558,
　　8630, 8643, 8660, 8665, 8666, 8672, 8673,
　　8683, 8684, 8685, 8759, 8804, 8870, 8871,
　　8872, 8873, 8874, 8875, 8876, 8877, 8878,
　　8879, 8880, 8885, 8898, 8902, 8919, 8921,
　　8935, 8976, 8995, 9039, 9042, 9043, 9055,
　　9058, 9082, 9112, 9248, 9262, 9263, 9264,
　　9297, 9325, 9364, 9489, 9490, 9491, 9495,
　　9506, 9774, 9775, 9794, 9914, 9916, 9920,
　　9959, 9984, 10006, 10008, 10095, 10121,
　　10131, 10132, 10134, 10170, 10175,
　　10176, 10226, 10232, 10247, 10249,
　　10252, 10254, 10255, 10271, 10323,
　　10324, 10325, 10403, 10404, 10437,
　　10465, 10553, 10554, 10556, 10558,
　　10563, 10589, 10640, 10641, 10645,
　　10646, 10668, 10674, 10682, 10683,
　　10724, 10727, 12864

上海人民美术出版社《艺苑掇英》丛刊编辑部
　　　　　　　　　　　　　　　　　　1511

上海人民美术出版社《中国历代绘画图谱》编辑
　　组　　　　　　　　　　　　　　　1518

上海人民美术出版社编　　2493

上海人民美术出版社连　　3070

上海人民美术出版社连环画编辑室　　3131

上海人民美术出版社联合　　9305

上海人民美术出版社年画创作组　　3158

上海人民美术出版社宣传画组　3090, 3153, 3155,
　　3158, 3159, 3331

上海人民艺术剧院一团　　5084

上海人民杂技团　　9935

上海绒毯三厂"革委会"政宣组　　5151

上海扫叶山房　　8353

上海商务印书馆　　　　　　　1471, 2587
上海商业橱窗广告装潢研究中心　　10610
上海少年报非非艺术学校　11282, 11283
上海少年儿童出版社　　　　292, 5141
上海社会科学院图书馆资料参考组　13095
上海社会科学院哲学研究所美学研究室　062
上海摄影家协会　　　　　　　　8702
上海摄影研究会　　　　　　　　10127
上海申花足球总会　　　　　　　9510
上海师范大学中文系《大泽烈火》编写组　5308
上海师范大学中文系第一届培训班工农兵学员
　《小刀会》编写组　　　　　　5238
上海师范大学中文系工农兵学员调查小组
　　　　　　　　　　　　　12701
上海师范大学中文系写作组　　　5270
上海实验歌剧院　　　　　　　12596
上海实验剧社　　　　　　　　12906
上海世界语者协会　　　　　　　6931
上海市《龙江颂》剧组　11857, 11858, 12082,
　12084
上海市半工半读、中专、技校下乡上山办公室
　　　　　　　　　　　3172, 3182
上海市财贸系统群众歌咏大会筹备小组　11682
上海市参加第一届全国音乐周代表团　11138
上海市长江农场《朝霞》连环画创作组　5224
上海市长宁区工人文化宫业余美术创作组　3245
上海市长宁区兴国路幼儿园　　　12631
上海市城市雕塑委员会　8626, 8635, 8637
上海市出版"革命组"　247, 5147, 5149, 5154,
　9931, 11223, 11652, 11655, 11847, 11849,
　11851, 12964
上海市出版"革命组"《红灯记》连环画创作组
　　　　　　　　　　　　　　5149
上海市出版"革命组"美术通讯员　5151, 5155
上海市出版"革命组"2932, 2933, 9162, 9167, 9177

上海市大学英语教材编写组　　　8593
上海市代表团　　　　　　　　11353
上海市档案馆　　　　　　　　8131
上海市地区托儿所协会　　　　12044
上海市第二建筑工程公司工人业余创作组　5276
上海市第一商业局教育处　7284, 7440, 10374
上海市第一师范学校附属小学　　12630
上海市电影工业公司　　　　　13308
上海市电影检查委员会　　　　13169
上海市东风农场业余文艺宣传队　11963
上海市对外文化交流协会　　　　1406
上海市房地产管理局　　　　　　9302
上海市纺织工业局业余美术创作组　3015
上海市纺织局工会业余美术创作组　5296
上海市纺织局工会业余文艺创作组　5296
上海市凤阳路第二小学文艺宣传队　12631
上海市歌咏比赛委员会　　　　11431
上海市革命群众文艺小组　11963, 12052, 12964
上海市个体劳动者协会　　　　　311
上海市工人文化宫3015, 8923, 8924, 8926, 10249
上海市工人文化宫版画创作学习班　3022
上海市工人文化宫业余话剧　　　5371
上海市公安局消防处　　　　　　6273
上海市广告公司　　　　　　　10610
上海市广告装潢公司合　　　　10610
上海市海洋渔业公司《东海骨肉情》创作组5276
上海市海运局客运船队创作组　　5233
上海市航道局船队工人创作组　　5316
上海市荷花池幼儿园　　　　　12631
上海市沪东工人文化宫　　　　10250
上海市黄浦区人民政府南京东路街道办事处
　　　　　　　　　　　　　　8966
上海市机电局美术创作学习班　　5261
上海市交通运输局《初春的早晨》连环画创作组
　　　　　　　　　　　　　　5247

上海市交通运输局业余美术创作组　2421

上海市教育局　6284, 6746, 6748, 11520

上海市教育局第四科通俗教育股　12745

上海市教育局教学研究室　12006, 12007, 12013

上海市教育局政教处　12038

上海市教育局政治教育处　12038

上海市教育局职教处　045

上海市教育局职业技术教育处7284, 7440, 10374

上海市金山县锡剧团　4997

上海市经济委员会科学技术处　10390

上海市静安区长寿支路二小　12630

上海市静安区少年宫　12630

上海市军管会文管会文艺处　12559

上海市科普创作协会　3433, 10267

上海市口琴界联谊会筹委会　12187

上海市口琴团体联谊会筹备会　12188

上海市劳动局　3199, 3216

上海市劳动局"革委会"劳动保护组　5209

上海市劳动局劳动保护处　5466, 5644

上海市老干部大学东方艺术院　2291

上海市历史博物馆　8902

上海市连环画研究会　10500

上海市卢湾区工人文艺创作班　5164

上海市美术创作办公室　3410

上海市美术馆　1651

上海市美术教育研究会　1111, 1172, 1252, 1253

上海市美术学校"革委会"　5159

上海市美术学校第二期工农兵美术创作学习班
　5163, 5185

上海市美术学校第六期工农兵美术创作学习班
　5311

上海市美术学校第三期工农兵美术创作学习班
　5194, 5195, 5217

上海市美术学校第四期工农兵美术学习班 5227,
　5231

上海市美术学校第五期工农兵学习班　3232

上海市美术学校工农兵美术创作学习班　5161

上海市美术学院　3183

上海市美术学院工农兵美术创作学习班　5162

上海市美学研究会　062

上海市美育学会　319

上海市民兵指挥部　3247

上海市民间文艺家协会　10712

上海市民政局　3131

上海市木偶剧团　5167

上海市南市区文化馆群众业余文艺创作室 5126

上海市农业局《农场战歌》三结合创作组　11681

上海市农业委员会　8961

上海市浦东新区社会发展局　8963

上海市普陀区曹杨新村第五幼儿园　12631

上海市普陀区中山北路第五小学　12630

上海市前进农场创作组　5180, 5209, 5234

上海市前进农场文艺宣传队　11963

上海市钱币学会　10648, 10650

上海市青年宫　8926

上海市青年话剧团　5089

上海市青浦县血吸虫病防治站　5129

上海市青少年保护委员会办公室　6391

上海市轻工业局工会美术创作组　3875

上海市轻工业局业余美术创作组　3197, 3199,
　3202, 3208

上海市群众歌曲歌咏大会筹备小组　11681

上海市群众歌咏大会筹备小组　11678, 11681

上海市群众文艺调演办公室　12632

上海市群众业余文艺会演办公室　12600

上海市群众艺术馆　12380, 12646, 12662

上海市人民防空委员会　5112

上海市人民沪剧团　4928, 12108, 12921

上海市人民淮剧团创作组　5291

上海市人民评弹工作团　12138

上海市人民评弹团 12139

上海市人民政府机关事务管理局 2282

上海市人民政府新闻处 8902

上海市人像摄影学会 8744

上海市少年宫 12631

上海市少先队工作学会编 12032

上海市摄影创作办公室 8924

上海市摄影艺术展览会 8924

上海市师范学校教材编写组 12632

上海市师范学校教材编写组音乐组 11164

上海市师范学校校际音乐教研组 10797

上海市市政工程公司 5209

上海市市政工程公司工人业余美术创作组 5209

上海市市政管理委员会 8967

上海市手工业管理局《新礼花》连环画创作组
5330

上海市书法家协会 8132, 8324, 8588

上海市松江区地方史志编纂委员会办公室 2920,
3063

上海市松江县城厢镇东方红小学 12631

上海市体育委员会 3199

上海市体育运动委员会 3197, 3202, 3208, 9270

上海市外贸局业余美术组 3241

上海市文化局 12245

上海市文化局群众文艺组 12632

上海市文化局史志办公室《上海淮剧志》 12959

上海市文联剧影协会研究部 13088

上海市文史研究馆 2327

上海市文物保管委员会 1506, 1507, 8059, 10420

上海市文物管理委员会 1651

上海市文学艺术界联合会 11580, 12190, 12245

上海市武术队 9959

上海市舞蹈学校 5198, 9151, 11884, 12096,
12097, 12098, 12648, 12902

上海市舞蹈学校《白毛女》剧组 12097

上海市物资局业余文艺创作组 5275

上海市戏曲学校 11831, 11835, 12110

上海市襄阳南路第二幼儿园 12631

上海市新海农场业余文艺宣传队 11463, 12600

上海市新四军历史研究会 8894, 9252

上海市新闻出版系统"五·七"干校 3178, 3183,
3185

上海市新闻出版系统"五·七"干校《白毛女》连
环画创作组 5158

上海市新闻出版系统"五·七"干校《邱少云》连
环画创作组 5163

上海市新闻出版系统"五·七"干校《孙悟空三
打白骨精》创作组 5213, 5236

上海市新闻出版系统"五·七"干校《白毛女》连
环画创作组 5171

上海市胸科医院业余文艺创作组连环画 5238

上海市徐汇区工人业余写作组 5159

上海市徐汇区机关建国幼儿园 12631

上海市徐汇区少年宫 12444

上海市学生联合会 1717

上海市牙病中心防治所卫生教育馆 5480

上海市一九五四年工人美术展览会 1355

上海市仪表电讯工业局《特别观众》连环画创作
组 5237

上海市仪表局美术创作组 5248, 5276

上海市艺术教育委员会 11520, 12946

上海市艺术教育委员会秘书处 11499, 11987

上海市饮食服务公司 8723, 8920, 9002

上海市饮食福利公司 8719

上海市印刷一厂 4712, 4718, 4741

上海市邮电局业务宣传组 5298

上海市友好协会 4892

上海市幼儿师范学校 12003

上海市幼儿师范专科学校音乐教研室 11243

上海市园林局插花艺术研究会 10585

上海市肇周路小学　　　　　　　　12902

上海市政府　　　　　　　　　　　1375

上海市政府新闻办公室　　　　　　8915

上海市中等师范学校教材编写组　10801, 11224

上海市中等学校影评协会　　　　　13154

上海市中等职业技术教育课程改革和教材建设

　　委员会　　　　　　　　　121, 122

上海市中苏友好协会　　　　　360, 4887,

　　4888, 4891, 4901, 8870, 8871, 8872, 8873,

　　10128, 10129, 10130, 10131, 10132, 13004

上海市中苏友好协会宣传部　　　8668, 8878

上海市中苏友好協會　　　　　　　10130

上海市中小学教材编写组　12024, 12026, 12030,

　　12874

上海市中学摄影中心教研组　　　　8770

上海市总工会　　　　　　　　　11707

上海市总工会宣传部　　　　　　11481

上海市总工会宣传教育部　　　　10284

上海市总工会宣教部　　　　　　10295

上海手风琴教学中心　　　　　　11234

上海书店　　　　7156, 7990, 8545, 8566

上海书店出版社　1519, 7717, 7741, 8129, 8592

上海书法家协会　　　　　　　　8310

上海书画出版社　　　　477, 652, 686,

　　687, 695, 796, 797, 873, 907, 973, 990,

　　1485, 1511, 1515, 1547, 1549, 1582, 1583,

　　1678, 1679, 1684, 1685, 2176, 2186, 2188,

　　2280, 2408, 2702, 2704, 2705, 2706, 2709,

　　2710, 4771, 6893, 6894, 7148, 7150, 7158,

　　7238, 7256, 7258, 7264, 7269, 7388, 7411,

　　7425, 7577, 7647, 7648, 7649, 7653, 7713,

　　7715, 7719, 7720, 7733, 7743, 7751, 7760,

　　7762, 7763, 7793, 7800, 7801, 7812, 7814,

　　7864, 7865, 7866, 7867, 7873, 7876, 7879,

　　7880, 7882, 7887, 7974, 7975, 7980, 7983,

　　7984, 8062, 8068, 8070, 8071, 8090, 8101,

　　8124, 8128, 8132, 8144, 8149, 8158, 8160,

　　8170, 8178, 8180, 8191, 8234, 8284, 8310,

　　8325, 8333, 8334, 8336, 8341, 8343, 8344,

　　8347, 8357, 8368, 8381, 8382, 8384, 8415,

　　8426, 8427, 8435, 8538, 8539, 8540, 8541,

　　8542, 8549, 8553, 8559, 8560, 8561, 8568,

　　8569, 9506, 9520, 9781, 9782, 9783, 9889,

　　9927, 10007, 10011, 10093, 10095, 10152,

　　10170, 10171, 10172, 10334, 10335,

　　10336, 10338, 10339, 10530, 10639, 10659

上海书画出版社裱画组　　　　　　1065

上海书画出版社资料室　　　　10269, 10273

上海书画社　1479, 1547, 3040, 3041, 7253, 7408,

　　7759, 7760, 7793, 7863, 7973, 7974, 7975,

　　8067, 8137, 8139, 8140, 8142, 8143, 8162,

　　8343, 8381, 8556

上海孙中山故居宋庆龄故居和陵园管理委员会

　　　　　　　　　　　　　　　8568

上海天马电影制片厂　　13090, 13091, 13247

上海铁流漫画木刻研究社　　　　2979

上海铁路分局《列车飞奔》创作组　　5232

上海铁路分局《巧姑》连环画创作组　5259

上海铁路分局工人业余创作组　　5151

上海铁路管理局委员会　　　　　1356

上海图书出版贸易公司　　　　　3049

上海图书馆　　1280, 3058, 6617, 8058, 13308

上海文化出版社　　　　　441, 442, 443,

　　7402, 10171, 10798, 10868, 10902, 11079,

　　11413, 11431, 11450, 11580, 11599,

　　11628, 11629, 11630, 11633, 11634,

　　11635, 11636, 11637, 11638, 11639,

　　11640, 11641, 11643, 11644, 11645,

　　11647, 11648, 11841, 11953, 12003,

　　12020, 12080, 12118, 12123, 12170,

12190、12333、12595、12596、12599、13095

上海文化发展基金会　　　　　　　　12041

上海文化馆业余美术创作组　　　　　　3217

上海文化生活技艺专修学校　　　　　　7563

上海文化生活技艺专修学校编辑部　　　7545

上海文化系统二十一连　　　　　　　　3181

上海文化系统五营二连美术"革命组"　1803、

　　5149

上海文明书局　　　　　　　　　　　　8035

上海文艺出版社　　　　022、440、441、6463、

　　7032、10801、10802、10804、10851、10856、

　　10862、11080、11086、11118、11414、

　　11431、11432、11435、11436、11440、

　　11442、11447、11467、11469、11470、

　　11471、11475、11476、11483、11599、

　　11600、11602、11603、11605、11606、

　　11619、11690、11694、11695、11769、

　　11773、11775、11783、11800、11835、

　　11865、11886、11910、11911、11912、

　　11914、11917、11918、11921、11922、

　　11941、11969、11970、11971、11972、

　　11973、11974、11977、12011、12014、

　　12017、12019、12027、12028、12030、

　　12032、12052、12112、12113、12114、

　　12125、12140、12175、12176、12197、

　　12246、12269、12270、12276、12281、

　　12282、12313、12366、12368、12375、

　　12378、12379、12403、12404、12418、

　　12420、12428、12429、12444、12466、

　　12542、12582、12590、12591、12596、

　　12597、12598、12599、12629、12633、

　　12635、12701、12866、12887、12888、

　　12920、12922、12987、13015、13075、

　　13109、13219

上海文艺出版社音乐舞蹈编辑室　　　12030

上海舞蹈学校　　　　　　　　　　　12096

上海戏剧协社　　　　　　　　　　　12903

上海戏剧学院　　　　　　　　　　　12855

上海戏剧学院 1980 届舞美进修班教学组 12827

上海戏剧学院导演系　　　　　　　　12804

上海戏剧学院函授组《农村美术》师训班教学组

　　　　　　　　　　　　　　　　　1164

上海戏剧学院美术系　　　　　　　　3267

上海戏剧学院文学系编剧专业一年组　5296

上海戏剧学院朱端钧研究组　　　　　12698

上海戏曲音乐协会　　　　　　　　　11161

上海县《虹南作战史》连环画创作组　5228

上海县《虹南作战史》写作组　　5228、5282

上海县《血防线上》连环画业余创作组　5217

上海县上海港驳公司《虹南作战史》连环画创作

　　组　　　　　　　　　　　　　　5282

上海新画院　　　　　　　　　　　　5146

上海新闻出版系统"五·七"干校《海岸风雷》连

　　环画组　　　　　　　　　　　　5199

上海新闻摄影学会　　　　　　　　　315

上海新音乐总社　　　　　　　　　　11558

上海星光歌舞社　　　11361、11362、12400

上海星月歌舞社　　　　　　　　　　11888

上海学生课余艺术团　　　　　　　　12598

上海雅歌集票社　　　　　　　　　　12710

上海杨浦老年大学　　　　　　　　　865

上海冶金工业局歌曲创作学习班　11224、11965

上海业余电子琴培训中心　　　　　　11279

上海业余剧团　　　　　　　　　　　13011

上海仪表局工会美术创作组　　　　　5297

上海亿利美动画有限公司　　　　　　6472

上海艺华沪剧团　　　　　　　　　　4991

上海艺术发展基金理事会　　　　　　2282

上海艺术品雕刻一厂《献礼》创作组　5295

上海艺术研究所　　　273、12795、12844、12845、

12885, 12916

上海艺术研究所话剧室　　　　　　12911

上海艺术研究所学术委员会　　　074, 100

上海艺术研究所组织　　　　　　　12897

上海译文出版社　　　　12374, 12375

上海译制片厂　　　　5735, 5772, 5872

上海音乐出版社　　10804, 10817, 10862, 10909,
　　11196, 11198, 11199, 11204, 11208,
　　11286, 11492, 11493, 11525, 11581,
　　11584, 11585, 11586, 11713, 11718,
　　11729, 11735, 11736, 11753, 11809,
　　11810, 11818, 11873, 11927, 12038,
　　12042, 12047, 12049, 12176, 12178,
　　12180, 12211, 12212, 12213, 12270,
　　12271, 12272, 12282, 12285, 12287,
　　12317, 12319, 12384, 12385, 12407,
　　12421, 12511, 12537

上海音乐出版社编辑部　　　11941, 12490

上海音乐出版社青少年读物编辑室　　11129,
　　11746, 12156

上海音乐创作委员会　　　　　　　12164

上海音乐家协会电子琴专业委员会11287, 12240

上海音乐家协会钢琴专业委员会《钢琴分级实
　　用教程》编委会　　　　　　　11248

上海音乐学院11451, 11623, 11636, 12494, 12519

上海音乐学院编译室　　　　10793, 10923

上海音乐学院创作丛刊编辑委员会　　11942,
　　11943, 12191, 12193

上海音乐学院创作委员会　11587, 11609, 12008

上海音乐学院大提琴教研组　　　　12166

上海音乐学院附属儿童音乐学校钢琴教研组
　　　　　　　　　　　　　　　11221

上海音乐学院附属中等音乐学校　11222, 12494

上海音乐学院附中视唱练耳教研组　　11066

上海音乐学院钢琴系　　　　　　　12194

上海音乐学院钢琴系星海小组　　　11221

上海音乐学院管弦乐小提琴教研组　　12169

上海音乐学院马列主义教研室　　　　019

上海音乐学院民乐系民族器乐教研组　12277

上海音乐学院女子重奏组　　　　　12233

上海音乐学院声乐系　　11113, 11114, 11123,
　　11942, 11970, 12559

上海音乐学院实验乐团小提琴齐奏组　12169

上海音乐学院视唱练耳教研组　　11044, 11045,
　　11054, 11065

上海音乐学院图书馆　　　　　　　10862

上海音乐学院小提琴教材组　　12174, 12175

上海音乐学院音乐定级考试委员会12285, 12318

上海音乐学院音乐研究所　　　10907, 11271

上海影片公司　　　　　　　　　13288

上海影视公司　　　　　　　　　6284

上海油画雕塑创作室　　　3184, 3189, 3201

上海宇宙金银品厂编写组　　　　　10649

上海玉石雕刻厂　　　　　　　　　8665

上海元龙实业公司　　　　　　　12536

上海圆谷企画有限公司　　　　　　7051

上海越剧团　　　　　　　　　　11863

上海越剧艺术研究中心　　　12831, 12951

上海越剧院　　　　9146, 9944, 10449

上海越剧院艺术研究室　　　　　12932

上海越剧院艺术研究院　　　　　12951

上海杂技团　　　　　　　　　　12987

上海造币厂钱币研究会　　　　　10657

上海展望国际文化发展公司　　　　9511

上海战事写真馆　　　　　　　　1718

上海振海艺术品公司　　　　　　2256

上海筝会　　　　　　　　　　　12318

上海正谊社宣传部　　　　　　　12858

上海植物园　　　　　　　　　　9307

上海中国画院 1381, 1488, 1741, 2091, 2414, 5158

上海中国画院"造船工业打翻身仗"组画创作组
　　　　　　　　　　　　　　　　1805
上海中国画院花鸟画组集体　　　　937
上海中国画院画廊 2287, 2297, 2301, 2302, 2304,
　　2305, 2309, 2312, 2314, 2315, 2316, 2411,
　　2412, 2478, 2479, 2480, 2481, 2549, 8316,
　　8319, 8320, 8323
上海中国科学电影制片厂　　　　8871
上海中国书法篆刻研究会　　　　8134
上海中华口琴会　　　　12185, 12186
上海中华书法协会　　　　7362, 8233
上海中华印刷厂　　　　　　　3195
上海中苏友好协会　　　　　　12594
上海中小学课程教材改革委员会　11288
上海钟表工业公司　　　　　　3908
上海总工会文工团　　　　　　11390
上海总工会文教部　　　　　　11565
上河美术馆　　　　　　　　　119
上悔博物馆工艺美术研究组　　1062
上口陆人原　　　　　　　　　1112
上饶地区工农兵文艺工作站　　3763
上饶市文化工作站　　　　　　281
上饶专区采茶剧团　　　　　　12112
上田敏　　　　　　　　　　　004
尚 – 贾克·桑贝　　　　　　　7014
尚·杜布菲　　　　　　　　　375
尚爱珍　　　　　　　　　　　12039
尚春生　　　　　　　　　　　11486
尚德　　　　　　　　　　　　10740
尚德强　　　　　　　　　　　11810
尚德义　　　11676, 11678, 11966, 11975, 11990,
　　12171, 12199
尚德周　251, 1165, 2785, 3223, 3260, 3343, 3534,
　　3960, 3979, 4021, 5024, 5356, 5855
尚丁　　　　　　　　　　　　2757

尚恩瑞　　　　　　　　　　　5201
尚尔云　　　　　　　　　　　10733
尚飞　　　　　　　　　　　　10138
尚刚　　　　　　　　　　　　10204
尚弓　　　　　　　　　　　　5389
尚涵　　　　　　　　　　　　5846
尚河　　　　　　　　　　　　6251
尚珩　　　　　　　　　　2361, 6179
尚沪生　　　　2774, 2779, 4001, 4002
尚华　　　　　　　　　2919, 12933
尚怀晓　　　　　　　　　　　11658
尚辉　　　　　　　　　　429, 1079
尚慧通　　　　　　　　2457, 4813
尚疾　　　　　　　　　　　　12019
尚纪平　　　　　　　　　　　10581
尚家骧　10983, 12362, 12367, 12382, 12426,
　　12427, 12428, 12431
尚洁　　　　　　　　　　　　6383
尚今　　　　　　　　　　　　6632
尚金生　　　　　　　5723, 6034, 6073
尚金声　　　5309, 5946, 6270, 6456, 6476
尚进　　　　　　8977, 9004, 9242, 9292
尚劲文　　　　　　　　　　　5165
尚君砺　1864, 3564, 3584, 3711, 4970, 5001,
　　5017, 5020, 5021, 5036, 5042, 5091
尚可　　　　　　　　　6614, 12069
尚奎舜　　　　　　　　　　　10400
尚立滨　　　　　　　　　　　5279
尚连璧　　　　　　　　2148, 2209
尚美　　　　　　　　　　　　10727
尚梦侨　　　　　　　　　　　5858
尚莫宗　　　　　　　　　　　2981
尚木　　　　　　　　　　　　5930
尚青　　　　　　　　　　　　5226
尚忍　　　9423, 9436, 9672, 9702, 9704, 9707

尚士爵　5255
尚士顺　4888
尚士永　5668, 5906, 6683
尚世永　6720
尚潭　5804
尚涛　1838, 1850, 1905, 3859, 3892, 8192, 10426
尚天保　3875
尚文　3083, 4928, 4937, 4971, 4977, 4979, 4989, 4991, 5011, 5038, 5045, 5062, 5067, 5073, 5452
尚武　1984, 3305
尚宪章　12821
尚羡智　3710, 3967, 5381, 5534, 5554, 5785, 5836, 6062, 6379
尚小云艺术编辑整理委员会　11874
尚新　9437, 9443
尚新楠　11131
尚宣斌　3203, 3214
尚学　6181
尚雅　8829, 9454
尚亚卿　7605
尚扬　2795, 2816, 2824, 2883, 5215, 5426, 5839
尚弋昌　13134
尚义　6297
尚易　5862, 5908
尚勇　3908
尚游　2147
尚友淞　3707
尚玉鸣　5222
尚玉芹　5423
尚在学　5417
尚振亚　3221
尚铮　266
尚志明　12997, 12998
尚祖虹　2480

韶川　3341
韶关地区"革委会"政工组文艺办公室　5165
韶关地区"革委会"政工组文艺办公室《发生在旅馆里的故事》创作组　5173
韶关地区"革委会"政工组文艺办公室《战斗在红石岭上》创作组　5189
韶关地区文化局《飞鹰崖》创作组　5250
韶光　9252
韶华　6339, 12895, 13244
韶山陈列馆　2742, 2747
韶山毛泽东同志旧居陈列馆　9325
韶玉　10480, 10489
少白　9466, 9467, 9739
少波　5592
少柴　6058
少达　3320, 6226, 6358
少凡　6420, 6421
少华　8836, 8837, 9313, 9314
少华译　5641
少怀　4619
少君　6326, 12938
少楷　2238
少兰　5929, 6238
少敏　5566
少年报社　6286, 6654, 12039
少年儿童出版社　601, 1302, 1446, 1726, 2926, 3411, 4913, 4915, 5136, 5348, 5421, 6428, 6553, 6611, 6641, 6642, 6645, 6649, 6671, 6710, 6711, 6756, 6776, 8870, 10667, 10671, 12004, 12005, 12007, 12008, 12627, 12628, 12634, 13162
少年儿童出版社儿童文学研究编辑室　499
少年儿童出版社美编室　1111, 1172, 1252, 1253
少年儿童图画编辑委员会　6745
少年书法报社　6771, 8323

少童　5243

少文　6182

少瑜　2207

少忠　9135, 10149

少舟　5788, 5989

邵安华　9620

邵柏林　9823

邵宝　8049

邵倍文　4281

邵波　6058

邵伯奇　2480

邵昌弟　961

邵长波　13069

邵常坦　8943

邵成华　5326

邵承斌　12416, 12542

邵迟　5806

邵冲飞　12826

邵储　11002

邵传烈　073, 184, 6484

邵闯　492

邵春良　11066, 11210, 11290, 12184, 12484

邵春田　5327

邵纯　7545

邵大地　431, 1124, 10263, 10570, 10660

邵大浪　8782, 8794

邵大箴　034, 121, 196, 200, 369, 376, 522, 578, 582, 1088, 2813

邵殿英　5402, 5409, 5468, 5484, 5485, 5496, 5521, 5538, 5637, 5657, 5739, 5740, 5984

邵东　6497, 6509

邵东县"革命委员会"政工组　5161

邵恩　12173

邵风珍　4597, 4808

邵锋　11315

邵戈　2244, 2264

邵功游　6225

邵光禄　11191

邵广凡　7412

邵国寰　5079

邵国兴　3998, 5348

邵国英　4704

邵海　6667

邵杭　9431, 9442

邵杭潘　9328

邵宏　129, 130

邵鸿达　13200

邵华　1931, 3765, 3780, 3888, 4095, 6418, 9141, 9318

邵华安　8239, 8820, 8849, 9026, 9124, 9310, 9380, 9395, 9397, 9451, 9459, 9462, 9467, 9472, 9573, 9574, 9578, 9606, 9619, 9676, 9677, 9696, 9700, 9715, 9722, 9967, 9968, 9976, 9977, 10002, 10032, 10041, 10048, 10113, 10115

邵华泽　8295, 8334

邵家声　5253, 5368, 5668, 5743, 5975, 6361, 6516

邵家业　8983

邵家勇　7468

邵甲信　10363

邵建　1815

邵江　10617

邵江成　2881

邵金山　12350

邵劲　7403

邵劲文　3899

邵劲之　3261, 3923, 3927, 5252, 5255, 5281, 5352, 5684

邵京生　6210, 6253

邵晶　6361

| | |
|---|---|
| 邵晶坤 | 2721, 3073, 3093, 3118, 3626, 3691 |
| 邵靓云 | 3092 |
| 邵军 | 4773 |
| 邵均林 | 5366, 5824 |
| 邵钧林 | 5320 |
| 邵俊仪 | 301 |
| 邵凯生 | 12237 |
| 邵克萍 | 2993, 3007, 3008, 3060, 3619, 3680, 3722, 3771, 3780, 8617 |
| 邵克勤 | 6282 |
| 邵奎一 | 3917 |
| 邵兰芳 | 10705 |
| 邵黎扬 | 10109 |
| 邵黎阳 | 1216, 3046, 3907, 8827, 8828, 8842, 8844, 9014, 9028, 9096, 9420, 9432, 9437, 9447, 9455, 9459, 9623, 9624, 9641, 9648, 9668, 9671, 9673, 9675, 9680, 9708, 9714, 9730, 9880, 9895, 9897, 10054, 10105, 10113 |
| 邵力华 | 114, 4044 |
| 邵立智 | 5199 |
| 邵丽华 | 1410, 8795 |
| 邵丽珍 | 5980 |
| 邵林 | 6044, 6671 |
| 邵灵 | 2148 |
| 邵隆海 | 3222 |
| 邵鲁江 | 6076, 6149 |
| 邵鲁军 | 5819, 6149 |
| 邵洛 | 7231 |
| 邵洛羊 | 216, 536, 792, 793, 795, 2334 |
| 邵茂桂 | 3253 |
| 邵梅臣 | 646 |
| 邵梦龙 | 636, 5591, 5818, 5822, 6067, 6124 |
| 邵弥 | 1467, 1559, 1565, 1569, 1571, 1578 |
| 邵明江 | 3065 |
| 邵牧君 | 12681, 12708, 13055, 13056, 13104, |

| | |
|---|---|
| | 13177, 13180, 13183, 13306 |
| 邵娜斯图 | 5184 |
| 邵念慈 | 1990, 3599, 3731, 4953, 5099 |
| 邵宁 | 6484 |
| 邵培仁 | 106 |
| 邵培文 | 2049, 2064, 2081, 2156, 2172, 2808, 4284, 4386, 4418, 4445, 4457, 4458, 4541, 4555, 4565, 4657, 4684, 4820 |
| 邵琦 | 597, 705, 1688 |
| 邵潜 | 8482 |
| 邵强 | 5257 |
| 邵青林 | 3888 |
| 邵秋海 | 6153 |
| 邵瞿昌 | 10210, 10726 |
| 邵瑞刚 | 5541, 5959, 13102 |
| 邵瑞玲 | 2124, 2132, 2161, 4778 |
| 邵森永 | 12834 |
| 邵珊 | 6255, 6338, 6379, 6733, 7068, 7070 |
| 邵邵 | 6209 |
| 邵劭 | 5353, 5354, 5414, 5444, 5496, 5546, 5705, 5838, 5845, 5876, 5886, 5941, 6057, 6139, 6170, 6172 |
| 邵生 | 5315 |
| 邵声 | 5276, 5298 |
| 邵声朗 | 2052, 2465, 3584, 3615, 5041, 5347 |
| 邵盛宝 | 3828 |
| 邵士骧 | 6017 |
| 邵式平 | 8334 |
| 邵嗣光 | 12301 |
| 邵嗣尧 | 12301 |
| 邵松年 | 1466 |
| 邵泰芳 | 5519, 5547 |
| 邵陀 | 6535 |
| 邵伟光 | 6800 |
| 邵伟民 | 11171, 11172, 12457 |

邵伟尧　079, 311, 1108, 1131, 1393, 3700, 4955,
　　5051, 5133

邵文　　　　　　　　　　　　　　8805

邵文锦　　　　　　　3567, 3611, 3621,
　　3675, 3690, 3711, 3780, 3854, 3968,
　　4020, 4153, 4256, 4399, 10412

邵文君　　　　　　　　　　2462, 2476

邵雯　　　　　　　　　　　　　　5986

邵无斋　　　　　　　　　　　　10127

邵锡铭　　　　　　　　　　　　11147

邵小宁　　　　　　　　　　6521, 6532

邵晓文　　　　　　　　　　　　10619

邵兴方　　　　　　　　　　　　12479

邵学海　　　　　　　　　　　　6371

邵雪　　　　　　　　　　　　　7070

邵雪梅　　　　　　　　　　　　6083

邵勋　　　　　　5469, 5728, 5824, 6004

邵严国　　　　　　　　　　　　8988

邵雁斌　　　　　　　　　　　　4102

邵燕祥　　　　　　　　　　　　3479

邵阳　　　　　　　　　　　　　6276

邵阳地区"革命委员会"政工组　　5161

邵阳市老年书画协会　　　　　　1342

邵养德　　　　　　　　　　　　108

邵一　　　　　　　　　　　　　2485

邵一萍1763, 1769, 1780, 1801, 1906, 3591, 3635,
　　3975

邵一心　　　　　　　　　　　　2813

邵义强　　　10861, 10895, 10923, 10990, 11048,
　　11165, 11224, 11225, 11228, 11229,
　　11269, 12453

邵影　　　　　　　　　　　　　11496

邵永真　　　　　　　　　　　　2127

邵幼轩　　　　　　　　　　　　1993

邵宇　　　　1384, 1395, 2075, 2849, 2851,

2853, 2856, 2857, 2861, 2867, 2869, 2873,
　　2874, 2875, 2924, 2925, 2928, 2931, 4876,
　　4878, 4935, 6597, 8890, 8899, 8930, 9250,
　　10352, 10353

邵玉铮　　　　　　　　　　8198, 8319

邵远　　　　　　　　　　　6370, 6441

邵云　　　　　　　　　　　　　11406

邵灶友　　　　　　　　　　1891, 2468

邵增虎　　　2751, 2766, 2806, 3304, 3914

邵章　　　　　　　　　　　　　8112

邵章藏　　　　　　　　　　　　8455

邵甄　　　　4945, 4973, 5064, 5564, 5793

邵振为　　　　　　　　　　　　12797

邵正夫　　　　　　　　　　　　5511

邵志杰　　　　　　　　　　　　2542

邵志礼　　　　　　　　　　　　12987

邵智贤　　　　　　　　　　　　11253

邵忠　　　　　　　　　　206, 341, 722

邵忠竞　　　　　　　　　　　　2648

邵仲节　　　　　　　　　　610, 1969

邵珠　　　　　　　　　　　　　5703

邵子南　　　　　　　　　　　　2986

邵子振3790, 3948, 5263, 5305, 5564, 5833, 5914,
　　6153

邵紫　　　　　　　　　　　　　12035

邵紫绶　　　　　　　12045, 12050, 12630

邵宗伯　　　　　　　　　　　　8280

邵佐唐　　2097, 3580, 3682, 3947, 3967, 4015,
　　4055, 4105, 4129, 4138, 4140, 4163, 4170,
　　4178, 4217, 4244, 4261, 4315, 4317, 4323,
　　4327, 4341, 4359, 4446, 4476, 4704, 4825,
　　9010

绍波　　　　　　　　　6249, 6286, 6442

绍城　　　　　　　　5754, 5834, 5844, 6118

绍虎　　　　　　　　　　　　　4077

| | |
|---|---|
| 绍甲 | 9480 |
| 绍昆 | 4971, 5965 |
| 绍六 | 5534 |
| 绍梅 | 3220 |
| 绍旻 | 5260, 5295, 5707, 6138 |
| 绍文 | 6637 |
| 绍武 | 5572 |
| 绍雄 | 6022 |
| 绍颜 | 8113 |
| 绍亦 | 10790 |
| 佘城 | 583, 1299 |
| 佘国纲 | 4994, 5533 |
| 佘国琨 | 8956 |
| 佘华 | 11503 |
| 佘菊初 | 3136 |
| 佘妙枝 | 1891 |
| 佘妙枝 | 1973 |
| 佘民 | 5887 |
| 佘斯大 | 7582 |
| 佘小仪 | 4534 |
| 佘雪曼 | 289, 290, 7279, 7295, 7664, 7802, 7805, 8189 |
| 舍德勒 | 8736 |
| 舍尔克总 | 13256 |
| 舍夫契克 | 12462, 12463, 12464 |
| 舍冷业西 | 3045 |
| 舍奇 | 13252 |
| 舍予 | 11493 |
| 设计工作室 | 9521 |
| 社会部社会福利司 | 11994 |
| 社会公德四字歌名人名家书画展组委会 | 2287 |
| 社会科学战线杂志社 | 10434 |
| 社文 | 5171 |
| 射阳县业余美术创作组 | 3182 |
| 射映 | 5649 |
| 涉园 | 7664 |
| 摄影丛刊编辑部 | 10156 |
| 摄影工作社 | 8681 |
| 摄影艺术展览会编辑组 | 8876 |
| 摄影展览办公室 | 1359 |
| 摄影之友杂志社 | 8801 |
| 摄影组 | 9067, 9068 |
| 申宝 | 2705, 2709 |
| 申保山 | 11705 |
| 申报馆 | 1603 |
| 申德瑞 | 12483 |
| 申东 | 1416, 2911 |
| 申二伽 | 924 |
| 申根源 | 5258, 5602, 5897, 10425 |
| 申怀琪 | 12833 |
| 申纪成 | 3801 |
| 申佳 | 10618 |
| 申建军 | 5303, 5345 |
| 申捷 | 11827 |
| 申景旺 | 11963 |
| 申菊芳 | 5676 |
| 申君 | 10480, 10489, 10494 |
| 申克 | 11102 |
| 申乐 | 6478 |
| 申连生 | 5262 |
| 申亮 | 2963 |
| 申茂之 | 3650 |
| 申内维尔 | 12508 |
| 申少斌 | 9427, 9876, 9877, 10063 |
| 申少君 | 702, 703, 824, 826, 866, 881, 2112, 2295, 2309, 2405 |
| 申申 | 1791, 3107, 3702, 4002, 4102, 4129, 4146, 4248, 4257, 4443, 4650, 4896 |
| 申生 | 8553 |
| 申石伽 | 866, 902, 924, 941, 1899, 2032, 2148, |

2436, 4463, 4669, 10477

申松欣　8124

申同景 2006, 2082, 2089, 2094, 2099, 2106, 2137,
2138, 2160, 2166, 2359, 2362, 2372, 2374,
3768, 4054, 4127, 4134, 4146, 4154, 4171,
4182, 4192, 4206, 4250, 4261, 4286, 4306,
4318, 4328, 4329, 4366, 4395, 4398, 4417,
4428, 4452, 4454, 4472, 4480, 4495, 4516,
4537, 4538, 4546, 4589, 4593, 4595, 4596,
4630, 4642, 4664, 4668, 4706, 4707, 4741,
4752, 4764, 4775, 4777, 4790, 4817, 4843,
4851, 4864, 4866, 4867, 6202

申屠错　3466

申屠奇　5104, 6030

申屠志刚　10392

申万胜　8316

申伟　864, 975, 1091

申慰　6043

申文广　10094

申文凯　11868, 12128

申晓　11725

申晓君　8254

申晓励　13086

申新　6365

申闫春　8783

申业华　4077, 4142

申永淳　13252

申远初　494

申跃中　5259, 5646

申云萍　3728

申载春　13204

申再望　8955

申璋　5250

申珠　5945

申自强　074

莘芜　5256

莘梓　11717

深彩公司　9518

深沉　2124, 2172

深泽公　3767

深泽孝哉　559

深圳大志成图片社供　9503

深圳东方英文书院　6766

深圳翡翠动画设计公司　6729

深圳高等职业技术学院教务处·工艺美术学部
10235

深圳画报社　8961

深圳画院　2478

深圳经济特区新闻工作委员会宣传处　8936

深圳美术馆　316, 2329, 2960

深圳世界之窗有限公司市场部　8959

深圳市毕升实业发展有限公司　10010

深圳市东江纵队老战士联谊会《壮志歌》编委会
11513

深圳市关山月美术馆　816

深圳市接待办公室　8966

深圳市美术家协会 337, 1374, 1419, 1420, 2304,
2328, 2336, 2338, 2552, 2553, 2917, 2964

深圳市青少年事业发展基金会　6766

深圳市文化局　816, 2478, 6763

深圳特区报社　2273

深圳文化局　1717

深圳艺术中心　6763

深圳展览馆　1914

什邡县川剧团团志编写组　12758

什密特　12489, 12523

什涅代洛夫　13275

什涅得洛夫　13258

什涅依捷尔　13254

什瓦　13260

| | | | |
|---|---|---|---|
| 神笛 | 6375, 6376 | 沈波 | 041, 12022 |
| 神户光 | 7143 | 沈泊尘 | 4868 |
| 神剑文学艺术学会 | 8189 | 沈勃 | 2534 |
| 神乐署 | 12242 | 沈才土 | 1488 |
| 神林恒道 | 190 | 沈灿 | 6709 |
| 神英 | 6376 | 沈粲 | 8065, 8087, 8415 |
| 神州版画博物馆 | 3064 | 沈草农 | 11334 |
| 神州国光社 | 1271, 1495, 1534, 1565, 1569, 1629, 1630, 1631, 7661 | 沈长城 | 1172, 1814 |
| | | 沈长华 | 12447 |
| 神州影片公司 | 13287 | 沈澈 | 10151 |
| 榊莫山 | 7283 | 沈琛 | 3907 |
| 沈爱良 | 8479 | 沈辰 | 843 |
| 沈安良 | 7532 | 沈沉 | 8461, 8462, 8582 |
| 沈安有 | 3788, 5226, 5763 | 沈成 | 3817 |
| 沈白 | 1567 | 沈承山 | 5415 |
| 沈百昌 | 6050 | 沈崇道 | 2755 |
| 沈邦富 | 5290 | 沈宠绥 | 12734, 12735 |
| 沈宝发 | 5274 | 沈传师 | 7836 |
| 沈宝纲 | 11487 | 沈传薪 | 11971, 12173, 12317 |
| 沈宝贵 | 7910 | 沈春芳 | 8007 |
| 沈宝基 | 365 | 沈春华 | 1267 |
| 沈宝龙 | 2450, 8217, 10399 | 沈慈护 | 1572 |
| 沈宝璐 | 12088 | 沈从文 | 109, 6311, 6537, 10175, 10563 |
| 沈宝善 | 6325 | 沈达卿 | 4879 |
| 沈北雁 | 1110, 3948 | 沈达人 | 12697, 12706 |
| 沈蓓 | 12571 | 沈大慈 | 2827, 3627, 3691, 3782, 3842, 3894, 3963, 3971, 4004, 4072, 4154, 10421 |
| 沈碧霞 | 6661 | | |
| 沈辨 | 6186, 7069 | 沈道初 | 10972 |
| 沈标桐 | 8991 | 沈道鸿 | 5302 |
| 沈彬如 | 2238, 2610 | 沈道宽 | 7234, 11329 |
| 沈斌 | 6380, 6579, 10331, 10380 | 沈道荣 | 349, 7424, 7455, 7899, 7910, 8391, 8398, 8400, 8416 |
| 沈斌仁 | 12440 | | |
| 沈秉钧 | 8793 | 沈德传 | 1065 |
| 沈秉廉 | 11110, 11995, 12091 | 沈德符 | 1052, 8452, 8472, 12735 |
| 沈炳 | 7877, 8382 | 沈狄西 | 12796 |

| | | | |
|---|---|---|---|
| 沈鼎臣 | 10640 | 沈光邦 | 11009, 11012 |
| 沈鼎尧 | 7652 | 沈光伟 | 2352, 2523 |
| 沈定庵 | 8290 | 沈广森 | 8851, 8852 |
| 沈东亮 | 5255 | 沈广耀 | 3193, 3218 |
| 沈东山 | 7654 | 沈贵玉 | 4916 |
| 沈敦行 | 10900, 10901, 10902, 11074 | 沈桂芳 | 11148, 12924 |
| 沈萼梅 | 11121 | 沈桂高 | 13216 |
| 沈恩泽 | 7580 | 沈国辉 | 5661, 6170 |
| 沈发根 | 1493 | 沈国浚 | 5928 |
| 沈凡 | 3405 | 沈国庆 | 10049 |
| 沈芳 | 1413 | 沈国仁 | 6781 |
| 沈昉 | 10777 | 沈国瑞 | 4924 |
| 沈放 | 4887 | 沈国我 | 5569 |
| 沈奋强 | 8399 | 沈国錾 | 5277 |
| 沈丰明 | 1841, 3848, 3975 | 沈国柱 | 6405 |
| 沈风涛 | 4003 | 沈汉 | 5457 |
| 沈凤 | 4908, 8495, 8496, 13199 | 沈汉卿 | 12643 |
| 沈凤泉 | 12337 | 沈汉武 | 3190, 3877, 3927, 5391, 5567, 5575, 5930, 5964 |
| 沈凤威 | 13200 | | |
| 沈福根 | 10223 | 沈翰 | 8047 |
| 沈福庆 | 9439, 9712, 10076 | 沈行工 | 1077, 2785, 2786, 2812, 2836, 2935, 3158, 3214, 3243, 3248, 3261, 3790, 3856, 3899, 4000, 4003, 5212, 5236, 5618, 6601 |
| 沈福堂 | 9457, 9721 | | |
| 沈福文 | 326, 331, 8618, 10200, 10230, 10242, 10641 | | |
| 沈福馨 | 10682, 10697, 10712, 12939, 12940, 12949 | 沈行功 | 3216 |
| 沈复粲 | 1455, 1456, 7208, 7657 | 沈行止 | 6298 |
| 沈复华 | 12613 | 沈豪 | 13313 |
| 沈复明 | 2719, 3071, 3076, 3079, 3090, 3091, 3093, 3130, 3159, 3587, 3659, 3660, 3748 | 沈浩 | 7370, 7821, 7939, 12294 |
| | | 沈浩初 | 12314 |
| 沈刚 | 6489, 11503 | 沈浩鹏 | 6102 |
| 沈高仁 | 1006, 1969, 1970, 2023, 2029, 2100, 2566, 2568, 2569, 2572, 2626, 2640, 4302, 4333, 4391, 4501, 4580, 4616, 4655 | 沈颢 | 765, 890, 1560, 1563, 1634 |
| | | 沈和年 | 2538, 5976 |
| | | 沈河 | 5861 |
| 沈古运 | 2093, 4438, 4478, 4610, 4671 | 沈河娟 | 5799 |
| 沈琯 | 11325 | 沈鹤霄 | 12412 |

沈红　13143

沈洪　11379

沈鸿根　7282, 7286, 7309, 7345, 7354, 7371, 7375, 7414, 7416, 7417, 7418, 7419, 7421, 7423, 7425, 7430, 7431, 7434, 7443, 7445, 7460, 7465, 7484, 7507, 7511, 7555, 7565, 7575, 7607, 7622, 8244, 8264, 8349

沈鸿如　4947, 5007

沈鸿鑫　12733, 12893

沈候新　11442

沈虎　482, 5957, 6254

沈花末　8184

沈环轩　3428

沈恢　1546

沈晖　585

沈惠澜　714

沈慧伟　1114

沈基宇　5068

沈纪　2230, 13061

沈继孙　1039, 1040

沈寄人　11291, 11292

沈寂　2907, 5550, 6515, 13086, 13106, 13113, 13156, 13166

沈加蔚　2758, 2840, 3850, 5246, 5715, 5848

沈佳良　5457, 5460, 5786

沈家驹　10653

沈家琳　3372, 3537, 3551, 3558, 3626, 3627, 3636, 3686, 3707, 3714, 3715, 3754, 4022, 4036, 4083, 4084, 4104, 4108, 4154, 4155, 4190, 4198, 4202, 4239, 4240, 4280, 4312, 4332, 4339, 4384, 4410, 4469, 4532, 4579, 4585, 4645, 4652, 4735, 4780, 10406

沈嘉蔚　6825

沈俭　8757

沈俭益　6124

沈建　3979

沈建德　5674, 6024, 6025

沈建东　529, 10746

沈建国　5267, 5285, 5552, 5739, 5753, 6077

沈建军　10814, 10818, 10836

沈建平　031, 13202

沈建中　8983, 9037

沈健　3943

沈健德　5434

沈鉴声　12152

沈洁　2288

沈捷　6409, 11489

沈今声　9344, 9350, 9390, 9533, 9544, 9547, 9567, 9619, 9706, 9740, 9842, 9944, 9947, 9961, 9968, 10032

沈金荣　2883

沈金祥　5246, 5276

沈锦荣　4104

沈锦心　2706, 4303

沈晋田　3539, 3577, 3580, 3589, 3636, 4034, 4053

沈觐寿　8147

沈景　10310

沈憬然　12065, 12066

沈璟　12053, 12055

沈镜堂　767, 778

沈珏浩　9409

沈军　5348

沈君曼　5961

沈钧　8030, 10097

沈钧儒　8133, 8134

沈钧儒纪念馆　2335

沈凯　4923, 5446, 5478, 5647

沈揆一　126, 181

沈括　468, 640

| | | | |
|---|---|---|---|
| 沈兰先 | 7689, 7690 | 沈名存 | 5760, 6239, 6440 |
| 沈乐平 | 2238 | 沈名中 | 6239 |
| 沈雷 | 12990 | 沈明 | 1700, 4941, 5042 |
| 沈黎 | 8838, 9452, 9458, 9722, 9729, 9981 | 沈明德 | 5764 |
| 沈力勤 | 5207, 5334 | 沈明权 | 720, 1486 |
| 沈立行 | 6229 | 沈明珍 | 12560, 12587, 12654 |
| 沈立良 | 12280 | 沈鸣 | 9039, 9041 |
| 沈利群 | 12279 | 沈沫 | 5919, 6073, 6106, 6149, 6363 |
| 沈利亚 | 8910 | 沈默 | 5918, 6002, 6008, 6241, 6242, 6929, 6930, |
| 沈荔 | 10364 | | 11054 |
| 沈笠 | 12426, 12427, 12682 | 沈默君 | 4898, 7357, 7371, 13229 |
| 沈良福 | 4527 | 沈乃葵 | 12066 |
| 沈良鸿 | 5314 | 沈蛲虹 | 11607 |
| 沈良能 | 142 | 沈年润 | 8268 |
| 沈良其 | 6013 | 沈念斤 | 6273 |
| 沈亮 | 2468 | 沈念乐 | 6305, 6306 |
| 沈林 | 6035 | 沈培 | 3412 |
| 沈霖 | 3096, 3099 | 沈培椿 | 10279, 10329 |
| 沈霖摄 | 3085 | 沈培方 | 7221, 7265, 7277, 7416, 7421, 7430, 7446, |
| 沈玲 | 8955 | | 8090, 8192 |
| 沈玲玲 | 7076 | 沈鹏 | 215, 298, 517, 542, 1296, 1297, 1298, 1308, |
| 沈六峰 | 7407, 7412 | | 1381, 1484, 1485, 3068, 4201, 7668, 7988, |
| 沈六泉 | 8496 | | 8148, 8159, 8161, 8162, 8163, 8164, 8171, |
| 沈龙光 | 10258 | | 8177, 8178, 8180, 8183, 8185, 8226, 8247, |
| 沈龙海 | 6703, 6704 | | 8262, 8265, 8313, 8322, 8326, 8416, 8421, |
| 沈履言 | 1603 | | 8893, 8898, 8951, 10560 |
| 沈麓元 | 4884, 4887, 4889 | 沈平 | 2186, 2953, 9075, 9383 |
| 沈洛明 | 8880 | 沈平国 | 3295 |
| 沈洛漠 | 5790 | 沈平山 | 13006 |
| 沈迈士 | 792, 1924, 1994, 2664 | 沈平一 | 10666, 10669 |
| 沈曼云 | 4963 | 沈栖 | 5800, 13140 |
| 沈美新 | 8759, 8781 | 沈其于 | 4965 |
| 沈美雪 | 6984, 6985, 6986, 6987, 6988 | 沈琪 | 6896, 8603 |
| 沈妙荣 | 5795 | 沈琦 | 10411 |
| 沈民义 | 3050 | 沈屺懋 | 2667 |

沈启鹏 1142, 1312, 1812, 1814, 1922, 2349, 3847,
  5201, 5634, 5820, 6074, 6118, 6123, 6239,
  6523

沈起予 011

沈洽 10907

沈潜 7628

沈蒨玉 1708

沈乔生 5434

沈清松 057

沈清佐 8443, 8445, 8448, 8493

沈庆鸿 11363

沈庆均 3391

沈庆林 6355

沈庆生 8903

沈秋 3338

沈秋骅 11268

沈铨 749, 750, 1670, 2616, 2647, 10459

沈群 6436, 6599

沈仁 9849, 10066

沈仁浪 12342

沈荣华 2485, 10563

沈荣铭 8499

沈容 13237

沈蓉儿 3724

沈蓉芬 6330

沈柔坚 216, 493, 524, 1385, 2133, 2183, 2195,
  2209, 2256, 2335, 2856, 2876, 2963, 3000,
  3001, 3003, 3004, 3006, 3007, 3050, 8641

沈蕊 7043

沈瑞奉 11119

沈闰水 6457

沈润樵 9845, 9956

沈三贤 1595

沈沙 4920

沈山岭 10191

沈善增 6664, 6677

沈上达 11371, 11826, 11888

沈绍岚 10252

沈绍伦 2931, 2941, 3088, 3095, 3096, 3101, 3106,
  3110, 3111, 3118, 3120, 3121, 3123, 3126,
  3130, 3131, 3195, 3203, 3208, 3216, 3231,
  3240, 3241, 3257, 3290, 3294, 3301, 3316,
  3320, 3321, 3322, 3324, 3326, 3327, 3329,
  3334, 3335, 3336, 3338, 3345, 3346, 3349,
  3367, 4016, 4162, 4199, 4227, 4273, 4397,
  4410, 4893, 5355, 5480, 5851

沈绍周 12307

沈深 2068, 2087, 2107, 2146, 4438, 4565, 4775,
  5578

沈胜双 7889, 7890

沈胜勇 7066

沈师光 6808

沈师徐 10963

沈石 5960, 7363, 7368

沈石公 1501

沈石溪 5602, 5908, 6008

沈石溪工作室 6526

沈士充 1563, 1567, 1569, 6813

沈士骏 11027

沈士秋 2923

沈世瑞 1372

沈世纬 8967

沈仕 1028, 1029

沈叔羊 681, 855

沈树华 700

沈树镛 1468, 7661

沈率祖 7199

沈水福 3711

沈顺根 5280, 5362

沈思岩 11118

沈嗣连　　　　　　　　　　　　12056

沈松清　　　　　　　　　　8905, 8987

沈嵩生　　　　　　　　　　　　13267

沈颂伯　　　　　　　　　　　　5239

沈太侔　　　　　　　　　　　　12741

沈涛　　　　1723, 1762, 3545, 3660, 10302

沈悌如　4921, 4942, 4968, 4996, 5014, 5048, 5085,
　　　5088, 5133, 5356, 5851

沈天呈　　　　　　3470, 3514, 6325

沈天真　　10854, 12488, 12489, 12490, 12492

沈铁美术教学研究会　　　　　　1327

沈铁民　　　　　　　　　　　　8170

沈铁铮　　　　　　　　　　　　5039

沈同衡　1219, 1220, 3068, 3416, 3422, 6931, 6957

沈彤　　　　　　　　　　5945, 8538

沈桐　　　　　　　　　　4944, 4982

沈绾　　　　　　12304, 12305, 12306

沈万基　　　　　　　　3509, 3513

沈威峰　　　　　　　　　　　　2710

沈威岚　　　　　　　　　　　　2689

沈为宁　　5436, 5467, 5564, 5667, 5720

沈维裕　　　　　　　　　　　　12294

沈伟疏　　　　　　　　　　　　7380

沈卫　　　　　　　　　　　　　8699

沈卫国　　　　　　　　　　　　3510

沈蔚　　　　　　　　　　　　　10656

沈文　　　　　　　1997, 3107, 3569

沈文泰　　　　　　　　　　　　6276

沈文献　　　　　　　　　　　　9936

沈文云　　　　　　　　　　　　7479

沈汶志　　　　　　　　　　　　11307

沈武　　　　　　　　　　　　　12766

沈武钧　　　　　　　　　　　　11786

沈西城　　　　　　　　　　　　6942

沈西林　　　　　　　5460, 5679, 5891

沈西苓　　　　　　　　　　　　13023

沈西蒙　　　　　　　　　5097, 5122

沈锡锡　　　　　　　　　　　　10106

沈习康　　　　　　　　　　　　12732

沈相豹　　　　　　　　　　　　3899

沈湘　　　　　　　　　　　　　11133

沈祥龙　　　　　　　　　　　　8516

沈向然　　　　　　　　　　　　2709

沈小林　　　　　　　　　　　　12993

沈小旺　　　　　　　　　　　　1119

沈晓　　　　　　　　　　　　　11110

沈晓富　　　　　　　　　　　　12976

沈晓虹　　　　　　　　　　　　11716

沈晓明　　　　　　　　11279, 11290

沈晓平　　　　　　　　　　　　6345

沈筱庄　　　　　　　　　　　　8538

沈孝谟　　　　　　　　　　　　10728

沈心　　　　　　　　　　　　　10561

沈心工　　　　　　　　11363, 11371

沈心海　　　　　　　　　1605, 1702

沈心友　　　　649, 653, 654, 655, 930, 931

沈欣　　1290, 7772, 7823, 7825, 7940, 7941, 7942,
　　　9741

沈新　　　　　　　9465, 9736, 9900

沈秀梅　　　　　　　　　　　　12647

沈岫　　　　　　　　　　2844, 4822

沈绪　　　　　　　　　　　　　5759

沈煦孙　　　　　　　　　　　　8510

沈旋　10865, 10871, 10879, 10889, 10895, 10987,
　　　11276

沈璇　　　　　　　　　　　　　12553

沈学方　　　　　　　　　　　　8217

沈学志　　　　　　　　　　　　12609

沈雪江　　　　　　2272, 2905, 10290

沈雪生　1920, 1996, 2032, 2527, 2613, 2658, 4417,

4474

沈雪彝 4956

沈洵澧 6990

沈亚丹 590

沈亚威 11469, 11560, 11633, 11968

沈亚洲 711

沈延铨 8482

沈延太 2436, 9068, 9069, 9340, 9386, 9802, 9819,
9820, 9887, 9994, 10044, 10121

沈延毅 8295

沈岩 2485

沈炎 4875

沈雁西 11868, 12087

沈燕萍 8775

沈阳"五·七"教师学校 5159

沈阳部队《雷锋》幻灯创作组 5207

沈阳部队美术组 5151, 5164

沈阳部队某团一连 5604

沈阳部队前进歌舞团 11437

沈阳部队政治部 3022, 3156, 5205, 5208

沈阳部队政治部文化部 11466

沈阳部队政治部宣传部 11435

沈阳出版社 8353

沈阳歌舞团 9218

沈阳古籍书店 7288

沈阳故宫博物馆 8068

沈阳军区工程兵政治部 11696

沈阳军区政治部幻灯教材编写组 13303

沈阳军区政治部组织部 11723

沈阳军区装甲兵政治部 5168

沈阳群众艺术馆 11442, 12962

沈阳市"五·七"教师学校美术组 5175

沈阳市"五七"教师学校 1803

沈阳市朝鲜族小学 12631

沈阳市城市建设档案馆 8970

沈阳市城乡建设委员会 8970

沈阳市第二印刷厂画稿组 3538

沈阳市工会联合会宣传部 3406

沈阳市工艺美术研究所 1850

沈阳市管弦乐队 12326

沈阳市胶版印刷厂设计室 3259, 3284

沈阳市评剧音乐研究组 11869

沈阳市曲艺团创作组 12121, 12149

沈阳市群众艺术馆 506, 12962

沈阳市社会主义群众歌咏活动委员会 11419

沈阳市铁西区宣传站 5171

沈阳市文化处 280

沈阳市文联戏曲音乐研究组 11840

沈阳市戏曲音乐集成编委会 11161

沈阳市宣传画学习班 3271, 3274, 3291

沈阳宣传画学习班 3271, 3272, 3286, 3292

沈阳音乐办公室 11472

沈阳音乐学院 10808, 11955, 12559

沈阳音乐学院民族声乐系 11817

沈锡汶 8816

沈尧 6126

沈尧定 3236, 5244, 5255, 5776, 5923, 6244, 6392

沈尧伊 2763, 2841, 2934, 3025, 3224, 3230, 3236,
3246, 3257, 3265, 3267, 3333, 3823, 4002,
5220, 5346, 5370, 5377, 5454, 5460, 5464,
5636, 5747, 5959, 6008, 6268, 6279, 6283,
6284, 6382, 6426, 6428

沈遥 8778, 8790, 8791, 8796

沈耀 1843

沈耀初 2149

沈耀华 6061

沈耀庭 5388, 6000

沈野 8448

沈一 3096, 3105

沈一鸣 11103

| | | | |
|---|---|---|---|
| 沈诒 | 2323 | 沈喻 | 3034 |
| 沈贻炜 | 13070 | 沈毓庆 | 8523 |
| 沈颐富 | 7394 | 沈原野 | 4899, 4909 |
| 沈以正 | 872, 902, 1477, 2581 | 沈远义 | 5859, 5866, 5894 |
| 沈艺 | 12537 | 沈苑苑 | 6314 |
| 沈议 | 471 | 沈约 | 10963 |
| 沈易书店 | 12243 | 沈月波 | 1701 |
| 沈益华 | 10721 | 沈云焕 | 8514 |
| 沈逸千 | 2848 | 沈云屏 | 4909 |
| 沈毅 | 2798, 5845, 5907, 6031, 6047, 6049, 6069, 6094, 6164 | 沈云清 | 3865 |
| 沈尹默 | 7158, 7251, 7254, 7256, 7257, 7262, 7273, 7290, 7308, 7316, 7668, 7792, 7820, 8116, 8132, 8133, 8134, 8136, 8148, 8150, 8152, 8158, 8159, 8164, 8170, 8189, 8229, 8239, 8252, 8269, 8290, 8308, 8334, 8379, 8458 | 沈允升 | 12162 |
| | | 沈韵初 | 7711 |
| | | 沈宰白 | 12710 |
| | | 沈在秀 | 9308 |
| | | 沈在召 | 5192, 5215, 5272, 5302, 5334, 5401, 5494, 5699, 5796, 5985, 6198, 6410 |
| 沈英东 | 10301 | 沈赞 | 5338 |
| 沈樱 | 10089 | 沈曾植 | 1463, 8038, 8084, 8130, 8132 |
| 沈鹰 | 6050 | 沈枬 | 3367, 3649, 4087, 4167, 4255, 4443 |
| 沈莹 | 1080 | 沈昭兴 | 7658 |
| 沈影泉 | 936, 1425, 1426, 1427, 2489 | 沈兆荣 | 557, 2779, 4003 |
| 沈永年 | 6096 | 沈肇州 | 12243 |
| 沈永生 | 3881 | 沈振基 | 8354 |
| 沈永政 | 6769 | 沈震亚 | 11395, 11996 |
| 沈泳 | 5983 | 沈之瑜 | 10670, 12978 |
| 沈勇 | 5991, 6140, 6194, 6272, 6431, 6461 | 沈知白 | 10828, 10963 |
| 沈幼潜 | 11091 | 沈志冲 | 5622, 5817 |
| 沈瑜德 | 6381, 6461 | 沈治昌 | 9310, 9352, 9356, 9382, 9393, 9542, 9576, 9577, 9580, 9583, 9587, 9590, 9610, 9620, 9639, 9649, 9663, 9691, 9838, 9874, 9964, 9998, 10024, 10043 |
| 沈与文 | 732, 734 | | |
| 沈宇 | 7043, 10713 | | |
| 沈语冰 | 7392 | | |
| 沈玉斌 | 12088 | 沈治平 | 6579 |
| 沈玉敏 | 2542 | 沈智群 | 5391 |
| 沈玉堂 | 9709 | 沈中一 | 3988 |
| 沈钰浩 | 8771, 8783 | 沈仲常 | 390 |

| | |
|---|---|
| 沈仲辉 | 9117 |
| 沈仲礼 | 10640 |
| 沈重 | 705, 722, 11016 |
| 沈重乡 | 8513 |
| 沈舟 | 1191 |
| 沈周 | 1443, 1530, 1534, 1560, 1563, 1565, 1566, 1569, 1570, 1571, 1572, 1573, 1574, 1575, 1577, 1578, 1579, 1581, 1582, 1583, 1586, 1587, 1588, 1589, 1590, 2451, 2617, 2646, 3037, 6816, 6818, 8039, 8040, 8065, 8078, 8087, 8178 |
| 沈祝华 | 10188, 10615 |
| 沈壮海 | 7573 |
| 沈卓娅 | 7642, 10375, 10398, 10580 |
| 沈子丞 | 501, 502, 686, 783, 1218, 2011, 2199, 2287 |
| 沈子善 | 7245, 7247, 7248, 7249 |
| 沈自晋 | 12054, 12055 |
| 沈自强 | 628, 936, 1426, 1427 |
| 沈自清 | 565, 1193 |
| 沈宗畴 | 12742 |
| 沈宗骞 | 467, 681, 904, 1649, 7690 |
| 沈祖安 | 021, 108, 3985, 4923, 5068, 12804, 12820, 12899 |
| 沈祖培 | 5268, 5466 |
| 沈祖望 | 11279, 12902 |
| 沈祖慰 | 6323, 6641 |
| 沈醉 | 6140 |
| 沈醉了 | 11879, 11991, 11992, 12091, 12900 |
| 沈左尧 | 1164 |
| 沈作常 | 2272 |
| 升敏 | 2367, 4440, 4468 |
| 升明 | 2363 |
| 升斋 | 5780 |
| 生发 | 6043, 6055 |
| 生芬 | 5037 |
| 生风 | 11876 |
| 生活教育社 | 11388 |
| 生林 | 5633, 5667, 5799 |
| 生茂 | 11470, 11621, 11627, 11960, 12170, 12202 |
| 生鸣 | 12520 |
| 生彦 | 11833 |
| 生有 | 10596 |
| 声垠 | 6169 |
| 昇曙华 | 13000 |
| 圣－桑 | 12467 |
| 圣歌汇集编辑会 | 12439 |
| 圣渺 | 6516 |
| 圣璞 | 492 |
| 圣日 | 6078 |
| 圣桑 | 12548 |
| 圣神会修女 | 12435 |
| 圣野 | 4971, 5019, 5466 |
| 圣一桑 | 12464 |
| 胜间敏夫 | 7026 |
| 胜见胜 | 10198 |
| 胜利 | 5368, 5796, 5980, 9725 |
| 胜林 | 9008 |
| 胜泉 | 8849 |
| 盛百二 | 1054, 1055 |
| 盛炳文 | 6107 |
| 盛伯骥 | 13147 |
| 盛长荣 | 7572 |
| 盛长柱 | 5734, 12773 |
| 盛此君 | 1775, 3101, 3111, 3542, 3657, 3669, 3754, 4923, 10404, 10408 |
| 盛大林 | 7475 |
| 盛大士 | 667 |
| 盛殿元 | 5275 |
| 盛东 | 9013, 9015, 9661 |
| 盛二龙 | 2638, 3354, 4008, 4086, 4164, 4296, 4368, |

4375、4451、5431、8946、9012、10138

盛凤麟　　　　　　　　　　11719、12429

盛光　　　　　　　　　　　　　4391

盛光希　　　　　　　　　　　12824

盛国兴　　　　　　　　　　　8276

盛海源　　　　　　　　　　　6015

盛鹤年 4938、4939、4981、5007、5021、5023、5025、
　　5039、5046、5047、5074、5075、5129、5131、
　　5508、5590、5716、5756、5814、5935、5966、
　　6153、6168、6496

盛洪义　　　　　　　　　　　2238

盛桦　　　　　　　　　　　　6491

盛焕文 4981、5007、5023、5025、5039、5046、5047、
　　5074、5075

盛棘　　　　　　　　　　　　5816

盛济坤　　　　　　　3882、5542、6009

盛继润　　　　　8695、8697、8738、8741

盛家伦　　　　　　　　12360、12425

盛坚　　　　　　　　　10582、10585

盛建颐　　　　　　　　　　　11228

盛捷　　　　　　　　　　　　12997

盛景华　　　　　　　　　　　7549

盛菊轩　　　　　　　　　　　3877

盛祖信　　　　　　　　　　　6971

盛奎　8852、9026、9125、9463、9470、9726、10095

盛礼洪　　　　　　11072、11958、12234

盛力　　　　　　　　　　　　546

盛莉　　　　　　　　　　　　6416

盛亮贤 3743、4921、4922、4927、4950、4968、4983、
　　4991、5035、5055、5085、5088、5093、5114、
　　5298、5337、5351、5356、5580、5841、5981、
　　6030、6044、6168、6259

盛懋　　　　　　　　　　2641、6822

盛檬　　　　　　　　　　　　352

盛明　　　　　　　　　　5735、8651

盛明耀　　　　　　　　　　　11187

盛鸣　　　　　　　　　　9732、9736

盛楠　　　　　　　　　　　　4818

盛沛亨　　　　　　　　　　　12987

盛如梅　　　　　6445、6446、6447、6689

盛森　　　　　　　　5001、5047、5054

盛森收　　　　　　　　　　　5868

盛尚文　　　　　　　5628、5668、5730

盛时泰　　　　　　　　7945、7957

盛寿藻　　　　　　　　2009、2079

盛叔清　　　　　　　　　　　575

盛树春　　　　　　　　　　　4900

盛舜臣　　　　　　　　　　　1015

盛希贵　　　　　　　　　　　8801

盛锡珊　　　　2964、4982、5034、5478、10674

盛熙明　　　　　　　　　642、7204

盛晓萍　　　　　　　　　　　7044

盛欣　　6414、6682、6687、6688、7115、7138、7139、
　　7140、7142、7143

盛巽昌　　　　　　　　　819、12731

盛扬忠　　　　　　　　　　　6742

盛宜梧　　　　　　　　　　　8499

盛茵　　　　　　　　　　　　12211

盛勇　　　　　　　　　6580、12668

盛幼宣　　　　　　　　　　　7244

盛育才　　　　　　　　　　　8524

盛昱　　　　　　　　　　　　8022

盛元富　　　　　　　1335、5231、5311、5607、
　　5620、5713、5731、5795、5875、5927、6230、
　　10269、10271、10316

盛元龙3832、3921、5338、5392、5435、5603、5795、
　　5903、6089、6270、6295、6418、6551、6564

盛圆　　　　　　　　　　　　7469

盛增祥　5211、5223、5507、5680、5913、6073、6080

盛中国　　　　　　　　　　　12172

| | |
|---|---|
| 盛中华 | 11182, 11184, 11684 |
| 盛重庆 | 2267 |
| 盛宗甲 | 11765 |
| 盛祖信 | 6941, 6970, 7040 |
| 盛作卿 | 5974 |
| 嵊泗县城乡建设环境保护局 | 8941 |
| 嵊县文化局越剧发展史编写组 | 12928 |
| 嵊县政协文史资料委员会 | 12946 |
| 师村妙石 | 8460 |
| 师峰光 | 2351, 3961 |
| 师锋光 | 627 |
| 师海云 | 4457 |
| 师华梅 | 3356 |
| 师敬学 | 12387 |
| 师夔 | 1542 |
| 师立功 | 3905 |
| 师勉之 | 7342 |
| 师妙霎 | 12295 |
| 师明 | 3348 |
| 师平 | 2062, 4752 |
| 师群 | 1399, 4874 |
| 师松龄 | 3040 |
| 师松岭 | 3829 |
| 师维 | 11254, 11260 |
| 师文兵 | 3529 |
| 师暇 | 5734 |
| 师浔 | 2287 |
| 师银生 | 9327 |
| 师英杰 | 5983, 9619, 9623 |
| 师云 | 2527 |
| 师征 | 4875, 5520, 5558 |
| 诗乐 | 11479 |
| 诗琳通 | 6808 |
| 诗妹 | 6466 |
| 诗萍 | 2895 |

| | |
|---|---|
| 诗陶 | 4894, 5117 |
| 施蔼 | 7368, 7896, 7897, 7906, 7908, 7910, 7917, 7918, 7919, 7999 |
| 施霭 | 7894, 8390 |
| 施安昌 | 7704, 7882, 7893 |
| 施安同 | 12555 |
| 施邦鹤 | 3331, 3342, 3945, 5997, 6070 |
| 施邦华 | 3681, 3729, 3995, 4277, 5041 |
| 施宝霖 | 1867, 8462 |
| 施本铭 | 10288 |
| 施禀谋 | 8655 |
| 施并锡 | 374, 1413, 2827 |
| 施波夫 | 12414 |
| 施伯云 | 992, 994, 996, 1404, 2072, 2657, 2664, 4686 |
| 施伯朱 | 10174 |
| 施辰广 | 2396 |
| 施翀鹏 | 782 |
| 施翠峰 | 446 |
| 施达夫 | 1687, 6803, 6864 |
| 施大光 | 322, 2959, 4413, 9360, 9845, 9894 |
| 施大畏 | 1831, 1840, 1853, 2309, 2407, 5188, 5197, 5234, 5316, 5335, 5337, 5359, 5370, 5404, 5440, 5454, 5525, 5532, 5538, 5553, 5596, 5604, 5612, 5618, 5689, 5714, 5715, 5733, 5747, 5755, 5786, 5788, 5810, 5817, 5823, 5882, 5893, 5920, 5993, 6012, 6076, 6162 |
| 施德明 | 10193 |
| 施德玉 | 12960 |
| 施德之 | 275, 10657 |
| 施定全 | 7518, 8581 |
| 施冬 | 5510 |
| 施帆 | 4989 |
| 施凡 | 7025 |
| 施凤良 | 5302 |

施福国 2711, 2938, 3241, 3304, 4000, 4034, 4088,
　　10453, 10454, 10456, 10460, 10561
施光弟　　　　　　　　　　　　　　9675
施光国　　　　　　　　　　　　　　5987
施光南　11466, 11475, 11628, 11887, 11924,
　　11950, 11959, 11960, 11971, 11975, 11980
施国富　　　　　　　　　　10185, 10682
施国宪　　　　　　　　　　　　　10885
施国佐　　　　　　　　　　　　　5289
施海涛　　　　　　　　　　　　　6424
施汉鼎　　　　　　　　　　　　　5254
施汉云　　　　　　　　　　　　　1318
施鹤良　　　　　　3607, 3663, 9526
施鹤群　　　　　5648, 6521, 10495
施鸿光　　　　　　　　　　　　　3632
施华辕　　　　　　　　　　　　　6900
施惠　　　　　　　3045, 5745, 6400
施慧　　　　　　　　　　131, 10600
施慧制　　　　　　　　　　　　　319
施继圣　　　　　　　　　　　　　7917
施佳木　　　　　　　　　5774, 5986
施家齐　　　　　　　　　　　　　6557
施嘉彬　　　　　3861, 3908, 12988
施坚　　　　　　　7471, 7553, 7575
施建业　　　　　　　　　　　　　264
施江城　　　2272, 3968, 5530, 5768
施教镛　　　　　　　　　　　　10676
施洁　　　　　　　　　　　　　6182
施金柱　　　　　　　　　1343, 10365
施菊轩　　　　　　　　　　　　7256
施君美　　　　　　　　　　　　6159
施昆山　　　　　　　　　　　　7136
施勒德尔　　　　　　　　　　　12464
施里弗什捷因　　　　　　　　　11268
施立华　　802, 905, 948, 951, 1948, 2499, 2500,

　　2505, 2630, 2667, 3592, 4420, 4551
施立权　　　　　　　　　　　　9645
施珏　　　　　　　　　　5709, 5938
施良达　　　　　　　　　8909, 9035
施律　　　　　　　　　　　　12588
施洛夫　　　　　　　　　　　12361
施马里诺夫　　　　　　　1221, 7058
施马林诺夫　　　　　　　　　　1220
施梅珠　　　　　　　　　　　　593
施弥　　　　　　　　　　　　6001
施密特　　　　　　　　　6949, 6958
施民志　　　　　　　　　　　8733
施明德　　　　　　　　　　　5787
施明新　　　　　　　　11106, 11778
施明正　　　　　　　　　　　1389
施耐庵　5423, 5502, 5563, 5568, 5570, 5607, 5616,
　　5631, 5636, 5669, 5700, 5726, 5727, 5778,
　　5798, 5800, 5813, 5819, 5832, 5860, 5865,
　　5873, 5942, 5948, 5956, 5969, 5976, 5980,
　　6005, 6018, 6114, 6153, 6395, 6406, 6414,
　　6464, 6501, 6539
施南池　　　　　　　　　　966, 2027
施沛荣　　　　　　　　　　　10574
施鹏　　　　　　　　　　　　904
施鹏飞　　　　　　　　　　　8749
施皮翠娜　　　　　　　12442, 12443
施其畏　　　　　　　　　5920, 6162
施琪　　　　　　　　　　　　416
施琪美　　　　　　　　　　　10272
施琦平　3796, 4942, 4954, 4959, 4973, 4981, 5049
施庆海　　　　　　　　　　　11302
施铨　　　　　　　　　　　12056
施荣　　　　　　　　　　　6790
施汝鹏　　　　　　　　　　7657
施瑞康　　　　　3502, 6287, 10328, 10329

施闰章　　　　　　　　　　　　　1046
施赛敏　　　　　　　　　　　　　7541
施善玉　7437, 7455, 7463, 7476, 7512, 7525, 7526,
　　　7529, 7534, 7538, 7544
施绍辰　　353, 532, 618, 1129, 1131, 2760, 2840,
　　　2894, 2954, 3212, 3325, 3729, 4067, 4980
施胜辰　　　　5196, 5309, 5324, 5744, 5960
施叔青　　　　　　　　109, 116, 12851
施特拉乌赫　　　　　　　　　　13217
施特劳斯　　11084, 12452, 12453, 12500
施天权　　　　　　　　　　　　13202
施图肯什密特　　　　　　　　　10988
施瓦茨　　　　　　　　　8725, 10982
施万春　　11613, 11695, 11786, 11789, 11910,
　　　11950, 11968, 11974, 11979, 12136,
　　　12204, 12334
施惟达　　　　　　　　　　　　8975
施伟　　　　　　　　　　9718, 9721
施伟才　　　　　　　　　　　　9746
施伟国　　　　　　　　　　　　8586
施伟樑　　　　4921, 4930, 4976, 4996
施武杰　　　　　　　　　　　12335
施弦庚　　　　　　　　　　　　7062
施象堃　　　　　　　　　　　　8500
施小丽　　　　　　　　　　　10743
施孝长　　　　　　　　　　　　2319
施新民　　　　　　　　　　　10804
施兴良　　　　　　　　　　　　8623
施杏锦　　　　　　　　10562, 10725
施养德　　　　　　　　　　　10396
施一　　　　　　　　　　　　　3454
施屹　　　　　　　　　　　　　6553
施易昌　　　5343, 5456, 5769, 5841, 6169
施益民　　　　　　　　　　　　6707
施瑛　　　　　　　　　　　　　4926

施樱　　　　　　　　　11734, 12406
施永安　　　　　　　　　　　　370
施永成　　　　711, 1001, 1002, 6424
施永南　　　　　　　　　　　　9292
施咏康　　11092, 12160, 12167, 12170, 12172,
　　　12223, 12229
施咏湘　　　　　　　　　　　10661
施友义　2150, 2247, 5269, 5336, 5402, 5515, 5554,
　　　5673, 5686, 5830, 5859, 6074, 8262, 8295,
　　　8698, 8699, 8702, 8856, 8857, 8858, 8859,
　　　8950, 8952, 8954, 8957, 8960, 8966, 8968,
　　　9118, 9129, 9132
施于人　　　　　　　　　　　10664
施宇　　　　　　　　　　　　　6187
施元辉　　　　　　　　　　　　7036
施元亮　　　　　　　　　　　　8549
施元祥　　　　　　　　　　　　3921
施源　　　　　　　　　　　　　6419
施月　　　　　　　　　　　　11742
施云　　　　　　　　　　　　10573
施展　　　　　　　　　　　　　1408
施兆淮　　　　　　　　　　　11526
施肇祖　　　　　　　　　3819, 5368
施蛰存　　　　　　　　　119, 195
施珍贵　　　　　　　　　322, 6748
施振广　2381, 3912, 4604, 4626, 4674, 4777, 4827,
　　　6156, 6360, 9237
施振眉　　　　　　　　　　　　5100
施峥　　　　　　　　　　　　　1140
施正辉　　　　　　　　10388, 10762
施正宁　　　　　　　　　　　13284
施之华　　　　　　　　　　　12951
施志勤　　　　　　　　　　　　9636
施志新　　　　　　　　　　　　2245
施忠平　　　　　　　　　5866, 6020

| | | | |
|---|---|---|---|
| 施祖辉 | 156 | 石传义 | 3822 |
| 十三兵团政治部文艺工作团 | 11762 | 石村 | 608, 2907 |
| 十三陵水库修建总指挥部政治部 | 8876 | 石达开 | 8041 |
| 十五少 | 3433 | 石达诗 | 2431, 5704 |
| 十月出版社 | 13305 | 石大法 | 2287 |
| 十竹斋艺术研究部 | 1583 | 石丹 | 2287, 10767 |
| 石宝初 | 2756 | 石德声 | 11939 |
| 石宝儒 | 12254 | 石叠 | 6016 |
| 石鲍 | 5547, 5915 | 石东华 | 8263, 8322 |
| 石冰 | 9338, 11876 | 石法 | 9726, 9728 |
| 石兵 | 2150 | 石帆 | 1102, 1104 |
| 石丙春 | 4070, 4186, 4247, 5847, 5987 | 石凡 | 542 |
| 石丙立 | 9568, 9572 | 石矾 | 1103 |
| 石泊夫 | 1747 | 石峰 | 1335, 5480, 5670, 6048, 6768, 10814, 10877 |
| 石岑 | 5698 | 石凤光 | 7640 |
| 石长厚 | 2468 | 石夫 | 5663, 5702, 5707, 5792, |
| 石长顺 | 13164 | | 5845, 5871, 5940, 5986, 6049, 6129, 6137, |
| 石超丁 | 8735 | | 6164, 11464, 11661, 11677, 11679, 11770, |
| 石巢 | 8618 | | 11772, 11784, 11789, 11886, 11945, |
| 石成峰 | 2816 | | 11955, 11956, 11969, 12033, 12052, |
| 石成金 | 771, 1593, 8487 | | 12177, 12200, 12205 |
| 石成璠 | 1714 | 石刚 | 6124, 6285, 11281 |
| 石呈虎 | 2866, 5223, 5341 | 石纲 | 2309 |
| 石城 | 13051 | 石高立 | 6377, 6378 |
| 石城县戏曲志编辑小组 | 12932 | 石高堂 | 3889, 4015 |
| 石冲 | 1345, 2824 | 石根 | 6234, 11042, 11111, 12001 |
| 石崇英 | 073 | 石古 | 4930 |
| 石川 | 2142, 2309, 2675, 2807, 4177, 4288, 4318, | 石谷风 | 109, 7809, 8666 |
| | 4374, 4447, 4460, 4470, 4491, 4568, 4615, | 石谷一雄 | 8780 |
| | 4646, 4726, 9907, 10004, 13213 | 石观达 | 8902, 8970, 9801, 9941, 10017 |
| 石川芳云 | 7484, 7515, 7613 | 石光生 | 12829, 12980 |
| 石川合 | 4493 | 石光伟 | 11821 |
| 石川军 | 5398 | 石广元 | 2169 |
| 石川宽夫 | 8739 | 石桂兰 | 2423, 4228, 4409, 4523, 4568, 4570, 4626, |
| 石传兴 | 3822 | | 4714 |

石国基　2256
石国雄　11752
石果　721
石寒　2335
石汉　8970, 11881, 11894, 13242
石汉瑞　10194
石恒谟　3340, 5396, 5635, 5934
石红　3389, 4693, 4924, 5020, 5038, 5049, 5669, 5727, 6005, 9109, 9131
石宏　5322
石洪林　5307, 5475
石鸿熙　8582
石虎　1393, 1416, 1994, 2813, 6029
石华　3969, 6187
石奂　6570
石奂子　5899, 6276
石焕　6903
石灰　12184
石挥　12810, 12818
石豁义　2388, 4508, 4566, 5222
石豁意　492, 5266, 5419, 5687
石基　4029
石继有　979
石家庄地区行署文化局戏曲志编辑部　12934
石家庄市纪念毛主席《在延安文艺座谈会上的讲话》发表三十周年办公室　280
石家庄外事办公室　8932
石家庄"五七"工艺美术厂美工组　9191
石嘉琦　5619
石坚　5322
石建邦　7360
石建都　6179, 6208
石建光　7599
石建航　10752
石建敏　8853, 9022, 9023, 9434, 9436, 9445, 9464,

9667, 9672, 9691, 9695, 9701, 9702, 9703, 9711, 9732
石建效　9665
石建中　150
石蕉　2670
石井宏　10926
石景林　5470
石景麟　5017, 5019, 5028, 5062, 5097, 5409, 5472, 5491, 5545, 5554, 5783, 5852, 5943, 5973, 6400
石景山区文化文物局　2332
石景山区文联　2332
石景宜　2313
石景昭　722, 874, 875, 3912, 3918, 3993, 4009, 4255, 4361, 4381, 6361
石靖　698
石炯　3291
石巨清　5921
石军　5492
石均　1281, 4868
石俊　5427
石俊生　3982, 4048, 9338, 10016
石峻　7254
石峻柱　12439
石开　6572, 8281, 8570
石凯　5124, 5136
石可　1062, 2987, 5087, 8651
石恪　1486
石来鸿　5111
石兰　10888, 12695
石兰英　4185, 4416, 4721
石劳　7518
石磊　3470, 4710, 4902, 5681, 5758, 6439, 6492, 6493, 7509, 7627, 7629, 10151, 11121
石里溪　2476

石厉　6596
石莉莉　11290
石砺　6115
石砾　5775, 5863
石联星　12686, 13261
石良　6348, 7337, 7347, 7352, 8396, 8397
石梁　7832, 8411, 8412, 8415, 8418
石梁辑　8411
石林　1258, 5177, 5974, 8682, 11806
石林芳　1714
石林风景区管理委员会　9878
石琳琳　194
石泠　1695
石玲　4569, 4607
石铃　1326
石凌鹤　5489
石岭　6469
石流　5452, 5465
石龙镇人民政府　1348
石鲁　1320, 1322, 1391, 1432, 1724, 1728, 1729, 1745, 1754, 1765, 1770, 1775, 1793, 1891, 1973, 1994, 2150, 2198, 2287, 2700, 2853, 3646, 4029, 5086
石露　12279
石曼　5001, 12788
石梅　13235
石梅音　13232
石嵋　5533
石美鼎　3717, 5217, 5241, 5428, 5688
石门　5637, 12670
石门图书公司编辑部　7865
石梦　4948
石密德　7663
石明　8915
石墨　2335
石楠　6015, 6164
石年　12360, 12361, 12362, 12401, 12425
石芾　10389
石平　5356, 6289, 6335
石坪居士　12735
石屏县文联　11514
石萍　8677
石朴　2755
石齐　1848, 1856, 1994, 2322, 3954, 3964, 6145, 6257
石奇　2056
石奇人　3349, 3352, 3360, 3366, 3367, 3931, 5370, 5767
石奇英　3866
石琪　13166, 13167
石启忠　2334, 5399, 5923, 5951
石器　6256
石强　4666, 8820, 8823, 8860, 9134, 9244, 9476, 9483, 9493, 9508, 9510, 9521, 9775, 9776, 9908, 9920, 9921, 9922, 9923, 10009, 10093
石钦　5503
石青　6702, 11609, 11944
石庆福　5846
石庆寅　5280, 5691, 6069
石泉　6179, 6185, 11476, 11477, 11700, 11701, 11702, 12035, 12380, 12383, 12430
石人　858
石人望　11214, 11219, 11220, 11221, 11224, 12152, 12153, 12190, 12191, 12192, 12193, 12197, 12198, 12206, 12486, 12493
石仁　8908
石如　8809, 9012, 9242, 10103, 13125
石如灿　7323
石瑞红　6925

石润兴　1835, 1843

石森　6534, 9103

石森章太郎　6944, 6948, 7031

石山　4053, 5495, 5511, 5588, 5656, 5676, 5752,
5790, 5796, 5830, 5961, 6022, 6059, 6149,
6178, 6197, 6228, 6236, 6271, 6272, 6345,
6346, 6354, 6355, 11707, 12430

石山川　4826

石上流　5237

石少华　8686, 8789, 8913, 8978, 9262

石少山　12835

石升　712, 10689, 10690

石生潮　11148

石师　8537

石实　5065

石守贵　8753

石守谦　591, 1400, 1512

石书贤　5621

石叔明　506, 624, 12711

石树仁　1095

石竖庵　8413

石四　11487

石涛　312, 681, 682, 684, 709, 896, 913, 1442,
1587, 1615, 1617, 1629, 1636, 1642, 1648,
1654, 1655, 1657, 1658, 1659, 1660, 1662,
1664, 1665, 1666, 1668, 1672, 1673, 1677,
1678, 1679, 1681, 1683, 1687, 1694, 1994,
2614, 2618, 2629, 8105, 10240

石涛原　897

石田　4957, 6190

石田一良　368

石铁矛　10612

石铁民　2796

石铁源　12593

石同　7601

石头　6268, 6272

石惟正　11065, 11131

石伟　3494, 6550

石文　5586

石文驹　5270, 5372, 5521

石文茂　9822

石文秀　5693, 5706, 5739, 5868, 5873, 5875, 5906,
6223, 6333, 6346, 6348, 6407, 6410

石五长　3855

石祥　5748, 11098, 11969, 11972

石翔　6981, 7495

石向东　8625

石小红　12622

石小满　13093

石小南　10063, 10066

石晓华　5446, 5820

石晓玲　2250

石孝慈　1108

石欣　1069, 1096

石兴邦　10525

石言　8572

石岩山　5837

石砚　9753

石雁　6643

石燕　4983

石扬　5050, 5277

石羊撰　7302

石杨　10718

石瑶　5355

石一歌　5257

石毅　4811

石应才　2836

石应宽　12164

石瑛　12002

石瀛潮　5151, 5412

石永森　　　　　　5062, 5136, 13276

石永寅　　　　　　　　　　　3718

石油一厂美术创作组　　　　　3016

石友权　　　　　　　　　　　5975

石幼姗　　　　　　　　　　　6807

石渔　　　　　　　　　　　　6296

石愚　　　　　　　　　　　　4469

石玉　　　　　　　　　　　　5010

石玉昆　　　5596, 6497, 6535, 6544, 6546

石玉平　　　　　　　　　2631, 8967

石玉泉　　　　　　　　　　　11526

石玉琢　　　　　　　　　　　11155

石彧　　　　　　　　　　　　7556

石裕纯　　　　　　　　　　　10212

石云华　　　　　　　　　　　10729

石允文　　　　　　　　　1692, 1716

石在　　　　　　　　　　　　5475

石增琇　　　　　　　　　　　2965

石丈道人　　　　　　　　　　8021

石昭则　　　　　　　　　12589, 12606

石召　　　　　　　　　　　　9077

石正　　　　　　　　　　　　4386

石之　9482, 9485, 9486, 9490, 9492, 9494, 10088,
　　10091, 10092, 10096

石之森章太郎　　　　　　　　1231

石志亮　　　　　　　　　　　6038

石志佗　　　　　　　　　　　11185

石峙　　　　　　　　　　5793, 6330

石忠伟　　　　　　　　　　　12586

石钟玉　　　　　　　　　　　5547

石舟　　　　　　　　5788, 6014, 6148

石珠　　　　　　　　　　　　2664

石子　　　　　　　　　11996, 13290

石子丰　　　　　　　　　　　4883

石子良　　　　　　　　　　　13136

石自东　　　　　　　　　1082, 1142

石宗源　　　　　　　　　　　8909

石嘴山市"革命委员会"政治部　　5147

石嘴山市毛主席思想宣传站王系松　3764

石嘴山市文化馆　　　　　　　3033

石佐理　　　　　　　　　　　3068

时白林　　　11154, 11808, 12106, 12112

时报出版　　　　　　　　　　6400

时彩舟　　　　　　　　10208, 10210

时常曙　　　　　　　　　　　5097

时代, 市西, 五四中学《陆荣根事迹编写小组》
　　　　　　　　　　　　　　5144

时代动画公司　　　　　　　　7067

时代风采杂志社　　　　　　　7434

时代剧社　　　　　　　　　　12067

时代文艺出版社　　　　　　　10122

时继明　　　　　　　　　7440, 7455

时间　　　　　　　　　4898, 4908

时金寿　　　　　　　　　　　11932

时乐濛　　11394, 11475, 11567, 11573, 11620,
　　11621, 11626, 11642, 11938, 11944,
　　11945, 11948, 11959, 11960, 11961,
　　11989, 12276, 12277, 12311, 12331

时敏　　　　　　　　　　　　11547

时墨庄　　　　　　　　　　　5589

时盘棋　　　　　　　　　9289, 9790

时佩猛　　　　　　　　　　　493

时荣瑞　　　　　　　　　　　6590

时圣　　　　　　　　　　5887, 6200

时卫平　3352, 3362, 3363, 3852, 3936, 5934,
　　6385, 6450, 6493

时希圣　　　　　　　　　　　12185

时新德　　　　　　　　　　　9289

时恂　　　　　　　　　　　　4931

时宜　　　　　　　　　　　　8627

| | | | |
|---|---|---|---|
| 时英 | 165 | 史村翔 | 7050, 7051 |
| 时雍 | 5887, 6200 | 史达尼斯拉夫斯基 | 12677, 12797 |
| 时永福 | 1860, 5592, 5723 | 史大成 | 12111 |
| 时勇 | 8624 | 史大千 | 4919, 5139, 13242 |
| 时雨 | 4899, 6075 | 史大正 | 10903, 11185 |
| 时兆报馆编译部 | 12440 | 史大作 | 7606 |
| 实井 | 6187 | 史丹 | 5904 |
| 实朴 | 12412 | 史旦尼斯拉夫斯基 | 12677 |
| 实事白话报编辑部 | 12858 | 史道 | 8770 |
| 实祥 | 5668 | 史道祥 | 3529 |
| 实用美术专业教材编写组 | 135 | 史德匿 | 1501 |
| 实用篆书字典编纂组 | 8364 | 史帝凡·坎佛 | 13297 |
| 实子 | 5831, 6098 | 史蒂文森 | 5627, 6385, 6559 |
| 拾贝 | 5895, 6157, 6161, 6269 | 史蒂文生 | 5448, 5866 |
| 拾风 | 3624 | 史蒂文斯 | 2946 |
| 拾禾 | 7437 | 史殿生 | 5355, 5406, 5433, 5462, 5533, 5596, 5616, |
| 拾立廷 | 13236, 13240 | | 5704, 5787, 5836, 5837, 5919, 5981, 6158, |
| 史艾珺 | 5737 | | 6340, 6397, 6430 |
| 史宝彝 | 12076 | 史东山 | 13072, 13263 |
| 史保胜 | 8898 | 史端武 | 5291, 5551 |
| 史贲 | 5702 | 史而已 | 5503, 6469 |
| 史秉有 | 1922, 2600, 2672, 3969, 4019, 4045, 4449 | 史方 | 5960 |
| 史布朗 | 7047 | 史方方 | 861 |
| 史步清 | 5298 | 史芳 | 5660 |
| 史策 | 1200, 5854, 5882, 5918, 6076 | 史菲 | 6014 |
| 史长江 | 8239 | 史风和 | 6090 |
| 史长元 | 7360 | 史奉仓 | 4971, 4979 |
| 史超 | 5106, 5390, 5461, 13244 | 史斧振 | 4621 |
| 史超域 | 1098 | 史光武 | 11864 |
| 史成 | 5955 | 史国才 | 5004, 5024 |
| 史成俊 | 7469, 7471, 7478, 7533, 7564 | 史国良 | 609, 2405, 2903 |
| 史程 | 5698, 5709, 5876, 5877, 6500, 6532, 6576, | 史果 | 5575, 5585, 5673, 11829 |
| | 6577, 6580, 6582, 6589 | 史海波 | 2954, 2963 |
| 史春珊 | 137, 10579, 10580, 10740 | 史汉 | 6642, 7076 |
| 史纯玉 | 5094 | 史汉富 | 5224 |

| | |
|---|---|
| 史华 | 5354 |
| 史华国 | 12997 |
| 史焕章 | 12769 |
| 史惠芳 | 5260, 5382, 5757, 6062 |
| 史惠夫特 | 6245 |
| 史慧芳 | 3823 |
| 史纪南 | 7359, 12931, 12932 |
| 史济才 | 3430, 8569, 10744 |
| 史建朝 | 5739 |
| 史建华 | 6763, 8751 |
| 史建期 | 6011, 6141, 6424 |
| 史鉴 | 5843, 5931, 6047 |
| 史节 | 7544 |
| 史洁 | 13252, 13254 |
| 史金城 | 715 |
| 史景林 | 3946 |
| 史久铭 | 13227 |
| 史久仁 | 5489 |
| 史俊 | 6127, 6267, 6315, 6329, 6360, 6397, 6642, 11909, 11971 |
| 史考特·亚当斯 | 7016, 7018, 7022, 7026, 7028, 7029 |
| 史可法 | 8025, 8040, 8041, 8049, 8052, 8058 |
| 史克娄普 | 12394 |
| 史兰倩丝卡 | 11243 |
| 史雷 | 5566, 5730 |
| 史里夫什坦因 | 11268 |
| 史力军 | 9977, 10016, 10028, 10108 |
| 史立新 | 3021 |
| 史丽容 | 6130 |
| 史良黻 | 1001, 1067 |
| 史林 | 11876 |
| 史龙身 | 7338 |
| 史陆 | 7414, 7415 |
| 史路 | 11741 |
| 史美诚 | 3854 |
| 史美良 | 3108 |
| 史美勋 | 7635, 10611, 10613 |
| 史美英 | 8628 |
| 史孟良 | 12603 |
| 史梦兰 | 774 |
| 史密斯 | 171, 176, 182, 187, 211, 367, 369, 13007 |
| 史敏徒 | 12677, 12678, 12684, 12694, 13081, 13200, 13205, 13217, 13306 |
| 史敏徙 | 13215 |
| 史名岫 | 4644, 4718, 4746 |
| 史穆 | 8212, 8224, 9080 |
| 史那贝尔 | 12489, 12490, 12492 |
| 史涅尔松 | 10794, 12366 |
| 史涅尔逊 | 10791 |
| 史宁 | 4959 |
| 史平 | 5956 |
| 史青 | 5490 |
| 史青龙 | 9876 |
| 史庆礼 | 5832 |
| 史秋鹜 | 2272 |
| 史秋一 | 2261 |
| 史然 | 194 |
| 史如源 | 967, 978, 996, 1000, 1312, 2201, 4776 |
| 史汝霞 | 11243 |
| 史若虚 | 12880, 13017 |
| 史绍纶 | 1109, 1118, 1200, 1257, 1258, 2884 |
| 史绍芹 | 11709 |
| 史生 | 6070 |
| 史生保 | 12278 |
| 史士明 | 1869, 1964, 2163, 2457, 2502, 4053, 4062, 4080, 4102, 4160, 4180, 4194, 4233, 4244, 4247, 4273, 4278, 4286, 4292, 4294, 4321, 4335, 4343, 4368, 4376, 4382, 4385, 4389, 4391, 4412, 4417, 4422, 4430, 4449, 4464, |

4475, 4476, 4480, 4482, 4487, 4546, 4573,
4586, 4606, 4636, 4650, 4676, 4678, 4688,
4737

史世任　2318
史式　4960, 5008, 5013, 5015, 5023, 5041, 5075
史树青　540
史顺金　1109, 1125
史思　6637
史颂光　5629
史坦尼斯拉夫斯基　12680, 12811, 12812, 13002
史特恩斯　10988
史天骋　5510
史铁生　3512
史彤林　10188
史徒敏　12684
史万祥　4972
史唯林　12181, 12404
史惟德　8488
史惟亮　10965
史惟则　7889, 7941
史维克　9090
史维冥　946
史伟　6549
史苇湘　6618
史卫红　5194
史文博　10313
史文鸿　13064, 13142, 13320
史文华　10990
史文集　2273, 7158, 8209
史文娟　12646
史文科　7655
史文帜　13233, 13242, 13243
史雯　5730
史希光　2410, 3761, 3807, 3910
史锡宝　5140

史锡彬　8750
史习平　10780
史娴　7431, 7511
史翔　3477
史小波　7443, 7460, 7496, 7510, 7534, 7535, 7542,
7544, 7555, 7563
史小刚　1352
史晓久　6091
史晓明　6626, 10320
史孝山　7801
史新民　12351
史学礼　6355, 6440, 6456
史学通　10196
史亚良　205
史延芹　1877, 2563, 2565, 4054, 4060, 4090, 4147,
4158, 4196, 4219, 4311
史岩　145, 146, 184, 296, 358, 471, 783, 1205,
8603, 8605, 8608, 10572
史艳芳　12975
史杨　13252
史耀增　10713
史一　3237, 3996, 5273
史伊凡　13237
史怡公　681
史英杰　11864
史颖　10728
史永康　5400
史玉新　4911
史元　8813, 9363, 9809
史月寒　6870
史云鹏　7491, 7546, 7643
史泽田　5346
史掌元　10850, 11611, 11957
史兆明　4264
史兆元　12315

| | | | |
|---|---|---|---|
| 史照明 | 5332 | 士潭 | 9316 |
| 史真荣 | 12170, 12226 | 士伟 | 6134 |
| 史振峰 | 2183, 2516, 2673, 6127 | 士心 | 6155, 11511 |
| 史振锋 | 2645, 2654, 3574, 5126 | 士元 | 5908 |
| 史振岭 | 2549 | 氏井岩 | 6979 |
| 史振亚 | 3770 | 示珺 | 6217 |
| 史震林 | 1054 | 示羊 | 6241 |
| 史正 | 5654, 5929, 5983, 13059, 13113 | 世阿弥 | 12732 |
| 史正吉 | 3324, 5396 | 世弼 | 6346, 6485 |
| 史正学 | 2209, 2273, 2558, 3562, 3631, 3643, | 世昌 | 6245 |
| | 3652, 3665, 3666, 3667, 3693, 3719, | 世江 | 6535, 6714 |
| | 3835, 4010, 4058, 4334, 4894, 4936, 4976 | 世杰 | 11715, 12405 |
| 史致昌 | 7146 | 世界翻译社 | 10614, 10620 |
| 史中里 | 5344, 5453 | 世界反法西斯战争电影故事 | 13157 |
| 史中民 | 11502 | 世界佛学名著译丛编委会 | 450 |
| 史中培 | 5245, 5288 | 世界华人摄影学会 | 8707 |
| 史忠贵 | 856 | 世界美术家画库编委会 | 6856 |
| 史忠民 | 6766 | 世界美术作品编委会 | 6794 |
| 史仲文 | 190, 267 | 世界美术作品选集编辑委员会 | 6852, 6910 |
| 史紫忱 | 7257 | 世界美术作品选集编委会 | 6794, 6804, 6853, |
| 史宗毅 | 11486, 11522 | | 6857, 6862 |
| 矢部一郎 | 7007 | 世界青年杂志社 | 9261 |
| 矢岛功 | 632 | 世界书局 | 040, 1425, 7787 |
| 矢口高雄 | 6982, 6983, 6984, 6985, 6986, 6987, | 世界图书出版公司 | 11740 |
| | 6988, 7042, 7044 | 世界文化社 | 10609 |
| 矢立肇 | 7128 | 世俊 | 5824 |
| 矢野义明 | 12519 | 世良洋 | 6980 |
| 士诚 | 9683 | 世南 | 1840, 1848 |
| 士丁 | 10056 | 世平 | 4833, 6066 |
| 士会中 | 10189 | 世圃 | 10590 |
| 士敏 | 5266 | 世人 | 6187 |
| 士明 | 3261, 5279, 5281, 5283, 5301, 5396, 5762, | 世仁 | 5830, 6058, 6105, 6487, 6499 |
| | 5934, 5936, 8828, 8865, 9329 | 世胜 | 11729, 11739 |
| 士南 | 5840 | 世棠 | 2621 |
| 士人 | 4893 | 世雄 | 5623 |

| | |
|---|---|
| 世元 | 10889, 10897 |
| 世璋 | 12555 |
| 仕泉 | 6495 |
| 市美术创作组 | 3199 |
| 市政局香港艺术馆 | 10648 |
| 侍其瑗 | 7969 |
| 视觉工房 | 9029 |
| 视觉美学社 | 176, 628, 2879 |
| 视觉设计研究所 | 149, 1074, 1125, 1169 |
| 视觉素描研究所 | 161, 1105, 1106, 1107, 1108 |
| 视觉研究所 | 151 |
| 柿沼美浩 | 7138, 7140, 7141, 7143 |
| 是翰生 | 5790 |
| 是有福 | 091, 2181, 2251, 2454, 2457, 2812, 3125, 3848, 4019, 4321, 4337, 4379, 4412, 4788, 4830, 5087, 5254, 5437 |
| 适夫 | 1122 |
| 适民 | 4207, 4213, 4235, 4295, 4317 |
| 适夷 | 009 |
| 适之 | 639, 640 |
| 室 | 3070 |
| 室内设计装饰商业同业公会联合会 | 10595 |
| 释达受 | 1464, 7657 |
| 释道肯 | 8354 |
| 释德洪 | 7687 |
| 释德清 | 8054 |
| 释法无 | 6199, 6200 |
| 释观澄 | 8120 |
| 释怀仁 | 7719, 7772, 7773, 7775, 7949 |
| 释怀素 | 7147 |
| 释鸠罗什 | 8117 |
| 释鸠摩罗什 | 7952 |
| 释居月 | 11316, 11317 |
| 释空尘 | 12307 |
| 释了于 | 8120 |
| 释隆彩 | 8482 |
| 释显觉 | 8120 |
| 释心寂 | 3442 |
| 释性空 | 8483 |
| 释演音 | 8123 |
| 释印光 | 8122 |
| 释原济 | 1617 |
| 释湛福 | 8498 |
| 释仲仁 | 1493 |
| 释舟授 | 12295 |
| 释竹禅 | 1452, 8517 |
| 释自彦 | 8491 |
| 释祖闇 | 7971, 7973 |
| 嗜菊轩主 | 11305 |
| 手岛右卿 | 8594 |
| 手冢治虫 | 6932, 6933, 6934, 6958, 6959, 7002, 7003, 7006, 7103, 7104, 7105 |
| 手塚治虫 | 6991, 6992, 6996, 6997, 7003, 7032, 7036, 7041, 7042, 7046 |
| 守安省 | 11073 |
| 守坚 | 7117, 7118 |
| 守义 | 4950 |
| 守中 | 3131 |
| 首都博物馆 | 408, 7671, 8890 |
| 首都城市雕塑艺术委员会 | 8625, 8637 |
| 首都电影院 | 13173 |
| 首都国庆50周年联欢晚会总指挥部 | 12602 |
| 首都国庆联欢晚会总指挥部·文艺部 | 11535 |
| 首都机场 | 6622 |
| 首都建筑艺术委员会 | 9302 |
| 首都经济信息报社 | 10633 |
| 首都老战士合唱团 | 12559 |
| 首都绿化委员会办公室 | 1367 |
| 首都师范大学 | 2832 |
| 首都师范大学美术系 | 2273 |

| | | | |
|---|---|---|---|
| 首都书画艺术研究会 | 8316 | 书法作品选集 | 7149 |
| 首都图书馆 | 3057, 3059 | 书君 | 9518 |
| 首届当代艺术学术邀请展组委会 | 350 | 书柳 | 6826 |
| 首届昆交会组委会宣传处 | 8854 | 书目文献出版社 | 3057 |
| 首届书法艺术节组委会 | 8308 | 书目文献出版社编辑部 | 1671 |
| 首届中国少年儿童歌曲卡拉 OK 电视大赛艺术 | | 书杉 | 7284 |
| 　委员会 | 12046 | 书亭 | 5023 |
| 首届中国优秀企业家经济战略研讨会暨企业家 | | 书兴尧 | 4969 |
| 　风采肖像展组委会 | 2817 | 书学会 | 8426, 8430 |
| 寿崇德 | 1340 | 书扬 | 7426 |
| 寿庚如 | 11279 | 书悦 | 11737 |
| 寿光武 | 8747 | 抒炳 | 6322 |
| 寿华 | 9436, 9873 | 抒晨 | 5489 |
| 寿碌堂主人 | 385 | 叔冒 | 3548 |
| 寿伦健 | 3145, 5574 | 叔懋 | 12677 |
| 寿墨卿 | 8169 | 叔平 | 4986 |
| 寿勤泽 | 6575 | 叔新 | 11351 |
| 寿山 | 7465 | 淑华 | 6017 |
| 寿石工 | 8476 | 淑均 | 4905, 5092, 5893, 6068 |
| 寿文祥 | 7847, 7849 | 淑琴 | 4554 |
| 寿玺 | 8512 | 淑勤 | 2065, 2105 |
| 寿鉢 | 8457, 8528, 8531 | 淑荣 | 6309 |
| 寿孝鹤 | 4920 | 淑艳 | 4590 |
| 寿新元 | 5697 | 舒柏特 | 12366, 12374, 12492, 12502, 12541 |
| 寿杨宾 | 5199 | 舒贝尔特 | 12540 |
| 寿再生 | 1339 | 舒倍尔脱 | 12425 |
| 受鸣 | 5263 | 舒边 | 5696 |
| 受铭 | 11545 | 舒伯特 | 12378, 12428, 12493, 12540, 12543, 12548 |
| 狩野一矢 | 6990 | 舒伯展 | 2310 |
| 授昭 | 5699, 5998 | 舒昌玉 | 12071, 12086 |
| 瘦甲 | 3582 | 舒畅 | 3821 |
| 殳恩鉴 | 8509 | 舒呈 | 4787 |
| 书帛 | 8833, 9110, 9111, 9130, 9898, 9911, 10121 | 舒崇义 | 6220 |
| 书法大字海编委会 | 8354 | 舒传熹 | 2493, 2730, 2931 |
| 书法研究编辑部 | 7149, 7150 | 舒传曦 | 1878, 2046 |

| | | | |
|---|---|---|---|
| 舒尔茨 | 6940, 7022, 7023 | 舒强 | 12682, 12687, 12797, 12901 |
| 舒尔兹 | 6940, 6980, 7088, 7089, 7091, 7105 | 舒巧 | 12590, 12607 |
| 舒放 | 5672 | 舒青 | 12581, 12643 |
| 舒非 | 13002, 13230 | 舒群 | 5396 |
| 舒广袖 | 11504, 11757, 11758 | 舒仁庆 | 6380 |
| 舒广袖执行 | 11758 | 舒仁托娅 | 12611 |
| 舒杭丽 | 6016, 6127 | 舒塞 | 11936 |
| 舒昊 | 1145 | 舒少华 | 2372, 6156 |
| 舒宏国 | 9798, 9804, 9835 | 舒士俊 | 820, 923 |
| 舒虹 | 046 | 舒士越 | 6459 |
| 舒鸿钧 | 5566, 5597 | 舒适 | 13230, 13235 |
| 舒华 | 3566, 3602, 3628, 3693, 3743, 4953, 4994, 5031, 5283 | 舒思沈 | 625 |
| 舒怀 | 9465 | 舒涛 | 12384, 12385, 12407 |
| 舒辉 | 8863 | 舒铁民 | 11967, 12335 |
| 舒惠学 | 2041 | 舒同 | 8159, 8170, 8198, 8281, 8414 |
| 舒健 | 10744 | 舒彤 | 10301 |
| 舒炯 | 8309 | 舒薇 | 4950 |
| 舒均欢 | 3988 | 舒伟洁 | 13163 |
| 舒君 | 032, 4937, 5447, 5729 | 舒位 | 1597, 8041, 12261 |
| 舒俊杰 | 321 | 舒文 | 5261 |
| 舒可洛夫斯基 | 13250 | 舒文扬 | 8466 |
| 舒莱 | 10922 | 舒喜春 | 6250 |
| 舒里安 | 082, 1239 | 舒相迪 | 5008, 5009 |
| 舒林 | 7525 | 舒湘鄂 | 6297 |
| 舒霖 | 10334, 10399 | 舒翔 | 451 |
| 舒曼 | 10857, 10860, 12366, 12367, 12368, 12467, 12493, 12669 | 舒晓鸣 | 13192, 13194, 13197 |
| 舒敏 | 378, 379, 5894 | 舒欣 | 6359 |
| 舒明 | 6161, 13317 | 舒新城 | 8713, 8866, 8917, 9037 |
| 舒模 | 11111, 11112, 11381, 11383, 11386, 11547 | 舒萱 | 6295 |
| 舒宁 | 7357, 7362, 7363 | 舒湮 | 12676 |
| 舒频 | 6471 | 舒扬 | 6050, 6065, 6139 |
| 舒其惠 | 13053, 13065 | 舒阳 | 8675, 10761 |
| 舒琪 | 13193 | 舒杨 | 4761 |
| | | 舒野 | 5074, 8996 |
| | | 舒衣 | 6501 |

| | | | |
|---|---|---|---|
| 舒益谦 | 2224 | 树红 | 5113 |
| 舒瑛 | 5345, 5355, 5357, 5600, 5880, 5944, 6007 | 树华 | 6051 |
| 舒莹 | 6276 | 树蓬 | 12272 |
| 舒宇 | 11749 | 树强 | 5861 |
| 舒玉清 | 8335 | 树人 | 5861 |
| 舒泽玮 | 6525 | 树仁 | 6483 |
| 舒展 | 3476, 3855, 3972, 4225, 4239, 4423, 4572, 4702, 10466 | 树文 | 3458, 3466 |
| 舒占元 | 5244 | 树有 | 8203 |
| 舒昭 | 11310 | 树昭 | 6033, 6168 |
| 舒振华 | 2687 | 树滋 | 4455, 4483 |
| 舒宗桥 | 584 | 澍群 | 3109, 3113, 6410 |
| 疏影 | 6146 | 帅茨平 | 435 |
| 暑寒 | 6073 | 帅鼎 | 8582 |
| 属海发 | 9520 | 帅立德 | 4906 |
| 属启成 | 10923, 10924, 11096 | 帅立功 | 862, 2007, 2238, 3763, 3791, 3974, 4381 |
| 署文化局 | 12063 | 帅立学 | 2955 |
| 蜀川 | 11626 | 帅立志 | 8579, 8623 |
| 蜀人 | 4005, 6003, 9070, 9073, 9074 | 帅毛工作室 | 6716, 6724 |
| 蜀西樵也 | 12750 | 帅民风 | 8565 |
| 蜀艺 | 9949 | 帅铭初 | 1287 |
| 蜀影 | 9669 | 双草 | 6246, 6263 |
| 蜀玉 | 2499, 10298 | 双城县《惊雷》连环画三结合创作组 | 5317 |
| 蜀舟 | 4644, 4684 | 双恩 | 6583 |
| 曙光 | 10693 | 双凤条馆主 | 8525 |
| 束俊 | 5876, 6512, 6538 | 双戈 | 5600, 6090, 8807 |
| 束鹿县文化工作站 | 1360 | 双吉 | 9467 |
| 束鹿县文联 | 11563, 12589 | 双捷 | 10552 |
| 述鼎 | 459, 1318, 8635, 8636, 10361, 10653, 10698, 12892 | 双林 | 5595 |
| 树斌 | 5186 | 双玛 | 4236 |
| 树春 | 4951, 5023 | 双木 | 1085, 2803, 8760, 11489 |
| 树棻 | 5466 | 双平 | 4053 |
| 树夫 | 4219 | 双青 | 5128 |
| 树国 | 8273 | 双秋 | 7808, 7895, 7897, 8081 |
| | | 双秋选 | 7307, 7808 |
| | | 双人 | 4914, 5060, 5069 |

| | | | |
|---|---|---|---|
| 双山 | 9432, 10111 | 水晶 | 10988 |
| 双双 | 5648, 5680, 5958 | 水赍佑 | 7263, 7997, 8003 |
| 双水 | 6465, 6478, 6554 | 水利部黄河水利委员会 | 9062 |
| 双桐草堂 | 8521 | 水利部农村水电司 | 8856 |
| 双桐草堂主人 | 8521 | 水利电力部第四工程局 | 8807 |
| 双欣 | 6160 | 水利电力部珠江水利委员会 | 8936 |
| 双毅 | 9296, 9991, 9992 | 水利局 | 9271 |
| 双印 | 5612, 5868 | 水利局工人业余美术创作组 | 1814 |
| 双影庵生 | 12748 | 水森 | 5665, 6112 |
| 双又 | 5073, 5106 | 水木 | 4291 |
| 双鱼工作室 | 6723 | 水木洋子 | 13250 |
| 霜凉 | 7117 | 水年 | 5487 |
| 霜木 | 5596 | 水瓶鲸鱼 | 3495, 3513 |
| 霜叶 | 6122, 6294 | 水清 | 5985 |
| 爽爽 | 6187 | 水曲辰 | 4963, 5001, 5009, 5029 |
| 水安敏 | 5555 | 水世戴 | 4953, 4993, 5029, 5057, 5061, 5084, 5262, 5309, 5473, 5893 |
| 水兵 | 6333 | | |
| 水采田 | 7399 | 水世杰 | 5047 |
| 水彩画艺术委员会 | 1187 | 水天宏 | 4892, 4926, 4951, 4989, 4997, 5004, 5023, 5035, 5041, 5051, 5066, 5092, 5125, 5399, 5772 |
| 水岛修三 | 8349 | | |
| 水登 | 4027, 5538, 5547, 5634, 5654, 5666, 5714, 5725, 5797, 5818, 5831, 5834, 5956, 5993, 6023, 6033, 6060, 6076, 6100, 6136, 6277, 6317, 9071, 9240 | | |
| | | 水天中 | 030, 116, 219, 526, 1083 |
| | | 水田工作室 | 8796, 8802 |
| | | 水线 | 201 |
| 水电部四局 | 10518 | 水心 | 6643 |
| 水飞 | 5325 | 水秀 | 489 |
| 水风薰 | 7010, 7011, 7012 | 水运宪 | 6234, 12143 |
| 水夫 | 090 | 水真 | 6448, 6458 |
| 水工 | 5037, 6243, 6632 | 水竹村人 | 1057 |
| 水谷章三 | 7012 | 税治文 | 7491 |
| 水禾田 | 2908, 8819, 8891, 8930, 8939, 8941, 8977 | 顺德县"革委会"政工组 | 5166 |
| 水泓 | 5852 | 顺义县业余编创组 | 5290 |
| 水华 | 5108, 12900, 13231 | 顺义县业余美术创作组 | 5274 |
| 水既生 | 8162, 8226 | 舜天 | 11736 |
| 水佳定 | 2379, 9025 | 舜田 | 3067 |

| | |
|---|---|
| 朔风 | 4897 |
| 硕峰 | 6342 |
| 硕志真 | 5413 |
| 司·兹洛宝 | 13255 |
| 司达克·杨 | 12808 |
| 司大宇 | 8745, 8751, 8760, 8784, 8792, 8796 |
| 司各特 | 7051 |
| 司国贤 | 5341, 5442, 5524, 5534 |
| 司号 | 6073 |
| 司赫 | 1219 |
| 司惠国 | 7461, 7521, 7522, 7523, 7524, 7528, 7530, 7533, 7543, 7558, 7560, 7602, 7625, 7626 |
| 司马丹 | 3434 |
| 司马东 | 7513, 7523, 7530, 7538, 7551, 7557, 7561, 7562, 7572, 7577, 7584, 7585, 7594, 7596, 7597, 7598, 7600, 7603, 7604, 7605, 7606, 7609, 8354 |
| 司马芬 | 13181 |
| 司马光 | 7958 |
| 司马今昔 | 6111 |
| 司马连义 | 2056, 2070, 3358, 3368, 3371, 3958, 4003, 4024, 4055, 4131, 4419, 4457, 4460, 4468, 4489, 4490, 4528, 4643, 5774 |
| 司马林洋 | 11945 |
| 司马陌夫 | 120, 807 |
| 司马迁 | 5659, 6415, 11007 |
| 司马文森 | 11960 |
| 司马武当 | 7484 |
| 司马小萌 | 5520, 8733 |
| 司马彦 | 7501, 7505, 7506, 7513, 7514, 7518, 7520, 7523, 7528, 7529, 7530, 7532, 7538, 7546, 7551, 7552, 7553, 7554, 7555, 7556, 7557, 7560, 7561, 7568, 7571, 7572, 7577, 7579, 7581, 7582, 7583, 7585, 7587, 7597, 7598, 7599, 7600, 7603, 7604, 7605, 7606, 7607, 7609, 7610, 7612, 7619, 7621, 7624, 8354 |
| 司马宇文 | 11952 |
| 司马钟 | 1590 |
| 司马诸人 | 9074 |
| 司敏徒 | 12684 |
| 司甯春 | 8134 |
| 司契米德 | 6850 |
| 司汤达 | 5764, 6428, 6489, 7007 |
| 司徒 | 5753 |
| 司徒璧春 | 11261 |
| 司徒常 | 188 |
| 司徒汉 | 11961 |
| 司徒虹 | 3432, 5034, 5196, 10015 |
| 司徒华城 | 11183, 11185, 12165, 12169, 12170, 12226 |
| 司徒锦璇 | 1214 |
| 司徒抗 | 11682 |
| 司徒立 | 056 |
| 司徒绵 | 3025, 5311, 5503, 5656, 5792, 6061, 6246, 6295 |
| 司徒佩韦 | 5068, 5568 |
| 司徒乔 | 1375, 1380, 1381, 2852 |
| 司徒勤 | 4044 |
| 司徒勤参 | 5288 |
| 司徒幼文 | 11088 |
| 司徒元杰 | 1486 |
| 司徒园 | 4912, 10669 |
| 司徒越 | 8190 |
| 司徒兆敦 | 13314 |
| 司徒兆光 | 8631, 8637, 8671, 8672 |
| 司徒志文 | 11182, 12474 |
| 司文斯基 | 13262 |
| 司有仑 | 8692, 10821 |
| 司志兰 | 8905 |
| 司子兴 | 5706 |

| | | | |
|---|---|---|---|
| 丝竹研究社 | 11760 | 斯巴索夫 | 12426, 13254 |
| 私立厦门美专学生会出版委员会 | 570 | 斯波索宾 | 10795, 11041, 11042, 11043, 11078 |
| 私立武昌艺术专科学校 | 241, 342 | 斯泊尔 | 11257 |
| 私立西安夏声戏剧学校 | 12753 | 斯川 | 5372 |
| 思忱 | 4746 | 斯道布兹 | 7140 |
| 思聪 | 6180 | 斯得却夫斯基 | 12460 |
| 思忖 | 13146 | 斯蒂茨 | 172 |
| 思达 | 6134 | 斯蒂芬·茨威 | 5772 |
| 思奋 | 4739 | 斯蒂芬·茨威格 | 5967 |
| 思涵 | 8798 | 斯蒂芬·克伦 | 7056 |
| 思佳 | 4917, 4941, 5750 | 斯蒂芬·沃尔什 | 11274 |
| 思今 | 4921, 4924, 4950, 5555, 5783, 5820, 5828, 5959, 5998 | 斯蒂文森 | 6560, 7053, 7054, 7056 |
| | | 斯蒂文生 | 5661, 5746, 5792 |
| 思美 | 12670 | 斯多 | 6281 |
| 思民 | 6651 | 斯奋 | 5603 |
| 思敏 | 5702, 5762, 6084, 6254 | 斯华 | 4644 |
| 思明 | 6330 | 斯杰潘尼 | 13261 |
| 思南县民族事务委员会 | 12948 | 斯卡拉蒂 | 12502, 12528, 12533 |
| 思平 | 4829 | 斯科尔斯 | 10819 |
| 思沁 | 2897, 5519, 6610 | 斯科特·魏尔布原 | 10168 |
| 思如 | 5910 | 斯克里亚宾 | 12548 |
| 思诗 | 10599, 10761 | 斯克列勃科夫 | 10858, 11076, 11077 |
| 思涛 | 6048 | 斯克列勃科娃 | 11077 |
| 思陶 | 6429 | 斯克列勃科娃 | 11076 |
| 思维 | 7643 | 斯拉夫特 | 6557 |
| 思文 | 7069 | 斯楞 | 5215, 5219 |
| 思曦 | 10106 | 斯卢茨基 | 13250 |
| 思阳 | 4527 | 斯梅施洛夫 | 12361, 12362 |
| 思一 | 2459 | 斯美塔那 | 12544 |
| 思予 | 5728 | 斯米尔诺伏伊 | 13251 |
| 思雨 | 5988 | 斯米尔诺娃 | 13260 |
| 思泽 | 5995 | 斯明 | 11999, 12004, 12595, 12627, 12812 |
| 斯·弗·伊昂诺夫 | 13256 | 斯莫良克 | 13254 |
| 斯·柯列夫 | 11179 | 斯尼亚季诺夫斯卡娅 | 13269 |
| 斯·帕尔柯 | 10156 | 斯佩克特 | 073 |

斯皮林　　　　　　　　　　　12553

斯珀瑞·卡尔斯　　　　　　　　11266

斯切潘诺夫　　　　　　　　　　11182

斯钦巴图　　　　　　　　　　　5196

斯琴·毕利格　　　　　　　　　12407

斯琴毕利格　　11123，11124，11811，12386

斯琴高娃　　　　　　　　　　　12611

斯琴塔日哈　　　　　　　　　　12619

斯群　　　　　　　　　13161，13314

斯人　　6042，6046，6097，6100，6101，6106，6112，
　　　　6139，6153，6169，6173

斯颂　　　　　　　　　5802，5882

斯塔塞·康伯斯文·林奇　　　　10927

斯泰恩　　　　　　　　　　　　12691

斯坦贝尔格　　　　　　　　　　11073

斯坦伯格　　　　　　　　　　　6940

斯坦戈斯　　　　　　　　　　　478

斯坦尼拉夫斯基　　　　　　　　12684

斯坦尼斯拉夫斯基　　12678，12681，12682，12684，
　　　　12685，12686，12812，12813，13002，
　　　　13003，13004

斯坦因普莱斯　　　　　　　　　10981

斯特法诺·佐菲　　　　　　　　6881

斯特凡诺·祖菲　　　　　　　　1085

斯特拉夫斯基　　　　　　　　　12452

斯特拉文斯基　　　　　　　　　12549

斯特兰诺留勃斯基　　　　　　　12410

斯特劳斯　　　　12493，12549，12552

斯特罗莫夫　　　　　　　　　　12820

斯特那　　　　　　　　　　　　12441

斯特普尔斯　　　　　　　　　　13186

斯特瑞　　　　　　　　　　　　10150

斯廷　　　　　　　　　　　　　11206

斯廷凯利　　　　　　　　　　　11108

斯图尔特·英格尔　　　　　　　6891

斯图亚特　　　　　　　　　　　12658

斯托　　　　　　　　　　　　　8757

斯托恩　　　　　　　　　　　　7033

斯托哥尔斯基　　　　　　　　　12470

斯托克　　　　　　　　　7052，10746

斯托洛维奇　　　　　　　　　　075

斯托洛维琪　　　　　　　　　　065

斯陀夫人　　　　　　　　　　　6131

斯万　　　　　　　　　　　　　7034

斯威夫　　　　　　　　　　　　7018

斯威夫特　　　　　　　　5386，7052

斯文·奥托·绥　　　　　　　　7037

四八〇〇部队某部　　　　　　　5192

四八〇〇部队某部业余美术创作组　　5228

四八〇〇部队业余美术创作组　　3192，3765

四宾　　　　　　　　　　　　　9805

四不头陀　　　　　　　　　　　12750

四川博物馆收　　　　　　　　　10473

四川藏书票研究会　　　　　　　3041

四川大学学报编辑部　　　　　　13035

四川大学中文系　　　　　　　　13035

四川电视台　　　　　　　　　　13151

四川东方文化研究所　　　　　　2273

四川广元市文物管理所　　　　　2512

四川黄龙管理局　　　　　　　　9844

四川老年大学　　　　　　　　　8696

四川联合大学教务处　　　　　　547

四川旅游局宣传处　　　　　　　8938

四川美术出版社　　　　　2794，3040，
　　　　3422，3423，3429，3435，3442，6817，
　　　　6874，6910，6924，8197，8199，8200，8201，
　　　　8865，10587

四川美术学院　　　　　　　　　6878

四川美术学院《红岩》连环画创作组　5132，5140

四川美术学院《绘画基础知识》编写组　　474

四川美术学院雕塑系　388
四川美术学院附中　320
四川美术学院工艺美术系　10254
四川美术学院招生办公室　353
四川民族出版社　1365, 3089, 3090, 5140, 9128, 9919, 10558, 11496, 11789
四川民族出版社美术编辑室　8802, 8803, 8995
四川人民出版社　1251, 1512, 1837, 2792, 3030, 3122, 3291, 3749, 5081, 5132, 5133, 5140, 5207, 5225, 5350, 5360, 5365, 5368, 5403, 5548, 8150, 8630, 8660, 8918, 8924, 8936, 9103, 9790, 9821, 10008, 10092, 10435, 10450, 10466, 10485, 10512, 10671, 11116, 11449, 11649, 11655, 11692, 11714, 11725, 11802, 11885, 11908, 12026, 12029, 12127, 12128, 12129, 13098
四川人民出版社编辑部　10663
四川人民出版社三结合创作组　5332
四川人民广播电台　7274
四川人民广播电台曲艺队　12139
四川人民艺术剧院歌舞团舞蹈队　12604
四川少年儿童出版社　3041, 6538, 7876, 12035
四川省"让孩子唱孩子的歌"系列活动组委会　12048
四川省博物馆　390, 412, 1579, 1580, 1582, 1658, 1668, 2419, 6623, 7869
四川省博物院　1561, 1668
四川省草书研究会　7672
四川省川剧领导小组　12931
四川省川剧学校　12133
四川省川剧艺术研究所　11140, 11865, 12133
四川省川剧艺术研究院　12769, 12931, 12942, 12960
四川省川剧院研究室　11142
四川省川剧院研究室音乐组　11139, 12105, 12112
四川省达县地区文化局　12346
四川省大邑阶级教育展览馆　8660
四川省第二轻工业局　10177
四川省电影发行放映公司　3347, 12416
四川省电影公司　11912, 13292
四川省歌舞团　11782, 12592, 12610
四川省歌舞团"革命委员会"　11650
四川省工艺美术研究室　10350
四川省公安厅办公室　5004
四川省公安厅交通警察总队　8862
四川省广播电台文艺组　11474
四川省广播事业局　10865
四川省广元县文化馆　086
四川省合唱协会　12432
四川省华泰新系统设计研究所　7736
四川省简阳县文化馆　11456
四川省教育科学研究所　1129
四川省教育委员会师范处　354, 492, 1135, 7582
四川省老年书画研究会　2278
四川省立南充民教馆　11760
四川省梁平县文化局　12942
四川省林业厅　9110
四川省林业厅野生动植物保护管理处　8963
四川省泸州市"革委会"政工组宣传组　11454
四川省民歌调演大会　11803
四川省民政厅革命烈士史料编纂办公室　6213
四川省民主妇女联合会　8876
四川省民族民间唱法独唱、二重唱调演大会资料组　11796
四川省民族事务委员会　10491, 12942
四川省南充地区文化局　12979
四川省内江地区文化馆　11796
四川省农业展览馆　9274
四川省群众歌咏运动委员会　11602, 11605
四川省群众文化工作室　3411

四川省群众文艺创作展览会演大会评选委员会
　　　　　　　　　　　　　　　1357
四川省群众艺术馆　8918, 11606, 11722, 11975,
　　11976, 11983, 11984, 12431, 12590
四川省群众艺术馆《抒情歌曲》编辑部　11976,
　　11977
四川省群众艺术馆抒情歌曲编辑部　11984
四川省人民政府办公厅　1372
四川省人民政府参事室　2319, 2482
四川省人民政府文化事业管理局　12700
四川省人民政府文化事业管理局音乐工作组
　　　　　　11138, 11402, 11573, 11998
四川省社会科学院文学研究所　063
四川省诗书画院　1373
四川省手工业管理局　10229
四川省书学学会　7672
四川省水利电力厅　8924
四川省水利局　8924
四川省通俗音乐学会　11717, 11720, 11982,
　　12150, 12151
四川省文化局　10229, 11791
四川省文化局革命歌曲征集组　11792
四川省文化局美术工作室　3122, 5080
四川省文化局群众文化工作室　1251, 1291, 3019
四川省文化局戏曲研究室　12919
四川省文化局音乐工作组　11407, 11580, 11998
四川省文化局音乐组　11795
四川省文化厅　2341, 8593
四川省文化厅文物处　8069, 8201
四川省文史研究馆　2278, 2285
四川省文学艺术工作者联合会　12591, 12609
四川省戏曲研究所　12114, 12923
四川省戏曲研究所音乐组　12114, 12116
四川省小学教师培训中心　1135, 7582
四川省新闻图片社　9283, 9327

四川省学校艺术教育委员会　10832
四川省宜宾中山书画艺术研究社　2094
四川省艺术馆《抒情歌曲》编辑部　11976
四川省音乐工作组　11573, 11574, 11766
四川省幼儿园教师进修教材协编委员会　10813,
　　12634
四川省中等师范学校选修课教材编委会　7351
四川省中苏友好协会　10132
四川省重庆市南桐矿区青年"公社"堡堂大队贫
　　下中农美术组　3017
四川省重庆市群众文化积极分子代表大会暨群
　　众文艺创作展览会演大会　11440
四川省重庆幼儿师范学校音乐教研组　12013
四川诗书画家国际艺术交流协会　1372
四川十年文学艺术集编辑委员会　2995
四川文艺出版社　11704, 11705, 11977
四川新闻图片社　9284
四川音乐学院　084, 10823, 11683, 12257
四川音乐学院"革命委员会"　11650
四川音乐学院民乐系　12260
四川音乐学院作曲系　11781
四川音协社会工作部　11982
四方　6210, 9466
四方机厂职工业余美术创作组　4999
四化　6653
四库全书存目丛书编纂委员会　267, 848, 7672,
　　11028, 11029, 11340, 12318
四美堂主人　7789, 7847, 7848, 7959
四省市　8883
四喜　5566
四新文化艺术公司　6555
四新艺术　6715
四新艺术制　6715
四新逸人制作室　6539
四星　8863, 9488, 9489, 9764

| | | | |
|---|---|---|---|
| 四野文工团 | 12222 | 松泉老人 | 759 |
| 似坳 | 5096 | 松山笃二 | 10742 |
| 寺门保夫 | 610 | 松思谞 | 4492 |
| 寺原伸夫 | 12371 | 松涛 | 4359, 5189, 5263 |
| 侣承军 | 6406 | 松田隆智 | 7115 |
| 泗水潜夫 | 10932, 12806 | 松下知良 | 7013 |
| 驷友 | 3096 | 松小梦 | 1606 |
| 松本零士 | 7086 | 松岩 | 434 |
| 松本泉 | 7127 | 松阳 | 7275, 8198 |
| 松采 | 12543 | 松鹰 | 5506 |
| 松夫 | 6069 | 松永淳子 | 8618 |
| 松冈达英 | 6563 | 松永生 | 10385 |
| 松谷美代子 | 5948, 6389 | 松永正津 | 10754 |
| 松海 | 2472, 6637 | 松原刚 | 12781 |
| 松花江地区行署文化局松花江地区戏曲志编辑 | | 松子 | 6389 |
| 　部 | 12781 | 嵩林 | 9101, 9102 |
| 松江 | 4889, 4895 | 嵩明县文化馆 | 11867 |
| 松江鲁艺文工团 | 11995 | 嵩明县文化局 | 12135 |
| 松江省人民政府文化局 | 438 | 嵩山草堂 | 1719 |
| 松江省音乐工作组 | 11998 | 嵩山道人 | 1651 |
| 松江县新五"公社"向阳红创作组 | 5317 | 嵩子 | 6277, 6355 |
| 松井丰 | 1124 | 宋安群 | 5758, 6439 |
| 松井桂三 | 10190 | 宋安生 | 1400, 1420 |
| 松井纪子 | 7076 | 宋柏松 | 2209 |
| 松居直 | 1243 | 宋宝山 | 3430, 4038, 4091, 5193, 5502 |
| 松矿忆苦站 | 5189 | 宋宝堂 | 5311 |
| 松奎 | 5364 | 宋宝珍 | 12917 |
| 松邻 | 1060 | 宋斌兵 | 6563 |
| 松林 | 2192, 2224, 4839, 9901 | 宋冰岸 | 10569 |
| 松崚 | 4307 | 宋秉恒 | 1108 |
| 松梅 | 12372 | 宋秉武 | 10698 |
| 松年 | 673, 856, 1597 | 宋伯鲁 | 089, 781, 8125 |
| 松潘县旅游局 | 9143 | 宋伯仁 | 934, 1446, 1532, 1535, 2966, 2967, 2968 |
| 松青 | 3737 | 宋伯胤 | 418 |
| 松清秀仙 | 8128 | 宋步云 | 1397 |

宋曹　　　　　　　　　　　　　7211, 7212

宋成林　　　　　　　　　　　6581, 10329

宋诚　　　　　　　　　　　　9815, 10019

宋承德　　　　　　　　　　　　　　5490

宋承谦　　　　　　　　　　　　　　7212

宋承宪　　　　　11122, 11949, 11953, 11974

宋承志　3609, 3655, 3686, 3862, 5321, 5974

宋程熹　　　　　　　　　　　　　　5258

宋痴萍　　　　　　　　　　13288, 13289

宋崇风　　　　　　　　　　　5492, 5578

宋春舫　　　　　　　　　　　　　　8118

宋春和　　　　　　　　　　　3135, 3157

宋春湖　　　　　　　　　　　　　　5253

宋春林　　　　　　　　　　　　　　4456

宋词　　　　　　　　　　　11139, 12111

宋翠华　　　　　　　　　　　　　11375

宋翠荣　　　　　　　　　　　　　　5911

宋翠英　　　　　　　　　　　　　10680

宋存标　　　　　　　　　　　　　　1028

宋大鹤　　　　　　　　　　10339, 10781

宋大能　　　　　　　　　　10904, 11776

宋丹心　　　　　　　　　　　　　10311

宋德昌140, 1193, 1330, 3919, 5359, 10223, 10282

宋德风 1922, 1970, 2355, 2361, 2362, 2364, 2443,
　　　2562, 2605, 4117, 4244, 4481, 4632, 5290,
　　　5311, 5504, 5616, 6169

宋德华　　　　　　　　　　　5808, 8955

宋德秋　　　　　　　　　　　　　　5653

宋德裕　　　　　　　　　　　　　　8109

宋涤　　　　　　　　　　　　　　　2257

宋娣　　　　　　　　　　　　　　10403

宋定国　　　　　　　　　　　　　　5606

宋端午 1968, 2097, 2204, 2640, 2645, 4438, 4464,
　　　4533

宋恩厚　　　　　　　　　　　3563, 3615

宋恩民　　　　　　　　　　　　　　3877

宋发仁　　　　　　　　　　　　　　5294

宋飞　3024, 3886, 5017, 5068, 5230, 5363, 5498,
　　　5512, 5514, 5530, 5550, 5639, 5702, 5855,
　　　5935, 6024, 6195, 6254, 6267, 6333, 11174

宋飞等　　　　　　　　　　　　　　6084

宋丰光　　　　　　　　　　　　885, 2257

宋锋　　　　　　　　　　　　　　11156

宋凤仪　　　　　　　　　　　　　　5734

宋福成　　　　　　　　　　　　　　2752

宋福基　　　　　　　　　　　8122, 8171

宋富盛　　　　　　　　　2337, 7554, 7743

宋刚明　　　　　　　　　　　9440, 9884

宋岗　　　　　　　　　　　　　　　8711

宋高宗 1533, 7169, 7170, 7180, 7181, 7223, 7949,
　　　7955, 7961, 7965, 7972, 7978, 7989

宋高宗赵构　　　　　　　　　7948, 7998

宋歌　　　　　　　　6569, 7057, 12046

宋光华　　　　　　　　　　　5256, 5288

宋光森　　　　　　　　　　　　　　3340

宋光宇　　　　　　　　　　　　　　1326

宋广训　　　　　　　　　2988, 2997, 3542

宋桂雨　　　　　　　　　　　　　　2016

宋国华　　　　　　　　　　　　　12042

宋国生　　　　　　　　　　　　　11311

宋果鸿　　　　　　　　　　　　　10379

宋浩霖　　　　　　　　　　　638, 10212

宋弘　　　　　　　　　　　　　　　7439

宋红　　　　　　　　　　　522, 6577, 6584

宋红岩　　　　　　　　　　　　　　8990

宋红征　　　　　　　　　　　　　11751

宋宏　　　　　　　　　　　　　　　5782

宋宏丰　　　　　　　　　　　　　　6732

宋宏刚　　　　　　　5287, 5643, 5740, 10317

宋洪荣　　　　　　　　　　　　　13225

宋鸿鸣 10868

宋后军 336, 5750

宋厚成 1836, 3237, 5322, 6752, 6753

宋厚达 3891

宋虎立 4028, 4090, 5445, 6430

宋华 2549

宋华坚 5366

宋怀材 2648

宋怀俊 4447

宋怀林 3092, 3094, 3596, 3703, 4994, 5030

宋焕起 7399, 7818

宋挥 5560, 5574, 5654, 5936, 8784, 8931

宋辉 9254, 10105

宋徽宗 1533, 6820, 7958, 7965, 7970, 7971, 7981,
8001

宋徽宗赵佶 746, 755

宋惠民 611, 1306, 2816, 3220, 3243, 3245, 3309,
3314, 3316, 3319, 3320, 3322, 3323, 3325,
3329, 4099

宋惠元 1731

宋慧民 3280

宋季丁 8335

宋继成 2369

宋继光 12772

宋佳良 12619

宋家庚 13056

宋家珩 10148

宋家麟 1342

宋家起 7319

宋建 2893

宋建宏 9955

宋建华 1112, 2047, 12992

宋建明 158, 10331

宋建平 4072, 7913, 7919

宋建社 1157, 1184, 1192, 5994, 6317

宋剑峰 3822, 6006, 6078

宋剑锋 5450, 5809, 6184

宋健 13049

宋健好 1214

宋江洪 13285

宋教仁 8114

宋杰 2925, 3151, 4919, 13062

宋洁 3274

宋捷文 6053

宋金榜 7593

宋金鼎 2154

宋金东 6703, 6704

宋金涛 8320

宋瑾 10848

宋经讳 6441

宋景惠 5458

宋景献 4950, 5250, 5290

宋珏 1054, 1560

宋军 11551, 11564, 11978, 11995, 11996, 11997,
11998, 12001, 12003, 12004, 12005,
12009, 12012, 12013, 12017, 12018,
12035, 12094, 12187, 12411, 12442

宋均 10937, 10938, 10944, 10946, 10947

宋郡 11883

宋侃 8481

宋偘 8507

宋克 8043, 8051, 8053, 8054, 8058, 8065, 8069

宋克静 1156, 1351, 3371, 3377, 6188

宋克君 8642

宋莱 2848

宋雷 6184

宋立功 11265

宋立明 2759, 2760, 3863

宋立权 11237, 12523

宋立文 8419

| | | | |
|---|---|---|---|
| 宋立中 | 11723, 12407 | 宋丕胜 | 3203, 5536 |
| 宋利华 | 1855 | 宋平 | 1714, 5836, 6208, 7086, 10026 |
| 宋连生 | 7551 | 宋齐鸣 | 2824, 5299, 5534 |
| 宋濂 | 8040 | 宋岐 | 8529 |
| 宋良璧 | 410 | 宋琦 | 4983, 12122 |
| 宋霖 | 5267, 5870 | 宋钦海 | 3287, 10392 |
| 宋椆恩 | 8346 | 宋庆光 | 10825 |
| 宋岭 | 819, 5000 | 宋庆龄基金会 | 9010 |
| 宋龙飞 | 10648, 10655 | 宋庆涛 | 9833 |
| 宋鲁曼 | 13162 | 宋庆云 | 11349, 11786, 12621 |
| 宋荦 | 780, 1037, 1038, 1060 | 宋秋 | 9368 |
| 宋荦原 | 779 | 宋人 | 1544, 1786 |
| 宋满屯 | 9400, 10049 | 宋仁梁 | 1854, 3846, 4169 |
| 宋芒 | 6130 | 宋仁堂 | 3104 |
| 宋茂生 | 11125 | 宋仁棠 | 3110, 3134 |
| 宋懋晋 | 1566 | 宋仁贤 | 1865, 1916, 1923, 1951, 1975, |
| 宋孟君 | 11225 | | 2005, 2019, 2022, 2024, 2082, 2132, 3846, |
| 宋孟寅 | 6378 | | 3944, 3999, 4045, 4071, 4085, 4134, 5227, |
| 宋民 | 7294, 7370 | | 5389 |
| 宋名辉 | 10329 | 宋韧 | 2753, 2754, 2755, 2790, 2799, 3912, 4067, |
| 宋明 | 5713 | | 4121 |
| 宋明贵 | 1268, 10613 | 宋荣欣 | 1158 |
| 宋明殊 | 1824 | 宋如新 | 10710 |
| 宋明水 | 2224 | 宋汝成 | 3807 |
| 宋明远 | 1948, 2139, 3348, 4133, 4208, 4258, 4332, | 宋瑞芳 | 6395 |
| | 4363, 4377, 4461, 4469, 4527, 4566, 4689, | 宋瑞芝 | 6444 |
| | 4789 | 宋珊 | 2428 |
| 宋明珠 | 5282, 6600 | 宋尚举 | 7544 |
| 宋铭 | 13009 | 宋邵 | 12094 |
| 宋南 | 7552, 7554 | 宋绍明 | 13180 |
| 宋宁 | 4756, 6512, 11587 | 宋绍祺 | 5151 |
| 宋宁奇 | 5977, 6187 | 宋申 | 10870 |
| 宋佩 | 8729, 13303 | 宋省予 | 2224, 2543, 3642, 10441 |
| 宋珮 | 8730 | 宋石 | 7627 |
| 宋丕瑚 | 5522 | 宋士诚 | 8819, 9048, |

9347, 9432, 9439, 9440, 9468, 9480, 9484,
9489, 9553, 9646, 9734, 9739, 9741, 9753,
9754, 9755, 9759, 9762, 9861, 9864, 9911,
9968, 10035, 10054, 10088, 10115, 10579,
10623, 10637

宋士敬 8945, 8947, 9247, 9334, 9335, 9338, 9806,
9863

宋世亮 6979

宋世文 11204, 11522, 11737, 11738, 11739

宋仕贤 4470

宋守安 2462

宋守国 3231

宋守宏 476, 478, 1164, 1170, 1189, 1196, 2706,
2959, 2961

宋寿昌 10921, 11032, 11069, 11368

宋叔田 2721

宋树田 4948

宋树田, 4948

宋树秀 11806

宋思萱 8618

宋松声 7626, 10238

宋素凤 10831

宋太玉 11486

宋坦克 6568

宋涛 9381, 11186, 12177

宋腾甲 13280, 13283

宋天仪 110

宋铁军 8700

宋廷宾 5364, 5404, 5437, 5558, 5776

宋万华 9454, 9727

宋薇宗 8422

宋魏 6116, 6275

宋维炳 12997

宋维成 6016

宋伟 8784

宋伟航 1168, 1169, 1170

宋文臣 2803

宋文川 6566

宋文光 4941, 4948, 4962, 4963, 4973, 4976, 4989,
4993, 4994, 5020, 5021, 5052

宋文焕 10788

宋文京 830

宋文岚 10759

宋文龙 5627, 10260

宋文治 1323, 1380, 1429,
1741, 1756, 1760, 1779, 1788, 1789, 1790,
1797, 1800, 1807, 1809, 1810, 1813, 1820,
1822, 1829, 1833, 1842, 1848, 1858, 1860,
1865, 1867, 1900, 1905, 1959, 2029, 2047,
2195, 2276, 2310, 2336, 2425, 2427, 2434,
2439, 2442, 2459, 2597, 2598, 2601, 3584,
3860, 3927, 4002, 4144, 4313, 10449

宋武 6633

宋武征 2746, 3858, 5216, 5299, 5533, 5966

宋西廷 5631

宋希焕 2059

宋曦业 13204

宋贤珍 2777, 2780, 3205, 4045, 4114

宋献春 192

宋献科 8633

宋乡尘 5716

宋湘 8094

宋翔申 5698

宋肖 11764

宋小君 428

宋小星 10767

宋晓东 2209

宋晓明 6322, 6757

宋晓霞 723, 1161

宋晓燕 11202, 12483

| | | | |
|---|---|---|---|
| 宋孝慈 | 2030 | 宋英 | 8335, 12599 |
| 宋孝宗 | 7966 | 宋英泽 | 7569 |
| 宋协立 | 040, 186 | 宋鹰 | 6077 |
| 宋昕 | 10690 | 宋永红 | 10764, 10766 |
| 宋新江 | 2154 | 宋永进 | 2919 |
| 宋新明 | 9755 | 宋永源 | 13240 |
| 宋新涛 | 1975, 2519, 2605 | 宋勇 | 6122 |
| 宋鑫 | 601 | 宋幼君 | 7392, 7577, 7578, 7584, 7615, 7617, 7618, 7649 |
| 宋兴元 | 12199 | | |
| 宋雄 | 6141 | 宋雨桂 | 1431, 1445, 1945, 2310, 2501 |
| 宋雄飞 | 5624 | 宋玉成 | 191, 6872 |
| 宋修艺 | 7458 | 宋玉峰 | 5075, 5078, 5099 |
| 宋秀英 | 3835 | 宋玉贵 | 5425 |
| 宋诩 | 1044 | 宋玉洁 | 5031, 5088, 9096, 9148, 9386, 9807 |
| 宋旭光 | 9413, 9609 | 宋玉麟 | 918, 1342, 2028, 2292, 2694, 2697 |
| 宋学孟 | 102, 258 | 宋玉年 | 3776 |
| 宋学农 | 7326, 7405 | 宋玉璞 | 3779, 3943 |
| 宋学智 | 565, 2917 | 宋玉琴 | 6765 |
| 宋雪梅 | 6435 | 宋玉星 | 3194, 3715, 3857, 7086 |
| 宋雅丽 | 5221, 5965, 6035 | 宋玉增 | 924 |
| 宋艳秋 | 2104, 2161, 4810 | 宋育仁 | 11019 |
| 宋燕宾 | 2095, 4357, 4568, 8162 | 宋渊 | 4859 |
| 宋燕燕 | 258 | 宋元生 | 488 |
| 宋扬 | 5669, 6564, 11956, 12626 | 宋源泉 | 3854 |
| 宋阳 | 11037 | 宋源文 | 305, 3043 |
| 宋耀良 | 030 | 宋芸仙 | 3577 |
| 宋一程 | 10366 | 宋允清 | 12593 |
| 宋一凡 | 10652 | 宋运超 | 10830, 11159, 12786 |
| 宋一平 | 4062, 5365, 5415 | 宋泽荣 | 11340, 11349 |
| 宋仪 | 8602, 8628 | 宋兆昆 | 12584 |
| 宋亦增 | 10646 | 宋兆钦 | 1985, 2437, 2438 |
| 宋易 | 1250 | 宋贞 | 1630 |
| 宋吟 | 1915 | 宋珍妮 | 3137, 6108 |
| 宋吟可 | 610, 1736, 1814, 1867, 1886, 1892, 2008, 2047, 2591, 2595, 4248, 10431 | 宋振华 | 2660, 9365, 9557, 10028, 10043, 10060 |
| | | 宋振庭 | 1948 |

| | | | |
|---|---|---|---|
| 宋振勇 | 5852 | 苏巴洪 | 2752, 5226, 5285 |
| 宋征 | 5727 | 苏百钧 | 979, 1345, 2154, 2554, 6825 |
| 宋正谋 | 12599 | 苏宝礼 | 10215 |
| 宋正为 | 12593 | 苏宝龙 | 11247 |
| 宋之弼 | 8484 | 苏宝玺 | 2485 |
| 宋之的 | 12676 | 苏宝星 | 8588 |
| 宋志邦 | 12205, 12206 | 苏葆桢 | 606, 939, 940, |

宋志华 9584

苏葆桢 606, 939, 940,
951, 1875, 1893, 2012, 2619, 2635, 3670,
3676, 3681, 3710, 3819, 3870, 4301,
4578, 10465

| | | | |
|---|---|---|---|
| 宋志坚 | 2947, 2949, 3839 | 苏北文学艺术界联合会 | 11391 |
| 宋治安 | 2664, 4405 | 苏北新华书店 | 11557 |
| 宋治国 | 3930 | 苏北扬州军分区前哨报社 | 3067 |

宋治平 2010, 3675, 4589, 4590, 4729, 4956, 4972,
5008, 5009, 5033, 5102, 5230, 5340, 6005

| | | | |
|---|---|---|---|
| 宋智明 | 3961, 4184 | 苏彪 | 3809 |

宋忠元 317, 319, 354, 1734,
1743, 1775, 2053, 2113, 2172, 2179, 2190,
2215, 2236, 2261, 2402, 2403, 2458, 2463,
2464, 2465, 2523, 2587, 2818, 3048, 3049,
3571, 3614, 3666, 3674, 3811, 4048,
4268, 5047, 6620, 8959

| | | | |
|---|---|---|---|
| | | 苏波列夫 | 012 |

苏伯群 2126, 2134, 2523, 2703, 4793, 10114,
10531

宋子龙 3935, 8656, 10152, 10256, 10261, 10422,
10769

| | | | |
|---|---|---|---|
| | | 苏步青 | 8269 |
| 宋子玉 | 13241 | 苏策 | 5586 |
| 宋子正 | 707, 721 | 苏昌辽 | 2040 |
| 宋宗慈 | 10552 | 苏长仙 | 5346, 5521 |
| 宋宗华 | 5706 | 苏畅 | 10470 |
| 宋祖廉 | 6609, 6631 | 苏潮 | 9425 |
| 颂刚 | 12118 | 苏传禄 | 5659 |
| 颂公 | 5626 | 苏春生 | 718, 914, 1938, 2027 |
| 颂红 | 4954 | 苏达 | 11718 |
| 颂今 | 11967, 12038, 12445 | 苏德 | 12120 |
| 颂民 | 5231, 5701, 6015 | 苏德新 | 5751, 6108 |
| 颂杨 | 10033 | 苏舣 | 3852, 3995 |
| 颂之 | 11051 | 苏殿雄 | 12096 |
| 苏安德 | 7306, 7332, 8222, 8263, 8371, 8374 | 苏丁 | 068 |

苏东坡 7744, 7982, 7983, 7985, 7986, 7989, 7995,
7998, 8001, 8007, 8010, 8013, 8178, 8189

| | | | |
|---|---|---|---|
| | | 苏东天 | 806 |
| | | 苏笃仁 | 1515 |

苏惇元 7208

苏敦勇 4939, 4946, 4947, 4957, 4977, 4984, 4986,
　　5026, 5061, 5445, 5457, 5516

苏鄂生 5359

苏珥 8024

苏凡 13305

苏方桂 6190, 6214, 6220, 6235, 6287, 6328, 6339

苏放 6224

苏菲 12095

苏刚 1324

苏高礼 1122, 1139, 1152, 2777, 2834, 3953

苏耕 1861, 1880, 1913, 1915, 1936, 1955, 2358,
　　3872, 3873, 3882, 4065, 4098, 4163,
　　4328, 4380, 4490, 4497, 4599, 5476, 5612,
　　5934, 9287, 10446

苏共春 9418

苏光 1400, 2745, 2750, 2762, 3408

苏广誉 11626

苏桂亮 13280

苏桂林 10693

苏桂宁 051

苏桂樵 8866

苏桂英 10717

苏国超 2177, 2250

苏国红 11522

苏国纪 6393

苏国景 3619

苏国荣 12702, 12705

苏国章 3466

苏海涛 10751

苏汉兴 12287

苏行 12068

苏浩洵 6238

苏和 4718

苏河清 13236

苏赫 3884

苏宏宇 8961

苏鸿升 548

苏厚如 7788

苏华 2154, 3839, 5233, 5256, 5291, 5405, 5414,
　　5501, 5796, 6048, 7531, 8195, 8208, 10221

苏华聪 6460

苏焕园 12859

苏晖 8657

苏慧文 10619

苏霍多里斯基 4903

苏霍金 025

苏吉亨 570

苏纪迅 7424

苏继明 5249, 5339, 5341

苏家芳 5880, 7068, 7069, 7070

苏家芬 2952, 3839, 3855, 3879, 4126, 5322,
　　5472, 5513, 5565, 6056

苏家杰 634, 3419, 3814, 3895, 4007, 5188, 5245,
　　5358, 5405, 5518, 5586, 5632, 5773, 5838,
　　6023, 6173, 6861

苏家屯文化馆 3232

苏嘉 5771

苏剑雄 5572

苏健 2276, 2901, 7458

苏健琼 9417, 9419, 9658, 9678, 9682

苏金波 5671, 5731

苏金海 8592

苏金星 5842

苏晋仁 10963

苏晋云 8466

苏京 6259

苏璟 12297

苏静 2412

苏军 13239

苏俊慧　9367
苏柯　5239
苏柯洛夫　6900
苏可　9739
苏克　12005
苏克任　9317
苏奎林　5932
苏澜深　11058, 11059
苏朗 3141, 3439, 3474, 3593, 3625, 3717, 5093, 5383, 5384, 5600, 5674, 5766, 5942, 6298, 6365
苏蕾　12386
苏里　5918, 6089, 10587
苏里科夫　6879
苏里亚达马　13179
苏立　3770, 3824
苏立群　5328, 5501, 5741, 5908, 8626
苏立文　252, 909
苏丽娜　12690
苏莉　10150
苏连第　148, 453, 10378
苏联电影研究院　13088
苏联共产主义学院文艺研究所　012
苏联国版画展览会　6914
苏联基辅艺术电影制片厂　13256
苏联经济及文化建设成就展览会广州办公室宣传处　361
苏联康敏学院文艺研究所　009
苏联科学院　13005
苏联科学院艺术史研究所　363, 13073, 13176
苏联列宁格勒市立教师进修学院音乐组　11111
苏联美术科学院　367
苏联美术学院美术理论与美术史研究所　363
苏联文化部艺术史研究所　13005
苏联文艺选丛编辑委员会　12352

苏联艺术科学院美术理论与美术史研究所　061, 365
苏良质　9992
苏林　13307
苏霖　7186, 7187, 7205
苏玲瑶　12792
苏六朋　1670, 1672, 2614
苏玛　12275
苏曼莎　10665
苏茂　8758
苏茂春 8821, 9083, 9086, 9145, 9288, 9312, 9336, 9337, 9405, 9408, 9412, 9452, 9791, 9813, 9825, 9863, 10014, 10025, 10122, 10235
苏茂隆 4112, 4252, 4300, 4314, 4326, 4403, 4556, 4563
苏茂生　125, 6898, 6899
苏门　7364, 8423
苏萌　6647
苏民　3297, 3864, 12907, 12908, 12909, 12911
苏民安　8783
苏敏　12428
苏明慈　4914
苏明星　12942
苏鸣　5473, 5500, 6104, 6123, 6629, 6630, 7033
苏乃兰　6629
苏南　4622, 13120
苏南大众社　8868
苏南军区政治部　11564
苏南文联筹委会　11394
苏南中苏友好协会　12594
苏楠　9828
苏年　9536
苏宁　12118
苏鹏　12442
苏平　2184, 6235

苏琪 052
苏启明 1350, 1352, 1716, 2324, 2336, 6927, 8664, 10237, 10781
苏启人 5254
苏起峰 4060, 4743, 4942, 4993, 5059, 5399
苏谦 5070
苏庆煌 12134
苏庆英 3386, 3868, 3940
苏秋成 2334
苏全成 3876
苏群 9239
苏群力 9233
苏日台 260
苏荣模 6344, 6490, 7098
苏荣宗 11833
苏珊 1214
苏珊·E.迈耶 1144
苏珊·郎格 040
苏珊·朗格 019
苏珊·雷菲尔德 638
苏珊·迈耶 7062
苏珊·桑塔格 8710
苏珊·伍德福特 184, 371
苏珊娜·察兹 8758
苏上杰 6206
苏少卿 12863
苏少泉 5877
苏生 6718
苏胜兴 5991
苏诗敏 5120, 5625
苏石风 10241, 12831, 12834
苏士澍 7820, 7923, 8007, 8176, 8304, 8307, 8311
苏世克 10788
苏轼 725, 2321, 7286, 7944, 7945, 7946, 7947, 7948, 7949, 7950, 7951, 7953, 7954, 7955, 7956, 7957, 7958, 7959, 7960, 7962, 7967, 7968, 7969, 7971, 7972, 7976, 7978, 7981, 7983, 7984, 7986, 7987, 7989, 7990, 7991, 7994, 7995, 7997, 7998, 7999, 8001, 8005, 8007, 8010, 8011, 8012, 8013, 8015, 8048, 8050, 8237, 8302, 8424, 8438, 10933, 11324, 11325
苏叔阳 5459, 6594
苏思义 8651
苏斯列尼科夫 12362
苏颂 7688
苏天 6590
苏天赐 2714, 2737, 2783, 2786, 3099, 4915, 10433
苏天祥 12613
苏天益 6359
苏田 5079, 5569, 5609, 5828
苏跳跳 5284, 5330
苏童 3491
苏琬明 6490
苏万巨 6222, 6223
苏万里 4748, 5317, 5696, 5935
苏万物 7329
苏为宝 5285
苏维贤 5461, 5634, 5703, 5767, 5859, 5906, 6141, 6217, 6261
苏伟光 4971, 4997, 11090
苏苇 5819
苏位东 5820
苏文 5962, 6199, 6563
苏文炳 12322
苏文进 12039
苏雯 6586
苏卧农 2184
苏武 12332
苏西·盖伯利克 055, 549

苏西映 1915, 4151, 4269, 5635, 5812, 5888, 5909,
5934, 5943, 5967, 6021, 6059, 6069, 6088,
6157, 6162, 6171, 6229, 6289, 6298, 6327,
6397

苏锡超　　　　2433, 2442, 4304, 4437, 4593

苏夏　10853, 11071, 11072, 11075, 11084, 11089,
11762, 12221, 12647

苏显双　　　　　　　　　　　7609

苏祥　　　　　　　　　　　11750

苏霄松　　　　　　　　　　　9466

苏小华　　　　　　　1488, 5601, 5883

苏小卫　　　　　　　　　　13063

苏晓　8815, 9358, 9361, 9362, 9365, 9376, 9540,
9541, 9559, 9569, 9576, 9591, 9807, 10037

苏晓康　　　　　　　　13132, 13295

苏晓离　　　　　　　　　　　025

苏笑海选　　　　　　　　　　7494

苏新平　　　　　　　　984, 2554

苏兴斌　　　　　　　　　　　5602

苏兴钧　　　　　　　　453, 1585

苏星　　　　　　　　　　　5046

苏幸香　　　　　　　　　　　8622

苏秀玲　　　　　　　　　　　2966

苏许仙　　　　　　　　　　　6287

苏宣　　　　　　　　　　　8481

苏萱　　　　　　　　　1098, 6602

苏玄瑛　　　　　　　　　　　8116

苏学文　　　　　　　　　　　1247

苏雪安　　　　　4897, 4899, 12109, 12864

苏洵　　　　　　　　　　　7958

苏雅汾　　　　　　　　　　　8618

苏妍　　　　　　　　　　　10064

苏彦斌　　　　　　　　　　　8253

苏燕　　　　　　　　　　　6402

苏燕谋　　　　　　　　　　　1255

苏耀先　　　　　　　　　　　7315

苏晔　　　　　　　　　　5696, 5824

苏一民　　　　　　　　　　　3058

苏一宁　　　　　　　　　　　5410

苏贻明　　　　　　　　　　　9790

苏移　　　　　　　　　12881, 12897

苏以　　　　　　　　3599, 3678, 3729

苏易简　　　　　1019, 1020, 1023, 1046

苏益家　　　　　　　　　　　1102

苏音　　　　　　　　　　　588

苏应时　　　　　　　　　　　8413

苏英　　　　　　　　　　　13248

苏英博　　　　　　　　　　11521

苏莹辉　　　　　　　　　　　396

苏勇　1978, 3998, 4497, 10300, 10302, 10313,
10327, 10711

苏友中　　　　　　　　　　　2225

苏愚　　　　　　　　　　　11302

苏郁　　　　　　　　　　　8299

苏豫　　　　　　　　　　　10227

苏越　　　　　　　　　　　5928

苏云　　　　　　　　　　　5001

苏运　　　　　　　　　　　6573

苏宰北　　　　　　　　5363, 5397

苏泽立　　　　　　　　　　　7357

苏泽猷　　　　　　　　　　　5192

苏兆斌　　　　　　　　　　12794

苏哲　　　　　　　　　5063, 5075

苏真　　　　　　　　　　　6407

苏振波　　　　　　　　　　11337

苏振明　　　　　　　　　　　2813

苏振亚　　　　　　　　　　　6173

苏振英　　　　　　　　　　　3363

苏镇　　　　　　　　　　　6135

苏正东　　　　　　　　　　　5289

苏正刚 3010, 4973, 5067, 5084, 5094, 5120, 5429,
　　5448, 5614, 5724, 5788, 5958, 5968, 6057,
　　6432

苏志学 4108, 4296

苏智 12138

苏中部队文工团 12906

苏中强 10133, 10725

苏忠深 11813

苏仲芳 11047

苏州版画院 3050

苏州博物馆 1277, 1475

苏州刺绣研究所 10351, 10353, 10466

苏州刺绣研究所供 4515

苏州电视台 2336

苏州美术馆出版科 003

苏州美术专科学校 570

苏州美术专门学校 003

苏州美专 007

苏州评弹研究会 12966, 12967, 12968, 12971

苏州评弹研究室 12966

苏州市版画创作室 3041

苏州市版画艺术研究会 3041

苏州市博物馆 8062, 8063

苏州市刺绣研究所 10349

苏州市地方志编纂委员会办公室 8914

苏州市工艺美术研究所 10230, 10349

苏州市国画社"革命委员会" 1803

苏州市纪念苏州建城二千五百年筹备委员会
　　2012

苏州市旅游局 8954

苏州市旅游汽车公司 9836

苏州市美术创作组 1808, 1810, 1811, 1818, 1822

苏州市评弹研究室 12965

苏州市曲艺工作者联合会 12140

苏州市书画研究会 2336

苏州市文管会 1574, 1741, 8061

苏州市文化局 12350, 12791

苏州市文联 1751

苏州市文学艺术联合会 1365

苏州市戏曲研究室 12117, 12127, 12128, 12140,
　　12817, 12898

苏州市业余美术创作组 3015

苏州市中国书画收藏协会 2482

苏州市装潢设计公司 3808

苏州丝绸工学工艺美术系 10355

苏州丝绸工学院 10251, 10351

苏州丝绸工学院工艺美术系编 1098

苏州丝绸工学院美术系 403

苏州桃花坞木刻年画社 4554

苏州桃花坞木刻组 3919, 3921

苏州戏曲志编辑委员会 12791

苏州专署文化局 12115

苏着生 909

苏子 5029

苏子龙 1325, 6119, 8281

苏紫芸 6638, 7070, 7071

苏宗仁 782

苏宗胜 1335

苏宗雄 7635

苏祖良 8696, 8718

苏祖谦 12580

苏佐扬 12440

肃府 7706

肃亲王 8034

肃文 5086

肃斋 11323

素木洋一 10738

素心 12355, 12356

素英 5941

速加 3387, 8638

| | | | |
|---|---|---|---|
| 速太熙 | 6098 | 隋文玲 | 11126 |
| 速泰春 | 6758 | 隋稳掬 | 11813 |
| 速泰熙 | 3019, 3781, 3955, 5853, 6457 | 隋锡忠 | 13269 |
| 粟公魁 | 5476 | 隋学芳 | 7415, 8179, 8214 |
| 粟海庵居士 | 12750 | 隋易夫 | 1975, 2534 |
| 粟可可 | 969, 4305, 5360, 10314 | 隋自更 | 5696, 5848, 6333 |
| 粟千国 | 10347 | 随意 | 4987 |
| 粟仁金 | 11958 | 随缘 | 6295 |
| 粟石毅 | 9722 | 随壮基 | 4041 |
| 粟晓燕 | 10326 | 岁成 | 4958 |
| 粟子 | 8461 | 岁寒 | 3996, 10857, 10981 |
| 虽园主人 | 7832 | 遂昌县正文办公室 | 5172 |
| 濉溪县"革命委员会"政工组 | 5185 | 遂川县"革委会"政治部宣传组 | 5165 |
| 绥德县文化馆 | 3819 | 遂平县人民文化馆 | 11432 |
| 绥福 | 5192 | 穗中 | 5848 |
| 绥化县"革命委员会"政治部 | 5173 | 孙爱国 | 5395, 6467 |
| 绥棱县《征途》连环画三结合编创组 | 5271 | 孙爱华 1871, 1950, 2298, 2616, 4097, 5202, 5228, |
| 绥民 | 3736 | 6168, 6176 | |
| 绥远省剪贴艺人学习会 | 10662 | 孙爱丽 | 10309 |
| 绥远省人民广播电台 | 11400 | 孙爱玲 | 12647 |
| 绥远省音乐组 | 11400 | 孙爱梅 | 7046 |
| 绥远省中苏友好协会 | 11389 | 孙安进 | 11413 |
| 隋宾 | 10582 | 孙安澜 | 8975 |
| 隋长富 | 12335 | 孙安文 | 5499, 5733 |
| 隋成林 | 3647 | 孙拔 | 8495 |
| 隋丞 | 119, 1142, 1215 | 孙白玉 | 11368 |
| 隋刚 | 11384 | 孙百璋 | 12710 |
| 隋贵民 | 3021, 3022 | 孙宝 | 12300 |
| 隋建国 | 8637 | 孙宝发 | 263 |
| 隋梅 | 8793, 8794, 8795 | 孙宝贵 | 3910 |
| 隋明梅 | 3452 | 孙宝林 | 2538, 5256, 5262, 13189 |
| 隋其增 | 4109, 4133, 9345, 10019 | 孙宝麟 | 7453 |
| 隋奇 | 5706, 5748, 5982, 6095 | 孙宝琦 | 5760 |
| 隋山川 | 9109, 9125 | 孙宝堂 | 5277, 5362, 5628 |
| 隋书金 | 11784 | 孙宝文 7729, 7734, 7738, 8002, 8089, 8090, 8091, | |

8092

孙宝锡 6629

孙保明 6046

孙葆羲 2722

孙北辰 8937, 9063, 9306, 9307

孙蓓欣 3066

孙本英 7530

孙彬 3262, 5207, 5262, 5676, 5682, 5734, 5758, 5778, 5917, 6023

孙滨 13020

孙冰 548, 6556, 6557, 6565

孙兵 1146

孙秉山 10710

孙波 481, 9131, 12592

孙伯礼 3777, 3792, 3864, 3919, 3924, 4005, 4049, 4291, 4375, 4636, 4692, 4828, 6609

孙伯亮 7664

孙伯翔 7806, 8281

孙博 12093, 12094

孙才清 4338, 4390, 4581, 6394

孙昌一 5973

孙昌茵 3963, 3967, 4039, 4053, 4084, 4136, 5450, 5530, 5647, 5792, 5801, 5986, 6089, 6199, 6200, 6286, 6380

孙昌宇 6404

孙长根 101, 6275

孙长江 5634, 5660, 5670, 5692, 5697, 5726, 5758, 5800, 5809, 5840, 5845, 5861, 5862, 6004

孙长黎 6342, 6661

孙长林 10693

孙长茂 10678

孙长青 8992

孙长源 11327

孙常非 553, 556, 560

孙常叙 8358

孙超 5131

孙超中 12115

孙朝成 11525

孙朝剑 5923

孙晨 3514

孙成义 10120

孙承浩 2751

孙承宏 3193, 3230

孙承民 6018, 6122, 6123, 6512

孙承元 10576

孙承泽 751, 754, 755, 769, 770, 7697, 7698, 7702, 7709

孙崇辉 5802

孙崇涛 12724, 12787

孙崇禧 2386

孙传慧 7437

孙春山 8497

孙春亭 6433

孙从音 11039, 11043, 11051, 11052, 11057, 11062, 11105

孙达明 5478, 5495, 5862, 5889, 6158

孙大方 11173, 11174, 12158

孙大贵 2225

孙大均 4991

孙大钧 5673, 6005, 6121, 6241, 6498

孙大石 1420

孙大卫 9104

孙大文 6528

孙大业 5321

孙大章 301

孙道临 13248

孙德伦 11236

孙德民 5848, 5849

孙德明 5782, 5972

孙德铭 11821

| | | | |
|---|---|---|---|
| 孙德珊 | 1239 | 孙福山 | 10245 |
| 孙德武 | 2638, 2657, 2660, 2664 | 孙福胜 | 2748 |
| 孙德西 | 9988 | 孙福兴 | 3077 |
| 孙德侠 | 5654 | 孙福义 | 3331, 6250 |
| 孙德馨 | 12819 | 孙阜昌 | 8505 |
| 孙德育 | 1708, 3860 | 孙复初 | 4930 |
| 孙登祥 | 4950 | 孙富强 | 2553 |
| 孙涤 | 982 | 孙纲 | 621 |
| 孙东方 | 9667, 9670, 9681, 10065 | 孙根生 | 5314 |
| 孙栋梁 | 7419, 7445, 7479, 7594 | 孙根喜 | 5304, 5338, 5339 |
| 孙杜 | 4170, 6386 | 孙公望 | 4847 |
| 孙敦秀 | 7329 | 孙公旭 | 1980, 4431, 4433, 4639 |

孙多慈 1376

孙公照 1914, 1919, 1934, 1940, 1944, 1963, 1972,
1977, 1978, 1980, 2037, 2079, 2085, 2356,
2582, 2633, 4069, 4135, 4289, 4292, 4308,
4319, 4326, 4337, 4340, 4349, 4419, 4423,
4431, 4433, 4437, 4443, 4470, 4500, 4512,
4529, 4623, 4648, 4668, 4703, 4746, 4782,
4839, 9355, 10532

孙多全 8226, 8248

孙恩道 3930, 5661, 5685, 5978, 6381, 6430, 6456

孙恩起 1262

孙恩同 915, 2468, 2590, 2594, 2851, 10432

孙尔敏 11308, 11309

孙尔周 11322

孙法智 5427, 5632, 5702, 5711, 5780, 5994, 6357

| | | | |
|---|---|---|---|
| 孙谷 | | 10936, 10941, 10942 |
| 孙帆 | 8962 | 孙官生 | 9088 |
| 孙芳菲 | 1124 | 孙光斌 | 4091 |
| 孙飞 | 10816 | 孙光基 | 4997, 5017 |
| 孙丰义 | 7380 | 孙光言 | 12582 |
| 孙逢春 | 5733, 5758, 6192 | 孙光祖 | 8452, 8453 |
| 孙凤 | 1471 | 孙广男 | 3924 |
| 孙凤娣 | 6095 | 孙桂峰 | 7500 |
| 孙奉林 | 6732 | 孙桂华 | 7625 |
| 孙福广 | 1197 | 孙桂荣 | 6188 |
| 孙福魁 | 3331, 6262 | 孙桂田 | 5407 |
| 孙福良 | 12851 | 孙桂桐 | 2849 |

孙福林 5230, 5262, 5292, 5409, 5532, 5542, 5600,
5757, 5766, 5875, 5897, 5964, 5971

| | | | |
|---|---|---|---|
| | | 孙桂喜 | 3720, 10406 |
| 孙福民 | 8468, 8581 | 孙桂英 | 4273, 6507, 6712, 6713 |
| 孙福全 | 9083 | 孙国彬 | 1488 |
| | | 孙国成 | 1826, 2352, 3825, 3902, 3978, 4027 |

孙国辉 7291, 7309, 7573

孙国礼 3239

孙国林 4936

孙国岐 3234, 3861, 4083, 4085, 4297

孙国歧 4137

孙国琦 3996

孙国庆 5658, 6488

孙国荣 12593

孙国选 12118

孙过庭 7189, 7190, 7191, 7192, 7193, 7232, 7234, 7237, 7238, 7239, 7241, 7252, 7254, 7255, 7260, 7273, 7302, 7320, 7324, 7332, 7361, 7371, 7399, 7400, 7838, 7863, 7868, 7871, 7909, 7914, 7915, 7924

孙海晨 2326, 4509, 5253, 5321, 5555, 6036

孙海浪 5479

孙海清 13142

孙海山 9336

孙海雄 3901

孙韩春 4933

孙汉凌 2970

孙汉卿 10875

孙翰庄 9690

孙行予 4871

孙航民 12646

孙浩 2767

孙浩良 022, 029

孙浩群 4151

孙晧 2777

孙皓 10894

孙合营 8846, 8852, 9027, 9030, 9315

孙和平 5591, 5701

孙恒俊 1918, 4241, 4663, 6838

孙恒枢 11172

孙恒恬 9364, 9540, 10029

孙弘毅 10765

孙红木 12611

孙红侠 2386, 4554, 4593, 4682, 4710, 4711

孙宏斌 4846

孙宏华 5516, 5528, 5623, 5634, 5643, 5654, 5662, 5672, 5693, 5701, 5712, 5722, 5734, 5745, 5795, 5818, 5860, 5889, 5899, 5941, 5957, 5969, 5984, 5990, 5996, 6023, 6132

孙宏庸 215

孙虹 11053, 11056, 11061, 11064

孙洪发 2095, 3377, 4355, 4541, 4542, 4602, 4634, 4744, 5885, 6146, 6188

孙洪魁 8845

孙洪涛 5338, 5370, 6694, 6695

孙鸿 1699, 5962

孙鸿魁 13226, 13227

孙鸿书 2223

孙厚琦 7427, 7441, 7497, 7528, 7540, 8353

孙厚涛 7539

孙华 6165, 13017

孙华进 10738

孙华奎 9084

孙华文 6185, 11055

孙骅麟 9590, 9599, 9955

孙化奎 9864

孙化一 6482

孙怀川 5464, 6545

孙怀德 8431

孙焕文 4870

孙煌 3033, 3049

孙汇偶 11321

孙慧 10222

孙慧丽 6726

孙慧敏 10584

孙慧翼 8492, 8507

孙吉斌　　　　　　　1948, 3888, 4016

孙吉昌　　　　　　5024, 5054, 5391, 5465

孙吉敏　5304, 5495, 5562, 5578, 5653, 5757, 5932

孙纪元　　　　　　　　　　297

孙际昌　　　　　　　　　　7692

孙季康　　　　　　　610, 947, 8296

孙继海　　　　　　　　6234, 6554

孙继林　　　　　　　　　　1688

孙继南　　　　　　　　10867, 10971

孙继先　　　　　　　　　　2970

孙加瑞　　　　　　　　　　5886

孙佳麟　　　　　　　　　　13132

孙佳讯　　　　　　　　　　5470

孙家骥　　　　　　　　　　6873

孙家铨　　　　　　　　　　1090

孙家潭　　　　　　　　　　8583

孙家耀　　　　　　　　　　3852

孙家玉　　　　　　　　　　5373

孙家裕　　　3440, 3445, 6687, 6738, 6739, 6740

孙家跃　2103, 2156, 2382, 2394, 3960, 4510, 4659,
　　　4784, 4828, 4846, 6285

孙嘉平　　　　　　　　　　8907

孙甲　　　　　　　　　　10121

孙坚奋　　　　　　　　　　2238

孙见光　　　　1103, 1132, 1133, 1416, 2840

孙建东　2239, 2377, 3851, 3912, 3938, 3939,
　　　4136, 4152, 4197, 4414, 4435, 4469, 4573,
　　　4655, 4714, 4787, 4818, 5956, 6034

孙建华　　　　　　3771, 3777, 3797

孙建辉　　　　　　　　　　5953

孙建京　　　　　　　　　　13161

孙建军　　　　　　　　　　4018

孙建君　　　　　　10696, 10716, 10760

孙建康　　　　　　6525, 6529, 6547

孙建林　　　　　　　　5395, 6304

孙建平　361, 1075, 1082, 1108, 1117, 1127, 1137,
　　　1221, 2824

孙建秋　　　　　　8734, 8735, 13131

孙建如　　　　　　　　　　1826

孙建中　5267, 5455, 5476, 5478, 5795, 5885, 6084,
　　　6141

孙剑鸣　　　5411, 5424, 5492, 5539, 5581, 5868

孙剑影　4913, 4919, 4973, 5371, 5379, 5385, 5390,
　　　5398, 5423, 5424, 5453, 5475, 5503, 5521,
　　　5539, 5591, 5605, 5776, 5916, 5947

孙健东　　　　　　　　　　2167

孙健忠　　　　　　　　　　5985

孙江天　　　　　　　　　　8255

孙杰　　　　　　　　　　9764

孙介凡　　2058, 3103, 3112, 4921, 8219

孙金亮　　　　　　　　　　5847

孙金荣　　　　　　　　　　4084

孙金祥　　　　　　　1971, 2001, 4666

孙金媛　　　　　　　9468, 9471, 9739

孙津　　　　　　　　109, 180, 548

孙锦常　1990, 5431, 5512, 5513, 5552, 5570, 5587,
　　　5601, 5611, 5630, 5650, 5675, 5684, 5686,
　　　5694, 5702, 5716, 5762, 5802, 5822, 5851,
　　　5964, 5972, 5995, 6084, 6118, 6129, 6227,
　　　6233, 6290, 6545

孙进　　　　　　　　　　8915

孙晋云　　　　　　　　　　154

孙晶璋　　　　　　　　　　8698

孙精国　　　　　1880, 2543, 3297, 3807

孙井平　　　　　　　　　　4653

孙景　　　　　　　　　　1605

孙景波　356, 1082, 1161, 2750, 2753, 2912, 3281,
　　　6393, 6628

孙景琛　　　12562, 12569, 12576, 12579, 12581

孙景平　　　　　　　　　　5104

孙景全　　　　2497, 3247, 3289, 3885, 5449

孙景瑞　　　　　　　　　　5109, 5322

孙景文　　　　5191, 5246, 5263, 5293, 5363

孙敬　　　　　　　　　　1117, 7638

孙敬等　　　　　　　　　　　1117

孙敬会　　878, 2393, 2397, 3691, 3881, 3951,
　　　　3988, 4165, 5375

孙敬修　　　　　　　　　　　11386

孙敬忠　　　　　　　　　1143, 10329

孙静云　　10903, 11042, 11076, 11077, 11079,
　　　　11111, 11218, 12093, 12363, 12410

孙镜屏　　　　　　　　　　　12992

孙炯　　　　　　　　　　　　1060

孙九伦　　　　　　　　　　　4058

孙居敬　　　　　　　　　　　4819

孙居文　　　　　　　　　　　5340

孙居正　　　　　　　　　　　2450

孙鞠娟　　12627, 12629, 12631, 12632, 12633

孙菊生　　　1907, 2562, 2583, 2647, 2650

孙军　4965, 4991, 5824, 5956, 6110, 6213, 6239

孙均　　　　　　　　　　　　5502

孙君　　　　　　　　　　　　2836

孙君良　　710, 1815, 1893, 2047, 2187, 2336, 3568,
　　　　3889

孙君一　　　　　　　　　　　11413

孙钧　　　　　　　　　　　　4526

孙俊林　　　　　　　　　　　5790

孙峻青　　　　　　　　　　　4890

孙骏毅　　　　　　　　　　　6706

孙开里　　　　　　　　　　　5503

孙恺　　　　　　　　　　10588, 13066

孙楷弟　　　　　　　　　　　12977

孙康　　　　　　　　　　　　11870

孙克　　　　　　　　　　806, 5055

孙克传　　　　　　　5600, 5980, 5994

孙克纲　903, 905, 906, 907, 914, 1306, 1435, 1975,
　　　　2310, 2590, 3774, 4086, 5680

孙克弘　　　　　　　　　1566, 8048

孙克捷　　　　　　　　　　　5400

孙克敬　　　　　　　　　5139, 5156

孙克让　　　　　　　　　　　8953

孙克维　　　　　　　630, 631, 635, 995

孙孔华　　　　　　　　　　　13166

孙宽田　　　　　　　　　　　12622

孙矿　　　　　　　　　　　　771

孙兰廷　　　　　　　　　　　12793

孙乐廷　　　　　　　　　　　3021

孙磊　　　　　　　　　　5349, 10253

孙犁　　　　　　　　　　5468, 6135

孙礼军　　　　　　　　　　　2898

孙里人　　1933, 1949, 1956, 2239, 2563, 5724

孙力　　　　　　　　　　　　6657

孙力维　　　　　　　　　　　6294

孙立　　　　　　　　　　　　10973

孙立本　　　　　　　　　　　7436

孙立华　　　　　　　　　　　7515

孙立文　　　　　　　　　　　5333

孙立新　　　　　　　　　　　2832

孙立云　　　　　　　　　　　6668

孙立治　　　　　　　　　　　9526

孙丽　　　　　　　　6241, 12617, 12625

孙丽舫　　　　　　　　　5281, 5939

孙丽华　　　　　　　　　　　1112

孙丽荣　　　　　　　　　　530, 8607

孙莉　　　　　　　　　　3499, 3500

孙粒文　　　　　　　　　　　2480

孙连棣　　　　　　　　　　　8785

孙连生　　　　　　　　　　　7522

孙联生　　　　　　6391, 6574, 6585, 6592

孙良录　　　　　　　　　　　13264

| | | | |
|---|---|---|---|
| 孙良田 | 12371 | 孙明祥 | 5264 |
| 孙亮 | 5494, 8769 | 孙明珠 | 11245, 11258 |
| 孙林 | 6407 | 孙鸣 | 5403 |
| 孙琳 | 10321, 13012 | 孙鸣邨 | 637, 978, 2273, 2442, 2510 |
| 孙璘 | 8269 | 孙墨佛 | 8164 |
| 孙凌涛 | 3944 | 孙墨龙 | 723, 984, 5658, 5933, 7310 |
| 孙龙 | 1575, 1582 | 孙慕玲 | 5516 |
| 孙龙德 | 10675 | 孙慕龄 | 5117, 5356, 5972, 5995, 6021, 6184, 6207, 6225, 6378 |
| 孙龙父 | 12008 | | |
| 孙龙奎 | 12574 | 孙穆 | 12834, 13242 |
| 孙履安 | 12840 | 孙乃修 | 099 |
| 孙履仁 | 8503 | 孙能子 | 3114, 6645, 6646 |
| 孙轮 | 053 | 孙念培 | 844 |
| 孙茂琚 | 3452 | 孙念秋 | 2372, 4330 |
| 孙茂明 | 9843, 10046 | 孙牛 | 5750 |
| 孙茂生 | 11830, 11837, 12103 | 孙蟠 | 8444, 8501 |
| 孙茂胜 | 10720 | 孙培德 | 12599 |
| 孙茂阳 | 9407 | 孙培镜 | 6616 |
| 孙玫 | 5535 | 孙培松 | 6522 |
| 孙梅 | 11257 | 孙沛然 | 8773, 8987, 9569, 13058, 13065 |
| 孙梅芳 | 5249 | 孙佩兰 | 10364 |
| 孙美兰 | 034, 319, 527, 685 | 孙鹏志 | 12087 |
| 孙萌 | 6686, 11712 | 孙丕显 | 644, 1493, 12293 |
| 孙绵常 | 5513 | 孙平 | 057, 201, 202, 5833, 5872, 5927, 6214, 6215, 6245, 6336, 6409, 6472, 6714, 6715, 8198, 10140 |
| 孙冕 | 5777 | | |
| 孙民纪 | 12824 | | |
| 孙敏 | 4828, 8296, 10288, 11315 | | |
| 孙敏政 | 2753 | 孙其峰 | 610, 690, 721, 856, 866, 941, 947, 948, 950, 960, 969, 976, 1435, 1935, 1948, 1976, 2047, 2155, 2184, 2198, 2257, 2495, 2499, 2501, 2554, 4065, 4126, 7310, 8296 |
| 孙明 | 130, 4035, 4053, 4063, 4080, 4104, 5478, 5539, 5540, 5578, 5699, 5972, 5979, 6016, 6134, 9773, 10187 | | |
| 孙明华 | 2901, 4443 | 孙奇成 | 1335 |
| 孙明经 | 13263 | 孙奇峰 | 1732, 1772, 3956, 3969, 4924, 6896 |
| 孙明瑞 | 2237 | 孙奇良 | 11246 |
| 孙明堂 | 3728 | 孙琪峰 | 940, 2598, 10447, 10455 |
| | | 孙旗 | 017 |

| | |
|---|---|
| 孙启发 | 8939 |
| 孙启健 | 7539 |
| 孙启民 | 11211 |
| 孙启秀 | 3825 |
| 孙启元 | 8709 |
| 孙谦 | 4883, 5110, 13234 |
| 孙虔礼 | 7191, 7239, 7901 |
| 孙巧玲 | 11187 |
| 孙青 | 4910, 4921, 4939, 4943, 4945, 4952, 4959, 4966, 4971, 4984, 4990, 5002, 5004, 5006, 5008, 5010, 5016, 5017, 5019, 5020, 5022, 5026, 5029, 5030, 5031, 5034, 5043, 5053, 5060, 5066, 5068, 5069, 5086, 5093, 5094, 5102, 5118, 5128, 5394, 5429, 5577, 5665, 5671, 5733 |
| 孙青羊 | 143 |
| 孙清吉 | 10804 |
| 孙晴仪 | 3108, 3285 |
| 孙晴义 | 3081, 3117 |
| 孙庆 | 8769 |
| 孙庆国 | 5427, 5435, 5519, 5525, 5684, 5740, 6166, 6279, 6342, 6405, 6419, 6469, 6502, 6590, 6592, 8917, 10495 |
| 孙庆红 | 7483 |
| 孙庆武 | 6415 |
| 孙璩 | 8528 |
| 孙荃 | 3218, 3227, 3240, 3269, 3283, 3315 |
| 孙泩 | 12303 |
| 孙铨 | 9411, 9621, 9644, 9673 |
| 孙群 | 2912 |
| 孙群豪 | 7464, 8321 |
| 孙犨 | 8062 |
| 孙仁英 | 2397, 3737 |
| 孙日明 | 7007, 7008 |
| 孙日晓 | 1211, 2184, 2210, 2433 |
| 孙荣柏 | 12866 |
| 孙荣山 | 4075, 6050 |
| 孙如兰 | 8481 |
| 孙如琦 | 6357 |
| 孙汝举 | 6076, 7571 |
| 孙汝梅 | 8533, 8534 |
| 孙汝舟 | 8503 |
| 孙瑞成 | 2255, 2285 |
| 孙瑞荣 | 5978 |
| 孙若莪 | 10312 |
| 孙森 | 1056 |
| 孙挼 | 12560 |
| 孙善耕 | 11928 |
| 孙韶 | 11677 |
| 孙少楷 | 2295, 2826, 2909, 3800, 5430, 5469, 5585 |
| 孙绍波 | 6251, 6442 |
| 孙绍全 | 1816 |
| 孙绍远 | 736 |
| 孙慎 | 10831, 11381, 11533, 11547, 11994, 11995, 12064, 12141, 12447 |
| 孙胜银 | 8622 |
| 孙盛云 | 12880 |
| 孙师敬 | 12988, 12991, 12996, 13006 |
| 孙师毅 | 11639 |
| 孙时熙 | 12453 |
| 孙士海 | 8605 |
| 孙士华 | 2444 |
| 孙士熊 | 7160, 7163, 7515, 8386 |
| 孙世亮 | 1186 |
| 孙世圃 | 10218 |
| 孙世奇 | 5830, 6103, 6124, 6186, 6499 |
| 孙世强 | 11780 |
| 孙世涛 | 2721, 5063, 5077, 5116 |
| 孙世同 | 1260 |
| 孙式彦 | 3769 |

孙受军 10670

孙叔明 5228

孙叔文 4030

孙淑华 7415, 7448

孙淑萍 8709

孙淑兴 10019

孙舒 6070

孙述强 6963

孙树 12119

孙树礼 8110, 8112

孙树梅 982, 2273

孙树明 404, 9991, 10497

孙庶华 8403

孙水堂 9280

孙顺正 1861, 1871, 1877, 1878, 1917, 3246, 3314,
　　　3793, 4035, 4060, 4061, 4090, 4151, 4262,
　　　4325, 4333, 4354, 4572, 4663

孙思敬 8521, 8523

孙似强 12207

孙宋禧 2391, 2392

孙廑石 1706

孙肃显 4588, 4719, 4732, 9059, 9064, 9069,
　　　9071, 9073, 9077, 9085, 9097, 9098, 9099,
　　　9297, 9308, 9375, 9399, 9531, 9645, 9855,
　　　9890, 10001, 10014, 10032, 10036, 10075,
　　　10111, 10140

孙素丽 6363

孙䶮公 495

孙太初 8152

孙太仁 2257

孙韬 2653, 4704

孙韬成 1985, 2006, 2013, 2028, 2098, 2656, 4441,
　　　4542, 4743, 4806

孙韬仁 4613

孙天牧 910

孙田成 2912

孙田庆 455

孙铁 5062, 5572, 6329

孙铁宝 5814, 6459

孙铁生 4904, 5001, 5011, 5028, 5034, 5064, 5067,
　　　5071, 5098, 5105

孙廷 3842, 3972, 4353

孙廷铨 10640, 11325

孙廷任 3816

孙廷璋 8062

孙廷卓 1129

孙彤辉 10280, 10284, 10286, 10301, 10329

孙琬 13182

孙万程 8350

孙万千 8309

孙巍巍 11174

孙韦 6109

孙为国 2143, 3222, 3306, 3337, 4179, 4234, 4292,
　　　4596, 5424, 5495

孙为民 2810, 2816, 2820, 2829, 2905, 2913, 5466,
　　　5492, 5508, 5695, 6296, 6823, 7334, 7433,
　　　7561

孙为平 3786, 5492, 5682

孙唯中 11292, 12067

孙维警 5308

孙维克 2329

孙维权 10814, 11231, 11249, 11250, 11259, 12353

孙维善 12682, 12722

孙维世 5384, 12802

孙维水 3902

孙维勇 5321

孙维中 11292

孙伟 4847, 6661, 11141, 11289, 11350, 11530,
　　　12846

孙鞾 8512

| | |
|---|---|
| 孙卫国 | 2004 |
| 孙位 | 1508, 1523, 1524, 1525 |
| 孙蔚 | 2288 |
| 孙蔚民 | 10238 |
| 孙慰祖 | 429, 8546 |
| 孙文 | 6239, 8114, 8118, 8120, 8122, 8132 |
| 孙文斌 | 2549 |
| 孙文勃 | 920, 6758 |
| 孙文博 | 7415, 7420, 7435, 7436, 7440, 7448, 7456, 7527, 7577, 7578 |
| 孙文超 | 1116, 2778, 3155, 4989 |
| 孙文铎 | 2463 |
| 孙文锋 | 4991 |
| 孙文光 | 2059, 4017, 4086, 4122, 4145, 4174, 4204, 4244, 4587, 4637, 4720, 5576 |
| 孙文华 | 10294 |
| 孙文辉 | 12698 |
| 孙文明 | 12282 |
| 孙文松 | 316, 3702 |
| 孙文秀 | 4143, 5304 |
| 孙文妍 | 11339 |
| 孙文煜 | 12632 |
| 孙文志 | 4106, 9253, 9357, 9553, 9964, 9965, 9969, 9980 |
| 孙文左 | 2360, 4135, 4145 |
| 孙无忌 | 13245 |
| 孙吴 | 5863 |
| 孙五杰 | 5531 |
| 孙武 | 6368, 6396 |
| 孙武曾 | 10762 |
| 孙悟音 | 1936, 2640, 2652, 2719, 4090 |
| 孙希康 | 12536 |
| 孙希文 | 6660 |
| 孙奚 | 4947 |
| 孙锡坤 | 2753 |
| 孙锡荣 | 13157 |
| 孙锡田 | 10367 |
| 孙喜田 | 1880, 2353, 2359, 4142, 4300 |
| 孙仙国 | 4685 |
| 孙贤玲 | 5595 |
| 孙贤陵 | 5405 |
| 孙显荣 | 408 |
| 孙宪 | 2891 |
| 孙宪甫 | 5112 |
| 孙翔 | 5977 |
| 孙翔云 | 8913 |
| 孙向东 | 5265 |
| 孙向阳 | 6317 |
| 孙小红 | 4428 |
| 孙小力 | 220, 7390 |
| 孙小玲 | 6630 |
| 孙小筱 | 6768 |
| 孙小瑜 | 1880, 2600 |
| 孙晓 | 2554, 5349 |
| 孙晓芬 | 12775 |
| 孙晓风 | 9719 |
| 孙晓纲 | 3492, 6517 |
| 孙晓丽 | 11250 |
| 孙晓琴 | 10332 |
| 孙晓望 | 2890 |
| 孙晓云 | 8254, 8406 |
| 孙筱 | 7020 |
| 孙孝酣 | 10835 |
| 孙孝祖 | 11397 |
| 孙效祖 | 11496 |
| 孙心华 | 4037, 4177, 4361, 4631 |
| 孙欣 | 13273 |
| 孙新川 | 3806 |
| 孙新华 | 10375 |
| 孙新元 | 251, 3051, 3126, 3138, 3144, 3557, 3738, |

| | |
|---|---|
| 5970 | |
| 孙信 | 2649, 4937 |
| 孙信德 | 8265 |
| 孙信一 | 909, 910, 1938, 2049, 2430, 2431, 2433, 4277, 4613, 4693, 4712 |
| 孙兴学 | 5365 |
| 孙兴作 | 12817 |
| 孙星阁 | 2272 |
| 孙星群 | 10976, 11029, 12135 |
| 孙星衍 | 1463, 7658, 8041, 8051, 11320, 11327 |
| 孙杏叔 | 11992 |
| 孙幸福 | 634 |
| 孙雄 | 779, 12086 |
| 孙雄飞 | 3313, 4100, 5649, 5677, 5699, 5712, 5736, 13294 |
| 孙修章 | 5605 |
| 孙秀蕙 | 13062 |
| 孙玄龄 | 11153, 11154, 11495 |
| 孙学本 | 8015 |
| 孙学诚 | 1821, 3830, 3852, 4038 |
| 孙学敏 | 1420 |
| 孙学文 | 4535, 4725, 4729 |
| 孙雪泥 | 1743, 1778, 1779, 1786, 4868 |
| 孙雪吟 | 11587 |
| 孙洵 | 7167, 8464 |
| 孙逊 | 1336, 3247, 5097, 5409 |
| 孙雅茹 | 2350, 2720 |
| 孙亚男 | 6070 |
| 孙延村 | 5596 |
| 孙延令 | 5369, 5380, 5385 |
| 孙衍恩 | 11320 |
| 孙艳秋 | 11993 |
| 孙雁 | 1213 |
| 孙雁书 | 12422 |
| 孙燕军 | 9368 |

| | |
|---|---|
| 孙扬 | 910, 911 |
| 孙阳 | 10079 |
| 孙锡坤 | 2756 |
| 孙药痴 | 8056 |
| 孙耀和 | 8927 |
| 孙耀良 | 10591 |
| 孙耀珊 | 2781, 4168, 4188, 4246 |
| 孙耀盛 | 3774, 3911, 5030, 5040, 5382, 10421 |
| 孙晔 | 485, 10820 |
| 孙一之 | 3144, 3151 |
| 孙依凡 | 4883 |
| 孙依群 | 12415 |
| 孙夷 | 12666 |
| 孙怡 | 4976 |
| 孙怡明 | 5914 |
| 孙宜生 | 1106 |
| 孙移风 | 6439 |
| 孙以年 | 1519 |
| 孙以强 | 12200 |
| 孙以森 | 11870 |
| 孙以增 | 3427, 3438, 3484, 3494, 5618 |
| 孙艺 | 10495 |
| 孙亦林 | 11596, 11612, 11624, 11635, 11642, 11676, 11682, 11959, 11962, 11968, 12160, 12200, 12229 |
| 孙轶 | 6351, 6648, 6655 |
| 孙谊强 | 3244, 3245, 3248 |
| 孙逸文 | 5968 |
| 孙毅 | 2608, 8249, 13189 |
| 孙毅夫 | 9001 |
| 孙英 | 11109, 12626 |
| 孙英才 | 10402 |
| 孙英龙 | 5556 |
| 孙迎 | 6714 |
| 孙莹 | 2144, 2445, 4432, 4618 |

| | | | |
|---|---|---|---|
| 孙映通 | 5537 | 孙玉洁 | 627 |
| 孙永 | 6152 | 孙玉良 | 7651 |
| 孙永才 | 5992, 6071, 6072, 6143, 6152 | 孙玉民 | 1257 |
| 孙永和 | 12833, 12834 | 孙玉敏 | 1833, 2410, 4347, 12952 |
| 孙永杰 | 10718 | 孙玉平 | 3895 |
| 孙永科 | 5946 | 孙玉琴 | 3894 |
| 孙永生 | 5679, 10764 | 孙玉山 | 1698, 6673 |
| 孙永学 | 8938, 9066, 9297, 9384, 9390, | 孙玉书 | 10305 |
| | 9801, 9822, 9832, 9833, 9837, 9993, 9994, | 孙玉田 | 7419, 7455, 7493, 7538 |
| | 10029, 12988 | 孙玉霞 | 6121, 6498 |
| 孙永屹 | 8296 | 孙玉祥 | 6025 |
| 孙永印 | 323, 6081, 6276 | 孙芋 | 11937, 11940 |
| 孙永泽 | 7703 | 孙聿修 | 10289, 10309 |
| 孙勇 | 10324, 12479 | 孙钰 | 10238 |
| 孙有彬 | 8969 | 孙裕德 | 11301 |
| 孙有光 | 11170 | 孙毓飞 | 8952 |
| 孙有庭 | 7641 | 孙毓敏 | 11878, 12892 |
| 孙幼忱 | 5445, 5754 | 孙毓修 | 8712, 13021 |
| 孙幼军 | 6460, 6568, 6714 | 孙元 | 6322, 6556 |
| 孙幼兰 | 10886 | 孙元超 | 1653 |
| 孙渝峰 | 5487, 5628, 5679 | 孙元吉 | 1829, 5266 |
| 孙瑜 | 11898, 11962, 11966, 13229 | 孙元明 | 3508 |
| 孙虞臣 | 8107 | 孙元强 | 5782 |
| 孙愚 | 5058, 5077, 5099, 5111, 5123, 5142, 5242, | 孙原 | 5694 |
| | 5248, 5276, 5297, 5387, 5415, 5435, 5474, | 孙原平 | 1694, 7315 |
| | 5551, 5697, 5711, 5885, 5921, 5985, 6207, | 孙原太 | 5306, 5369 |
| | 6211, 6440, 6487, 6499, 6521, 6577, 6591 | 孙原泰 | 5274 |
| 孙宇琨 | 11342 | 孙援 | 8587 |
| 孙雨田 | 2362, 3254, 4142, 4174, 4389, 5600, 5948, | 孙远 | 6204 |
| | 5994, 6413 | 孙月池 | 2897 |
| 孙玉德 | 1336 | 孙岳 | 7420, 7469 |
| 孙玉方 | 6025, 6081 | 孙岳颁 | 658, 663 |
| 孙玉芳 | 5326 | 孙岳颂 | 7668 |
| 孙玉芬 | 6183 | 孙悦武 | 7575 |
| 孙玉杰 | 5370, 6041 | 孙越生 | 196, 363, 504 |

孙云谷　4982

孙云年　8867

孙云鹰　11094, 12186

孙韵青　5099

孙韵清　4942, 4961, 5594

孙泽良　3425, 3426, 3431, 3436, 3459, 6045, 6215, 6288, 6297, 6329, 6351, 6411, 6443, 6502, 6648, 6655

孙泽清　3272

孙增弟　2184, 2897

孙增田　8737

孙增耀　7530

孙占礼　8992, 9260

孙占全　8738

孙蘸白　11126

孙钊　7304, 7346

孙珍　6363

孙真湛　11323

孙桢　736, 7146, 7695, 7698, 8480

孙振发　1340

孙振华　480, 6624, 8607, 8610, 8613, 8652, 8945

孙振杰　10751

孙振棠　7518

孙振廷　3292, 3310

孙振庭　5355, 5867, 7032

孙振挺　3265

孙振新　564, 862, 1081, 1137, 1139, 1142, 1192, 2897

孙振兴　11079

孙振宇　8908, 9372, 9402, 9578, 9651, 9913, 9983, 10015, 10106

孙正　12093

孙正荃　047

孙之常　449

孙之俊　4873

孙枝秀　8354, 8355

孙止斋　3626

孙志宝　4914, 4954

孙志成　8259

孙志纯　2800, 2959, 6765

孙志钧　2273

孙志强　13054

孙志文　9677, 9972

孙志宜　199

孙志远　6449

孙志中　5419

孙陟甫　1649

孙智和　3376, 8879, 9080, 9109, 9120, 9121, 9125, 9252, 9465, 9554, 9848, 9890, 10051

孙智利　9893

孙智谱　1935

孙中　9776, 12954

孙中山　8183, 8208

孙中山纪念馆　8131, 8254, 8282, 8339, 8424

孙中山先生诞辰九十周年纪念筹备委员会　8122

孙中晓　5654, 5961, 6140, 6161, 10044

孙忠　9557, 9788, 10021

孙忠会　4342, 4401

孙忠精　9285

孙忠靖　3122, 8996, 9054, 9216, 9791

孙忠庭　9791

孙忠祥　3140, 3145, 3325

孙忠晓　5695, 5929

孙忠孝　5071

孙仲礼　4492

孙仲起　2185, 2456, 4633

孙仲威　2393

孙仲阳　3918, 4000

孙竹　8575

孙竹篱　2273

| | |
|---|---|
| 孙竹筠 | 1996 |
| 孙铸 | 8532 |
| 孙壮 | 8531, 8533, 8534 |
| 孙滋溪 | 1387, 2913, 3144, 3945, 4232 |
| 孙子威 | 065 |
| 孙自镁 | 8750 |
| 孙宗德 | 9510 |
| 孙宗福 | 4401 |
| 孙宗礼 | 12261 |
| 孙宗泉 | 8646 |
| 孙宗慰 | 1387 |
| 孙宗禧 | 2088, 3844, 3881, 4063, 4164, 4329, 4338, 4371, 4403, 4456, 4564, 4593, 4619, 4662, 4697, 4710, 4711 |
| 孙总青 | 6661 |
| 孙祖白 | 792, 907 |
| 莎草 | 4757, 4761 |
| 莎蕻 | 11937 |
| 莎慧 | 5830 |
| 莎莱 | 11937, 11944, 11996 |
| 莎洛赫金 | 13257 |
| 莎色 | 5121 |
| 莎士比亚 | 5447, 5507, 5571, 5596, 5666, 5710, 5798, 5844, 5846, 5910, 5991, 6004, 6057, 6297, 6461, 6494, 6535, 6536, 6542, 7008, 7032, 7051, 7052, 7053, 7054, 7055, 7056, 12428 |
| 莎子 | 201 |
| 梭罗古勃 | 5841 |
| 梭罗门 | 13049 |
| 所罗门 | 032 |
| 所亚 | 3395 |
| 所云平 | 5461, 5750, 13235 |
| 索成立 | 5377, 5405, 5431, 5467, 5505, 5519, 5608 |
| 索尔斯 | 12360, 12425 |
| 索高尔 | 12394 |
| 索格罗 | 6948 |
| 索哈尔 | 10807 |
| 索霍尔 | 10816 |
| 索靖 | 7232, 7782, 7784, 7800, 7809 |
| 索科罗夫 | 12415 |
| 索朗群培 | 1938, 1941, 4280 |
| 索力 | 11927 |
| 索立 | 5403, 5494, 5528, 5529, 5546, 5554, 5557, 5560, 5572, 5599, 5623, 5629, 5634, 5665, 5667, 5672, 5674, 5706, 5719, 5726, 5737, 5748, 5754, 5822, 5823, 5856, 5932, 6015, 6104 |
| 索立中 | 10010 |
| 索禄 | 12296 |
| 索洛甫磋夫 | 10857, 11139, 11267 |
| 索洛甫磋夫 A. | 10849 |
| 索洛维耶夫 | 1095, 13252 |
| 索洛维叶夫 | 1095 |
| 索洛维约夫 – 谢多伊 | 12365 |
| 索树白 | 11211, 12143, 12145 |
| 索斯诺夫斯基 | 13215, 13216 |
| 索斯诺娃 | 12652 |
| 索文斌 | 5273 |
| 索亚改 | 7001 |
| 索予明 | 396, 10197, 10227, 10642, 10647 |
| 索元园 | 2316 |
| 索章三 | 2115 |
| 歙县博物馆 | 7734 |
| 歙县文化馆 | 2870 |

# T

| | |
|---|---|
| 《坦克装甲车辆》编辑部 | 9289 |
| 《探索的足迹》编委会 | 12915 |
| 《体育报》编辑部 | 9250 |

《天津歌声》编辑部　　　　　　　11685
《天目山藏书画精选集》编委会　　2274
《天水画册》编辑委员会　　　　　8948
《天一阁藏书画选》编委会　　　　1487
《铁臂阿童木》编写组　6932，6933，6934
《同庆辉煌》编委会　　　　　　　2336
《铜城杯书画艺术大观》编委会　　320
《图案》编辑部　10212，10213，10356，10357
《图案家》编辑部　　　　　　　　10213
佃介眉　　　　　　　　　　　　　8186
塔·土洛克　　　　　　　　　　　5649
塔巴科夫　　　　　　　　　　　　12455
塔米茨基　　　　　　　　　　　　8693
塔晓华　　　　　　　　　　　　　7655
台北博物院管理处　　　　　　　　1507
台北故宫博物院　　287，389，390，392，393，
　　395，417，756，799，851，1507，1510，1526，
　　1889，2685，4860，7713，7714，7715，7791，
　　7928，7936
台北故宫博物院编辑委员会　110，305，395，401，
　　402，404，407，410，416，417，418，422，
　　1343，1478，1479，1481，1482，1484，1487，
　　1511，1513，1514，1516，1517，1518，1547，
　　1549，1585，1586，1691，1929，2032，2051，
　　2238，2438，2483，6808，7239，7666，7667，
　　7791，7857，7862，8004，8005，8099，8302，
　　8586，8971
台北故宫博物院联合管理处　　　　387
台北故宫管理处　　　　　　　　　1507
台北光复书局编辑部　6826，6827，6828，6829，
　　6872，6873
台北橘子出版有限公司　　　　　　10606
台北历史博物馆　　　　　　　　　365
台北历史博物馆编辑委员会　6871，7389
台北市立美术馆　　　　　　　　　10755

台北市立美术馆典藏组　　　　　　336
台北市立美术馆展览组　　　　323，1409
台北市现代戏曲文教协会　　　　　12709
台金　　　　　　　　　　　　　　10304
台静农　　　　　　　　　　　8190，8290
台山县"革委会"政工组　　　　　5150
台双垣　　3453，3470，3471，3477，3483
台湾编译馆　　　　　　　　　　　10829
台湾博物院　　　　　　　　　　　1507
台湾地区行政管理机构文化建设委员会　11753
台湾电影年鉴编辑委员会　13185，13190，13191，
　　13317
台湾东方书店　　　　　　　　　　1475
台湾广告金像奖组委会　　　　　　10770
台湾教育厅　　　　　　　　　　　11514
台湾教育主管部门　　　　　　　　1365
台湾开明函授学校　　　　　　　　486
台湾开明书店　　　10799，10852，10992
台湾历史博物馆编辑委员会　　1716，8654
台湾满族协会　　　　　　　　　　2224
台湾日贩股份有限公司　　　　　　10776
台湾摄影教育学会　　　　　　　　8711
台湾省第四十四届全省美展筹备委员会　345
台湾省立美术馆编辑委员会　　　　2249
台湾省文献委员会　　　　　　　　246
台湾世界魔术团　　　　　　　　　13001
台湾文献委员会采集组　　　　　　10704
台湾艺术教育馆　　　　　　　　　1589
台湾银行经济研究室　　　　　　　8548
台益燕　5257，5370，5375，5377，5413，5621，5892，
　　5930，6026
台中县立文化中心　　　　　　　　10365
邰长青　　　　　　　　　　　　　13242
邰贵武　　　　　　　　　　　　　5416
邰铭　　　　　　　　　　　　　　3920

| | |
|---|---|
| 邰书 | 9924, 10009 |
| 邰爽秋 | 2981 |
| 邰锡硅 | 10684, 11349 |
| 邰兆雄 | 1005, 1408 |
| 太白诗书画院 | 1349 |
| 太白县文化馆 | 3844, 3848 |
| 太公 | 2697 |
| 太公主 | 2694 |
| 太行第三专员公署 | 12679 |
| 太行职工总会 | 11538 |
| 太湖 | 6313, 6562 |
| 太乐陶瓷研究所 | 10735 |
| 太平 | 6365 |
| 太平天国历史博物馆 | 457 |
| 太平县机关业余文工团 | 12585 |
| 太平洋 | 9519, 10098, 10126 |
| 太疏楼主人 | 6617 |
| 太田惠子 | 11264 |
| 太田三郎 | 1093 |
| 太田昭雄 | 148 |
| 太原群众艺术馆 | 11811 |
| 太原市群众艺术馆 | 8229 |
| 太原市图片社 | 9044 |
| 太原市文化局 | 10670 |
| 太原市文化局戏剧研究室 | 12843 |
| 太原市文学艺术界联合会 | 340 |
| 太原市戏剧研究所 | 12843 |
| 太原市艺术研究所 | 12794 |
| 太原市总工会 | 11697 |
| 太原西山矿务局美术创作组 | 3203 |
| 太岳军区政治部 | 11548, 11549 |
| 太岳新华书店 | 11548, 11553 |
| 太宗李世民 | 7842 |
| 泰安市"泰州风光歌曲"征集办公室 | 11709 |
| 泰安市旅游局 | 9145 |
| 泰安市人民政府新闻办公室 | 8965 |
| 泰安文物管理局 | 7784 |
| 泰奥波尔德 | 12515 |
| 泰奥多尔·杜布瓦 | 11085, 11101 |
| 泰德 | 1164 |
| 泰德·利比 | 10890 |
| 泰东神学院圣乐系 | 12440 |
| 泰尔 | 11244 |
| 泰戈 | 6334, 6335 |
| 泰戈尔 | 5752, 12395 |
| 泰康 | 6302 |
| 泰勒 | 011, 6890, 11214 |
| 泰洛夫 | 12675, 12676 |
| 泰山堂书庄 | 12057 |
| 泰山文物风景管理局 | 8650 |
| 泰兴县京剧团 | 4957 |
| 泰州市梅兰芳史料陈列馆 | 11876 |
| 泰州新华书店编辑部 | 11034 |
| 谈大正 | 13140 |
| 谈工胶 | 6654, 6657, 7043, 7088 |
| 谈敬德 | 12140, 12789 |
| 谈龙建 | 11338, 12316 |
| 谈绮芬 | 2020, 2508, 2617, 2662, 4121, 4133, 4187, 4382, 4638 |
| 谈庆麟 | 5236, 5311, 5346, 5395, 5432, 5607 |
| 谈尚忍 | 6893 |
| 谈石诚 | 6325, 6326, 6337 |
| 谈士屹 | 481, 2210 |
| 谈腾初 | 12562 |
| 谈天 | 3559, 10404 |
| 谈欣 | 3819 |
| 谈暗 | 9242 |
| 谈雪慧 | 431, 435, 436 |
| 谈有时 | 12641, 12642 |
| 谈章德 | 5261 |

| | | | |
|---|---|---|---|
| 谈志湘 | 12897 | 谭祖庵 | 7785 |
| 谈治华 | 5447 | 谭达人 | 2155 |
| 覃道敏 | 7517 | 谭大伟 | 11728 |
| 覃光红 | 6407 | 谭丹 | 6553 |
| 覃汉尊 | 3917, 5265 | 谭旦冏 | 215, 247, 389, 394, 10647 |
| 覃嘉伦 | 11190 | 谭德广 | 6276 |
| 覃锦显 | 10795 | 谭德康 | 6291 |
| 覃九宏 | 8654 | 谭德隆 | 1122 |
| 覃力 | 8232 | 谭德睿 | 10763 |
| 覃立强 | 1822 | 谭涤非 | 1393 |
| 覃立群 | 6285 | 谭涤夫 | 2828, 2836, 6825 |
| 覃琼 | 5953 | 谭冬生 | 2155 |
| 覃日群 | 3381, 3383 | 谭盾 | 12233, 12507 |
| 覃少程 | 6938 | 谭尔康 | 4620, 4954, 5942, 6156, 10414 |
| 覃绍宽 | 5242, 5484 | 谭帆 | 12696, 12787 |
| 覃绍毅 | 2670 | 谭菲 | 6195 |
| 覃深 | 451 | 谭国才 | 7327 |
| 覃仕泉 | 6417, 6438, 6571 | 谭国信 | 3730, 3874, 5222, 5392, 5447, 5557, 6154 |
| 覃式 | 11241, 12557 | 谭海陵 | 7663 |
| 覃树林 | 3883 | 谭汉明 | 9149 |
| 覃翁 | 6215 | 谭鹤民 | 1158 |
| 覃修毅 | 7590 | 谭红丽 | 153 |
| 覃奕汉 | 1403, 3216, 3774, 3792, 3807, 5513, 5722, 5784 | 谭焕民 | 819 |
| | | 谭惠玲 | 10814, 11053 |
| 覃忠华 | 1181, 8902 | 谭吉华 | 009 |
| 谭安昌 | 5518 | 谭继山 | 302 |
| 谭百辛 | 5471, 6109 | 谭嘉昆 | 9308 |
| 谭本玉 | 10565 | 谭建春 | 8255 |
| 谭斌 | 6528 | 谭杰 | 5323 |
| 谭秉言 | 7339, 8393 | 谭锦 | 6760 |
| 谭伯礼 | 5244 | 谭锦家 | 7400 |
| 谭畅 | 10654 | 谭静波 | 12955 |
| 谭成富 | 3792 | 谭均平 | 8621 |
| 谭成俏 | 7638 | 谭君实 | 4907 |
| 谭赐 | 5279 | 谭凯军 | 5486 |

| | | | |
|---|---|---|---|
| 谭可元 | 3945 | | 4646, 4746 |
| 谭铿 | 2965 | 谭树桐 | 260 |
| 谭黎东 | 5490 | 谭嗣同 | 8022, 8041, 8055 |
| 谭力 | 5821, 6001 | 谭松 | 6685 |
| 谭立新 | 6525 | 谭谈 | 5825 |
| 谭炼秋 | 8742 | 谭天 | 252, 499, 805 |
| 谭林 | 11109 | 谭天仁 | 2155 |
| 谭琳 | 6207 | 谭铁民 | 9075, 9077, 9218, 9341, 9971 |
| 谭梅英 | 8210 | 谭维友 | 12092 |
| 谭蜜子 | 12226, 12233 | 谭伟成 | 2440, 2441 |
| 谭明 | 11711, 12382 | 谭伟光 | 4813 |
| 谭慕平 | 5039 | 谭文光 | 6663 |
| 谭需生 | 12691, 13005, 13052, 13073 | 谭武源 | 6306 |

谭平　135, 10570　　　　谭西方　1854, 3776, 3796, 3949, 4004, 4040,
谭秋莲　6132　　　　　　　4075, 4669, 4677, 4703, 4798
谭权书　1209, 1210, 1214, 1215　谭锡瓒　8516
谭仁　4018　　　　　　　谭先宏　5043, 5078, 5084, 5641
谭仁杰　8255　　　　　　谭湘　5827
谭荣　9715, 9891, 10076　谭小春　5706
谭荣荣　7530　　　　　　谭小麟　11475, 12156
谭尚仁　1971　　　　　　谭小平　5767, 6158
谭尚忍　3206, 3225, 3981, 4054, 4079,　谭小勇　5760, 5767, 5800, 6157, 6290
　4080, 4184, 4250, 4260, 4316, 4378, 4394,　谭晓春　3454, 3475, 5329, 5330, 5378, 5447, 5773,
　4403, 4521, 8746, 8820, 8832, 8840, 8994,　　5834, 5850, 6042, 6173, 6356
　9020, 9021, 9024, 9025, 9029, 9090, 9254,　谭晓鹏　11202, 11207, 12181, 12406, 12482, 12483
　9400, 9404, 9407, 9421, 9433, 9434, 9435,　谭晓林　5834
　9443, 9444, 9452, 9458, 9460, 9463, 9471,　谭兴萍　7161
　9489, 9667, 9671, 9672, 9682, 9699, 9705,　谭修撰　8303
　9709, 9721, 9722, 9724, 9765, 9870, 9884,　谭学斌　4934
　9958, 10000, 10060, 10065, 10071, 10106,　谭学纯　041
　10108, 10111, 10630　谭学楷　1972, 2028, 4958, 5130, 6599
谭绍鹏　6144　　　　　　谭学明　10746
谭胜功　11483, 11533　　谭雪生　2799
谭世贤　5399　　　　　　谭勋　5604, 5616, 5625
谭述乐　2111, 2375, 4314, 4415, 4477, 4492, 4513,　谭亚新　6130

谭延闿 8112, 8116, 8118, 8120, 8121, 8122, 8127, 8128, 8335

谭遥 10347

谭一寰 5434, 5444, 5614, 5730

谭怡令 1517

谭以文 2185, 4635

谭荫甜 1766, 5033

谭应麒 8119

谭英林 945, 946, 949, 950, 951, 971, 974, 1314

谭永健 10386, 10693, 10698, 10709

谭永泰 6796, 6897, 6900, 6901

谭勇 953, 2288, 2637

谭勇军 11129

谭玉洲 2670, 4689

谭郁芳 5394

谭裕剑 3627, 3647

谭裕钊 2045, 2056, 2138, 3095, 3109, 3677, 3750, 4046, 4215, 4329, 4363, 4382, 4467, 4485

谭元亨 6539

谭元杰 5829, 5893, 6116, 6491, 6530, 6543, 12884, 12885

谭元享 6172

谭源 6060, 6101, 6214

谭云森 1167, 2947, 5738, 8929, 9064, 9086, 10040, 10049, 10055, 10103, 10622, 10630

谭泽闿 8120

谭增成 12797

谭增烈 9069

谭兆祥 13276

谭振国 218

谭志成 801, 8656

谭志强 9055, 9792

谭志湘 12726, 12781

谭志中 9813

谭志忠 9813

谭智华 13268, 13269

谭智生 2901, 2965

谭忠惠 7490

谭忠萍 10257

谭仲池 8944

谭祝平 2335

谭灼恩 3853

谭子 6232

谭子艺 4964

潭水 4924

潭湘 5979

潭云森 10104

檀东铿 1868, 1876, 1933, 2008, 2507, 2530, 2647, 4053, 4058, 4149, 4298, 4356, 4524

檀林 6151

檀明山 11489, 11711

檀山 5128

汤宝玲 2543

汤本选 1961

汤昌媛 6187, 6190, 6207

汤朝志 7494

汤成沅 8562

汤池安 5769

汤大民 7168

汤涤 2652

汤涤生 8562

汤冬泉 11147

汤鑫仙 672, 1269, 7147

汤茀之 12680

汤富 8971

汤戈 1260

汤光铣 3674, 3702

汤光佑 6424

汤海丽 7035

汤恒 13084, 13135, 13210

汤垕　　　　　　729, 730, 746, 774

汤皇珍　　　　　079, 109, 635

汤集祥　1386, 1823, 2756, 3795, 3826, 6089

汤济新　　　　　　　　1828

汤继民　　1828, 3789, 3924, 5201

汤继明　4336, 4454, 5502, 5685, 5686, 5816, 5958,
　　　6042, 6209

汤家梁　　　　　　7397, 7569

汤建中　　　　　　　10149

汤剑荣　　　　　　　4838

汤教敏　　　　　　　12588

汤金钊　　　　　　　8017

汤锦　　　　　　　　11378

汤锦铭　　　　　　　12052

汤敬和　　　　　　　4054

汤驹　　　　　　　　11371

汤立　　　　　　　　827

汤立一　　　　　　　5580

汤良德　　　　　　　11310

汤琳　　　　　　　　12560

汤麟　　　　　　186, 530, 1065

汤陵　　　　　　　　6518

汤六一　　　　　12210, 12211

汤玛仕　　　　　3514, 3530

汤玛斯·雪兹　　　　　13198

汤铭　　　　　　　　8489

汤姆·戈德温　　　　　6586

汤姆·麦克唐纳德　　　　8791

汤姆金斯　　　　　　526

汤姆生　　　　　　　11253

汤姆斯·艾思礼　　　　607

汤姆斯基　　　　　　8615

汤沐黎　　　　2749, 2754, 2836

汤普澈　　　　　　　8424

汤普森　11227, 11232, 11233, 11242, 11253,

12510, 13059, 13065

汤普逊　　　　　　　13059

汤琦　　　　　　　　10835

汤勤　　　　　　　　6350

汤清海　　　　　　3536, 5076

汤如东　　　　　12210, 12211

汤时芳　　　　　　　3622

汤世雄　　　　　　　12047

汤式稼　5503, 5519, 5521, 5574, 5724, 5734, 5894,
　　　6265

汤守仁　　　　　　　4962

汤漱玉　　　　　　780, 846

汤思佳　　　　　　　8663

汤夙国　　　　　　　2404

汤素兰　　　　　　　6724

汤廷乐　　　　5744, 5929, 6299

汤万清　　　　　2007, 2274

汤为杰　　　　　　　11282

汤文　　　　　　977, 1004

汤文虎　　　　　　　3559

汤文选　1729, 1953, 1976, 2001, 2210, 2510, 2511,
　　　2514, 2538, 3604, 10408

汤显祖　3044, 5551, 5575, 5866, 5922, 5930, 5956

汤祥松　　　　　　7518, 7579

汤小铭　2749, 2751, 2754, 2757, 2765, 3377, 5237,
　　　5321

汤小胤　　　　　　　7645

汤晓丹　　　　13190, 13229, 13233

汤晓林　　　　　　　2371

汤燮　　　　　　　　1705

汤心仪　　　　　　　1696

汤新楣　　　　　　　506

汤雪耕　　　　11110, 11112, 12425

汤洵　　　　　　　　13128

汤亚丁　　　　　　　12532

| | | | |
|---|---|---|---|
| 汤亚汀 | 10863, 10988 | 唐宝山 | 3294, 4199, 4350, 5193 |
| 汤耶碧 | 12625 | 唐保义 | 12605 |
| 汤一钧 | 5750, 5882 | 唐碧节 | 13009 |
| 汤宜退 | 12288 | 唐秉钧 | 1044, 1045, 1056 |
| 汤贻汾 | 894, 895, 1611, 1638, 1649 | 唐伯虎 | 1577, 1590, 2691, 2699, 2710, 8084, 8094, |
| 汤义方 | 3082, 3096, 3129, 4892, 5044, 5051, 5133, | | 8098, 8101 |
| | 5378, 5415, 5591, 5610 | 唐伯弢 | 12859 |
| 汤义勇 | 136 | 唐伯祥 | 587 |
| 汤益民 | 8848, 8850, 9461, 9714 | 唐才常 | 8055 |
| 汤因比 | 041 | 唐才良 | 3791 |
| 汤永炎 | 974 | 唐昌松 | 11171 |
| 汤由础 | 2928 | 唐长风 | 3976, 5039, 5069 |
| 汤余铭 | 4380, 4421 | 唐承红 | 7140, 7142 |
| 汤雨生 | 1611 | 唐澄波 | 3330 |
| 汤云 | 5596 | 唐春发 | 7250 |
| 汤云鹤 | 5242, 5253, 5323, 5338, 5420, 5598, 5837 | 唐春玉 | 7558 |
| 汤允谟 | 1462 | 唐大柏 | 8804 |
| 汤昭智 | 11975 | 唐大堤 | 10924 |
| 汤兆基 | 863, 1397, 2652, 7348, 7398, 8463, 8469, | 唐大笠 | 2518, 7166 |
| | 8477, 8577 | 唐大禧 | 1818, 1827, 8638 |
| 汤哲明 | 596 | 唐岱 | 647, 648, 900, 1645 |
| 汤祯兆 | 12733 | 唐德鉴 | 172, 6843, 6844, 6845, 6909, 8601 |
| 汤振海 | 13068, 13157, 13159 | 唐德铿 | 6780 |
| 汤镇淮 | 10393 | 唐德明 | 7421, 7474, 7519 |
| 汤志明 | 8963 | 唐德泉 | 3126, 3827, 3870, 3957, 3970, 4013, |
| 汤志伟 | 10897 | | 4319, 4346, 4366, 4613, 4614, 4618 |
| 汤钟音 | 5668 | 唐德荣 | 10265 |
| 汤重稀 | 12330 | 唐递宏 | 6232 |
| 汤竹青 | 7558 | 唐殿元 | 5338 |
| 汤子博 | 2404 | 唐丁华 | 3991, 5380 |
| 唐·布莱尔 | 8796 | 唐东平 | 8706, 8787 |
| 唐·弗·克洛普弗 | 13279 | 唐恩霖 | 5304 |
| 唐·莫利 | 8724 | 唐方科 | 11159, 12349 |
| 唐安国 | 10182 | 唐风楼 | 7946 |
| 唐邦才 | 3836 | 唐凤宽 | 5264, 5413, 5914 |

| | | | |
|---|---|---|---|
| 唐凤鸣 | 6310, 6406 | 唐洪云 | 12096 |
| 唐凤岐 | 2472 | 唐华伟 | 1347, 2275, 2958 |
| 唐伏生 | 6206 | 唐槐秋 | 12707 |
| 唐福春 | 5271, 5291, 5330, 5961, 6226 | 唐荒 | 6142 |
| 唐复年 | 413 | 唐煌 | 13199 |
| 唐干 | 2459 | 唐晖 | 7115, 7116 |
| 唐刚卯 | 415 | 唐辉 | 11737 |
| 唐高宗 | 7902 | 唐会怿 | 1704 |
| 唐根生 | 8217 | 唐惠凡 | 6483 |
| 唐庚 | 5035, 5400 | 唐积 | 1010, 1011, 1012 |
| 唐庚先 | 7317 | 唐缉熙 | 3930 |
| 唐谷青 | 7088, 7089, 7091 | 唐吉 | 12865, 12868 |
| 唐冠芳 | 3553, 3601, 3648 | 唐吉福 | 5256, 5287 |
| 唐光波 | 8696, 8723, 8759 | 唐纪 | 12136 |
| 唐光涛 | 13282 | 唐济镇 | 8027, 8036 |
| 唐光照 | 1599 | 唐继 | 12928 |
| 唐光志 | 7423, 7444, 8244 | 唐继德 | 11769 |
| 唐广月 | 7338 | 唐家坤 | 5849 |
| 唐瑰卿 | 10926 | 唐家路 | 1242, 10709 |
| 唐桂荣 | 6660 | 唐家祥 | 153 |
| 唐国光 | 2210 | 唐建 | 2288, 12109, 12114 |
| 唐国文 | 7649, 10296 | 唐建国 | 3826 |
| 唐海 | 1350 | 唐建华 | 7438 |
| 唐海平 | 9706 | 唐建绩 | 3140 |
| 唐汉 | 7745 | 唐建中 | 3755 |
| 唐汉民 | 12182 | 唐剑光 | 627 |
| 唐汉滔 | 3434 | 唐剑虹 | 11764 |
| 唐航 | 3268 | 唐剑文 | 5385 |
| 唐浩明 | 6438 | 唐健 | 11182, 12468 |
| 唐诃 | 11086, 11088, 11091, 11470, 11613, 11960, 11962, 12154, 12333, 12626 | 唐杰 | 12660 |
| | | 唐杰之 | 9368, 9832, 9848 |
| 唐河 | 11511 | 唐金海 | 8334, 13207 |
| 唐洪 | 9658 | 唐锦腾 | 8588 |
| 唐洪根 | 6053 | 唐静英 | 5047, 6202 |
| 唐洪民 | 3143, 3908 | 唐镜前 | 12283 |

| | | | |
|---|---|---|---|
| 唐骏 | 2336, 6232, 7501 | 唐培仁 | 10316 |
| 唐开斌 | 206 | 唐佩林 | 5838 |
| 唐开础 | 4939, 5025, 5037, 5104, 6593 | 唐平 | 6518 |
| 唐凯 | 5955, 6638 | 唐朴林 | 10976 |
| 唐楷之 | 7774 | 唐其竟 | 11080, 11089, 11769, 12164 |
| 唐康年 | 12173 | 唐奇 | 11712 |
| 唐可民 | 4889 | 唐千 | 4100 |
| 唐克碧 | 9034, 9290 | 唐乔明 | 9404, 9406, 9409, 9453, 9723, 9730 |
| 唐克新 | 5099, 5109 | 唐伽 | 5083 |
| 唐澜英 | 8334 | 唐庆年 | 308 |
| 唐蕾 | 6056 | 唐全贤 | 12693 |
| 唐理奎 | 2189, 2229, 3132 | 唐全心 | 2963 |
| 唐立阳 | 5371 | 唐然 | 6895 |
| 唐利庆 | 3879 | 唐人 | 6285, 8226 |
| 唐俐晖 | 6407 | 唐人风 | 4922 |
| 唐莉娜 | 10595 | 唐人明生 | 6245 |
| 唐珏 | 568 | 唐荣枚 | 11389 |
| 唐炼百 | 8586 | 唐山市第一文化馆 | 12607 |
| 唐林 | 10994 | 唐山市委文艺工作团 | 11557 |
| 唐琳 | 11991 | 唐山陶瓷学校美术教研组 | 2420, 2588, 3197 |
| 唐灵 | 1404, 5923 | 唐山陶校美术班工农兵学员教师 | 3219 |
| 唐鲁峰 | 5749 | 唐山专署文教局 | 11776 |
| 唐璐 | 551 | 唐绍华 | 12840, 13206 |
| 唐满城 | 12640 | 唐莘选 | 6910 |
| 唐茂 | 10736 | 唐胜河 | 12120 |
| 唐明 | 5690 | 唐胜化 | 10611 |
| 唐明邦 | 7438 | 唐盛河 | 12123 |
| 唐明立 | 1079 | 唐师尧 | 2048 |
| 唐明生 | 5436, 5524, 5591, 6153, 6181, 6194, 6207, 6401 | 唐石生 | 2887, 3867, 3881, 4185 |
| | | 唐时宝 | 5752 |
| 唐明松 | 5255 | 唐士成 | 3273 |
| 唐鸣岳 | 1241, 1246 | 唐士桐 | 192 |
| 唐纳德·杰·格劳特 | 10986 | 唐世林 | 12614 |
| 唐纳德·雷诺兹 | 371 | 唐世龙 | 4428, 9067, 9308, 10112 |
| 唐南 | 6330, 6336, 6337, 6340, 6341, 6349, 6390 | 唐世民 | 5574 |

| | | | |
|---|---|---|---|
| 唐淑芳 | 6102, 6708 | 唐小辉 | 12975 |
| 唐双宁 | 8291 | 唐小军 | 3426, 7138 |
| 唐顺之 | 8077, 8417 | 唐晓渡 | 6868 |
| 唐斯 | 11271 | 唐晓凌 | 6868 |
| 唐斯竞 | 11080 | 唐孝 | 5625 |
| 唐松阳 | 6924 | 唐新民 | 3847 |
| 唐颂 | 8751 | 唐新一 | 977, 1005, 2507, 2515, 4404, 4405, 4514 |
| 唐素文 | 5039 | 唐新之 | 4879 |
| 唐太宗 | 7834, 7938 | 唐兴初 | 12131 |
| 唐太宗李世民 | 7832 | 唐兴华 | 4054, 5627 |
| 唐弢 | 3404 | 唐雄 | 5273 |
| 唐涛 | 5390, 8334 | 唐秀菊 | 5014 |
| 唐洮 | 2155 | 唐绪详 | 10739 |
| 唐天谷 | 3553, 3563 | 唐绪祥 | 2026 |
| 唐天中 | 8974 | 唐玄宗 | 7846, 7847, 7889 |
| 唐廷桄 | 5863, 6471 | 唐学咏 | 11362, 12191 |
| 唐廷仁 | 13024 | 唐询 | 1054 |
| 唐维敏 | 13064 | 唐荀 | 2832 |
| 唐伟凡 | 5625 | 唐迅 | 3232, 5284, 5285, 6260 |
| 唐伟杰 | 6156 | 唐峃 | 2674 |
| 唐卫寰 | 5705, 5981 | 唐彦琳 | 5380 |
| 唐卫平 | 10605, 10761 | 唐耀宗 | 3796 |
| 唐文标 | 12760, 12768 | 唐晔 | 11966 |
| 唐文娉 | 174, 175 | 唐一禾 | 1376, 2913 |
| 唐闻生 | 6358 | 唐一寺 | 7671 |
| 唐雯 | 6119, 6609 | 唐一文 | 3767, 3799, 4036, 4073, 4120, 5112 |
| 唐舞 | 11136 | 唐彝铭 | 12307 |
| 唐西川 | 3604 | 唐逸览 | 2549 |
| 唐西林 | 5323, 6023 | 唐吟方 | 7390, 7768, 7931 |
| 唐县写作运动委员会 | 11604 | 唐寅 | 640, 641, 642, 643, 665, 755, 1381, 1444, |
| 唐小丁 | 1336 | | 1530, 1556, 1560, 1563, 1565, 1570, 1573, |
| 唐小峰 | 3513, 6542 | | 1574, 1575, 1577, 1579, 1581, 1585, 1586, |
| 唐小禾 | 2745, 2754, 2761, 2774, 2841, 3243, | | 2309, 2608, 2618, 2635, 2684, 2691, 2701, |
| | 3250, 3254, 3255, 3258, 3273, 3339, 3802, | | 2968, 4432, 6818, 8035, 8040, 8061, 8063, |
| | 3977, 5589 | | 8065, 8084, 8087, 8097, 8098, 10594 |

| | |
|---|---|
| 唐应山 | 1182 |
| 唐英 | 10216 |
| 唐英伟 | 586, 1204, 2979, 2981 |
| 唐莹 | 12993, 12994 |
| 唐映红 | 3499 |
| 唐映南 | 3813 |
| 唐永德 | 12723 |
| 唐永恩 | 5729, 5743 |
| 唐永利 | 5566 |
| 唐永学 | 5316 |
| 唐勇力 | 703, 716, 883, 884, 2402, 2408, 6312, 6611 |
| 唐友诗 | 12751 |
| 唐禹民 | 8800, 8824, 8841, 9015, 9025, 9093, 9251, 9310, 9359, 9361, 9406, 9407, 9409, 9554, 9555, 9573, 9577, 9645, 9646, 9681, 9825, 9844, 9968, 9976, 10002, 10027, 10054, 10110 |
| 唐玉清 | 4970 |
| 唐玉润 | 1915 |
| 唐玉薇 | 12886 |
| 唐昱 | 6335 |
| 唐毓斌 | 11308 |
| 唐毓龙 | 5372 |
| 唐元竑 | 8090 |
| 唐元明 | 7491 |
| 唐原道 | 1787, 1952, 2650, 4297 |
| 唐源源 | 5486, 5707, 6335, 6429 |
| 唐月梅 | 829 |
| 唐跃 | 041, 217 |
| 唐云 | 1436, 1734, 1750, 1757, 1778, 1796, 1815, 1824, 1849, 1858, 1860, 1863, 1868, 1869, 1873, 1880, 1889, 1906, 1912, 1996, 2193, 2490, 2493, 2495, 2498, 2504, 2598, 2642, 2717, 3537, 3570 |
| 唐云辉 | 6665, 6707, 6710 |
| 唐云来 | 7327, 8239 |
| 唐允仁 | 9044 |
| 唐载清 | 450, 9398, 9525, 9560, 9574, 9577, 9613, 9875, 13125 |
| 唐再丰 | 12982, 12999 |
| 唐泽平 | 8567 |
| 唐泽全 | 8955 |
| 唐泽荣 | 5678 |
| 唐昭钰 | 1066 |
| 唐诏 | 8469, 8470, 8513 |
| 唐振常 | 13232 |
| 唐振铎 | 10266, 10285, 10299 |
| 唐之湘 | 5673 |
| 唐志契 | 890, 891 |
| 唐挚 | 6392 |
| 唐稚云 | 3611 |
| 唐中六 | 11339 |
| 唐中跃 | 4399 |
| 唐忠 | 5727, 10285 |
| 唐忠朴 | 10287 |
| 唐忠雄 | 6232 |
| 唐忠跃 | 4344, 4408, 4545, 4624 |
| 唐仲芳 | 8116 |
| 唐仲冕 | 641, 665 |
| 唐重庆 | 11249, 11252 |
| 唐周 | 12123 |
| 唐子峰 | 7606 |
| 唐子恒 | 3482, 3483, 3484, 3488, 3489, 3490, 3491 |
| 唐子畏 | 1560 |
| 唐梓桑 | 4929 |
| 唐宗龙 | 5487, 5666, 6271 |
| 唐祖培 | 13175 |
| 唐醉石 | 8571 |
| 唐左 | 6407 |

| | |
|---|---|
| 韬成 | 8207, 8216, 8217 |
| 桃谷好英 | 10764, 10767 |
| 桃谷英树 | 10764 |
| 桃花源文物管理所 | 1479 |
| 桃李 | 7460 |
| 桃浦"公社"业余文艺创作组 | 5268 |
| 陶爱凤 | 12038 |
| 陶白虹 | 5410 |
| 陶伯华 | 047 |
| 陶博吾 | 8106, 8359, 8360 |
| 陶长华 | 4977, 5029, 5046, 5107, 5110, 5112, 5135, 5141, 5469, 6182 |
| 陶春晖 | 855 |
| 陶春林 | 3425 |
| 陶春生 | 6008 |
| 陶纯孝 | 10236, 12160 |
| 陶德洪 | 5735 |
| 陶德华 | 10740 |
| 陶德康 | 12078 |
| 陶德曼 | 783 |
| 陶鼎诚 | 8400 |
| 陶东风 | 029 |
| 陶端庄 | 5323, 5345, 5466, 5616, 6078 |
| 陶钝 | 12970 |
| 陶恩培 | 765 |
| 陶方琦 | 7664 |
| 陶佛锡 | 7507 |
| 陶福尔 | 4016, 4069 |
| 陶馥兰 | 12586 |
| 陶干臣 | 4899, 5194, 5367, 5399, 5840 |
| 陶古鹏 | 12917 |
| 陶光 | 8150 |
| 陶光明 | 8932 |
| 陶国富 | 107 |
| 陶国欣 | 6137 |
| 陶汉达 | 3851 |
| 陶行知 | 11388, 11476, 11511, 11993 |
| 陶和之 | 5536, 6084 |
| 陶弘 | 9584 |
| 陶洪寿 | 2274 |
| 陶鸿逵 | 12299 |
| 陶侯武 | 5987 |
| 陶华南 | 6668 |
| 陶怀玉 | 1593 |
| 陶基中 | 9955 |
| 陶济 | 10760, 10761 |
| 陶家元 | 6024 |
| 陶嘉善 | 5330 |
| 陶嘉舟 | 11925, 12159, 12266 |
| 陶建华 | 5242, 5301 |
| 陶建平 | 5304 |
| 陶洁翻 | 5401 |
| 陶今也 | 3399, 11760, 11762 |
| 陶金 | 12108, 13231, 13232 |
| 陶锦荣 | 4127 |
| 陶锦生 | 5488 |
| 陶景明 | 2324 |
| 陶静波 | 5333, 5732, 5967, 6220, 6234 |
| 陶军 | 9449, 9713 |
| 陶君起 | 2993, 3064, 12864, 12866, 12869, 12870 |
| 陶俊峰 | 5423, 9524 |
| 陶濬宣 | 7206 |
| 陶柯 | 7044, 7045 |
| 陶揆均 | 7278 |
| 陶岚琴 | 12823 |
| 陶冷月 | 1718 |
| 陶利 | 6687 |
| 陶莉 | 1197 |
| 陶良华 | 6486, 6580, 6583 |
| 陶樑 | 1465 |

陶烈哉 1420
陶林 5929, 6008
陶龙 12556
陶梅岑 7462, 7502
陶敏荣 10665
陶明君 705
陶明兰 12204
陶乃训 7532
陶南望 8410, 8411, 8420
陶淇 8766
陶琦 3533, 3536, 3537, 3545, 3561, 3638, 3674, 3744, 3781, 3787, 3925, 3965, 3982, 4104, 4162, 4187, 4280, 4376, 4442, 4999, 5016
陶棨 11387
陶潜 8015, 8016, 8112, 8385
陶青山 8621, 10647, 10648
陶庆梅 12787
陶然 5232, 6419, 9716, 11876
陶仁坤 12939
陶沙 5062, 5413
陶上谷 8292, 8429, 8432
陶少波 564, 1416
陶士范 4962
陶思炎 3059
陶思耀 12592
陶松锐 7422
陶松生 8915
陶穗洪 5460, 5533, 5871, 5904, 6105
陶涛 6148, 6482
陶天月 3618, 3620, 3740, 5140
陶天治 5006
陶同 3770, 4941, 5009, 5013, 5025, 5085
陶宛青 4870
陶望龄 1043

陶文杰 6385, 6494, 6517, 6528
陶西克 12493
陶锡奇 13088
陶喜舟 12159
陶贤原 5978
陶湘 1061, 1063, 3033, 3034, 3035
陶湘生 7750
陶小明 2825
陶晓晖 11065
陶辛 10837, 12387, 12522
陶新中 8705
陶雄 12847, 12868, 13017
陶秀莲 10293
陶旭光 12456
陶雪 5997
陶亚兵 10926
陶演 12132
陶艳华 7314
陶冶安 2039
陶野 6123, 6468, 6533
陶野编 6524
陶一清 1735, 1745, 1895, 1924, 2424, 2703, 4072, 4129
陶艺社 10647
陶荫培 278, 473, 7628
陶英 5398
陶永华 10313
陶永祥 7378, 8104
陶咏白 535, 2800
陶有法 6764
陶瑜华 10601
陶宇亮 8634
陶玉德 7084
陶钰 5059
陶渊明 6429, 7782, 7964, 7967

| | | | |
|---|---|---|---|
| 陶元藻 | 845 | 滕黛梦 | 2239 |
| 陶原 | 5903 | 滕砥平 | 13025 |
| 陶源清 | 3887, 10384 | 滕菲 | 10570 |
| 陶斋先生 | 1531 | 滕凤山 | 5265, 5306 |
| 陶臻平 | 10121 | 滕固 | 090, 239, 240, 386, 569, 570, 573 |
| 陶治安 | 2357, 3202, 3208, 3703, 4479 | 滕化文 | 1005 |
| 陶重光 | 10035 | 滕箕 | 4961, 5000, 5041 |
| 陶子厚 | 5488 | 滕纪萌 | 12389 |
| 陶宗仪 | 266, 7192, 7225, 11318, 11319, 11343 | 滕建民 | 3922 |
| 陶醉 | 072 | 滕俊杰 9393, 9466, 9467, 9565, 9616, 9639, 9683, | |
| 淘同 | 5085 | 9718, 9728, 9729, 9732, 9740, 9742, 9743, | |
| 特·巴图德力格尔 | 11808 | 9891, 10637 | |
| 特·舍仁扎布 | 6327 | 滕立平 | 040 |
| 特奥多雷斯库 | 12471, 12472 | 滕茂隆 | 11185 |
| 特大凌洪的英雄事迹展览会 | 5154 | 滕民初 | 7923 |
| 特古斯 | 5225 | 滕守尧 019, 021, 025, 054, 055, 064, 067, 113, 191 | |
| 特卡勒科 | 12656, 12657 | 滕书霞 | 5490 |
| 特雷弗·张伯伦 | 1078 | 滕树勋 | 12352 |
| 特里 | 12575, 12577 | 滕卫东 | 048 |
| 特吕弗 | 13127 | 滕文金 | 8624, 8646 |
| 特伦斯 | 13224 | 滕文治 | 5361, 5976 |
| 特伦斯·科伊尔 | 615 | 滕西奇 | 7159, 7297 |
| 特罗菲莫夫 | 086, 195 | 滕小松 | 270 |
| 特罗耶波利斯基 | 13250 | 滕亚林 | 2476 |
| 特伟 | 1281, 2981, 5092 | 滕胤中 | 3844, 3937 |
| 腾冲美术展览会 | 343 | 滕英杰 | 5136, 5141, 5848 |
| 腾冲县文联 | 8281 | 滕越 | 5358 |
| 腾砥平 | 13025 | 滕云 | 11997 |
| 腾化文 | 2583 | 滕振才 | 271 |
| 腾俊杰 | 8847, 8849, 9469, 9471 | 藤城清治 | 6911 |
| 腾鸾 | 2161 | 藤櫜英昭 | 150 |
| 腾毓旭 | 5638, 6440 | 藤川桂介 | 6309 |
| 腾越 | 5410 | 藤井康男 | 12353 |
| 滕白也 | 080, 570 | 藤井秀树 | 10141 |
| 滕达 | 10305 | 藤木辉美 | 6979, 6981, 7034 |

| | | | |
|---|---|---|---|
| 藤树勋 | 12351 | 天兵 | 2121, 11743 |
| 藤堂良 | 1242 | 天长县"革委会"政工组宣传小组 | 5267 |
| 藤田和宣 | 8747 | 天长县文化馆 | 5267 |
| 藤田香 | 12973 | 天成 | 7428, 10335, 11988 |
| 藤原芳秀 | 7115 | 天呈 | 3522 |
| 藤原鹤来 | 8351 | 天池真佐雄 | 11225 |
| 藤原楞山 | 872, 905, 941, 942 | 天达 | 5872 |
| 藤泽保 | 10742 | 天都逸史 | 12240 |
| 藤竹晓 | 13183 | 天峨县《阿牛》连环画创作组 | 5273 |
| 藤子.F.不二创作公司 | 7138 | 天放 | 3068 |
| 藤子·F·不二雄 6303, 6327, 6929, 6941, 6942, | | 天高 | 5708, 6180 |
| 6963, 6964, 6965, 6966, 6967, 6968, 6969, | | 天戈 | 12148 |
| 6970, 6971, 6972, 6973, 6989, 6990, 7040, | | 天行 | 006 |
| 7042, 7043, 7044, 7045, 7046, 7048, 7078, | | 天河 | 12006 |
| 7079, 7081, 7082, 7083, 7084, 7085, 7086, | | 天鹤 | 2539 |
| 7087, 7091, 7098, 7099, 7105, 7118, 7120, | | 天鸿 | 9102 |
| 7135, 7139, 7140, 7141, 7142, 7143 | | 天华 | 6238 |
| 梯恩 | 6938 | 天火 | 2538, 10319 |
| 梯月主人 | 3044 | 天津"地革委"文化局 | 5181 |
| 提埃坡罗 | 6811 | 天津大学业余美术创作组 | 2752 |
| 提耳克 | 7103 | 天津德裕公 | 3725, 3743, 3745 |
| 提善 | 6779 | 天津地区文化局 | 5216 |
| 提索特 | 6804 | 天津电影制片厂 | 13244 |
| 提香 | 6854, 6855, 6861, 6882, 6886 | 天津港务局美术学习班 | 2752 |
| 题借轩 | 1042 | 天津歌声编辑委员会 | 11405 |
| 题司马璞 | 7231 | 天津歌舞团民乐队 | 12333 |
| 题应在止 | 7197 | 天津工艺美术设计院 | 10254 |
| 体育报社 | 3153, 9508, 9509, 9777, 9985 | 天津工艺美术设计院创作组 | 3282, 5165 |
| 体育报摄影组 | 8720 | 天津公路运输工会六号门业余文工团 | 12588 |
| 笹井明 | 8720 | 天津古籍书店 | 657, 658, 7801 |
| 笹木阳一 | 12663 | 天津古籍书店编辑室 | 7886, 7890 |
| 惕身馆 | 11305 | 天津和平区业余美术三结合创作小组 | 5174 |
| 天安门地区管理委员会 | 2336 | 天津红桥区三条石历史博物馆 | 3169 |
| 天白 | 7300, 7319 | 天津教育出版社 | 800, 7493 |
| 天彬 | 2430 | 天津柳青画社 | 10260 |

天津绿渠美术会　　　　　　　　　2587

天津美术出版社　　505, 1742, 1797, 2851, 2993,
　　3069, 3159, 3756, 4929, 4940, 4958, 4961,
　　4967, 4973, 4975, 4980, 4984, 5002, 5010,
　　5018, 5110, 5118, 5119, 5121, 5130, 5133,
　　5134, 5138, 5139

天津美术出版社德裕公　　　　　　　6748

天津美术出版社集体　　　　　　　　4951

天津美术出版社杨柳青画店　　　　　3157

天津美术馆编辑部　　　　　　　　　226

天津群众艺术馆　　11447, 11579, 11580, 11588,
　　11612, 11618, 11620, 11622, 11628,
　　11633, 11634, 11667, 12003, 12025, 12595

天津人民出版社　　11159, 11166, 11223, 11638,
　　11684, 11693, 11846, 11848, 11849,
　　11850, 11909, 12398, 12399, 12650,
　　12871, 12872, 12873

天津人民歌舞剧院　　　　　　　　　12096

天津人民广播电台　　11447, 11452, 11453, 11618,
　　11620, 11839

天津人民广播电台戏曲组　　　　　　12938

天津人民美术出版社　　　　　　　　1288,
　　1289, 1361, 1827, 1882, 1883, 2268, 2679,
　　2859, 2868, 2869, 3028, 3029, 3260, 3769,
　　3877, 4853, 4857, 4858, 4859, 4863, 4914,
　　5149, 5153, 5158, 5161, 5167, 5168, 5189,
　　5193, 5196, 5199, 5205, 5207, 5210, 5211,
　　5235, 5247, 5389, 5462, 6769, 6881, 6927,
　　7030, 7749, 7756, 7758, 7760, 7786, 7821,
　　7824, 7928, 7930, 7937, 7942, 7944, 8008,
　　8013, 8104, 8105, 8365, 8563, 9327, 9485,
　　9486, 9938, 9960, 9961, 10089, 10119,
　　10147, 10247, 10248, 10277, 10421, 10557

天津人民艺术出版社　　　　　　　　1281

天津人民艺术剧院歌舞团　　　　　　12588

天津人民音乐社　　　　　　　　　　11558

天津荣宝斋　　　　　　　　　　　　3530

天津少年儿童美术出版社　　　　505, 4995

天津师范学院中文系　　　　　　　　12870

天津师范学院中文系《革命现代京剧常识》编写
　　组　　　　　　　　　　　　　12873

天津市八十九中学　　　　　　　　　7631

天津市北郊区业余美术三结合小组　　5172

天津市第二商业局　　　　　　　　　5209

天津市第一机械工业局连环画学习班　5218

天津市东郊区新立村"公社"崔家码头大队业余
　　美术创作组　　　　　　　　　　3764

天津市东郊区新立村"公社"崔家码头大队业余
　　美术创作组集体创　　　　　　　10418

天津市东郊区业余美术创作组　　　　3764

天津市纺织工业局业余美术创作组　　5199, 5227

天津市感光胶片厂长安资料室　　　　8720

天津市歌舞团　　　　　　　　　　　12593

天津市革命歌曲创作学习班　　11666, 11672

天津市革命文化馆　　　　　11636, 11643

天津市工会联合会宣传部　　11588, 11595

天津市工人文化宫美术组　　　　　　1356

天津市工人文化俱乐部　　　　　　　11561

天津市工商行政管理局　　　　　　　7655

天津市工艺美术设计院　　　　3188, 10250

天津市古籍书店　　7282, 7721, 7723, 7893, 7984,
　　7988, 8126, 8127, 8200, 8346, 8357

天津市古籍书店编辑室　　7747, 7749, 7764, 7766,
　　7781, 7885, 7888, 8126

天津市国际残废人年组织委员会　　　8930

天津市河北梆子剧团　　　　　　　　12110

天津市河北梆子剧院　　　　　　　　11864

天津市河东区文化馆　　　　　　　　5270

天津市河西区工人业余美术创作组　　5169

天津市河西区美术创作组　　　　　　5199

天津市红桥区三条石工人业余艺术　11948

天津市红桥区业余美术三结合创作组　5158

天津市化工局美术创作学习班　3191

天津市纪念毛主席《在延安文艺座谈会上的讲话》发表三十周年办公室　8923, 11665, 11791

天津市建设局业余美术创作小组　3200, 3764

天津市教育教学研究室　5102

天津市教育局教材组　5207

天津市教育局中小学教材编写组　5167

天津市老年书画研究会　524

天津市李叔同研究会　8128

天津市历史博物馆　7762

天津市美术家协会　1346, 2317

天津市评剧院艺术室　11836

天津市曲艺团　12140

天津市群众歌咏活动办公室 11682, 11685, 11686

天津市群众歌咏活动办公室《天津歌声》编辑部　11693

天津市群众艺术馆　11682, 11686, 12024

天津市少年儿童文艺活动办公室　12032

天津市市立民众教育馆编审组　4870

天津市塘沽区工业局　5193

天津市外国语学校　5216

天津市卫国道中学　5270

天津市文化局　11628, 12773

天津市文化局"革委会"《文艺革命》编辑部　11145

天津市文化局戏剧研究室　12845, 12846, 12927

天津市文联　11560, 12773

天津市文史研究馆　2310

天津市文物管理处　7762

天津市文学艺术界联合会　1346, 2317

天津市文学艺术界联合会编辑部　11569

天津市小学教学研究室　12003

天津市冶金局业余美术创作组　5211

天津市艺术博物馆　392, 1062, 1285, 1542, 4428, 4831, 8541, 8550, 8658, 8661

天津市艺术研究所　12768

天津市音乐工作室　11405

天津市音乐工作团　11389, 11565

天津市重点工程指挥部　8945

天津铁路分局古冶地区职工业余美术创作组　5204

天津铁路分局职工业余美术三结合创作组 5161, 5210

天津文史研究馆　1491, 8191

天津五十九中美术组　10673

天津杨柳青画店　937, 2495, 2497, 3737, 3944, 7793, 7866, 7974, 7975, 8063, 8150

天津杨柳青画社　2029, 2112, 2919, 2965, 6757, 7060, 7671, 7768, 7812, 8156, 8167, 8314, 8558, 10122, 10333

天津杨柳青文化发展公司　2682

天津杨柳育画社　6617

天津艺术博物馆　1512, 1671

天津艺术学院工艺美术系　10250

天津艺术学院工艺美术系教材组　2492

天津艺术学院工艺系　3935

天津艺术学院工艺系教材组　623

天津艺术学院工艺系美术宣传员手册编绘组　10251

天津艺术学院绘画系　5330, 6600

天津艺术学院绘画系版画班二年级工农兵学员、教师　5246

天津艺术学院绘画系二年级工农兵学员　5247

天津艺术学院绘画系工农兵学员　1833, 5302

天津艺术学院绘画系一年级连环画班　5258

天津艺术学院连环画班　5305, 5327, 5351

天津艺术学院美术理论教研组　1509

天津艺术学院年画班师生　4005
天津艺友书画会　2219
天津音乐学院　11864
天津音乐学院附中附属音乐小学　12014
天津音乐学院理论作曲系师生　11880
天津音乐学院手风琴考级专家委员会　11258
天津中国音乐研究会　12246
天贶生　1272,1704
天兰　11933
天蓝　009,12796,12799,12800,12803
天浪　12011
天乐　8823
天梅　10880,10896
天门县"革委会"毛泽东思想宣传站　5181
天明工作室　6518
天明社　12354,12400
天木　5014
天南遯叟　1498,1510
天琪　266,5894
天琹　11997
天然　5913,11415,13234,13246
天仁　9662
天任　12590,12609
天山　1244
天山电影制片厂志编纂领导小组　13282
天石　6634
天石东村　7312
天舒　9480
天水　202
天水市文化出版局　1374
天水市文学艺术界联合会　1374
天台山农　12857
天天 6445,6459,6467,6478,11502,11503,11734
天炜　1519
天文　6454

天祥　7451,9107
天绣　12628
天虚我生　10948
天亚　2139,2154,4794
天一　2438,9420,9422,9423,9870
天一影片公司编辑部　13288,13289
天义　12151
天鹰　2674,3378,4367,
4479,4570,4605,4750,8811,8816,8817,
8824,9004,9074,9076,9093,9111,9115,
9119,9120,9312,9326,9348,9365,9368,
9371,9372,9374,9382,9384,9387,9391,
9393,9396,9397,9406,9407,9408,9410,
9417,9418,9421,9434,9435,9440,9444,
9445,9456,9457,9459,9534,9540,9544,
9557,9569,9572,9589,9592,9593,9599,
9600,9601,9615,9641,9700,9706,9733,
9820,9834,9847,9870,9872,9882,9894,
9954,10047,10054,10075,10105,10582,
13116,13118
天佑　4889,10195
天羽　9418
天育　9283
天元　8861
天月　3720
天云　13314
天真　6590
天中　4809
天竹　458
天主教辅仁大学　453
田蔼生　1743
田爱习　11512
田遨　6102
田宝仁　6135
田宝柱　7487

| | |
|---|---|
| 田保罗 | 12169 |
| 田本相 | 12698, 12730, 12783, 12792, 12911, 12917, 13019, 13052 |
| 田边尚雄 | 10784, 10788, 10799, 10852, 10952, 10953, 10979 |
| 田冰灵 | 881, 972 |
| 田兵 | 7611, 11959 |
| 田波 | 9832 |
| 田伯平 | 8309 |
| 田博庵 | 2098, 2336 |
| 田彩 | 5197, 5549, 6063, 6245, 6402 |
| 田昌植 | 12363, 12364 |
| 田成科 | 8568 |
| 田承强 | 8752, 8903 |
| 田冲 | 11879 |
| 田川 | 5708, 11880, 11881, 11959, 12093, 12902 |
| 田春 | 5037 |
| 田春雨 | 12212 |
| 田村 | 434, 9529, 10142 |
| 田村澄与 | 6980 |
| 田村宏 | 10868, 12498, 12501 |
| 田村良介 | 6979 |
| 田村明 | 8672 |
| 田村明著 | 8672 |
| 田大 | 5843 |
| 田大军 | 5688, 5815, 6408 |
| 田大文 | 11160 |
| 田丹 | 333, 334, 335, 351 |
| 田丹丹 | 2485 |
| 田德芳 | 11484 |
| 田德忠 | 11347 |
| 田登五 | 2527 |
| 田登岳 | 7369, 7381, 7397 |
| 田地 | 4886, 6348, 6431, 9083, 9310 |
| 田丁 | 019 |
| 田东辉 | 1399, 2048 |
| 田东照 | 6091 |
| 田恩华 | 4573 |
| 田耳 | 5199, 5238, 11499 |
| 田发刚 | 11821 |
| 田飞 | 9710, 10775 |
| 田丰 | 11965, 11988 |
| 田丰荣 | 3887 |
| 田凤林 | 7340 |
| 田夫 | 12555 |
| 田福会 | 2298 |
| 田富正 | 11867 |
| 田歌 | 9256, 11447, 11466, 11484, 11635, 11662, 11663, 11697, 11944, 11949, 11977 |
| 田耕 | 5274, 6485 |
| 田工 | 1309 |
| 田光 | 11306, 11672, 11702, 11717, 11969, 12229, 12277 |
| 田光烈 | 7305 |
| 田广 | 13076 |
| 田广华 | 6613 |
| 田贵君 | 9141, 9145 |
| 田桂林 | 13165 |
| 田国斌 | 8975 |
| 田汉 | 2346, 2347, 4951, 5103, 5530, 5648, 5854, 5953, 11537, 11538, 11598, 11831, 11899, 12749, 12865, 12866, 12867, 12907, 12921, 13180, 13231 |
| 田行 | 6383, 6650, 7102 |
| 田禾 | 5241, 5691 |
| 田恒铭 | 805 |
| 田恒玉 | 3451, 3475, 3476, 3500 |
| 田红 | 10334 |
| 田宏 | 4850, 4852 |
| 田虹 | 5081, 5527 |

田鸿生　　　　　　　　　　　　　　12636
田虎　　　　　　　　　　　　6625, 6627
田华　　　　　　3664, 13094, 13219
田辉　　　　　　　　　　　　　　1240
田际康　　　　　　　　　　　　　8164
田家骅　　　　　　　　　　　　　6135
田家林　　　　　　6368, 6415, 6677
田稼　　　　　　　　　　　　　12811
田间　　　　　　　　　　　　　12094
田见　　　　　　　　　　　　　12639
田建民　　　　　　　　　　　　13152
田建通　　　　　　　　　　　　3806
田捷　　　　　　　　　　　　　9290
田捷民　9114, 9131, 9258, 9353, 9412, 9450, 9503,
　　　9582, 9869, 9884, 10076, 10094, 10111
田捷明　　9366, 9547, 9582, 9592, 9833, 10024,
　　　10028, 10035, 10045
田婕　　　　　　　　　　　　　2412
田金铎　　　　　　　　　　1306, 8633
田金夫　　　　　　　　　　　　5714
田京　　　　　　　9432, 9883, 9887
田晶　　　　　　　　　　　　　10868
田景库　　　　　　　　　　　　10418
田景遥　　　　　　　　12576, 12577
田敬改　　　　　　　　　　　　13225
田静清　　　　　　　　13185, 13197
田久保良　　　　　　　　　　　10775
田军　　　1586, 1687, 6810, 6864, 6865, 6868
田俊民　　　　　　　　　　　　6361
田俊人　　　　　　　　　　　　13275
田俊友　　　　　　　　　　　　4824
田凯　　　　　　　　　　　　　1902
田可文　　　　　　　　10891, 10987
田克敏　　　　　　　　　　　　5662
田克胜　　　　　　　　　　　　4440
田克盛　　3821, 3957, 5260, 5332, 5879
田昆　　　　　　　　　　　　　3043
田乐天　　　　　　　　　4893, 4905
田犁　　　　　　　12094, 12110, 12120
田黎明　703, 716, 830, 2185, 2229, 2413, 2903,
　　　5358, 10290
田力　　　　　　　　　　6138, 13238
田立　　　　　　　　　　　　　3946
田丽卿　　　　　　　　　　　　107
田利　　　　　　　　　　　　　6261
田利河　　　　　　　　　　　　8569
田联韬　11802, 11803, 11818, 11973, 12177,
　　　12207, 12639
田烈　　　　　　　　　　5097, 5409
田林　　　　　　6088, 12667, 12998
田林海　1862, 1937, 1959, 2025, 2030, 2079,
　　　2117, 2359, 2423, 2564, 2576, 2632, 3792,
　　　3867, 4096, 4160, 4319, 4364, 4412, 4437,
　　　4462, 4544, 4609, 4617, 4685, 4823
田林县文化馆美术组　　　　　　　3191
田灵　　　　　　　　　12594, 12604
田玲　　　　　　　　　　　　　6532
田零　1279, 2098, 2718, 2732, 2849, 3087, 4904
田鲁　　　　　　　　　　358, 2979
田麦　　　　　　　　　　　　　6645
田茂怀　2366, 2569, 2572, 2574, 3922, 4283, 4396,
　　　4427, 4462, 4466, 4534, 4688, 5552, 5793,
　　　6124, 6125
田梅　　　　　　11462, 11681, 12204
田民　　　　　　　　　　　　　9821
田民胜　　　　　　　　　　　　5887
田明　　　　　　　3144, 5561, 6197
田鸣恩　　　　　　　　　　　　11121
田木　　　　　4201, 4225, 4435, 4462
田牧　　　　　　　　　　　　　11544

| | | | |
|---|---|---|---|
| 田幕人 | 8419, 8422 | 田世信 | 5490 |
| 田慕人 | 7324 | 田树芟 | 8163, 8335 |
| 田能村直入 | 6839 | 田树生 | 7906 |
| 田农 | 5109 | 田水 | 5802 |
| 田沛 | 5894, 6267 | 田水低 | 5648 |
| 田沛泽 | 10841 | 田顺新 | 10272, 10292 |
| 田期松 | 5281, 5322 | 田松沪 | 10051 |
| 田其湜 | 7814 | 田田 | 8803 |
| 田琦 | 7294 | 田土 | 5679, 5724, 5849, 5858, 5881, 6298, 6335 |
| 田潜 | 8116, 8356 | 田万荣 | 2225 |
| 田潜篆 | 8115, 8116 | 田维玉 | 1067 |
| 田乔 | 4133, 5294 | 田维忠 | 12600 |
| 田禽 | 12795, 12796, 12809, 12810, 12811, 12812, 13002 | 田卫平 | 8679, 10568 |
| | | 田蔚元 | 6465, 6466 |
| 田青 | 9973, 10594, 10800, 10919, 10965, 10986, 11108, 11357, 11358, 11533, 11967, 12351 | 田文 | 12733 |
| | | 田文虎 | 1303 |
| 田庆 | 11477 | 田文会 | 7653 |
| 田荣 | 546 | 田吴焰 | 12982 |
| 田荣禄 | 6257 | 田武 | 4921 |
| 田如瑞 | 6436 | 田希祖 | 3987, 4091, 6448 |
| 田如森 | 6322, 6613 | 田喜庆 | 10296, 10764 |
| 田瑞 | 2534 | 田喜雨 | 5111 |
| 田润民 | 12659, 12669, 13008 | 田霞光 | 12106, 12607 |
| 田三勇 | 3479 | 田小丰 | 6379 |
| 田森 | 081 | 田小惠 | 5680, 5751 |
| 田少鹏 | 10203, 10255 | 田小玲 | 10591 |
| 田绍均 | 6639 | 田晓宝 | 11989 |
| 田舍郎 | 2538 | 田晓冬 | 10605 |
| 田士光 | 2587, 10406 | 田晓石 | 2069, 2379, 4800, 4819 |
| 田士男 | 6037 | 田心 | 2367, 6424, 6645, 7091 |
| 田世光 | 958, 963, 1437, 1723, 1744, 1768, 1774, 1872, 1886, 1895, 1898, 2033, 2210, 2498, 2606, 2611, 2615, 2630, 2691, 3595, 3651, 3687, 3929, 4140, 4272, 10439, 10454 | 田心梅 | 7525 |
| | | 田辛甫 | 1790, 1908 |
| | | 田信 | 5091 |
| | | 田兴华 | 5562 |
| | | 田兴文 | 5107 |

田星　　　　　　　　　　　　　　13179

田旭红　　　　　　　　　　　　　10678

田旭桐　　139, 140, 159, 607, 1182, 6759, 8599,
　　　　10215, 10220, 10225, 10316, 10317, 10760

田旭中　7395, 7399, 7403, 7613, 7672, 7749, 7825,
　　　　7943, 8082, 8104, 8430, 8431

田绪明　　2322, 7567, 7624, 7786, 7818, 8326

田绪铭　　　　　　　　　　　　　3939

田宣　　　　　　　　　　　　　　099

田雪夫　　　　　　　　　　　　　11493

田亚洲　　　　　　　　　　　　　4641

田杨林　　　　　　　　　　　　　11981

田洋　　　　　　　　　　　　　　4199

田冶　　　　　　　　　　　　　　6257

田野　3601, 6069, 6079, 6136, 6164, 6165, 7077,
　　　　9669, 9968

田一民　　　　　　　　　　　　　11889

田衣　4899, 4909, 4914, 4973, 5000, 5005, 5006,
　　　　5011, 5030, 5035, 5043, 5054, 5057, 5066,
　　　　5071, 5072, 5074, 5079, 5080, 5093, 5351,
　　　　5378, 5388, 5399, 5402, 5410, 5413, 5417,
　　　　5419, 5436, 5444, 5570, 5766

田怡　　　　　　　　　　　　　　5845

田艺蘅　　　　　　　　　　　　　12293

田益　　　　　　　　　　　　　　5832

田益荣　　　　　　　　　　　　　12977

田英　　　　　　　7591, 8841, 9723, 11742

田英章　7354, 7394, 7395, 7446, 7447, 7450, 7489,
　　　　7490, 7491, 7505, 7515, 7524, 7525, 7586,
　　　　8217, 8232, 8234, 8251, 8267, 8388

田瑛　　　　　　　　　　　　　　10988

田镛　　2503, 2543, 2613, 4056, 4281, 4469

田永耕　　　　　　　　　　7556, 7586

田勇　　　　　　　　　　　　　　7610

田涌泉　　　　　　　　　　6014, 6172

田予　　　　　　　　　　　　　　9256

田宇　　　　　　　　　　　　　　6516

田宇高　　　　　　　　　　　　　3753

田羽　　　　　　　　　　　　　　12361

田雨　2707, 2708, 5923, 6301, 6302, 6370, 7388,
　　　　9356, 9492, 9493, 9916, 10011, 10561

田雨澍　　　　　　　　　　　　　12708

田雨欣　　　　　　　　　　7368, 8375

田雨新　　　　　　　　　　　　　7476

田玉明　　　　　　　　　　5245, 5275

田玉州　　　　　4627, 4833, 4850, 4852

田玉洲　　2086, 2136, 2162, 2579, 4672

田郁文　1178, 1179, 3092, 3106, 3118, 3127, 3565,
　　　　4907, 6746

田渊秀明　　　　　　　　　　　　13004

田园　　　　　　　　　　　　　　2183

田原　1348, 1391, 1406, 1419, 1420, 1769, 2807,
　　　　2888, 2944, 3306, 3438, 3459, 3671,
　　　　5066, 5478, 5627, 6743, 6744, 6759, 6770,
　　　　7163, 7423, 7612, 8144, 9041, 9147, 9148,
　　　　9493, 9513, 9843, 9919, 10412

田原书　　　　　　　　　　　　　7281

田源　　　　974, 2225, 8956, 9390, 9391, 9393,
　　　　9394, 9397, 9399, 9400, 9615, 9616, 9842,
　　　　11533, 12391, 12992

田月　　　　　　　　　　　　　　6318

田云鹏　1947, 1958, 1959, 2434, 2498, 2500, 2502,
　　　　2503, 2505, 2508, 2509, 2510, 2511, 2513,
　　　　2514, 2555, 2576, 2626, 2636

田云溪　　　　　　　　　　　　　4905

田耘　　　　　　　　　　　　　　6485

田蕴章　　　　　　　　　　　　　8267

田增　　　　　　　　　　　　　　6123

田增勇　　　　　　　　　　7057, 7058

田兆宏　　　　　　　5847, 5952, 13218

| | | | |
|---|---|---|---|
| 田兆琪 | 10253, 10258, 10273 | 铁可 | 12730 |
| 田振国 | 10214 | 铁扣 | 7463 |
| 田震 | 5917 | 铁岚 | 6315 |
| 田正 | 7360 | 铁良 | 8121 |
| 田正常 | 7463 | 铁林 | 6180 |
| 田芝苓 | 6667 | 铁流 | 11528 |
| 田中芳树 | 7046 | 铁龙 | 6529, 6564 |
| 田中丰美 | 1112 | 铁木尔 | 12447 |
| 田中光二 | 5983 | 铁牧 | 6920 |
| 田中一光 | 10771 | 铁凝 | 6104 |
| 田中裕 | 7005, 7008 | 铁桥山人 | 12735 |
| 田中正 | 10726, 10728 | 铁琴铜剑楼 | 8055 |
| 田子馥 | 12954 | 铁群 | 5362 |
| 田自秉 7628, 10183, 10197, 10199, 10201, 10202, | | 铁如 | 6444, 6546 |
| 10203, 10207, 10235, 10609 | | 铁珊 | 5111 |
| 田宗宝 | 3366 | 铁树 | 11505 |
| 田宗忠 | 11195 | 铁辛 | 8227 |
| 恬觅 | 5926, 5927 | 铁燕 | 5950 |
| 茗水狂生 | 12738 | 铁扬 | 1397, 3158 |
| 茗溪渔隐 | 1595 | 铁玉宽 | 5509, 5742, 5788 |
| 铁保 | 8020 | 铁源 | 432, 433, 11484, 11964, 11967, 11979 |
| 铁道安全监察司 | 3387 | 铁铮 | 12355, 12356 |
| 铁道兵业余美术组 | 3026 | 铁庄 | 5664 |
| 铁道部第一工程局政治部文工团 | 4092 | 铁足 | 6179 |
| 铁道部齐齐哈尔车辆三厂三结合美术创作组 | | 汀健 | 7035 |
| | 5258 | 听涛 | 5461 |
| 铁道部展览工作处 | 8804 | 廷家 | 6262, 6263 |
| 铁丁 | 5597 | 廷禹 | 11661, 11677, 11679 |
| 铁恩厚 | 3143 | 亭录 | 5585 |
| 铁锋 | 6376 | 停云社 | 12339 |
| 铁工 | 1843 | 婷婷 | 7043 |
| 铁华 | 1202 | 霆钧 | 5605 |
| 铁健 | 12932 | 霆昭 | 5354, 5373, 5404, 5436 |
| 铁捷克 | 4879 | 通潮 | 5748 |
| 铁军 | 7484, 11048, 11080 | 通福 | 11784, 11785 |

通河县业余美术创作组 3178
通荷 1657
通化地区"革委会"政治部 5162
通化市"革委会"政治部孙慧玲事迹调查组 5162
通化市文化局 12937
通惠 6262, 6263
通蕙 5946
樋口正一郎 8677
仝爱 6632, 7072
仝莉莉 4492
仝献普 4031
仝延奎 3856
仝延魁 1372
仝咏 5939, 6055
同宝 5671
同炳鑫 1778
同海 9367
同济大学 1316, 8926
同力 9461
同瑞 4321, 4408
同文沪报 1605
同文书局 1269, 1599
同心县民间文学集成办公室 11486
同阎魁 1848
佟安生 1142
佟博 6685, 10592
佟彩云 5049
佟承杰 12635
佟丹梁 9794
佟德印 3150
佟恩瑞 6947
佟尔 5940
佟华龄 8864
佟华章 5135
佟徽年 8410, 8411

佟惠文 8988
佟金贵 1876
佟晶心 12838, 12839
佟景韩 070, 071, 174, 360, 502, 4772, 6777
佟靖功 5210
佟宁 5773
佟坡 6917, 10664
佟人冬 11332
佟史 5486
佟世男 8355
佟树珩 8706
佟韦 6008, 7161, 7165, 8262, 8296, 8309, 8421
佟伟夫 7146, 8355
佟文焕 5275, 5349, 5354, 5421, 5428, 5569, 5615,
6085, 6086, 6492
佟文军 8816
佟文西 11098
佟希仁 5942
佟欣 2658, 2662, 9395, 9396
佟雪凡 1775, 3599, 3645
佟燕 3285, 10267
佟应龙 3766
佟英伯 12119
佟玉斌 7159, 7910
佟振国 3845, 6009, 6314
佟振家 12090
佟振杰 3765
佟志贤 11955
佟铸 7761, 7770, 8269, 8329
彤庆 4559, 10106
彤彤 7070
彤新 6040, 6041, 6042
彤之 11970
桐峰 12599
桐琐子 7132, 7133

铜川市外事办公室 8898

铜仁专区人民出版社 11436, 12013, 12113

童爱 7073, 7075

童百龄 4358, 4433, 4485, 4678

童宝贵 2159

童秉刚 3910

童昌龄 8487, 8490

童超 12910

童辰翊 8466

童川 9875, 9877

童存抚 9530

童道锦 11245, 12033

童道明 070, 12696, 12758, 12820

童道荣 5715

童道容 5716, 6163

童道蓉 12644

童登荣 4070

童侗 6349, 6350, 6460

童恩正 5087, 5414, 5498, 5499, 5503, 5514, 5550, 5849

童斐 10948, 10949

童刚 13318

童国峰 5488

童行侃 1128, 1254, 1260, 10298

童行倩 1260

童和平 2311

童恒禄 13268

童红 2140, 2151, 2160, 4765, 4779, 4780, 4795, 4796

童怀周 6602

童继贤 2147, 5455, 5566, 5938, 5941, 5994

童教英 101, 587, 1550

童介眉 4937, 4944, 5017, 5047, 5062, 5077, 5099, 5125, 5452, 5497, 5524, 5606, 5615, 5709, 5710, 5736, 5780, 5783, 5828, 5929, 5943,

5954, 5984, 6037, 6044, 6174, 6377, 6574, 7062

童金贵 2055, 2060, 2063, 2065, 2068, 2078, 2090, 2097, 2109, 2129, 2140, 2142, 2151, 2153, 2156, 2159, 2160, 2167, 2168, 3848, 3935, 3957, 4035, 4037, 4097, 4118, 4132, 4203, 4207, 4209, 4235, 4260, 4265, 4316, 4325, 4356, 4384, 4404, 4409, 4416, 4438, 4453, 4457, 4479, 4503, 4530, 4535, 4622, 4638, 4640, 4650, 4666, 4677, 4707, 4721, 4742, 4752, 4765, 4766, 4776, 4779, 4780, 4785, 4788, 4794, 4795, 4796, 4802, 4805, 4806, 4807, 4808, 4810, 4813, 4816, 4826, 4829, 4830, 4831, 4836, 4841, 4843, 4844, 4855, 4856, 4857, 4859, 5214, 8841

童锦荣 13062

童景山 12430

童俊 2162

童寯 2938, 10175

童塏 1644

童力 4857

童灵 6663

童灵犀 6218

童曼之 7636, 7638, 7639, 7640, 7642, 7645, 7648, 7649, 7650, 7651, 8377, 8598

童孟侯 5331, 5344, 5448, 5867

童乃寿 2652

童南庆 8623

童能灵 11012

童年 4766, 4826, 4829

童宁 8737

童品国 10304

童仆 6162

童朴 6758

| | | | |
|---|---|---|---|
| 童强 | 189, 4807, 4808 | 童依华 | 396 |
| 童沁 | 2904 | 童宜风 | 11340 |
| 童青 | 5610 | 童意 | 5409, 5712 |
| 童庆炳 | 037, 039, 042 | 童婴 | 7289, 8269, 8593 |
| 童山东 | 049 | 童咏芹 | 5573, 5755, 5868, 5908, 6037 |
| 童式规 | 8116, 8119, 8380 | 童友 | 6762 |
| 童书业 | 101, 573, 828, 10196 | 童原 | 1637 |
| 童锁 | 4839 | 童云 | 1234 |
| 童天立 | 9617, 9851, 9885 | 童云波 | 11106, 11114 |
| 童汀苗 | 3031, 5676 | 童兆祥 | 10619 |
| 童同 | 6713 | 童真 | 1122 |
| 童童 | 6332, 6517, 6636, 6650, 6655, 6657, 6658, 6660 | 童箴 | 10719 |
| 童蔚 | 6048, 6092, 6107, 6111, 6112, 6156, 6159, 6170 | 童之絃 | 12585 |
| | | 童芷苓 | 12087 |
| 童蔚制 | 6029, 6037, 6065 | 童质侯 | 1594 |
| 童五 | 3499 | 童治国 | 5823, 5824 |
| 童鹋 | 3523 | 童中焘 | 824, 904, 911, 924, 1908, 2031, 2294, 2332, 2465, 2480, 2597, 2891, 3684 |
| 童乡 | 9838 | | |
| 童小鹏 | 8897 | 童忠良 | 10801, 10816, 10826, 11053, 11055, 11087, 11089 |
| 童晓红 | 2060, 4829 | | |
| 童心 | 5541, 5770, 5782, 5785, 5824, 5841, 6029, 6047, 6057, 6079, 6095, 6122, 6158, 7117, 7918 | 统一 | 9075 |
| | | 统一翻译股份有限公司 | 1350 |
| | | 统一企业青年 21 宣言工作小组 | 11505 |
| 童心卡通工作室 | 6527 | 头文华美术图书公司 | 1474 |
| 童欣 | 5994 | 透纳 | 6787, 6796, 6853, 6886 |
| 童新 | 2119, 4810, 4816, 8841 | 图尔迪 | 8863 |
| 童新年 | 4839 | 图力古尔 | 12149 |
| 童星录 | 8382 | 图书世界出版社 | 13290 |
| 童雪鸿 | 1908 | 涂白玉 | 5587 |
| 童雪芝 | 5504 | 涂克 | 2727, 2728 |
| 童岩 | 4855 | 徒尔兄弟 | 13256 |
| 童衍方 | 8320, 8477, 8479, 8480 | 涂白玉 | 5559, 5941 |
| 童晏 | 8520 | 涂柏森 | 3790 |
| 童燕康 | 352, 10222 | 涂夫 | 2949 |
| | | 涂光社 | 036 |

涂国洪 2910

涂家宽 5236, 5282, 5313, 5380, 5485, 5541, 5611, 5976, 13268

涂结 5096

涂介华 5088, 5219, 5249, 5270, 5489, 5583, 6027

涂克 2713, 2784, 2787, 2791, 2839

涂麟清 2311

涂美芳 10742

涂瑞华 12823

涂善妮 8988

涂绍基 8687, 8725, 8727, 8728, 8729, 8737

涂世坤 6963, 8621

涂愫芸 6982, 6985, 7004, 7005

涂同源 2485

涂万松 5645, 5707, 5812, 6023, 6386

涂伟 11740

涂心江 11633

涂永录 1135, 1141, 1144

涂永梅 12313

涂泽江 7418

涂志伟 6167

涂稚华 2750

涂忠声 6306

涂宗岳 3845, 5533

屠宝权 5229

屠伯雄 3248

屠楚材 11141, 11868, 12069, 12896

屠传法 2232, 2528

屠格涅夫 5575, 5916

屠国英 3863, 3916, 4106

屠国瑛 4003

屠华 5923

屠惠霖 8720

屠家广 7565

屠景明 8723

屠连强 4417, 4516

屠亮 10268

屠隆 841, 843, 844, 1018, 1019, 1023, 1024, 1026, 1027, 1028, 1036, 1052, 1053, 1056, 1058, 7199, 7200, 8056, 10571, 10572, 11318

屠明非 8775

屠铭慈 9731

屠全枫 4939, 5002, 5068, 5402, 5419

屠曙光 3432, 3795, 3887

屠文星 3286

屠咸若 11039, 11040, 11044

屠新时 7383

屠玄龄 3486

屠冶九 11047, 11275, 11462, 11769, 11770, 11785, 11786, 11789, 11952, 12174, 12337

屠友祥 646

屠哲梅 11991

屠哲隐 8866

屠政 9395, 9426, 9658, 9665, 9669

屠志成 11306, 12069

屠志云 12069, 12274

屠忠国 9846

屠倬 750, 8527

土登泽仁 4360

土建德 2061

土郎正宗 6672

土屋隆夫 5979

吐尔的·哈地尔·那孜尔 10362

吐鲁番地区文物保管所 6625

吐鲁番市文化馆 1301, 1302

兔英 10639

团中央文体部 11472

忒涅 10786

退思主人 12306

托彼 7034

托宾 11090

托波尔科夫 12682, 12813

托尔马乔夫 13223

托尔斯泰 001, 002, 014, 036, 574, 6289, 6486, 7140, 12426

托佛勒 6943

托夫斯托诺戈夫 12804

托福 6300

托赫 11090

托马斯·A.奥汉年 13284

托马斯·K.康奈兰 13320

托马斯·R·阿特金斯 13071

托马斯·拜乐 10766

托马斯·庚斯保罗 6852

托马斯·哈代 5836

托马斯·科尔 6854

托马斯·索布哈克 13160

托姆斯基 6777

托特里埃 11184

托维 11270

托温·塞利什克尔 5941

脱忠伟 1142

陀思妥耶夫斯基 7012

陀斯妥也夫斯基 7056

妥木斯 2789, 2824, 3072, 10447

庹纯双 7483, 7750, 7756, 7818, 7823, 8403, 8404, 8407, 8436, 8581

庹修明 12941, 12952

拓冬 10600

拓明 1253

拓颖 11494

畠田冴子 8798, 8800

**W**

《佤山》编辑部 11807

《外国文艺》编辑部 200

《外国艺术小百科》编委会 168

《外国音乐表演用语词典》编写组 10805

《晚霞集》编辑委员会 312

《万众欢腾》画册编委会 8948

《万众一心》画册编委会 8905

《王式廓艺术研究》编辑组 524

《潍坊杨家埠年画全集》编委会 4859

《卫生与健康》报编辑部 10264

《文化与生活》编辑部 12663

《文汇报》美术通讯员 2933

《文集》编委会 3048

《文艺宣传资料》工农兵编写组 12964

《我们是共产主义接班人》编辑组 12028

《我是中国人》画册编委会 317

《乌蒙红医》创作小组 5166

《五线谱六线谱对照古典吉它曲》编写组 12183

《武汉》游览图摄影组 9051, 9052, 9334

《武汉儿童》编辑部 5479

《舞蹈》编辑部 12640

《舞蹈动作选》编写组 12582

《舞蹈论丛》编辑部 12563, 12570

《舞台美》编辑部 12829

洼田亨 12371

瓦尔德退费尔 12501

瓦尔法脱 12460

瓦尔弗雷德·塞林 1197

瓦尔拉莫夫 12427

瓦尔罗 12370

瓦尔特·本雅明 117

瓦尔特·赫斯 508, 576

瓦尔特·麦勒斯 10737

瓦尔特·索雷尔 12579

瓦甘诺娃 12658

瓦冈诺娃 12658

| | |
|---|---|
| 瓦格纳 | 12450, 12549 |
| 瓦格斯 | 6928 |
| 瓦赫罗密叶夫 | 11042 |
| 瓦吉丁 | 12338 |
| 瓦戛里 | 5127 |
| 瓦克尔 | 618 |
| 瓦里美 | 10988 |
| 瓦伦 | 11120 |
| 瓦伦丁·阿列山德罗维奇·谢洛夫 | 1139 |
| 瓦伦汀 | 073, 074 |
| 瓦洛通 | 6800 |
| 瓦诺 | 13291 |
| 瓦斯 | 7034, 7035 |
| 瓦斯涅佐夫 | 6879 |
| 瓦特 | 176 |
| 瓦翁 | 8227 |
| 瓦西里·德米特里 | 6887 |
| 瓦西里·康定斯基 | 024, 6810 |
| 瓦西里耶夫 | 6871, 6873 |
| 瓦西里耶夫兄弟 | 5103, 5424 |
| 瓦西连科 | 11081 |
| 瓦西列夫 | 13261 |
| 瓦西那－格罗斯曼 | 10991 |
| 瓦辛那－格罗斯曼 | 10992 |
| 瓦依斯菲尔德 | 13032, 13077 |
| 外海陈少白纪念馆 | 8128 |
| 外交部幼儿园 | 12632 |
| 外山 | 6914 |
| 外山卯三郎 | 570 |
| 外事司 | 8888 |
| 外文出版社 | 2229, 9047, 9048, 9050, 9051, 9249, 9377, 9380, 10418, 10419 |
| 外文出版社编辑部 | 212, 213, 376, 6826, 6827, 6828, 6829, 6872, 6873 |
| 弯庄子 | 056 |

| | |
|---|---|
| 完颜景贤 | 782, 1473 |
| 顽主 | 9730 |
| 宛琳 | 8888 |
| 宛希武 | 5804 |
| 宛翙 | 6054 |
| 宛英毅 | 3011 |
| 宛志贤 | 10710 |
| 晚成 | 3114 |
| 晚翠轩 | 12297 |
| 婉莹 | 11741 |
| 皖峰 | 1488 |
| 万宝柱 | 11262, 11280, 11281, 12556, 12557 |
| 万斌生 | 5217, 5511 |
| 万伯乐 | 6881 |
| 万常沛 | 1169 |
| 万臣 | 4464 |
| 万初人 | 13291 |
| 万春书 | 4038 |
| 万纯琪 | 7518 |
| 万达 | 6500 |
| 万德祥 | 2340 |
| 万鼎 | 2480 |
| 万式 | 1909 |
| 万帆 | 6643, 6644 |
| 万凤姝 | 11868, 11874, 12817, 12818, 12824 |
| 万夫 | 2880 |
| 万榭园 | 8449 |
| 万福堂 | 1185, 3289 |
| 万戈 | 6632 |
| 万贵云 | 9020 |
| 万桂香 | 1964, 1987, 2362, 2365, 3760, 3799, 3803, 3844, 3870, 3931, 3976, 4043, 4068, 4069, 4109, 4138, 4176, 4177, 4179, 4192, 4194, 4257, 4288, 4293, 4390, 4401, 4432, 4472, 4499, 4564, 4596, 4705 |

| | | | |
|---|---|---|---|
| 万国光 | 5279 | 万启仁 | 3148 |
| 万国魂 | 13295 | 万强麟 | 3014, 3584, 3666, 3726, 3994, 4996 |
| 万国强 | 13263, 13266 | 万乔 | 7578 |
| 万宏 | 10607 | 万青力 | 270, 595, 1835, 2001, 5196, 5255 |
| 万华 | 5523 | 万青选 | 8518 |
| 万焕奎 | 5545, 6049 | 万清 | 4424 |
| 万佳 | 6036 | 万庆 | 5040, 5048 |
| 万家宝 | 12904, 13011 | 万泉 | 7315, 8390, 8396 |
| 万家春 | 4977, 5009, 5017, 5028, 5047, 5051, 5063, 5064, 5077, 5079, 5082, 5102, 5109, 5112, 5114, 5115, 5134, 5137, 5348, 5496, 5833 | 万溶江 | 11520, 12183 |
| | | 万如 | 9352 |
| | | 万如泉 | 11158, 11868, 11874, 12824, 12894 |
| 万俭 | 6518 | 万沙浪 | 12383 |
| 万捷 | 5401, 11717 | 万山 | 5110, 5679, 5813, 5873, 5878, 6111, 10306 |
| 万今声 | 2722, 2794, 2809 | 万山梅 | 8104 |
| 万经 | 7224 | 万上遴 | 1593 |
| 万经章 | 9082 | 万尚洁 | 12436 |
| 万景华 | 5613 | 万石 | 10319 |
| 万景新 | 12987 | 万世勤 | 2897 |
| 万九如 | 5249 | 万寿祺 | 1038, 1039, 1058, 1629, 8456 |
| 万珂新 | 2239, 10617 | 万寿祺 | 1038, 8455 |
| 万籁鸣 | 060, 1765, 2655, 2941, 13295 | 万殊 | 4796, 4835 |
| 万籁天 | 5821 | 万顺 | 5261 |
| 万里 | 5696, 6015, 7073 | 万斯洛夫 | 015, 081, 10792, 11179, 11267 |
| 万丽玲 | 13058 | 万斯同 | 7215 |
| 万良保 | 7638 | 万腾青 | 3277 |
| 万良滨 | 3583 | 万腾卿 | 3871 |
| 万林 | 11973, 12268 | 万天石 | 5830, 5975, 6499 |
| 万龙 | 6572, 6573 | 万田 | 9892 |
| 万录 | 9957 | 万桐书 | 11295 |
| 万枚子 | 5860 | 万徒勒里 | 6788, 6789, 6790 |
| 万萌哲 | 1151 | 万维生 | 2311 |
| 万木 | 10925 | 万祥麟 | 9058 |
| 万年 | 6199 | 万象 | 4979 |
| 万盘根 | 2225, 2564, 2569, 2670 | 万小娟 | 12534 |
| 万其 | 5220 | 万小琴 | 8106 |

| | | | |
|---|---|---|---|
| 万晓乐 | 11280, 12538, 12557 | 汪爱丽 | 12448 |
| 万晓燕 | 6558, 6583 | 汪安行 | 12988 |
| 万晓钰 | 269 | 汪拔如 | 5253, 5619 |
| 万心华 | 8913, 9834, 9845 | 汪必强 | 3314, 4322, 4346 |
| 万新 | 6373 | 汪冰 | 7026, 7028, 7030, 7031 |
| 万新君 | 10203 | 汪波 | 12385 |
| 万萱 | 566 | 汪采白 | 1708, 1713, 1717 |
| 万言 | 10575, 10577 | 汪采白诞生一百周年筹委会 | 1713 |
| 万一 | 1909, 1910, 2552, 2554, 4152, 4231, 4306, 8330 | 汪长东 | 6051 |
| | | 汪长熙 | 4872 |
| 万一兵 | 5332, 5577, 5642, 5826 | 汪朝光 | 13187, 13195 |
| 万弌 | 2613, 4420 | 汪朝阳 | 8931, 9066 |
| 万依 | 9139, 10965 | 汪成用 | 11088 |
| 万以信 | 10665 | 汪诚 | 5870, 8740 |
| 万应远 | 12438 | 汪诚一 | 1074, 2772, 2777, 2780, 2855, 3084, 3978, 4045, 4114 |
| 万鹰 | 12989 | | |
| 万莹华 | 6469, 6580 | 汪承兴 | 7508 |
| 万渝川 | 8990 | 汪澄 | 2476, 5459 |
| 万远量 | 7359, 7372 | 汪崇楹 | 7385 |
| 万云尊 | 5371 | 汪传馥 | 4385 |
| 万载 | 5924 | 汪传铃 | 12608, 12610 |
| 万载县《戏曲志》编写组 | 12933, 12934 | 汪传龙 | 8625 |
| 万载县民舞编辑组 | 12617 | 汪传钤 | 12607 |
| 万载县文工团 | 5235 | 汪纯子 | 12659 |
| 万昭 | 10890, 10984, 10985 | 汪聪 | 794 |
| 万兆泉 | 3293 | 汪大刚 | 8634 |
| 万兆元 | 2561, 2564 | 汪大维 | 6030 |
| 万珍 | 5861, 5866, 6063 | 汪大伟 | 2288, 5310 |
| 万正 | 4889 | 汪大文 | 1908, 2606, 2618, 3893 |
| 万正源 | 4919 | 汪大燮 | 3798, 8117 |
| 万钟 | 972 | 汪道昆 | 2974, 2975 |
| 万珠什·米奥 | 6845 | 汪道全 | 8015, 8074 |
| 万卓志 | 11109 | 汪德建 | 5033 |
| 万子信 | 12990 | 汪德健 | 12443 |
| 汪蔼祥 | 12415 | 汪定奎 | 11095 |

汪东 11935

汪芳 547

汪峰 2337

汪绂 11001, 11004, 11014, 12304

汪福民 5083, 5368, 5576

汪镐京 1035, 1036

汪更新 2572, 2688

汪恭 1642

汪谷诒 8020

汪榖诒 8019, 8020

汪关 8540

汪观清 991, 999, 2257, 2682, 3570, 3571, 4905, 4957, 4958, 5031, 5050, 5067, 5075, 5116, 5132, 5139, 5173, 5347, 5443, 5466, 5525, 5539, 5659, 5665, 5754, 5755, 5831, 5897, 6006, 6030, 6488, 6585, 8634

汪冠民 9381

汪光华 6252

汪广润 5339, 5342, 5424, 5636

汪国新 2337, 2747, 3841, 3870, 5234, 5252, 5259, 5281, 5322, 5333, 5355, 5358, 5369, 5389, 5423, 5445, 5462, 5467, 5488, 5498, 5531, 5580, 5581, 5610, 5661, 5769, 5772, 5781, 5788, 5844, 5934, 5942, 6075, 6145, 6347, 6386

汪国真 7480

汪果 11743

汪海 9669

汪好民 3857

汪浩 381

汪鏐 861, 1452, 1701, 1707, 8484, 8490

汪宏钰 2824, 3212, 3216, 3221, 3253, 3259, 3279

汪厚昌 8486

汪淮一 8297

汪焕荣 1821

汪卉 10603

汪惠君 863

汪蕙珍 2955

汪汲 12303

汪纪军 11210

汪济诚 311

汪继斌 6169

汪继俊 5006

汪继声 4900, 4976, 5082, 5383, 5560, 5627, 5731, 5803, 5881, 6153

汪继远 4999, 5056, 5081

汪加千 12570, 12662

汪家龄 3797, 3856, 3885, 3896, 4075, 4139, 4146, 5291, 5339, 5396, 5465, 5732, 5882, 5898, 6481

汪稼华 1948, 1977, 2225

汪稼明 1245, 4867, 9092

汪建功 1552

汪建松 10615

汪剑虹 4947, 4972, 5464

汪剑华 12068

汪健 2346, 4956, 5001, 5003, 5042

汪健文 6443

汪江 6677

汪洁 2515

汪介培 2191, 2224, 8262

汪近圣 1049, 1050, 1051, 1063

汪劲东 3521

汪泾洋 13133

汪景林 3807, 4195, 4386, 4534, 4535

汪景秋 9642

汪景寿 12970, 12972, 12973, 12974

汪军 3510, 9403, 9412

汪君蔚 1049

汪俊庆 12293

| | | | |
|---|---|---|---|
| 汪开寿 | 13148 | 汪茗中 | 6934, 6935, 6938 |
| 汪凯 | 2387 | 汪宁 | 6732 |
| 汪砢玉 | 675, 757, 761, 762, 763, 764, 767, 768, 7694, 7695, 7697 | 汪培 | 12960 |
| 汪克寅 | 3876 | 汪培元 | 11070, 11074, 11770 |
| 汪孔祁 | 1702 | 汪佩琴 | 5974 |
| 汪琨 | 657, 1701 | 汪平 | 5615 |
| 汪莱 | 11014, 11015 | 汪其澜 | 7199 |
| 汪浪 | 5809 | 汪其忻 | 1828, 3944 |
| 汪雷 | 5803 | 汪琦 | 6106 |
| 汪磊 | 6388, 6432 | 汪屺怀 | 7262 |
| 汪里 | 11724 | 汪启淑 | 383, 1049, 8448, 8452, 8454, 8485, 8486, 8492, 8497, 8499, 8500, 8501, 8526, 8529, 8538, 8549, 8551, 8553, 10572 |
| 汪立三 | 12209 | | |
| 汪立信 | 8632 | 汪启淑鉴 | 8533 |
| 汪丽 | 10151 | 汪启玮 | 11222 |
| 汪亮 | 2053, 2658, 4480, 4591 | 汪启璋 | 10795, 10816, 10856, 10986, 11041, 11042, 11111, 11113, 11117, 11268, 12426 |
| 汪林发 | 3816 | | |
| 汪玲 | 11091, 11719, 12037, 12048, 12049, 12050, 12444, 12635 | 汪强 | 5760 |
| | | 汪青辰 | 5857 |
| 汪令江 | 1242 | 汪清 | 428, 430, 432, 433, 435, 1490, 10659 |
| 汪流 | 021, 9995, 13085, 13086 | 汪晴 | 127, 176 |
| 汪龙舞 | 6771 | 汪庆正 | 10657 |
| 汪禄 | 10261, 10353 | 汪秋逸 | 11870 |
| 汪洛年 | 1703 | 汪人元 | 11161 |
| 汪满 | 4918 | 汪仁杰 | 3941 |
| 汪满洲 | 7473, 8302 | 汪仁寿 | 7762 |
| 汪茂永 | 5869 | 汪刃锋 | 2210, 2983, 2984 |
| 汪懋孝 | 925 | 汪荣宝 | 11363 |
| 汪孟舒 | 11332, 11333, 12308, 12309 | 汪汝禄 | 662, 664 |
| 汪梦麒 | 12637, 12661 | 汪若柏 | 8840 |
| 汪苗 | 2064, 2089, 2124, 2183, 2257, 3250, 4170, 4257, 4413, 4447, 4464, 4555, 4576, 4630, 4634, 4666, 4668, 4672, 4730 | 汪若其 | 11305 |
| | | 汪山渊 | 8905 |
| | | 汪少林 | 7578, 8350 |
| 汪敏之 | 4894 | 汪绍煜 | 1036 |
| 汪明洁 | 11129 | 汪慎生 | 1435, 1948 |

汪声裕　11950, 11954

汪诗雄　5905

汪士鋐　8037, 8043, 8058

汪士淮　11686

汪士慎　1624, 1645, 1675, 1676, 1686

汪氏　1551, 2970

汪世清　794

汪世英　5796, 6092

汪守欣　12102

汪叔子　12659

汪述荣　6309, 6366

汪岁寒　13049, 13236

汪坦　070

汪涛　3891, 4022, 5186, 5202, 5239, 5543, 5612,
　　　5875, 5986, 6243, 6331

汪体斋　933

汪天亮　2257, 2816

汪天荣　12294

汪天云　13053, 13054, 13061, 13183

汪铁　3270, 3328

汪廷栋　778

汪挺　7230

汪挺中　9622

汪同琪　2586

汪婉萍　5776

汪为义　10712

汪维堂　8455

汪维炎　9823, 9838

汪伟光　9041, 9042, 9793, 9806, 9942

汪文光　5585

汪文广　5727

汪文华　4306, 4460, 5523, 5564, 5672, 5746, 8807,
　　　9220, 9221, 9355, 9549, 9993, 10354

汪文娟　6064, 7670

汪芜生　9066

汪五可　2642

汪西邦　2337

汪溪　5560, 5731, 5803, 6153

汪熙　4883

汪喜孙　8017

汪闲鹤　5713

汪显辉　8212

汪显节　746

汪献强　7483, 8291

汪翔　11030

汪晓曙　483, 4424, 5474, 5811, 6089, 6237, 6417,
　　　6539, 7099

汪孝仁　10401

汪孝文　8214

汪啸尹　8355

汪心会　10781

汪新　7641, 7642, 7644, 7645, 7647, 7648, 7650,
　　　7654, 10194, 10271, 10284, 10290, 10294,
　　　10308, 10310, 10313, 10319, 10323,
　　　10325, 10326, 10327, 10330, 10333,
　　　10336, 10338, 10339, 10342, 10374, 10781

汪新林　2311

汪兴益　8320

汪兴中　4104

汪星燚　8479

汪惺庐　8112

汪煦昌　13021

汪烜　10951, 12307

汪绚秋　3129, 4925, 5022, 5025, 5057, 5115, 5124,
　　　5292, 5907, 5940, 6009

汪学礼　11282

汪洵秋　5269

汪亚尘　037, 472, 485, 1420, 2652, 2712

汪燕鸣　7425

汪扬　8961

| | | | |
|---|---|---|---|
| 汪旸 | 1052 | 汪鋆 | 775, 778 |
| 汪洋 | 2757, 3230, 3835, 5867, 6269, 13195 | 汪澐 | 7211 |
| 汪耀海 | 6466 | 汪运衡 | 5130 |
| 汪耀如 | 1637 | 汪泽成 | 3293, 3297 |
| 汪伊虹 | 2016 | 汪曾祺 | 6393 |
| 汪宜蕾 | 5374, 5378, 5385, 5398, 5404, 5456, 5481 | 汪占辉 | 262 |
| 汪义群 | 12725 | 汪兆纯 | 7550 |
| 汪绎辰 | 466, 749 | 汪兆铭 | 8055 |
| 汪羿 | 3828 | 汪兆申 | 2157 |
| 汪寅生 | 7508, 7542, 7606 | 汪兆雄 | 12650 |
| 汪英 | 9995 | 汪肇 | 1571, 2627 |
| 汪英姿 | 7653 | 汪之岂 | 4835 |
| 汪永基 | 8253 | 汪之一 | 8728 |
| 汪永江 | 7375, 8098 | 汪之元 | 933 |
| 汪由敦 | 661, 8018, 8019, 8023, 8026, 8041 | 汪志杰 | 2923 |
| 汪又绚 | 12831 | 汪钟秀 | 11949 |
| 汪幼军 | 3241 | 汪仲 | 085 |
| 汪玉良 | 5076, 5452 | 汪仲虎 | 8112 |
| 汪玉奇 | 6486 | 汪仲贤 | 13289 |
| 汪玉山 | 4946, 4947, 4948, 4976, 4989, 4999, 5004, | 汪竹坪 | 1643 |
| | 5022, 5039, 5050, 5052, 5056, 5057, 5072, | 汪卓 | 753 |
| | 5074, 5079, 5080, 5081, 5127, 5202, 5391, | 汪滋德 | 3862, 5936 |
| | 5413, 5417, 5464, 5487, 5523, 6263, 6587, | 汪子藏 | 1583 |
| | 6590 | 汪子春 | 5396 |
| 汪玉祥 | 12981 | 汪子栋 | 12986 |
| 汪育理 | 10861 | 汪子豆 | 1671, 2994, 3029, 5143 |
| 汪钰元 | 1330 | 汪子美 | 600, 3396, 3397, 12796 |
| 汪毓和 | 10822, 10827, 10851, 10868, 10882, | 汪自力 | 7501, 7502 |
| | 10960, 10965, 10970, 10974 | 汪宗强 | 5703, 6259 |
| 汪毓如 | 11043 | 汪宗文 | 5298 |
| 汪援越 | 6554 | 汪宗衍 | 7157 |
| 汪岳云 | 1288, 3642 | 汪宗沂 | 8366 |
| 汪铖 | 5868 | 汪祖培 | 7244 |
| 汪跃年 | 3909 | 汪遵孝 | 5523 |
| 汪云才 | 11960 | 王爱红 | 5656, 6017 |

王爱民　　　　12687, 12759, 12801, 12803

王爱群　　　　　　　　　　　　　　12136

王爱珠 2374, 4294, 4390, 4484, 4527, 4551, 10533

王瑗玲　　　　　　　　　　　　　　12855

王安　4025, 4186, 4213, 4330, 4425, 4462, 4525

王安安　　　　　　　　　　　　　　2311

王安定　　　　　　　　　　　　　　5687

王安国　　　　　　　11093, 11099, 11389

王安江　3946, 7066, 7648, 10759, 10771

王安节　　　　　　　　　　654, 655, 657

王安葵　　　　　　　　　　　　　　12732

王安祈　　　　12770, 12788, 12890, 12895

王安石　　　　　　　　　　　　　　7967

王安廷　　　　　　　　　　　　　　10652

王安庭　　　　　992, 2710, 3098, 10368

王安忆　　　　　　　　　　　　　　5947

王安云　　　　　　　　　　　5481, 5768

王安珠　　　　　　　10390, 10764, 10766

王暗晓　　　　　　　　3680, 3812, 10413

王敖盘　　　　　　　　　　　　　　10650

王白纯　　　　　　　　　　　　　　7165

王白石　　　　　　　11516, 13121, 13313

王白水　　　　　　　　　　　　　　5552

王白云　　　　　　　　　　　　　　10349

王百顺 3208, 3223, 3231, 3303, 3308, 3321, 3329,
　　　3342, 3346, 4095, 4108, 4131, 4176, 4290,
　　　4315, 4320, 4480, 6155

王柏华　　　　　　　　　　　　　　7019

王柏玲　　　　　　　　　　　6439, 6548

王柏龄　　　　　　　　　　　　　　12124

王柏森　　　　　　　　　　　　　　5922

王柏生 2422, 3208, 3907, 5300, 5348, 5473, 6006,
　　　10426

王柏松　　　　　　　　　　　　　　5267

王柏香　　　　　　　　　　　11045, 11046

王柏勋　　　　　　　　　　7495, 7507, 7513

王斑　　　　　　　　　　　　　　　117

王板哉　　　　　　　　　2029, 2598, 4181

王邦　　　　　　　　　　　　　　　2008

王邦直　　　　　　　　　　　　　　11001

王宝灿　　　　　　　　　　　　　　12323

王宝臣　　　　　　　　　　　　　　10178

王宝纯　　　　　　　　　　　　　　8309

王宝德　　　　　　　　　　　　　　11532

王宝光　　　　　3960, 4072, 4163, 10397

王宝贵 4002, 4038, 4129, 4293, 4863, 9454, 9497,
　　　9727

王宝珩　　　　　　　　　　　　　　3764

王宝康　　　　　　　　　　　1956, 7248

王宝坤　　　　　　　　　　　　　　4970

王宝利　　　　　　　　　　　　　　565

王宝连　　　　　　　　　　　　174, 252

王宝龙　　　　　　　　　　　　　　4302

王宝洺 7303, 7426, 7434, 7436, 7445, 7446, 7448,
　　　7449, 7455, 7463, 7482, 7487, 7579, 7593,
　　　8348, 8369, 8390, 8427

王宝铭　　　　　　　　　　　　　　8432

王宝森　　　　　　　　　　　　　　3223

王宝山　　　　　　　　　　　　　　3512

王宝心 7388, 7389, 7443, 7546, 7562, 7563, 7575,
　　　7590, 7604, 7618

王宝兴　　　　　5469, 5710, 5803, 5939, 6542

王宝镛　　　　　　　　　　　　　　2008

王宝喻　　　　　　　　　　　　　　5779

王宝璋　　　　　　　　　　　　　　11122

王宝芝　　　　　　　　　　　　　　3870

王宝尊　　　　　　　　　　　4944, 5067

王保安　10852, 11133, 11273, 11819, 12457

王保春　　　　　　　　　　　　　　4899

王保慧　　　　　　　　　　　　　　781

| | |
|---|---|
| 王保杰 | 6330 |
| 王保立 | 406 |
| 王保祥 | 12672 |
| 王保源 | 5312, 5998 |
| 王北岳 | 8459, 8474, 8476 |
| 王本诚 | 2099 |
| 王本善 | 3862 |
| 王本松 | 3856, 5377 |
| 王本兴 | 7587, 8465, 8652 |
| 王必主 | 10816 |
| 王璧 | 10572 |
| 王飙 | 3909 |
| 王宾 | 5955 |
| 王宾鲁 | 11330 |
| 王彬 | 4663, 5118, 5593, 6014, 9948 |
| 王斌 | 13063, 13148 |
| 王斌清 | 10816 |
| 王滨 | 13242 |
| 王冰 | 13238, 13243 |
| 王冰如 | 1767, 2538, 2670 |
| 王冰石 | 8338 |
| 王冰雯 | 11289 |
| 王兵 | 12611 |
| 王兵农 | 5897 |
| 王丙文 | 3475 |
| 王秉龙 | 4241, 4422, 4497, 5449, 5482, 5495, 5630, 5691, 5751, 5910, 8810, 8811, 8820, 8821, 8822, 8826, 8834, 8835, 8836, 8893, 9008, 9009, 9013, 9015, 9020, 9023, 9233, 9234, 9235, 9237, 9239, 9240, 9243, 9244, 9245, 9246, 9288, 9309, 9438, 9465, 9597, 9724, 9730, 9885, 9952, 9956, 9957, 9958, 10049, 10050, 10111, 13106, 13114, 13115, 13116, 13119, 13120 |
| 王秉摹 | 1593 |

| | |
|---|---|
| 王秉文 | 8810 |
| 王秉智 | 5025 |
| 王秉舟 | 352 |
| 王炳怀 | 3861 |
| 王炳坤 | 2036, 2444, 4219, 4329, 4367, 4502, 4551 |
| 王炳龙 | 977, 1312, 2520, 2529, 2639 |
| 王炳南 | 10396, 13104 |
| 王炳祥 | 12120 |
| 王炳艳 | 6550 |
| 王炳毅 | 6355, 6484, 6487, 6495, 6513 |
| 王并艺 | 5295 |
| 王波 | 3092, 3157, 3845 |
| 王钵池 | 1686 |
| 王伯俊 | 10298 |
| 王伯良 | 6056, 6151, 6446 |
| 王伯敏 | 253, 254, 255, 269, 295, 514, 544, 552, 578, 579, 581, 594, 683, 684, 704, 712, 727, 787, 788, 789, 855, 885, 904, 1206, 1308, 1507, 7058, 8458, 8462 |
| 王伯谦 | 7637 |
| 王伯仁 | 4889 |
| 王伯扬 | 268 |
| 王勃 | 8048 |
| 王博 | 5839 |
| 王哺 | 10877, 11278 |
| 王补庆 | 4907 |
| 王步贵 | 9385, 9526, 9951, 10024 |
| 王才博 | 5595, 5656, 6017, 6275 |
| 王才勇 | 025, 13189 |
| 王彩芳 | 7644, 7651 |
| 王灿 | 6653 |
| 王灿昶 | 4993 |
| 王灿芬 | 8731 |
| 王沧 | 12978 |
| 王册 | 5740 |

| | |
|---|---|
| 王昌 | 9300 |
| 王昌定 | 4906 |
| 王昌浩 | 3146 |
| 王昌杰 | 1996 |
| 王昌遴 | 10836, 10848 |
| 王昌林 | 8297 |
| 王昌龄 | 8018, 8175 |
| 王昌言 | 11865 |
| 王昌彦 | 5449 |
| 王昌元 | 12312 |
| 王昌铸 | 8795 |
| 王长安 | 12956, 13100, 13155 |
| 王长春 | 5349, 5350 |
| 王长富 | 2476 |
| 王长海 | 5468, 9579 |
| 王长江 | 4866 |
| 王长启 | 413, 431 |
| 王长青 | 10121 |
| 王长庆 | 4986 |
| 王长升 | 2318 |
| 王长胜 | 5892 |
| 王长水 | 7738, 8256 |
| 王常 | 8481, 12984 |
| 王常春 | 7370, 7377, 7564 |
| 王常平 | 10297 |
| 王常树 | 10297 |
| 王昶 | 843, 8022 |
| 王畅安 | 473, 935 |
| 王超 | 1948, 3500, 4839, 7529, 8019, 12952 |
| 王超尘 | 8297 |
| 王超鹰 | 10590 |
| 王朝 | 4492 |
| 王朝宾 | 4533, 4589, 8127, 8151, 8335 |
| 王朝斌 | 2508, 3790, 4012, 4017, 4102, 4167, 4247, 4304, 4357, 4405 |
| 王朝君 | 11723 |
| 王朝明 | 1855, 1986, 2377, 2391, 3812, 3853, 4582, 4664 |
| 王朝蓬 | 136 |
| 王朝瑞 | 1986, 2430, 8160, 8162, 8175, 8180 |
| 王朝闻 | 013, 018, 026, 054, 066, 078, 081, 085, 086, 091, 094, 260, 291, 527, 790, 3404, 6928, 8608, 8610, 8638, 8649, 8657, 8670, 9062, 10694, 10695, 10696, 12691, 12702, 12919 |
| 王朝斌 | 5312 |
| 王朝相 | 11360 |
| 王朝阳 | 4396 |
| 王朝玉 | 5230, 5248, 5403, 5918 |
| 王朝忠 | 11283 |
| 王潮 | 9316, 9907, 10086 |
| 王潮安 | 2274 |
| 王彻 | 12119, 12121 |
| 王琛 | 5767, 8515, 8523 |
| 王琛鋈 | 5201 |
| 王尘无 | 13152 |
| 王辰 | 13188 |
| 王苣芗 | 8113 |
| 王宸 | 772, 775, 1624, 1639, 1640 |
| 王晨艳 | 6706 |
| 王晨著 | 7597 |
| 王成 | 2180, 8279, 9286, 9287 |
| 王成纲 | 8220, 8375 |
| 王成化 | 8245, 8287 |
| 王成槐 | 8798 |
| 王成觉 | 7995, 8431 |
| 王成君 | 5287, 5892 |
| 王成康 | 8121 |
| 王成礼 | 10261, 10297 |
| 王成荣 | 5210, 5211, 5218, 5220, 5252, 5268, 5276, |

| | |
|---|---|
| 5376, 5387, 5645, 5663, 6522 | |
| 王成喜 1901, 1920, 2021, 2053, 2245, 2513, 2520, 2521, 2527, 2530, 2534, 2642, 2692, 2694, 2695, 2700, 2704, 2705, 4270, 4607, 5769, 10456 | |
| 王成懿 | 11350 |
| 王成章 | 3767 |
| 王诚 | 5011, 5023, 5114, 9986 |
| 王诚浩 | 1342 |
| 王诚龙 | 2588, 7636, 7638, 8072, 8106 |
| 王诚伦 | 451 |
| 王承春 | 5612, 5767 |
| 王承刚 | 5556 |
| 王承华 | 5345, 5406, 5457, 5526, 5708 |
| 王承家 | 4972 |
| 王承觉 | 8084 |
| 王承廉 | 13219 |
| 王承水 | 8227 |
| 王承天 | 723 |
| 王承武 | 3211 |
| 王承喜 | 12618 |
| 王承颜 | 7506 |
| 王承友 | 9846 |
| 王承祖 | 12268 |
| 王城龙 | 7636 |
| 王城伟 | 5199 |
| 王澄 | 7731, 7732, 8335, 12974 |
| 王埂 | 1603 |
| 王赤军 | 2079, 2517, 4666, 4749, 5880 |
| 王崇行 | 9253 |
| 王崇皓 | 10658 |
| 王崇焕 | 8109 |
| 王崇辉 | 5830 |
| 王崇会 | 1148, 1149, 3953 |
| 王崇礼 | 1527 |

| | |
|---|---|
| 王崇秋 | 5544, 5554, 5602, 5831, 6200 |
| 王崇人 | 033, 801, 871, 7158 |
| 王宠 | 1579, 8025, 8026, 8036, 8040, 8055, 8065, 8067, 8072, 8088, 8090, 8094, 8101 |
| 王宠行 | 8208 |
| 王楚材 | 10556 |
| 王川 | 5678, 6009, 6383, 6524, 6530, 6560 |
| 王川江 | 5100, 5101 |
| 王川平 | 2327, 8105 |
| 王传 | 9923, 10096 |
| 王传本 | 2977 |
| 王传峰 | 2288 |
| 王传恭 | 8135 |
| 王传江 | 5053, 5445 |
| 王传流 | 11677 |
| 王传善 | 7450, 7482 |
| 王传淞 | 12899 |
| 王传习 | 3786, 10410 |
| 王传义 | 5457, 5667 |
| 王传珍 | 5638, 6440 |
| 王创华 | 1099 |
| 王创辉 | 6257 |
| 王创梅 | 10327, 10328 |
| 王垂 | 1303, 1304, 6258 |
| 王垂芳 | 10739 |
| 王春波 | 7488 |
| 王春才 | 5279 |
| 王春发 | 5218 |
| 王春恒 | 11672 |
| 王春杰 | 1373, 10714 |
| 王春景 | 3894 |
| 王春黎 | 2868 |
| 王春立 | 1225 |
| 王春亮 | 8863 |
| 王春林 | 162, 7160, 8353, 8626, 10715 |

| | | | |
|---|---|---|---|
| 王春南 | 7263, 7363, 7390, 7920, 8404 | 王达行 | 1122, 1131, 10314 |
| 王春渠 | 8119, 8128 | 王达明 | 8466 |
| 王春泉 | 8773 | 王大斌 | 3049, 8785 |
| 王春荣 | 13068 | 王大错 | 7312 |
| 王春树 | 8853, 8854, 8952, 10517, 10521, 10522 | 王大德 | 2543, 5842 |
| 王春田 | 4961, 5241 | 王大根 | 1135, 6905 |
| 王春雄 | 3180 | 王大观 | 2252 |
| 王春燕 | 5682, 5797 | 王大豪 | 6795, 6826 |
| 王春阳 | 4954 | 王大亨 | 7297 |
| 王春元 | 11880, 12901 | 王大鸿 | 4044 |
| 王春子 | 8850 | 王大虎 | 141 |
| 王镎 | 3842, 3924 | 王大华 | 4812 |
| 王纯山 | 13248 | 王大化 | 8615 |
| 王纯熙 | 8499 | 王大济 | 719 |
| 王纯祥 | 2586 | 王大进 | 8617 |
| 王纯信 | 4941, 5023, 5025, 5063, 5065, 5067, 5143, 5211, 5393, 5449, 5822, 5825, 5872, 5949, 6008, 6105 | 王大钧 | 9309 |
| | | 王大可 | 6261, 6345, 6716 |
| | | 王大奎 | 5488 |
| 王纯言 | 3236, 5316, 5505, 5604, 5936 | 王大鹏 | 2472, 4677, 5172, 5225, 5230, 5590, 5886 |
| 王淳琰 | 11524 | 王大仁 | 3738, 3751, 3786, 3816, 4070, 4095, 10432 |
| 王錞 | 1840, 4124, 5486, 5978 | | |
| 王慈 | 023 | 王大太 | 3800 |
| 王次炤 | 10847, 10877, 10885, 10886, 10892, 10893, 11277, 12554 | 王大同 | 345, 2783, 2793 |
| | | 王大为 | 3235, 3309, 3805, 3910, 4213, 4252, 4325, 5381 |
| 王聪 | 5393, 5825, 5918, 6055 | | |
| 王从俊 | 12988, 12989 | 王大伟 | 9681 |
| 王从仁 | 1961 | 王大卫 | 12019, 12095 |
| 王从周 | 4936 | 王大炘 | 8537 |
| 王从疏 | 5998 | 王大有 | 3460, 6587, 10280 |
| 王翠英 | 12601 | 王大增 | 8491 |
| 王翠云 | 10328 | 王代言 | 10832 |
| 王存礼 | 7448 | 王戴中 | 1707 |
| 王存仁 | 4929, 4943, 4962, 5009 | 王丹 | 8583, 8588, 8590, 11624 |
| 王存善 | 8377, 8378 | 王丹丹 | 714 |
| 王达风 | 9920 | 王丹改 | 11956 |

王道焜　　　　7185, 7186, 7656

王道良　　　　　　　　1865

王道明　　　　　　　　12136

王道瑞　　　　　　　　8289

王道生　　　　　　　　9889

王道伟　　　　　　9851, 9973

王道远　　　　　　　　8457

王道云　　　　　　　　803

王道珍　　　　　　4519, 5397

王道中　937, 1899, 1996, 2034, 2505, 2621, 3961

王得后　　　　　　　　7568

王德全　　　　　　　　9929

王德　3966, 5244, 5376, 5499, 6360, 10579, 11964,
　　　11978

王德蓓　　　　　　　　8696

王德昌　　　　　　6686, 6694

王德发　　　　　　　　3788

王德芳　　　　　　　　981

王德娟　　　1799, 2791, 2918, 3732

王德钧　　　　　　8933, 10022

王德奎　　　　　　4955, 4968

王德力　1978, 2092, 2121, 2431, 2442, 4188, 4327,
　　　4503, 4601, 4735, 5304, 5346, 5515

王德利　　　　　　　　2057

王德良　　　　　　　　12899

王德亮　　　1408, 5404, 5926, 5953

王德龙　　　　　　　　2476

王德民　　　　　　3890, 10250

王德年　　　　　　　　879

王德鹏　　　　　　　　10265

王德平　　　　　　　　2645

王德荣　　8725, 9806, 9937, 10014, 10020

王德省　　　　　　　　5527

王德舜　　　　　714, 2527, 4724

王德威　366, 1397, 2718, 2719, 2723, 2784, 2789,

　　　　　　　　　　　3097

王德新　　　　5343, 5470, 11289

王德鑫　　　　　　　　2503

王德兴　　　3193, 3224, 3823, 3885

王德修　　　　　　　　1426

王德埙　　　　　　　　10976

王德义　　　　　　　　1354

王德毅　　　　308, 309, 310, 712

王德英　5259, 9082, 9403, 9813, 9816, 9848, 9993

王德勇　　　　　　　　098

王德育　　　　　　488, 1400

王德源　　　　　　　　1143

王德昭　　　　　　246, 248

王登平　　　　　　　　7450

王登普　　　　　　　　5223

王迪　　　　5936, 12052, 13316

王迪民　　　　　　　　370

王迪平　　　　　　　　11210

王邸　　　　　　　　　8321

王砥如　　　　　　8150, 8156

王地　　　　　　　6306, 6648

王玓　　　　　　　　　10707

王苭苭　　　　　　　　6704

王蒂龙　　　　　　　　2670

王棣　　　　　　　　　10734

王滇云　9075, 9094, 9859, 9862, 9884, 10032,
　　　10059

王殿臣　　　　　　　　5928

王殿科　　　　　　4571, 4667

王殿英　　　　　　　　457

王殿元　　　　　　　　8970

王叠泉　　　　　　3043, 3686

王丁　　　　　　　　　5542

王玎　　　　　　　　　5516

王鼎　　　2688, 5242, 8044, 8052, 10666

王鼎藩　　　　　　　　　　　　　11232

王鼎南　　　　　　　　　　　　　11499

王鼎新　　　　　　　　　　　　　7254

王定安　　　　　　　　　　　　　4934

王定国　　　　　　　　　　　　　8941

王定华　　　　　　　　　　　5622, 5995

王定九　　　　　　　　　　　　　7243

王定理　　　　　　　　　　　　　860

王定欧　　　　　　　　　　12948, 12956

王定天　　　　　　　　　　　　　3522

王定尧　　　　　　　　　　　　　4094

王东　　　　　　　　　　　4465, 7629

王东斌　2385, 2395, 3974, 4660, 5473, 5742, 6091

王东海　　　　　　　　　　　　　6920

王东华　　　　　　　　　　　　　6407

王东军　　　　　　　　　　　6000, 9665

王东明　　　　　　　　　　　　　8830

王东男　　　　　　　　　　　　　6542

王东升　　　　　　　5783, 6032, 6132, 6294

王东声　　　　　　　　　5683, 5954, 6112

王东霞　　　　　　　　　　　　　848

王冬　　　　　　　　　4835, 5910, 6167

王冬兰　　　　　　　　　　　　12732

王冬龄　2239, 3859, 7274, 7285, 7359, 7387, 7399,
　　　7413, 7919, 8171, 8293, 8294, 8423

王冬鸣　　　　　　　　　　　　　8861

王栋　　　　　　　　　　　1065, 1066

王笃正　　　　　　　　　　　　　478

王渡　　　　　　　　　　　　　　6632

王峝　　　　　　　　　　　　　　5030

王端　　144, 552, 622, 1427, 10207, 10241, 10242,
　　　10243, 10244, 10253, 10257

王端合　　　　　　　　　　　　　1427

王端廷　　　　　　　　　　193, 377, 540

王端亭　　　　　　　　　　　　　589

王端庭　　　　　　　　　　　　　533

王敦　　　　　　　　　　　　　　1653

王多明　　　　　　　　　　　　　10395

王铎　1488, 1584, 2447, 8018, 8040, 8046, 8052,
　　　8054, 8058, 8066, 8068, 8070, 8071, 8072,
　　　8074, 8077, 8081, 8085, 8088, 8091, 8094,
　　　8097, 8098, 8101, 8104, 8106, 8439

王铎书法编选组　　　　　　　8066, 8098

王谔　　　　　　　　467, 468, 1457, 2618

王恩春　　　　　　　　　　　　　13250

王恩国　5291, 5749, 5801, 5802, 5824, 5940, 6015,
　　　6037, 6039, 6068, 6078, 6107, 6111, 6126,
　　　6144, 6175, 6486, 6520

王恩吉　　　　　　　　　　　　　5698

王恩科　　　　　　　　　　　7369, 8335

王恩冕　　　　　　　　　　　　　11255

王恩盛　3536, 3545, 4889, 4942, 4950, 4956, 4961,
　　　4977, 5010

王恩尧　　　　　　　　　　　　　152

王恩重　　　　　　　　　　　　　8516

王尔德　　　　　　5796, 6000, 6279, 7009

王尔度　　　　　　　　　　　　　8508

王尔敏　　　　　　　　　　　　　8128

王尔强　　　　　　　　　　　6314, 6457

王发堂　　　　　　　　　　　　　2079

王发搪　　　　　　　　　　　　　10055

王发瑭　　　　　　　　　　　　　8724

王法　　　　　　　　　　　　　　13008

王法堂　1956, 2022, 2087, 2150, 2172, 2380, 4068,
　　　4348, 4479, 4637, 4663, 4679, 4719, 4744,
　　　5412

王帆　　5126, 5466, 5498, 5616, 5751, 6761, 7483

王帆之　　　　　　　　　　　　　6478

王藩耀　　　　　　　　　　　　　5182

王凡　　　　　　　10223, 10333, 12384

| | | | |
|---|---|---|---|
| 王蕃 | 12295 | 王福基 | 272 |
| 王璠竹 | 2578, 4509, 4653 | 王福林 | 6432 |
| 王方恒 | 844 | 王福玲 | 12587 |
| 王方亮 | 11772 | 王福森 | 4389, 4466, 4469 |
| 王方雄 | 1149, 2764, 3921, 4087, 4184, 4252, 4326, 4337 | 王福顺 | 5602, 5707 |
| 王方宇 | 1872 | 王福文 | 6536 |
| 王芳 | 3504, 3505, 8908, 11742 | 王福阳 | 493, 1147, 1189 |
| 王芳清 | 2841, 3913 | 王福曾 | 1175, 10177 |
| 王芳荣 | 9782, 10011 | 王福增 | 1833, 1862, 1913, 1917, 1937, 1948, 1970, 2036, 2093, 2098, 2103, 2124, 2132, 2359, 3228, 3899, 3940, 4021, 4073, 4168, 4203, 4337, 4358, 4374, 4429, 4436, 4438, 4449, 4466, 4503, 4553, 4566, 4727, 5429, 5561, 5944, 9342, 10438, 11120 |
| 王芳宪 | 12040 | | |
| 王飞沙 | 5832 | | |
| 王非 | 1348, 2311, 2342 | | |
| 王菲 | 4278, 4353, 4466, 4508 | | |
| 王焚 | 11949 | | |
| 王风桐 | 11059 | 王福忠 | 2499, 4052, 4146, 4324, 4420, 4467 |
| 王封采 | 12295 | | |
| 王峰 | 4966, 4993, 6642, 11256, 12998 | 王綍 | 8497 |
| 王锋 | 11156 | 王甫 | 13285 |
| 王凤娟 | 2058, 2175 | 王辅东 | 7018 |
| 王凤鸣 | 7301 | 王付正 | 11985 |
| 王凤年 | 872, 1768, 1883, 1977, 3592 | 王复才 | 2899 |
| 王凤岐 | 10866, 10872, 10888, 11188, 13008 | 王复刚 | 5541 |
| 王凤清 | 2120, 4807 | 王复民 | 12698, 12910 |
| 王凤桐 | 6350 | 王复祥 | 5101, 10405 |
| 王凤仪 | 7631, 10217, 10219, 10369, 10776 | 王复羊 | 3439, 3449, 3480, 3496, 6305 |
| 王凤英 | 5906 | 王复遵 | 8702 |
| 王凤珠 | 853, 1684 | 王富 | 723, 2549 |
| 王夫之 | 8057 | 王富聪 | 13146 |
| 王绂 | 665, 1564, 6816 | 王富弟 | 10098 |
| 王福安 | 3616, 3659 | 王富第 | 9883 |
| 王福庵 | 8129, 8148, 8191, 8377 | 王富征 | 6829 |
| 王福才 | 12950 | 王概 | 1628, 1629, 1630, 1642 |
| 王福厂 | 7759, 8179 | 王槩 | 648, 649, 650, 651, 652, 653, 654, 655, 656, 657, 658, 661, 662, 674, 854, 930, 931 |
| 王福东 | 531, 1391 | 王干生 | 5187 |

| | |
|---|---|
| 王干之 | 4912 |
| 王廿良 | 8817 |
| 王敢 | 5396 |
| 王淦贤 | 11055 |
| 王赣注 | 7914 |
| 王刚 | 5897, 5956, 6013, 6017, 6107, 6338, 6547, 6551, 6732, 7473, 10658 |
| 王纲 | 1140, 6544, 7153, 7339, 8269 |
| 王钢 | 9423, 12785 |
| 王岗 | 2120 |
| 王高武 | 6250 |
| 王戈 | 3700, 5006, 5012, 5018, 5023 |
| 王歌之 | 8188, 8335 |
| 王革新 | 10263, 10271, 10325 |
| 王阁 | 992 |
| 王个簃 | 1707, 1733, 1773, 1784, 1860, 1872, 1908, 1931, 2193, 2488, 2489, 2490, 2491, 8184, 8197, 8297, 8557, 8559 |
| 王根发 | 5441, 5553, 5554, 5730, 5735, 6633 |
| 王根富 | 5509, 6153 |
| 王根乾 | 9995 |
| 王根泉 | 5050, 5430, 6006, 6086 |
| 王根柱 | 13242 |
| 王庚生 | 12876 |
| 王耕 | 9471, 9902 |
| 王赓章 | 11032 |
| 王耿平 | 9340 |
| 王公 | 10314 |
| 王公寿 | 2035, 2038, 2044, 2048, 2440, 8201 |
| 王公懿 | 5249, 5320 |
| 王功学 | 1964, 2099, 2134, 2149, 2169, 2376, 4451, 4541, 4610, 4657, 4717, 4830 |
| 王沾 | 11307, 12069 |
| 王古鲁 | 1272, 12748 |
| 王古山 | 9141 |
| 王谷 | 9538 |
| 王谷水 | 5712, 5923 |
| 王固 | 5213 |
| 王观宾 | 12165 |
| 王观泉 | 367, 577, 6788 |
| 王冠 | 1336, 2213, 4527 |
| 王冠群 | 11098, 11505 |
| 王冠英 | 10200, 10202, 10203 |
| 王灌 | 5103 |
| 王瓘 | 8367 |
| 王光福 | 7431, 7640, 7641 |
| 王光镐 | 414 |
| 王光华 | 452 |
| 王光林 | 5836 |
| 王光明 | 5267, 6631 |
| 王光乃 | 12809 |
| 王光普 | 10679, 10680 |
| 王光其 | 9340 |
| 王光祈 | 168, 171, 10783, 10786, 10823, 10825, 10853, 10899, 10900, 10920, 10921, 10922, 10950, 10979, 11022, 11067, 11068, 11163, 11332, 12392, 12558, 13000 |
| 王光祈研究学术讨论会筹备处 | 10805 |
| 王光全 | 5248 |
| 王光泉 | 2753 |
| 王光荣 | 12039 |
| 王光晟 | 773 |
| 王光顺 | 3512 |
| 王光先 | 5069 |
| 王光新 | 2825 |
| 王光彦 | 13236, 13238, 13240 |
| 王光耀 | 11048, 11064 |
| 王光宇 | 3757 |
| 王光炤 | 4902 |
| 王光祖 | 13060 |

| | | | |
|---|---|---|---|
| 王广才 | 1885 | 王国经 | 5769 |
| 王广福 | 5613 | 王国钧 | 8490 |
| 王广华 | 2543, 2686 | 王国良 | 607 |
| 王广林 | 4722, 8761, 8818, 9012, 9239, 9360, 9606, 9832, 9836, 9955, 10037 | 王国梁 | 2957, 3383, 4309, 7116, 10290 |
| | | 王国玲 | 5640 |
| 王广禄 | 3638 | 王国伦 | 3321, 10375, 10377, 10388, 10569, 10770 |
| 王广明 | 2055, 4444 | 王国年 | 8915, 8980 |
| 王广宁 | 3845 | 王国平 | 8865 |
| 王广仁 | 11967 | 王国强 | 5372 |
| 王广生 | 6158 | 王国钦 | 9523, 9524, 10017, 10022, 10621 |
| 王广义 | 2879 | 王国庆 | 6466, 6472, 8737, 8740 |
| 王圭璋 | 10346 | 王国仁 | 6169, 6297, 6335, 6372, 6474, 6517, 6716, 6717 |
| 王贵龙 | 149 | | |
| 王桂安 | 5463, 6006 | 王国堂 | 10508 |
| 王桂宝 | 5683 | 王国潼 | 12280, 12281, 12282, 12284, 12285, 12345 |
| 王桂保 | 4079, 4122, 5421, 5442, 5443, 5524, 5595, 5687, 5701 | 王国维 | 8109, 8254, 11019, 12742, 12743, 12755 |
| | | 王国文 | 10553 |
| 王桂葆 | 5746 | 王国毅 | 12774 |
| 王桂卿 | 3958, 4265 | 王国征 | 4025, 4156, 4225, 4270, 4343, 5356, 10188, 10576 |
| 王桂清 | 5987 | | |
| 王桂荣 | 10354, 10717 | 王国正 | 1457 |
| 王桂英 | 3807 | 王国忠 | 3463, 5329, 5515, 5518 |
| 王国安 | 5403, 5617, 5618, 5920, 6318 | 王海 | 7296, 8227, 8256, 8905, 9362 |
| 王国本 | 10660 | 王海成 | 7019, 11526 |
| 王国斌 | 620 | 王海城 | 6026, 6103 |
| 王国才 | 1809 | 王海舰 | 7553, 8282, 8437 |
| 王国昌 | 5864, 5907 | 王海津 | 5740, 6267 |
| 王国臣 | 10781 | 王海军 | 6550 |
| 王国栋 | 2415, 2567, 4289, 6213 | 王海堃 | 4906, 4917 |
| 王国恩 | 5802 | 王海力 | 6492 |
| 王国福 | 3279 | 王海龙 | 7242 |
| 王国福事迹连环画编绘组 | 5153 | 王海平 | 6225 |
| 王国富 | 2084, 2201, 2516, 2517, 4171, 4503, 4574, 4791, 4793, 4839 | 王海青 | 9239 |
| | | 王海清 | 5796, 5809 |
| 王国华 | 12659, 12663, 12667, 12669 | 王海珊 | 3848 |

| | | | |
|---|---|---|---|
| 王海涛 | 3800, 5969 | 王赫楠 | 10719 |
| 王海天 | 11949 | 王鹤 | 880, 1452 |
| 王海霞 | 10189 | 王鹤鸣 | 6829, 10396 |
| 王海翔 | 2891 | 王恒 | 9572 |
| 王海燕 | 195, 1131, 5676, 5787, 6035, 6133, 6151, | 王恒安 | 11717 |
| | 10714 | 王恒东 | 5605, 5874, 5932, 6004, 6106, 6202 |
| 王海云 | 2488 | 王恒富 | 12952 |
| 王憨山 | 2048 | 王恒杰 | 8963 |
| 王含英 | 2908 | 王恒玉 | 5409 |
| 王汉华 | 12267 | 王恒展 | 5332, 5355, 5358, 6290 |
| 王汉伦 | 13177 | 王衡 | 8523 |
| 王翰章 | 413 | 王弘力 | 1107, 1256, 3070, 4906, 4916, 4917, 4928, |
| 王翰尊 | 7572 | | 4983, 5361, 5466, 5488, 5515, 5522, 5581, |
| 王行 | 5100, 5253, 11282 | | 5584, 5589, 5682, 5719, 5726, 5826, 6130, |
| 王行本 | 3769 | | 6496, 10352 |
| 王行恭 | 10385 | 王弘撰 | 7220, 7226 |
| 王豪 | 6178, 6193 | 王红 | 3276, 3791, 3864, 3865, 4030, 5300, 5892, |
| 王好军 | 620 | | 5961, 6022, 6179, 6186, 6668, 8583, 13076 |
| 王好亮 | 11100 | 王红旗 | 10332 |
| 王浩 | 1598, 6160, 7591, 7616, 13220 | 王红深 | 6804 |
| 王皓 | 3497, 10314 | 王红卫 | 140, 7641, 7652 |
| 王禾 | 5336, 10840 | 王宏 | 541, 7769, 7794, 7806, 7906, 7914, 8129, |
| 王合 | 4905 | | 8361, 8395, 8412, 8422, 11012 |
| 王合多 | 2461, 6824 | 王宏才 | 6178 |
| 王合内 | 2894 | 王宏刚 | 6550 |
| 王何 | 5925 | 王宏甲 | 5980 |
| 王和 | 5904 | 王宏建 | 130, 190 |
| 王和芳 | 10820, 10894 | 王宏剑 | 2825, 5314, 5410, 5930 |
| 王和平 | 1000 | 王宏理 | 7393 |
| 王和贞 | 6106 | 王宏亮 | 3280 |
| 王河 | 2681 | 王宏明 | 10763 |
| 王河庆 | 1257 | 王宏韬 | 12911, 12914, 12916 |
| 王贺 | 4851 | 王宏喜 | 3619, 5281 |
| 王贺良 | 8157, 8281 | 王宏新 | 10737 |
| 王崔 | 1718 | 王宏昭 | 13283 |

| | | | |
|---|---|---|---|
| 王泓 | 6424 | 王鸿勋 | 10700 |
| 王虹 | 1268, 6261 | 王鸿依 | 9962 |
| 王虹等 | 1268 | 王鸿玉 | 8240, 12948 |
| 王虹军 | 9359 | 王厚祥 | 7558 |
| 王洪 | 6473, 10388 | 王厚之 | 409, 8480, 8481, 8491 |
| 王洪彬 | 5285, 5304, 5898 | 王瑚 | 8113 |
| 王洪波 | 5316 | 王虎鸣 | 10274 |
| 王洪昌 | 9284 | 王琥 | 6380, 10660 |
| 王洪东 | 7535 | 王沪鹰 | 5436 |
| 王洪俊 | 1943, 1961, 4086, 4454, 4456, 4494, 9603, 9967, 9970 | 王岵孙 | 1624 |
| | | 王华 | 3074, 7445, 11579 |
| 王洪宽 | 6455 | 王华芳 | 12991 |
| 王洪立 | 5458 | 王华俊 | 2606 |
| 王洪流 | 3455 | 王华南 | 2465 |
| 王洪生 | 9918, 9977 | 王华庆 | 463 |
| 王洪涛 | 1829, 1837, 2594, 4965 | 王华祥 | 491, 1161, 2892, 2902 |
| 王洪武 | 2110, 2132, 4813 | 王华兴 | 4685 |
| 王洪旬 | 9956, 9975 | 王华莹 | 12853 |
| 王洪询 | 9403 | 王化斌 | 139, 154, 562, 862, 2099 |
| 王洪洵 | 404, 4696, 8672, 9843, 9968 | 王化成 | 1515, 7668, 7738, 8309 |
| 王洪珣 | 9376 | 王化洽 | 7786 |
| 王洪雁 | 5508 | 王化中 | 3449 |
| 王洪叶 | 5337 | 王桦 | 6633 |
| 王洪义 | 615 | 王怀德 | 12758 |
| 王洪增 | 2288, 2897, 9025 | 王怀基 | 5276, 5518 |
| 王鸿 | 2048, 2872, 2913, 4253, 4916, 11727 | 王怀锦 | 5258 |
| 王鸿才 | 3347 | 王怀骐 | 2354, 3936, 5184, 5293, 5626 |
| 王鸿分 | 12763 | 王怀琪 | 1825, 5129, 6358, 6608, 12560, 12593 |
| 王鸿钧 | 6166 | 王怀庆 | 1421, 3219, 3235, 3264, 3312, 5412, 5886, 6608 |
| 王鸿朗 | 7147 | | |
| 王鸿鹏 | 9731 | 王怀玉 | 12645 |
| 王鸿泰 | 10349 | 王欢 | 5091 |
| 王鸿涛 | 8260 | 王焕陞 | 7741 |
| 王鸿翔 | 6214, 6757 | 王焕波 | 2476 |
| 王鸿绪 | 5528 | 王焕彩 | 10948 |

| | | | |
|---|---|---|---|
| 王焕青 | 6377 | 王慧敏 | 5083, 8681, 8682, 8683, 8718, 8728, 13223 |
| 王璜生 | 817 | 王慧真 | 8734, 12662, 12991 |
| 王挥春 | 12604 | 王慧智 | 925, 7387 |
| 王恢南 | 12333 | 王火 | 6136 |
| 王晖 | 1405, 2725, 2748, 2941, 3343, 3363, 3375, 4414, 5618, 6097 | 王或华 | 10683 |
| | | 王积福 | 11973 |
| 王辉 | 4208, 6415, 6667, 8810, 9229, 9236, 11280, 11432, 11723 | 王基湘 | 1847, 4914, 5324 |
| 王辉亮 | 3729, 4098, 4127 | 王基笑 | 11146, 11147, 11161, 11831, 11839, 11863, 11867, 11871, 12118, 12126 |
| 王辉荃 | 5764, 5803, 5885 | 王吉昌 | 2387 |
| 王羣 | 469, 754, 775, 893, 894, 1496, 1597, 1608, 1612, 1613, 1615, 1616, 1618, 1620, 1622, 1623, 1624, 1625, 1628, 1630, 1636, 1637, 1639, 1641, 1649, 1650, 1665, 1688, 1691, 1692, 1693, 1695, 1697, 2613, 2626, 6790, 6813, 6822 | 王吉呈 | 5785, 5811 |
| | | 王吉厚 | 5972 |
| | | 王吉文 | 6227 |
| | | 王吉祥 | 3776, 3812, 5498, 5536, 5587, 5637, 5652, 5654, 5682, 5801, 5872, 6021, 6412, 6484, 6489, 6496, 6551 |
| 王卉 | 2372, 4540 | 王集丛 | 006, 215 |
| 王会勤 | 5394 | 王辑东 | 8982 |
| 王会义 | 12266, 12312 | 王计祥 | 5170, 5282, 5293, 5327, 5384, 5460, 6062 |
| 王绘 | 6008 | 王纪厚 | 5968 |
| 王惠 | 6471 | 王纪言 | 13202 |
| 王惠娣 | 5887 | 王际欣 | 8256 |
| 王惠琴 | 3820, 3872, 3917, 12043, 12448 | 王季 | 5473, 5477, 5868, 5977 |
| 王惠然 | 11335, 12265, 12311, 12312 | 王季鹤 | 8372 |
| 王惠松 | 7509, 7541, 7547, 7548, 7558, 7561, 7580, 7585, 7590, 7594, 7597, 7621, 8421, 8434 | 王季梁 | 12560 |
| | | 王季烈 | 12067, 12068 |
| 王惠文 | 4397, 5969 | 王季平 | 13192 |
| 王惠仪 | 2751, 3233, 3805 | 王季迁 | 1949 |
| 王惠中 | 7397 | 王季铨 | 8537, 8538, 8540 |
| 王惠周 | 12985 | 王季思 | 12723 |
| 王惠珠 | 3147 | 王季温 | 5110 |
| 王慧 | 8757, 9635 | 王季文 | 590 |
| 王慧芬 | 12955 | 王济达 | 4939 |
| 王慧良 | 10959 | 王济民 | 8315 |
| 王慧玲 | 13204 | 王济远 | 343, 599, 1375, 1720, 2712, 6894, 8668 |

王继安　　　　　　　7334, 7365, 7826

王继华　　　　　　　　　　11511

王继权 3272, 3304, 3788, 4102, 5006, 5970, 6154,
　　6166

王继仁　　　　　　　　　　10600

王继伟　　　　　　　　　　6285

王继贤　　　　　　　　　　5658

王继香　　　　　　　　1047, 1056

王继远　　　　　　　　　　5004

王继增　　　　　　　　　　8955

王绩　　　　　　　　　　　837

王冀青　　　　　　　　　　451

王骥　　　　　　　　8536, 13082

王骥德　　　　　　　　　11822

王加林　　　　　　　　1716, 8992

王加伦　　　　　　　11498, 12215

王佳楠　　　　　　　　　　2225

王家嫒　　　　　　　　　12430

王家彬　　　　　　　　　5134

王家斌　　　　　　　　262, 631

王家春　　　　　　　　　5081

王家达　　　　5203, 5464, 5573, 5868

王家富　　　　　　　　　　322

王家和　　　　　　　　　4021

王家俭　　　　　　　　　13133

王家礼　　　　　　　　　12666

王家民　　　　　1417, 5617, 13113

王家明　　　　　　　　　7484

王家男　　　　　　　　　5488

王家齐　　　　　　　　　12904

王家琦　　　　　　　　　10686

王家树　　　　　　　　10202, 10244

王家万　　　　　　　　　7351

王家熙　　　　　　　　　12899

王家贤　　　　　　　　　13162

王家训　　　　　6431, 6467, 6468, 6476

王家琰　　　　　　　　8146, 8155

王家乙　　　　　　　　　　5093

王家义　　　　　　　　　　6086

王家祐　　　　　　　　　　297

王家媛　　　　　　　　　12384

王家筠　　　　　　　　4300, 4401

王家振　　　　　　　　　5406

王嘉辰　　　　　　　　　11704

王嘉骥　　　　　　　　　　166

王嘉陵　　　　　　　　　10986

王嘉禄　　　　　　　　　12261

王嘉千　　　　　　　　7917, 7919

王嘉善　　　　　　　　　4477

王嘉喜　　2115, 2136, 4324, 4378, 4591

王嘉杨　　　　　　　　　10080

王嘉友　　　　　　　　　5306

王稼穰　　　3119, 5070, 5097, 5122

王坚　　　5446, 5755, 6009, 6128, 10041

王俭　　3483, 3495, 3509, 6943, 10587, 10636,
　　10729, 10740, 12583

王简兆　　　　　　　　3238

王见　　　　　　　　　8201

王见山　　　　　　　　8269, 8281

王建　5149, 5168, 5186, 5322, 5344, 5457, 5491,
　　5547, 5673, 5687, 5732, 5755, 5811, 5868,
　　5929, 5989, 6069, 6101, 6123, 6138, 6147,
　　6176, 6180, 6326, 6327, 6336, 6512, 6513,
　　6549, 7922, 7923, 7926, 8008, 8211, 8220,
　　8403

王建邦　　　　　　　　6499

王建斌　　　　　　　　1186, 1190

王建常　　　　　　　　11012

王建德 1974, 2066, 2122, 2141, 2675, 4357, 4414,
　　4457, 4478, 4600, 4722

王建国　516, 1145, 1161, 4006, 6188, 6925, 8197, 10335, 10738, 10749

王建华3387, 3760, 5923, 8798, 8863, 8965, 8994, 9141, 9492, 9514, 9913, 9985, 10008

王建军　9515

王建民　3843, 9115, 9293, 11378, 11966

王建明　3911, 10673, 11360

王建能　5643

王建平　6176, 8940, 11283

王建权　5243

王建全　8478

王建山　10358

王建伟　3389, 3482, 10222

王建卫　11533

王建霞　2517, 4793

王建新　3854

王建一　4859

王建宇　431, 1493, 8341

王建郁　5069, 5092

王建中　5515, 6109, 6163, 10650, 10654, 11672, 11675, 11677, 11966, 11967, 11968, 12205, 12206, 12207, 12217, 12222, 12223, 12521

王建柱　10575

王建梓　2141, 2405, 2407, 2447, 2450, 4788, 4803, 4822, 4858, 4862, 4863

王剑　597, 1586, 1686, 5554, 6030, 6338, 6770, 6810, 6811, 6868, 6869, 9543, 9569, 9615, 9636, 9641, 9643, 9649, 9663, 9664, 9680, 9683, 9801, 10053, 10056, 10060

王剑歌　2029

王剑虹　2122

王剑平　10296

王健　558, 1410, 4262, 5530, 5797, 6284, 6288, 8209, 8211, 8240, 8393,

8981, 10395, 11155, 11262, 11530, 11579, 11708, 11713, 11929, 12009, 12039, 12371, 13204

王健材　8975

王健昌　1158

王健德　4358, 4448, 4450

王健尔　5201, 5222, 5275

王健华　421, 422

王健苓　2551

王健美　2007

王健敏　638, 1149, 1201

王健全　2301

王健荣　706

王健武　1177, 2957

王舰三　5290

王渐仁　11110, 12091, 12900

王鉴　1588, 1620, 1624, 1625, 1645, 1648, 1649, 1650, 1651, 1665, 1673, 1687, 1688, 1692, 1695, 1697, 2109, 2620, 10455

王江　6325

王角　1813, 3080, 3108, 3110, 3113, 3271, 3284, 3598, 3685, 3737, 3748, 3777, 4884, 6746

王节和　12091

王杰　808, 1110, 1128, 1458, 1462, 2381, 2912, 4428, 4499, 5009, 5039, 6681, 6682, 8740, 8792, 10275, 10299, 10308, 11087, 11107, 11511, 13245

王杰夫　6087, 6276, 6295, 10835

王洁　5942

王洁红　6222

王捷　4901, 5025

王捷平　11314

王捷三　3622, 3750, 4914, 5223, 5643, 6181

王捷山　3864

| | | | |
|---|---|---|---|
| 王颉竹 | 12068, 12076 | 王金元 | 9240 |
| 王介明 | 5825, 6462 | 王金中 | 5391, 5395, 5424, 5557, 5973, 6081, 6444 |
| 王介南 | 7467, 8283 | 王锦 | 6533, 11330 |
| 王今 | 10889 | 王锦华 | 3836 |
| 王今栋 | 535, 2900, 3719, 5032, 5207, 5305, 5317, 5347, 5543, 5589 | 王锦清 | 2832 |
| 王今胜 | 7617, 8297 | 王锦秋 | 9311, 9379, 9438, 9861 |
| 王今中 | 11980 | 王瑾 | 13050, 13122 |
| 王金 | 5033, 5094, 5106, 5132, 5971, 6149, 6162, 6511 | 王进 | 5840, 13277 |
| 王金安 | 5640 | 王进德 | 11661 |
| 王金豹 | 3540 | 王进美 | 5334 |
| 王金城 | 8720 | 王进炎 | 6925 |
| 王金铎 | 5012 | 王进友 | 10042 |
| 王金凤 | 10615 | 王近朱 | 12116 |
| 王金富 | 5261, 5266, 5297 | 王劲涛 | 5515 |
| 王金海 | 070, 5761 | 王晋泰 | 5254, 5323, 5336, 5527, 5602, 5615, 5736, 5916, 6224, 10254 |
| 王金亨 | 9370, 9561 | 王晋元 | 1369, 1477, 1810, 1822, 1857, 1977, 1989, 2239, 2597, 3962, 3978, 4046, 5560, 10439, 10446 |
| 王金华 | 10364 | | |
| 王金辉 | 3232 | 王京明 | 6248 |
| 王金库 | 3763, 3780 | 王京生 | 10035, 10036 |
| 王金力 | 5825 | 王经博 | 6380 |
| 王金利 | 5303 | 王经春 | 4426, 5655, 5844, 5943, 5980 |
| 王金陵 | 11880, 12901 | 王菁菁 | 6835 |
| 王金岭 | 2311 | 王兢 | 6761 |
| 王金普 | 3889 | 王井 | 4940, 4973, 4990, 5000, 5059, 5073, 5074, 5110, 5112, 5118, 5120, 5487, 5533, 5562, 5581, 5591, 5722, 5799, 5875, 5878, 5936, 6026, 6112 |
| 王金石 | 866, 923, 2480, 5286, 6537 | | |
| 王金泰 | 2218, 2398, 3249, 5186, 5493, 5504, 5880, 5985, 6048 | | |
| 王金亭 | 9004 | 王景芬 | 7284, 7315, 7336, 7888, 7943, 7944, 8437 |
| 王金香 | 5931 | 王景富 | 8613, 8666 |
| 王金祥 | 3314 | 王景琨 | 3353 |
| 王金星 | 4232 | 王景岚 | 1336 |
| 王金旭 | 3061 | 王景鲁 | 8240 |
| 王金育 | 2294 | 王景琦 | 4305 |

| | | | |
|---|---|---|---|
| 王景全 | 5812, 5885, 6458 | 王居 | 6456 |
| 王景仁 | 4027, 9218, 9221, 9228, 9251, 9535, 9938, 9943, 9946 | 王居平 | 3640 |
| | | 王居野 | 11341 |
| 王景润 | 8432 | 王菊明 | 2239 |
| 王景升 | 5127 | 王菊生 | 718, 4293, 5499, 5531, 5672 |
| 王景石 | 679 | 王菊英 | 10613 |
| 王景堂 | 8702, 10144 | 王举春 | 1860, 1972, 2003, 4054, 5338 |
| 王景文 | 12856 | 王巨才 | 8901 |
| 王景祥 | 5393, 5791, 6073 | 王巨贤 | 2913 |
| 王景延 | 5538 | 王巨洲 | 2650 |
| 王景愚 | 5343, 5795, 12979 | 王涓 | 11717 |
| 王景樾 | 6594 | 王鹃 | 3473 |
| 王竞蓉 | 5475 | 王决 | 12962, 12968, 12970, 12975 |
| 王敬 | 10042 | 王觉斯 | 8416 |
| 王敬平 | 3834, 3900, 7611 | 王珏 | 616, 3083, 3120, 3603, 3658, 4450, 5674, 11716, 12413 |
| 王敬之 | 10501 | | |
| 王靓 | 8569 | 王珏绘画工作室 | 6481, 6487, 6488, 6489, 6490, 6491, 6494, 6496, 6497, 6498, 6509, 6512 |
| 王靖国 | 2819 | | |
| 王靖宪 | 298, 821, 823, 1685, 1921, 2286, 7164, 7767 | 王军 | 1085, 4958, 5728, 6061, 6198, 8793, 10049, 10050, 10745, 10974, 12021, 12101 |
| | | | |
| 王靖洲 | 5024, 5648 | 王君 | 862, 1127, 4994, 5509, 5543, 5549, 5561, 5569, 7443, 7457, 7474, 7480, 7488, 7493, 7526, 7609, 8347 |
| 王静 | 492, 5498, 7057, 9889, 10240 | | |
| 王静晋 | 11048 | | |
| 王静秋 | 6569, 7057 | 王君锡 | 12304 |
| 王静蓉 | 13160 | 王钧 | 7764, 7879 |
| 王静野 | 12638 | 王钧初 | 242 |
| 王静珠 | 6554 | 王钧佑 | 1146, 1201 |
| 王镜明 | 10663 | 王俊 | 2099, 6108, 8518, 10780, 12954 |
| 王镜蓉 | 3994 | 王俊才 | 3502 |
| 王絅堂 | 8518 | 王俊昌 | 3858 |
| 王炯平 | 3355, 3364, 9383, 9396 | 王俊峰 | 2151, 2517, 4605 |
| 王九丁 | 10821, 11166 | 王俊极 | 3134, 3150 |
| 王九儒 | 7150 | 王俊杰 | 4962, 11483 |
| 王久芳 | 11948 | 王俊亮 | 1807, 3759, 3797, 3887, 5223, 5257 |
| 王久兴 | 3987, 4005 | 王俊卿 | 3505 |

| | |
|---|---|
| 王俊生 | 1830, 3192, 11335 |
| 王俊雄 | 188 |
| 王俊义 | 2229 |
| 王俊之 | 13005 |
| 王峻 | 1235 |
| 王峻极 | 4910 |
| 王骏 | 6335 |
| 王骏生 | 8512 |
| 王珺之 | 7617 |
| 王开利 | 8699 |
| 王开术 | 4347, 4561, 4587, 4600, 4682 |
| 王开述 | 4267, 4418 |
| 王开文 | 3857 |
| 王开远 | 4739 |
| 王凯 | 2263, 11391 |
| 王凯成 | 1705, 2848 |
| 王凯民 | 13285 |
| 王凯平 | 5735 |
| 王凯戎 | 5888 |
| 王凯声 | 1259 |
| 王恺 | 8251, 8313 |
| 王铠 | 11262 |
| 王康乐 | 2456, 8321 |
| 王康宁 | 7889, 7890, 7942 |
| 王抗生 | 8633, 10216, 10281, 10291 |
| 王珂 | 11772 |
| 王柯平 | 031, 098, 211 |
| 王可 | 6128 |
| 王可春 | 6177 |
| 王可大 | 3335 |
| 王可菊 | 12410 |
| 王可君 | 3964 |
| 王可茂 | 11244 |
| 王可平 | 8606, 8609 |
| 王可伟 | 3226, 3312, 5318, 5401, 5588, 5678, 6035, |

6177, 6316, 6519

| | |
|---|---|
| 王可信 | 9233 |
| 王克 | 10807 |
| 王克长 | 10355 |
| 王克澄 | 7121 |
| 王克恩 | 5792, 6104, 9536 |
| 王克芬 | 12576, 12577, 12578, 12579, 12580, 12581, 12641 |
| 王克华 | 3021, 3022 |
| 王克俭 | 11986 |
| 王克举 | 2830 |
| 王克良 | 1147 |
| 王克玲 | 1913, 1933 |
| 王克勤 | 8185 |
| 王克庆 | 326, 331, 8638 |
| 王克伟 | 12581, 12594, 12595, 12603, 12605, 12630, 12643, 12656, 12662 |
| 王克文 | 454, 591, 609, 723, 827, 828, 906, 914, 920 |
| 王克孝 | 8437 |
| 王克义 | 11500, 11505 |
| 王克印 | 1915, 1958, 1965, 2005, 2502, 2506, 2549, 3557, 4115, 4159, 4180, 4187, 4262, 4304, 4316, 4327, 4404, 4449, 4466, 4473, 4485, 4513, 4522, 4527, 4557, 4584, 4591, 4607, 4619, 4638, 4677, 4724, 4725, 4852, 4864, 10347, 10403, 10405, 10470 |
| 王肯 | 5362, 5626, 11942, 12126, 12127, 12128, 12926, 12931 |
| 王孔刚 | 10203 |
| 王奎江 | 11201 |
| 王奎文 | 3786 |
| 王葵 | 037 |
| 王夔石 | 7832 |
| 王坤生 | 6207 |
| 王坤元 | 10354 |

| | |
|---|---|
| 王昆 | 5691 |
| 王昆明 | 2450 |
| 王堃 | 8666 |
| 王堃骋 | 8270 |
| 王琨 | 2832, 2838, 6216, 10310, 12685 |
| 王鲲徒收 | 6745 |
| 王阔海 | 6436 |
| 王来新 | 10567 |
| 王兰 | 201, 1405, 4916, 4937, 5408, 5715, 5848 |
| 王兰芳 | 1817, 3777 |
| 王兰峰 | 9971 |
| 王兰若 | 1905, 1996 |
| 王兰亭 | 2554, 2707 |
| 王兰智 | 6521 |
| 王岚 | 719, 5720, 8677, 11482 |
| 王阑西 | 313, 1343 |
| 王老九 | 11948 |
| 王乐 | 9224 |
| 王乐群 | 4495, 5391, 5413, 5433, 5949 |
| 王乐天 | 3416, 4910 |
| 王乐同 | 8270 |
| 王雷 | 5067, 8591 |
| 王磊 | 6528, 11968 |
| 王磊义 | 2405, 2889, 10283 |
| 王冷斋 | 3397 |
| 王梨 | 6455 |
| 王犁 | 11396 |
| 王犁犁 | 6004, 6011, 6012, 6158 |
| 王黎江 | 9293 |
| 王黎黎 | 6382 |
| 王黎明 | 2070, 6559, 8625 |
| 王礼 | 755, 1457, 2641 |
| 王礼安 | 12641 |
| 王礼炳 | 5960 |
| 王礼溥 | 2008 |

| | |
|---|---|
| 王礼兴 | 4438 |
| 王里 | 4892, 4954, 5062, 5290, 5499, 5674 |
| 王理正 | 7818 |
| 王力 | 2131, 2917, 4661, 4697, 6217, 9648, 12699, 12731 |
| 王力军 | 5406, 5532, 5588, 5759, 5798, 5862, 6040, 6041 |
| 王力南 | 12335 |
| 王力平 | 3846, 3850 |
| 王力强 | 7033 |
| 王力生 | 5579, 6449 |
| 王力叶 | 12969 |
| 王力勇 | 8946 |
| 王历 | 6325 |
| 王历来 | 6325 |
| 王立 | 533, 2157, 12504 |
| 王立宝 | 5286, 10305 |
| 王立导 | 10274 |
| 王立德 | 11108 |
| 王立端 | 10323 |
| 王立风 | 5277 |
| 王立根 | 5868 |
| 王立光 | 8902 |
| 王立行 | 8897 |
| 王立红 | 6721 |
| 王立华 | 3381 |
| 王立科 | 5783, 6381 |
| 王立民 | 4026, 5627, 6122, 6146 |
| 王立明 | 722 |
| 王立平 | 10456, 11485, 11926, 12136, 12209 |
| 王立生 | 5258, 6218, 6507, 6592, 6712, 6713 |
| 王立堂 | 2258 |
| 王立贤 | 922, 4632, 5553, 5775, 6074 |
| 王立宪 | 6302 |
| 王立新 | 2059, 2082, 3859, 3876, 4196, 4297, 4311, |

4358, 4373, 4374, 4468, 4520, 4536, 4570,
4585

王立信 5044

王立兴 2062, 2101, 4600, 4619, 4692, 4738, 4809,
4825

王立业 11750

王立永 8738

王立志 2239, 2841, 2886, 3213, 3283, 3286, 3302,
3308, 3319, 3913, 5411, 5454, 5492, 5706,
5802, 6033, 6127, 6242, 6276, 7452, 7490,
7496, 8265, 12347, 12615

王立忠 9480, 10719

王丽芳 3508, 3511, 3517

王丽娟 2517, 2659

王丽君 5075, 6492, 6493

王丽铭 1330, 2097, 2363, 4140, 4167, 4232, 4412,
5724, 5799, 6146, 6529

王丽铭绘 4549

王丽娜 11544

王丽南 12264, 12265

王丽萍 6701, 6717

王丽强 8423

王丽先 12646

王丽雪 020

王丽岩 526

王丽懿 11350, 12322, 12323

王丽英 5804, 5903, 6136

王利国 2099, 2390, 2755, 3207, 3218, 3284, 3365,
3380

王利华 1971, 2010, 2013, 2051, 2057, 2128, 2428,
2432, 2434, 2448, 3950, 4248, 4486, 4591,
4605, 4641, 4735, 6129

王利军 11989

王利琐 4263

王利锁 1966, 2468, 2946, 4182, 4250, 4279, 4324,

4325, 4404, 4452, 4543, 4560

王利忠 11285

王郦玉 6556

王莉 11744, 11754

王莉华 1268, 6642, 6649, 10613

王莉英 434

王连成 4739

王连城 1971, 2155, 4661, 4744, 4748, 4780, 5558,
5567, 5597, 5654, 5735, 12627

王连法 045

王连海 1522, 10200, 10689, 10713, 10720, 10777

王连平 12857

王连起 8003

王连三 11186, 12178, 12225

王连树 3883

王连维 5693

王连喜 6494

王连元 1150, 4076, 4258, 4271, 4357, 4359, 4405,
4453, 4460, 4477, 4503, 4532, 4544, 4555,
4572

王连增 8941

王莲芬 2210

王莲英 10581, 10601, 10603, 10751

王廉州 1630

王练 5777

王炼 5087, 5093, 5351, 5469, 6382

王良 6062

王良标 11200

王良德 3364

王良士 8041

王良旺 8275

王良莹 4954, 5007, 5118, 5126, 5198, 5226, 5236,
5295, 5311, 5317, 5343, 5509, 5650, 5690,
5765, 5777, 5799, 5808, 5913, 5921, 5934,
5997, 6062, 6089, 6102, 6222, 6360, 6413

王良愉 5919

王良瑜 5459, 5545, 5816, 6049

王良元 8816, 9326

王樑 773

王亮 11681

王亮功 5533, 5585, 5598, 5843, 6279

王亮衡 13067

王烈 4989, 5015, 5652, 5833, 6269, 6309, 6328, 6575

王烈侠 2567, 4179, 4230, 4313

王烈英 5083

王林 110, 131, 135, 480, 481, 973, 1079, 1307, 2120, 3482, 3495, 4961, 5770, 5771, 6407, 6415, 6804, 6806, 12943, 13225

王临乙 2894

王临友 5632, 6049, 6392

王琳 142, 982, 1253, 6720, 10327, 10328, 10329, 10330, 10331

王琳绘 7652, 10221

王霖 12334

王麟进 545, 546, 547

王麟坤 2791, 3215, 3217, 3233, 3283, 3291, 3294, 3299, 3304, 3313, 3315, 3316, 3317, 3328, 3332, 3333, 3335, 3338, 3342, 3345, 3350, 3355, 3360, 3363, 3364, 3365, 3367, 3368, 3378, 3379, 4099

王伶 6239, 8838

王玲 6123, 6672, 6676, 11745

王玲描 5500

王玲琇 13192

王凌 9060, 9990, 12387

王凌波 3485, 3486, 3499, 3505

王凌昆 3374, 3375, 3376, 3382

王凌霄 13196

王翎辉 4814, 4826

王翎徽 2410

王龄 2972

王令康 11056, 11060

王刘纯 7287, 7419

王留鳌 8181, 8266

王留大 9355, 9814, 9836, 9992

王流 6158

王流秋 621, 4890

王柳影 1755, 1794, 2674, 3543, 3555, 3568, 3575, 3589, 3620, 3623, 4513, 4880, 4888, 4889, 4892, 7629, 10241, 10411

王龙生 3236, 3239, 3262, 3367, 7061

王龙章 4925

王鲁闽 9424

王鲁湘 719, 2469, 13295

王鲁豫 030, 032, 853, 8607, 8610, 8650

王履 1515

王履玮 5942, 6160

王履祥 2472

王陆 7370

王录 11162, 13247, 13319

王禄松 2946

王路 592, 2716, 2727, 2757, 2762, 2769, 2775, 2806, 3816, 3868, 5914

王路昌 9311, 10050, 10577, 10594, 10601, 10626

王路明 9464

王路阳 4823

王璐 8513

王麓台 1612

王露 415, 449, 1277, 9309, 10510, 12316

王鸾 6732

王銮波 10745

王乱记 6235

王洛宾 11476, 11507, 11526, 11539, 11741, 11760

王满 11808

王满良 956, 1005, 2161, 2447, 2497, 2510, 2583

王曼 5492

王曼力 12587

王曼生 5924

王曼硕 305, 552, 8558

王曼勋 1186

王茂彬 2028, 2055, 4376, 5352, 6170

王茂才 8790

王茂君 2369, 3885

王茂先 12978

王玫 4709

王眉蔚 6113

王梅生 11370

王梅元 6881

王梅贞 11286, 11291, 12239, 12556

王梅枝 1065

王美 10639

王美德 8847, 9103, 9118, 9312, 9872, 10048, 10057

王美芳 1950, 2341, 3769, 3808, 3809, 3946, 4047, 4074, 4099, 4243, 4281, 5303, 5478, 5490, 5504, 5657, 5658, 5788, 5918, 6124, 6271

王美盛 7318, 7355

王蒙 1535, 1545, 1550, 1565, 2695, 3509, 6820, 8297

王猛仁 479, 2262, 7295, 7637

王孟龙 996, 2652, 4742

王孟奇 2033, 2099, 2118, 2399, 5203, 5213, 5230, 5272, 5611, 5613, 5801, 5908, 5947, 6228

王孟潇 8165

王梦 5414, 5615, 5620, 5714, 5854, 5887, 6058, 6207, 6276

王梦白 1741, 1746, 1751, 1753

王梦弼 8481

王梦禅 9084

王梦飞 2480

王梦赓 7269, 7352, 8277, 8422

王梦湖 921, 2210

王梦辉 6281

王梦生 12742

王梦祥 9082, 9084, 9089, 9098, 9526, 10518

王梦小 768

王米 3495

王宓 1336

王宓草 655

王勉 5552

王冕 1569, 10504

王苗 8891, 8907, 8950, 8980, 9106, 9899, 9982, 10138

王妙如 1708

王民 4739, 6043

王民安 12112

王民惠 8223

王民生 5562

王民修 3443, 3444

王敏 3873, 6463, 7035, 7036, 7076, 7725, 8262, 8786, 9303, 10591, 10699, 10759, 11505

王敏泉 6366

王敏之 6301

王名时 8618

王明 6681, 9515

王明道 12437, 12439

王明九 4010, 7256, 7760, 8153, 8156, 8199, 8208

王明居 040

王明坤 5345

王明立 1998

王明亮 3847

| | |
|---|---|
| 王明敏 | 10860 |
| 王明明 | 6273 |
| 王明前 | 155 |
| 王明石 | 10232 |
| 王明英 | 11512 |
| 王明玉 | 3903, 5766 |
| 王明远 | 8247 |
| 王明泽 | 1392 |
| 王明哲 | 6558 |
| 王明旨 | 10189, 10193 |
| 王明志 | 9030 |
| 王明智 | 8848, 9561, 9565, 9571, 9583, 9689, 9703 |
| 王明珠 | 8957 |
| 王鸣 | 11209 |
| 王铭 | 2583, 4836, 6046, 6115, 6143, 6590, 9517, 9518, 9520, 9919 |
| 王铭显 | 10180 |
| 王铭义 | 3425 |
| 王酩 | 11466, 11472, 12230 |
| 王命夫 | 4892 |
| 王谟 | 10935, 10942, 10943, 11013, 11014, 11320, 11321, 12297, 12326 |
| 王墨臣 | 2691 |
| 王墨清 | 1233 |
| 王默根 | 10274 |
| 王木 | 6210, 6278 |
| 王木弓 | 11942 |
| 王木兰 | 2367, 2381, 3971, 4041, 4077, 4115, 4525, 10503 |
| 王木箫 | 12927 |
| 王牧 | 4857 |
| 王呐 | 5672 |
| 王乃栋 | 7160, 7318, 8228, 8257, 8297 |
| 王乃凡 | 5241 |
| 王乃观 | 4895 |
| 王乃和 | 12769, 12929 |
| 王乃侯 | 4963 |
| 王乃候 | 4949 |
| 王乃人 | 3919 |
| 王乃昭 | 7703 |
| 王乃壮 | 2029, 2211, 2258, 2851 |
| 王南方 | 11929 |
| 王南行 | 4294 |
| 王南滨 | 7336 |
| 王南舟 | 8379 |
| 王楠 | 817 |
| 王念慈 | 1306, 1701, 1703, 1712, 1713, 1715, 1716, 1718, 2437 |
| 王臬 | 649, 650, 651, 653, 654, 655, 656, 658, 661, 930, 931 |
| 王宁 | 5981, 8282, 11094 |
| 王宁宁 | 12580 |
| 王宁平 | 9120 |
| 王宁生 | 10301 |
| 王宁一 | 10848, 12027, 12205, 12206 |
| 王宁宇 | 136, 714, 8611, 10187 |
| 王妞子 | 1005 |
| 王农 | 2211, 2288, 2311 |
| 王潘竹 | 2379, 4733 |
| 王培 | 6366, 6383, 6540 |
| 王培波 | 3855, 5970, 8678 |
| 王培昌 | 2836 |
| 王培栋 | 5332 |
| 王培铎 | 13128 |
| 王培凡 | 12175 |
| 王培方 | 10359 |
| 王培坤 | 5952 |
| 王培堃 | 1236, 1242, 5405, 5516, 5522, 5541, 5554, 5576, 5601, 5619, 5680, 5710, 5718, 5762, 5821, 5850, 5873, 5998, 6303, 6316, 6544, |

6570, 6668, 6669, 6670, 6689, 6690, 6717,
6722, 6725, 6990, 6993, 7006

王培秋　　　　　　　　　　155, 558

王培英　　　　　　　　　　　　11835

王沛　　　　　　　　　　　　　11502

王沛纶　10798, 11107, 12230, 12450, 13008

王佩孚　　　　　　　　　12818, 12889

王佩家　　　　　　　5211, 5230, 5607

王芃　　　　　　　134, 10192, 11124

王朋学　　　　　　　　　　　　8301

王鹏　2405, 2407, 10223, 11178, 11179, 11181

王鹏程　　　　　　　　　　　　2552

王鹏飞　　　　　　　　　2337, 8741

王鹏高　　　　　　　　11322, 12297

王鹏霄　　　　　　　　　　　　6469

王鹏运　　　　　　　　　　　　8536

王澎　　　　　　　　　　　　　13251

王丕来　　　　　　　　　　　　5894

王品瑞　　　　　　　　　　　　5014

王品素　　　　　　　　　　　12052

王平　　　829, 1347, 2225, 3920, 6345, 6519,
6762, 6807, 7517, 7617, 8633, 9696, 9701,
10715, 11532, 13300

王平凡　　　　　　　　　　　　3703

王平陵　　　　　　　　13170, 13172

王苹　　　　　　　　　　　　　1313

王萍　　6541, 6717, 10289, 12630, 13245

王萍逢　　　　　　　　　　　　6469

王珀　　　　　　　　　　　　　12151

王璞　　　　　　　　　　　　　5711

王浦安　　　　　　　　　　　11507

王普之　　　　　　　　　　　　2289

王齐　　　　　　　　　　　　　5056

王其才　　　　　　　　　　　　7353

王其昌　　　　　　　　　　　　7642

王其德　　　　　　　　　　　12139

王其珩　　　　　　　　　　　11878

王其华　　814, 983, 1344, 2534, 2549, 2963

王其钧　5498, 5549, 5611, 5741, 6068, 10590

王其彰　　　　　　　　　　　10728

王其智　　　　　　　2685, 2694, 2702

王奇　　　　　　　　　　5840, 6366

王奇寅　　　　971, 1336, 2251, 4864

王奇志　　　　5466, 5543, 5630, 5987

王颀　　　　　　　　　　589, 811

王琪　　　　　　　　564, 565, 6046

王琪森　　　　　　274, 7292, 8464

王琪霞　　　　　　　　　　　　5291

王琦　091, 218, 291, 365, 473, 494, 505, 518, 528,
1096, 2484, 2855, 2952, 2982, 2990, 3001,
3003, 3004, 3007, 3037, 3041, 6356, 6915,
6923, 8799

王琦绘　　　　　　　　　　　　2981

王琦木　　　　　　　　　　　　2981

王祺年　　　　　　　　　　　　6156

王芑孙　　　　　　7207, 7208, 8019

王屺　　　　　　　　　　　　　1702

王企华　1977, 2157, 3700, 10174, 10405, 10410

王企玫　3689, 4930, 4980, 4989, 5012, 5043, 5056,
5354, 5402, 5508

王企玫　　　　5006, 5012, 5040, 5063, 5075

王杞　　　　　　　　　　　　　5921

王启初　　　　　　　　　8062, 8063

王启帆　　　　6553, 6636, 6657, 6679

王启军　　　　　　　　　　　　3224

王启钧　　　　　　　　　5402, 6454

王启磊　　　　　　　　　　　　1594

王启礼　　　　　　　　　5777, 5842

王启禄　　　　　　　　　5422, 6128

王启民　1137, 5190, 5200, 5265, 5306, 5312, 5342,

5345, 5392, 5468, 5555, 5563, 5695, 5797,
5817, 5894, 5896, 5979, 6032, 6497

王启在　　　　　　　　　7050, 7051
王启中　　　　　　　　　5680, 6007
王千　　　　　　　　　　11530
王前　　　　　　　　　　6979, 7297
王潜刚　　　　　　　　　8119
王茜　　　　　　　2694, 2702, 2707, 2711
王倩　　　　　　　　　　12572
王强 1196, 7323, 7400, 9781, 10075, 10609, 12177
王强华　　　　　　　　　5179
王强军　　　　　　　　　273
王乔申　　　　　　　　　3211
王翘　　　　　　　　　　1570
王巧书　　　　　　　　　9845, 9850
王钦韶　　　　　　　　　13079
王亲生　　　　　　　　　11169
王秦生　　　　　　　1842, 3884, 4086
王琴　　4939, 5496, 5662, 5793, 5799, 5878, 6054,
6130, 6252, 6341, 6550, 11154
王琴舫　　　　　　　　　2488
王勤　　　　　　　　　11498, 11739
王勤金　　　　　　　　　854
王青　　　　　　　　　　9967
王清健　　　　　　　　　6421
王清明　　　　　　　　　5264, 5476
王清泉　　　　　　　　　12162
王清玺　　　　　　　　　8187
王清玉　　　　　　　　10781, 11780
王庆璠　　　　　　　　　045, 585
王庆宏 3496, 6349, 6350, 6435, 6460, 6466, 6529
王庆洪　　　　　　　　　6585
王庆鸿　　　　　　　　　6529
王庆华　　　　　　　　5270, 12119
王庆淮　　　　　　　1817, 1908, 2593

王庆杰　　　　　　　　　2239
王庆俊　　　　　　　　　7431
王庆龙　　　　　　　　　12186
王庆隆　　11222, 12185, 12191, 12491, 12505
王庆明　　　　　1128, 2402, 6057, 6164
王庆平　　　　　　　　　5483
王庆仁　　　　　　　　　13066
王庆升　　　　　　　1843, 1850,
1895, 2492, 2543, 2596, 2599, 2607, 2672,
3895, 3908, 3936, 3946, 3969, 3986,
4010, 4013, 4252, 4267, 4401, 4418, 4609
王庆生　488, 526, 2011, 2614, 4180, 4231, 5605,
6037
王庆台　　　　　　　　　1400
王庆先　　　　　　　　　8270
王庆祥　　　　　　　　　8667
王庆勋　　　　　　　　11213, 12487
王庆宇　　　　　　　　　6087
王庆裕　　　　　1307, 2750, 2753, 3774
王庆珍　　　　　10224, 10594, 10596
王琼　　　　　　　3317, 5521, 5848
王琼儒　　　　　　　　　2288
王秋　　　2412, 2553, 2921, 4906, 11775
王秋贵　　　　　　　　　12946
王秋桂　　　　　12949, 12950, 12952
王秋海　　　　　　　　　10988
王秋蘅　　　　　　　　　1643
王秋菊　　　　　　　　　974
王秋萍　　　　　　　　11383, 12357
王秋霞　　　　　　　5463, 5888, 6097
王蘧常　　　　　　8160, 8208, 8288, 8297
王衢生　　　　　　　　　3874
王全大　　　　　　　3447, 8772, 8778
王全亨 9002, 9010, 9240, 9244, 9341, 9345, 9529,
9530, 9535, 9548, 9573, 9594, 9946, 9947,

| | | | |
|---|---|---|---|
| | 9962 | 王荣辉 | 5874, 5983 |
| 王全仁 | 12043 | 王荣奖 | 3807, 3929, 3952, 4073, 4108, 4336 |
| 王全亭 | 9246 | 王荣坤 | 12044 |
| 王全享 | 9591, 10025, 10045, 10103 | 王荣麟 | 1553 |
| 王全兴 | 4268 | 王荣梅 | 6992 |
| 王泉 | 11887 | 王荣桥 | 11162 |
| 王榷 | 5829, 6091, 6096, 6190, 6209, 6391 | 王荣兴 | 3603 |
| 王群 | 3294, 5492, 5855, 5930, 8759, 9536, 9594, 9607, 9658, 9938, 10041, 11412 | 王蓉生 | 8596, 10733 |
| | | 王如柏 | 8191 |
| 王群生 | 5885 | 王如柏主 | 2283 |
| 王然 | 2149, 2447, 2453, 4826 | 王如岱 | 8256 |
| 王染野 | 12103 | 王如何 | 2753, 4118, 4212, 4409, 6108 |
| 王人聪 | 8457, 8542 | 王如金 | 4966, 5006, 5028, 5042 |
| 王人美 | 11375, 11544 | 王如松 | 7631, 10609, 10610 |
| 王人生 | 8941 | 王如湘 | 11130 |
| 王仁波 | 417, 10511 | 王茹跃 | 5865 |
| 王仁定 | 9145 | 王儒伯 | 2791, 2792, 3232, 4021, 5715, 10408 |
| 王仁钧 | 7191, 7273 | 王汝 | 7816, 7913 |
| 王仁俊 | 7202, 7205, 7214, 7220, 8108, 8515, 10936, 10937, 10938, 11320, 11321 | 王汝法 | 5361 |
| | | 王汝丰 | 6559 |
| 王仁凯 | 7463 | 王汝刚 | 3477 |
| 王仁堪 | 8027, 8034, 8041, 8042, 8054 | 王汝惠 | 6076 |
| 王仁樑 | 12199 | 王汝金 | 5398, 5615 |
| 王刃 | 8750, 8751 | 王汝昆 | 5606 |
| 王任 | 2527 | 王汝兰 | 5844 |
| 王任叔 | 007 | 王汝临 | 10206, 10208 |
| 王日 | 5269 | 王汝源 | 12239 |
| 王日成 | 7427 | 王汝增 | 2094 |
| 王日青 | 5414, 5505 | 王汝珍 | 11180 |
| 王日新 | 3935, 8701 | 王蕊 | 6679 |
| 王戎全 | 6234 | 王锐一 | 8508 |
| 王荣 | 2103, 2574, 2579, 2580, 2581, 2582, 2809, 4311, 4329, 4442, 4509, 4544, 4695, 6105, 6153, 10075 | 王瑞 | 3241, 5400, 5447, 6450 |
| | | 王瑞璧 | 8270 |
| | | 王瑞臣 | 9089 |
| 王荣光 | 8721 | 王瑞芳 | 5470 |

王瑞峰 1636
王瑞华 5520, 5740, 6106, 6159, 8880, 8953
王瑞江 11506
王瑞奎 3921
王瑞林 9053, 12219
王瑞明 3812
王瑞年 11064, 11871
王瑞璞 11728
王瑞祺 13164
王瑞琴 10982
王瑞青 2098, 2103, 2378, 4449, 6798, 10512, 10513
王瑞卿 2135, 2151, 4671, 4751
王瑞清 2387, 3966
王瑞檀 11307, 11309
王瑞娴 11382
王瑞祥 9058, 9306, 9536, 9990
王瑞芸 178, 373, 374, 541
王睿章 8496, 8497, 8498
王润 2683
王润和 7447, 7533
王润民 1278, 2951
王润生 5258, 5334, 5459, 5780, 6525
王润婷 10837, 11243
王润宇 8423
王润滋 5680, 5800, 5810
王若芳 6743, 10285, 10733
王若英 6331
王飒 5577
王三山 8233
王三县 5254
王骚 10686
王森 5359, 6732, 6740, 11682, 11964
王森然 901, 1977, 2211
王僧虔 7657

王山 4931, 6405
王山洪 8309
王善 11341
王善珏 10355, 10362
王善生 1945, 1949, 1957, 1968, 2085, 2086, 2090, 2167, 2350, 2393, 3810
王尚平 1231, 8735
王尚文 2885, 7017
王韶之 5254
王少凡 10249
王少丰 10228
王少鸿 4698
王少华 10899
王少军 11108
王少林 12878
王少伦 2908
王少明 7617
王少培 4428
王少朋 13239
王少普 5509
王少卿 982, 1926, 2014, 2505, 2523, 2636, 2641, 4081, 4116, 4221, 4287, 4605, 10439
王少石 8562
王少堂 6018
王少岩 13240, 13244
王少英 8623
王劭 5116
王绍基 2571, 4005, 4082, 4154, 4289, 4322, 4344, 4362, 4444, 4507, 4602, 5208, 10579
王绍丽 2893, 6762
王绍明 2648
王绍猷 12918
王绍尊 8462, 8579
王社林 6054
王申生 5612, 5807, 5924, 6374

| | |
|---|---|
| 王申裕 | 632 |
| 王诜 | 1539, 1549 |
| 王莘 | 11477, 11532, 11562, 11565, 11579, 11600, 11621, 11623, 11624, 11625, 11661, 11686, 11954, 11963, 12096, 12348 |
| 王莘作 | 11624 |
| 王深 | 5963 |
| 王蓼容 | 10781 |
| 王慎敏 | 8969 |
| 王慎仁 | 3206, 3236, 3261, 3262, 3275, 3287, 3307 |
| 王慎艺 | 3299, 3774, 3861, 3865 |
| 王慎之 | 1699 |
| 王生璞 | 11516 |
| 王生炜 | 4997 |
| 王省吾 | 12309 |
| 王圣才 | 7417, 7507, 7519 |
| 王胜朝 | 5279 |
| 王胜华 | 3847, 5695, 5746, 5883, 6085, 8837 |
| 王胜军 | 3273, 6235, 6334 |
| 王胜利 | 5469, 5628, 6197, 9486 |
| 王胜林 | 630, 8732 |
| 王晟明 | 5052 |
| 王盛昌 | 10868, 12379 |
| 王盛华 | 2527 |
| 王盛烈 | 2052, 2226, 2326, 6598 |
| 王师俭 | 775 |
| 王师颉 | 1814, 5960 |
| 王诗茵 | 3315 |
| 王蓍 | 649, 650, 651, 653, 654, 655, 656, 658, 661, 930, 931, 986, 1642 |
| 王石岑 | 1821, 3583, 3699, 3728 |
| 王石谷 | 1605, 1608, 1653, 1678, 1684, 1685 |
| 王石经 | 8532 |
| 王石路 | 12332 |
| 王石平 | 8467 |

| | |
|---|---|
| 王石友 | 1052 |
| 王石之 | 968, 969, 970, 3391, 8769, 9480, 12827 |
| 王时 | 5806, 6558, 6583 |
| 王时敏 | 779, 801, 1584, 1608, 1616, 1624, 1625, 1630, 1632, 1640, 1649, 1650, 1679, 1685, 1686, 1687, 1692, 1693 |
| 王时一 | 3797, 5433, 5462, 5595, 5759 |
| 王实 | 12599 |
| 王实甫 | 2345, 3044, 5813, 6398, 12131 |
| 王士爱 | 11717 |
| 王士达 | 024 |
| 王士滇 | 8016, 8018 |
| 王士栋展览会美术组 | 5145 |
| 王士圭 | 3506, 3516 |
| 王士坚 | 5440, 5809 |
| 王士杰 | 8167, 8172, 8308 |
| 王士俊 | 5451 |
| 王士美 | 5381, 6135, 6147 |
| 王士笑 | 12949 |
| 王士祯 | 8051 |
| 王士之 | 4961, 4976, 5008 |
| 王世 | 5194, 8456 |
| 王世安 | 12238 |
| 王世尝 | 5702 |
| 王世德 | 13081 |
| 王世端 | 8937, 9063, 9306 |
| 王世芳 | 5240, 5892 |
| 王世阁 | 5260, 5474, 5643 |
| 王世光 | 11620, 11789, 11956, 11958, 11959, 12428, 12430 |
| 王世贵 | 5310, 5561, 5710, 6034, 6039 |
| 王世国 | 7311 |
| 王世虎 | 5143, 5281 |
| 王世杰 | 1510, 7791 |
| 王世坤 | 2102, 4539 |

王世兰 11678

王世龙 2606, 4124, 8699, 8707, 8807, 8890, 8986, 8987, 8992, 9055, 9142, 9219, 9220, 9226, 9227, 9235, 9240, 9333, 9334, 9342, 9528, 9535, 9788, 9789, 9790, 9806, 9829, 9938, 9940, 9971, 9991, 10102

王世民 5310

王世明 10148

王世铭 7811

王世佩 7333

王世平 8980

王世强 3805, 3858, 5310, 6161

王世荣 5539

王世儒 3841

王世声 13282

王世镗 7363, 8126, 8413, 8417

王世伟 12826

王世喜 9140

王世襄 300, 405, 440, 8617, 10617, 10719, 10721

王世祥 3362

王世兴 5265, 5367, 5488

王世一 11045, 11777, 11813

王世元 9876

王世泽 5561, 5591

王世哲 12282

王世贞 732, 738, 739, 773, 774, 2997, 7179, 7198

王世征 7339, 8362

王世忠 9140

王式廓 1385, 2351, 2714, 2729, 2730, 2856, 2858, 2862, 2863, 2913, 3131

王式孟 13277

王式能 8609

王轼铭 13236

王释非 5871, 6042, 6051, 6068, 6077, 6096, 6139, 6140, 6164

王守成 13209

王守惇 7917, 7919

王守公 1256, 1259

王守良 9792, 9803, 10021

王守平 4757, 8848, 9090, 9093, 9097, 9099, 9108, 9122, 9251, 9404, 9556, 9579, 9802, 9821, 9830, 9835, 9836, 9844, 9858, 9862, 9884, 9892, 9893, 9910, 10098, 10125, 10126

王守仁 029, 4889, 8025, 8029, 8031, 8035, 8052, 8054, 8065

王守泰 11149, 11152, 11153

王守欣 12104

王守新 3770

王守信 2383, 4054, 4127, 4134, 4192, 4453, 4578, 4638, 4654, 9953

王守业 3772, 3816

王守宜 1159, 1800, 5250, 5988

王守义 6294, 8394

王守志 2258, 3910, 5219, 5267, 5390, 5888, 5889

王守中 5344, 5469, 5576, 5577, 5580, 5622, 5753, 5857, 6116

王首麟 1330

王寿 12263

王寿春 8862

王寿甸 7439

王寿迈 1053, 1054, 1055

王寿美 9083

王寿卿 7944

王寿仁 7645

王寿庭 11310, 12139, 12274, 12284

王寿曾 8528

王寿之 12770

王受远 11678

王受之 10191, 10198, 10202, 10204, 10373

王绶珊 1029, 1037

王书怀 11627

王书良 106

王书明 6419

王书年 7626

王书朋 5580, 6139, 6235, 6266, 6289, 6418, 6575, 7086, 7098

王书平 2538

王书文 389

王叔晖 1446, 1449, 1760, 1893, 1898, 1899, 1901, 1904, 1905, 2345, 2352, 2357, 2600, 2615, 2631, 3090, 3782, 4024, 4034, 4079, 4882, 4884, 4908, 4917, 5043, 5068, 5369, 5424, 5500, 5516, 5564, 5568, 10439, 10440, 10457

王姝 6728

王淑娥 2119, 2141

王淑晖 2605, 2606

王淑兰 12634, 12635

王淑萍 4431, 4445

王淑琴 5026, 5385

王淑蓉 6899

王淑琰 13222

王淑云 7645, 7648, 7649, 7651

王蜀生 6157

王蜀豫 1248

王曙 8796

王曙芳 10878

王述古 10998

王树 11881, 12178, 12225, 12332, 12338

王树本 7087

王树彬 9141

王树波 4931

王树昌 068, 12693, 12703

王树忱 3448, 6075, 6250, 6273, 6318

王树春 606, 863, 1309, 1393

王树村 295, 321, 333, 793, 1224, 1232, 1233, 1234, 1243, 1327, 1343, 1491, 1675, 2993, 3051, 3064, 3532, 4101, 4748, 4772, 4833, 4866, 10228, 10301, 10705

王树德 8904

王树枫 5301, 5368, 5537, 5986

王树峰 7607

王树锋 7533

王树功 10212

王树谷 1634

王树珩 2003, 4607, 4695

王树华 5219, 5270, 5335, 5357, 5786

王树立 885, 1336, 5614, 5724, 5739, 5809, 5866, 5890, 6062, 6511, 6551, 6591

王树林 1247, 5967, 6018

王树明 1559, 3894

王树萍 12093

王树清 1330

王树人 8298

王树仁 1837

王树生 11258, 11264

王树声 12514

王树薇 13075

王树祥 5349

王树彦 10697

王树艺 2511, 3033

王树元 5083, 5111, 5249, 11860, 11863

王树忠 2311

王树洲 8992

王漱石 7733

王澍 2312, 3709, 4927, 7201, 7250, 7690, 7691, 7692, 7698, 7699, 7700, 7701, 8018, 8022, 8023, 8042, 8048, 8057, 8058, 8091, 13250, 13253, 13275

王澍华 4791, 4800

王双成　612, 1166, 1170, 1171, 1173, 1180, 1181

王双恩　6057

王双贵　3210, 5312, 5463, 5753, 5773, 6086, 6298,
　　　6555

王双宽　1406

王双印　11630, 11961

王双有　12047

王爽　12484

王水　3530, 13237, 13239

王水泊　5815, 6376

王水平　5923

王水琪　2381

王水照　5947

王顺兵　4449

王顺大　7529

王顺发　3836

王顺华　2323

王顺通　10881

王顺兴　620, 1944, 1958, 2010, 2095, 4296, 4354,
　　　4396, 4468, 4499, 4739

王顺舟　10536

王舜来　2239, 2337, 2538

王铄登　7635

王朔　3471, 6519

王司马　3412, 7008, 7009

王司直　655

王思慧　6806, 6862

王思克　11406

王思民　12613

王思任　925, 926, 928, 8014

王思善　468

王思盛　4941

王思新　11280

王思义　466, 1269

王思远　10115

王思镇　3910

王四海　2226, 8438, 10305, 10324, 10325, 10326,
　　　12852

王似锋　1717, 8012

王松　4725

王松春　10035

王松林　10656

王松生　5625

王松引　3146, 3157

王嵩山　10713

王宋　6651

王颂华　055

王颂威　10029

王颂宪　9425, 9856

王颂余　855, 908, 2013, 3774, 3961, 4000, 4079,
　　　4307, 7300, 7322, 7346, 8185, 8227

王苏　6137

王苏江　13245

王苏镇　8261

王俗安　1277

王素　1242, 1612, 1625, 1634, 1646, 3381, 5060,
　　　5079, 5173, 5226, 5323, 5411, 5968, 6124,
　　　6283, 6284, 6374, 6379, 6418, 6426

王素甫·那吉提　11293

王素琴　6493

王素石　11710

王素一　5503, 5566, 5587, 5621, 5635, 5645, 5667,
　　　5682, 5700, 5712, 5722, 5738, 5744, 5764,
　　　5789, 5831, 5839, 5865, 5910, 6096, 6130,
　　　6238, 6250, 6265, 6285, 6289, 6374

王素之　4076

王素芝　4266, 4326, 4395, 4405, 4453, 4460, 4503,
　　　4544

王溯源　8279, 8305, 8314

王愫　467, 470, 1620

| | |
|---|---|
| 王绥先 | 7348 |
| 王绥之 | 10678, 10705 |
| 王太宽 | 5324 |
| 王太学 | 8291 |
| 王泰来 | 10532 |
| 王坦 | 11319 |
| 王棠华 | 9589 |
| 王涛 | 1391, 5308, 7418, 7439, 9512 |
| 王韬 | 3476, 12750 |
| 王禔 | 8358, 8510, 8525, 8526, 8534 |
| 王惕 | 114, 463, 2718, 7608 |
| 王天宝 | 8940, 8943, 9133 |
| 王天葆 | 3308, 4004, 10414 |
| 王天兵 | 118 |
| 王天池 | 1978, 2003 |
| 王天德 | 2323 |
| 王天禾 | 2211 |
| 王天马 | 5789 |
| 王天清 | 546 |
| 王天权 | 9939 |
| 王天任 | 1421 |
| 王天瑞 | 9354, 9802, 9808 |
| 王天胜 | 2697, 3870, 3890, 4026, 4045, 4096, 4380, 4407, 4571 |
| 王天锡 | 1419 |
| 王天一 | 607, 945, 1907, 2530, 2562, 2603, 3592, 3593, 3625, 3986, 4058, 5464, 11341 |
| 王天佑 | 3819 |
| 王天育 | 6756, 8930, 9060, 9288, 9343, 9526, 9547 |
| 王天桢 | 5573 |
| 王天祯 | 5624 |
| 王天柱 | 5397, 5527, 5613, 6054 |
| 王田光 | 3939 |
| 王铁成 | 3836, 4350, 6683 |
| 王铁城 | 2289, 3827, 3902 |
| 王铁锤 | 11304, 12249, 12262, 12263, 12264, 12270 |
| 王铁夫 | 12922 |
| 王铁光 | 9961 |
| 王铁军 | 1318, 2917, 6802 |
| 王铁麟 | 5921 |
| 王铁牛 | 1986, 2643, 2645, 2791, 3916 |
| 王铁桥 | 982, 983, 10779 |
| 王铁生 | 8863 |
| 王铁铮 | 7252 |
| 王铁钟 | 12262, 12263 |
| 王听涛 | 11545 |
| 王廷 | 10997 |
| 王廷臣 | 5305 |
| 王廷鼎 | 10616 |
| 王廷风 | 7156, 8270, 8558 |
| 王廷海 | 11195, 11201 |
| 王廷家 | 5488, 5705, 5888, 5889 |
| 王廷嘉 | 5752 |
| 王廷洽 | 8466 |
| 王廷任 | 5958 |
| 王廷士 | 9645 |
| 王廷仕 | 5795 |
| 王廷祥 | 2252 |
| 王庭玫 | 212 |
| 王庭士 | 13101 |
| 王庭筠 | 7950, 7974, 7975 |
| 王通 | 4972, 5013 |
| 王同辰 | 712, 5246, 7044 |
| 王同君 | 2258 |
| 王同仁 | 997, 1000, 1448, 2099, 2891, 3144, 3679, 3938, 5020, 5061 |
| 王同瑞 | 2053 |
| 王同顺 | 8430 |
| 王同兴 | 10773 |
| 王同旭 | 7651 |

王彤　　　　　　　　　　4079, 6143

王彤轩　　　　　　　　　　　2211

王童　　　　　　　　　　　13319

王童志　　　　　　　　　　11167

王统照　　　　　　　　　　　3058

王图炳　　　　　　　　　　　8070

王图南　　　　　　　　　　11211

王暾　　　　　　　　　5458, 5724

王拓明　　　　　　5013, 5050, 5070

王万录　9392, 9423, 9457, 9870, 10017, 10020,
　　　10021, 10041, 10050

王万禄　　　　　　　9402, 10056

王万喜　　　　　　　3022, 10740

王王孙　　　　　　　　　　　8538

王往　　　　　　　　　　　　3448

王望云　　　　　　　　　　11826

王威　2998, 3680, 5344, 5641, 6106, 6202

王微　　　　　　　　　905, 13198

王薇　　　　　　　　4278, 6212

王薇嘉　　　　　　　　　　　3063

王巍　　　　　6956, 10739, 11582

王韦　　　　　　　　5904, 6099

王为林　　　　　　　　　　　5330

王为相　　　　　　　　　　11811

王为阳　　　　　　　　　　　6694

王为一　　　　　　　13233, 13238

王为政　1861, 1989, 2013, 2561, 2650, 3026, 5403,
　　　5845, 10025, 10434, 10435

王帏　　　　　　　　　　　　6162

王惟　　　　　　　　　　　　5523

王惟震　　　　　　　　5446, 5876

王维　470, 672, 778, 886, 887, 888, 890, 897, 901,
　　　1502, 1522, 10777, 11350

王维宝　1305, 1816, 1850, 1853, 1895, 1922, 1949,
　　　2029, 2435, 2439, 2597, 3736, 3741

王维超　　　　　　　13049, 13153

王维道　　　　　　　　　　　6171

王维德　　　　　　8165, 8218, 8425

王维典　　　　　　　　　　　3781

王维刚　　　　　　　12563, 12823

王维光　　　　　　　　　　　3458

王维海　　　　　　　　　　10706

王维汉　　　　　　　　　　　7375

王维俭　　　　　　　　　　　7621

王维经　　　　　　　　　　　3791

王维钧　　　　　　　　　　　456

王维克　　　　　　4529, 4585, 4715

王维孟　　　　　　　　　　　5251

王维新　1215, 1308, 2858, 2937, 3218, 5036, 5099

王维一　　　　　　　　　　　6613

王维章　　　　　　　　　　　6253

王维真　　　　　　　　　　10967

王维正　　　　　　　　　　　5788

王维忠　　　　　　　10322, 10352

王伟524, 525, 526, 1893, 2048, 3060, 3388, 3937,
　　　6477, 6676, 6731, 7480, 7601, 8831, 8855,
　　　8860, 8861, 8863, 8865, 9132, 9313, 9469,
　　　9471, 9472, 9479, 9482, 9487, 9490, 9508,
　　　9754, 9758, 9762, 9897, 9920, 9921, 9922,
　　　9923, 10093, 10094, 10095, 10099, 10586,
　　　10598, 13240

王伟成　　　　　　　2083, 3736

王伟光　　　　　　　　　　　1401

王伟国　　　　　　5541, 9527, 13270

王伟君　1327, 1971, 2917, 5528, 6608, 6617

王伟茂　　　　　　　4468, 4490

王伟民　　　　　　　5812, 6104

王伟平　　　　　　　　　　　8256

王伟庆　　　　　　　　　　　2966

王伟任　　　　　　　　　　10881

王伟戍 1943, 2392, 2716, 2722, 3216, 3230, 3231, 3275, 3322, 3538, 3572, 3590, 3608, 4030, 4037, 4038, 4341, 4357, 4359, 4378, 4431, 4438, 4469, 4536, 4668, 4814

王伟雄 8309

王伟戌 2072, 3124, 3301, 3555, 3571, 3572, 3616, 3644, 3650, 3677, 3678, 3692, 3728, 3730, 4065, 4069, 4080, 4082, 4092, 4094, 4098, 4102, 4103, 4105, 4111, 4115, 4157, 4162, 4172, 4176, 4180, 4189, 4194, 4203, 4217, 4224, 4227, 4228, 4236, 4247, 4294, 4325, 4339, 4452, 4495, 4535, 4559, 4804, 4830, 4838, 6524, 9480, 10404, 10405

王伟轩 13032

王伟义 6064

王伟瑜 8939

王伟中 1413

王玮 13157, 13202

王玮琦 8768

王炜 031, 3065

王炜昶 13008

王炜群 5821

王炜纂 8527

王卫 5961, 6022, 6186

王卫东 7622, 12049, 12409

王卫国 12916, 12917

王卫军 7605

王卫平 1330, 9498

王蔚 6446

王蔚桦 13076

王温良 2470, 8388

王文 6387, 7321, 7371, 8261, 10580, 12392, 12583, 12683

王文标 4977

王文宾 801, 5202, 13078, 13167, 13283

王文彬 1120, 1123, 2732, 4890, 5024, 6908

王文波 9065, 9068, 9091, 9133, 9257, 9260, 9424, 9713, 9730, 9838, 9897, 9984, 10148

王文灿 4926, 4949, 4954, 4959, 4969, 4976, 4997

王文超 10108

王文德 6409

王文定 8395

王文东 6559

王文度 11373

王文芳 2312, 2431, 2459, 2627, 4314, 4386, 5231

王文峰 8362, 8374, 8394

王文凤 11335

王文甫 8578

王文汉 8070, 12151

王文和 5225, 11158, 13121

王文宏 5270, 5293, 5324

王文花 6443

王文华 3841, 5106, 5234

王文俭 6196

王文江 6283

王文杰 2410

王文锦 5228, 5550, 5661

王文进 9827, 10042

王文娟 13091, 13092

王文军 6498

王文钧 7261

王文康 7420, 7468, 7492, 7527, 7540

王文可 11716, 11730, 11731

王文奎 3517

王文澜 8891, 9035

王文里 1800, 3144, 5104, 5139, 5140, 5143, 5147

王文龙 11836

王文禄 12059, 12060

王文明 5680, 10373

王文倩 2141, 2146, 3824, 4407, 4547, 4740, 4793, 4818, 6520, 6539, 6575, 6589

王文钦 5310, 5324, 5332, 5341, 5386, 5520, 5615, 5772, 6099

王文秋 362

王文泉 8979

王文铨 1754

王文融 192, 193

王文瑞 3367, 6329

王文森 5458, 5700

王文善 3740

王文韶 5564, 5896, 5938, 6212

王文生 6563

王文松 8647

王文涛 3139

王文相 9832

王文祥 10261

王文秀 5637

王文学 9985

王文耀 10968

王文英 12703

王文莹 5640

王文郁 2258, 2543

王文煜 3452

王文章 12886, 13018

王文正 10199

王文治 1609, 1647, 7702, 7703, 8017, 8018, 8022, 8025, 8028, 8042, 8044, 8047, 12106

王文智 5369, 5557, 6016

王文珠 5742

王闻远 738, 7684

王雯 2965, 6255

王问靖 7394

王汶 10864

王汶石 4927, 5130, 5655

王无邪 126, 127, 10209, 10216

王梧生 8745, 8929, 8934, 8966, 9060, 9082, 9109, 9350, 9355, 9356, 9403, 9810, 9865, 9871

王五 5042

王午生 9791

王武 2615, 6254

王物恰 4940

王物怡 4906, 4908, 4940

王悟生 6276, 10226

王西京 872, 2158, 2258, 3248, 3333, 3782, 5196, 5256, 5356, 5408, 5489

王西林 2289, 2501, 5301, 5334, 5413

王西麟 12156, 12160, 12232

王西堂 3954

王西野 2273

王西英 12800

王西元 5460

王希安 4424, 4466

王希弟 5838, 6056, 6764

王希古 12936

王希立 12170

王希平 5381, 5803, 6059

王希奇 1142

王希腾 5196

王希伟 7582

王希尧 7259, 8282

王惜庵 1051

王锡安 9342, 9530

王锡昌 4915

王锡春 5454

王锡侯 7222

王锡珏 2734, 2735

王锡类 4984

王锡良 1766, 1847

王锡麟 3948

王锡其 3778

王锡琪 4012, 4319

王锡麒 2399, 2410, 2642, 3841, 3855, 3859, 4012, 10466

王锡仁 11511, 11882, 11883, 11886, 11907, 11968

王锡维 5285, 5329, 5368

王锡贤 10209

王锡臻 1213

王熙动 11625

王熙西 3061

王熙庸 8668

王熹 2289

王羲之 1030, 7202, 7206, 7214, 7233, 7288, 7302, 7361, 7366, 7370, 7666, 7709, 7713, 7717, 7719, 7721, 7722, 7741, 7772, 7773, 7774, 7775, 7776, 7777, 7778, 7779, 7780, 7781, 7782, 7783, 7784, 7785, 7786, 7787, 7788, 7789, 7790, 7791, 7792, 7793, 7798, 7799, 7800, 7801, 7802, 7804, 7805, 7806, 7807, 7808, 7809, 7810, 7811, 7812, 7813, 7814, 7815, 7816, 7818, 7819, 7820, 7821, 7822, 7823, 7824, 7825, 7851, 7852, 7853, 7858, 7863, 7871, 7949, 8342, 8378, 8420, 8424, 8427, 8428, 8432, 8436, 10438

王羲之 8434

王玺 5219

王玺铭 8461

王喜臣 2808

王喜贵 4654

王喜陵 10986

王喜明 11198

王喜庆 1853, 2274, 3658, 3741, 3824

王系松 2337, 3803, 4048, 4086, 4104, 8652

王遐举 2258, 8199, 8369, 12826

王霞 2816, 12669

王霞梅 11249

王霞宙 1726, 1780, 1792, 1908, 1938, 3558, 3585

王夏刚 5698

王夏媛 10594

王仙圃 2226, 3583

王先睿 028

王先艳 5382

王先云 10224

王贤来 6310, 6569

王贤统 4921, 4952, 4977, 5093

王贤仲 7589

王咸 1627

王咸熙 8126

王显屏 1633

王显诏 1706

王显振 4000

王显中 6134

王显宗 6034

王宪洪 189

王宪增 7371, 8319

王宪忠 12608

王献宾 3768

王献斌 4014

王献唐 8459

王献之 7775, 7776, 7777, 7779, 7780, 7781, 7782, 7783, 7785, 7788, 7789, 7790, 7792, 7797, 7799, 7800, 7804, 7805, 7806, 7808, 7811, 7813, 7814, 7816, 7820, 7821, 7822, 7823, 7824, 7825

王相 1054, 9809

王相成 4482, 5481

王相武 5672

王祥华 10223

王祥之 6616, 8281, 8306, 8335, 8374

王翔 2520, 2534, 4940, 4985, 5143

| | | | |
|---|---|---|---|
| 王向东 | 615 | 王小宁 | 10287 |
| 王向峰 | 033，063，065，069 | 王小牛 | 3493 |
| 王向甫 | 7789 | 王小平 | 6254，9854，10071，11237，11273，12317 |
| 王向明 | 6145，6717 | 王小奇 | 7068，7069，7070，7071 |
| 王向群 | 3800，5796，6092，7091 | 王小钦 | 6213，6548 |
| 王向阳 | 1121，6678 | 王小勤 | 352，10746，10750 |
| 王象山 | 5284 | 王小石 | 4885 |
| 王肖生 | 2886，3303，5480，10393，10612 | 王小松 | 1874 |
| 王宵萍 | 4870 | 王小陶 | 10363 |
| 王小 | 3506 | 王小侠 | 413 |
| 王小柏 | 4386 | 王小讯 | 6085 |
| 王小宾 | 9408 | 王小亚 | 11874 |
| 王小斌 | 5978，6150，6279 | 王小燕 | 2554 |
| 王小滨 | 5577，8666，9456，9476，9477，9751，10137 | 王小祎 | 6702，6708，6710 |
| 王小川 | 812 | 王小鹰 | 2332 |
| 王小飞 | 3320 | 王小勇 | 7386，7934 |
| 王小丰 | 6634 | 王晓 | 1126 |
| 王小钢 | 10137 | 王晓达 | 5699 |
| 王小古 | 2259，2498，2628，3592 | 王晓东 | 6455，9261 |
| 王小河 | 6936 | 王晓恩 | 1138 |
| 王小红 | 6518 | 王晓凤 | 5226 |
| 王小鸿 | 6702 | 王晓红 | 6423，6424 |
| 王小祎 | 6517 | 王晓洪 | 12040 |
| 王小康 | 13198 | 王晓鹄 | 4253 |
| 王小兰 | 2066 | 王晓华 | 8910 |
| 王小林 | 3800，5288，5355，5402 | 王晓辉 | 620 |
| 王小玲 | 11100 | 王晓静 | 2333 |
| 王小路 | 2069，2134，2385，3380，4018，4071，4105，4182，4211，4268，4350，4365，4488，4556，4575，4622，4665，4679，4706 | 王晓军 | 6360 |
| | | 王晓林 | 140，5358，6709，7650 |
| | | 王晓岭 | 11694 |
| 王小玫 | 4423，4574 | 王晓萌 | 11742 |
| 王小梅 | 880 | 王晓明 | 3429，5283，5463，5579，5587，5825，5840，6148，6197，6280，6299，6313，6426，6510，6511，6706，11230，11250，13186 |
| 王小民 | 12041 | | |
| 王小敏 | 3513 | | |
| 王小明 | 187，1836，3224，6862，13071 | 王晓明工作室 | 6586，6587 |

| | | | |
|---|---|---|---|
| 王晓鸣 | 9392 | 王燮元 | 11348, 12079 |
| 王晓娜 | 6927 | 王心昌 | 917 |
| 王晓鸥 | 6010 | 王心其 | 536 |
| 王晓鹏 | 6261 | 王心荣 | 10618 |
| 王晓萍 | 11255 | 王心耀 | 1351 |
| 王晓琴 | 5677 | 王心语 | 13208, 13211, 13214 |
| 王晓秋 | 6074, 6108 | 王辛达 | 2672 |

王晓彤 2966, 10329　　王辛大 1005, 1713, 2203, 4640, 4648, 4793, 5758,

| | | |
|---|---|---|
| 王晓威 | 6427 | 8579 |
| 王晓文 | 197 | 王辛铭　7409, 7493, 7567 |
| 王晓伍 | 5974 | 王忻作　2794 |
| 王晓晓 | 10153 | 王欣　1337, 5266, 5745, 6079, 6333, 6407 |
| 王晓雄 | 3452 | 王欣怡　10890 |
| 王晓燕 | 6590, 7018, 11248 | 王新　2044, 4489, 8936 |
| 王晓阳 | 1143 | 王新宾　4055, 4132, 4845 |
| 王晓勇 | 10181, 10752 | 王新斌　5259, 5447 |

王晓予 2035　　王新滨 2128, 2129, 2146, 2386, 2650, 4010, 4264,

| | | |
|---|---|---|
| 王晓玉 | 6643 | 4301, 4470, 4494, 4561, 4591, 4634, 4718, |
| 王晓筑 | 11731 | 4806, 5688 |
| 王筱堂 | 12973 | 王新福　1930, 1962, 2635, 4358 |
| 王孝 | 8889 | 王新富　5347, 5583, 5658 |
| 王孝刚 | 4630 | 王新华　10300 |
| 王孝纲 | 3973, 4022, 4026, 4240, 4516, 4517 | 王新林　7556, 8957 |
| 王孝乐 | 1299 | 王新伦　979, 5771 |

王孝伶 10721　　王新民 3516, 5243, 6990, 9367, 9811, 9813, 9815,

王孝培 10750　　　　9968, 12790, 13191, 13193

| | | |
|---|---|---|
| 王孝禹 | 7787, 7842 | 王新泉　8256, 8321 |
| 王笑 | 5866 | 王新生　7643, 10125 |
| 王笑林 | 12729 | 王新顺　5338 |
| 王效池 | 3845, 3920 | 王新庭　7345, 7346 |
| 王效恭 | 11259, 11524, 11735, 12408, 12447 | 王新伟　108, 452 |
| 王效宓 | 6388 | 王新月　5345 |
| 王效明 | 5377 | 王新珍　7446 |
| 王效通 | 8496 | 王信　1773, 1805, |
| 王啸平 | 12797, 12811 | 1821, 1837, 2723, 2926, 2939, 2947, 3539, |

3553, 3575, 3610, 3630, 3634, 3704, 3719, 3723, 3796, 3845, 3892, 3901, 4055, 4099, 4226, 4268, 4588, 4633, 8935

王信厚 8814

王信敏 5669

王信威 12137

王兴 6555

王兴邦 1788, 3125, 3658

王兴才 4929

王兴春 4049

王兴华 2135, 2801, 4518, 4548, 4635, 4671, 4679, 4805, 4811, 4827, 12280

王兴吉 3213, 5641, 5862, 6153

王兴建 9373

王兴奎 12271

王兴来 1118, 1125

王兴山 7292

王兴武 11310

王兴章 9118

王兴竹 10223

王星 6726

王星北 3596, 3652, 4948, 4951, 4963, 4966, 4976, 4977, 5009, 5023, 5031, 5044, 5072, 5074, 5080, 5101, 5116, 5134, 5347, 5358, 5360, 5361, 5374, 5378, 5391, 5398, 5425, 5434, 5443, 5567, 5584, 5656, 5697, 5833, 6106, 6488, 6494, 7306

王星富 10679

王星华 6607

王星军 8862, 8985

王星泉 2312, 4944

王星荣 9236

王杏元 5338

王雄韬 5282

王雄伟 4773, 8841, 9463, 9511, 9753, 9762, 9777

王修和 4994

王修龄 449

王修涛 4250, 4260, 4324, 4365, 4441, 5232, 5949

王秀保 4238, 4378

王秀斌 10556

王秀成 692, 3677, 3680, 5037

王秀菊 3576

王秀玲 4813, 4836, 4840

王秀琴 9844

王秀卿 12139

王秀泉 8300

王秀伟 8807

王秀雄 117, 125, 165, 267, 374, 1401

王秀予 1246

王秀宇 697

王绣 2923

王须兴 7460, 8233

王旭 1157, 1257, 3205, 5560, 5833, 5836, 5851, 6646, 8596

王旭东 1314, 3128

王旭统 10647

王旭晓 536

王序 8737, 10189, 10190, 10192, 10193, 10194, 10195, 10220, 10221, 10372, 10765, 10767, 10771, 10772, 10774, 10776

王序梅 8536

王恤珠 1830, 2727, 2733, 2737, 2816, 2828, 3017

王绪阳 2277, 2421, 3559, 4917, 5076, 5327

王绪溢 11162

王絮 12838

王宣 6694

王宣明 4035, 4633, 4699

王宣铭 3448, 3452, 3454, 3458, 3460, 3464, 3465, 3476, 3479, 6364

王宣一 7079

王煊 11195

王玄迈 11529, 11755, 11820, 11930, 12391, 12413, 12432

王绚秋 5154

王学才 2226

王学成 9292

王学聪 3247

王学东 140

王学浩 666, 667, 1634, 1635

王学军 8273

王学林 017

王学明 1967, 2211, 3784, 3815, 3993, 4577, 4586, 4686, 5269, 5406, 5476, 5583, 5791, 6124, 6125, 6172, 6302

王学诗 11734

王学文 7518, 7530, 8283

王学武 3847

王学秀 12728, 12941

王学亚 1149

王学曾 2583

王学忠 4938, 4989

王学仲 044, 533, 691, 2185, 2187, 2314, 7260, 7341, 8191, 8206, 8223, 8304, 8308, 8309

王雪 131, 12385

王雪蕉 973, 999

王雪樵 8209

王雪青 9091

王雪涛 717, 1380, 1427, 1449, 1719, 1723, 1770, 1786, 1805, 1811, 1816, 1822, 1849, 1854, 1858, 1878, 1879, 1884, 1885, 1886, 1887, 1891, 1898, 1910, 1925, 1942, 1943, 1986, 2195, 2502, 2504, 2510, 2512, 2530, 2543, 2547, 2554, 2557, 2587, 2590, 2598, 2603, 2619, 2624, 2628, 2632, 2635, 2652, 2653, 2691, 2699, 2702,

2711, 3650, 4112, 4127, 4272, 4369, 4401, 10405, 10431, 10433, 10440, 10447, 10458

王雪辛 10872

王珣 7780, 10470

王训月 3063, 3815

王汛馨 10744

王驯 5110

王逊 246, 251, 252, 12977

王巽之 12310

王雅各 055

王雅莲 4532

王雅南 598

王雅平 2259

王雅萍 12406

王亚东 5736, 5978

王亚法 5467, 5653, 5743, 5852, 5865, 5954, 5975, 6058, 6143, 6462

王亚凡 11946

王亚非 1235, 3505, 7637, 7638, 10191, 10382, 10396, 10568

王亚夫 8416

王亚辉 9347, 9560, 9797, 9961, 9963

王亚军 6407

王亚南 6239

王亚妮 6757

王亚平 091, 1147, 1189, 4887, 5096, 5415, 5454, 5490, 5500, 5502, 5698, 5721, 5856, 6000, 11277

王亚琴 7654, 10339

王亚卿 3329, 3338, 5869, 5961

王亚维 13158

王亚珍 10687

王烟生 088

王延凤 5465

王延海 5577, 5723, 6018, 6066, 6143

王延林 7500, 8362
王延青 6262
王延羽 10387
王严叟 7978
王言 8840
王言昌 1854, 1956, 2024, 2034, 2373, 3820, 3925, 3937, 4065, 4130, 4494, 10706, 10716
王妍 3935
王岩 1147, 1246, 1373, 4973
王岩章 2100, 10487, 10505
王炎 5107, 13232
王炎林 2402, 2412, 3296, 3309, 3316, 3327, 3337, 3347, 3362, 3994, 4052, 4223, 5018
王炎钊 1807
王衍 2949, 10283
王衍康 12751
王衍志 2947
王砚波 6383
王砚辉 8321, 8438
王彦 10746
王彦斌 3486
王彦发 155, 320, 1137
王彦萍 2904
王彦增 8222
王艳君 12119
王晏卿 12115
王宴 2034
王宴俊 10215, 10216
王宴卿 12111
王雁 2614, 3849, 4178, 4205, 9219, 9292, 10461
王雁波 11257
王焱 11114
王燕 11510
王燕安 4314
王燕春 488

王燕德 1154, 1189
王燕芬 6386
王燕浪 473
王燕民 2886
王燕樵 11642, 11948
王燕如 10345
王燕生 5883
王燕童 3506
王扬 5920
王阳君 7526
王阳明 8098
王杨 6493
王遥 3124
王瑶安 8626
王曜忠 10595
王耀 5746, 5823, 8536, 10741
王耀斌 7375
王耀华 082, 2274, 10832, 10893, 10907, 10909, 10916, 10917, 10967, 11270, 11338, 11339, 11945, 12134, 12226
王耀南 5354, 5456, 6174, 6374
王耀荣 5077
王耀生 4675
王耀庭 800, 904, 1400, 8647
王耀伟 5586, 5907
王耀祥 5487
王耀璋 3203, 3220, 3253
王也良 3233, 3291, 4001
王野 4779, 4817, 10745
王野军 4977
王野翔 2410
王业刚 8312
王业伦 6685
王业伟 7264, 7411, 7412, 12941
王一 9628, 10879

| | | | |
|---|---|---|---|
| 王一波 | 7486 | 王怡 | 5424, 6123, 6186, 11242 |
| 王一川 | 069, 3516, 13213 | 王怡红 | 035 |
| 王一地 | 5827 | 王宜娥 | 459 |
| 王一丁 | 4880, 7486 | 王宜亮 | 6215 |
| 王一定 | 2071, 2144, 2381, 3276, 3377, 3384, 4347, 4546, 4660, 4686, 4776, 4828, 4837 | 王宜明 | 7379, 8393 |
| | | 王宜秋 | 8498 |
| 王一帆 | 6319 | 王宜胜 | 3272 |
| 王一菲 | 4984, 4993 | 王宜文 | 13196 |
| 王一峰 | 12733 | 王宜旱 | 7373, 7820, 8401 |
| 王一夫 | 4871, 4872 | 王贻芬 | 4937 |
| 王一涓 | 6351 | 王以忱 | 4090, 5569, 6089 |
| 王一民 | 13127 | 王以敬 | 8309 |
| 王一鸣 | 988, 1865, 1939, 1952, 1974, 2568, 2616, 2627, 3986, 4074, 4077, 4125, 4140, 4168, 4221, 4377, 4450, 4609, 4672, 4790, 5518, 10268, 10321, 10322, 10381, 10578, 10592, 10753, 10755 | 王以坤 | 1067 |
| | | 王以良 | 12357 |
| | | 王以平 | 5962, 6455 |
| | | 王以时 | 2106, 3013, 5745, 5854, 6003 |
| | | 王以卓 | 11734 |
| 王一宁 | 5809 | 王宸昌 | 226 |
| 王一迁 | 10305 | 王弋 | 4946, 4954, 4974, 4999 |
| 王一琴 | 2647 | 王弋丁 | 062 |
| 王一权 | 4101 | 王义 | 9040 |
| 王一桃 | 114 | 王义钢 | 154 |
| 王一亭 | 1393, 2397, 2573, 2627, 10490 | 王义功 | 2323 |
| 王一韦 | 7815 | 王义骅 | 7396 |
| 王一先 | 1090 | 王义炯 | 3463, 6719 |
| 王一新 | 8248, 8282, 8392 | 王义来 | 12557 |
| 王一秀 | 3502 | 王义廉 | 8172 |
| 王一影 | 4871 | 王义平 | 12149, 12233 |
| 王一云 | 5215 | 王义璞 | 6191 |
| 王一之 | 4546 | 王义胜 | 879, 1864, 2120, 3236, 3246, 3257, 3269, 3276, 3930 |
| 王依 | 6481 | | |
| 王依群 | 11406, 12101, 12115 | 王艺生 | 12934 |
| 王沂东 | 1075, 2809, 3998 | 王忆贫 | 1109, 6092, 6193 |
| 王沂甫 | 11350, 12322, 12323 | 王屹南 | 10590 |
| 王沂蓬 | 135 | 王亦秋 | 3500, 4897, 4955, 4976, 4977, 5023, 5049, |

5052, 5055, 5080, 5099, 5129, 5134, 5139, 5238, 5263, 5274, 5340, 5349, 5350, 5357, 5360, 5361, 5369, 5374, 5398, 5406, 5455, 5486, 5569, 5615, 5673, 5798, 5884, 6106, 6148, 6347, 6474, 6494, 6977

王易 6572

王易风 12943

王易罡 564

王易虹 4667

王易今 12415

王绎 470, 868, 10232

王奕法 9522

王奕秋 5697, 5705

王奕贤 12407

王益砾 5545, 5619, 5952, 5989, 5993, 6021

王益论 680

王益友 12379

王逸 680, 1330, 2326, 5425, 5431, 5442, 5475, 5493, 5500, 5501, 5536, 5545, 5581, 5583, 5587, 5592, 5601, 5604, 5606, 5624, 5632, 5639, 5644, 5650, 5651, 5657, 5674, 5677, 5681, 5695, 5702, 5706, 5718, 5720, 5737, 5749, 5766, 5782, 5801, 5812, 5819, 5848, 5854, 5860, 5913, 5968, 5974, 5979, 5984, 5990, 5994, 7382, 13235, 13241, 13243, 13244

王意成 10607

王毅 503, 6017, 7396, 9441, 9442, 9691, 10010, 10079

王翼奇 8427

王懿荣 7752, 8022, 8030, 8037, 8053

王荫南 8525

王音 6034, 6089, 6107, 6136, 6146

王愔 7241

王吟秋 12086

王垠生 185

王银华 5289

王寅 1596, 1598, 1601, 1602, 1603, 7147

王寅申 5750

王印权 5726

王应麟 3473

王应麒 8481

王英 1877, 1919, 1934, 1947, 1961, 2015, 2043, 4503, 4508, 4545, 4584, 9550, 10094

王英钢 2337

王英恒 9098, 9250, 9360, 9361, 9362, 9378, 9525, 9529, 9531, 9535, 9538, 9546, 9554, 9555, 9573, 9590, 9795, 9831, 9964, 9965, 9966, 9967, 9968, 9969, 10035

王英华 10805

王英奎 11250

王英力 12591

王英眉 11126

王莺 6731, 6733, 6742

王瑛 2878, 10220, 10312, 10319, 10608

王鹰 871, 11207, 11208, 11209, 11210

王迎 522

王迎春 1827, 1829, 1861, 2882, 3970, 3989, 6147, 6278

王迎晓 2981

王荧 9552

王莹 1916, 7006

王赢 870

王嬴 1642

王颖 5307, 5452, 6050, 7019, 9128, 10031, 10814, 11227, 11510, 12499

王影 472, 473, 824, 2467, 5119, 6770, 8278, 10891

王影兵 3277, 4397

王庸声 3451, 3476, 3504, 3507

王镛 212, 350, 373, 377, 2049, 2463, 5334, 7728,

7729, 8130, 8189, 8240, 8290, 8568, 8605

王永 13237

王永波 6731, 6732, 6733, 6742

王永才 1820, 1834, 1868, 3802

王永忱 2571

王永春 4989

王永德 7356, 7378, 11167, 11313, 11314, 11315, 12286

王永干 315

王永豪 3593, 3627, 3704, 5010, 5422, 10411

王永宏 13235, 13236, 13296

王永华 3874

王永惠 5232

王永江 5508, 5538, 5750, 6428, 7540

王永杰 10256

王永敬 818, 12694

王永康 048, 5072

王永宽 12785

王永乐 5451, 5557

王永丽 068

王永亮 2476

王永年 1800, 12932

王永琪 3942, 4393

王永强 1823, 3274, 3313, 3331, 3360, 3364, 5490, 5576, 6550, 8897

王永钦 2955

王永沁 7405

王永庆 5334

王永泉 11611, 11961

王永容 13232

王永升 3716

王永生 8744, 8942

王永先 463

王永祥 3288, 5279, 5283, 5367, 5400, 5409, 5414, 5432, 5550, 5616, 5631, 5803, 5831, 5891,

5910, 5917, 5919, 5938

王永兴 808, 5332, 5922, 7291, 8184

王永焱 9060

王永扬 3076, 3091, 3098, 3112, 3123, 3145, 4911, 4996, 5057, 5066, 5075, 5084, 5095, 5579, 6039, 7087

王永杨 2804

王永耀 5261, 6249

王永振 11252, 11264, 13239

王永志 6037

王泳声 12123

王勇 101, 1077, 5678, 5715, 6439, 6519, 8837, 8844, 8845, 9447, 9450, 9491, 9875, 9899, 10120, 12953

王勇健 6388

王勇军 11514

王勇扬 5021

王涌 1193

王尤君 11799

王友怀 10599

王友林 5626

王友农 1811

王友齐 6976

王友石 2418

王友谊 7406, 8351, 8361

王友英 13009

王友政 5211

王有嫦 632, 2949

王有朋 7390

王有政 2337, 2402, 2412, 3944, 4001

王有志 2274

王有宗 2549, 2877, 3094, 4048, 4368, 9899

王又文 3516, 5325, 5345, 5470, 5520, 5579, 5638, 6218, 6439, 6454, 6469, 6543, 6710

王右军 7787

王余　　616
王余九　　5456
王渔父　　1729, 1773, 2498, 4279
王渔洋　　1631
王瑜　　10373
王愚　　4868, 4869, 4871, 8310
王予生　　11145
王予祥　　9402
王宇　　3448, 3455, 6215, 6942
王宇飞　　7356, 8005, 8399, 8400
王宇红　　8786, 8791
王宇轮　　11375
王宇文 2348, 3667, 4962, 4982, 5061, 5065, 5067,
　　5233, 5535
王羽　　1821, 3861, 4990, 12204
王羽年　　8895
王羽天　　2837
王羽仪　　1965
王雨生　　5232
王禹　　9533
王玉　　2153, 4990, 5110
王玉北　　3499, 3500, 3502, 3515
王玉炳　　3297, 3320, 3344
王玉成　　5323, 5504, 5522, 5859, 10971
王玉池 2006, 2433, 2441, 2446, 4304, 4437, 4610,
　　4695, 7158, 7308, 7363, 7734
王玉春　　5492
王玉方　　3138, 3139, 3159, 3292
王玉峰　　2116, 10330
王玉根　　10396
王玉胡　　5082
王玉辉　　3054
王玉剑　　12831, 12832
王玉杰　　2274
王玉珏　　1798, 1799, 1810, 1835

王玉宽　　8282
王玉礼　　3491
王玉良 1176, 2240, 2289, 2328, 5296, 5308, 5310,
　　5512, 5639, 5781, 5814, 5870, 6182, 6183,
　　6440, 6459, 6484, 6509, 8676
王玉琳　　5623
王玉龄　　115
王玉龙　　2799
王玉美　　11135
王玉平　　3932, 4054, 4154, 4234, 4265
王玉萍　　1923, 2507, 2825, 3916, 12993
王玉琦 607, 2110, 2825, 3041, 3758, 3767, 3789,
　　4354, 4371, 4491, 4557, 4566, 4631, 4634,
　　4683, 4694, 6104
王玉清　　6169
王玉磬　　11876
王玉泉　　3122, 3560, 3644, 4211, 5529, 5625,
　　10427
王玉群　　6366, 6369
王玉如　　8497, 8498, 8515
王玉山　　6903
王玉田　　11512, 12071, 12075, 12085, 12086
王玉文　　12931
王玉西　　11039, 11494, 11619, 11626, 11957,
　　11961, 12095, 12170
王玉玺　　8310
王玉孝 7524, 7528, 7530, 7533, 7603, 7613, 7614
王玉兴　　1247
王玉珍　　12994, 13020
王玉琢　　7076
王育生 5394, 5416, 5481, 5538, 5619, 5700, 5779,
　　6055, 12733
王育苏　　11742
王育英　　6207
王昱　　665, 1642

王钰　475, 4532

王钰珉　3885

王域平　11235

王遇龙　12769

王裕安　288, 6864, 6902

王裕娟　6522

王裕民　1249

王裕文　530

王裕祖　8113

王煜　1887

王誉声　10927, 10972

王毓春　5105

王毓国　10148

王毓建　11173

王毓麟　10855, 11277, 12442

王毓如　5845, 5978

王毓贤　843

王毓祥　5383, 12120

王豫生　11119, 11871

王渊华　8321

王渊清　7359

王元　11833, 12591

王元方　11952, 11956

王元福　10367

王元军　7350, 7392

王元美　5659

王元贞　190

王元珍　559, 587, 2825, 3218, 3240, 3351

王原坚　5851

王原祁　658, 667, 668, 774, 775, 781, 1443, 1608,
　　1612, 1620, 1624, 1631, 1632, 1633, 1635,
　　1637, 1638, 1640, 1645, 1646, 1648, 1650,
　　1665, 1688, 1692, 2696

王远　5963, 6459, 6489, 6491, 6496, 6498, 7781

王远鸿　4947

王远廷　12955

王愿坚　5103, 5107, 5126, 5361, 5387, 5398, 5416,
　　5427

王曰诚　5076

王曰新　1949

王月行　6940

王月琴　5530

王月昇　9101

王岳　12357

王岳川　046, 7349, 7352

王岳阳　9093

王悦　9143

王悦嫚　7016, 7022, 7028, 7029

王悦之　1389

王跃　455, 12955

王跃进　8825, 13107

王跃林　4354, 4386

王跃年　883, 8914

王跃生　4014

王越　7525, 7526, 7534

王越丰　8951

王越恒　12119

王云　829, 1624, 1725, 6014, 6246,
　　8227, 10711, 11195, 11198, 11203, 11899,
　　12482, 13235, 13245

王云福　9967

王云甫　5959

王云高　5535, 5596, 5689

王云根　8822, 8824, 13115

王云光　5132, 5298, 5363, 5654, 5958

王云鹤　2952, 3440

王云珩　7319

王云阶　7241, 8981, 11110, 11137, 11150, 11375,
　　11415, 11568, 11772, 11893, 12225

王云林　1133

王云缦 13060, 13077, 13135, 13137, 13140, 13185

王云朋 7299, 7300

王云鹏 1330, 5584, 5889

王云起 5744

王云五 170, 241, 8061

王云轩 1704

王云英 10224

王云庄 2204

王芸阶 1603, 1678

王昀 8820, 9384

王昀选 6229

王筠 4758, 10309

王允昌 8172, 8256

王允功 10788, 10789, 11032, 11038, 11043, 11167, 11177, 11178, 12488

王允恭 3967

王运昆 8273

王运升 5303

王运天 1688, 8288, 8351

王恽 1461

王韵凤 10317, 10711

王蕴 12646

王蕴明 12703, 12899, 12957, 13019

王载德 7086

王再 10715

王再佳 1182

王再天 8219

王赞勋 8507

王造星 10307

王则武 11306

王泽 3431, 3432, 3436, 3509, 3510, 11261

王泽博 10225

王泽夫 1411, 4416, 4530

王泽焕 1810, 5239

王泽民 3136

王泽明 12129

王泽南 12627

王泽仁 8225, 8307

王泽松 7592

王增 7598

王增地 7044

王增福 2161, 4554, 4654, 6152

王增惠 4102, 9525

王增扬 351

王增寅 7034

王展旗 11170

王占臣 8904

王占春 12634

王占海 9311

王占军 5701

王占君 5888, 5889

王占山 12989, 12990, 12992, 12993

王占武 5548, 5941

王战 5681

王战军 5551, 5683, 5701, 6300, 6367

王章富 6659

王章恒 2074, 2092, 2447, 2454, 4662

王钊 1619, 5331, 6603

王昭灿 2034, 2095, 2122, 2130, 2151, 4813, 4836, 4840, 4857, 4866

王昭明 2618

王昭琪 12310

王昭仁 586, 10925

王昭荣 8971, 8991, 8992

王兆海 6440

王兆麟 13299

王兆平 3879, 5370

王兆乾 12102, 12108, 12946

王兆荣 1826, 1849, 2841, 3887, 3932, 3978, 4425, 4440

| | |
|---|---|
| 王兆山 | 5248 |
| 王兆田 | 5691 |
| 王兆相 | 3730 |
| 王兆兴 | 8503 |
| 王兆雄 | 12591 |
| 王兆一 | 076 |
| 王兆与 | 8508 |
| 王兆宇 | 11292, 12246 |
| 王兆泽 | 8699 |
| 王照光 | 5111 |
| 王照运 | 5775, 5904 |
| 王肇达 | 3300, 3303, 5590, 5725, 6250 |
| 王肇翰 | 8651 |
| 王肇基 | 8513 |
| 王肇民 | 497, 2891, 2926, 2938, 2945, 2966 |
| 王肇岐 | 5567, 5721, 5935, 6042, 6270, 6498 |
| 王肇歧 | 5416, 5461, 5492, 5854, 5904 |
| 王肇庆 | 3924, 6024, 6113, 6280, 6293, 7144 |
| 王哲夫 | 4870 |
| 王哲平 | 073 |
| 王哲贤 | 5125, 5260 |
| 王喆 | 10597 |
| 王者茂 | 6757 |
| 王珍珍 | 13159 |
| 王真 | 3752, 5069, 5127 |
| 王真华 | 11098 |
| 王真理 | 4361 |
| 王祯和 | 13114 |
| 王臻善 | 171 |
| 王振 | 326, 331, 2476, 11836 |
| 王振德 | 049, 262, 321, 498, 499, 531, 688, 700, 907, 1512 |
| 王振东 | 3849, 5136 |
| 王振栋 | 5003 |
| 王振刚 | 5563 |

| | |
|---|---|
| 王振海 | 5715, 5843, 6426, 6427 |
| 王振湖 | 11349, 12621 |
| 王振华 | 368, 5861, 6109, 6346, 6970, 6971, 6972, 6973, 7081, 7082, 7083, 7084, 7085, 7086, 9291 |
| 王振杰 | 10086 |
| 王振考 | 5298 |
| 王振坤 | 5780 |
| 王振良 | 3073 |
| 王振民 | 5704, 5760, 5846, 6484, 8630, 8691, 8705, 8707, 8897 |
| 王振明 | 4826 |
| 王振鸣 | 5691 |
| 王振谋 | 1340 |
| 王振朋 | 1547 |
| 王振鹏 | 1530, 6822 |
| 王振起 | 8417 |
| 王振山 | 5624, 8725, 8752, 11189, 12477, 12478, 12827 |
| 王振声 | 1697 |
| 王振太 | 3382, 4543, 5346 |
| 王振文 | 5003 |
| 王振先 | 11337, 12278 |
| 王振贤 | 1812 |
| 王振祥 | 4752 |
| 王振翔 | 5264 |
| 王振勋 | 7464 |
| 王振业 | 6096 |
| 王振羽 | 1972, 2061, 2080, 2102, 2121, 2125, 2126, 2127, 2135, 2137, 2139, 2160, 2168, 2389, 2395, 3775, 3999, 4042, 4547, 4592, 4631, 4698, 4702, 4714, 4747, 4779, 4781, 4809, 4827, 4832, 4833, 4835, 4836, 4843 |
| 王振裕 | 5324 |
| 王振中 | 2185, 2256, 2594 |

王震　037, 048, 498, 528, 534, 551, 1697, 1698, 1699, 1700, 1703, 1707, 1711

王震坤　3492, 3512, 5662

王震球　409

王震亚　11038, 11039, 11073, 11095, 11115, 11413, 11882, 12052

王震元　147

王震云　10652, 10653

王镇　5478

王镇华　10914

王镇元　8941

王镇远　7303

王争　4889, 4892

王征　3937, 4207, 5447, 5471, 5592, 5704, 5930, 5962, 5964, 5993, 6066, 6108, 6137, 6498, 6625, 7829

王征发　2893, 6632

王征烨　9607, 9627

王征远　320

王征著　880

王峥　6113, 6280, 6293

王铮　1277, 10298, 10299, 10575

王正　1767, 5361, 5372, 5546, 5750, 5765, 5816, 5855, 5880, 5882, 6015, 6071, 6145, 12690, 12909

王正宝　9125

王正保　9093, 9240, 12988, 12989, 12993

王正春　13019

王正非　10252

王正锋　8211

王正来　11876

王正良　7423, 7427, 7432, 7440, 7455, 7456, 7466, 7472, 7476, 7483, 7485, 7487, 7488, 7529, 7530, 7535, 7549, 7550, 7555, 7556, 7574, 7582, 7598, 7605, 7612, 7613, 7615, 7616, 7617, 7625, 7779, 7802, 8285, 8298, 8336, 8338

王正平　3954, 5745

王正强　11154, 11157, 11161, 12952, 12970

王正棠　7316

王正伟　5674

王正文　4912

王正玺　3912

王正湘　5114

王正祥　12055, 12056

王正雄　1343, 2828, 10365, 10655

王正中　11007

王政平　6151

王之臣　557, 558

王之铎　11947

王之风　8817, 9384, 10039

王之枫　6210, 6278

王之干　11019

王之光　8801

王之海　857, 950, 970

王之涣　8177, 8190

王之江　2948, 8633, 8670

王之静　1707

王之烈　160

王之鳞　8310, 8438

王之麟　8316

王之屏　152

王之伟　3426

王芝滨　7579

王芝瑜　5691

王知敬　7936

王知十　11938

王执平　3915, 4305

王直　2240, 5938

王植伦　8655

| 王跖 | 6455, 6537 | 12288 | |
| 王芷章 | 11137, 12749, 12750 | 王志梧 | 5402 |
| 王至元 | 023 | 王志武 | 12851 |
| 王志安 | 3817, 8469 | 王志祥 | 5746 |
| 王志斌 | 9102 | 王志新 | 4993 |
| 王志超 | 12187 | 王志学 | 10336 |
| 王志成 | 9076, 9095, 9105, 9411, 9443, 10879, 13080, 13130 | 王志怡 | 11866 |
| | | 王志艺 | 5112 |
| 王志诚 | 9405 | 王志英 | 3106, 3573, 3601, 4904, 4924, 4990, 9224, 9225, 10047, 10242, 10581, 10591 |
| 王志城 | 9253 | | |
| 王志冲 | 5497, 5611, 5700, 5730, 5748, 5865, 5970, 6212, 6217, 6218, 6224, 6233, 6310, 6693, 7135 | 王志勇 | 10334 |
| | | 王志渊 | 5702, 9376, 13015 |
| | | 王志章 | 8757, 13282 |
| 王志春 | 6694 | 王质 | 652, 654, 930, 931 |
| 王志刚 | 11948 | 王治 | 6000 |
| 王志宏 | 3722, 4367 | 王治河 | 041 |
| 王志华 | 7448 | 王治华 | 5595, 5997 |
| 王志蕙 | 10596 | 王治环 | 322 |
| 王志坚 | 9921, 9922 | 王治君 | 10219 |
| 王志健 | 12853 | 王治普 | 5782 |
| 王志杰 | 4675, 11721 | 王治喜 | 2582 |
| 王志君 | 1347, 5298 | 王致青 | 4030, 4057, 4095, 4166, 4224 |
| 王志良 | 10992 | 王智 | 5791, 6204 |
| 王志林 | 959, 2506 | 王智敏 | 418 |
| 王志隆 | 4084, 4234, 4324 | 王智明 | 153, 1157 |
| 王志敏 | 069, 8461, 10641, 13078, 13080 | 王穉登 | 466, 746, 749, 846 |
| 王志明 | 2472, 3700, 4793 | 王中 | 6178, 6201, 11037, 11962 |
| 王志平 | 2075, 8891, 10754 | 王中成 | 4898, 13238, 13240 |
| 王志强 | 127, 2581, 4590, 4669, 4700, 4721, 6056, 8843, 8851, 8951, 9030, 9376, 9434, 9443, 9466, 9468, 9647, 9722, 9727, 9738, 9875, 10000, 10069, 10075, 10076, 10080, 10110 | 王中国 | 10823, 11485, 11493, 12382 |
| | | 王中和 | 5214, 5285 |
| | | 王中民 | 4440 |
| | | 王中年 | 709, 710, 722, 922, 2448, 2463, 4399, 5614, 10660 |
| 王志仁 | 1370 | | |
| 王志维 | 1062 | 王中琪 | 1815 |
| 王志伟 | 5360, 5947, 9723, 11337, 12266, 12286, | 王中仁 | 2543 |

王中枢 13295

王中秀 5662

王中一 2376, 2440, 3242, 3287, 3854, 4044, 4140,
4420, 4426, 4511, 4622, 4670

王中义 1121

王中影 4140, 4426

王中州 482

王伀 1113

王忠 12622

王忠德 1393

王忠弟 2801

王忠根 9951

王忠国 8176, 8427

王忠家 9865

王忠民 6562

王忠明 13132

王忠年 2011, 2434, 2641, 4065, 4167, 4242, 4298,
4309, 4406, 4555, 4556, 4616, 4631, 4633,
4672, 4695

王忠山 9772, 9919, 10007

王忠义 2158

王忠瑜 5413

王钟 5862

王钟虎 9068, 9074, 9834, 9845, 10044

王钟麟 12057

王种丙 11337

王种玉 3817

王仲 288, 5300, 9076

王仲丙 12311

王仲初 1625

王仲虎 9347

王仲莉 3910, 3956, 4098

王仲林 3956

王仲清 1912,
1913, 2226, 2625, 2637, 2647, 3083, 3555,

3639, 4143, 4193, 4237, 4240, 4914, 4928,
5009, 5063, 5064, 5081, 5126, 5139, 5151,
5155, 5268, 5955, 10465, 10491

王仲山 1570, 2665, 5198, 5208, 5329, 5362

王仲武 8270

王仲祥 12758

王仲宣 025

王众 10373

王重二 5030, 5063, 5074

王重圭 5561, 5615, 5633, 5680, 5683, 5701, 5703,
5710, 5731, 5737, 5861, 5970, 6021, 6152,
6228, 6359

王重敏 1273, 1338, 3125, 3138

王重义 4950, 4954, 4957, 4967, 5012, 5049, 5050,
5073, 5109, 5127, 5134, 5458, 5460, 5506,
5518, 5521, 5605, 5713, 5728, 5798, 5909,
6050, 6131, 6327, 6391, 6431, 6540

王重英 3803, 5561, 5633, 5680, 5688, 5737, 5965,
5970, 6013, 6152, 6228, 6327, 6484

王周生 5275

王珠惠 7050

王珠珍 8693, 10310, 10567, 10691

王竹林 12278, 12585

王竹溪 7432

王主玉 019

王著 7707, 7710, 7711, 7835

王铸 4305

王铸九 2489

王壮弘 7666, 7722, 7761, 7868

王壮为 216, 1954, 7398, 8202, 8336

王壮义 13239

王倬 9996, 11676, 11910

王卓 11411, 11489, 11938, 11940, 12092

王卓模 11971

王卓予 8634, 8670

| | |
|---|---|
| 王琢 | 685, 686 |
| 王滋华 | 5276, 5291, 5294, 5425 |
| 王子 | 2878 |
| 王子翀 | 2145, 4555, 4572 |
| 王子初 | 11304 |
| 王子淦 | 10670, 10678, 10684 |
| 王子和 | 3207, 3282, 3869, 5257, 5298, 5388 |
| 王子健 | 994, 5598 |
| 王子均 | 1272, 1474, 7626, 10238, 10239 |
| 王子亮 | 5736 |
| 王子武 | 1438, 1822, 2014, 2353, 2355, 2592 |
| 王子希 | 3749 |
| 王子祥 | 9425, 9677, 10623, 10626 |
| 王子学 | 2017, 4721, 5265 |
| 王子训 | 5308 |
| 王子野 | 12822 |
| 王子云 | 8606, 8628, 8631, 8650 |
| 王子振 | 1708 |
| 王梓 | 6279 |
| 王梓园 | 1376 |
| 王自立 | 3305 |
| 王自强 | 11348 |
| 王自修 | 2259 |
| 王宗 | 10763 |
| 王宗诚 | 2136 |
| 王宗法 | 13155 |
| 王宗光 | 2046 |
| 王宗岚 | 3631, 5257 |
| 王宗鹏 | 7622 |
| 王宗炜 | 9230 |
| 王宗侠 | 465 |
| 王宗炎 | 764, 7239 |
| 王宗云 | 9230 |
| 王宗周 | 2745 |
| 王祖德 | 2026, 2439, 2452, 3972, 4157, 4667, 4714, 4715, 5253, 10431, 10448 |
| 王祖光 | 8519 |
| 王祖鸿 | 11835, 12085, 12086 |
| 王祖军 | 2390, 3374, 3875, 3954, 3956, 4106, 4170, 4318, 4401, 4471, 4532, 4581, 4589, 4717, 4795, 4828 |
| 王祖民 | 5675, 6137, 6165, 6371, 6390, 6460, 6493, 6940 |
| 王祖模 | 9532 |
| 王祖强 | 9225 |
| 王祖威 | 4920, 4987 |
| 王祖毅 | 5275, 5321, 5698 |
| 王祖珍 | 3556 |
| 王尊义 | 3073 |
| 王遵义 | 1835, 1842, 1870, 1947, 3285, 3316, 3337, 3829, 3832, 3835, 3852, 3865, 3900, 3957, 3972, 4066, 4095, 4122, 4168 |
| 王左生 | 5888 |
| 王左英 | 4906, 4917, 4927, 4963 |
| 王佐 | 378, 379 |
| 王佐杰 | 3376, 3377, 3378, 3379, 3380, 3381 |
| 王佐英 | 4900, 9577, 9818 |
| 王作安 | 9559 |
| 王作宝 | 10316 |
| 枉述荣 | 6400 |
| 忘忧 | 5050 |
| 旺楚克 | 5088 |
| 旺德斯蒂恩 | 7026, 7027, 7028, 7030 |
| 旺久 | 8971 |
| 旺姆 | 8612 |
| 旺亲 | 1780, 2771, 3621, 3701, 3727 |
| 旺亲拉西 | 4879, 10662 |
| 望安 | 5110, 5514, 12022 |
| 望海 | 6018 |
| 望昊 | 5130, 5407, 5890 |

| | | | |
|---|---|---|---|
| 望梅 | 5520 | 威廉·荷加斯 | 064 |
| 望平 | 4968 | 威廉·吉洛克 | 12538 |
| 望秋 | 6717 | 威廉·柯兹温克 | 6241 |
| 望天星 | 8958, 9121, 9133, 9292 | 威廉·骚墨赛·毛姆 | 5508 |
| 望轩 | 4378 | 威廉·莎士比亚 | 6430 |
| 望阳 | 5635 | 威廉·沃恩 | 198 |
| 望月 | 11499, 11730 | 威廉·夏伊勒 | 6441 |
| 望斋 | 5699 | 威廉·约翰内斯·马滕斯 | 6853, 6855 |
| 危正初 | 5104 | 威纳·富尔曼, 贝得利希·富尔曼 | 10133 |
| 威·巴斯特 | 5986 | 威士 | 12395 |
| 威·豪夫 | 5753, 5897 | 威特利奇 | 11052 |
| 威·骚·毛姆 | 5608 | 威特路吉娜 | 10793 |
| 威柏 | 12456 | 威特申 | 1102 |
| 威尔 | 12507, 12514, 12538 | 威文 | 6732 |
| 威尔·杜兰 | 375 | 葳蕤 | 6128 |
| 威尔第 | 12415, 13004 | 葳葳 | 6175 |
| 威尔顿 | 584 | 微波绘 | 6631 |
| 威尔海姆·奥海姆 | 12533 | 微知 | 8376 |
| 威尔基 | 13227 | 薇薇 | 11729 |
| 威尔基·柯林斯 | 5888 | 巍峨双戈 | 5428 |
| 威尔科克斯 | 10750 | 巍雷 | 8137 |
| 威尔斯 | 7054, 7055, 7056 | 巍石 | 11675 |
| 威尔逊 | 12692, 12722, 13005 | 韦爱君 | 8916 |
| 威华 | 5500 | 韦璧 | 10922 |
| 威利 | 12516 | 韦炳华 | 3873 |
| 威利·雷伯格 | 12521 | 韦伯 | 8703, 12452, 12457, 12552 |
| 威廉 | 7034 | 韦博文 | 3952 |
| 威廉·阿契尔 | 12708 | 韦布 | 13186 |
| 威廉·埃尼斯 | 5792, 5798 | 韦昌敏 | 7301, 7335, 7336, 7519 |
| 威廉·艾温 | 10151 | 韦超群 | 13242 |
| 威廉·布格罗 | 6856 | 韦琛 | 6136 |
| 威廉·布莱 | 7053 | 韦承元 | 8493 |
| 威廉·布什 | 6929, 7006, 7020, 7021, 7025 | 韦诞 | 7202 |
| 威廉·弗莱明 | 186 | 韦德福 | 10927, 10987 |
| 威廉·豪夫 | 5680, 5718, 5815, 5942 | 韦灯 | 8007 |

| | | | |
|---|---|---|---|
| 韦丁宁 | 5342, 5558 | 韦祺 | 6263 |
| 韦尔 | 12518 | 韦祺 | 5693 |
| 韦尔乔 | 3499, 3500, 3502, 3515 | 韦启美 | 2732, 3480 |
| 韦尔森 | 5769 | 韦起琦 | 5852 |
| 韦尔申 | 336, 1083, 6252 | 韦强 | 5387 |
| 韦尔什-奥夫沙罗夫 | 518 | 韦蔷 | 10174 |
| 韦庚 | 5088 | 韦庆棱 | 8493 |
| 韦公衡 | 924 | 韦求真 | 6214 |
| 韦海 | 6048 | 韦悫 | 170 |
| 韦瀚章 | 11388, 11416, 12412 | 韦人 | 4998, 12768, 12933, 12961 |
| 韦行 | 11515, 11819, 12409, 12424, 12448 | 韦戎图 | 12169 |
| 韦虹 | 2955, 11968 | 韦瑞霖 | 2240 |
| 韦蕙 | 7487 | 韦瑞祥 | 6265 |
| 韦剑华 | 6285, 6321 | 韦塞尔曼 | 6829 |
| 韦江凡 | 1402, 2097, 2572, 5193, 5223 | 韦尚英 | 7812 |
| 韦江琼 | 1835, 2185, 3610, 3664, | 韦士开 | 8370 |
| | 3673, 3692, 3705, 3792, 3899, 3966, | 韦式诚 | 8266 |
| | 4020, 4063, 4074 | 韦思玉 | 5749 |
| 韦晶 | 5636 | 韦斯 | 13282 |
| 韦君琳 | 3223, 3826, 10252, 10253, 10256, 10259, | 韦斯特法尔 | 11171 |
| | 10266, 10318, 10326 | 韦太白 | 6913, 6914 |
| 韦骏 | 11221 | 韦天瑜 | 3887, 8670 |
| 韦康 | 1408 | 韦威华 | 8593 |
| 韦克义 | 7533, 8336 | 韦苇 | 6454, 12943 |
| 韦镭 | 6207, 6280 | 韦文 | 6980 |
| 韦力生 | 10580, 10603 | 韦文峰 | 5609, 5872, 5953, 6235 |
| 韦立荣 | 8321 | 韦文锦 | 9710 |
| 韦连城 | 5919 | 韦文俊 | 5804, 6061 |
| 韦林玉 | 13267 | 韦献青 | 2069, 2095, 2579, 3943, 4035, 4088, 4102, |
| 韦龙 | 717 | | 4217, 4248, 4282, 4339, 4423, 4476, 4561, |
| 韦明 | 5538, 10105, 12902 | | 4763 |
| 韦明铧 | 12768, 12794, 12933, 13009 | 韦小坚 | 031 |
| 韦宁 | 6327 | 韦小严 | 6971 |
| 韦品高 | 6224, 6237 | 韦晓坚 | 1236 |
| 韦其麟 | 5745 | 韦辛夷 | 881, 882, 2299 |

韦兴邦 6990, 7048

韦兴帮 7048

韦兴儒 10703

韦续 7183, 7184, 7187, 7197, 7206, 7215, 7218, 7219

韦轩 12926

韦宣劳 3125, 3148

韦学渊 8743

韦偃 1525

韦义长 8310

韦瑜 7139

韦元岩 12636

韦岳昌 6316

韦彰 8685, 8707, 8724

韦正 432

韦之琦 3791

韦志彪 5998

韦治 11039, 11074

韦智仁 3283, 3782, 5224, 5397, 5446, 5696, 5806, 5965, 6274

韦壮凡 043

韦自强 2543, 3235, 3795, 3829, 5239, 5315

为康 6180

为民 6405

为中 12429

唯民 10984, 12383

唯青 5087, 5908, 6041, 6114, 6157, 6160

唯石 6266

惟馨 6318, 6340

维·巴尔索娃 13013

维·伊凡诺夫 1219

维·依·库罗契金 11111

维达 5680

维多尔 11079

维俄当 12468

维尔 12511, 13085

维尔塔 13002, 13253

维芳 5579

维戈茨基 022

维翰 13299

维恒 8864, 9126, 9482, 9921, 9922, 9923

维华 6567

维嘉 019

维杰莱布朗 6889

维静 6513, 6651, 6661

维科尔 13260

维克 3662, 3723, 11172, 12041, 12446

维克多·尼古拉耶维奇·乔斯 6905

维克多·雨果 5447, 5449, 5532, 5747, 5913, 6084, 6085, 6437

维克多洛夫 13258

维克力 1257

维克斯堡 11187

维勒 10818

维里埃 6084

维明 13258

维尼亚夫斯基 12466

维诺革拉德斯卡牙 13253

维萍 8178

维朴 5035, 5563, 6414, 9126

维琴卓恩 13258

维清 6631

维仁 10292

维瑞－勒布伦 6884

维瑞·勒布伦 6883

维什涅夫斯基 13250

维斯 12445

维斯科瓦托夫 12426

维索茨基 13300

维索斯基 13263

| | | | |
|---|---|---|---|
| 维特柯维恰 | 13255 | 伟玉 | 4631 |
| 维托尔德·库尔波维奇 | 12501 | 伟跃译 | 5573 |
| 维瓦尔第 | 12468 | 苇舟 | 11391 |
| 维维 | 9893 | 尾形光琳 | 6778 |
| 维西 | 11560, 11561 | 纬仁 | 5791, 6460 |
| 维亚尔 | 6789 | 玮丹 | 6014, 6108 |
| 维意 | 4901 | 玮民 | 4595 |
| 维云 | 12986 | 玮琦 | 5907, 5937 |
| 维真 | 6306 | 玮芹 | 5777 |
| 维正 | 5624 | 委拉士开兹 | 6845 |
| 潍坊市博物馆 | 8147 | 委拉斯开兹 | 6861 |
| 潍坊市寒亭区文化局 | 4867 | 委拉斯凯兹 | 6849 |
| 潍坊市老年摄影协会 | 8961 | 委米尔 | 2730 |
| 潍坊市文化馆 | 8147 | 炜炜 | 13220 |
| 潍县年画研究所 | 4164 | 梶山彬 | 10572 |
| 伟冬 | 636, 638, 10097 | 隗蒂 | 259, 10968, 12701, 12777, 12792 |
| 伟光 | 11529, 11533, 12409, 12410 | 卫兵 | 7600 |
| 伟洪 | 6574 | 卫凡 | 5052 |
| 伟华 | 4428 | 卫凤霞 | 6140, 6217, 6275 |
| 伟良 | 12372 | 卫夫人 | 7177 |
| 伟龙 | 10668 | 卫福庆 | 3906, 3995 |
| 伟民 | 10758 | 卫複华 | 2234 |
| 伟强 | 3586, 3648 | 卫广生 | 5821, 5929 |
| 伟仁 | 6451 | 卫海 | 205, 322, 6875 |
| 伟忍 | 9631 | 卫恒 | 7216, 7217 |
| 伟石 | 6728 | 卫华 | 9670, 10717 |
| 伟时 | 2119, 2127, 2128, 2157, 2171 | 卫疆 | 2054, 4715 |
| 伟伟 | 4216 | 卫金安 | 7640, 7646 |
| 伟纬 | 11498 | 卫俊秀 | 7267, 7704, 8270, 8310 |
| 伟雯 | 7142 | 卫凌 | 11314 |
| 伟欣 | 10060 | 卫民 | 2123, 2168, 5136 |
| 伟新 | 9451, 9471, 9472, 9694, 9702, 9704, 9870, 9901, 9919, 9920, 10122 | 卫明 | 12080, 12868, 12920 |
| | | 卫明礼 | 12618 |
| 伟雄 | 5865 | 卫平 | 6230, 13033 |
| 伟义 | 201 | 卫平贤 | 6439, 6534 |

| | | | |
|---|---|---|---|
| 卫平英 | 6377 | 尉凤英事迹展览办公室 | 3154 |
| 卫生部 | 209 | 尉南 | 4605 |
| 卫生部卫生教育所绘 | 3077 | 尉书彬 | 9127 |
| 卫世诚 | 11314 | 尉天池 7252, 7253, 7732, 8155, 8172, 8227, 8329 | |
| 卫铄 | 7177, 7201, 7206 | 尉武 | 5374 |
| 卫天霖 | 2792, 2832 | 尉晓榕 | 6311 |
| 卫天霖艺术研究会 | 1079 | 尉云 | 6573 |
| 卫天社 | 5298 | 渭南地区文化局 | 12723 |
| 卫王相 | 9061 | 渭南地区戏曲志编纂委员会 | 12775 |
| 卫相 | 9785, 10015 | 渭南市书法家协会 | 8227 |
| 卫象 | 9060 | 渭南市文化局 | 8227 |
| 卫星 | 9726 | 渭渔林氏 | 1523 |
| 卫衍贤 | 488 | 蔚宾 | 10009 |
| 卫燕 | 6180, 6198, 6199, 6204, 6205 | 蔚道安 | 10093 |
| 卫羊 | 4935 | 蔚华 | 6521, 6538 |
| 卫阳 | 4512 | 蔚兰 186, 5736, 6051, 6052, 6061, 7032 | |
| 卫泳 | 644, 11319 | 蔚林 | 5085 |
| 卫泽慧 | 4309 | 蔚南 | 4659, 4681 |
| 卫志涛 | 2681 | 蔚学高 1823, 1830, 3829, 3833, 4288, 4421 | |
| 卫祖荫 | 10454 | 蔚子 | 12668 |
| 未亥子 | 5558 | 慰云 | 6702 |
| 未来出版社 6556, 6557, 6559, 6560, 6562, 6563, 6569 | | 魏柏树 | 8339 |
| 未燎 | 5480, 5565, 5576 | 魏宝贵 | 11962, 11964, 11967, 11979 |
| 未民 | 6185 | 魏边实 | 13033 |
| 未泯 | 5567, 6226, 6333 | 魏伯阳 | 7949 |
| 未名 | 6335 | 魏昌有 | 3787 |
| 未名木刻社 | 6914 | 魏超 | 12647 |
| 未明斌 | 10040 | 魏朝宏 | 7631, 7634 |
| 未茗 | 7553 | 魏成德 | 5538 |
| 未央 | 5131, 6353 | 魏承德 | 5962 |
| 未羽 | 5731, 5859 | 魏澄中 | 10583 |
| 未雨 | 5496, 5500 | 魏崇 | 11497 |
| 未知 | 012, 7337, 7341, 7342 | 魏楚予 | 5702 |
| | | 魏传统 | 8310, 8321, 8886, 11960 |
| 畏冬 | 847 | 魏传义 | 210, 1408, 3919 |

| | | | |
|---|---|---|---|
| 魏春晓 | 3511, 3521 | 魏国英 | 6386 |
| 魏纯 | 1186 | 魏海涛 | 8268 |
| 魏茨曼 | 13060 | 魏汉杰 | 6425 |
| 魏丹驹 | 3289 | 魏荷芳 | 3840 |
| 魏道慧 | 561 | 魏红野 | 3449 |
| 魏德光 | 5707, 5835 | 魏宏森 | 6613 |
| 魏德辉 | 8677 | 魏宏贞 | 717 |
| 魏德俊 | 5275 | 魏虹 | 1403 |
| 魏德泮 | 11097 | 魏鸿蕴 | 714, 2527, 4724, 5723 |
| 魏德旺 | 6105 | 魏华邦 | 3265, 4926 |
| 魏德忠 | 8802, 9002, 9273, 9347, 9526, 9547, 9991, 10028 | 魏华帮 | 3335 |
| | | 魏华岐 | 12774 |
| 魏定天 | 6731 | 魏煌 | 10987 |
| 魏东山 | 3781 | 魏惠妙 | 6958 |
| 魏峨 | 5985, 6090, 8812, 11943 | 魏惠筠 | 884 |
| 魏峨配 | 8807, 8810 | 魏积扬 | 5540 |
| 魏尔布 | 10168 | 魏吉成 | 8459 |
| 魏风 | 11450, 11948, 11960 | 魏继新 | 6004 |
| 魏峰 | 5492, 5500, 5593, 5647, 6216, 6348, 6439, 6469, 6545 | 魏加勤 | 10266 |
| | | 魏家范 | 6179, 6252, 6659 |
| 魏峰著 | 5579 | 魏家稔 | 12160 |
| 魏凤才 | 4017, 4581, 5404, 5464 | 魏家宪 | 10836 |
| 魏凤财 | 5284 | 魏建功 | 8282, 8294 |
| 魏福坤 | 3993 | 魏建华 | 4045, 13127 |
| 魏甫特 | 5477 | 魏杰 | 6185, 8566, 8590 |
| 魏刚 | 10274 | 魏金坤 | 11191, 11192 |
| 魏根生 | 5850 | 魏金永 | 5583 |
| 魏光庆 | 1088 | 魏锦光 | 7293, 8385 |
| 魏广军 | 8229 | 魏晋 | 5096, 5761 |
| 魏广君 | 1415, 7651, 8548 | 魏景山 | 2746, 2751, 5488 |
| 魏贵德 | 12085 | 魏景舒 | 11695, 12278 |
| 魏桂宁 | 6118 | 魏敬先 | 2953, 2954, 2960 |
| 魏桂云 | 10334 | 魏钧泉 | 6023, 6191, 7087 |
| 魏国经 | 5487 | 魏开功 | 7453 |
| 魏国禄 | 5422, 5443, 5592 | 魏康祥 | 3968 |

| | | | |
|---|---|---|---|
| 魏克 | 11195, 11196 | 魏南潜 | 12751 |
| 魏克晶 | 263, 9848 | 魏沛 | 6269 |
| 魏奎仲 | 2760, 3816, 5599, 5919 | 魏沛然 | 5736 |
| 魏魁仲 | 3720, 3791, 4014, 5239, 5301 | 魏栖梧 | 7873 |
| 魏兰 | 10751 | 魏齐华 | 1114, 1162, 1259 |
| 魏兰芳 | 3703, 3735, 5780 | 魏启后 | 1312, 1318, 8191 |
| 魏乐唐 | 8358 | 魏启铭 | 2828 |
| 魏黎明 | 9385 | 魏启平 | 9009, 9239, 13119, 13120 |
| 魏里会 | 13264 | 魏启元 | 11243 |
| 魏力群 | 2554 | 魏谦 | 1216, 6121 |
| 魏立刚 | 8228 | 魏清河 | 8130 |
| 魏莉 | 10598 | 魏庆征 | 052 |
| 魏连福 | 2732, 5022 | 魏全明 | 4519, 4535 |
| 魏连科 | 3486, 3493 | 魏泉深 | 2589, 3551, 3634, 4073, 10573 |
| 魏连三 | 9355, 10021, 10024, 10029 | 魏群 | 1970, 11675, 11694, 11971, 12159, 12234, |
| 魏莲芳 | 12077, 12087 | | 12235 |
| 魏廉 | 2289 | 魏仁健 | 11494 |
| 魏良辅 | 11136 | 魏荣元 | 12122 |
| 魏了翁 | 7686 | 魏容 | 1595 |
| 魏林 | 10266, 10270 | 魏少童 | 5253 |
| 魏茂林 | 5269 | 魏少云 | 9277 |
| 魏美月 | 583 | 魏绍昌 | 3430, 3504, 3512, 12730, 12818 |
| 魏梦龙 | 2192 | 魏诗国 | 132, 1129, 1157, 10212, 10219, 10280 |
| 魏民 | 5530, 5754, 9239, 9591 | 魏时 | 12688 |
| 魏敏 | 5135, 6294 | 魏世刚 | 5985 |
| 魏明 | 1814, 1833, 3912 | 魏世祥 | 5335 |
| 魏明全 | 2049, 2389, 4075, 4076, 4133, 4267, 4283, | 魏守志 | 1992, 2453, 2455, 4610 |
| | 4328, 4364, 4428, 4433, 4484, 4489, 4515, | 魏淑兰 | 5467 |
| | 4518, 4541, 4551, 4606, 4608, 4669, 4679, | 魏淑娴 | 12814 |
| | 4682, 4781, 4811, 4822 | 魏曙光 | 11283 |
| 魏明堂 | 5017 | 魏树海 | 5240, 5781, 5999 |
| 魏明阳 | 6022, 6170, 6552 | 魏恕 | 1003 |
| 魏鸣泉 | 5742 | 魏恕文 | 705 |
| 魏纳·莱奥 | 11089, 12499 | 魏栓德 | 3947, 3949 |
| 魏南昌 | 8681, 8715 | 魏斯 | 514, 6806 |

| | |
|---|---|
| 魏素梅 | 9236, 13119 |
| 魏特洛夫 | 13261 |
| 魏天定 | 2884, 2885, 6515, 6656, 6729 |
| 魏铁 | 3492 |
| 魏铁生 | 3299 |
| 魏铁柱 | 11347 |
| 魏廷宾 | 1925 |
| 魏廷格 | 11246, 12217, 12218 |
| 魏彤 | 5586 |
| 魏童 | 5529, 5544, 5559, 5588 |
| 魏巍 | 5501, 5640, 5869, 6283, 6284, 6426, 11436 |
| 魏为 | 4792, 13132 |
| 魏维新 | 7204 |
| 魏嵬 | 11093 |
| 魏伟 | 6721 |
| 魏文彬 | 8637 |
| 魏文伯 | 8172 |
| 魏文启 | 4781, 4809, 4827, 4832 |
| 魏文起 | 1330 |
| 魏文毅 | 1302 |
| 魏文珠 | 13307 |
| 魏锡林 | 5081 |
| 魏锡曾 | 1458, 7238, 7658, 7699, 8455 |
| 魏霞 | 11720 |
| 魏贤 | 6252 |
| 魏显忠 | 12204, 12266 |
| 魏宪军 | 562, 1135, 1139, 10219 |
| 魏宪如 | 8162 |
| 魏献忠 | 2247 |
| 魏小安 | 2753 |
| 魏小凡 | 11247, 11253 |
| 魏小平 | 4880 |
| 魏晓鹏 | 5722 |
| 魏新燕 | 5884, 5984, 6131, 6242, 6399 |
| 魏雄才 | 1811 |

| | |
|---|---|
| 魏秀生 | 5320 |
| 魏旭光 | 1813, 1833, 5224 |
| 魏序伦 | 12357 |
| 魏绪文 | 12767 |
| 魏学礼 | 8692, 8696 |
| 魏学征 | 5367, 5424 |
| 魏雅华 | 5622 |
| 魏亚萍 | 7006 |
| 魏延宾 | 4209 |
| 魏延滨 | 1948, 1959, 2003, 2085, 2087, 2148, 2361, 2373, 4061, 4397, 4452, 4485, 4497, 4548 |
| 魏延年 | 5000 |
| 魏扬 | 2460, 2477, 2480, 3897, 3898, 3903 |
| 魏扬之 | 4958, 4960 |
| 魏羊 | 11497 |
| 魏阳 | 6144 |
| 魏薿 | 7693 |
| 魏一鳌 | 8019 |
| 魏饴 | 12728 |
| 魏怡 | 12728 |
| 魏因迦特纳 | 12551 |
| 魏因赖希 | 11217 |
| 魏隐儒 | 7327 |
| 魏瀛州 | 2349 |
| 魏瀛洲 | 1758, 1963, 2085, 2146, 2172, 2719, 3535, 3539, 3552, 3579, 3589, 3602, 3637, 3639, 3645, 3648, 3667, 3681, 3683, 3684, 3687, 3740, 3756, 3798, 4008, 4059, 4133, 4144, 4148, 4186, 4302, 4323, 4382, 4393, 4478, 4485, 4500, 4565, 4566, 4568, 4575, 4677, 4681, 4758, 4787, 4796, 4825, 4834, 4848, 10420, 10423 |
| 魏影秋 | 10659 |
| 魏永利 | 127, 558, 613 |
| 魏勇娥 | 10511 |

魏娟娥 8565

魏于潜 12906

魏宇平 8157

魏玉清 9860

魏玉松 2534

魏育民 5524

魏元信 142, 143

魏源 5074, 8038, 8058

魏月霞 4781, 4822

魏岳嵩 4385

魏运佳 5795

魏运秀 2532

魏韵森 13201, 13202, 13263, 13280, 13306

魏在云 6355

魏璋 8530

魏照涛 2480

魏振宝 2888

魏振保 3021

魏振东 5526

魏振皆 8160

魏振祥 3713

魏震东 9573

魏镇 922

魏镇清 5054

魏之俞 10643

魏止戈 421

魏微 7835

魏至善 4922, 9218, 10677

魏志刚 1950, 2053, 2802, 2837, 3523, 3524, 3762, 4109, 4123, 4125, 4188, 4189, 4242, 4268, 4273, 4321, 4348, 4388, 4543, 4565, 4645, 4715, 4847, 5365, 5411, 6870, 10418

魏志善 1155, 6063, 6228, 6232, 6239, 6418, 6419

魏志远 2832

魏中 12671

魏中才 6199

魏中珂 1324

魏中善 6203, 6359

魏中兴 1337

魏忠才 5379, 5689, 5827, 5834, 5971, 6001, 6039, 6130, 6160, 6163, 6211, 6220, 6224, 6227, 6228, 6239, 6291, 6302, 6359, 6360, 6499

魏忠善 5644, 5778, 5835, 6048, 6063, 6068, 6128, 6139, 6228, 6232, 6239, 6406

魏周山 8301

魏子良 4942

魏子云 11028, 12781, 12798, 12880

魏紫熙 916, 1720, 1726, 1727, 1740, 1741, 1787, 1804, 1820, 1829, 1874, 1876, 2030, 2211, 2412, 2422, 2423, 2465, 2594, 2619, 3534, 3898, 3920, 3965, 4395

魏宗普 3824

魏祖胜 8954

魏作凡 12226

温葆 2733, 2736, 2936, 3219

温鲍姆 7140

温碧茹 5731

温飙 6808

温飚 13187

温承成 1850

温承诚 1809

温承城 4556

温崇圣 723, 1150, 1805, 3132, 5760

温纯 8502, 10297

温德斯 13062

温迪·贝克特 598

温蒂·理查森 6807, 6808

温读耕 2211, 4043

温顿·布莱克 619, 636, 1171

温多·布革克 1077

| | | | |
|---|---|---|---|
| 温福华 | 5729, 6017 | 温瑞安 | 6334 |
| 温福钰 | 8948 | 温森·比·巴列斯塔尔 | 1201 |
| 温戈 | 5442 | 温沙 | 10599 |
| 温桂春 | 10292 | 温尚光 | 3281, 3556, 3974, 4079, 5334, 10434 |
| 温桂芬 | 8956 | 温少英 | 8943, 9080 |
| 温国良 | 3844, 4090, 5264, 5469, 5984, 6000, 6020, 6149, 6209 | 温少瑛 | 8954, 9392 |
| | | 温世仁 | 3497, 3500, 3523 |
| 温国政 | 6528 | 温斯洛·霍默 | 6810 |
| 温弘之 | 11495 | 温素 | 8761 |
| 温宏 | 10882, 11275, 11277 | 温素文 | 9531, 9564, 9610, 9947 |
| 温宏亮 | 12932 | 温太辉 | 13024 |
| 温鸿源 | 626, 632, 633, 989, 993, 4133, 4901 | 温泰文 | 9611 |
| 温健 | 5946, 6086 | 温涛 | 1201, 1203, 4870 |
| 温鉴非 | 12824 | 温廷宽 | 032, 1511, 8549, 8616, 8651 |
| 温江地区文化馆 | 3282 | 温同春 | 7287, 8256 |
| 温江地区文教局文化科 | 5241 | 温锡莹 | 5892 |
| 温敬铭 | 024 | 温小梅 | 6232 |
| 温俊伟 | 6235 | 温扬真 | 10592 |
| 温可铮 | 11786 | 温耀渊 | 3150 |
| 温克尔曼 | 522 | 温野 | 5625, 5936, 6480 |
| 温克信 | 9911 | 温一贞 | 725, 7682, 7703 |
| 温黎亚 | 11097 | 温勇雄 | 5058 |
| 温练昌 | 938, 10254, 10316, 10357 | 温友言 | 269, 7350 |
| 温林特·凡·高 | 1152 | 温雨萍 | 7475, 7488 |
| 温凌 | 6533 | 温玉成 | 297 |
| 温六恩 | 2158 | 温远 | 12119 |
| 温茂云 | 5273 | 温云荣 | 7646 |
| 温妮 | 6363 | 温肇桐 | 012, 014, 015, 086, 090, 146, 214, 578, 680, 684, 793, 795, 799, 806, 840, 851 |
| 温涅尔 | 1069, 1163 | 温治邦 | 3052 |
| 温平 | 6117 | 温中和 | 5521, 5612 |
| 温萍 | 10912, 10914 | 温州革命烈士纪念馆 | 3056 |
| 温青 | 10331 | 温州瓯塑厂 | 3996, 4068 |
| 温秋菊 | 12890 | 温州市"革命委员会"办公室《赣江风雷》连环画创作组 | 5160 |
| 温泉 | 9977 | | |
| 温泉源 | 5877, 5990, 6314, 6473, 6533 | | |

温州市第三中学业余舞蹈队 9211

温州市洞头"人民公社"元觉大队业余文工团
12599

温州市工艺美术研究所 902, 2860, 3773

温州市铜头"人民公社"元觉大队业余文工团
12599

温州市文化局文艺创作组 5393

温州市文化局艺术研究室 12844

温祖荣 2280

文爱艺 7591, 7595

文备 7385

文碧 5445

文编 5446

文斌 6258

文兵 3107, 3110, 3119, 3123, 3733

文丙 5334

文波 6562, 6988, 6989, 9353

文伯仁 1566, 1572

文博 4948

文彩 6211

文灿 8786

文操 8122

文岑歌 6145

文长 4146

文长生 4076, 5489, 9525, 9529, 9939, 9960, 9962

文成郁 7308

文俶 1552

文川 12665

文丛 12994

文达 4916, 12146

文达林 6424

文大家 3942

文登县文化馆 5229

文敌 6423

文雕龙 6073

文丁 6257

文杜里 180, 576, 583

文发 5191

文飞 10744

文非 5849

文丰 4152

文福连 5333

文甫 7469

文高 12365, 12395

文戈 7030

文关旺 786, 787

文光出版社 1082, 10735

文光裕 3984, 4436

文国栋 12275

文国林 4559

文国章 3319

文国璋 306, 555, 1342, 6392

文海红 6442

文瀚 10925

文行 11380

文昊 5701, 6391, 6539, 6566

文浩 1366, 8630

文浩丽 11150

文河渊 10982

文宏 9731

文宏浩 6268

文虎范 1772

文华 5747, 9443, 9672, 9696, 12932, 13176

文化部 361, 1300, 11486, 12870, 13277

文化部《少数民族歌曲集》编辑组 11808

文化部《中国革命之歌》创作演出办公室 11706,
11887

文化部党史资料征集工作领导小组 12768

文化部党史资料征集工作委员会 1408, 12779,
12780

文化部电影局　13295

文化部电影局《电影通讯》编辑室 13083, 13206, 13207, 13294

文化部电影事业管理局　13174, 13175, 13275, 13278, 13302

文化部教育局　035

文化部老干部书画学会　2112

文化部民族文化司　11118

文化部群众文化局　1300, 11474

文化部外联局　9292

文化部文化市场司　347

文化部文学艺术研究所　12582

文化部文学艺术研究所音乐舞蹈研究室 11293, 11795

文化部文学艺术研究院电影研究所　13048

文化部文学艺术研究院电影研究所《电影文化》编辑室　13048

文化部文学艺术研究院戏曲研究所《社会科学战线》编辑部　12714, 12715

文化部文学艺术研究院音乐研究所 2621, 10904, 10963, 11334, 11335, 11336, 11795, 11799, 12149, 12258, 12345, 12612

文化部艺术表演团体改革经验选编小组　13017

文化部艺术局　12569

文化部艺术局中国艺术研究院舞蹈研究所　12568

文化部艺术科学领导小组办公室　12840

文化部艺术科学研究领导小组办公室　12840

文化部艺术事业管理局　11580, 11598, 12768

文化部艺术系统党史资料征集工作领导小组　12785

文化部艺术一局创作研究室　13017

文化馆　11418

文化馆业余创作组　5216

文化广播电视剧戏研室　12756

文化建设委员会　10648

文化局　11476

文化开明社　11823

文化图书公司编辑部　7153

文化艺术出版社　12089, 12090

文怀沙　1739, 11985

文汇报《智取威虎山》连环画创作组　5156, 5189

文汇出版社　2683

文惠　6340

文集　10286, 10333

文纪　7813

文继明　5252, 5278

文家成　8938

文嘉　243, 1458, 1461

文建军　6240

文江　6930, 7654

文教参考资料丛刊编辑委员会　10954

文杰　4145, 6435, 10278, 11208

文金扬　160, 553, 555, 556, 2994

文进　11042

文景明　5643, 6181, 8310, 8895

文静　6443

文巨　8094

文娟　612, 6408

文军 3775, 3814, 3892, 3939, 4042, 4071, 4200, 4236, 4268, 4315, 4384, 4420, 11812

文俊　6521

文隽　6946

文骏　12682

文康　5867, 6543

文丽　2116, 4632

文荔　6089

文联筹委会　11603, 11604

文林　6343, 7525

文麓　5885

文芒　　　　　　　　　　5448, 6555

文莽　　　　　　　　　　6318

文莽彦　　　　　　　　5084, 12106

文茂　　　　　　　　　　6147

文美斋　　　　　　　　　1605

文敏　　　　　　　　　　10830

文明　　　　　　　5671, 11509

文明书局　1564, 1619, 1628, 1644, 8035, 12983

文谟　　　　　　　11417, 12119

文木　　　　　　　　6114, 6180

文牧　　　　　　　　　5126

文牧江　　　　　　　　6454

文凝　　　　　　　　　11878

文彭　1571, 8040, 8452, 8473, 8491, 8492, 8511,
　　　8528

文飘　4937, 4947, 4956, 4964, 4965, 4976, 4981,
　　　4982, 4985, 4988, 5003, 5006, 5009, 5011,
　　　5013, 5020, 5022, 5027, 5030, 5039, 5054,
　　　5058, 5066, 5069, 5075, 5082, 5088, 5098,
　　　5100, 5104, 5112, 5117, 5119, 5122, 5128,
　　　5129, 5133, 5140, 5347, 5405, 5409, 5419,
　　　5481, 5607, 6006

文聘元　　6579, 6585, 6586, 6588, 6589, 6594

文琦　　　　　　　　　6590

文倩　　　　　2365, 6087, 6373

文青　　　　　　　202, 7526

文清　　　　　　　　10749

文庆　　　　　　　6308, 6309

文秋山　　　　　　　　8042

文全史　　　　　　　　338

文泉　　　　　7088, 7091, 7098

文仁　　　　　　　6100, 6134

文刃　5965, 5974, 6114, 6131, 6136, 6150, 6171

文如居士　　　　　　　8534

文森·J–R 柯霍　　　　12834

文森特　　　　　　　　172

文山　　　　　　　6404, 8353

文山壮族苗族自治州民族事务委员会　12953

文山壮族苗族自治州人民政府　9104

文山壮族苗族自治州文化局　12953

文升　　　　　　　　　6032

文生　　　　　　　　　10144

文圣楼　　　　8385, 8390, 8391

文石　　　　　　　　　8509

文史哲出版社编辑部　　799, 8123

文氏音乐社　　　　　11889

文术　　　　　　　　　6334

文思　　　　　　　　　7071

文思隆　　　　　　　11108

文松　　　　　　　　　5592

文素松　　　　　　　　7758

文弢　　　　　　　　　6677

文涛　　2680, 6449, 10588, 11738, 12391

文特利希·席克　　　6861, 6890

文天祥　　7962, 7963, 7966, 7977

文田　　　　　　　　　7319

文婷　　　　　　　　　6150

文同　　　　　　　　　11324

文绾　　　　　　　　　12585

文薇　　　　　　　　　5813

文蔚　　　　　　　　　6439

文文　　5052, 5103, 5424, 6306, 6648

文闻　　　　　　　　　6358

文雯　　　　　　　　　7558

文武　　　　　　　　　6462

文物编辑委员会　7150, 7151, 7152, 7153

文物参考资料丛刊编辑委员会　1219

文物出版社　　　　　　388,
　　391, 392, 393, 394, 401, 1274, 1285, 1475,
　　1523, 1524, 1525, 1538, 1540, 1541, 1542,

1547, 1578, 1664, 1667, 1669, 2588, 2649, 2650, 2652, 2655, 2729, 6620, 6621, 7254, 7961, 8629, 9039, 9040, 9044, 9295, 9784, 9898, 10349, 10403, 10411, 10412, 10496, 10517

文物出版社资料室　　　　　　851

文物精华编辑委员会　　　　　1288

文西　　　　　　　　　2925, 3408

文献　　　　　　　　　　　6675

文翔图书股份有限公司　12444, 12445

文小苗　　2648, 3876, 3911, 3971, 4085, 4168, 4240, 6151

文小牛　　　　　　　　　　4044

文心　　　　　　　　　　　6936

文辛　　　　　　　　6348, 6403

文新　　　7653, 10320, 10324, 10326

文馨　　　　　　　　6251, 6272

文杏　　　11529, 11887, 11981

文幸　　　　　　　　　　　9234

文秀　　　　　　　　　　　6302

文学安　　　　　　　　　　8392

文学季刊编辑部　　　　　　2841

文学艺术界联合会　　　　　12593

文学艺术研究所《欧洲音乐简史》编写小组

　　　　　　　　　　　　10982

文言　　　　　　　　　　　13061

文岩　　　7652, 10325, 10326

文彦　　　　　　　12309, 12326

文彦博　　　　　　　7963, 7979

文彦译　　　　　　　　　12327

文叶　　　　　　　　　　　6442

文艺编译社　　　　　　　12983

文艺界福建前线慰问团　　　11445

文艺研究编辑部　　　　　　3429

文益　　　　　　　　　　　6311

文茵　　　　　　　　　　　6589

文音　　　　　　　　　　11729

文应熊　　　　　　　　　10935

文英　　11231, 11378, 11381, 11805

文友　　　　　　　5642, 5660, 5722

文宇泉　　　　　　　　　　1249

文玉　　　　　　　2895, 5337, 6723

文玉梅　　　　　　　　　13188

文玉柱　　　　　　　　　　5240

文郁　　　　　8595, 10299, 12646

文培　　　　　　　　3069, 6928

文元　　　　　　　　　　　6110

文源　　　　　　　　　　　5921

文苑　　　　　　　　　　11393

文苑堂主人　　　　　　　　383

文蕴　　　　　　　　　　　5752

文藻翔　　　　　　　　　11018

文增　　　　　　　　　　　131

文增柱　　　　　　　2059, 2060

文钊　　　　　　　　　　　6574

文哲虚　　　　　　　　　12826

文真　　　　　　　　　　　6460

文祯非　　　　　　　　　　2966

文正　　　　　　　　5131, 5648

文政　5293, 5326, 5656, 5661, 5805, 5869, 6244

文之　　　　　　　　　　　013

文徵明　1530, 1558, 1560, 1561, 1562, 1563, 1564, 1565, 1568, 1569, 1570, 1572, 1579, 1580, 1584, 1586, 1588, 1589, 2710, 6790, 6818, 6819, 7703, 7740, 8014, 8015, 8025, 8026, 8031, 8034, 8039, 8041, 8042, 8048, 8050, 8057, 8059, 8060, 8061, 8062, 8065, 8068, 8074, 8076, 8079, 8081, 8083, 8084, 8085, 8088, 8091, 8094, 8097, 8098, 8101, 8102, 8103, 8105, 8106

文治　　　　　　　4725, 4739, 4834, 6024

文中　　　　　　　　　　　　10325

文忠　　　　　　　　　　　　5654

文忠山　　　　　　　　　　　5626

文钟祥　　　　　　　　　　10982

文竹　　　　　　　　　　5920, 6174

文竹风　　6050, 6110, 6208, 6323, 6340, 6360

文竹凤　　　　　　　　　　　6099

文字改革出版社　7250, 7407, 7655, 8342, 8379,
　　　8425, 11598

文字改革出版社译　　　　　　8593

文卒　　　　　　　　　　　　5693

文作中　　　　　　　　　　　4995

纹川　5693, 5708, 5910, 6112, 6230, 6233, 6263

闻边　　　　　　　　　　　　5493

闻赋　　　　8361, 8394, 8420, 8432

闻公　　　　　　　　　　　　4800

闻光　　　　　　　　　　　　420

闻化冰　　　　　　　　　5723, 6126

闻会　　　　　　　　　　　　5643

闻惠芬　　　　　　　　　　　8611

闻捷　　　　　　　　　　　11951

闻立雕　　　　　　　　　　　9035

闻立鹏　　　　　1298, 2832, 8544

闻立树　　　　　　　　　　　8557

闻廉　　　　　　　　　　　　9843

闻林　　　　　　　　　　　　6518

闻莓　　　　　　　　　　　　6384

闻妙　　　　　　　　　　　10918

闻敏　　　　　　　　　　　　5594

闻启　　　　　　　　　　　　2809

闻清　　　　　　　　　　　　6145

闻渠　　　　　633, 1237, 1257, 1260

闻山　　　　　　　　　　　　8256

闻韬　　　　　　　　　　5028, 5093

闻天祥　　　　　　　　13158, 13159

闻文　　　　　　　　　　　　4955

闻西　　　　　　　　　　　　6122

闻向　　　　　　　　　　8758, 8761

闻欣　　　　　　　　　　　　6293

闻炎　　　　　　　　　　2452, 4831

闻一　　　　　　　　　　　　7026

闻怡　　　　　　　　　　　　6404

闻艺　　　　　　　　　　5470, 5502

闻逸　　　　　　　　　10483, 10495

闻莺　　　　　　　　　　　　7443

闻永　　　　　　　　　　　　5499

闻友声　　　　　　　　　　10378

闻宥　　　　　　　　　　　10241

闻玉智　　　　　　　　　　　1490

闻云芳　　　　　5495, 5880, 6060

闻章　　　　　　　　　　　12621

闻兆煃　5554, 5699, 5729, 5740, 5741, 5824, 5982,
　　　5989

闻征　　　　　　　　　　5495, 5690

闻钟　　　　　　　　　　4584, 6573

闻庄　　　　　　　　　　　　6233

雯边　　　　　　　　　10884, 10890

雯雯　　　　　　　　　　　11263

吻冰　　　　　　　　　　　　3397

问津渔者　　　　　　　　　12735

问社　　　　　　　　　　　　6306

汶上县博物馆　　　　　　　　7816

汶阳　　　6033, 6044, 6068, 6076, 6109, 6164

翁昂　　　　　　　　　　　　868

翁葆强　　　　　　　　　　　5719

翁葆橚　　　　　　　　　　3141, 3152

翁承豪　　　　　　　　　　　5355

翁承伟　　　　　　　　　　3383, 5242

翁楚　　　　　　　　　　466, 467

翁大年 8515, 8535

翁诞先 2704, 2846

翁德明 10751

翁狄森剧照 13167

翁方纲 1461, 1563, 7203, 7204, 7205, 7206, 7207,
7217, 7218, 7242, 7269, 7695, 7699, 7700,
7702, 7828, 7839, 7851, 8017, 8036, 8038,
8042, 8044, 8049, 8057, 8072, 8074, 8085

翁伏深 8270

翁富荣 5337, 5543, 5723

翁桂堂 10831

翁惠文 8291

翁继善 8520

翁家杰 5273

翁家澎 5657, 5841, 5914, 6073, 6142, 6149, 6332

翁嘉铭 10874, 10882

翁建明 6136, 6137, 6218, 6232, 6345

翁开恩 2223, 2259, 2901, 3645, 3664,
3731, 3750, 3825, 3837, 3877, 3888,
5215, 5413, 5483, 5514, 5570, 5686, 5735,
5756

翁凯旋 3367

翁阊运 8160, 8186, 8228

翁克斋 1649

翁立 13286

翁立涛 6616

翁良飞 2100

翁雏 1601, 1612, 1626

翁美娥 484

翁睦瑞 13147

翁乃强 3967, 9938, 9960

翁偶虹 5115, 5137, 5676, 12068, 12076, 12086,
12768, 12832, 12880

翁耦红 12832

翁平 3274, 3791, 3866

翁其孝 8950

翁琪珍 6948

翁乾礼 5135

翁如兰 4039

翁瑞华 4364, 6564

翁诗杰 5685

翁寿虞 8526

翁淑珍 4374, 5888

翁树木 1102

翁思再 12895

翁同孚 11830, 12075

翁同龢 1626, 1649, 7829, 8025, 8028, 8030, 8031,
8032, 8034, 8035, 8036, 8045, 8046, 8051,
8053, 8054, 8056, 8061, 8108

翁万戈 815, 10134

翁维珠 145

翁卫军 7459

翁文宝 9639

翁文炜 1908

翁文忠 3627, 3680, 3715, 3719, 3753, 4095,
4159, 5272, 5566, 5700, 10404, 10405

翁喜真 11799

翁小海 1612

翁心存 220

翁星霞 1185

翁修德 11215

翁一 8774, 9069, 9070, 10034, 10037

翁逸之 2947, 3071, 3072, 3074, 3082, 3097, 3098,
3104, 3115, 3116, 3118, 3124, 3128, 3153,
3154, 3163, 3215, 3270, 3271, 3315, 3322,
3324, 3329, 3330, 3334, 3338, 3339, 3353,
3359, 3365, 3369, 6747

翁雨农 3132, 3141

翁元章 3297, 3600, 3625

翁增鹍 12228

| | | | |
|---|---|---|---|
| 翁振新 | 2407, 5745 | 沃特·迪斯尼编 | 7076 |
| 翁震航 | 10278, 10279 | 沃特豪斯 | 6815 |
| 翁镇希 | 2330 | 沃特森 | 6993, 7047 |
| 翁志强 | 8574 | 沃兴华 | 307, 2312, 7316, 7352, 7732, 7735, 7737 |
| 翁仲三 | 11219 | 沃叶柳 | 6329 |
| 翁自芳 | 3861, 3994 | 沃渣 | 123, 2983, 2987 |
| 翁祖亮 | 8615 | 沃渣木 | 2983 |
| 翁祖团 | 992, 2655, 2660 | 卧龙书画社选 | 8306 |
| 瓮嗣博 | 6566 | 渥丹 | 4898 |
| 倭仁 | 8042 | 乌·乌·德莫霍夫斯基 | 8716 |
| 沃宝华 | 5591 | 乌伯托·艾柯 | 13069 |
| 沃保华 | 5841 | 乌布力·托乎提 | 11517 |
| 沃策尔 | 13203 | 乌代尔佐 | 7034 |
| 沃尔法特 | 12471, 12476 | 乌恩 | 3644 |
| 沃尔夫 | 118 | 乌尔海姆 | 038 |
| 沃尔夫冈·阿马德乌斯·莫扎特 | 12520 | 乌格里诺维奇 | 028 |
| 沃尔夫冈·阿玛多伊斯·莫扎特 | 12538 | 乌格留莫夫 | 13253 |
| 沃尔夫林 | 087, 370 | 乌江 | 5747 |
| 沃尔芙 | 037 | 乌杰尔·加吉别科夫 | 12093 |
| 沃尔梅斯·玛丽亚 | 12474, 12475 | 乌金明 | 1357 |
| 沃尔屏 | 13251 | 乌兰 | 13213 |
| 沃尔恰涅茨基 | 13226 | 乌兰巴干 | 5083 |
| 沃尔斯托夫 | 031 | 乌兰巴特尔 | 11763 |
| 沃尔特 | 13084 | 乌兰察布盟《草原的眼睛》编创组 | 5223 |
| 沃尔特·迪斯尼 | 7074, 7075 | 乌兰汗 | 6601 |
| 沃尔特·法利 | 5924 | 乌兰杰 | 10976, 12613 |
| 沃夫－迪特·杜比 | 193 | 乌兰诺夫斯基 | 13261 |
| 沃盖尔 | 8729 | 乌兰其日格 | 6262 |
| 沃康恩 | 11267 | 乌蓝汉 | 1219 |
| 沃克 | 154 | 乌里诺夫 | 13215 |
| 沃拉克 | 11157, 11161 | 乌里亚宁斯基 | 4903 |
| 沃林格 | 025 | 乌力吉图 | 2723, 3760, 5233 |
| 沃纳 | 455 | 乌鲁木齐市电影发行放映公司 | 13283 |
| 沃森 | 1110, 1123 | 乌鲁木齐市农业委员会 | 8698 |
| 沃特·迪斯尼 | 7076, 7083, 7084 | 乌鲁木齐市摄影家协会 | 8949 |

| | |
|---|---|
| 乌鲁木齐市音舞协会 | 12037 |
| 乌密风 | 1331, 2928, 2930, 2931, 2945, 10233, 10252 |
| 乌蜜风 | 1751 |
| 乌明耀 | 5277 |
| 乌嫩齐 | 11516 |
| 乌奇 | 12371 |
| 乌日切夫 | 6554 |
| 乌山明 | 7136 |
| 乌山鸣 | 6456 |
| 乌叔养 | 2928, 2929, 2930, 3156 |
| 乌斯季诺娃 | 12651, 12652 |
| 乌斯金诺娃 | 12653 |
| 乌斯满江 | 11464, 11643, 11702, 11886, 11962, 12155, 12311 |
| 乌苇·克劳特 | 12908 |
| 乌衣 | 13205 |
| 乌云其木格 | 8952 |
| 乌兹 | 13254 |
| 邬邦生 | 1816, 5459, 5824 |
| 邬朝祝 | 5277, 6297, 6356 |
| 邬大为 | 11967, 11979 |
| 邬德辉 | 10315 |
| 邬帆 | 10604 |
| 邬海青 | 2289 |
| 邬和镒 | 5593 |
| 邬华敏 | 2793, 2844, 3352, 4251, 4288, 4319, 4346, 4347, 4361, 4386, 4427, 4430, 4431, 4513, 4524, 4614 |
| 邬华钦 | 6715 |
| 邬继德 | 3043, 3053, 3054, 5733, 5863 |
| 邬建民 | 3882 |
| 邬里希 | 10861 |
| 邬立基 | 4861 |
| 邬烈炎 | 1198, 1200, 2952, 10745 |

| | |
|---|---|
| 邬烈也 | 3338 |
| 邬美珍 | 12604, 12627 |
| 邬梦兆 | 340 |
| 邬旻 | 8992 |
| 邬明 | 11241 |
| 邬强 | 5501 |
| 邬泉林 | 8913 |
| 邬盛林 | 5924, 12842 |
| 邬树德 | 10590 |
| 邬惕予 | 8391 |
| 邬西濠 | 8196 |
| 邬希公 | 4931 |
| 邬析零 | 10805 |
| 邬锡龙 | 5874 |
| 邬显达 | 8161 |
| 邬显良 | 5204 |
| 邬骧腾 | 4978 |
| 邬昫 | 12288 |
| 邬燕佩 | 3949 |
| 邬应能 | 3873, 4984 |
| 邬永柳 | 1394, 5543, 5731, 6795, 6800, 6901, 10578 |
| 邬章 | 5685 |
| 邬志豪 | 8906 |
| 巫成金 | 2185, 2343, 5341, 5545 |
| 巫洪宝 | 11195 |
| 巫俊 | 3822, 5273, 5294, 5375 |
| 巫岚 | 6496 |
| 巫伦 | 6183, 6192, 6334, 6337 |
| 巫铭 | 11952 |
| 巫宁坤 | 13002 |
| 巫晓文 | 1686 |
| 巫亦楠 | 10035 |
| 巫允明 | 12625 |
| 巫治平 | 5412, 5603, 5925 |
| 巫子强 | 2370, 3257, 3721, 3854, |

3955, 3958, 3966, 3973, 3979, 3990,
4021, 4093, 4416, 4662, 5400, 5473, 6133

鸣迟　5961, 5968
无贝楼主　6172
无垢道人　6436
无极　5589
无名氏　6449
无为　7350
无为县图书馆　7991
无锡惠山泥人研究所　8662
无锡泥人研究所　8662
无锡人民出版社　1750
无锡市博物馆　1515
无锡市教育局　11440
无锡市泥人研究所　8660
无锡市人武部　5258
无锡市文化局　11438
无锡市文化局戏曲创作研究室　5115, 12121
无锡市文联　11438, 11441
无锡市文学艺术工作者联合会　11780
无锡市文学艺术界联合会　2207
无锡市锡剧团　12121
无锡市音乐者协会　11395
无锡市园林局　9308
无锡王氏　1637
无锡中国旅行社　9353
无锡周氏　1644
无下拓　7823, 7824, 7826
毋世朝　3529
毋小红　12323
芜湖地区"革委会"政工组红星组画创作组　5162
芜湖市毛泽东思想宣传站　3181
芜湖市美术馆　3725
芜湖市宣传馆　5172
芜湖县文化馆　3191

芜湖养正剧团宣传科　12906
芜湖专区文工团　12585
芜芝　5829, 5921, 6085
吾邱衍　8439, 8440, 8441, 8442, 8443, 8451, 8452, 8455, 8459, 8474
吾群力　12884
吾人　5431, 5826
吾仁　10589
吾如仪　2240
吾舍　7467, 7468
吾声远　12242, 12350
吴爱兰　9316
吴爱丽　055
吴爱琴　5943
吴爱堂　3864
吴安　6163
吴安本　1136
吴安兰　7017
吴安明　12267
吴敉木　856, 861, 4086
吴傲君　5284, 5330
吴白匋　12725
吴白陶　11835, 12115
吴百魁　10113
吴柏　6105
吴柏年　8428
吴柏森　7346, 7350, 7364, 7912, 8433
吴邦泰　5593, 5929
吴宝光　10047
吴宝基　9042
吴保光　9883
吴保合　802
吴保和　13298
吴葆仑　4155
吴葆伦　711, 1081, 1183, 1214, 7363

吴报章　　　　　9146, 9234, 9942, 9945

吴北如　　　　　　　　　　　8317

吴本华　　　　　　　　　402, 9386

吴本立　　　　　11010, 11011, 13245

吴本清　　　　　　　　　　　7260

吴本诗　　　　　　　　　　　9523

吴辟疆　　　　　　　　　470, 1467

吴碧汉　　　　　　　　　　　5261

吴彬　　　　　　　　　　　　457

吴斌　　　　　　　　　　　　7618

吴滨　　　　　　　　　　　10191

吴冰　　　　　　　　　5066, 10720

吴冰玉　1760, 3673, 4540, 5004, 5470, 5535, 5660,
　　5689, 5717, 5745, 5831, 5991, 6048, 6308,
　　7088, 10407

吴兵　　　　　　　　　　　　9850

吴秉忠　　　　　　　　　　　7299

吴炳　　　　　　　　　　6389, 7781

吴炳楚　　　　　　　　　　13259

吴炳德3381, 3793, 3878, 4440, 4505, 5951, 6224

吴炳伟　　　　　5462, 5887, 7157, 8204

吴波　　7470, 7650, 7819, 7922, 7923, 7926, 8006,
　　8007, 8008, 8099, 8100, 8101, 8102

吴伯衡　　　　　　　　　2400, 2902

吴伯森　　　　　　　　　　　7812

吴伯衍　　　　　　　　　　　6649

吴步乃　　　　　　514, 577, 585, 6785

吴采　　　　　　　　　　　　5651

吴苍雷　　　　　　　8498, 8509, 8533

吴禅　　　　　　　　　　　　6031

吴昌明　　　　　　　　　　　2186

吴昌绥　　　　　　　　　　　7240

吴昌硕　704, 717, 820, 821, 984, 1319, 1322, 1441,
　　1442, 1700, 1702, 1703, 1707, 1709, 1710,
　　1711, 1712, 1713, 1714, 1715, 1716, 1717,

2601, 2608, 2609, 2611, 2617, 2618, 2619,
2620, 2625, 2628, 2631, 2632, 2646, 2649,
2659, 2660, 2682, 2699, 2701, 2706, 2710,
8106, 8114, 8124, 8125, 8126, 8127, 8128,
8129, 8130, 8131, 8132, 8492, 8517, 8522,
8523, 8529, 8531, 8533, 8538, 8542, 8547,
8548, 8551

吴长虹　　　　　　　　　　　1076

吴长江　605, 2876, 2880, 2907, 2913, 3043, 3260,
　　5706, 6237, 6901

吴长杰　　　　　　　　　　13123

吴长鹏　　　　　　　　　　　861

吴超　　　　　　　　　　　　5975

吴超群　　　　　　　　　　10619

吴焯　　　　　　　　　　452, 905

吴琛　　　　　　　　　5846, 8824

吴辰旭　　　　　　　　　　　6298

吴成槐　1345, 1349, 1588, 2484, 2554, 2911, 5297,
　　5390, 5458, 5598, 5824, 6031, 6179, 6378,
　　6481, 6837, 6908, 6926, 8636, 8637, 8917,
　　9144, 9320, 10084, 10570

吴成均　　　　　　　　　　　500

吴承德　　　　　　　　　　11303

吴承恩　3474, 5450, 5465, 5468, 5491, 5503, 5524,
　　5532, 5542, 5547, 5548, 5553, 5558, 5562,
　　5566, 5568, 5569, 5577, 5588, 5589, 5593,
　　5595, 5598, 5599, 5600, 5602, 5609, 5614,
　　5615, 5619, 5629, 5637, 5638, 5656, 5660,
　　5670, 5671, 5683, 5692, 5693, 5710, 5712,
　　5714, 5722, 5733, 5737, 5857, 5872, 5886,
　　5887, 5890, 5893, 5916, 5933, 5934, 5944,
　　5967, 5982, 5986, 5991, 5993, 6001, 6046,
　　6167, 6176, 6181, 6186, 6189, 6192, 6194,
　　6202, 6204, 6209, 6261, 6271, 6272, 6302,
　　6341, 6398, 6406, 6432, 6457, 6468, 6507,

6543, 6591, 6723, 6724, 6740, 6741, 7142

吴承均　　　　　　　　　　　　　　10786

吴承钧　　　　　　　　　　　　　　10226

吴承潞　　　　　　　　　　　　　　8023

吴承露　　　　　　　　　　　　618, 7284

吴珹　　　　　　　　　　　　　　　6159

吴澄　　　　　　　　　　　　　　　11328

吴澄甫　　　　　　　　　　　　　　12325

吴持英　　　　　　　　　　　　　　1337

吴赤锋　　　　　　　　　　　　　　5590

吴崇文　　　　　　　　　　　　　　13024

吴宠明　　　　　　　　　　　　　　1903

吴楚　　　　　　　　　　　　　　　1023

吴阍斌　　　　　　　　　　　　　　12220

吴朣之　　　　　　　　　　　　　　1925

吴传麟　　　　　　　　　　　　2045, 2435

吴传书　　　　　　　　　　　　　　5407

吴传仪　　　　　　　　　　　　　　5464

吴春楚　　　　　　　　　　　11282, 12556

吴春海　　　　　　　　　　　　　　11966

吴春华　　　　　　　　　　　　　　11279

吴春礼　　　11143, 11346, 11347, 11834, 11837,
　　　11868, 11870, 12085, 12089

吴春苗　　　　　　　　　　　　　　10656

吴春友　　　　　　　　　　　　　　5666

吴春有　　　　　　　　　　　　5953, 6175

吴春郁　　　　　　　　　　　　　　10891

吴纯洁　　　　　　　　　　　　3828, 3879

吴纯强　　　　　　　　　　　　2457, 3711

吴纯一　　　　　　　　　　　　　　5015

吴纯玉　　　　　　　　　　　　　　3890

吴慈生　　　　　　　　　　　　　　6568

吴达志　　　179, 503, 505, 517, 1080, 10179

吴大成　5252, 5294, 5438, 5441, 5655, 5820, 5889,
　　　5929, 5957, 5972, 6233, 6300

吴大澂　384, 1631, 1650, 1651, 7667, 7750, 8015,
　　　8018, 8023, 8024, 8026, 8027, 8038, 8047,
　　　8048, 8050, 8052, 8060, 8072, 8073, 8078,
　　　8085, 8091, 8356, 8358, 8491, 8520, 8531,
　　　8551

吴大澂藏　　　　　　　　　　　　　8520

吴大军　　　　　　　　　　　　　　7655

吴大威　　　　　　　　　　　　　　5650

吴大宪　　　　　2582, 6307, 10279, 10736

吴大业　　　　　　　　　　　　　　9004

吴大叶　　　　　　　　　　　　　　4911

吴大昭　　　　　　　　　　　　　　11966

吴代尧　　　　　　　　　　　　　　13253

吴带生　　　　　　　　　　　　5367, 6684

吴待秋　　　　　　　　　　1470, 1471, 2587

吴丹　　　　　　　　　　2555, 6259, 6260

吴丹波　　　　　　　　　5349, 5481, 6169

吴丹初　　　　　　　　　　　　　　11109

吴道恭　　　　　　　　　　　　　　11061

吴道岭　　　　　　　　　　　　　　10885

吴道全　　　　　　　　　　　　　　6609

吴道文　　　　　　　　　　　　　　100

吴道玄　　　　　　　　　　　　　　1522

吴道云　　　　　4985, 5108, 5377, 5776, 6204

吴道子　　　　　　　　　　　　　　1527

吴德　　　　　　　　　　　　　　　12818

吴德斌　　　　　　　　　　　　　　6256

吴德春　　　　　　　　　　　　　　3953

吴德椿　　　　　　　　　　　　　　3741

吴德富　　　　　　　　　　　　　　6682

吴德隆　　　　　1097, 1169, 1170, 1198

吴德荣　　　　　　　　　　　　　　3981

吴德旋　　　　　　　　　　　　　　7227

吴德永　　　　　　　　　　　　5227, 5269

吴德裕　　　　　　　　　　　　　　10386

吴德璋 9897

吴迪 3458, 6345

吴涤生 154, 7313, 7895, 7896, 7904, 8210, 8219

吴镝 434

吴地林 1411

吴棣 3271, 4135, 5476, 5674, 5789, 6163

吴殿卿 5790

吴调公 039

吴调梅 12185

吴定 901

吴定柏 6576, 6586, 6593, 7057

吴定洪 8681, 12977, 12978, 13031, 13035, 13302

吴定贤 6407

吴东奋 967, 1981, 1996, 2505, 2511, 2513, 2514,
2625, 2629, 2630, 2633, 2649, 2652, 2653,
4058, 4208, 4262, 4349, 4369, 4434, 4448,
4528, 4530, 4533, 4561, 4580, 4615, 4617,
4624, 4694, 4722, 10023

吴东梁 1175, 1177, 2952, 2960

吴东迈 704, 793

吴东权 13047, 13050

吴东双 8958

吴东源 8298

吴冬曼 144

吴冬梅 6563

吴栋梁 2927, 5112

吴斗 8484

吴端蒙 5633

吴鄂东 5272

吴恩淇 12983

吴恩裕 5750

吴发祥 1556

吴帆 5626, 6195, 6315, 6331, 6410

吴凡 2998, 3004, 3008, 3011, 3013, 3039, 3092,
4003, 8641, 11520

吴方 7549

吴方注 7320

吴芳谷 2944

吴非 082

吴菲 4990, 5599

吴绯红 6329

吴枫 5602, 5725, 5753, 6279

吴逢吉 10242

吴凤培 8656

吴凤缘 2226

吴凤之 2226, 8199

吴弗之 1783

吴茀之 787, 1439, 1767, 1781, 1784, 1925, 2196,
2289, 2624

吴绂 8501

吴福刚 6489

吴福林 5817, 5830, 5838, 5843, 5897, 5932

吴福荣 5621, 12845

吴福文 8963

吴富佳 3849, 4054, 5037, 5100, 5101, 5197, 5250,
5343, 5496, 5736, 5753, 5803, 6099

吴馥余 311

吴馥馀 1393

吴赣伯 10881, 12284, 12314

吴刚 5643, 6264

吴钢 5479, 5496, 5516, 8752, 8758, 9225, 9359,
9373, 9577

吴钢摄 9243

吴高龙 335

吴高钟 2836

吴戈 5495

吴歌 11114, 11833, 12079

吴根龙 7372

吴根友 7438

吴恭俭 13054

| | | | |
|---|---|---|---|
| 吴谷虹 | 4969 | 吴广泉 | 2245, 2662 |
| 吴毅祥 | 1692 | 吴桂材 | 8584 |
| 吴毅祥 | 1640, 1646 | 吴国 | 6195 |
| 吴观岱 | 1702 | 吴国材 | 12344 |
| 吴冠铭 | 12654 | 吴国钧 | 12013, 12022 |
| 吴冠南 | 719, 2259, 2555 | 吴国良 | 5339, 6087 |
| 吴冠英 1239, 3472, 6221, 6388, 6540, 6592, 6593, | | 吴国梁 | 6081, 6291, 12264 |
| 6605, 6742, 10391 | | 吴国平 | 12322 |
| 吴冠玉 | 7536, 7584, 8228, 8256 | 吴国钦 | 12756 |
| 吴冠中 494, 498, 511, 519, 537, 606, 919, 1284, | | 吴国庆 | 9039, 13272, 13273 |
| 1316, 1320, 1322, 1349, 1378, 1387, 1388, | | 吴国全 | 2219 |
| 1407, 1433, 1883, 1925, 1976, 1978, 1988, | | 吴国荣 | 532, 561, 562, 1144, 1150, 1199 |
| 1996, 1997, 2014, 2024, 2027, 2030, 2047, | | 吴国森 | 12411 |
| 2077, 2090, 2289, 2290, 2732, 2780, 2873, | | 吴国亭 | 805, 811, 949, 2520, 5100, 5237 |
| 2882, 2904, 2927, 2928, 2930, 2937, 3083 | | 吴国威 5363, 5422, 5534, 5572, 5837, 5995, 6195, | |
| 吴管奇 | 4950, 5004 | 6238, 6311, 6315, 6331, 6410, 6449, 6501, | |
| 吴鹳南 | 2523 | 6546 | |
| 吴光 | 13303 | 吴国欣 | 10215, 10400, 10614 |
| 吴光灿 | 13085 | 吴国言 | 10688 |
| 吴光鼎 | 5494 | 吴国耀 | 10619 |
| 吴光华 3650, 3652, | | 吴国英 6300, 6359, 6371, 6409, 6709, 6758, 6759 | |
| 3656, 3685, 3699, 3711, 3712, 3719, | | 吴国璋 | 7164 |
| 3726, 3742, 3744, 3782, 3787, 3853, | | 吴国翥 | 11257 |
| 4085, 4093, 4122, 4253, 4334, 4408, 4466, | | 吴海坤 | 8953 |
| 4482, 4568, 5034 | | 吴海燕 | 5678, 5883 |
| 吴光明 | 5349 | 吴海鹰 | 3213, 3303, 3328 |
| 吴光荣 | 10654 | 吴海由 | 9998 |
| 吴光锐 | 12234, 12235, 12237 | 吴函隽 | 8407, 8409 |
| 吴光瑞 | 12229 | 吴晗 | 5045, 5467, 5468, 5552 |
| 吴光文 | 5872, 7512 | 吴涵真 | 11030, 11369 |
| 吴光耀 | 12775, 12827, 12830, 13085 | 吴汉 | 6080, 8336 |
| 吴光宇 1431, 1752, 1773, 2345, 2357, 3598, 3643, | | 吴汉杰 | 5294 |
| 4902, 5052 | | 吴汉山 | 2465 |
| 吴光祖 | 327, 331 | 吴翰云 | 4890 |
| 吴广民 | 8975 | 吴行健 | 081, 473 |

| | |
|---|---|
| 吴豪业 | 12321 |
| 吴昊 | 1175, 6454, 6529, 6707, 6708, 6762, 10683, 13062 |
| 吴浩源 | 6937, 8858 |
| 吴灏 | 2183 |
| 吴呵融 | 5924, 7077 |
| 吴恒 | 8727 |
| 吴恒勤 | 485 |
| 吴蘅 | 8653 |
| 吴灯 | 12304 |
| 吴弘谟 | 11325 |
| 吴红 | 10598 |
| 吴红章 | 5348 |
| 吴宏 | 1643, 10769 |
| 吴宏才 | 12650 |
| 吴宏堂 | 11755, 12651 |
| 吴宏修 | 1250 |
| 吴虹 | 5532, 10768 |
| 吴洪生 | 3136, 4107, 4132, 8816 |
| 吴洪泽 | 6553 |
| 吴鸿慈 | 7456 |
| 吴鸿纶 | 8032 |
| 吴鸿鹏 | 7932 |
| 吴鸿清 | 7157, 7279, 7285, 7442, 7730 |
| 吴鸿勋 | 1600 |
| 吴鸿英 | 681 |
| 吴厚德 | 12130 |
| 吴厚信 | 3302, 5418 |
| 吴湖帆 | 1532, 1535, 1559, 1562, 1569, 1570, 1572, 1624, 1642, 1650, 1651, 1708, 1719, 1720, 1773, 1781, 1985, 2030, 2186, 2195, 2198, 2435, 2497, 2642, 2710, 8336, 10460, 10465 |
| 吴华 | 4886, 8199, 11103, 11304, 11314 |
| 吴华仑 | 2057 |
| 吴华先 | 1103, 10213 |
| 吴化学 | 8703, 8718, 9147 |
| 吴桦 | 9251 |
| 吴欢迎 | 12644 |
| 吴缓镐 | 4407 |
| 吴焕采 | 1604, 1605 |
| 吴焕彩 | 1686 |
| 吴焕泉 | 3375 |
| 吴焕宇 | 3307 |
| 吴辉 | 1239 |
| 吴辉扬 | 13088 |
| 吴惠娟 | 10977 |
| 吴惠良 | 7646, 10214, 10296, 10311 |
| 吴慧 | 8909, 10720 |
| 吴慧明 | 5542 |
| 吴慧虞 | 8550 |
| 吴获舟 | 12679 |
| 吴惑 | 12184 |
| 吴基元 | 8254 |
| 吴吉仁 | 3384, 5219, 5671, 6128 |
| 吴极章 | 8824 |
| 吴季衡 | 8054 |
| 吴季康 | 6579 |
| 吴季生 | 1812 |
| 吴继承 | 5468 |
| 吴继德 | 6316, 6317, 6426 |
| 吴继红 | 10884 |
| 吴继平 | 5224, 5302, 5313, 5339, 5418, 5538 |
| 吴寄尘 | 4952 |
| 吴寄南 | 6980 |
| 吴稷曾 | 6477 |
| 吴佳笠 | 10334, 10827 |
| 吴家栋 | 492, 3858, 4468 |
| 吴家贵 | 4941 |
| 吴家华 | 3006, 3046, 3564, 3620, 3629, 3851, |

| | |
|---|---|
| 4940, 5415, 8645 | 吴江 5743, 13020 |
| 吴家骅 10577 | 吴江春 2468 |
| 吴家驹 10717 | 吴江枫 12862 |
| 吴家录 5672 | 吴江峰 10774 |
| 吴家琭 8199 | 吴江泠 3543, 3573, 3613, 3634 |
| 吴家萍 051 | 吴江龙 12130, 12131 |
| 吴家强 1237 | 吴江南 3936, 8847, 9328, 9490, 10656 |
| 吴家硕 4185 | 吴江平 4910, 13300 |
| 吴嘉宝 8708 | 吴江山 10612 |
| 吴嘉苓 203 | 吴江市政协文史资料委员会 8967 |
| 吴嘉平 11282, 12240, 12556 | 吴江元 8508 |
| 吴嘉猷 1597, 1598, 1599, 1604, 1605, 1606, 1612, 1640, 1645 | 吴杰 8517, 10846 |
| 吴甲丰 053, 515, 522, 576, 597, 6784, 6849 | 吴洁 1258 |
| 吴甲原 3398 | 吴捷秋 12950 |
| 吴樫 4247, 5719 | 吴介琴 1200, 8627 |
| 吴建 3352, 8785 | 吴介祥 193 |
| 吴建骅 8840 | 吴介祯 193, 199 |
| 吴建疆 9770 | 吴金标 8521 |
| 吴建民 7564, 8291 | 吴金城 6869 |
| 吴建平 9035 | 吴金娥 5645, 5700, 5764, 5831, 5839 |
| 吴建武 3879 | 吴金铭 4493 |
| 吴建贤 7476, 8154, 8190, 8198, 8343, 8382, 8387, 8429 | 吴金狮 6766 |
| 吴建兴 6649 | 吴锦渝 5117, 5868, 6066, 6245 |
| 吴建瑜 8821 | 吴瑾 523, 7737, 11534, 11535, 12413, 12424, 12432 |
| 吴建中 3873 | 吴进 1398, 5259 |
| 吴剑 11754 | 吴进生 460 |
| 吴剑超 2078, 2144, 4783, 4825, 6100, 6197, 10447 | 吴进贤 8298, 8372 |
| 吴剑铭 7501, 7502 | 吴近 6666, 6667 |
| 吴健 404, 461, 2832, 3157, 3195, 3204, 3211, 3821, 4030, 5346, 5348, 5371, 9114, 9855 | 吴劲潮 5537, 5713, 5737, 5767, 5924 |
| 吴健华 12622 | 吴晋明 5286 |
| 吴健骅 9025, 9715, 9739, 9742 | 吴京红 10699 |
| 吴健宁 4397, 4418, 4494 | 吴京姑 12610 |
| | 吴京泰 6237 |
| | 吴经农 5972, 6119 |

| | | | |
|---|---|---|---|
| 吴经缘 | 8217, 8282 | 吴觉迟 | 7282 |
| 吴荆 | 5760 | 吴军 | 6520, 12049, 12324 |
| 吴荆父 | 5582, 5974 | 吴军行 | 10830, 11748 |
| 吴晶人 | 7436 | 吴均 | 10734 |
| 吴兢 | 10935 | 吴君 | 6013 |
| 吴井山 | 5749, 5768, 5823, 6094 | 吴君烈 | 7534 |
| 吴井田 | 5583, 6126 | 吴君琪 | 2924, 3652, 3689, 3747, 5096 |
| 吴井文 | 5056, 10338 | 吴钧燮 | 10843, 10844, 11078, 11140, 12561, |
| 吴景潮 | 11327 | | 12670, 12708, 13003 |
| 吴景行 | 3904, 5306 | 吴钧尧 | 10887 |
| 吴景山 | 5292, 5374, 5396, 5521, 5563 | 吴俊 | 8915 |
| 吴景嵩 | 359 | 吴俊达 | 341 |
| 吴景田 | 5467 | 吴俊发 | 1209, 2337, 3000, 3012, 11106 |
| 吴景文 | 1762, 5402 | 吴俊敏 | 11827 |
| 吴景希 | 2839, 4300, 5435 | 吴俊明 | 7307 |
| 吴景元 | 10426 | 吴俊奇 | 5690 |
| 吴景原 | 2688 | 吴俊卿 | 1701, 1702, 8531 |
| 吴儆芦 | 5275, 5384, 5796, 10508 | 吴俊泉 | 6264 |
| 吴竞 | 2077 | 吴俊生 | 12312 |
| 吴敬赐 | 8517 | 吴峻 | 10258 |
| 吴敬恒 | 8120 | 吴开晋 | 6310, 6362 |
| 吴敬贤 | 10201 | 吴开英 | 7637 |
| 吴敬梓 | 4901, 5463, 5805, 5878, 6460 | 吴凯 | 1882, 3334, 3344, 5869 |
| 吴静 | 6632 | 吴恺 | 6379, 6400 |
| 吴静波 | 1738 | 吴可 | 5377 |
| 吴静芳 | 10198, 10714 | 吴可贺 | 8481 |
| 吴静山 | 8713 | 吴可人 | 3313 |
| 吴镜汀 | 1431, 1746, 1766, 1784 | 吴克明 | 12995 |
| 吴迥 | 8481 | 吴克柔 | 4986, 5514 |
| 吴就同 | 5282 | 吴克辛 | 12019 |
| 吴居彻 | 12052 | 吴孔春 | 3013 |
| 吴琚 | 7960 | 吴宽 | 8065, 8087, 8097 |
| 吴菊芬 | 2720, 3079, 5200, 6929 | 吴夔 | 1405, 3076 |
| 吴巨义 | 10667 | 吴昆 | 5937 |
| 吴娟 | 128 | 吴来保 | 12773 |

吴兰亭 12049

吴兰婷 12447

吴兰修 1034

吴岚 3511

吴蓝烟 3713

吴朗西 6929, 6930, 6931, 6932, 7024

吴劳 10175, 10609

吴乐懿 11248

吴磊 1006, 10896

吴冷 5832

吴黎阳 5745

吴李玉哥 1395

吴历 758, 1606, 1615, 1636, 1637, 1639, 1641, 1643, 1664, 1688, 5755, 6823

吴立 6033, 6034, 6092, 6157, 6167, 7543, 10755

吴立桂 7576

吴立中 3815

吴丽珠 319, 2212

吴莉莉 6534, 6706

吴联膺 4956

吴良铺 8638

吴亮 027, 542

吴烈民 5554

吴烈勇 3219

吴凌如 12078

吴羚木 904

吴岭 6155

吴领彦 6267

吴留英 052

吴六仁 4978

吴寥 11889

吴龙 537, 538, 551, 6005, 6874

吴龙才 3646, 5049, 5065, 5084, 5460, 9078

吴龙辉 8435

吴鲁才 4966

吴绿星 2372, 5855, 6028, 6105, 6217, 6289, 6321, 6328, 6348, 6446, 6612

吴路寿 5598

吴露生 12580

吴鸾 4898

吴洛 6745

吴马 4951

吴玛俐 084, 098, 104, 133, 455, 476, 483, 518, 7103

吴曼姑 7637

吴曼茵 12582

吴曼英 561, 1101, 12576, 12585, 12647

吴蔓起 4904

吴莽贵 3781

吴茂全 3746, 4941

吴懋详 5412

吴懋祥 1754, 1770, 1811, 3072, 3084, 4913, 4944, 4945, 5008, 5023, 5051, 5056, 5094, 5107, 5553, 6001, 6010, 6078, 6168, 6285

吴玫 099

吴梅 11274, 11276, 11277, 12745, 12776

吴梅芬 3816, 3833

吴美才 5965

吴美玉 5598, 5662, 5821

吴昧兵 6741

吴门琴社 12319

吴孟复 709

吴孟樵 13151

吴孟思 8480, 8481, 8491

吴孟颖 1089

吴梦非 599, 10786, 10790, 11067, 11068, 11212

吴梦林 3776

吴梦起 4977, 5623, 6513

吴民才 3746

吴敏 1169, 2991, 3119, 3124, 3210, 3215,

3223, 3224, 3256, 3272, 3294, 3314, 3364,
3628, 3689, 3709, 3884, 5122, 5136,
5141, 5566, 5806, 5832, 5875, 6133, 6135,
6157, 8068, 8648, 8656, 10640, 10668

| 吴敏荣 | 1337, 3811 |
| 吴敏志 | 12660 |
| 吴明 | 2121, 2137, 4101, 4156, 5580, 6633, 6650, 6805, 10749, 11503 |
| 吴明耀 | 2013, 4414, 4597, 8818 |
| 吴鸣 | 6093 |
| 吴鸣时 | 1475 |
| 吴铭 | 9410 |
| 吴末 | 1961, 4144, 4244, 7312 |
| 吴沫欣 | 8824 |
| 吴墨林 | 2259 |
| 吴墨农 | 7842, 7851, 7961 |
| 吴谋 | 12645 |
| 吴乃心 | 11731 |
| 吴乃宇 | 12981 |
| 吴南翔 | 8911 |
| 吴南薰 | 11028 |
| 吴能 | 4992 |
| 吴念真 | 13142, 13222, 13248 |
| 吴念中 | 8121 |
| 吴宁 | 1096, 6638, 6720 |
| 吴宁慧 | 6324 |
| 吴秾 | 3689, 4893, 4894, 5469, 5899 |
| 吴瓯 | 8463, 8479, 8552, 8554 |
| 吴盘珠 | 10406 |
| 吴培民 | 5605, 5766, 13050 |
| 吴培文 | 12432 |
| 吴培秀 | 2029, 2143, 4699, 10598 |
| 吴佩芬 | 158 |
| 吴佩华 | 10843, 10856, 10982, 11077, 11090, 11222 |
| 吴佩琨 | 7282, 7352, 7364, 8395 |

| 吴佩新 | 5508 |
| 吴佩元 | 9587, 9603 |
| 吴珮慈 | 13065 |
| 吴鹏 | 7032, 10001 |
| 吴丕能 | 5360 |
| 吴平 | 3849, 6589, 8873, 11837, 12240 |
| 吴平昌 | 323 |
| 吴平凡 | 5489, 5586, 5816 |
| 吴平关 | 10122 |
| 吴萍 | 4669, 12996 |
| 吴蒲石 | 13199 |
| 吴朴堂 | 8556, 8563 |
| 吴普 | 4946, 4955, 5011, 5043, 5115 |
| 吴七章 | 2907 |
| 吴齐 | 692, 916, 1797, 2042, 2643, 3622, 8337, 8990 |
| 吴其琅 | 5472, 5845 |
| 吴其强 | 5009 |
| 吴其柔 | 4899, 4900, 4901, 4914, 4927, 4935, 4950, 4955, 4968, 4969, 4974, 4993, 5011, 5027, 5032, 5037, 5054, 5067, 5071, 5356, 5378, 5410, 5421, 5444, 5448, 5470, 5531, 5535, 5541, 5565, 5611, 5634, 5643, 5810, 5925, 5934, 5946, 5981, 6065, 6081, 6098, 6099, 6147, 6153, 6422, 6490, 6523, 6586, 6588, 6642 |
| 吴其谚 | 13144, 13158 |
| 吴其贞 | 660 |
| 吴奇 | 2212, 4909 |
| 吴颀 | 8916 |
| 吴琪 | 6305, 6575, 6576, 6589, 6591, 6592 |
| 吴祺 | 8507 |
| 吴启泰 | 5508, 5633 |
| 吴启文 | 9078, 12723 |
| 吴启亚 | 2921 |
| 吴启瑶 | 1370 |

吴启元　10793, 10843, 10981, 12670, 12755

吴契悲　3392, 3393

吴骞　382, 383, 752, 766, 767, 768, 769, 780, 1029, 1460, 7219, 7267, 7699, 8445, 8450, 8451, 11001

吴骞校　1031

吴乾福　2035, 4267

吴乾浩　11874, 12702, 12726, 12781, 12820

吴茜　1399, 5757

吴倩芳　3477

吴强　2290, 5031, 5116, 5347, 8781, 13231, 13232

吴强年　2996, 3006, 3011, 3012, 3027, 3039

吴翘璇　615, 1121

吴琴　4885

吴青　6033, 12840

吴青禾　4013, 4822, 10453

吴青霞　1873, 1910, 1950, 2274, 2312, 2606, 2644, 4018, 4532, 10490

吴清辉　8461

吴清江　6188

吴清卿　1618, 1700, 8074

吴清圣　10880

吴清汀　6101

吴清珍　8622

吴晴　13195

吴庆　614

吴庆和　7551, 7574

吴庆生　11680

吴庆先　6346

吴琼　12817

吴秋帆　12856, 12857

吴秋林　055

吴秋雅　13165

吴秋月　9035

吴荃　5593, 7230

吴群　8690, 11247, 11258, 12218, 12219, 12517, 12523, 12528

吴然　9364

吴然吟　10867

吴燃　2212, 2226, 3037, 8641

吴让之　8064, 8074, 8077, 8079, 8081, 8091, 8098, 8540

吴壬麟　8684

吴仁　3360

吴仁敬　10640

吴仁溥　12087

吴仁中　6667

吴仞之　12685, 12803

吴荣　8114

吴荣光　768, 769, 1716, 8033, 8070

吴荣靖　354

吴荣康　2520

吴荣顺　11820, 11821

吴荣文　2466

吴荣喜　5337

吴荣玉　8952

吴镕　1594, 5906, 5984, 6000

吴汝华　10989

吴锐　4898, 4930

吴瑞德　12136

吴瑞枫　10612

吴瑞金　5514

吴瑞龙　3262, 5499, 5514, 5708

吴润霖　10967

吴润令　10197

吴若增　5401, 5415, 5458, 5568, 5614, 5624, 5759, 5825, 6079

吴若竹　5510

吴三民　2717

吴山　416, 622,

3300, 5573, 6036, 6110, 6113, 6131, 6157,
8658, 10210, 10227, 10228, 10241, 10282,
10287, 10643, 10658, 10724

吴山明 631, 824, 873, 877, 884, 1097, 1113, 1925,
1978, 1984, 2359, 2362, 2397, 2398, 2410,
2415, 3300, 3904, 5453, 5486, 5495, 5619,
5855, 6051, 6115, 6178

吴山涛 1559, 1597

吴山音 12391

吴珊 6373

吴善来 5291, 5935

吴善翎 11098

吴善茂 7312, 7516

吴善璋 8321

吴善志 4258, 4478

吴尚学 6537, 6669

吴少山 11999

吴少伟 10501

吴少湘 8619, 8620

吴少云 3538, 3539, 3540, 3622, 3639, 4197,
4205

吴绍人 877, 5496, 5865, 6049

吴绍同 9317

吴溦 8835

吴身元 7379, 7395, 7423, 7469, 7530, 7536, 7576,
7582, 7583, 7597, 7600, 7605, 7607, 7608,
7609, 7612, 7614, 7623, 7739, 8273, 8407

吴升 749

吴声 876, 2290, 4298, 4307, 4411, 5592, 5626,
5766, 5799, 5859, 5894, 5935, 5991, 6017,
6092, 6142, 6212, 6217, 6224, 6233, 6383,
10506, 12139

吴绳年 1034, 1035, 1048

吴省兰 7709

吴圣麟 7340, 7577, 7591, 8407, 8409

吴圣武 10867

吴盛源 2480

吴诗池 270

吴诗初 794

吴诗研 6770

吴石潜 8073

吴石仙 1751, 1951

吴石渔 2477

吴时敏 10569

吴时学 5239, 5268, 5271, 5281, 5293, 5361, 5418,
5458, 5509, 5969, 6054, 6110, 6121

吴士鉴 8111, 8120

吴士鑑 8111

吴士亮 12295

吴士林 3118

吴士余 3472, 3474, 3475, 6826

吴士元 151, 556, 10385, 10739

吴氏梅影书屋 1708

吴世玠 11942

吴世德 11346

吴世枫 12843

吴世华 7631

吴世杰 3508

吴世宁 564

吴世平 1391

吴仕忠 8667, 10714

吴式错 12196

吴式芬 8490

吴式错 11089, 11101, 12195

吴式堂 5744

吴守明 908, 917, 1687,
1884, 1933, 1988, 2312, 2422, 2589, 3818,
3990, 4237, 8167, 8382, 8561

吴守谦 13280

吴守箴 8337

| | | | |
|---|---|---|---|
| 吴守智 | 11245, 12519, 12534 | 吴泰昌 | 1515 |
| 吴寿谷 | 1907, 2585, 4270 | 吴棠海 | 398 |
| 吴寿华 | 9398, 9873, 9886 | 吴涛 | 1927, 2555, 5330, 6723, 6907 |
| 吴寿石 | 5293, 5814, 6191 | 吴涛毅 | 6322 |
| 吴寿曾 | 8528 | 吴滔 | 1601, 1643 |
| 吴绶镐 | 1864, 2508, 2560, 2564, 4055, 4167 | 吴腾达 | 12999 |
| 吴叔同 | 12101 | 吴天 | 6306, 12675, 12676, 12679, 12809, 13032, 13077, 13202 |
| 吴叔元 | 8503 | | |
| 吴淑娟 | 1598 | 吴天墀 | 2557, 2558 |
| 吴淑生 | 10202, 10210, 10235, 10357 | 吴天昊 | 9844, 9858 |
| 吴述宝 | 2063, 2114, 2157, 4498, 4508, 4575, 4622, 4648, 4685 | 吴天明 | 9149 |
| | | 吴天球 | 11125 |
| 吴述超 | 2262 | 吴天忍 | 5481, 5718, 5752 |
| 吴述郑 | 7250 | 吴天翁 | 12857 |
| 吴树敬 | 5193, 5312, 10674 | 吴天祥 | 7331, 7365 |
| 吴树林 | 3818 | 吴天真 | 195 |
| 吴树平 | 1450, 1451 | 吴添汗 | 5438, 5439, 5440, 5631, 5690 |
| 吴树人 | 8603 | 吴铁声 | 897 |
| 吴树新 | 6058 | 吴铁英 | 11258 |
| 吴树勋 | 5930, 10251, 10301, 10578, 10688 | 吴廷 | 7734 |
| 吴澍 | 3951 | 吴廷标 | 2271 |
| 吴双成 | 10418 | 吴廷富 | 7362, 8256 |
| 吴顺平 | 8620 | 吴廷琯 | 4884, 4977, 4995, 5061, 5076, 5082, 5093, 5383, 5456, 5507, 5564, 5633, 5675, 5823 |
| 吴思 | 6454, 7071 | | |
| 吴思雷 | 894 | 吴同宾 | 5547, 5581, 5620, 5692, 5791, 12757, 12876, 12881, 12883, 12892 |
| 吴思文 | 7072 | | |
| 吴斯 | 7071 | 吴同椿 | 5279, 5289, 5358, 5841, 6385 |
| 吴四明 | 10823 | 吴同彦 | 6379 |
| 吴松 | 3455, 6804 | 吴同中 | 10902 |
| 吴松贵 | 7388 | 吴彤 | 4933, 6109 |
| 吴诵清 | 8517 | 吴彤章 | 1373, 1749, 3926 |
| 吴颂廉 | 8681, 8715, 8719, 8720 | 吴桐春 | 5520 |
| 吴苏雄 | 12992 | 吴团良 | 1004, 2212, 5716, 6206 |
| 吴素玲 | 13195, 13212 | 吴万根 | 5073 |
| 吴孙英 | 2338 | 吴望文 | 5680, 5998 |

| | | | |
|---|---|---|---|
| 吴微芦 | 5719 | 吴文科 | 12976 |
| 吴微微 | 10367 | 吴文钦 | 8880, 9124, 9989 |
| 吴为 | 4878, 5909, 9970, 10384 | 吴文胜 | 7068, 7070, 7071 |
| 吴为山 | 057, 8638 | 吴文蜀 | 8199 |
| 吴违宝 | 4737 | 吴文渊 | 3477, 4891, 4902, 5489 |
| 吴维根 | 7028 | 吴文忠 | 9946 |
| 吴维佳 | 6134 | 吴汶 | 6223, 6275, 6328, 6345 |
| 吴维蔚 | 10376 | 吴武芬 | 8515 |
| 吴伟 | 1574, 7637 | 吴希平 | 7807, 7812 |
| 吴伟国 | 1262 | 吴锡标 | 7939 |
| 吴伟锦 | 11511 | 吴锡康 | 3810, 8207 |
| 吴伟民 | 6430 | 吴锡麟 | 7833 |
| 吴伟雄 | 9490, 10119 | 吴锡泽 | 1893 |
| 吴伟业 | 1562, 1597, 1650 | 吴熙 | 1571, 8495, 11012 |
| 吴伟中 | 12123 | 吴熙载 | 8050, 8072, 8106, 8531 |
| 吴纬 | 7068, 7069, 7070, 7071 | 吴熙曾 | 1720, 2485 |
| 吴卫刚 | 10745 | 吴霞 | 10358, 10360, 10731 |
| 吴卫鸣 | 2883, 2899 | 吴霞如 | 3392 |
| 吴卫平 | 5828, 8964 | 吴夏安 | 3558, 3578 |
| 吴未 | 5760 | 吴先辉 | 6098 |
| 吴未淳 | 7424, 7456, 8422, 8438 | 吴先声 | 8452, 8495 |
| 吴蔚云 | 13264 | 吴贤淳 | 4030, 7629, 7630, 7637 |
| 吴慰云 | 11521 | 吴显德 | 12611 |
| 吴文 | 7069, 7071, 12780 | 吴县"革委会"创作组 | 5212 |
| 吴文峰 | 8972 | 吴县文化馆 | 5261 |
| 吴文虎 | 10393 | 吴宪生 | 724, 876, 879, 880, 882, 1113, 1115, 1117, 1120, 2371, 2399, 2404, 2882, 5657, 5943 |
| 吴文环 | 7425, 7480 | 吴献生 | 2879, 5836, 6057 |
| 吴文焕 | 3735, 5031, 5052, 5068, 5107, 5118, 5124, 5130, 5134, 5139, 5141, 5155, 5192, 5224, 5379, 5434, 5438, 5479, 5647, 5653, 5824, 5840, 5857, 5875, 5919, 5929, 5948, 5950, 5984, 6058, 6064, 6093, 6117, 6251, 6287, 6408, 6409, 6432, 6435, 6444, 6447, 6682, 12303, 12304 | 吴香舟 | 2312 |
| | | 吴湘军 | 5534, 6041 |
| | | 吴湘麟 | 4049, 5624, 5717, 5886, 10262, 10266, 10269, 10275, 10277, 10279, 10283, 10285, 10290, 10305, 10306 |
| 吴文娟 | 12448 | 吴湘霞 | 5013 |
| | | 吴湘英 | 5786 |

| | | | |
|---|---|---|---|
| 吴襄 | 2518 | 吴新如 | 7451, 7454, 7614 |
| 吴骧 | 5260 | 吴新亚 | 4386 |
| 吴庠铸 | 1653, 5082, 5107, 10666, 10670 | 吴馨 | 1600, 6261 |
| 吴向必 | 1398 | 吴鑫华 | 10260 |
| 吴向之 | 13244 | 吴鑫麟 | 10266 |
| 吴象峰 | 2844, 3798, 4127, 4850, 4855 | 吴信鸿 | 042 |
| 吴宵 | 5932 | 吴信坤 | 5765, 6174 |
| 吴小华 | 8507, 10403 | 吴信训 | 13117 |
| 吴小如 | 2256, 12697, 12720, 12880 | 吴兴国 | 6572 |
| 吴小铁 | 8314 | 吴兴宏 | 3471, 6686, 6694 |
| 吴小馨 | 1197 | 吴兴华 | 8265 |
| 吴小燕 | 1214, 11678, 11972 | 吴兴林 | 7356 |
| 吴晓邦 | 100, 12145, 12560, 12562, 12568, 12570, | 吴兴县征文办公室 | 2748 |
| | 12579, 12581, 12586, 12589, 12616, 12617 | 吴星 | 7547 |
| 吴晓兵 | 6701 | 吴形 | 619 |
| 吴晓丁 | 634 | 吴性清 | 1843, |
| 吴晓兰 | 1364 | | 1912, 1913, 2077, 2625, 2637, 2647, 3227, |
| 吴晓丽 | 3506 | | 3536, 3546, 3547, 3557, 3558, 3602, |
| 吴晓玲 | 12883 | | 3612, 3623, 3624, 3638, 3657, 3681, |
| 吴晓铃 | 12867, 12868 | | 3708, 3716, 3717, 3755, 3811, 3943, |
| 吴晓明 | 2828 | | 3973, 4037, 4064, 4080, 4099, 4109, 4130, |
| 吴晓娜 | 11262, 12536 | | 4143, 4165, 4172, 4173, 4191, 4193, 4200, |
| 吴晓薇 | 6957 | | 4232, 4237, 4240, 4267, 4269, 4284, 4296, |
| 吴晓雯 | 212 | | 4309, 4341, 4360, 4362, 4364, 4368, 4396, |
| 吴晓云 | 10218 | | 4451, 4472, 4508, 4570, 4576, 4626, 4651, |
| 吴孝荣 | 5958, 6261 | | 10409, 10491 |
| 吴孝三 | 3515, 5026 | 吴熊 | 1702, 1703 |
| 吴燮勋 | 2837 | 吴熊元 | 11180 |
| 吴心宇 | 10713 | 吴休 | 805 |
| 吴辛 | 3589 | 吴修 | 774, 776 |
| 吴辛平 | 6543 | 吴修闇 | 1271, 1639 |
| 吴新 | 6274 | 吴秀昌 | 5432 |
| 吴新华 | 6647 | 吴秀芳 | 10719 |
| 吴新雷 | 12789 | 吴秀华 | 6220 |
| 吴新明 | 6732, 6737 | 吴秀楣 706, 2099, 2698, 2720, 3900, 3941, 3966, | |

4042, 4163, 4187, 4199, 4242, 4373, 4378, 4688, 4801, 5387, 5519, 10352

吴秀琴 8895

吴秀英 5337, 5407, 5472, 5622, 5645, 5679, 5766, 5935, 6071, 6122, 6160, 6304

吴秀月 2101

吴岫明 11042, 11106, 12008, 12041, 12103, 12384

吴虚 9967

吴旭东 3113

吴旭明 8595

吴绪彬 7168

吴绪经 2343, 5449, 5784, 5808, 5980, 6062, 6071, 6138, 6208, 6268, 6384

吴轩 8486

吴学斌 2220, 8546

吴学东 6232, 7073, 7074, 7075

吴学锋 6057, 6232

吴学敏 2901, 7042

吴学运 5230

吴雪 4607, 6289, 6331, 6607, 6650, 6651, 6652, 6653, 6655, 6658, 6663

吴雪凌 11065

吴雪熊 3145, 3599, 3737, 4953, 5099

吴雪原 5395

吴勋 1974, 2561, 2605, 4137

吴询权 1720

吴浔源 12261

吴迅 5437, 6097

吴雅琳 352

吴雅明 918, 2468

吴雅清 6869

吴延诚 6560

吴延恺 3375, 3382, 9253, 9397

吴延科 5395

吴言 10299

吴言赻 11297

吴岩 2398, 7048

吴炎华 3151

吴砚耕 4036, 4213, 4360

吴砚士 2209

吴砚云 8123

吴彦琳 12041

吴艳坤 5239

吴雁 581

吴燕生 2954, 5452, 6392

吴扬 11956

吴杨 5085

吴养田 7247

吴痒铸 5107

吴耀德 8734

吴耀华 6390, 10568

吴耀利 266

吴耀明 6064, 6430, 6556

吴耀中 6433

吴野 064

吴野渡 13165

吴野洲 2338

吴业斌 2544

吴叶红 10619

吴烨 5871

吴一帆 11133

吴一峰 1726, 1730, 1731, 1732, 1950, 1963

吴一舸 1709, 4873, 7247

吴一立 10788, 11214

吴一桥 7614

吴一声 2367, 5400, 5503, 5540, 5732, 5863, 5897, 5979, 6057, 6180

吴一文 6035

吴诒 3077, 3080, 3086, 3087, 3088, 3167, 4888

吴怡君 9577

| | |
|---|---|
| 吴怡如 | 8645 |
| 吴怡山 | 13002 |
| 吴宜璋 | 10596, 10599 |
| 吴贻弓 | 13061, 13198 |
| 吴颐 | 1648 |
| 吴颐人 | 8257, 8465, 8466, 8475, 8476, 8543, 8545, 8563, 8573 |
| 吴乙坚 | 5192, 5255 |
| 吴以达 | 4556, 4616, 5479, 5930 |
| 吴以铮 | 13296 |
| 吴艺 | 10653 |
| 吴亦生 | 2101, 2108, 2376, 2670, 2799, 4624, 4721 |
| 吴奕正 | 5316 |
| 吴奕政 | 4169, 5258, 6115 |
| 吴逸 | 1594 |
| 吴逸群 | 11302 |
| 吴毅 | 2212, 2435, 2913, 6385, 7647, 11137 |
| 吴毅德 | 8883 |
| 吴茵 | 13189 |
| 吴茵波 | 7041 |
| 吴寅伯 | 9039, 9959 |
| 吴隐 | 495, 8456, 8520, 8527, 8528 |
| 吴隐共 | 8533 |
| 吴隐摹 | 8087, 8090 |
| 吴印咸 | 8687, 8688, 8718, 8719, 8723, 8727, 8728, 8731, 8732, 8879, 8883, 8886, 8889, 8923, 8934, 8976, 8984, 9043, 9044, 9051, 9052, 9053, 9263, 9264, 9274, 9305, 9324, 9335, 9339, 9340, 9789, 9790, 9796, 9844, 9992, 10012, 10015, 10022, 10028, 13265, 13266 |
| 吴应炬 | 11889, 11904, 12136, 12342 |
| 吴应强 | 4161 |
| 吴英浩 | 8237 |
| 吴英俊 | 5706 |
| 吴英错 | 11089 |
| 吴莺 | 10823 |
| 吴迎 | 11869, 12527, 12529 |
| 吴盈 | 3608 |
| 吴盈静 | 6559 |
| 吴莹 | 8129 |
| 吴颖炎 | 10968 |
| 吴颖芳 | 11001 |
| 吴颖炎 | 693 |
| 吴影 | 6672, 6673 |
| 吴映丹 | 10550 |
| 吴映强 | 4091 |
| 吴雍禄 | 11170 |
| 吴永 | 148, 149, 7368, 8145, 8368, 8478 |
| 吴永福 | 10297, 10567 |
| 吴永甫 | 8699 |
| 吴永刚 | 13208, 13230 |
| 吴永康 | 867 |
| 吴永坤 | 8282 |
| 吴永良 | 1160, 1984, 1997, 2158, 2290, 2683, 4381, 5217, 6022, 6157 |
| 吴永民 | 2403 |
| 吴永清 | 3730 |
| 吴永志 | 10291, 10316, 10339 |
| 吴永中 | 10297, 10567 |
| 吴咏林 | 11989 |
| 吴勇 | 6374, 6390 |
| 吴友 | 8346 |
| 吴友琳 | 8467 |
| 吴友如 | 1386, 1603, 1671, 1681, 1688, 1692, 1693, 1694, 1695 |
| 吴有恒 | 5126, 5466, 5498, 5616, 5890, 5891 |
| 吴幼潜 | 8541 |
| 吴余青 | 621, 1146, 1148, 1150, 1152, 1192, 1267, 1268, 10222 |
| 吴渔山 | 1626 |

| | |
|---|---|
| 吴宇方 | 5965, 5966, 6122 |
| 吴宇芳 | 1835 |
| 吴宇强 | 7358 |
| 吴宇森 | 13132 |
| 吴语亭 | 2312 |
| 吴语亭著作编辑组 | 2312 |
| 吴玉京 | 5751 |
| 吴玉兰 | 10464 |
| 吴玉莲 | 11141 |
| 吴玉琳 | 2441, 2885 |
| 吴玉麟 | 13176 |
| 吴玉龄 | 5299, 5406 |
| 吴玉龙 | 9523 |
| 吴玉梅 | 858, 951, 952, 976, 1875, 1878, 2527, 2549, 2624, 2628 |
| 吴玉琴 | 12593 |
| 吴玉如 | 8135, 8180, 8191, 8200, 8228, 8252, 8290, 8427 |
| 吴玉生 | 7423, 7426, 7435, 7451, 7453, 7458, 7461, 7468, 7475, 7490, 7498, 7505, 7510, 7511, 7520, 7535, 7566, 7577, 7578 |
| 吴玉田 | 908, 10375 |
| 吴聿明 | 706 |
| 吴育绅 | 11189 |
| 吴钰 | 9262 |
| 吴域 | 692, 7339, 7468 |
| 吴埼 | 1096 |
| 吴裕康 | 375 |
| 吴誉 | 10288 |
| 吴毓华 | 12783 |
| 吴毓琦 | 5773, 9003 |
| 吴毓清 | 10803 |
| 吴渊 | 6073 |
| 吴元 | 11242, 11262 |
| 吴元臣 | 8497 |

| | |
|---|---|
| 吴元傅 | 5172, 5195 |
| 吴元奎 | 5517, 5529, 5536, 5791, 5837, 5958, 6481, 6507, 6586 |
| 吴元身 | 7596 |
| 吴元泰 | 6310 |
| 吴元真 | 8105 |
| 吴月琴 | 6186 |
| 吴月燕 | 12215 |
| 吴岳 | 1700 |
| 吴岳添 | 024, 13075 |
| 吴悦石 | 1979 |
| 吴悦心 | 1145 |
| 吴跃林 | 10226 |
| 吴跃龙 | 6523, 6529, 6540, 6544, 6545, 6707, 6727 |
| 吴跃明 | 6441 |
| 吴跃跃 | 10840, 11314 |
| 吴越 | 4902, 5849, 11680, 13167 |
| 吴越中 | 8275, 8562 |
| 吴云 | 1455, 5924, 5933, 7710, 7800, 7828, 7830, 8534, 8541, 8547 |
| 吴云初 | 3123, 5512, 5619 |
| 吴云峰 | 1886, 2496 |
| 吴云华 | 617, 2746, 2747, 2750, 2756, 2760, 2802, 2825, 3242, 3982, 4092, 6074 |
| 吴云龙 | 3712, 8803, 8879, 9209, 9934 |
| 吴云晓 | 11399 |
| 吴芸 | 2520 |
| 吴耘 | 1383, 3081, 3088, 3095 |
| 吴运鸿 | 132, 212, 213, 376, 861, 1119, 1136, 3500, 6594, 6595, 6829, 8779, 10568 |
| 吴运凯 | 5255 |
| 吴在 | 8509 |
| 吴泽 | 8538 |
| 吴泽浩 | 1312, 4049, 5855 |
| 吴泽林 | 024 |

吴泽义　177, 537, 538, 551, 582, 586, 597, 6796, 6874

吴增亮　3810, 5230

吴增荣　11074, 11075

吴增若　5825

吴增义　2290, 4803, 4812

吴章　7029

吴丈蜀　8199, 8218

吴钊　10960, 10964, 10972, 10978

吴钊洪　2443

吴兆芬　12940

吴兆馥　9546

吴兆华　9406

吴兆坚　9239

吴兆明　11340

吴兆千　8822, 13118

吴兆修　5028, 5085, 5103, 5133, 5237, 6147

吴棹　6481

吴肇周　7239

吴哲夫　396, 397, 398, 1209, 1210, 1801, 1859, 3081, 3107, 3216, 3533, 3535, 3543, 3569, 3574, 3610, 3612, 3619, 3637, 3644, 3654, 3680, 3687, 3688, 3696, 3703, 3710, 3722, 3723, 3739, 3740, 3751, 3771, 4017, 4070, 4154, 4202, 4339, 4341, 12610

吴哲辉　2993, 3013, 5333, 10264

吴贞卿　8507

吴祯　3230, 3611, 4100, 10407

吴祯岚　2338

吴祯祥　2274, 3216, 3227, 3242, 3313, 5278, 5668

吴祯祥　3923

吴秦　4970

吴振邦　10404

吴振慈　4176

吴振锋　7401

吴振鑫　8735

吴振轩　4904, 4939, 5757

吴振中　8337

吴振兹　2575, 2582, 4083, 4110, 4118, 4378, 4511

吴镇　755, 756, 850, 1530, 1535, 1544, 1548, 6573, 6820, 7979

吴镇保　560

吴镇烽　431

吴征　1700, 1704

吴铮　8214

吴正斌　352, 1197

吴正奎　5252, 5277

吴正林　10362

吴正旸　8482

吴政　2977

吴之　5991

吴之东　2212

吴之芳　7681, 7682, 7692

吴之峰　10244

吴之奎　1814

吴之联　12295

吴之珉　12331

吴之仁　12655

吴之勋　8596, 10375, 10397

吴芝君　5378

吴芝英　8026, 8028, 8107

吴至祥　5252

吴志　8160

吴志国　10380

吴志豪　10750

吴志浩　10846, 11208

吴志坚　6130, 6175

吴志俭　2338

吴志杰　4016, 4154

吴志敏 8741

吴志明 5009, 5039, 5043, 5112, 5118, 5127, 5137, 5398, 9506

吴志强 6265

吴志实 10375

吴志勇 5794, 5795

吴志远 5639, 5683, 5706, 5744, 5767, 5807, 5838, 5842, 5850, 5852, 5858

吴智杰 13281

吴智泉 4880

吴智棠 3496

吴稚晖 8282

吴中 380

吴中格 9824, 10038, 10056

吴中行 8975, 9039

吴中民 9431, 9444

吴忠 8482

吴忠翰 3044

吴忠麟 133

吴忠民 1935, 3305, 4411

吴忠善 8058

吴忠泽 11965

吴钟灵 10981

吴钟谟 13296

吴钟炎 9246

吴仲康 1891

吴仲肯 13302

吴仲声 6319

吴仲熊 5481, 5520

吴重华 12264

吴重喜 8535

吴重熹 8456

吴柱熙 3717, 4069, 4148, 5339

吴咨 8490, 8509, 8531

吴子 5704

吴子彪 11194, 11200, 12182, 12382

吴子复 109, 8152, 8191, 8560

吴子嘉 1602

吴子建 8567

吴子龙 1265

吴子牧 8492

吴子深 1619

吴子洲 5330

吴梓江 6240

吴自立 6142

吴自强 1294, 1851, 1860, 1882, 1887, 1998, 2352, 2594, 3876, 3877, 3956, 4033, 4043, 4069, 5355, 5490, 5757

吴自忠 3871, 6245

吴宗锦 10562, 10573, 10574, 10578, 10579

吴宗锡 12975

吴宗尧 5507

吴宗镇 10610

吴祖慈 10178, 10183

吴祖光 5643, 13230, 13239

吴祖强 11081, 11179, 11267, 11665, 11667, 11787, 11957, 12098, 12174, 12198, 12223, 12225, 12313

吴祖望 3438, 6939, 6950, 6951, 7029

吴佐仁 8271

吴作光 3078, 3700

吴作人 623, 624, 1321, 1322, 1324, 1379, 1390, 1433, 1746, 1767, 1788, 1801, 1853, 1856, 1863, 1871, 1884, 1926, 1986, 1997, 2016, 2017, 2040, 2049, 2098, 2111, 2195, 2559, 2560, 2591, 2597, 2602, 2603, 2604, 2611, 2619, 2641, 2663, 2714, 2715, 2720, 2723, 2730, 2762, 2852, 2857, 2888, 4699, 6602

吴作人工作室 2723

吴作人国际美术基金会 2901, 2904, 2905

吴作文　　　　　　　　　　　520

吴祚来　　　　　　　　　　　2326

梧柏　　　　　　　　　　　　5476

梧磊　　　　6222, 6276, 6277, 6291, 6664

梧梅　　　　　　　　　　　　6335

梧州地区"革委会"政工组　　　5181

梧州军分区政治部　　　　　　5181

五百画梅精舍　　　　　　　　1569

五二五一部队　　　　　　　　3188

五丰　　5017, 5111, 5588, 6149, 6345, 6608

五家训　　　　　　　　　　　6453

五力　　　　　　　　　　　　6555

五平　　　　　　　　　　　　4949

五七五九部队业余美术创作组　5238

五十岚三喜夫　　　　　　　　7135

五十岚优美子　　　　　　　　7008

五阳　　　　　　　　　　　　7649

五一四一〇部队　　　　　　　311

五洲出版社　　　　　　　　　10231

五洲传播中心　　　　　　　　13064

午德光　　　　　　　　　　　2165

午马　　　　　　　　　　　　7027

午言　5496, 5622, 5625, 5643, 5649, 5668, 5675,
　　　5679, 5694, 5726, 5749, 5804, 5810, 5829,
　　　5840, 5853, 5862, 5899, 5906, 5931, 5966,
　　　6000, 6002, 6009, 6012, 6015, 6017

伍必端　317, 1324, 1388, 2592, 2862, 3104, 3835

伍斌　　　　　　　　　　　　7496

伍秉乾　　　　　　　　　　　4872

伍步云　　　　　　　　　　　2786

伍纯道　　　　　　　　　　　8270

伍德　　　　　　　　　　　　11107

伍德福特　　　　　　　　　　368

伍典　　　　　　610, 1102, 1246, 1248

伍丁　　　　　　　　　　　　6387

伍鼎宏　8783, 8906, 8912, 9036, 9481, 9756, 9783,
　　　　9928

伍恩兰　　　　　　　　　　　12436

伍发积　　　　　　　　　　　5554

伍夫　　　　　　　　　　　　6102

伍福强　　　　　　　　9535, 10025

伍刚　　　　　　　　　　　　13082

伍桂红　　　　　　　　　　　192

伍国栋　　10912, 10914, 10915, 10970, 10973,
　　　　10978, 12260

伍国庆　　　　　　　　　　　6456

伍国兴　　　　　　　　　　　10050

伍菡卿　　13003, 13004, 13032, 13051, 13112

伍洪　　　　　　　　　9424, 9425

伍积文　　　　　　5474, 5559, 6490

伍辑青　　　　　　　　　　　956

伍杰　　　　　　　　　5785, 5829

伍金生　　　　　　2678, 9477, 9752

伍劲　　　　　　　　　　　　2837

伍京生　9476, 9478, 9700, 9734, 9754, 9906,
　　　　10084, 10085

伍景云　　　　　　　　　　　5011

伍觉　　　　　　　　　　　　5106

伍俊杰　　　　　　　　　　　9394

伍蠡甫　　066, 070, 501, 508, 516, 688, 810, 908,
　　　　2431

伍力成　　　　　　　　9421, 9874

伍立威　　　　　　　　　　　9572

伍利章　　　　　　　　　　　1251

伍联德　　　　　　　　　　　599

伍林发　　　　　　　　　　　11534

伍霖生　697, 906, 1824, 1829, 1847, 1852, 1864,
　　　　1867, 2435, 2472, 3926, 3967

伍凌　　　　　　　　　　　　5827

伍伦　　　　　　　　　13057, 13183

| | | | |
|---|---|---|---|
| 伍明皓 | 7546 | 伍岳 | 6223 |
| 伍明实 | 11266 | 伍跃明 | 9140 |
| 伍明万 | 8633 | 伍昭富 | 7485 |
| 伍启中 | 1831, 1832, 1838, 1850, 2594, 2697, 2703, 2707, 2762, 2765, 2772, 2841, 3214, 3232, 3240, 3817, 3904, 3939, 3985, 5513 | 伍兆澄 | 8702 |
| | | 伍振超 | 8806, 8925, 9000, 10101 |
| | | 伍振国 | 3972, 13285 |
| 伍启宗 | 2750, 3628 | 伍振权 | 2755, 3199, 3246 |
| 伍仁 | 9346 | 伍志红 | 7036 |
| 伍仁行 | 9018 | 伍中文 | 6305 |
| 伍赛文 | 13246 | 伍中一 | 8218, 8237 |
| 伍胜 | 10756 | 武宝新 | 2673 |
| 伍师 | 10056 | 武宝智 | 5535, 5620, 5678, 5751, 5852 |
| 伍时旺 | 12038 | 武兵 | 605 |
| 伍时雄 | 235, 347, 5574 | 武炳文 | 8272 |
| 伍瘦梅 | 1732, 2440 | 武伯纶 | 8932 |
| 伍松乔 | 351 | 武昌县邢远长同志事迹展览馆 | 5152 |
| 伍素心 | 8688, 8694, 8944, 9288 | 武长安 | 8952 |
| 伍铁平 | 12398, 12399 | 武纯展 | 9334, 9792 |
| 伍未折 | 5462, 6485 | 武道湘 | 7338, 7377 |
| 伍蔚繁 | 8906 | 武德报社 | 12839 |
| 伍湘涛 | 10826, 10870, 10893, 12698 | 武德祖 | 2713, 2797, 3088 |
| 伍向 | 10791 | 武帝萧衍 | 7188, 7189 |
| 伍小东 | 973, 10306 | 武定县"革委会"政工组 | 5217 |
| 伍小泉 | 6315 | 武枫 | 12670 |
| 伍小仪 | 8688, 8730, 8739, 8743 | 武锋 | 5503, 5722, 5834 |
| 伍小仪总 | 8963 | 武钢工人俱乐部美术组 | 2864 |
| 伍晓军 | 10320 | 武钢职工业余美术创作研究社 | 2726 |
| 伍新 | 12182 | 武戈 | 5890 |
| 伍亚华 | 10113 | 武功 | 12640 |
| 伍一宣 | 5104 | 武功县电影站 | 3842, 3863 |
| 伍揖青 | 1898, 1979, 2030, 2045, 2226 | 武功县文化馆 | 3842 |
| 伍益辉 | 2718, 2720 | 武功县新书店 | 3819 |
| 伍雍谊 | 10856, 10977, 11952, 11956 | 武广久 | 491, 492, 5863, 5937, 6296 |
| 伍元蕙 | 7658 | 武国会 | 6707, 6711 |
| 伍员 | 6401, 6434 | 武国珺 | 7484 |

武海鹰 3874, 4013, 4078, 4134, 4231, 4275, 4279, 4291, 4340, 4405, 4411, 4413, 4414, 4482, 4507, 4531, 4542, 4563, 5589

武寒青　6682

武汉《"红小兵"》编辑部　5237

武汉部队后勤部征歌小组　11696

武汉部队军政干校《四渡赤水》创作组　5362

武汉部队某部　5160

武汉部队政治部宣传部　5153, 5160

武汉部队政治部宣传组　5167

武汉测绘科技大学地图制图系　7633

武汉测绘学院地图制图系　7632, 7633

武汉出版社　7474, 7485

武汉楚剧团　11832

武汉第六棉纺织厂宣传科　5278

武汉歌舞剧院《支农船歌》　12639

武汉国棉一厂"革委会"政工组　5171, 5194

武汉汉剧院　9147, 11866

武汉军区政治部文化工作站　13293

武汉老年大学　717, 718, 2246

武汉人民广播电台　11573

武汉人民广播电台文艺编辑部　11615

武汉人民艺术出版社　11556, 11564

武汉肉类联合加工厂"革命委员会"　5202

武汉设计学校　6731

武汉市"革命委员会"文化局　1361

武汉市"革命委员会"文教局 5173, 11615, 11858

武汉市博物馆　1488

武汉市楚剧团艺术研究室　12931

武汉市电影发行放映公司　11910

武汉市防汛总指挥部防汛工作概况编审委员会
　1272

武汉市工艺美术研究所　10675

武汉市国画家二十六人　1755

武汉市汉剧工作团　13013

武汉市江岸区"革委会"文教局　5189

武汉市江汉区公安机关军管小组等《郭松林》连环画创作组　5175

武汉市教学研究室　7328, 7338, 11500

武汉市科普创作协会　10482

武汉市人民政府　8955

武汉市人民政府文化事业管理局　11574

武汉市三工艺美术社　8138, 8367, 8425

武汉市书法家协会　7329

武汉市体育运动委员会《万里长江横渡》画册编辑组　9249

武汉市文化局　12947

武汉市文化局工作室　10993

武汉市文化局戏剧工作室　11150

武汉市文化局戏曲研究室　12112

武汉市文联戏剧部　12687, 12691

武汉市文学艺术工作者联合会　11404, 11574

武汉市文学艺术界联合会　1355, 11565

武汉市戏曲导演训练班　12802

武汉市音乐工作者协会　11388

武汉书法家协会　7527

武汉铁路分局文联　341

武汉音乐学院道教音乐研究会编　12352

武汉杂技团　9249

武辉夏　3305, 3311, 5910

武惠英　5330

武季梅　12585

武继仁　1840, 1846

武继忠　8859

武冀平　9134

武坚　082

武建华 5242, 5248, 5280, 5503, 6263, 6485, 6493

武建明　10648

武剑　5887

武剑青　5976

| | | | |
|---|---|---|---|
| 武将 | 8767 | 武如英 | 5324 |
| 武进勇 | 11511 | 武润玺 | 12991 |
| 武晋翘 | 13135 | 武尚功 | 3310, 3924, 4074, 5499 |
| 武俊 | 1086, 5883 | 武绍文 | 8209 |
| 武俊达 | 11120, 11139, 11149, 11152, 11157, 11162, 11939, 12102, 12117 | 武生勤 | 6751 |
| 武隽达 | 11376 | 武石 | 1794, 2017, 2858 |
| 武凯军 | 6438, 6445, 6484, 6488, 6495, 6497, 6552, 6593 | 武士 | 7250 |
| | | 武蜀西 | 1833 |
| 武奎英 | 5189 | 武思茂 | 170 |
| 武磊 | 7556, 7559 | 武天合 | 8272 |
| 武力驰 | 4973 | 武田邦夫 | 11234, 11235, 11242 |
| 武立峰 | 8080 | 武同 | 12670 |
| 武立明 | 2351 | 武伟慰 | 2240 |
| 武琳 | 6006 | 武渭 | 6035 |
| 武陵出版公司编辑部 | 10611 | 武文 | 12691, 13007 |
| 武龙 | 6280 | 武文斌 | 12324 |
| 武论尊 | 6951, 6952, 6953, 6954, 6955 | 武文璞 | 5796 |
| 武论尊原 | 6953 | 武晓历 | 984 |
| 武漫宜 | 2240 | 武新英 | 5264 |
| 武矛 | 6054, 6102 | 武星 | 12669 |
| 武梅 | 10222 | 武修敬 | 5763 |
| 武珉 | 6226 | 武秀 | 4673, 4699, 6492 |
| 武敏 | 411 | 武秀之 | 11124 |
| 武明中 | 2896 | 武岩溪 | 2367 |
| 武内直子 | 7128, 7141 | 武炎 | 5558 |
| 武培柱 | 3705, 3923, 3971, 4050 | 武耀强 | 5043, 5083, 5305, 5500 |
| 武平 | 9344 | 武一 | 11595 |
| 武萍 | 6116 | 武一梅 | 5140 |
| 武强 | 1128 | 武一生 | 10685 |
| 武强年画社 | 10553 | 武夷山国家重点风景名胜区管委会 | 9145 |
| 武钦风 | 7533 | 武义县"革委会"政工组 | 5168 |
| 武庆森 | 12632 | 武艺民 | 12117, 12976 |
| 武秋海 | 5407 | 武亦 | 6133 |
| 武全安 | 8974 | 武银贵 | 6466 |
| | | 武英杰 | 12772 |

武永年　　　　　　　　　　　　　　2733, 2737

武勇　　　　　　　　　　　　　　　　　8958

武玉桂　5721, 6075, 6298, 6335, 6527, 6729

武元　　　　　　　　　　　　　　　　　4958

武再生　　　　　　　　　　　　　　　　2463

武则天　　　　　　　　　　　7918, 7941, 11005

武增文　　　　　　　　　　　　　　　11249

武兆堤　　　　　　　　13229, 13232, 13241

武兆鹏　　　　　　　　　　　　　　　11158

武曌　　　　　　　　　　　　　　　　11005

武峥灏　　　　　　　　　　　　　7028, 7030

武志　　　　　　　　　　　　　　　　5986

武治义　　　　　　　　　　　　　　　9035

武陟县戏曲志编写组　　　　　　　　　12773

武稚雁　　　　　　　　　　　　4979, 5005

武中奇　4379, 4402, 4849, 8172, 8215, 8216, 8219, 8240

武忠平　459, 2452, 3020, 3022, 4227, 4779, 5998, 6358

武仲　　　　　　　8731, 8745, 8756, 8761

武子　　　　　　　　　　　　　　　12183

舞蹈分队　　　　　　　　　　12590, 12628

舞蹈家协会　　　　　　　　　　　　11448

舞晶　　　　　　　　　　　　　　　7042

舞星　　　　　　　　　　　　　　　1447

务本　　　　　　　　　　　　　　　2026

悟梦子　　　　　　　　　　　　　　12736

悟真　　　　　　　　　　　　　　　448

婺剧艺术研究室　　　　　　　　　　12934

夭雁　　　　　　　　　　　　　　　9557

## X

"行政院"文化建设委员会　　　　　　7280

"戏剧报"编辑部　　　　　　　　　12864

"香港现代艺术作品选"编辑委员会　　291

"学英雄见行动"工人业余美术创作组　3229, 3230

《解放军报》　　　　　　　　　　5141

《解放军画报》社　　　　　　　　9267

《解放日报》工农兵美术通讯员　　5155

《西安美术学院中青年教师素描作品集》编委会　2920

《西藏大地》画册编辑委员会　　　8953

《西湖》文艺编辑部　　　　　　　8148

《西游记》剧组　9237, 9245, 13109, 13129, 13130

《西游记》剧组供　　　　　　　13130

《戏剧报》编辑部　　12816, 12817, 12864

《戏剧论丛》编辑部　　12712, 12713

《戏剧论丛》编辑委员会　12712, 12713

《戏剧研究》编辑部　　　　　　12843

《戏曲编剧概论》编写组　　　　12709

《冼星海全集》编辑委员会　11359, 11360

《现代军事》编辑部　　　　9289, 9290

《艿城》编辑委员会　　　　　　8948

《湘江歌声》编辑部　　　　　11480

《湘江歌声》编辑小组　　11680, 11682

《湘江歌声》编辑组　11464, 11685, 11691, 11696

《小保管上任》创作组　　　　12122

《小画家》编辑部　　　　　　6770

《小朋友》编辑部　　　　5458, 6756

《小书画家》编辑部威海工作站　6768

《小学生天地》编辑部　　　　12046

《小主人》报社　　　　　　　8231

《校外歌声》编写组　　　　　11731

《校园歌曲》编委会　11527, 11528, 11531

《校园歌曲》编写组　　11527, 11528

《写字》编辑部　7433, 7437, 7477, 7482, 8253

《写字》杂志编辑部　7425, 7482, 7500, 7545

《新电影报》编辑部　　　　　9601

《新建设》编辑部　　　　　　062

《新疆·天池》画册编委会　　　　　9125

《新疆维吾尔自治区画集》编委会　　1359

《新疆戏剧史》编委会　　　　　　12774

《新疆艺术》编辑部　　　　516, 12577

《新旧社会水灾掠影》编委会　　　8903

《新剧作》编辑组　　　　　　　12720

《新世纪中国艺术家画库》编委会　1350, 1351

《新四军歌曲》编委会　　　　　11757

《新现代画报》社　　　　　　　13162

《信儿捎给台湾小朋友》编写组　12632

《星火日夜食品商店》连环画创作组　5185

《学生六体书法小字典》编辑委员会　8351

《雪山雄鹰》连环画编绘组　　5180, 5217

行乐贤　　　　　　　　12780, 12947

行人　　　　　　　　　　　　　504

行星　　　　　　　　　　　　12984

行远　　　　　　　　　　　　5970

行舟　　　　　　　　　　　　5081

解伯学　　　　　　　　　　　4991

解博学　　　　　4961, 5119, 6236

解策厉　　　　　　　　　　11768

解策励　　　　　　　　　　11782

解承坦　　　　　　　　　　　1231

解放歌声社　　11557, 11561, 11937

解放军2051政治部　　　　　　5245

解放军报社　　　5161, 5174, 8207

解放军报社解放军画报编辑部　　9258

解放军画报　　　　　　　　　5144

解放军画报社　5162, 5205, 5208, 8628, 8694,
　　　　8812, 8813, 8873, 8874, 8875, 8876, 8880,
　　　　8881, 8886, 8995, 9001, 9011, 9252, 9260,
　　　　9278, 9283, 9325, 9326, 9327

解放军摄影函授学校　　　　　8891

解非　　　　　　　　　6214, 6421

解逢　　　　　　　　　　　　2654

解光烈　　　　　　　　　　　1231

解海龙　　　　　　　　　　　8905

解洪臣　　　　　　　　　　　3816

解基程　　　　　　　　　　　1159

解纪　　7740, 7816, 7914, 7915, 7916, 7918, 7919,
　　　　7927, 8002, 8003, 8004, 8005, 8089, 8091,
　　　　8093, 8094, 8095, 8096, 8100, 8131

解缙　　　　　　　466, 470, 8065

解君华　　　　　　　　　　　8722

解力军　　　　4439, 4567, 6185

解录一　　　　　　　　　　　7606

解聘如　　　　　　　　3495, 3496

解守涛　　　　　　　　　　　2339

解特利　　　　　　　　8955, 8967

解维础　　　914, 1311, 2439, 5222

解文金　　　　　　　　　　　1158

解义勇　　3775, 3794, 3829, 4957, 4991, 4993,
　　　　5011, 5030, 5033, 5043, 5048

解影　　　　　　　　　　　　7597

解永军　　　　　　　　　　　4046

解永钧　　　　　　　　　　　5281

解玉环　　　　　　　　　　　3496

厦门大学鲁迅纪念馆　　　　　8556

厦门南普陀寺慈善事业基金会　　2906

厦门市"革命委员会"政治处文化组　281

厦门市地震局　　　　　　　　6764

厦门市交通局工人业余创作组　　5254

厦门市台湾艺术研究室　　　　10687

厦门市同安区人民政府　　　　1374

厦门市文化局　　　　　　　　8316

厦门市文学艺术界联合会　　　8271

宿白　　　　　　　　　294, 297

宿文同　　　　　　　　　　　3023

宿县地区"革命委员会"政工组　5185

宿新地区行政公署　　　　　　8894

宿英　　　　　　　　　11347, 11349, 12321, 12323

宿悦　　　　　　　　　8567

宿志刚　　　　　　8706, 8786, 8787, 10590

夕车　　　　　　　　　5986

夕淋　　　　　　　　　5211

夕明　　　　　　　　　6120

夕阳　　　　　　　　　6675

夕遥　　　　　　　　　6074

夕照　　　　　　　　　6294

西安碑林书会　　　　　8175

西安电影制片厂　　3207, 5479, 13247, 13281

西安动物园　　　　　　10057

西安光大文化艺术研究所　　203

西安红旗手表厂政治部　　3322

西安警备区政治部　　　3859

西安美术学院　　　　　4958

西安美术学院宝鸡分队　　5153

西安美术学院附中　　　354

西安美术学院国画系　　5136

西安美术学院驻院工宣队　　5154

西安美院版画系　　　　5779

西安美专　　　　　　　4960, 4984

西安美专附中 60 级学生　　4957

西安美专勤工俭学委员会创作组　　4913, 4919

西安人民防空领导小组办公室　　3179, 3186

西安人民防空指挥部办公室　　3188, 3189

西安人民广播电台　　　12028

西安日报美术组　　　　3767

西安日报社　　　　　　3248

西安市"革委会"文化局戏改组　　12124

西安市包装装潢研究所　　10463

西安市碑林区"革委会"政工组　　5175

西安市电影发行放映公司　　13188

西安市东风区"革命委员会"政工组　　5166

西安市公安局消防支队　　3366

西安市户县文化馆　　　6757

西安市教发会教研室　　7278

西安市利民油漆学校　　10617, 10619

西安市莲湖区美术教师学习班　　3817

西安市美术创作组　　　2593

西安市南泥湾"五·七"干校"革委会"8926, 9276

西安市秦腔二团　　　　4010

西安市秦腔一团　　　　3968, 9222

西安市青少年影评"希望奖"办公室　　13130

西安市群众艺术馆　　　6757, 11972

西安市人民政府文教局　　12680

西安市摄影家协会　　　8988

西安市私立晓钟戏剧学校　　12753

西安市文化馆　　　1361, 3154, 5138, 12028

西安市文学艺术界联合会　　11399, 11405, 12680

西安市文学艺术界联合会筹委会　　11389

西安市新城区"革命委员会"政工组　　5212

西安市演出代表队　　　11356

西安市音乐家协会　　　11981

西安事变研究会　　　　8258

西安书法函授学院　　　8418

西安特种工艺美术厂集体创作　　10421

西安戏曲志编辑委员会　　12775

西安兴庆公园"革命委员会"　　8927

西安易俗社　　　　4183, 5598, 11157

西安音乐学院视唱练耳教研室　　11064

西安音乐学院音乐研究所　　12052

西安音乐专科学校　　　11609

西昂·弗朗科·马拉法里那　　106

西奥多·考茨基　　　　1100

西柏坡纪念馆　　　　　8310

西班牙语葡萄牙语教学研究会　　12379

西北大学图书馆　　　　11465

西北行政委员会文化局　　12137, 12840, 13012

西北勘测设计研究院　　9143

西北历史博物馆 10241, 10243

西北民主妇女联合会宣传部 4883

西北民族学院文艺工作队 11765

西北通俗读物编委会 11769, 12101, 12103, 12104

西北文化部艺术处音乐科 11561

西北文学艺术工作者代表大会筹备委员会 11392

西北戏曲研究院研究室音乐组 12104, 12127

西贝尔 12442

西贝尔作 11119

西贝柳斯 12178, 12452, 12468, 12546, 12550

西冰 13283

西藏阿里地区旅游局 8968

西藏高大陆(集团)有限责任公司 8859

西藏军区文工团 12599

西藏军区政治部 8900, 11505

西藏旅游局 9983

西藏民族艺术研究所 12961

西藏人民出版社 11623, 11666, 11793, 11797

西藏自治区对外文化交流协会 8858

西藏自治区画集编辑组 8925

西藏自治区旅游局 8955, 9135

西藏自治区群众艺术馆 11797

西藏自治区文物管理委员会 449, 6626, 9992

西藏自治区文学艺术界联合会 313, 1316

西辰 2829, 8754

西城区少年之家 12007

西畴农父 8457

西村京太郎 5661

西村京太郎 5543, 5544

西村昭一 7727

西德尼·凡丁 11215

西德尼·哈里森 10897

西德尼·哈里斯 7026, 7028, 7030, 7031

西德尼·谢尔顿 6134

西丁 6305

西尔科克 248

西尔克·莱韦尔屈纳 6870

西高 5262, 5332

西格 6949

西格哈德·布兰登堡 12476

西古 2655

西古拉 13253

西汉南越王墓博物馆 405

西虹 4879, 5180

西湖安乐山樵 12736

西湖一八艺社 241

西华县文化教育局 6599

西华县文化局 12773

西京金石书画学会 1473

西拉里 11215

西里奇 12371

西利奇 12372

西林 5643, 5801, 6364, 6370, 6677, 6694

西林漫画创意制作有限公司 3469

西泠印社 264, 1479, 1483, 1712, 1912, 2698, 2844, 2845, 6841, 7663, 7752, 7761, 7817, 7873, 7933, 7937, 7943, 8148, 8459, 8525, 8528, 8540, 8573, 9486, 9490, 9913

西泠印社编辑部 229, 230, 231, 8539, 8564

西泠印社出版社 9512

西泠印社各社员 1571

西泠印社社员 1473

西泠印学社 8525

西岭 5973, 5997

西曼村达 12372

西梅 985

西蒙·武埃 6785, 6852, 6891, 10488

西蒙诺夫 13258

西民 5237

| | | | |
|---|---|---|---|
| 西莫诺夫 | 8717 | 西莹 | 3472, 3473 |
| 西姆柯夫 | 13250 | 西影 | 9945 |
| 西南军区歌舞队 | 11386 | 西游 | 6535 |
| 西南军政委员会文教部文艺工作团 | 12092 | 西游记剧组 | 13109 |
| 西南美术专科学校实用美术系 | 10242 | 西园 | 9234 |
| 西南美专达县工作队 | 600 | 西沢今朝夷 | 1177 |
| 西南人民文艺工作团 | 11568 | 西中文 | 7428 |
| 西南人民艺术学院 | 276 | 西佐年柯 | 12652 |
| 西南师范学院 | 9993 | 汐见朝子 | 7012 |
| 西南师范学院音乐系 | 11649 | 希斌 | 4783 |
| 西南音乐工作者协会 | 11402, 11574, 11766, 12340 | 希恩克 | 12456 |
| 西南音乐社 | 11405, 11572, 11574 | 希尔德 | 1169 |
| 西南音乐专科学校 | 11415 | 希尔德烈斯 | 6029 |
| 西南政法学院 | 3368, 3370 | 希尔施贝格 | 12514 |
| 西尼亚维尔 | 10979 | 希格斯 | 11080 |
| 西涅克 | 366, 511 | 希华 | 5869 |
| 西宁市少年宫 | 6761 | 希煌 | 4596 |
| 西戎 | 5027, 5084, 5486 | 希进 | 9545 |
| 西山 | 6210, 6253 | 希卡聂得尔 | 12364 |
| 西上春雄 | 1106 | 希柯克 | 10870 |
| 西上青曜 | 462 | 希克曼 | 10925 |
| 西什库耕华中学天使修院 | 12441 | 希勒 | 11198 |
| 西淑年柯 | 12652 | 希勒布雷希特 | 197 |
| 西双版纳傣族自治州文化局 | 12134 | 希丽玛特 | 10742 |
| 西斯莱 | 6850, 6855, 6891 | 希利 | 147 |
| 西特 | 12472, 12553 | 希良 | 5935 |
| 西特尼克 | 504, 623 | 希苓 | 1386 |
| 西彤 | 11619, 11625, 11904, 11947 | 希穆涅克 | 030 |
| 西丸式人 | 1115 | 希侬 | 11384 |
| 西翁 | 13085 | 希侨 | 8521 |
| 西萧 | 10845 | 希瑟·卢克 | 10772, 10775, 10778 |
| 西歇尔 | 12370 | 希什金 | 6815, 6859 |
| 西言 | 6427 | 希生 | 5015 |
| 西野 | 4881 | 希施金 | 2786, 6854, 6871, 6872, 6873, 6874, 6875 |
| 西野博 | 12481 | 希斯金 | 6859 |

希扬　11593, 11594, 11607, 11632, 11941, 12093, 12363, 12410

希杨　11948

希荫　10823

昔凡　2452

昔阳"人民公社"联社文化馆　10903

昔阳《大寨新貌》创作组　1841

昔阳社员业余美术　2860

昔阳县《大寨》图片编辑组　8925

昔阳县大寨接待站　9277

昔阳县"革委会"　8921

昔阳县洪水"公社"南峪大队业余美术组　3875

昔阳县农民画农业学大寨专题展览办公室　6755

昔阳县农民业余美术创作组　3853

昔阳县社员业余美术编辑组　8659

昔阳县文化馆　2860, 6755, 11686, 11688

昔阳县业余美术创作组　1832

析浅　4753

郗海飞　6627

郗惠民　5011

郗吉堂　7391

郗士格　8321, 8337

郗仲平　6512

息国玲　12938

息县文化局　12774

奚阿兴　5398, 5679, 5743

奚崇德　5410, 5456, 5465

奚传绩　178, 182, 260, 550

奚冈　899, 1612, 1613, 1630, 1634, 1645, 1647, 8042, 8491, 8510, 8511, 8518, 8528

奚耿虎　12135

奚国钧　4938, 4956, 4964, 4979, 5060, 5129

奚国荣　3225

奚海　5196, 5324, 5451, 5552, 6062

奚静之　368, 369, 376, 540, 581, 582, 1134, 6851, 6852, 6924

奚立华　5690

奚强　5045

奚青汶　12119

奚淞　453

奚天鹰　8631, 9106, 9391, 9393, 9423, 9431, 9680, 9725, 9837

奚铁生　899

奚伟星　6381

奚未果　8762

奚文渊　3918, 6064, 6657

奚学瑶　5283

奚疑　770

奚永顺　12665

奚峥　11888

犀利　5098, 5101, 5871, 6057, 6141, 6142

锡德尼·芬克斯坦　196

锡金　6341

锡林　6702

锡琳　5628

锡麟　4978, 4994, 5002

锡明　5745, 5776, 5793, 5794, 5801, 5811, 5815, 5832, 5837, 5853, 5857, 6349

锡陌　4183, 10026

锡南　6335, 6342

锡宁　5764

锡瑞　11125

锡武　3705

锡永光　7409

锡祯　8733

锡忠　11126

溪贝　6025

溪眉　6515, 6516

溪水　5770, 5865

溪豫　8790

| | |
|---|---|
| 熙芳 | 9148 |
| 熙高 | 5250 |
| 熙龄 | 502 |
| 熹月 | 6160 |
| 樨子 | 6380, 6396 |
| 羲千郁 | 482 |
| 曦曦 | 2337 |
| 习达桢 | 6607 |
| 习嘉 | 8596, 8729, 8731, 8736, 10208, 10369, 10370, 10374, 10610, 10611, 10677 |
| 习慕蓉 | 805 |
| 习勤 | 6065 |
| 习之 | 1267 |
| 席宝昆 | 9228 |
| 席德进 | 513, 10673 |
| 席德生 | 7497 |
| 席尔科 | 246 |
| 席尔默 | 12516 |
| 席寄尘 | 13001 |
| 席建明 | 6573 |
| 席剑明 | 2372, 6340, 6342, 6573, 6590 |
| 席勒 | 5864, 12541, 12549 |
| 席里柯 | 6784 |
| 席明一 | 5277 |
| 席明真 | 12942, 12945 |
| 席慕德 | 11128, 11135 |
| 席慕蓉 | 1401, 7457, 7458, 7536, 9144, 10163, 11990 |
| 席耐芳 | 13205 |
| 席帕德 | 1115 |
| 席普 | 12449 |
| 席愭安 | 1231 |
| 席勤 | 4708 |
| 席殊 | 7468, 7478, 7509, 7556, 7584 |
| 席素谦 | 8531 |
| 席弢安 | 1230, 4946, 5835 |
| 席特曼 | 11782 |
| 席维中 | 12391 |
| 席锡藩 | 1502 |
| 席锡蕃 | 1501, 1502 |
| 席延平 | 5875 |
| 席耀良 | 4041, 6093 |
| 席瑜 | 8006 |
| 席裕福 | 10963 |
| 席跃良 | 3897 |
| 席兆宾 | 1764, 3699 |
| 席臻贯 | 12053, 12586 |
| 席征庸 | 4871 |
| 席志强 | 7298 |
| 席智 | 8836 |
| 席子园 | 1593 |
| 袭长风 | 5491 |
| 袭彦绪 | 7235 |
| 袭逸霄 | 13033 |
| 洗尘 | 2020 |
| 洗励强 | 5708 |
| 洗群 | 12676, 12680 |
| 洗小前 | 6241 |
| 洗心 | 7602, 7603 |
| 喜春 | 6472 |
| 喜栋 | 3127 |
| 喜多川歌磨 | 6927 |
| 喜饶朗达 | 7655 |
| 喜勋 | 12588 |
| 喜野 | 10263 |
| 戏剧报编辑部 | 12701, 12803, 12815 |
| 戏剧电影报社编辑部 | 12848 |
| 戏剧研究委员会 | 12747 |
| 戏剧艺术论丛编辑部 | 12714 |
| 戏曲研究编委会 | 12701 |

戏学研究社　　　　　　　　　　11822
细川知荣子　6977, 6978, 6979, 7108, 7109, 7110,
　　7111, 7112, 7113
细言　　　　　　　　　　　　　6088
细野不二彦　　　　　　　　　　7138
细野晋司　　　　　　　　　　10146
侠安居士　　　　　　　　　　　8119
侠谷　　　　　　　　　　　　　8748
侠军　　　　　　　　　　　　　6465
峡江县文化馆　　　　　　　　　5196
霞光　　　　　　　　　　　　　5141
下岗茂　　　　　　　　　　　10778
夏白　10953, 10954, 11033, 11034, 11035, 11109,
　　11628, 11760, 11779, 11937, 11996
夏宝林　　　　　　　　　　　11534
夏宝琳　　　　　　　　　　　11590
夏宝森　　　　　　　　11512, 11516
夏葆元　1389, 3956, 5390, 5406, 5485, 6182
夏必义　　　　　　　　　　　　4970
夏碧泉　　　　　　　　　　　　1402
夏彬　　　　　　　　　　　　　9108
夏冰　　　　　　　6398, 7768, 11957
夏才清　　　　　　　　　　　　4985
夏草　　　　　　　　　　　　　6287
夏长文　　　　　　　　　　　10377
夏昶　　　　　　　　1570, 1578, 2664
夏辰　　　　　　　　10006, 10089
夏晨　　　　　　　　　　　　　2894
夏春明　　　　　　　　　　　　1130
夏淳　　　　　　　　　　　　12803
夏大观　　　　　　　　　　　11019
夏大统　9450, 9459, 9604, 9613, 9615, 9619, 9626,
　　9722, 9731, 9739, 10041
夏道　　　　　　　　　　　　　9600
夏道陵　　　　　　　　8753, 9052, 9210

夏道生　　　　　　　　　　　　8516
夏德辉　　　　　　　　　　　　5314
夏德起　　　　　　　　　　　　2329
夏德武　　　　　　　　　　　10274
夏殿臣　　　　　　　5578, 5794, 5951
夏鼎　　　　　　　　　　　　11339
夏冬柏　　　　　　　　　　　10721
夏敦林　　　　　　　　　　　　2240
夏朵　　　　　　　　　　　　10152
夏尔·凯什兰　　　　　　　　12459
夏尔·雅克　　　　　　　　　　6846
夏法起　　　　　　　8620, 8649, 8655
夏放　　8691, 8692, 8693, 8697, 8712, 8734, 8776,
　　8778, 8789
夏风　　　　　　　1390, 2984, 5281
夏枫　　　7476, 9923, 11503, 11732, 12385
夏复旦　　　　　　　　　　　　5736
夏光　　　　　　　　　　　　　4935
夏圭　　　　　　　　　　2832, 6820
夏珪　　　　　　　　　　　　　1534
夏桂楣　　　　　　　　　　　　5538
夏桂祥　　　　　　　　　　　13165
夏桂馨　　　　　　　　　　　12042
夏国陵　　　　　　　　　　　　9099
夏国瑛　　　　　　　　　　　　4894
夏汉宁　　　　　　　　　　　　6341
夏航　　　　　　　　　　　　　5549
夏浩然　　　　　　　　　5299, 5649
夏和平　　　　　　　　　　　　5957
夏河　　　　　　　　　　　　　593
夏荷　　　　　　　　　　　　　6426
夏红专　　　　　　　　　　　　1266
夏宏　　　　　　　　　　　　10887
夏虹　　　　　　　　　　　　　7019
夏洪　　　　　　　　　　　　　1221

| | | | |
|---|---|---|---|
| 夏洪飞 | 10839 | 夏丽 | 6373, 6374 |
| 夏洪华 | 3769 | 夏丽萍 | 10839, 11298 |
| 夏侯 | 3305 | 夏利光 | 7360 |
| 夏侯审 | 10343 | 夏连雨 | 2566, 5252, 5323, 5557, 5655, 6063 |
| 夏侯新 | 1807 | 夏莲居 | 12251 |
| 夏侯新年 | 3834 | 夏良 | 12234 |
| 夏华美 | 7509 | 夏凉烹 | 6203 |
| 夏焕新 | 12351 | 夏亮烹 | 3320, 5396, 5582, 6091 |
| 夏基安 | 13179 | 夏林 | 7042, 12677, 13318 |
| 夏加尔 | 6806 | 夏龙年 | 5412 |
| 夏家宝 | 12175, 12467 | 夏芦庆 | 12786 |
| 夏家善 | 12759, 12909 | 夏绿蒂·勃朗特 | 7054 |
| 夏建国 | 5608 | 夏绿莫 | 115 |
| 夏剑秋 | 13201, 13266, 13279 | 夏路 | 1492 |
| 夏金 | 13101 | 夏洛蒂·勃朗特 | 6450, 6490 |
| 夏锦尧 | 8704 | 夏茫 | 10305 |
| 夏劲风 | 11695 | 夏美驯 | 032, 414 |
| 夏浸之 | 7200 | 夏孟 | 9047, 9052 |
| 夏敬书 | 11301 | 夏米索 | 12366 |
| 夏静慧 | 7066, 7638, 10437 | 夏丏尊 | 7102, 8118 |
| 夏镜湖 | 139, 10371 | 夏敏之 | 4959 |
| 夏菊花 | 12998 | 夏明 | 10383 |
| 夏俊 | 3497, 3503, 6712 | 夏鸣 | 2878, 10280, 11711 |
| 夏俊发 | 11524, 12650 | 夏铭智 | 8354 |
| 夏骏 | 13052 | 夏南 | 3389 |
| 夏康 | 11130, 11678, 12650 | 夏南强 | 154 |
| 夏壳烹 | 3250 | 夏楠 | 10895 |
| 夏可 | 6472 | 夏念长 | 8990 |
| 夏克强 | 8861 | 夏培耀 | 2756, 2793, 2794, 2795, 2874 |
| 夏克政 | 3133 | 夏鹏汉 | 13059 |
| 夏里 | 4111, 4416, 4456 | 夏普 | 2608, 4068 |
| 夏立民 | 12671 | 夏迁 | 5854 |
| 夏立平 | 10654 | 夏青 | 8971, 9881 |
| 夏立新 | 7087 | 夏庆涛 | 12080 |
| 夏立业 | 3262 | 夏秋 | 6638 |

夏仁 6656

夏汝健 5054

夏善彬 2283

夏舍 6831, 6832, 6835, 6836

夏生和 3883

夏生兰 2615

夏时雨 7281, 7307, 7309, 7314, 7320, 7353, 7355, 7356, 7361, 7362, 8209, 8238, 8294, 8350, 8351, 8394, 8398, 8433, 8436

夏世亮 11283, 11286, 11290

夏书亮 10105

夏书玉 4914, 5008, 5026, 5410, 5549, 5607, 5770, 5933, 5940, 6238, 6689

夏树芳 8483, 11317

夏硕琦 532

夏涛 5709, 9824

夏天 10304, 12689

夏天民 7621

夏天顺 6415

夏廷献 7397

夏亭 11360

夏庭芝 12724

夏同光 144

夏同珩 8756

夏同生 3103

夏图 8950

夏维 6383, 6472

夏维淳 5501, 5927, 6114

夏伟 5687

夏文彪 2477

夏文超 2334

夏文东 3287

夏文焕 11539

夏文辉 10669

夏文键 3854, 3965

夏文俊 319

夏文彦 835, 836, 837, 1469

夏文义 12991

夏文宇 2658, 8774, 9441, 9591, 9606, 9640, 9883, 11479

夏文宗 9027

夏湘平 2754, 8332

夏祥镇 5260, 5289, 5400, 5490, 5508, 6010, 6073, 6094

夏小万 6393

夏小希 8983, 9434, 9668, 9717, 9897

夏晓华 12976

夏写时 12692, 12723

夏欣 9713

夏星 5060, 5173, 5226

夏雄 12569

夏雄军 11258

夏雪 6324

夏勋 022, 6599

夏勋南 8739

夏衍 5086, 5642, 5764, 5966, 13035, 13081, 13103, 13104, 13147, 13231, 13292

夏衍绪 13070

夏燕靖 6979

夏阳 4953, 5035, 9391, 10244, 13230

夏野 10969, 10970, 10971, 11143

夏夜 9900

夏晔 2769, 3262, 3751, 3812

夏一平 9045, 9812

夏乙乔 8628

夏意超 2849, 10662

夏莹 2359, 5379, 5645, 5702, 5818, 5986, 6114

夏映志 4467, 4510, 4610

夏永 1544

夏永烈 5806, 8817, 9229, 9230, 9232, 9237, 9385,

9537, 9595, 9807, 9818, 9823, 9835, 9948, 9950, 9953, 10040, 10041

夏永学　982

夏勇　7756

夏有良　7614

夏有志　3484, 6160

夏与参　1507

夏予冰　5312

夏雨　5988, 6137, 6531, 6532, 6542, 7017, 7076, 9974

夏禹　11360

夏禹生　11116, 12430, 12444

夏玉兰　862, 1255

夏元鼎　8716

夏元建　1865

夏元学　5504

夏云心　5639

夏耘　4924, 4950, 6032, 6069, 6127

夏张　6530

夏昭南　6251

夏兆昌　7200

夏珍媛　7342

夏桢臣　11872

夏振萍　3925

夏振亚　5705

夏正达　8797

夏正治　2039

夏之冰　11949, 12975

夏之秋　11169, 11543

夏至　9501, 10093

夏治浪　4952

夏中汤　11094, 11795

夏中义　3495

夏子颐　2992

夏宗学　5059

夏宗禹　307, 8126, 8224, 8251, 8259, 8570

仙贝　3523

仙逸学校宣传部　12745

先程　11868, 12128, 12941

先健　6381

先尼克　11096

先瑞　6241, 6242, 6540

先伟　6019

纤目　9927, 10098

鲜继平　12656, 12657

鲜于璜　7762

鲜于枢　1047, 7950, 7951, 7956, 7957, 7959, 7963, 7967, 7970, 7975, 7981, 7986, 7987, 7995, 8005, 8007

闲逸　6443

贤邦　11714

贤首　7838

弦音　12418

咸宁地区群众文化工作室　016

咸彦平　13269

咸阳地区"革命委员会"文教局　3774

咸阳地区农业委员会　9286, 9287

咸阳科技文化服务中心　9518

咸阳市外事办公室　10471

咸阳市渭滨公园　4101

咸阳市戏剧志编委会　12773

咸玉昆　9970

冼济华　13019

冼剑民　7359, 7539

冼丽芳　12601

冼励强　2034, 2446, 3377, 3381, 3893, 4333, 4540, 5278, 6001, 6156, 10559

冼群　11377, 13231

冼小前　2837, 3372, 5346, 5532, 5862, 5933, 6199, 6478, 8230, 8244

冼心 3707

冼星海 10850, 11371, 11372, 11405, 11475,
11545, 11644, 11656, 11658, 11681,
11930, 11933, 11935, 11937, 11940,
11942, 11943, 11947, 11948, 11950,
11975, 11977, 12165, 12222, 12335, 12336

冼星海学会 10965

冼玉清 783, 7712, 8537

冼玉仪 10909

显德 12600

显积 11736

显菁 6132

险之 6058, 6139

现代丛刊编辑委员会 10208

现代国际临书大展筹委会 8191

现代教育联合出版社 10693, 10694

现代书画学会 8180

现代杂志社 2975

现代造型艺术社 8627

线云强 8912

羡智 1732, 1737, 4428, 5671, 5710, 5810, 6107

献给当代最可爱的人歌曲征集办公室 11483

献杰 6562, 6568

献伟 11733

献县《变迁记》连环画创作组 5193

乡洁芬 1165

乡桥 5619

乡文 5738

相光海 9359

相惠 5384, 5415, 5480, 5629, 6108

相建华 10841

相良德二 577

相起久 4002, 4027

相瑞先 12108

相源臻 5936

相匀 491, 596

相泽民 1200, 1257, 10322

相忠 9452

香宾 11499, 11716, 11730

香滨 11731, 11736

香港《智力世界》杂志社 12992

香港博物馆 10725, 11352

香港博物美术馆 8669

香港藏书票协会 3065, 6925

香港大学冯平山博物馆 410

香港大学美术博物馆 461

香港大学艺术学系 461

香港电影评论学会会员 13193

香港东方艺术中心有限公司 2218

香港国际电影节协会 13312

香港浩鹏发展有限公司 1485

香港集泰发展有限公司 1383

香港精英制作公司 9718

香港临时市政局 288, 323, 13312

香港龙马影业公司 13231

香港美术家出版社 1997

香港民族音乐研究会 10911

香港南源永芳集团公司 311

香港设计师协会 10610

香港圣诗出版委员会 12445

香港市政局 207, 208, 306, 320, 322, 349,
405, 416, 6900, 6920, 8634, 10610, 10725,
13194, 13312

香港市政局香港艺术馆 8662

香港文汇出版社 2828

香港现代教育联合出版社 10693

香港新联影业公司 13228

香港艺术 2784

香港艺术馆 281, 287, 288, 291,
307, 323, 344, 345, 365, 393, 395, 401,

405, 407, 410, 415, 514, 1299, 1325, 1377,
1664, 1677, 1842, 2050, 2938, 6785, 6797,
8348, 8594, 8659, 8661, 8662, 8667, 8670,
8671, 10649, 10728, 13004

香港艺术中心　　　　　　345, 8159, 8197

香港艺术资料及资讯中心　　　　　　235

香港音乐事务统筹处　　　　　　11294

香港迎宾婚纱晚装公司　　　　　　9034

香港圆玄学院　　　　　　10918

香港政府音乐事务统筹处　11294, 11295, 11296,
11297

香港中文大学　　　　　　8458

香港中文大学联合书院图书馆　　　　12685

香港中文大学文物馆　　　　　　413, 1582

香港中文大学中国音乐资料馆　　　10911

香山慈幼院落幼稚师范学校　　　　11034

香山公园管理处　　　　　　9129

香溪渔隐　　　　　　12748

香雪书画集编委会　　　　　　2213

湘川　　　　　　5796, 6202

湘翠岚　　　　　　8505

湘华　　　　9610, 9611, 9614, 9628

湘君　　　　　　5685

湘兰　　　　　　11747, 11749

湘里　　　　　　201

湘麟　10303, 10307, 10321, 10326, 10329, 10331

湘龙　　　　　　6336, 6366, 6658

湘平　　　　　　6270

湘青　　　　　　10778

湘人　　　　　　6454

湘潭地区"革命委员会"政工组宣传组　5162

湘潭地区文艺工作室　　　　　　10251

湘潭行政公署文化局　　　　　　11147

湘潭纪念齐白石120周年诞辰筹委会秘书处798

湘潭军分区　　　　　　3180, 3185

湘潭市图书馆　　　　　　798

湘潭县韶山文化馆　　　　　11389, 11432

湘渭　　　　　2878, 10298, 10616

湘西土家族苗族自治州"革命委员会"宣传组
5166, 5182

湘西土家族苗族自治州党委宣传部　　11804

湘西土家族苗族自治州歌舞团　　　12609

湘西土家族苗族自治州教育局　　　12014

湘西土家族苗族自治州文化馆　11778, 11784

湘乡　　　　　　12804

湘音　　　　　　412, 10759

襄樊市新闻出版局　　　　　　6466

襄汾县美术创作组　　　　　　3854

襄念清　　　　　　3788

襄阳地区"革委会"　　　　　　5179

襄阳地区"革委会"政工组　　　　5159

襄阳地区《红色供应站》连环画创作组　5175

襄阳军分区政治部业余美术学习班　　5159

骧龙　　　　　　8226

祥梦　　　　　　8298

祥文　5502, 5537, 5560, 5800, 5826, 5870, 5876,
5972, 6000, 6099, 6111, 6155, 6192

翔风　　　　　　6681

翔南　　　　　　7482

翔平　　　　　　12359

享耳　　　　　　9016, 9417

响泉　　　　　　779

响水县美术创作组　　　　　　5222

想起久　　　　　　3973

向安　　　　　　12918

向兵　　　　　　13138

向步云　　　　　　4454

向纯香　　　　　　10293

向东　　　　　9665, 9707, 10884

向东方　　　　　　7285

| | | | |
|---|---|---|---|
| 向光 | 3116 | 向元芬 | 434 |
| 向国平 | 9599 | 向云驹 | 266 |
| 向海涛 | 144 | 向允龙 | 5699 |
| 向瀚 | 4931 | 向憎 | 11947 |
| 向和吟 | 6064 | 向志宣 | 8003 |
| 向红 | 5114 | 向志中 | 6078 |
| 向辉 | 6412 | 项冰如 | 6246, 6311, 6327, 6332 |
| 向际纯 | 3274, 10254, 10260, 10291, 10610 | 项秉权 | 4978 |
| 向继纯 | 10252 | 项晨 | 12895 |
| 向景华 | 8120 | 项城越调剧团 | 12114 |
| 向民 | 9396 | 项春晖 | 7421 |
| 向明 | 5882 | 项春松 | 6623 |
| 向墨林 | 1314 | 项道民 | 7177 |
| 向农 | 3756 | 项德纯 | 7201 |
| 向培良 | 009, 12798, 12799, 12824, 12832, 13205 | 项德新 | 775 |
| 向彭 | 9373 | 项东 | 6468 |
| 向平 | 5961 | 项东井 | 1613 |
| 向其柏 | 10584 | 项而躬 | 2736, 2770, 2779, 2783, 3009 |
| 向前 | 5064, 5322, 5360, 5369, 6454, 6529, 6707, 6708 | 项风 | 11375, 11379 |
| | | 项馥梅 | 11212 |
| 向群 | 2044, 4945, 5230, 11300, 11301 | 项管森 | 11873 |
| 向荣 | 4663, 4783, 4806, 4833 | 项鸿 | 2481 |
| 向锐翔 | 5065 | 项华 | 6001 |
| 向斯 | 6530, 6542, 6543, 6547 | 项桦 | 5314 |
| 向万鏖 | 12211 | 项怀述 | 7225, 8490, 8500, 8508 |
| 向往 | 7647 | 项家达 | 1039 |
| 向文连 | 4938 | 项钧 | 4745 |
| 向辛 | 4185, 4984, 5077, 5087 | 项孔言 | 7409 |
| 向欣 | 9780, 9781 | 项奎 | 1613, 1676 |
| 向新元 | 356, 1421, 1973 | 项力福 | 8786 |
| 向阳 | 1380, 2833, 3226, 3870, 8935 | 项穆 | 7211, 7220 |
| 向艺 | 9495, 9767, 9769, 10123 | 项群 | 4257, 4501, 4558 |
| 向音 | 11946 | 项圣谟 | 734, 743, 1560, 1564, 1566, 1567, 1571, 1580, 1590 |
| 向隅 | 11475, 11561, 11879, 11995 | | |
| 向渊泉 | 5559 | 项士松 | 8500 |

项守信　7349

项斯华　12314

项泰增　8490

项维仁　4036, 4169, 5306, 5325, 5374, 5405, 5418,
5438, 5453, 5455, 5472, 5563, 5651, 5808,
5810, 5812, 5893, 5928, 6020, 6161, 6340

项未来　7386, 7934, 8363, 8400

项宪文　1983, 2652, 3895, 3936, 4089, 4097, 4158

项晓敏　6336

项信恩　12171

项阳　11315

项亦　6298

项幼榕　549

项玉坤　2322

项元汴　667, 774, 1052, 1053, 1059, 7230, 7658,
11327, 11328

项远村　11145

项止武　5312

项子京　383

项祖华　12322, 12324

象山县书法家协会　8217

象禹　12691

肖安　9376, 9982, 10034

肖岸　7822, 7929, 7930, 7935, 8008, 8009, 8010

肖白　11745, 11946, 11947, 11948, 12647

肖百明　9798, 9939

肖邦　12451, 12493, 12494, 12496, 12500, 12502,
12504, 12505, 12511, 12516, 12520,
12534, 12535, 12536

肖贝　10288, 10293

肖斌　7559

肖斌华　5259, 5541, 5715, 5716

肖缤　5420

肖冰　5200, 5265, 5306, 5320, 5468, 5469, 5533,
5538, 5655, 6042, 9768

肖兵　12559

肖柄　11867

肖炳　11146, 11147, 11867

肖炳坤　12115

肖波　6649, 6650

肖博　8611

肖采洲　1908, 4195

肖常伟　10815

肖常纬　10917

肖潮　13179

肖晨　3602

肖成章　3285

肖驰　4300

肖传玖　279

肖春山　1141

肖纯　6327, 7340

肖纯园　1980

肖从曙　12875

肖崔　9476, 9905

肖璀　6220

肖翠祥　3489

肖代贤　3081, 3598, 3667, 3683, 3878, 4043,
4053, 4112, 4970, 5836

肖德生　5077, 5579

肖德州　5781

肖德洲　5525

肖迪　10761

肖殿全　2149

肖调燕　8267

肖丁三　5765, 5924, 6007, 6444

肖冬　6180

肖杜　6211

肖而化　11082, 11083

肖尔瞻　612

肖帆　6675, 6676

| | | | |
|---|---|---|---|
| 肖方 | 5906, 6134 | 肖晖 | 5208 |
| 肖峰 | 074, 1286, 2791, 2799, 2800 | 肖辉 | 12638 |
| 肖锋 | 2772, 3835, 4067, 4121, 13070 | 肖濰公 | 10379 |
| 肖复华 | 5322 | 肖惠祥 | 2871, 2880, 6622 |
| 肖复兴 | 6392 | 肖吉州 | 12930 |
| 肖傅玖 | 1356 | 肖己沙 | 6663 |
| 肖甘牛 | 5405, 5464, 5505, 5516, 5531, 5541, 5554, 5564, 5576, 5585, 5601, 5604, 5653, 5680, 5682, 5765, 5793, 5821, 6444 | 肖纪 | 11736 |
| | | 肖季文 | 6476 |
| | | 肖加 | 1405 |
| 肖甘牛创 | 5522 | 肖佳禾 | 5573 |
| 肖冠 | 6103, 6117 | 肖佳松 | 6492 |
| 肖桂礼 | 1817 | 肖家禾 | 3843 |
| 肖国风 | 5347 | 肖家惠 | 3377 |
| 肖国祥 | 3050 | 肖家松 | 3334 |
| 肖海 | 6079, 6357, 6433, 6435 | 肖嘉辉 | 7563 |
| 肖海珠 | 11133 | 肖坚富 | 5401, 5427, 5517, 5567 |
| 肖汉华 | 11532, 11755, 11756, 11757, 12392 | 肖建初 | 2644, 8201 |
| 肖汉元 | 10718 | 肖建富 | 5865 |
| 肖翰 | 6068 | 肖建亨 | 6390 |
| 肖瀚 | 5920 | 肖建华 | 2241 |
| 肖浩 | 6702 | 肖杰 | 11961 |
| 肖合 | 5711 | 肖进 | 3486, 5652 |
| 肖和 | 5748 | 肖举文 | 3624 |
| 肖和平 | 5520 | 肖军 | 6628 |
| 肖河 | 6251 | 肖君 | 8596, 12823 |
| 肖贺洁 | 10401 | 肖君和 | 026 |
| 肖红 | 491, 6391, 10235 | 肖俊 | 9566, 9838 |
| 肖虹 | 5928, 6422, 6423 | 肖克难 | 5282 |
| 肖鸿 | 5930, 5956, 6023 | 肖孔 | 5224 |
| 肖鸿鸣 | 5262 | 肖岚 | 6337, 7815, 7900, 7906, 7911, 7912, 7913, 7916, 8000, 8001, 8089, 11927 |
| 肖虎 | 10399 | | |
| 肖华 | 6771, 7520, 7551, 7574, 8323, 11964, 11965 | 肖朗 | 859, 950, 961, 1820, 1992 |
| 肖换儒 | 3778 | 肖劳 | 1909, 8426 |
| 肖唤 | 3833 | 肖乐 | 11282, 11283, 12555, 12556 |
| 肖焕 | 946, 4120 | 肖冷 | 11799, 12378, 12380 |

肖里 3583, 5070, 5101

肖力 6589, 9893, 11928, 11929

肖立 5862

肖立书 13202, 13264, 13274, 13293

肖立松 8633

肖利 10587

肖俐君 3694

肖良 7046, 7117, 7118

肖辽沙 2148, 5642, 6206, 6323, 6389

肖辽莎 6302

肖林 3563, 4893, 4965, 5038, 5043, 5045, 5075, 5111, 5127, 5134, 5690, 8640, 8642, 8643

肖琳 6011

肖灵 12584

肖柳 9671

肖龙士 1894, 2504

肖鹭 8752

肖洛霍夫 13259

肖麦青 5830

肖曼 11049, 11050, 11051

肖曼译 11051

肖玫 084, 12217

肖梅 5885

肖梅青 4291, 4397

肖梅清 4578, 5625

肖民 4942, 11493, 11612

肖皿 6411

肖闵 5486

肖明 1809, 2589, 4914, 4998, 5448, 5585, 5621, 5785, 7654

肖明德 11238

肖明夫 7445

肖鸣 4924

肖木阳摄 5940

肖楠 5683, 8349

肖鸥鸣 5424, 5715, 5779

肖畔青 11360

肖跑跑 3996, 5268

肖培珩 11957

肖培藻 4497

肖朋 6240

肖鹏 6298, 6374

肖平 5106, 5489, 5494, 5706, 5748, 6659, 7098, 7102, 7103, 7106, 7118, 13298

肖奇 6244, 6255, 6256, 6271, 6278

肖琦 6167

肖谦中 4399

肖前林 12321

肖前勇 12284, 12335

肖乾 5941

肖潜 4550, 6181

肖倩 11757

肖晴 11112, 12815

肖庆华 3521

肖庆元 5723

肖琼 6113

肖求 5883

肖全 9029

肖群 103, 573

肖然山 5787

肖仁 5031, 5409, 12036

肖仁舒 5266, 5529, 5582, 5620

肖荣 5461, 5681, 6390

肖容 6216

肖溶 4178, 4349, 4433

肖榕 6528

肖融 6311

肖瑞连 8199

肖赛 6161

肖赛明 3735, 5230

| | |
|---|---|
| 肖三 | 11952 |
| 肖森 | 6301, 6339, 6350, 6361, 6363, 6409, 6464, 6501, 6507, 6508, 6524, 6690 |
| 肖山 | 9257 |
| 肖杉 | 5673, 5850, 5978 |
| 肖少元 | 9064 |
| 肖生 | 6643 |
| 肖晟 | 7422 |
| 肖师铃 | 8934 |
| 肖时俊 | 6337, 6345 |
| 肖士太 | 5332, 5521, 5782, 5815 |
| 肖士英 | 1769, 3619, 10440 |
| 肖世荣 | 7274, 7309 |
| 肖守义 | 6730, 6731, 6733 |
| 肖淑芳 | 1868 |
| 肖述纲 | 5900, 6103 |
| 肖树惇 | 2716, 3637, 3658 |
| 肖顺成 | 9889 |
| 肖顺康 | 11229, 11232, 11281 |
| 肖顺权 | 404, 4034, 4700, 8823, 8920, 8929, 8933, 8934, 8938, 9005, 9060, 9061, 9064, 9070, 9076, 9080, 9087, 9090, 9091, 9094, 9095, 9102, 9112, 9113, 9122, 9123, 9130, 9132, 9219, 9221, 9222, 9223, 9226, 9227, 9256, 9297, 9299, 9301, 9302, 9329, 9336, 9377, 9405, 9467, 9640, 9795, 9810, 9821, 9833, 9854, 9856, 9858, 9859, 9862, 9865, 9942, 9945, 9946, 9987, 9992, 9997, 9999, 10035, 10107, 10108, 10109 |
| 肖顺全 | 9299 |
| 肖舜之 | 882, 2275 |
| 肖斯锐 | 3776, 3817, 3845 |
| 肖斯塔科维奇 | 12547 |
| 肖松 | 3386, 9624, 9641, 9704 |
| 肖苏华 | 12640, 12658, 12659, 12662, 12666 |
| 肖素红 | 1148 |
| 肖宿荣 | 6729, 6731, 6733 |
| 肖涛 | 4938 |
| 肖腾 | 11733 |
| 肖天 | 5837 |
| 肖天清 | 7359 |
| 肖天智 | 4235, 5250, 5271, 5281, 5298, 5570, 5645, 5733, 5961, 5969, 6047, 6110, 6132 |
| 肖田 | 5831, 5982, 9256, 9257 |
| 肖跳跳 | 1816, 3804, 3996 |
| 肖铁初 | 6160 |
| 肖彤 | 11756 |
| 肖桐 | 1145, 10150 |
| 肖宛 | 5855 |
| 肖婉 | 6643 |
| 肖万庆 | 3252 |
| 肖威 | 2834 |
| 肖微 | 10737 |
| 肖为 | 6258, 6285 |
| 肖为炳 | 8252, 8296 |
| 肖维 | 9595 |
| 肖伟 | 6448, 6458, 6662 |
| 肖伟民 | 6656 |
| 肖伟明 | 6640, 6644 |
| 肖纬 | 1817, 5965 |
| 肖玮 | 6295 |
| 肖文津 | 3500 |
| 肖悟了 | 6977 |
| 肖雾 | 11737 |
| 肖侠 | 5543, 5763 |
| 肖夏 | 10756, 10757 |
| 肖先才 | 1851, 3949 |
| 肖贤良 | 4228 |
| 肖弦 | 4309 |
| 肖翔 | 5217, 5250 |

| | | | |
|---|---|---|---|
| 肖向阳 | 13244 | 肖莹 | 3850, 9042, 9989 |
| 肖肖 | 4877, 5496 | 肖映川 | 3019, 3050 |
| 肖小阮 | 3902 | 肖勇 | 10398, 10399, 10768, 10774 |
| 肖小源 | 3848 | 肖友砚 | 11955 |
| 肖晓 | 4637 | 肖好婷 | 7553, 7554, 7581, 7594 |
| 肖晓阳 | 10686 | 肖予 | 4948 |
| 肖笑 | 4672, 6363 | 肖宇 | 6037 |
| 肖兴国 | 860 | 肖羽 | 5705 |
| 肖兴华 | 10908 | 肖雨 | 5999 |
| 肖星 | 5637, 9378, 9830, 9833, 9838, 10042 | 肖玉 | 5981, 6003, 6431 |
| 肖雄 | 6382 | 肖玉磊 | 1880, 3723, 3724, 3783, 5264, 5424, 5515, 5836, 6201 |
| 肖雄平 | 6411 | | |
| 肖秀青 | 12609 | 肖玉田 | 2368, 3834, 4108, 4256, 4282, 4296, 4472, 5249 |
| 肖秀严 | 5333 | | |
| 肖旭 | 9355, 9963 | 肖聿 | 034, 178, 196 |
| 肖宣兵 | 3212 | 肖育轩 | 5096, 5367 |
| 肖雪 | 13152 | 肖元 | 2284 |
| 肖雪儿 | 11535 | 肖远 | 6043 |
| 肖愆 | 4584 | 肖苑 | 11718 |
| 肖雅 | 9456 | 肖月 | 6244, 6268, 6271 |
| 肖亚平 | 3052 | 肖岳云 | 12040 |
| 肖彦 | 10242 | 肖云 | 373, 5580, 10309, 12420, 12430 |
| 肖雁 | 9299 | 肖云辉 | 2507 |
| 肖燕 | 6402, 10584, 10625 | 肖云莉 | 10893 |
| 肖燕玲 | 10312, 10323 | 肖云儒 | 13134 |
| 肖燕翼 | 847 | 肖云升 | 3762 |
| 肖阳 | 11060 | 肖云翔 | 11535 |
| 肖杨 | 5956 | 肖章 | 13199, 13249, 13256, 13259, 13260, 13261, 13262 |
| 肖一 | 4427, 8145, 8347 | | |
| 肖漪萍 | 3600 | 肖哲 | 5035, 6217, 12766 |
| 肖移山 | 5886 | 肖振鸣 | 8131 |
| 肖逸 | 5491 | 肖振亚 | 3238 |
| 肖毅 | 6140, 7328, 8385, 8389 | 肖振中 | 6537 |
| 肖应棠 | 5494 | 肖征波 | 3884, 4253, 5376, 5388, 5516, 6176 |
| 肖樱 | 6154, 6155 | 肖正中 | 2949, 3153, 3216 |

| | | | |
|---|---|---|---|
| 肖志新 | 5751 | 萧国坤 | 10146 |
| 肖志中 | 3742 | 萧国镛 | 419 |
| 肖中胤 | 2474 | 萧海春 | 6027 |
| 肖忠厚 | 3783, 3807, 3863 | 萧寒 | 11138 |
| 肖钟 | 5929 | 萧汉 | 2327 |
| 肖祝善 | 2385, 4611, 4804 | 萧翰 | 2702 |
| 肖庄 | 10035 | 萧瀚 | 2267 |
| 肖自平 | 11620, 12119 | 萧何 | 5481 |
| 肖祖石 | 2050, 6507 | 萧和 | 5400 |
| 肖祖臻 | 2890 | 萧红 | 3522 |
| 萧翱子 | 056 | 萧宏欣 | 12353 |
| 萧白 | 11946, 11951, 11988 | 萧鸿鸣 | 427, 815 |
| 萧宝森 | 203 | 萧华 | 3395, 11961 |
| 萧本龙 | 10728 | 萧焕 | 809, 2227, 4074, 4239, 10472 |
| 萧兵 | 6326, 12945 | 萧黄 | 11944, 11947, 12012, 12018, 12215 |
| 萧草 | 6120 | 萧惠祥 | 2404, 2871 |
| 萧长华 | 12876 | 萧惠珠 | 2415 |
| 萧承先 | 12918 | 萧蕙 | 2538 |
| 萧尺木 | 1654 | 萧吉 | 11016, 11017, 12306 |
| 萧传玖 | 2858, 8628, 8656 | 萧继石 | 7004 |
| 萧大毅 | 4529 | 萧嘉辉 | 8418 |
| 萧代贤 | 5212 | 萧坚富 | 5495 |
| 萧道行 | 7332 | 萧建初 | 1745, 2290 |
| 萧获 | 12855 | 萧建亨 | 5055 |
| 萧敦焜 | 12661 | 萧剑青 | 1218, 3393, 6597, 10368, 11033, 11213, 11300, 12339 |
| 萧而化 | 11082, 11213, 11543, 12487 | | |
| 萧帆 | 12832 | 萧剑声 | 12310 |
| 萧方 | 1279 | 萧杰 | 12093 |
| 萧菲 | 495, 6326, 8854 | 萧君甫 | 11837 |
| 萧风 | 7795, 8275 | 萧俊贤 | 1703, 1706, 1946 |
| 萧峰 | 346 | 萧亢达 | 258 |
| 萧复兴 | 11195 | 萧克 | 8321 |
| 萧甘牛 | 4918, 4925 | 萧朗 | 973, 1005, 1314, 2550 |
| 萧高洪 | 8465 | 萧劳 | 8241 |
| 萧光 | 4878 | 萧里 | 5098 |

| | | | |
|---|---|---|---|
| 萧里群 | 7995, 8084, 8431 | 萧晴 | 11111, 11872, 12071, 12078, 12893 |
| 萧立 | 11280, 12239 | 萧琼瑞 | 270, 587, 824 |
| 萧立礼 | 11319 | 萧如 | 5908, 6934 |
| 萧立书 | 13223, 13263, 13277, 13291 | 萧三 | 437, 12393 |
| 萧利文 | 10586 | 萧山岷 | 11599 |
| 萧炼子 | 10963 | 萧韶 | 10881 |
| 萧良有 | 6412 | 萧石君 | 169 |
| 萧亮雄 | 12594 | 萧淑芳 | 1285, 1433, 1854, 1861, 1926, 1997, 2513, 2550, 2555, 2632, 2691, 2717, 2928 |
| 萧灵君 | 1218, 12984 | 萧淑娴 | 11090, 11360 |
| 萧令 | 10593 | 萧淑媛 | 10725 |
| 萧龙士 | 2031 | 萧墅 | 2049 |
| 萧芦 | 6329 | 萧顺权 | 8988 |
| 萧路 | 9495 | 萧斯塔科维奇 | 10791, 12415, 12425, 12549 |
| 萧璐 | 9492, 9507, 9508, 9776, 10123 | 萧涛 | 7541 |
| 萧鸾 | 12290 | 萧涛生 | 2833, 2902 |
| 萧茂 | 11571, 11572 | 萧天清 | 7292 |
| 萧梅 | 10825 | 萧通 | 4887 |
| 萧梅清 | 5917 | 萧退庵 | 8209 |
| 萧美玉 | 6258 | 萧蜕公 | 7711 |
| 萧南兵 | 3125 | 萧文 | 11280 |
| 萧沛苍 | 1301 | 萧文忠 | 627 |
| 萧平 | 803, 904, 1690, 1696, 2050, 5400, 5694, 8331 | 萧霞 | 6401 |
| 萧平一 | 820 | 萧夏 | 7135, 10757 |
| 萧萍 | 11737 | 萧娴 | 7765, 8172, 8228, 8257, 8337, 8366 |
| 萧朴 | 13156 | 萧翔 | 12643 |
| 萧骑 | 9776 | 萧小丰 | 2372 |
| 萧启益 | 2902 | 萧新 | 8082 |
| 萧谦中 | 1378, 1435, 2636, 2642 | 萧新柱 | 7809, 7994, 7995 |
| 萧前林 | 12340, 12341 | 萧兴华 | 10973 |
| 萧前勇 | 11315 | 萧绪珊 | 8705 |
| 萧乾 | 6915 | 萧愻 | 1705 |
| 萧潜 | 4380 | 萧琰 | 12239 |
| 萧遣 | 4562 | 萧燕翼 | 1688, 7266 |
| 萧茜 | 11737 | 萧也牧 | 5966 |
| 萧秦 | 10991 | | |

| | | | |
|---|---|---|---|
| 萧一萍 | 12984 | 小白 | 6016, 9743 |
| 萧绎 | 640 | 小贝 | 5658, 5692, 5765 |
| 萧奕力 | 3144 | 小彬 | 6654, 6657, 11739 |
| 萧应彬 | 2241 | 小滨 | 8856, 9665, 9745 |
| 萧永晶 | 6996, 7003, 10337 | 小兵 | 5192, 8804 |
| 萧友梅 | 11067, 11211, 11364, 11365, 11382, 11481, 12162, 12185 | 小丙 | 6027, 6028 |
| | | 小伯 | 4627 |
| 萧玉刚 | 9902 | 小草 | 6135 |
| 萧玉磊 | 2275, 2407 | 小册 | 5974 |
| 萧玉田 | 883, 6559 | 小蝉 | 2338 |
| 萧育轩 | 5130, 5424, 5452 | 小辰 | 6119 |
| 萧豫 | 4954, 4994 | 小川 | 7074 |
| 萧渊友 | 12643, 12662 | 小船幸次郎 | 11088 |
| 萧元 | 6871, 7159, 7365 | 小春 | 6418 |
| 萧月光 | 2402 | 小翠花 | 12869 |
| 萧云从 | 917, 1626, 1631, 1645, 2968, 2973, 2974, 2997, 3044, 3058 | 小大姐 | 12876 |
| | | 小岛俊男 | 1076 |
| 萧章 | 13260 | 小地 | 5688 |
| 萧照 | 818, 1539 | 小丁 | 5923 |
| 萧照芳 | 6997, 7135 | 小冬 | 6304, 6416, 6417, 6470 |
| 萧振鸣 | 3066 | 小豆 | 6555, 6556 |
| 萧志远 | 2530 | 小二杜撰坊 | 3513 |
| 萧舟 | 4896, 4901 | 小方包 | 3443, 3457 |
| 萧子上 | 11242 | 小峰 | 6679, 10514 |
| 箫高洪 | 8554 | 小冈 | 8596, 10289, 10743 |
| 箫笙 | 13103 | 小刚 | 6283 |
| 箫淑娴 | 11958 | 小钢 | 6229 |
| 箫文 | 7796, 7821, 8009, 8103 | 小戈 | 3226, 4924, 4929, 4934, 4949, 4979, 5009, 5014, 5060, 5078, 5100, 5209, 5512, 5515, 5544, 5581, 5585, 5672, 5673, 5693, 5861, 5910, 5983, 6022, 6045, 6050, 6074, 6107, 6121, 6315, 6397, 6540 |
| 箫韵 | 336 | | |
| 潇潜 | 4626, 4712 | | |
| 潇雨 | 6380 | | |
| 霄霓国乐学会 | 10900 | | |
| 霄九 | 5802 | 小汉斯·荷尔拜因 | 1135, 6868 |
| 霄鹏 | 11528 | 小禾 | 5973 |
| 嚣嚣子 | 10939 | 小何 | 6656 |

| | | | |
|---|---|---|---|
| 小河 | 7071 | 小鹿 | 427 |
| 小红 | 5159 | 小路 | 6367, 6958 |
| 小宏 | 6992 | 小螺 | 6289 |
| 小洪 | 5008 | 小莽苍苍斋 | 8094 |
| 小华 | 6396 | 小梅 | 6663 |
| 小吉 | 5099 | 小梅描 | 6657 |
| 小纪 | 7584 | 小美 | 11733, 11735 |
| 小济 | 9951 | 小民 | 11500 |
| 小角 | 7003 | 小敏 | 5771, 5824 |
| 小捷 | 5853 | 小明 | 6319, 6647, 6663 |
| 小婕 | 3121 | 小墨 | 3491 |
| 小京 | 9251, 9979 | 小木 | 5002, 10714 |
| 小静 | 6662 | 小那选 | 6165 |
| 小炯 | 6644 | 小宁 | 9542 |
| 小康 | 5988 | 小朋友编辑部 | 6469 |
| 小柯 | 4179 | 小朋友编辑委员会 | 4920 |
| 小啦 | 5903 | 小朋友画报编辑部 | 4931, 4932, 4933 |
| 小蓝 | 4931, 6707 | 小澎 | 6247 |
| 小蕾 | 6631 | 小平 | 3491, 5429 |
| 小黎 | 5718 | 小苹 | 6043 |
| 小李 | 6656 | 小奇 | 6056, 7343 |
| 小力 | 5962, 5963, 5987 | 小秦 | 7651 |
| 小立 | 11217 | 小青 | 7347 |
| 小吏 | 10394 | 小泉 | 6347, 9666 |
| 小莲 | 4970 | 小容 | 4934 |
| 小椋勇记夫 | 10610 | 小山 | 155, 6337, 10308, 10313 |
| 小林 | 6002, 6123, 9349, 9351, 9555, 9766, 11715 | 小山清茂 | 12545 |
| 小林高英 | 6926 | 小杉 | 7142 |
| 小林茂二 | 10754 | 小杉明 | 6977 |
| 小林七郎 | 1246 | 小石 | 6708 |
| 小林源文 | 7007 | 小树 | 6414 |
| 小林照子 | 10141 | 小双 | 6942, 7040 |
| 小凌 | 4994 | 小松 | 7074 |
| 小流 | 4928, 8929 | 小松左京 | 6391 |
| 小龙 | 4543, 4589, 4835, 7051, 7054, 7055, 7056 | 小粟 | 6764 |

小提琴考级专家委员会　11188

小天　4933

小铁篦道人　12736

小万柳堂　1644

小文　6940, 10508

小武　4844

小西庆太　10881

小希　9745

小奚　5068

小溪　5430, 5694, 5920, 5934, 6509, 6544, 6632, 9459, 11742, 12035, 12380, 12384

小溪流编辑部　6204

小小　6328, 6592

小晓　4293

小辛　6638, 7067

小星　6525, 6641, 6666

小学版《歌曲50首》编委会　11534

小学馆　10596

小雪　7088, 7091, 7098

小雅　6215, 6226, 6358

小言　6632

小衍　6656, 6658

小彦　6094, 6158, 12659

小野　5445, 8906, 13120, 13126

小野玄妙　437

小叶　6283

小仪　10456

小艺　4672, 11742

小瑛　5087

小樱　11486

小莹　4889

小游仙客　12736, 12737, 12749

小余　4152

小鱼　8567

小雨　11747

小原千　7131, 7132

小云　5106, 5432, 6285, 6938

小甾郁生　7008

小泽　1247

小泽さヒる　6943

小泽恭至　11278

小铮　6655

小知堂编采组　12559

小中　3477

小仲　6631

小仲马　5454, 5751, 6482, 7007

小舟　2797, 7000, 7001, 7036, 9873, 11717, 12585

小朱　9502

小庄　3507

晓安　9081, 9405, 9408, 9413, 9420, 9453, 9664, 9854, 9977, 10054, 10057, 10060, 10065

晓白　3602, 3693, 5049

晓碧　6418

晓彬　6639, 6640

晓斌　4745

晓冰　6365, 7048

晓兵　10593, 10604

晓波　5079, 6044, 6142, 6143, 6507, 6712, 6713, 11744

晓勃　9963, 10023

晓博　6270

晓畅　12432

晓晨　5839, 7099, 9108, 9961

晓成　6245, 11750

晓城　5064

晓川　1262, 2809

晓春　2091, 2159, 4672, 4840, 5850, 6043, 6650

晓淳　2386, 4740

晓崔　10070

晓村　1150

| | |
|---|---|
| 晓戴 | 8855 |
| 晓丹 | 6295, 6459, 12036, 12047 |
| 晓单 | 1137 |
| 晓迪 | 4809, 6006 |
| 晓笛 | 6573 |
| 晓地 | 4767, 4778, 8846, 8850, 8851, 9246 |
| 晓丁 | 4537, 4539, 5528, 5540, 5555, 5579, 5598, 5620, 5634, 5641, 5668, 5681, 5693, 5694, 5707, 5712, 5722, 5731, 5734, 5745, 5828, 5889, 5915, 5951, 5956, 5958, 5961, 5968, 5969, 5981, 5998, 6002, 6059, 6077, 6659, 6689, 8823, 8824, 9096, 9224, 9243, 9244, 9245, 9532, 13265 |
| 晓东 | 4668, 4685, 4777, 4780, 4787, 4795, 4798, 6250, 6631, 9423, 9677, 11876 |
| 晓冬 | 186, 7032 |
| 晓帆 | 5342, 7069, 7098, 11712 |
| 晓凡 | 10592 |
| 晓梵 | 9116 |
| 晓芳 | 9582, 10593, 11512, 11744 |
| 晓飞 | 5698, 5713, 5943, 6218 |
| 晓风剧团 | 13011 |
| 晓枫 | 4895 |
| 晓峰 | 547, 6096, 7408, 9350, 9359, 9537, 13168 |
| 晓凤 | 6218 |
| 晓夫 | 1513, 2902, 6546 |
| 晓敷 | 12491, 12541 |
| 晓刚 | 6556 |
| 晓罡 | 6951, 6952, 6953, 6954, 6955 |
| 晓岗 | 3016, 3552, 3705, 3750, 5118 |
| 晓光 | 6243, 6251, 6272, 6276, 7429, 7524, 7717, 8322, 9703, 9711 |
| 晓国 | 1135 |
| 晓海 | 6038, 13212 |
| 晓寒 | 5034, 5050 |
| 晓行 | 5868 |
| 晓航 | 13165 |
| 晓禾 | 12669 |
| 晓河 | 11449, 11470, 11511, 11560, 11620, 11682, 11955, 11962, 12021 |
| 晓珩 | 5747 |
| 晓红 | 2156, 4679, 4696, 6656, 6929, 7020, 7021, 7025 |
| 晓宏 | 3490 |
| 晓虹 | 5752, 6004, 6129 |
| 晓洪 | 12039 |
| 晓华 | 085, 2124, 2172, 6307, 6324, 6412, 6710, 6926, 10037 |
| 晓晖 | 7122 |
| 晓辉 | 6168, 8836, 11736 |
| 晓惠 | 9123 |
| 晓慧 | 6439 |
| 晓基 | 6312 |
| 晓佳 | 6449 |
| 晓江 | 4968 |
| 晓洁 | 11741, 11749 |
| 晓静 | 6660 |
| 晓娟 | 11503 |
| 晓军 | 4952 |
| 晓君 | 4766, 9112 |
| 晓凯 | 195 |
| 晓柯 | 4339, 7046 |
| 晓可 | 6084 |
| 晓籁 | 8916 |
| 晓兰 | 10893, 11167, 11274, 11278 |
| 晓岚 | 13019 |
| 晓蕾 | 2159, 5488, 5529, 5554, 5692, 5712, 5831, 6474, 9218 |
| 晓鹂 | 1950 |
| 晓黎 | 5346, 5378, 5389, 5415, 5451, 5457, 5470, |

| | | | |
|---|---|---|---|
| | 5510, 5527, 5535, 5537, 5542, 5545, 5552, | 晓南 | 7098 |
| | 5555, 5562, 5578, 5610, 5620, 5622, 5644, | 晓年 | 4614, 4667, 4717, 10504 |
| | 5649, 5664, 5696, 5708, 5715, 5716, 5725, | 晓牛 | 2008, 2387, 4495, 4581, 4618, 4745 |
| | 5731, 5779, 5785, 5833, 5865, 5867, 5889, | 晓欧 | 6457, 6761 |
| | 5898, 5908, 5915, 5931, 5932, 5940, 5945, | 晓耦 | 12236 |
| | 5947, 5970, 5997, 6100, 6322 | 晓藕 | 11694, 12234, 12235 |
| 晓理 | 8932 | 晓鹏 | 4445 |
| 晓丽 | 6103, 10286 | 晓平 | 5078, 10313 |
| 晓莲 | 5876, 5991, 6140, 6466 | 晓其 | 10842 |
| 晓良 | 6630, 6646, 7040, 7042, 7044, 7073, 7075 | 晓奇 | 6660 |
| 晓梁 | 6049 | 晓秦 | 7647 |
| 晓林 | 4774, 6163, 6421, 6684, 6686, 6694, 9024, | 晓琴 | 3893 |
| | 9894, 10298, 10340, 10616 | 晓青 | 4835, 4840, 6379, 12391 |
| 晓临 | 6000 | 晓晴 | 6165 |
| 晓凌 | 6868 | 晓庆 | 9399 |
| 晓柳 | 9450, 9870 | 晓琼 | 13110 |
| 晓龙 | 4474, 4505, 6297 | 晓秋 | 6650, 10881, 10895, 11274 |
| 晓路 | 4301, 8845 | 晓曲 | 4703 |
| 晓露 | 6005 | 晓群 | 6645 |
| 晓螺 | 5814, 6318 | 晓荣 | 5976 |
| 晓马 | 9367, 9872 | 晓山 | 201, 202, 8008, 8402, 8403, 8404 |
| 晓麦 | 6158 | 晓杉 | 1141 |
| 晓毛 | 1155 | 晓慎 | 7419 |
| 晓眉 | 11531 | 晓生 | 11957 |
| 晓梅 | 5575, 6265, 6646, 7537, 7544 | 晓石 | 202, 2809 |
| 晓猛 | 5517 | 晓时 | 4670, 8946, 9104 |
| 晓勉 | 5691 | 晓曙 | 202 |
| 晓民 | 7043 | 晓松 | 6662 |
| 晓岷 | 10046 | 晓颂 | 13125 |
| 晓敏 | 7419, 11767 | 晓孙 | 205 |
| 晓明 | 1447, 5642, 5890, 5925, 5943, 5972, 5992, | 晓汤 | 4975, 4987 |
| | 6004, 6070, 6088, 6114, 6142, 6162, 6171, | 晓棠 | 5515 |
| | 6208, 6472, 9392, 9757 | 晓涛 | 5990, 6036, 6093, 9554 |
| 晓鸣 | 9564 | 晓天 | 5043 |
| 晓木 | 11748 | 晓亭 | 5988 |

| | | | |
|---|---|---|---|
| 晓庭 | 8747 | 晓业 | 5448, 5486, 5507, 5552, 5985 |
| 晓艇 | 12937 | 晓烨 | 5995 |
| 晓彤 | 6630 | 晓一 | 8738 |
| 晓文 | 6036, 6110, 6113, 6131, 6157, 6241 | 晓义 | 11123 |
| 晓雯 | 5735, 6285 | 晓毅 | 4396, 4473 |
| 晓吴 | 4777 | 晓音 | 6061, 6271, 6369, 9374, 9576 |
| 晓武 | 5196 | 晓鹰 | 5889, 5977 |
| 晓雾 | 6653 | 晓赢 | 7460 |
| 晓西 | 6515, 6516 | 晓影 | 5775, 8724 |
| 晓晞 | 6644 | 晓泳 | 9678 |
| 晓溪 | 8842, 9458, 10000 | 晓勇 | 1974 |
| 晓樨 | 6190 | 晓友 | 10727 |
| 晓霞 | 5943, 6163, 6234 | 晓渝 | 2698 |
| 晓霄 | 6457 | 晓宇 | 5708, 6299, 8754, 13142 |
| 晓晓 | 9422 | 晓羽 | 6500 |
| 晓忻 | 6417 | 晓雨 | 346, 9114 |
| 晓昕 | 2454, 6514 | 晓玉 | 6972, 7004, 11718 |
| 晓欣 | 2409, 5912, 5913, 5969, 5970, 6006 | 晓郁 | 6171 |
| 晓星 | 6429, 11093, 11390, 11680, 11768, 11789, 11952, 11954, 11956, 11962 | 晓元 | 9662, 9709 |
| | | 晓园 | 6647, 6653 |
| 晓旭 | 6122, 6145, 9384, 9593 | 晓苑 | 6043 |
| 晓学 | 7079, 7081, 7083, 7084, 7086, 7087, 7088, 7099 | 晓月 | 5579, 5610, 7452, 10054 |
| | | 晓云 | 120, 807, 6663, 7549 |
| 晓雪 | 9349, 9361, 9424, 9543, 9552, 9553, 9599, 9601, 9612, 9614, 9617, 9618, 9619, 9802, 9841, 9845, 9847, 9951, 9952, 9966, 10048, 10625 | 晓云法师 | 364 |
| | | 晓匀 | 11719 |
| | | 晓章 | 2894, 5707, 9766 |
| | | 晓征 | 11733 |
| 晓亚 | 6632, 6633 | 晓知 | 12424 |
| 晓言 | 9105 | 晓朱 | 9497, 9917 |
| 晓艳 | 7525 | 晓竹 | 5754, 5957, 5958, 6365, 6369 |
| 晓雁 | 4783, 4785, 4791, 4798, 5315, 5327 | 晓庄 | 8813, 8814, 8815, 9108, 9116, 9231, 9355, 9375, 9616, 9820, 9823, 9824, 9836, 9862, 9877, 9966, 10040, 10044, 10045 |
| 晓燕 | 5651, 5824, 5937, 6645 | | |
| 晓扬 | 5724 | | |
| 晓阳 | 4815, 6019, 6029, 6359, 10311 | 筱寒 | 3453 |
| 晓杨 | 9478, 9751 | 筱华 | 6301 |

筱篁　5638, 5647, 5664, 5668, 5696, 5720, 5742, 5744, 5750, 5810, 5811, 5818, 5890, 5931, 5932, 5934, 5941, 5951, 5961, 5970, 5995, 6009

筱健　201

筱琳　6169, 12480

筱崎弘嗣　11177

筱青　6100

筱同　5906

筱篠　5949

筱荫　6408

筱元　7481

筱原乌童　6999

孝慈　4456, 4632

孝感地区《红泉河》连环画创作组　5200

孝感县文化馆连环画文字编写组　5262, 5264

孝文帝元宏　7821

孝延忠　1237

孝游　3720

孝鋆　2982

笑冰　5527

笑桦　6467

笑曼　12556

笑民　5078

笑默　5777

笑鸥　12666

笑平　6488

笑石　3528

笑俗　11760

笑亭　7076

笑挺　6461

笑笑生　6397

笑宇　4767

笑雨　5551, 5596, 5690, 5851, 6015

笑月　6282

效恭　12044

效海　11564

效良　12146

效梅　3614

效营　1126

啸枫　12355

啸海　3870, 5281, 5355, 5580

啸声　375, 532, 582, 6809, 6811, 6867, 6881, 8675, 8677, 8678

协会辽宁分会　12849

写字编辑部　7280

写组　5828, 6323

谢·奥布拉兹卓夫　13003

谢·库·伊凡诺夫—阿里鲁也夫　10132

谢·特卡乔夫　6874

谢艾洁　10884

谢爱莲　4959

谢安　8819, 9363, 9364, 10622

谢柏梁　12782, 12785, 12786

谢宝耿　5335, 5382, 5525

谢蓓丽　2645

谢必忠　11722, 11976, 11977, 11985, 11987, 11988

谢彬　1649

谢彬筹　12843, 12960

谢冰　6224

谢波夫·格欧尔格尔　13002

谢伯淳　11153

谢伯齐　1819, 3833, 3877, 5329, 5459, 5813, 5910

谢伯子　2338

谢不周　6571

谢昌一　3552, 3599, 3740

谢长　12640

谢常青　4995

谢超元　2276, 8310

谢朝良　11310

| | |
|---|---|
| 谢成 | 6387, 6558, 10289 |
| 谢成林 | 584, 804, 5719 |
| 谢成仪 | 5179 |
| 谢呈祥 | 2573, 4555 |
| 谢诚 | 9391 |
| 谢诚钧 | 1463, 1464 |
| 谢承仁 | 5795, 6084 |
| 谢澄光 | 8271 |
| 谢崇安 | 257 |
| 谢崇崐 | 7766 |
| 谢崇抒 | 11204 |
| 谢宠 | 5948, 8198 |
| 谢础 | 10527 |
| 谢储生 | 5525 |
| 谢楚余 | 2703, 2845, 2847 |
| 谢春德 | 8889, 8944, 9010 |
| 谢春望 | 5626, 5871, 6002, 6248 |
| 谢春彦 | 543, 694, 1254, 2241, 2353, 3491, 3503, 3509, 5952, 5989, 5993, 6021 |
| 谢从荣 | 1681, 1682, 2350, 2351, 2647, 3064, 3858, 5978, 6723 |
| 谢大海 | 5407 |
| 谢丹 | 6580, 13238 |
| 谢丹凤 | 8310 |
| 谢德风 | 5880, 6196, 6566 |
| 谢德龙 | 12115 |
| 谢德萍 | 7264, 7285, 7312, 8145, 8148, 8267, 8279 |
| 谢德真 | 12441 |
| 谢电波 | 13210 |
| 谢丁玉 | 606 |
| 谢东明 | 2819 |
| 谢东山 | 192 |
| 谢恩祈 | 13087, 13289 |
| 谢尔登·柯林斯 | 8801 |
| 谢发根 | 5524, 5815 |

| | |
|---|---|
| 谢发新 | 8826 |
| 谢方祠 | 5401 |
| 谢芳莱 | 3808 |
| 谢飞 | 5498, 13213 |
| 谢非得 | 12981 |
| 谢非墨 | 7478 |
| 谢丰兆 | 10597 |
| 谢枫 | 521 |
| 谢凤岗 | 3765, 5954 |
| 谢敷远 | 8494 |
| 谢弗 | 13271 |
| 谢扶民 | 5366 |
| 谢福 | 12332 |
| 谢格洲 | 5291 |
| 谢耿 | 11247 |
| 谢公展 | 1092 |
| 谢功成 | 11090, 11095, 11096, 11100, 11102, 11949, 12219 |
| 谢功肃 | 7241 |
| 谢冠军 | 1373 |
| 谢光辉 | 7298, 7465, 8431 |
| 谢光照 | 3782 |
| 谢桂芳 | 10182 |
| 谢桂犀 | 6198 |
| 谢国勤 | 5252 |
| 谢国祥 | 12892, 12894, 12895 |
| 谢国璋 | 2810 |
| 谢海若 | 1926 |
| 谢海燕 | 1779, 2313 |
| 谢海洋 | 1178, 3930, 3953, 6352 |
| 谢海元 | 435 |
| 谢汉俊 | 8683, 8690, 8696, 8703, 8769 |
| 谢翰华 | 8536, 8540 |
| 谢荷蓉 | 13201 |
| 谢赫 | 227, 726, 727 |

谢恒 3520
谢宏军 2920
谢虹 3689
谢虹雯 12878
谢洪 5713, 5909, 5993
谢鸿 10506
谢鸿均 192
谢胡 6216
谢华夫 3129
谢黄河 5716
谢辉 2309
谢徽 6715
谢惠兵 3224, 5271
谢惠鹏 8278
谢慧君 5083
谢慧中 2520
谢霍生 3811
谢继胜 460
谢继贤 6180, 6191, 6211, 6213
谢家道 2465
谢家华 8772
谢家璐 4946
谢家模 533
谢嘉幸 10822, 10839, 10899
谢坚强 11507
谢建华 7166, 8708
谢建良 8829, 9327, 9397, 9443, 9606, 9705, 9841, 9995, 10000, 10063
谢建民 9902
谢健民 5224
谢鉴礼 1606, 4625
谢将 9441, 9442, 9699, 9719, 10076
谢金生 6055
谢金庭 8944
谢晋 5097, 13055, 13209, 13210, 13237, 13238, 13242
谢京秋 3770, 5045, 5087, 5106, 5132, 5351, 5378, 5880, 6129, 6501, 6502, 7821, 7825
谢景 5513
谢景臣 2213
谢景卿 8503, 8544
谢景雄 6183
谢举贤 2275
谢拒瓯 3812
谢军 9887
谢俊华 12915
谢俊林 9303
谢开基 1817, 2885, 5965, 10426
谢康 12090, 12091
谢可新 3349, 3918
谢克林 12619, 12620
谢堃 384, 1460
谢鲲 5832
谢兰芬 10380
谢兰昆 2769, 2778, 3939
谢兰生 748, 1685, 11014
谢雷 7921
谢鹏程 6028
谢里法 094, 095, 111, 256, 257, 486, 1364
谢力行 5898, 5949, 5962, 9659, 9970, 10042, 10043
谢力鸣 13233
谢立堂 6049
谢立文 6687, 6695
谢丽芳 2904, 5814, 6350, 6537, 6761, 6764, 8663
谢丽金 8863
谢丽君 2313, 6355
谢丽丽 10892
谢利尔 11198
谢莉莉 10831

谢良虎 10450

谢林芳兰 10919

谢琳 8711, 12289

谢凌云 4239

谢令虎 3175

谢龙忠 11981

谢鲁渤 5997

谢伦和 5769, 5992, 6207, 6247

谢罗夫 6879, 6883, 6884, 6885, 6904

谢洛夫 6852

谢玫瑷 11094

谢梅奴 8583

谢美 4831

谢孟 5718

谢孟刚 11041, 11046

谢孟雄 12568

谢梦 2550

谢泌 7948

谢妙诺夫 13255

谢敏适 2618, 2792

谢明 10594

谢明庄 8947, 8950, 9289

谢幕莲 4182

谢慕连 1757, 3569, 3574, 3643, 3644, 3709, 3738, 3745, 4416, 4452, 10240, 10368

谢慕莲 3541, 3547, 3548, 3549, 3562, 3565, 3580, 3588, 3590, 3614, 3624, 3782, 3793, 3968, 3991, 4019, 4026, 4045, 4053, 4075, 4083, 4106, 4109, 4171, 10462

谢慕龄 5699

谢乃才 12081

谢乃壬 12434, 12435

谢宁 10799

谢依 5678

谢鸥 6722

谢雾 133, 863, 1141, 1146, 1148, 1150, 1192

谢庞 5699

谢培城 5300

谢培德 162

谢培林 6590

谢佩文 2034, 2039, 4245, 4322, 4323, 4467, 4494, 4548

谢鹏 6048

谢鹏程 2766, 2825, 4044, 4074, 4167, 4262, 4335, 4492, 4570, 4609, 6429, 6488

谢平 5192

谢平实 4914, 5022

谢璞 5103, 5304

谢其规 5083

谢奇园 6031

谢启源 7344

谢千里 7354

谢芊 9313

谢谦 6722, 6723, 6726, 6728, 10974

谢茄声 8628

谢青 7393, 11315

谢庆升 8581

谢秋华 3760

谢趣生 3397

谢泉铭 5005

谢然 2833

谢荣 5643

谢瑞华 10657

谢瑞阶 1760, 1825, 1870, 1926, 2538, 2854, 7279

谢瑞君 3220

谢若农 7659

谢若松 5468

谢三中 8219, 8236, 8241

谢森 3278, 3282, 3339, 5414, 5758, 5924, 6204,

| | | | |
|---|---|---|---|
| 6205, 6296, 6439, 6470 | | 谢天赐 | 1263 |
| 谢珊 | 10819, 11052 | 谢天虹 | 3543 |
| 谢汕 | 6068 | 谢田 | 6271 |
| 谢善骁 | 6421 | 谢铁骊 | 13071, 13234 |
| 谢韶 | 10105 | 谢同妙 | 4416 |
| 谢少刚 | 10063, 10064, 10065 | 谢同纱 | 4559 |
| 谢少华 | 1260 | 谢同纱 | 4452 |
| 谢绍雄 | 11366, 12143 | 谢同絃 | 4622 |
| 谢申 | 5352 | 谢投八 | 1103 |
| 谢慎修 | 1045, 1046 | 谢巍 | 718 |
| 谢生保 | 10709 | 谢慰雯 | 13160 |
| 谢绳祖 | 8486 | 谢文富 | 10678 |
| 谢盛金 | 1348 | 谢文勇 | 533, 580, 581 |
| 谢石 | 9715 | 谢无量 | 8191, 8290, 8337 |
| 谢时臣 | 1581 | 谢午元 | 5883, 5884 |
| 谢氏百练盦 | 1565, 1566 | 谢希田 | 6219 |
| 谢世果 | 5488, 5590 | 谢希逸 | 12241 |
| 谢世湖 | 7322 | 谢希曾 | 668 |
| 谢世廉 | 5394 | 谢锡恩 | 12702 |
| 谢世英 | 10757 | 谢锡光 | 5856, 6257 |
| 谢舒戈 | 6222, 6230, 6233, 6351 | 谢小红 | 10296 |
| 谢舒弋 6035, 6050, 6095, 6101, 6138, 6245, 6331, | | 谢晓滨 | 11349 |
| 6351, 6387, 6578 | | 谢晓红 | 6558 |
| 谢述先 | 352, 3936, 3958 | 谢晓莺 | 7078 |
| 谢树 | 4962, 5095, 5139 | 谢晓勇 | 6465, 6466 |
| 谢树森 | 5207, 5296, 5352, 5541 | 谢孝思 | 2015, 8338 |
| 谢树先 | 5671 | 谢谢 | 2463, 12632 |
| 谢顺景 | 4061, 6199 | 谢欣 | 5663 |
| 谢崧岱 | 1056, 1057 | 谢新安 | 8298, 9638 |
| 谢崧梁 | 1057 | 谢新发 | 2694, 5581, 6277, 8736, 8758, |
| 谢素琼 | 958 | 8765, 8812, 8837, 8838, 8839, 8843, 8845, | |
| 谢素声 | 12750 | 8846, 8849, 8850, 8851, 8852, 8857, 8860, | |
| 谢特基娜 | 13258 | 8915, 9008, 9020, 9078, 9087, 9095, 9101, | |
| 谢特金娜 | 13256 | 9223, 9224, 9230, 9251, 9310, 9312, 9354, | |
| 谢天成 | 2430 | 9363, 9368, 9371, 9374, 9382, 9390, 9394, | |

9397, 9399, 9400, 9404, 9405, 9409, 9411,
9412, 9417, 9420, 9423, 9427, 9447, 9452,
9464, 9467, 9480, 9483, 9485, 9500, 9503,
9531, 9555, 9556, 9575, 9589, 9618, 9621,
9624, 9625, 9634, 9645, 9646, 9665, 9666,
9667, 9672, 9673, 9689, 9702, 9707, 9715,
9721, 9723, 9727, 9732, 9735, 9745, 9759,
9760, 9766, 9826, 9833, 9834, 9844, 9847,
9857, 9865, 9880, 9886, 9899, 9912, 9928,
9945, 9947, 9952, 9955, 9976, 9978, 9980,
9983, 10010, 10022, 10029, 10040, 10042,
10043, 10044, 10045, 10046, 10049,
10051, 10053, 10061, 10062, 10067,
10072, 10073, 10079, 10086, 10088,
10089, 10096, 10106, 10110, 10584,
10622, 10624, 10630, 10632, 10634

谢新华 9023
谢新知 7823
谢修之 1046
谢旋 11124
谢学潮 5394
谢迅之 5072
谢雅柳 1483, 7723
谢亚南 5309
谢燕 10590
谢燕淞 10689
谢燕辛 5604
谢燕章 5625
谢仰坡 1598
谢瑶玲 7025
谢曜 12306
谢耀庭 1352, 5729
谢也实 12117
谢叶 11874
谢一辉 2959

谢一军 11260
谢一如 12958
谢怡配 11134
谢宜凤 8718
谢宜文 11821
谢宜英 7021
谢艺 5910, 5930, 6075, 13124
谢艺平 7636
谢亦鸣 8228
谢亦青 1254
谢毅 10045
谢懿旅 10080
谢应成 8237
谢颖 5284, 5529, 5803, 5840, 6233, 6325, 6367,
6422, 6434
谢庸 8516
谢永康 1257, 1258, 5316, 5427
谢永一 8805, 9335, 13266
谢友 11209, 11210
谢友生 1065
谢友苏 8338
谢有略 12182, 12183, 12482
谢佑春 3727, 10184
谢毓功 3800
谢毓言 11375
谢原坦 776
谢远近 6331
谢月娥 10687
谢月琴 5241
谢岳勋 8980
谢云 1448, 1449, 5860, 8196, 8197, 8198, 8209,
8262, 8279, 8280, 8285, 12809
谢云生 8502, 8503
谢珍珠 2749, 3285
谢真 6038

| | |
|---|---|
| 谢真福 | 12117 |
| 谢甄 | 4008 |
| 谢振东 | 4241, 12952 |
| 谢振杰 | 7553, 7555, 7556, 8433 |
| 谢振瓯 | 5533, 6392 |
| 谢振欧 | 3962 |
| 谢铮 | 6041 |
| 谢正才 | 7549 |
| 谢之光 | 1752, 1780, 1808, 1828, 2193, 2241, 3556, 3562, 3580, 3585, 3589, 3590, 3636, 3640, 3714, 6748 |
| 谢之慧 | 6531 |
| 谢芝 | 6122 |
| 谢直心 | 12148, 12199, 12328, 12329 |
| 谢志峰 | 8094 |
| 谢志高 | 879, 880, 2003, 2400, 3722, 3849, 3850, 5426, 5543, 5549, 5688, 5742, 5853, 5965, 6035, 6059, 6467 |
| 谢志良 | 6269 |
| 谢志戎 | 11237, 11284 |
| 谢志贤 | 10651 |
| 谢志学 | 3663 |
| 谢志章 | 7534 |
| 谢智良 | 3873, 5319, 5621, 5684, 5953, 6258 |
| 谢稚柳 | 507, 521, 539, 681, 789, 823, 1437, 1524, 1526, 1527, 1540, 1548, 1549, 1683, 1718, 1789, 1874, 1885, 1901, 1909, 1975, 2104, 2197, 3564, 7723, 7724, 8258, 8310, 8602, 10409, 10459 |
| 谢中 | 11878, 12922 |
| 谢中一 | 11957 |
| 谢钟英 | 4978 |
| 谢仲善 | 9012 |
| 谢周 | 5611 |
| 谢庄 | 11324, 12241 |
| 谢梓文 | 3007 |
| 谢宗益 | 12660 |
| 心安 | 5315 |
| 心白 | 4937, 5428 |
| 心草 | 11203 |
| 心佛居士 | 8328 |
| 心慧 | 563 |
| 心亮 | 5444 |
| 心史 | 10321 |
| 心天 | 12569 |
| 心妍 | 6536 |
| 心音 | 10207 |
| 心彰 | 3343 |
| 辛冰 | 5106, 5107, 5633, 5642, 5646, 5680, 5700, 5703, 5907, 5960, 6008, 6047, 6296, 7991 |
| 辛尘 | 7319, 7669, 7989, 8464, 8468 |
| 辛春生 | 11172 |
| 辛大明 | 6060, 6065, 6097, 6151, 6154, 6546 |
| 辛德曼 | 13219 |
| 辛迪 | 11289 |
| 辛蒂·南瑟 | 135 |
| 辛恩巴芙 | 8731 |
| 辛二 | 5003 |
| 辛丰年 | 10880, 10898, 10928, 10983, 11252, 11253 |
| 辛夫 | 6076 |
| 辛刚 | 5199, 6162 |
| 辛格 | 1109, 1125 |
| 辛格莱顿 | 13283 |
| 辛耕 | 4953 |
| 辛观地 | 5507 |
| 辛国 | 1984, 3550, 4428, 5561, 5700, 5818, 5829 |
| 辛国孜 | 10557 |
| 辛果 | 5390, 5541, 5598, 6222 |
| 辛亥革命武昌起义纪念馆 | 10478 |
| 辛鹤 | 5720 |

辛鹤江　069, 2067, 2349, 2362, 2366, 2418, 3630, 3684, 3734, 3742, 3752, 3808, 3822, 3835, 3952, 4004, 4050, 4051, 4124, 4243, 4440, 4660, 5290, 5604, 5720, 5859, 6107, 6367, 6459, 6470

辛红静　6730

辛宏静　1268

辛胡　5379, 5458, 5591, 5594, 5837

辛沪光　11784, 11785, 11786, 12165, 12170, 12177, 12228, 12279, 12330

辛华　6651

辛华泉　138, 142, 608, 609, 10189, 10390

辛浣兮　4935

辛汇　7641, 10325

辛蕙伍　2544

辛济仁　7277, 7320, 8384

辛进　5644

辛敬林　10571

辛凯　9094, 9785

辛克靖　2749, 3199, 3679, 3743, 4066, 4101, 4289

辛克莱　9096

辛克清　3806

辛克胜　3868

辛宽良　2393, 4348, 4372, 4647, 5226, 5249, 5305, 5353, 5483, 5876, 5895, 5962, 6155, 6419, 6513

辛力　12143

辛丽　037

辛连生　3198, 3324

辛亮　4895

辛路　5270

辛莽　2714, 2731, 2767, 2873

辛茂　7076

辛梅　5345

辛明　6097, 6396, 9726, 9728

辛鹏　977, 2518, 10043

辛屏　5039

辛普森　12550

辛奇　9411

辛弃疾　8180

辛勤　7324

辛人　5048

辛稔美　9341

辛容　6660

辛山石　6942

辛上德　11961, 11962

辛尚田　4305, 4414, 4427

辛绍业　11007, 11013

辛生　5027, 5113, 5345

辛师　9435

辛石　5799

辛氏芋花盒　1568

辛守庆　1313

辛束　4931, 4980, 4996

辛述威　13084, 13164

辛田　5054, 5061

辛晚教　12958

辛希　5845

辛显令　5601

辛晓　9491, 9507, 10091

辛幸　4901, 5133

辛秀　12969

辛宣　6594

辛学　9738

辛学英　5864

辛也　6125

辛业江　8951

辛一夫　7259, 7310, 7484, 8360

辛艺　5852

辛艺华　6523

辛易　　　　　　　　　5108

辛毅　　　　　　　　　5101

辛影　　　　8825, 9242, 9438, 9443, 9665

辛永民　　　　　　　　6763

辛羽　　　　　　　　　4961

辛欲楼　　　　　　　　5143

辛正　　　　　　　　　5810

辛志明　　　　　　　　10564

辛中　　　　　　　　　9712

辛舟　　　　　　　　　1067

辛子　　　　　　　　　6498

辛子俊　　　　　　　　11280

忻昀　　　　　　5911, 6414, 6458

忻斌　　　　　　　　　5250

忻秉勇　　　　　　1160, 3823

忻丁诚　　4516, 9307, 9311, 10064, 10092

忻定县文艺"跃进"办公室　　11605

忻鸿祥　　　　　　4016, 4107

忻惠定　　　　　　　　2651

忻可权　　　　　　　　8561

忻礼良　　　　　　1799, 2348,
　　3537, 3541, 3547, 3552, 3561, 3583,
　　3621, 3630, 3631, 3633, 3636, 3641,
　　3642, 3655, 3681, 3693, 3706, 3714,
　　3716, 3717, 3733, 3737, 3742, 3744,
　　3755, 3773, 3780, 3793, 3825, 3985,
　　4016, 4103, 4107, 4133, 4231, 4247, 4258,
　　4268, 4363, 4539, 4606, 4669, 4750, 10554

忻泰华　　　　　　　　10733

忻正伯　　　　　　　　9905

昕观　　　　　　　　　4979

欣大出版社编辑部　　1225, 10370

欣德米特　　　　　　　11085

欣发　　　　　　　　　5822

欣久恩　　　　　　　　10720

欣奇利夫　　　　　　　12780

欣然　　　　　　　　　6298

欣茹　　　　　　　　　6577

欣童　　　　　　　　　6454

欣武　　　　　　　　　5422

欣心　　　6250, 6252, 6266, 6271, 13152

欣欣　　　　　　　　　6319

欣迎　　　　　　　　　3466

新安江水力发电工程局黄坛口工程处　　8918

新滨　　　　　　2065, 2105, 4554

新兵　　　　　　　5243, 5876

新波　　　　　　　　　2976

新昌　　　　5318, 5378, 5550, 6405

新潮　　　　　　　　　6973

新岛实　　　　　　　　10779

新电影杂志社　　　　　11889

新电影杂志社编辑部　　9261, 13305

新儿　　　　　　　　　12036

新儿童丛书出版社　　　11994

新发　　9451, 9457, 9719, 9893, 9983, 10073

新丰县民间文学三套集成编委会　　11810

新凤霞　　　12132, 12937, 12957

新甫　　　　　　　　　4956

新工　　　　　　　　　5155

新光　　　　　　　　　5643

新光音乐研究社　　11378, 11379

新国　　　　　　　　　3997

新果　　　5286, 5333, 5354, 5375

新海农场《"农垦68"》创作组　　5245

新河船厂业余美术组　　3895

新华　　　　　　　　　7044

新华出版社　　　　　　9136

新华出版社编辑部　　　11483

新华出版社三编室　　　8897

新华画报社　　　13286, 13290

新华京剧团编剧组 4896

新华日报美术组 3016

新华社 279, 3116, 3166, 3725, 3869, 3908, 4997, 5149, 8885, 8998, 9000, 9001, 9002, 9054, 9158, 9159, 9162, 9164, 9165, 9167, 9172, 9173, 9174, 9177, 9179, 9186, 9187, 9189, 9193, 9195, 9197, 9199, 9204, 9209, 9210, 9211, 9212, 9213, 9214, 9215, 9216, 9217, 9249, 9262, 9265, 9266, 9267, 9268, 9269, 9270, 9272, 9273, 9274, 9275, 9278, 9281, 9282, 9283, 9284, 9285, 9286, 9287, 9322, 9324, 9325, 9774, 9931, 9935, 9936, 10196, 10454, 10460, 10642, 12871, 12874, 12875, 13016, 13095, 13096, 13097, 13098, 13100

新华社安徽分社 8894

新华社福建分社 8914

新华社湖北分社 9277

新华社记者 092, 3165, 8805, 8808, 9201, 9208, 9214, 9265, 9266, 9267, 9269, 9270, 9271, 9272, 9273, 9274, 9276, 9279, 9283, 9287, 10226, 10231, 10349, 12671, 12672, 12874, 12907, 12987, 13015, 13016, 13096, 13097

新华社解放军分社 9293

新华社内蒙古分社 8965

新华社摄影部 9292, 9293

新华社中国记者杂志社 8702

新华书店60周年店庆组委会办公室 2335

新华书店东北总分店编审部 11995, 11996, 13304, 13305

新华书店华东总分店 3531

新华书店山东总分店编辑部 11563

新华通信社广西分社 3562

新华通讯 9272, 9273, 9274

新华通讯社 3134, 3135, 9013, 9166, 9174, 9177, 9210, 9215, 9265, 9267, 9268, 9269, 9270, 9271, 9272, 9273, 9275, 9276, 9277, 9278, 9280, 9281, 9283, 9284, 9285, 9286, 9322, 13096, 13098

新华通讯社安徽分社 8897

新华通讯社上海分社 8967

新华通讯社摄影部 8907

新华通讯社新闻摄影部 9262

新华通讯社新闻摄影部国际编辑室 3385

新华艺术专科学校 242, 343

新怀 11558

新会县"革委会"政工组 5154

新加坡开圆公司 6543, 6548

新加坡日升艺术有限公司 811

新建县"革委会"政治部宣传组 5148

新建县文艺站 5202

新疆博物馆 6623

新疆布尔津县人民政府 8971

新疆部队文艺工作团 11435

新疆察布查尔锡伯族自治县文艺宣传队 11968

新疆昌吉回族自治州党委宣传部 8701

新疆电视台 11487

新疆对外文化交流会 9411, 10513

新疆对外文化交流协会 8949, 11820

新疆龟兹石窟研究所 456

新疆画院 256

新疆军区后勤部 8890

新疆军区老战士书画研究会 217

新疆军区司令部处 7278

新疆军区文工团创作组 11957

新疆军区政治部 5166, 8890

新疆克拉玛依地名委员会 8937

新疆麦盖提县多郎木卡姆研究会 12318

新疆麦盖提县人民政府文化局 12318

新疆美术出版社　530

新疆美术摄影出版社　2222，2683，2904，
　3053，6575，9125，9490，9492，9493，9494，
　9495，9498，9763，9768，9910，9913，9916，
　10007，10091，10121

新疆美术摄影出版社摄影编辑部　10568

新疆青年出版社　11449

新疆青年出版社翻　12987

新疆青少年出版社　9502

新疆人民出版社　1359，1361，
　1365，1919，1924，2353，2783，2784，2871，
　3244，5076，5077，6797，6798，6901，8928，
　9060，10267，10443，10562，11449，11451，
　11466，11537，11616，11640，11671，
　11692，11697，11797，12429

新疆人民出版社美术编辑室　1292，1293

新疆生产建设兵团音乐家协会　11516，12049

新疆生产建设兵团政治宣传部　11480

新疆石油管理局　8951

新疆石油管理局党委宣传部　1365

新疆石油管理局工会　8951

新疆石油管理局政治部　9059

新疆维吾尔自治区"革命委员会"轻工局　10350

新疆维吾尔自治区"革命委员会"文化局　11844，
　11848

新疆维吾尔自治区阿勒泰地区文化处文管所
　6744

新疆维吾尔自治区博物馆　10349，10513

新疆维吾尔自治区博物馆出土文物展览工作组
　10349

新疆维吾尔自治区电视台专题部　12038

新疆维吾尔自治区电视专题部　12038

新疆维吾尔自治区歌剧团　12098

新疆维吾尔自治区古典文学研究会　11819

新疆维吾尔自治区哈密地区文化处　11813

新疆维吾尔自治区建筑学会　8936

新疆维吾尔自治区交通厅　8907

新疆维吾尔自治区教育委员会《爱国主义教育
　歌曲100首》编辑组　11518

新疆维吾尔自治区老干部学画学会　316

新疆维吾尔自治区人民广播电台　11424

新疆维吾尔自治区人民广播电台文艺组　11424

新疆维吾尔自治区少儿文化艺术委员会　6768，
　12038

新疆维吾尔自治区少年儿文化艺术委员会
　12038

新疆维吾尔自治区十二木卡姆研究学会　10912，
　11813，11819

新疆维吾尔自治区首次活学活用毛泽东思想积
　极分子代表大会　3174，3175，3176，3177

新疆维吾尔自治区吐鲁番地区文物保管所
　10498

新疆维吾尔自治区文化厅　10246，11471，11804，
　11805，11813

新疆维吾尔自治区文化厅十二木卡姆整理工作
　组　12343

新疆维吾尔自治区艺术研究所　12939

新疆维吾尔自治区总工会　8845

新疆文物考古研究所　429

新疆先锋文化艺术发展中心　218，7583，8301

新疆伊犁哈萨克自治州《哈萨克民间图案集》编
　辑委员会　10255

新疆艺术学校美术科73级　3244

新疆中苏友好协会　13088

新疆中小学教师培训部　11053

新金县农民年画学习班　3898，3899

新金县农民宣传画创作学习班　3277，3293，3295

新金县文化　3284

新金县文化馆　5219

新金县宣传画学习班　3249，3251，3255，3258，

3260, 3261, 3267

新蕾出版社　　6702, 6703, 12031, 12033, 12444

新里　　5780

新力　　9512, 9779

新流　　4123

新龙　　5761

新旅团员　　12905

新罗山人　　1662, 1663, 1664

新美术出版社　　3531

新萌　　9963

新苗　　3140

新民　　6555, 6947

新民工作室　　6571

新民会中央指导部宣传科　　11760

新民会中央总会　　343

新民会中央总会训练部　　11378

新民书社　　12185

新敏　　9804

新平　　5666, 5942, 6586

新强　　9482, 9753, 9754, 9757

新桥中村　　7128

新晴　　6541

新荣　　6381

新少年报社　　5019

新生　　4924

新生活运动促进总会　　11363

新胜　　6091

新时代编辑社　　4877

新时期广西文艺创作丛书编委会　　11813

新世纪之光编辑委员会　　8856

新四军兼山东军区政治部文工第三团　　11549

新四军山东军区政治部　　4874

新塘摄影协会　　8912

新藤兼人　　13283

新籐兼人　　13254

新体育社　　12587

新文　　6571

新文丰出版股份有限公司编辑部　　302, 303

新闻摄影局　　9261

新闻摄影研究室　　8730

新汶矿物局工会　　322

新吾　　5016, 5046, 6028, 6057, 6236

新舞台　　12739

新乡市文化馆　　5296

新乡市文化局　　12777

新欣　　13127

新新出版社　　11378

新形象出版公司　　8794

新形象出版公司编辑部　　1078, 1107,
6615, 6910, 6911, 7061, 7063, 8619, 8798,
10137, 10615, 10734, 10735, 10773

新形象出版事业公司编辑　　6861

新形象出版事业公司编辑部　　7636

新形象出版事业有限公司编辑部　　10735

新轩　　5568, 6389, 6551

新亚平剧研究社　　12862

新演剧编辑委员会　　12812

新演剧社　　12825

新野县人民文化馆　　11389, 11594

新一　　2313

新艺术出版社　　6774, 6775, 6928

新艺术社　　006, 2983

新音乐社　　10853, 10980, 11038, 11039, 11071,
11072, 11110, 11167, 11388, 11559

新音乐书店编辑部　　10790, 12460

新元　　6236, 6356

新月　　3041

新中国乐器工厂　　11164

新中国音乐研究会　　11559

新中华歌选编委会　　11401

| | | | |
|---|---|---|---|
| 新中华图书公司 | 10640 | 星海大合唱团 | 11937 |
| 新中华杂志社 | 6930 | 星河 | 2391, 3493, 3511, 5659, 5960, 6338, 6726 |
| 新洲县文化馆 | 11424 | 星狐出版社编辑部 | 10221, 10223 |
| 馨予 | 10888 | 星华 | 13137 |
| 鑫普 | 2115, 2127, 2160, 2163, 2168, 2174, 4734, 4742, 4744, 4778, 4802 | 星火 | 5102 |
| | | 星金标 | 10698 |
| 鑫鑫 | 10327 | 星沙 | 5002 |
| 炘炘 | 6957 | 星索 | 4952, 5055, 5098, 5168 |
| 信达雅工作室 | 10875, 10876 | 星星 | 11287, 11729 |
| 信都芳 | 11017 | 星旭 | 10983 |
| 信浩 | 6664, 6665 | 星耀 | 081 |
| 信辉 | 8841 | 星于 | 6535 |
| 信惠忠 | 11148 | 星月歌舞社 | 11544 |
| 信阳"地革委"文化局 | 11796 | 星云大师 | 6764 |
| 信阳市文化局 | 12774 | 星子 | 6092 |
| 信义 | 6538 | 星座文化艺术研究中心 | 538 |
| 信义神学广益会音乐部 | 12436 | 邢安夫 | 5269, 5875 |
| 兴安 | 5741 | 邢春来 | 2681 |
| 兴昌 | 6043 | 邢春玲 | 6642, 6721 |
| 兴德米特 | 12466, 12477 | 邢德厚 | 8499 |
| 兴福 | 4560 | 邢德芸 | 11811 |
| 兴国县戏曲志编纂办公室 | 12931 | 邢冬文 | 9073 |
| 兴华 | 9439, 9441 | 邢侗 | 1041, 1042, 1043, 1059 |
| 兴化市博物馆 | 311 | 邢飞 | 7527, 7553, 7559 |
| 兴化市郑板桥纪念馆 | 311 | 邢福泉 | 027, 193, 461 |
| 兴化县文化艺术学校 | 11763 | 邢富贵 | 4420, 4489 |
| 兴平 | 6446 | 邢光厚 | 1870, 1878, 4243, 4245, 4300, 4417, 4461, 4502, 4504, 4582, 4587 |
| 兴平县文化馆 | 3827 | | |
| 兴万生 | 10903, 10904 | 邢国胜 | 3800 |
| 星灿 | 6388, 6389, 6390, 6397, 6398, 6400, 7144 | 邢国兴 | 5880, 5935 |
| 星辰 | 3096 | 邢果 | 10840 |
| 星春 | 6308 | 邢汉明 | 8833 |
| 星光歌舞社 | 11887 | 邢怀忠 | 6380 |
| 星光社 | 12326, 12340 | 邢吉田 | 6144 |
| 星海 | 11933 | 邢捷 | 312, 816, 817, 8548, 8579, 8580 |

邢津生　　　　　　　　　　　　1885
邢菊花　　　　5699, 5897, 5949, 5971
邢军　　　　　　　　　　451, 1312
邢俊章　　　　　　　　　　　　8721
邢凯　　　　　　　　　466, 10634
邢莱廷　　　　　　　　　　　　5276
邢籍　　11486, 12038, 12386, 12406
邢浪平　　　　　　　　　　　12589
邢历　　　　　　　　　　　　12692
邢立宏　　　　　　　　　995, 10720
邢琏　　176, 192, 3830, 3965, 4015
邢南初　　　　　　　　　　　9677
邢念　　　　　　　　　　　　5591
邢鹏矗　　　　　　　　　　　2956
邢庆华10189, 10190, 10218, 10222, 10306, 10331
邢庆仁　　　　　　　　1349, 2290
邢然　　　　　　　　　　　　5974
邢日祥　　　　　　　　　　　8258
邢榕　　　　　　　　　　　　5383
邢汝振　　　　　　　　　　　4975
邢润川　　　　　　　　　　　5577
邢少臣　　　　　　　　　　　2291
邢少兰　　　　　　　　　　　2163
邢少平　　　　　　　　　　　5883
邢绍彬　　　　　　　　　　　8941
邢胜　　　　　　　　　　　　7929
邢世靖　　　　　　　　　　　1337
邢世明　　　　　　　　　7446, 7521
邢书荃　　　　　　　　　　　4190
邢树荃 1963, 2003, 2084, 2434, 2441, 2443, 2449,
　　　2515, 4128, 4283, 4333, 4595, 4600, 4649,
　　　4736
邢舜田　　　　　　　4872, 4885, 4886
邢天虹　　　　　　　　10633, 10635
邢桐　　　　　　　　　　　　8013

邢万里　　　　　　　　　　　6161
邢威　　　　6352, 6358, 6367, 6370
邢文国　　　　　　　　　　13147
邢晓林　　　　　　　　　　　1243
邢晓瑜　　　　　　　　　　12579
邢啸声　　　　512, 513, 6802, 7064
邢煦寰　　　　　　　　　　　052
邢学绘　　　　　　　　　　　6195
邢延生　　　8818, 9104, 9351, 9356,
　　　9365, 9624, 9769, 9776, 9807, 9815, 9872,
　　　10048, 10061, 10090
邢雁　　　　　　　　　8699, 8899
邢耀忠　　　　　　　　　　　2241
邢野　　256, 5098, 10805, 11264, 11388, 13243
邢一峰　　　　　　　　　　　2655
邢依坚　　　　　　　　　　　8730
邢瑛　　　　　　　　　　　　1196
邢永川　　　2866, 8611, 8634, 8639
邢玉泉　　　　　　　　　　　5301
邢玉生　　　　　　　　　　　2291
邢跃　　　　　　　　　　　　3958
邢云堂　　　　　　　　　　　3800
邢占魁　　　　　　　　3323, 10276
邢真理　　　　　　　　5287, 5843
邢志耕　　　　　　　　　　　3823
邢志厚　　　　　　　　　　　4400
邢志汶　　　　　　　　12589, 12599
邢志宇　　　　　　　　　　　7672
邢稚平　　　　　　　　　　　120
邢中杰　　　　　　　　　　　3879
邢子青　　　　　　　　　　　4940
邢子云 3761, 4997, 4999, 5026, 5055, 5092, 5263,
　　　5385, 5778, 6060
邢祖文　　　　　　　　13178, 13179
醒华日报社　　　　　　　　　1271

| | | | |
|---|---|---|---|
| 幸门 | 6895 | 熊方直 | 6536 |
| 幸之 | 4967 | 熊飞 | 10242 |
| 性空大师 | 4784, 4799 | 熊凤鸣 | 7379, 8353, 8393 |
| 匈棣 | 6074, 6108, 6224, 6246, 6255, 6265, 6295 | 熊佛西 | 12710, 12904 |
| 匈隶 | 6248 | 熊复 | 11952 |
| 匈牙利民俗学博物馆工作人员 | 10723 | 熊钢如 | 8623 |
| 雄闯 | 5388, 5456 | 熊高田 | 4919 |
| 雄达 | 11524 | 熊庚息 | 1991 |
| 雄大绂 | 12985 | 熊谷小次郎 | 629 |
| 雄师台湾美术年鉴编辑委员会 | 235 | 熊谷智美 | 7005, 7009 |
| 雄狮美术 | 365, 1065, 2863, 8130 | 熊广琴 | 2550 |
| 雄狮美术编辑部 | 1866, 8887 | 熊桂荣 | 6199 |
| 雄狮台湾美术年鉴编辑委员会 | 234, 235 | 熊国新 | 11162 |
| 雄狮西洋美术辞典编委会 | 165, 174 | 熊和生 | 7478, 8597 |
| 雄伟 | 8826, 9480, 9900 | 熊红刚 | 10358 |
| 雄文 | 10755 | 熊惠明 | 10680, 10681 |
| 熊北川 | 7522 | 熊寄语 | 11170 |
| 熊斌贤 | 12934, 12937 | 熊冀华 | 11272 |
| 熊秉明 | 7266, 7267, 8604 | 熊家铭 | 12080 |
| 熊伯齐 | 8361, 8362, 8544, 8565, 8569, 8574 | 熊家庆 | 3797 |
| 熊长青 | 5765 | 熊建平 | 8568 |
| 熊长清 | 3902 | 熊键琴 | 6878 |
| 熊承敏 | 12240 | 熊经 | 8480 |
| 熊崇荣 | 10676 | 熊井启 | 5422, 13162 |
| 熊川 | 5250 | 熊侃 | 6365, 6369 |
| 熊传政 | 3277 | 熊克炎 | 11042, 11043, 11063, 11787 |
| 熊存良 | 11529 | 熊孔成 | 2044, 5371, 5571, 5762, 5781, 5857, 6013, |
| 熊大成 | 8725, 8741, 8746 | | 6024, 6070, 6121, 6236 |
| 熊大绂 | 12984, 12985 | 熊力 | 8991 |
| 熊大木 | 6547 | 熊力兵 | 5748 |
| 熊丹戈 | 11753 | 熊立生 | 3830 |
| 熊道儿 | 11245, 11257, 12514, 12531, 12537 | 熊寥 | 413, 415, 419, 425, 434, 8655, 10181, 10202, |
| 熊得山 | 170 | | 10656 |
| 熊德妢 | 6350, 6356 | 熊烈 | 4916, 4963 |
| 熊东海 | 4370, 4488 | 熊玲 | 5852 |

| 熊明曦 | 4941, 4959, 4980, 5018, 5059 |
| 熊纳 | 1190, 1196, 5100, 7075 |

熊南清 5512, 5652, 5929, 5953, 5997, 6219, 6249,
　　6250, 6327, 6648

| 熊朋来 | 12290, 12291 |
| 熊鹏虎 | 3218 |
| 熊平 | 5581 |
| 熊千举 | 11042 |
| 熊钦平 | 4410 |
| 熊青 | 3816 |
| 熊庆年 | 7493 |
| 熊任望 | 8311 |
| 熊荣华 | 6219, 6240 |
| 熊融礼 | 12159 |
| 熊瑞锦 | 7440 |
| 熊三仔 | 6055, 6469 |
| 熊山子 | 5788 |
| 熊少臣 | 8990 |

熊少军 7437, 7450, 7476, 7483, 7491, 7492, 7503,
　　7510, 7541, 7570

| 熊绍庚 | 7291, 7308 |
| 熊师铿 | 8946 |
| 熊世杰 | 6098 |
| 熊术新 | 13298 |
| 熊思红 | 4076, 4083, 4172 |
| 熊思襄 | 8057 |
| 熊思音 | 12353 |
| 熊松泉 | 8614 |
| 熊田勇 | 611 |
| 熊微 | 434 |
| 熊伟 | 12609 |
| 熊文彬 | 457 |
| 熊文琴 | 1190 |
| 熊文通 | 12857 |
| 熊习乾 | 7382 |

| 熊小雄 | 6235 |
| 熊新野 | 3139 |
| 熊兴农 | 7475, 7535, 7549, 7617, 7622, 7623 |
| 熊熊 | 12985, 12986 |
| 熊艳君 | 721, 1260, 6464 |
| 熊燕辉 | 5555, 5599, 5837, 6153 |
| 熊宜中 | 336, 1589, 2295, 2581 |
| 熊艺郎 | 6359, 6391 |
| 熊邕 | 6182 |
| 熊永 | 11530 |
| 熊永年 | 7434, 7464, 7486, 8234 |
| 熊有容 | 12076 |
| 熊宇安 | 2338 |
| 熊雨苍 | 11827 |
| 熊玉心 | 10220 |
| 熊元生 | 9135 |
| 熊源伟 | 12804 |
| 熊泽量 | 6200, 6219 |
| 熊偉 | 12590 |
| 熊兆瑞 | 1814, 1825, 3804, 3892 |
| 熊兆志 | 9846 |
| 熊照志 | 3321 |
| 熊正寅 | 8687 |
| 熊志成 | 11678 |
| 熊治国 | 5414, 5829 |
| 熊卓然 | 9338 |
| 熊作华 | 11295, 12100 |
| 休·霍勒 | 198 |
| 休·莱德曼原 | 602 |
| 休·洛夫廷 | 5955 |
| 休·洛汀 | 6127 |
| 休·麦克唐纳 | 10884 |
| 休伊 | 370 |
| 修德 | 1307, 8283 |
| 修海林 | 10849, 10968, 10975, 10978, 10987 |

修金堂　　　　　　　　10848, 10872

修军　　　　2996, 2999, 3002, 3042, 8644

修君　　　　　　　　　　　10972

修拉　　　　　　　511, 1162, 6867

修林　　　　　　　　　　　5099

修明　　　3779, 4468, 5023, 5037, 5063, 5069, 5412,
　　　　5776

修士良　　　　　　　　　　7807

修世榕　　　　　　　　　　5944

修侗　　　　　　　　　　13067

修真　　　　　　　　　　　6041

秀公　　　2407, 3997, 5315, 5318, 5319, 5327, 5365,
　　　　5374, 5378, 5457, 5550, 5645, 5704, 5745,
　　　　5782, 5818, 5837, 5863, 5921, 5974, 6050,
　　　　6065, 6120, 6139, 6151, 6226, 6244, 6547

秀功　　　5776, 5793, 5794, 5811, 5815, 5832, 5837,
　　　　5853, 5857

秀杭　　　　　　　　　　11740

秀娟　　　　　　　　　　　5838

秀坤　　　　　　　　　　　5259

秀林　　　　　　　　　　　5929

秀青　　　　　　　　　　　6531

秀清　　　　　　　　　　　8753

秀石　　　　　　　　　　　4496

秀时　　　1325, 2395, 4415, 4544, 4650, 4723, 4760,
　　　　4764, 4790, 5822

秀时文　　　　　　　　　　4434

秀实　　　　　　　　　　　2359

秀田　　　　　　　　　　11959

秀文　　　　　　　　　2129, 9754

秀雯　　　　　　　　　　　4778

秀鑫焕　　　　　　　　　　5310

秀艳　　　　　　9478, 9905, 9906

秀月撰　　　　　　　　　　6023

秀云　　　　　　　　　　　6049

秀忠　　　　　　　　　　　2134

秀洲　　　　　9510, 9777, 10097

秀子　　　　　　　　　　　6334

岫峰　　　　　　　　　　　9554

岫石　　1922, 2355, 2359, 2389, 2393, 2395, 3377,
　　　　4139, 4211, 4255, 4549, 4650, 4791, 4793,
　　　　4800, 4844, 5540, 5895, 5896, 6117, 6403,
　　　　9905, 10120

岫石文　　　　　　　　　　4298

岫雯　　　　　　　　　　　6129

岫岩满族自治县民族事务委员会　　11810

岫岩满族自治县文化馆　　　11810

岫岩县宣传画学习班　　3251, 3252, 3257, 3267,
　　　　3268

岫云　　　　　　　　　　　3500

须戒己　　　　　　　2922, 10661

须戒已　　　　　　　　　10237

须生　　　　　　　　　　　4924

须田孙七　　　　　　　　　7008

胥东升　　　　　　　　　11150

胥复常　　　　　　　　　　5712

胥海江　　　　　　　　　10401

胥怀勇　　　　　　　　　13165

胥建国　　　　　　　　　　8622

胥山　　　　　　　　　4965, 4967

胥叔平　　　　　　　　　　3449

胥树人　　　　11392, 11938, 11940

胥亚　　　　　　　　　　　5330

胥揖修　　　　　　　　　　6209

胥智芬　　　　　　　　　　8579

虚古　　　　　　　　　　　6814

虚谷　　　976, 1442, 1597, 1655, 1661, 1665, 1666,
　　　　1668, 1672, 1673, 1674, 1680, 1686, 1687,
　　　　1690, 1692, 2612, 6816

虚静　　　　　　　　　　　7478

| | |
|---|---|
| 虚实 | 6535 |
| 虚斋 | 779 |
| 徐阿丽 | 10605 |
| 徐霭 | 5539 |
| 徐爱莉 | 5329 |
| 徐安牛 | 4829 |
| 徐安琪 | 5277 |
| 徐百益 | 10374, 10397 |
| 徐柏涛 | 8364 |
| 徐邦 | 8975, 9083, 9335, 9826, 9827 |
| 徐邦达 | 577, 580, 783, 798, 1273, 1274, 1278, 1325, 1327, 1525, 1540, 1732, 2275 |
| 徐邦洽 | 3693 |
| 徐邦跃 | 10777 |
| 徐宝成 | 11744 |
| 徐宝妹 | 6980 |
| 徐宝铭 | 5373, 5778, 6056, 6203 |
| 徐宝仁 | 10784, 11030 |
| 徐宝山 | 12612 |
| 徐宝生 | 5285 |
| 徐宝信 | 5370, 5426, 6212 |
| 徐保佳 | 3359 |
| 徐悲鸿 | 334, 520, 534, 1320, 1322, 1377, 1388, 1406, 1426, 1432, 1436, 1449, 1515, 1516, 1535, 1719, 1720, 1721, 1722, 1723, 1724, 1725, 1726, 1727, 1728, 1729, 1736, 1737, 1738, 1742, 1744, 1748, 1749, 1751, 1753, 1756, 1774, 1776, 1780, 1783, 1784, 1785, 1789, 1791, 1793, 1798, 1812, 1857, 1858, 1875, 1876, 1889, 1892, 1904, 1906, 1907, 1909, 1923, 1925, 1945, 1947, 1952, 1954, 1956, 1972, 1981, 1991, 1993, 1997, 2018, 2043, 2046, 2048, 2054, 2178, 2195, 2296, 2557, 2558, 2559, 2561, 2569, 2579, 2602, 2610, 2623, 2633, 2663, 2683, 2684, 2692, 2700, 2721, 2729, 2786, 2799, 2850, 2853, 2856, 2867, 2881, 2914, 4575, 4623, 4653, 8181, 8311, 10457, 10594 |
| 徐悲鸿纪念馆 | 1377, 2260 |
| 徐悲鸿先生遗作展览会筹备会 | 2850 |
| 徐北村 | 10597 |
| 徐北汀 | 904 |
| 徐奔 | 808 |
| 徐贲 | 1569, 1572 |
| 徐本夫 | 5728, 6178, 6323 |
| 徐本健 | 10374 |
| 徐本一 | 7322 |
| 徐犾 | 1938 |
| 徐碧波 | 13288, 13289 |
| 徐碧玉 | 10600 |
| 徐飙 | 122, 7564 |
| 徐飚 | 10194 |
| 徐邴 | 10569 |
| 徐彬 | 2679, 2846, 8660, 8812, 8815, 9809, 9817, 10025, 10058, 13240 |
| 徐斌 | 5286, 5308, 5569, 5594, 5669, 5678, 5802, 6086, 8821, 8822, 8829, 9007, 9009, 9010, 9068, 9093, 9345, 9346, 9353, 9360, 9362, 9367, 9368, 9369, 9395, 9397, 9399, 9410, 9531, 9532, 9535, 9537, 9544, 9547, 9566, 9568, 9576, 9577, 9583, 9584, 9586, 9587, 9592, 9615, 9640, 9642, 9662, 9666, 9690, 9820, 9844, 9949, 9952, 9955, 9962, 10019, 10024, 10025 |
| 徐冰 | 3041, 11501 |
| 徐冰若 | 8742 |
| 徐冰言 | 10586 |
| 徐兵 | 10182 |
| 徐秉琨 | 1681 |
| 徐炳鲁 | 1217 |

徐炳兴　8697, 8698, 10308, 10310, 10743

徐波　5548

徐伯璞　12753

徐伯清　7267, 8180, 8271

徐伯阳　520, 534

徐步桓　2626

徐粲章　8535

徐昌霖　4878, 13074

徐昌明　3228, 3244, 3248, 3314

徐昌酩　317, 2335, 2584, 3448, 10286, 10471, 10485, 10512

徐昌义　430

徐长鸿　7741

徐长荣　8311

徐长山　5991

徐常波　5832

徐常遇　11321, 11328, 12300, 12302

徐畅　7731, 8554

徐超　7087

徐朝弼　7689, 7691, 7692, 7693

徐朝夫　5501

徐朝俊　7207

徐朝龙　1997, 2131, 2447, 2505, 4231, 4256, 4460, 4461, 4498, 4704, 11187

徐朝信　13061

徐彻　7160

徐琛　593, 598

徐成刚　12219, 12517, 12518

徐成智　1938, 2099, 2579, 3812, 3963, 4031, 4129, 4166, 4195, 4201, 4210, 4275, 4290, 4330, 4343, 4349, 4381, 4383, 4400, 4492, 4643, 4727

徐诚　1190, 8305

徐诚意　7318

徐承先　4510

徐城北　12794, 12854, 12855, 12881, 12882, 12883, 12888, 12890, 12892, 12893, 12894, 12896

徐澄　572

徐澄　8378

徐澄宇　12952

徐迟　5387, 11950

徐耻痕　13168

徐炽　4597, 4634, 7362, 7822, 7827, 8229

徐翀　5064

徐崇嘉　8298

徐崇业　13072, 13073

徐楚德　8241, 8258, 8283

徐川　6378

徐传鑫　5342, 5385, 5427, 5453, 5518, 5545

徐春　5955, 9951, 9964, 9966

徐春荣　9049, 9334, 9990

徐春香　6520

徐春兴　7299, 7391, 8395

徐春耘　5243

徐纯中　3220, 5240, 5467

徐存英　5264

徐达　2891, 5233, 8913

徐大椿　8023, 10944, 10945, 11137, 12757

徐大刚　8907, 8920

徐大康　6182

徐大为　1398

徐代德　172, 174

徐岱　038

徐道生　5206

徐道贞　7219

徐德贵　11831

徐德隆　1278, 2610, 2629, 3987, 3995

徐德民　1841, 2935

徐德仁　13202

徐德荣 4039, 6046

徐德润 1760, 3593, 3746

徐德森 292, 994, 1760, 2628, 2639, 3673, 4588, 4941, 10407

徐德霞 6592, 6593, 6742

徐德元 2066, 2068, 2093, 2110, 2113, 2117, 2121, 2125, 2129, 2130, 2132, 2134, 2138, 2146, 2151, 2159, 2168, 2380, 2390, 2398, 2577, 3203, 3245, 3808, 3862, 3951, 3976, 4713, 4731, 4734, 4764, 4765, 4783, 4791, 4795, 4797, 4798, 4804, 4811, 4821, 4823, 4835, 4836, 4844, 4856, 4857, 5285, 5760, 6109

徐德源 2087, 2126

徐德志 3428, 3431, 3461, 3465, 3476, 3508, 6430

徐登举 3678

徐登志 11799

徐点点 6407

徐殿法 2814

徐殿奎 8792

徐调孚 5408, 5489

徐调元 4665

徐鼎 8385

徐定中 9083, 11108

徐东 11133

徐东白 2729

徐东来 3876, 4047

徐东林 5297, 5992, 6045, 6058, 6226

徐东蔚 11486, 11507

徐冬冬 2015, 2291, 5691, 5708

徐冬林 5212, 5585, 5638, 5790

徐端文 10009, 10098, 10099, 10171

徐敦德 8544, 8551, 8553, 8554

徐敦广 11064, 12391

徐多沁 12473, 12474, 12478

徐娥 3567

徐鄂 3039

徐恩存 533, 826, 6833

徐恩志 5717, 5790, 5851, 5889, 6158

徐尔充 12574, 12585, 12647, 12665

徐帆 5792

徐凡 2351, 3247, 3301, 3331, 4259, 4432, 4485, 4560, 5657

徐方 1145, 2898

徐枋 1633

徐飞 5408, 5426, 5480, 5485, 5530, 5535, 6090, 6097, 6115, 6147, 6160, 6558, 6559

徐飞鸿 3568, 4088, 4149, 4153, 4176, 4186, 4283, 4302, 4317, 4410, 4468, 4495, 4559, 4637, 4730, 10666, 10675

徐非 10246

徐菲 182

徐棻 5843, 12942

徐奋 6517, 6645, 6646, 6649, 6656, 6662

徐风 6779

徐风雨 9733

徐枫 8733, 8741, 8758, 8778, 8779, 8800, 10227

徐峰 2552, 2554, 5534, 6806

徐锋 6462, 10366

徐逢仙 8830

徐凤明 1773, 3070

徐凤桐 2905

徐凤嘹 7630, 7634, 10243, 10413

徐扶明 12978

徐桴 12244

徐福德 5507, 5955, 6297

徐福根 1933, 1936, 2091, 2104, 2158, 2165, 2373, 2500, 3355, 3380, 3775, 3830, 3878, 4001, 4057, 4098, 4110, 4114, 4115, 4139,

4168, 4194, 4200, 4202, 4226, 4233, 4256,
4264, 4265, 4284, 4301, 4317, 4320, 4335,
4339, 4342, 4373, 4374, 4392, 4414, 4415,
4431, 4446, 4451, 4465, 4471, 4501, 4512,
4514, 4534, 4584, 4598, 4665, 4668, 4692,
4697, 4703, 4713, 4728, 4734, 4741, 4781,
4787, 4810, 4815, 4820, 4847

徐福厚 619

徐福华 5397, 5868

徐福生 2327

徐甫堡 2869, 3002, 3004, 4924, 5000, 5012, 5042

徐辅之 5044, 5140

徐滏 5726, 5778, 5798, 6018

徐复观 215, 249

徐复泉 9101

徐傅霖 13274

徐改 167, 587, 720, 5852

徐淦 1999, 3448, 3449, 3482, 4887, 5497, 5521,
5559, 5563, 5571, 5601, 5616, 5620, 5651,
5661, 5662, 5663, 5670, 5680, 5700, 5710,
5730, 5733, 5734, 5735, 5742, 5768, 5773,
5794, 5808, 5809, 5810, 5812, 5813, 5815,
5819, 5822, 5825, 5842, 5857, 5886, 5911,
5927, 5953, 6007, 6042, 6054, 6075, 6093,
6099, 6127, 6152, 6611

徐淦泽 6091

徐刚 552, 3999, 5624, 5773, 5918, 6075, 6137

徐高春 10743

徐根福 4543

徐根荣 1981

徐庚生 5872, 5877, 6054, 6294

徐公度 105, 5422

徐公美 12700, 12806, 12807, 12837, 12905,
13023, 13172, 13184, 13214, 13273, 13304

徐公正 2684

徐谷安 3876, 5562, 5584, 5591, 5744, 5846, 5909,
5926, 5927, 5943, 6001, 6065, 6242, 6367

徐谷甫 8545

徐谷明 13305

徐官 8439, 8442, 8443

徐官珠 12148, 12639

徐光 5054

徐光春 8723, 8726, 8738, 8772, 8773

徐光汉 11177

徐光华 7334, 7349

徐光启 8028, 8053, 8059

徐光荣 530, 2353, 6117, 11524

徐光荣配 5418

徐光耀 5507, 5844

徐光玉 4885, 4890, 5490, 5865, 6588

徐光跃 5507

徐广 12981

徐广顺 13049

徐贵礼 5248

徐国弼 11221, 13007

徐国常 7074

徐国华 3867, 12119

徐国晖 7478

徐国辉 7586

徐国良 2419, 3591

徐国屏 11173

徐国武 5877

徐国兴 8685, 8687, 8696, 8705, 8724, 8768, 8772,
8784, 10139

徐国祯 3829

徐国志 923

徐海 8590, 11624

徐海潮 6226

徐海道 8423

徐海东 5341

徐海琳 5531, 5846

徐海玲 1368

徐海鸥 5806, 5861, 6008, 6010, 6042, 6492, 6542, 6560

徐寒 7404, 8210

徐寒梅 7075

徐汉炎 8321, 8338

徐行 3083, 8893

徐行效 11124

徐杭生 5556

徐昊 2078, 2087, 2128, 2580, 2802, 2810, 4696, 4720, 4722

徐浩 7871, 7887, 7889, 7925

徐浩然 8210

徐灏 11015

徐和德 8780

徐和明 7390

徐恒进 5510, 6157

徐恒俊 11493

徐恒瑜 3847, 3954, 5241, 5261, 5439, 5440, 5441, 5567, 5617, 5685, 5737, 5808, 5814, 6075, 6087, 6099, 6300, 6310, 6340, 6367, 6398, 6432

徐红 2134

徐红蕾 6437

徐宏 13077, 13282

徐宏兵 5378

徐宏达 5419, 5781

徐宏魁 12126

徐宏力 13079

徐宏明 2095

徐宏图 12724, 12787, 12794, 12950, 12953, 12957

徐虹 046, 10873, 13060

徐竑 4987

徐洪斌 3387

徐洪铎 8990

徐洪锋 3098

徐鸿延 2481

徐祺 11324, 11325, 11326, 12294, 12296, 12300, 12302

徐厚昆 5843

徐厚雄 11215

徐湖平 419, 423, 1590, 10659

徐华 6671, 6672, 6676

徐华铛 217, 460, 999, 10281, 10288, 10676, 10697, 12830

徐华华 975, 981, 6280, 6390, 6512

徐华阶 5370

徐华翎 2963

徐华令 496, 5228

徐华英 11203

徐怀谦 812, 818

徐怀中 5849, 5968

徐缓 6066

徐焕荣 8562

徐挥 085

徐晖 6081, 10604

徐辉才 11768

徐卉波 10773

徐汇区服务公司工人业余写作组 5163

徐惠玲 4354, 4356, 4394, 4417

徐惠泉 2403

徐慧林 11241

徐慧玲 2073, 3804, 3848, 3905, 3917, 4050, 4068, 4088, 4096, 4100, 4121, 4162, 4175, 4215

徐基德 8513

徐吉 2125

徐汲平 13256

徐技新 7463

| | | | |
|---|---|---|---|
| 徐季同 | 6355 | 徐嘉炀 | 2019 |
| 徐继光 | 10747 | 徐甲英 | 610, 1337, 5037, 5497, 5609, 5904 |
| 徐继畬 | 8058 | 徐坚 | 773, 2714, 2726, 2727, 2729, 2937, 2950, |
| 徐继涛 | 5494, 5524 | | 3120, 8451, 8499 |
| 徐继武 | 8915, 8963 | 徐坚白 | 2799, 2810, 3977 |
| 徐继先 | 1818 | 徐建成 | 11722 |
| 徐继新 | 11643 | 徐建德 | 2285 |
| 徐继曾 | 12701 | 徐建光 | 5996, 7091, 8816 |
| 徐寄平 | 4130, 4150, 4206, 4412 | 徐建国 | 10720 |
| 徐寄萍 | 1794, 1801, 3092, 3132, 3216, | 徐建民 | 11250 |
| | 3344, 3548, 3549, 3566, 3614, 3653, | 徐建明 | 718, 915, 923, 963, 2186, 4576 |
| | 3660, 3668, 3682, 3703, 3706, 3720, | 徐建平 | 6396 |
| | 3728, 3756, 3770, 3990, 4031, 4071, | 徐建融 | 046, 057, 260, 535, 598, 697, 704, 804, |
| | 4110, 4194, 4236, 4249, 4321, 4340, 4425, | | 813, 1688, 7405 |
| | 4502, 4585 | 徐建生 | 8765, 13071, 13191, 13283 |
| 徐加 | 6149, 6244, 6246, 6257 | 徐建时 | 5225 |
| 徐加昌 | 5120, 5125, 5165, 5613, 8673 | 徐建伟 | 10717 |
| 徐家察 | 12036 | 徐建新 | 2920 |
| 徐家昌 | 704, 964, 973, 976, 981, 2538, 2540, 2623, | 徐建兴 | 9242 |
| | 3246, 3257, 3313 | 徐建耀 | 5301 |
| 徐家德 | 5696 | 徐建中 | 5468, 5594, 5633, 9292 |
| 徐家骓 | 11750 | 徐剑飞 | 6066 |
| 徐家康 | 5785 | 徐剑频 | 12445 |
| 徐家宽 | 5383 | 徐健 | 6573 |
| 徐家林 | 3064 | 徐键 | 13278 |
| 徐家胜 | 5278 | 徐江保 | 8776 |
| 徐家树 | 8819 | 徐阶 | 7745 |
| 徐家仪 | 5752, 5988 | 徐洁 | 9280 |
| 徐家因 | 9031 | 徐洁民 | 9999 |
| 徐家铮 | 7479 | 徐介城 | 5107, 5132 |
| 徐嘉 | 8042, 10720 | 徐巾定 | 9108 |
| 徐嘉琳 | 4101 | 徐金堤 | 590, 919, 1314 |
| 徐嘉霖 | 725, 7683 | 徐金康 | 12501 |
| 徐嘉瑞 | 12754 | 徐金良 | 3260 |
| 徐嘉文 | 8711, 9329 | 徐金平 | 8401, 8404 |

徐金荣　　　　　　　　　　　　　3090

徐金元 5537, 5547, 5554, 5581, 5632, 5685, 5686,
　　　5700, 5761, 5947

徐锦华　　　　7261, 7636, 7640, 7648, 8595

徐谨　　　　　　　　　　　　　　7044

徐瑾　　　　　　　11174, 11176, 12554

徐进　1973, 2923, 3409, 3440, 3470, 4886, 4891,
　　　4937, 4938, 4971, 4974, 5025, 5057, 5058,
　　　5069, 5073, 5084, 5102, 5109, 5116, 5125,
　　　5346, 5359, 5388, 5450, 5665, 5719, 5773,
　　　5816, 5823, 5933, 6122, 6176, 6408, 9219,
　　　11829

徐进信　　　　　　　　　　5392, 5903

徐晋　　　　　　　　　　　　　　8119

徐晋林　　　　　　　　　1151, 10310

徐晋燕　　　　　　　　　8990, 9460

徐景　4954, 4981, 4988, 5057, 5297, 5308, 5409,
　　　5459, 5485, 5515, 5750, 5928, 6094

徐景灿　　　　　　　　　　　　　1227

徐景达　　　　　　　　　　　　　3248

徐景田　　　　6657, 7044, 7091, 7092

徐景文　　　　　　　　1812, 11495

徐景贤　　　　　　　5116, 5277, 5589

徐景祥　　　　　　　　　3441, 10364

徐景新　　　　　　　　　　　　12335

徐景芝　　　　　　　　　　　　　6051

徐景宗　　　　　　　　　　　　　8680

徐警凡　　　　　　　　　　　　　1770

徐竞辞　　　　　　　　　　　　　4929

徐竞存　　　　　　　　　　　　12819

徐竞成　　　　　　　　　　　　11130

徐静　　　　　　　　　　2222, 8877

徐静柏　　　　　　　　　1492, 8967

徐静波　　　　　　　　　8383, 8389

徐静冬　　　　　　　　　　　　10617

徐静芬　　　6218, 6232, 10358, 10360, 10731

徐静茹　　　　　　　　　　　　　3922

徐静文　　　　　　　　　　　　10718

徐静修　　　　　　　　　　　　　263

徐久隆　　　　　　　　　　　　　3954

徐涓　　　　　　　　　　　6686, 6695

徐觉伟　　　　　　　　　　　　　115

徐军　　　　　　　　　　　　　　316

徐君　　　　　　　　　　　　　　6546

徐君藩　　　　　　　　　　　　　262

徐君惠　　　　　　　　　　　　　5862

徐君陶　　　　　　　　884, 1829, 5645

徐君熙　　　　　2213, 4276, 4304, 4583

徐君萱　　476, 479, 1105, 1106, 1309, 2789

徐俊　　　　7166, 7623, 11957, 12170

徐俊杰　　　　　　　　　　　　　7611

徐俊青　　　　　　　　　　　　　2118

徐俊卿 2118, 2669, 2674, 2803, 2950, 3363, 4617,
　　　4668, 4778, 9125, 9745, 9771, 9778, 9781,
　　　9876, 10124, 10125, 10638, 10639

徐俊清　　　　　　　　　　　　　9471

徐俊乡　　　　　　　　　　　　　9759

徐开　　　　　　　　　　　　　12589

徐开云　　　　　6269, 6405, 6414, 6638

徐康　　　　　1060, 5529, 5804, 7693

徐抗生　　　　　5117, 5556, 5704, 5958

徐坷　　　　　　　　　　　　　　5440

徐科松　　　　　　　　　　　　　8311

徐可　　　　　　　　　　　　　　7075

徐克弘　　　　　　　　　　　　10269

徐克强　　　　　　　　　　　　　5951

徐克伟　　　　　　　　　　　　　5842

徐扣根　　　　　　　8194, 8232, 10269

徐匡　1384, 3001, 3004, 3011, 3013, 3023, 3028,
　　　3039, 3548, 3915, 3934

| | | | |
|---|---|---|---|
| 徐逵照 | 8496 | 徐丽延 | 6354 |
| 徐魁善 | 7439, 7599 | 徐丽艳 | 12118 |
| 徐坤 | 11941 | 徐利明 7165, 7167, 7286, 7309, 7351, 7728, 7732, 8324, 8477 | |
| 徐坤志 | 1126 | 徐廉夫 | 8427 |
| 徐昆源 | 5306 | 徐廉明 | 6048, 6126 |
| 徐来 6474, 6475, 6642, 6649, 6656, 6657, 6658, 6659, 11367 | | 徐炼 | 10704 |
| 徐兰园 | 11031 | 徐良 | 12630 |
| 徐兰沅 | 12865, 12868 | 徐良夫 | 7284 |
| 徐澜波 | 10385 | 徐良士 | 6263, 6497 |
| 徐朗 11120, 11121, 11126, 11127, 11985, 12431 | | 徐良雄 | 8327 |
| 徐朗西 | 007 | 徐亮 | 075 |
| 徐老头 | 6688 | 徐烈军 | 6542 |
| 徐乐 | 11171 | 徐林 | 3409 |
| 徐乐乐 | 1278, 2398, 5497, 5730, 5944 | 徐林晞 | 10312, 10359 |
| 徐累 | 203, 6801 | 徐林义 | 3932 |
| 徐雷 | 13282, 13284 | 徐麟如 | 5492, 5589, 5810, 6018 |
| 徐磊 | 984, 1006 | 徐灵 | 1408 |
| 徐蕾 | 2121, 2151, 4765, 4821 | 徐玲 | 6331 |
| 徐楞 | 3000, 3002 | 徐凌 | 2018, 2078, 4518, 4707 |
| 徐礼娴 5307, 5530, 5532, 5600, 5751, 5825, 5958 | | 徐凌编 | 2375 |
| 徐里 | 2819 | 徐凌霄 | 12861 |
| 徐理 | 11317 | 徐凌云 | 12898, 12899 |
| 徐力 | 5987, 8912 | 徐凌志 | 1260 |
| 徐力群 | 8984 | 徐令信 | 8493 |
| 徐力苏 | 3133 | 徐流 | 1549 |
| 徐立 | 11230, 11247 | 徐龙 | 2338 |
| 徐立功 | 4943, 10268, 13070 | 徐胪先 | 12295, 12305 |
| 徐立行 | 13305 | 徐陆林 | 5779 |
| 徐立慧 | 10310 | 徐璐 | 8260 |
| 徐立群 | 8757, 8907, 10756, 13269, 13270 | 徐芒耀 1136, 2898, 2919, 2920, 5280, 5304, 5528, 5953, 6099, 6825 | |
| 徐立孙 | 11333 | | |
| 徐立新 | 10275 | 徐芒烨 | 6099 |
| 徐丽慧 10315, 10316, 10322, 10331, 10339, 10568 | | 徐楙 | 8527 |
| 徐丽纱 | 10834 | 徐茂林 | 5741, 6281, 6331 |

徐玫怡　3504

徐梅　3509, 3517, 7565, 7585

徐湄君　3689

徐美公　12700

徐嫩　9470, 9472

徐萌　5217

徐孟东　10873

徐梦嘉　8465, 8563

徐梦梅　5289

徐勉　7792

徐民奇　10846, 11755

徐敏　2434, 6228, 6322, 6323, 6334, 6373, 8793, 10303, 11495

徐明　1190, 5058, 6364

徐明灿　5227, 5364, 5663

徐明昌　5819

徐明达　7468

徐明德　2812, 5968

徐明福　1409, 5247, 5261

徐明华　2792, 2793

徐明慧　2838

徐明松　054, 6674

徐明信　4519

徐明星　13252

徐明义　1405, 1417, 2050

徐明远　11209

徐明泽　3329

徐漠　151

徐墨　9041, 9044, 10012

徐默　6311, 6312

徐慕亦　8731

徐慕云　11142, 11143, 11146, 12746, 12751, 12856, 12867

徐乃湘　319, 10212

徐南　5852

徐能海　2035, 2812, 2950, 3949, 4536, 4565, 4636, 4647

徐宁　1312, 1812, 1823, 2050

徐宁祥　12268

徐培晨　957, 998, 1006, 1279, 2585, 4444

徐沛东　12047

徐沛君　375

徐佩　12919

徐佩珺　4981

徐佩丽　7636

徐鹏飞　1235, 1237, 3478, 3496, 3528

徐丕烈　5488

徐平　072, 10386, 10848

徐屏　608, 3882, 5239

徐萍　1374, 6586, 6676

徐璞生　8143

徐琪　1608, 4966, 7832, 8028

徐琪摹　8034

徐祺　12299, 12307

徐启宪　8550

徐启雄　1762, 1855, 2372, 3322, 3624, 3708, 3896, 3995, 4038

徐千里　2472

徐奸　1761, 3640, 3659

徐谦　7241, 9030

徐勤鹏　5391

徐沁　571, 847

徐青　6542

徐青茹　11128

徐青山　4969, 5416

徐青藤　1559

徐清　4540, 12123

徐庆华　7375, 7406, 7937, 8590

徐庆平　376, 488, 1449

徐庆卿　12054

| | | | |
|---|---|---|---|
| 徐庆宜 | 5587, 5600, 7497 | 徐牲民 | 13161 |
| 徐庆元 | 7495, 8400 | 徐深 | 4991 |
| 徐秋 | 12990, 12991, 12992, 12998 | 徐慎 | 5651, 5780 |
| 徐全 | 2138 | 徐升隆 | 1804 |
| 徐全群 | 6005 | 徐生河 | 7653 |
| 徐群 | 7542 | 徐生翁 | 2313, 8290 |
| 徐让 | 10352 | 徐声琇 | 4970 |
| 徐仁美 | 11034 | 徐时琪 | 12292, 12293 |
| 徐仁修 | 8951 | 徐士瑚 | 12689 |
| 徐仁元 | 10606 | 徐士家 | 10975 |
| 徐日晖 | 5092 | 徐士恺 | 8515 |
| 徐荣 | 843, 846 | 徐士民 | 2091, 4153, 4494 |
| 徐荣灿 | 3918 | 徐士苹 | 585, 826 |
| 徐荣呆 | 5335, 5400 | 徐士钦 | 965, 966, 980, 1002, 2095, 2152, 2653, |
| 徐荣贵 | 152, 10682 | | 3942, 4047, 4062, 4127, 4742 |
| 徐荣秀 | 12938 | 徐世昌 | 1057, 1699, 8115 |
| 徐蓉蓉 | 082 | 徐世浩 | 8748 |
| 徐如升 | 5845 | 徐世杰 | 7459 |
| 徐如中 | 13134 | 徐世俊 | 2070, 2111, 4613, 4715 |
| 徐瑞础 | 11171 | 徐世良 | 4146, 4155 |
| 徐瑞林 | 8263 | 徐世廖 | 11374 |
| 徐瑞芝 | 12654 | 徐世陵 | 4676 |
| 徐润第 | 8054 | 徐世民 | 2061, 2065, 2070, 2101, 2111, 2118, 2152, |
| 徐润润 | 6437 | | 2397, 4017, 4107, 4186, 4234, 4235, 4262, |
| 徐三庚 | 7402, 8081, 8492, 8530, 8537, 8548 | | 4304, 4336, 4365, 4376, 4410, 4509, 4547, |
| 徐森 | 6461 | | 4561, 4564, 4599, 4600, 4613, 4631, 4665, |
| 徐善 | 718, 916, 918, 921, 922 | | 4676, 4694, 4715, 4771, 4786, 4816, 4834, |
| 徐善来 | 5327 | | 10536 |
| 徐尚义 | 8153, 8298 | 徐世庞 | 6043 |
| 徐少伯 | 5457 | 徐世钦 | 1966, 2153, 4125, 4170, 4302, 4349, 4624 |
| 徐绍昌 | 3066 | 徐世群 | 8751 |
| 徐绍青 | 3606, 4511 | 徐世信 | 5312 |
| 徐绍清 | 11149, 12107 | 徐世英 | 7469, 12887 |
| 徐哨 | 5618, 5627, 5981, 6001 | 徐适崎 | 4882 |
| 徐姞 | 1874, 4128 | 徐守华 | 1283, 3405, 4904 |

徐寿基　384

徐寿嶂　8266

徐书　4702, 4716, 8820, 8944, 9089, 9357, 9659, 9821, 9856

徐书城　067, 071, 494, 495, 583, 693

徐书典　8145

徐书林　6565

徐叔华　12123

徐菽园　13173

徐淑华　4220

徐淑燕　10700

徐淑真　10806

徐树基　9733

徐庶之　1773, 1924

徐顺虎　2290

徐硕和　6105

徐思　3094, 3098, 4246, 4258, 4305, 4311, 4426, 4427, 4487, 4496, 4506, 4528, 4544, 4659, 4684, 5053, 5445

徐思敬　5032

徐思民　10283

徐思一　4088

徐松安　3567

徐松龄　1408

徐苏灵　13229, 13238

徐狲　4978

徐涛　7489, 7500, 10369, 10370, 10371, 13084, 13132

徐韬　13234, 13240, 13244

徐韬滔　369

徐天福　114, 459, 7389, 10659

徐天敏　1308, 2436, 2725, 3124, 3748

徐天瑞　10618

徐天思　11258

徐天苏　3348, 3349, 3351, 3353, 3354, 3373

徐天佑　5578

徐铁林　6213

徐铁民　7332

徐通潮　3205, 5134, 5169, 5954, 6053, 6246

徐涂　5623

徐婉林　6669

徐万荣　1960, 3898, 4128, 4487

徐万容　4501

徐万蓉　1932, 1934, 4064, 4243, 4347, 4400

徐微　5594

徐薇　11985

徐巍　2186

徐唯辛　2806, 2828, 6824

徐维　10312, 10359

徐维新　6325

徐伟　4399, 6303, 6304, 7338, 7345, 7402, 8788

徐伟德　2836

徐伟杰　5936

徐伟敏　5454

徐伟儒　1195

徐伟雄　136

徐炜　6457, 6471, 6708, 6710

徐卫华　3860

徐渭　804, 1443, 1560, 1564, 1572, 1575, 1577, 1584, 1585, 1587, 1588, 2612, 7198, 7199, 8061, 8067, 8081, 8092, 8106, 12734

徐蔚南　004, 005, 10229, 10346, 10662

徐文　10289, 10298

徐文保　6807

徐文彬　1479, 8242

徐文初　5488

徐文达　7451, 8070, 8166

徐文华　3234, 3326, 3332, 3334, 3338, 3345, 3365, 3366, 3370, 12107, 12132

徐文君　7421, 8270, 8427

| | |
|---|---|
| 徐文莲 | 5334 |
| 徐文鹏 | 2667 |
| 徐文琴 | 115 |
| 徐文清 | 470 |
| 徐文山 | 1944, 1970, 2021, 2134, 2367, 4222, 4579, 4740 |
| 徐文星 | 5188 |
| 徐文雁 | 6237 |
| 徐文耀 | 11893, 13241 |
| 徐文珍 | 1168 |
| 徐文正 | 5383 |
| 徐雯 | 10202, 10363, 10618, 10736 |
| 徐无闻 | 7165, 7339, 8170, 8299, 8365 |
| 徐斌 | 9680 |
| 徐希 | 1417, 1883, 1909, 1981, 2424, 2477, 3244, 3270, 3283, 3306, 3959, 5241, 5301, 6601, 9869, 9874, 9973 |
| 徐希茅 | 11101 |
| 徐希平 | 6553 |
| 徐希一 | 11993 |
| 徐锡林 | 5406, 5529, 5530, 5572, 5573, 5597, 5673, 5772, 5777, 5786, 5801, 5896, 5975, 5983, 6088, 6212, 6213, 6225, 6229, 6234, 6238, 6346, 6352, 6372, 6374, 6400, 6495, 6538 |
| 徐锡麟 | 6368 |
| 徐锡翔 | 12698 |
| 徐锡宜 | 12229 |
| 徐熙 | 1523, 1527 |
| 徐玺宝 | 11261 |
| 徐霞村 | 003, 13010 |
| 徐霞时 | 9085, 9103 |
| 徐夏昌 | 7361 |
| 徐先良 | 10722 |
| 徐先堂 | 3942, 10295 |
| 徐纤 | 3552 |
| 徐嬱 | 1753, 3700 |
| 徐湘霖 | 458 |
| 徐翔 | 12831 |
| 徐向 | 9374 |
| 徐肖冰 | 8893, 8896, 9732, 9772, 13232, 13246 |
| 徐肖水 | 13235 |
| 徐小贵 | 6377, 6378 |
| 徐小虎 | 372, 10147 |
| 徐小昆 | 5244, 5587, 5730, 5815, 5919, 5997 |
| 徐小龙 | 4242, 5419, 5999, 6023, 6383 |
| 徐小蛮 | 1215, 12578 |
| 徐小涛 | 11034, 11068 |
| 徐小懿 | 11131, 11134 |
| 徐晓 | 4701, 4735, 4757, 4760, 4762, 6081, 8833, 8834, 8839, 8840, 8841, 8842, 8843, 8847, 9021, 9238, 9247, 10633 |
| 徐晓东 | 3491 |
| 徐晓飞 | 8787 |
| 徐晓金 | 1337 |
| 徐晓驹 | 10717 |
| 徐晓林 | 11104 |
| 徐晓明 | 11499 |
| 徐晓平 | 5254, 5262, 5457, 5509, 5541, 5739, 5913, 5925, 6001 |
| 徐晓钟 | 12805 |
| 徐筱蓉 | 3883 |
| 徐筱汀 | 4895, 12746, 12905, 12917 |
| 徐孝坤 | 4915 |
| 徐孝廉 | 3229 |
| 徐孝穆 | 8656 |
| 徐啸 | 6063 |
| 徐昕 | 2842, 9385, 9622, 9834, 9845 |
| 徐欣 | 141, 10334 |
| 徐欣民 | 558, 1796, 3739, 3742 |
| 徐新 | 5551, 6903 |

| | | | |
|---|---|---|---|
| 徐新军 | 3892 | 徐雅雅 | 5883 |
| 徐新闻 | 10842, 11681, 11968, 12027 | 徐亚平 | 12991 |
| 徐新奇 | 2574, 2579, 2581, 2582, 4733, 4825 | 徐迁亭 | 11187 |
| 徐新文 | 7599 | 徐延博 | 5236, 5798 |
| 徐新友 | 2628 | 徐延春 | 6479, 6480, 6491, 6492, 6499, 6508 |
| 徐兴华 | 5757, 6098, 6574, 12059, 12060 | 徐延尔 | 178 |
| 徐星舟 | 8533 | 徐延京 | 10341 |
| 徐幸捷 | 12896 | 徐延年 | 089 |
| 徐雄 | 5047, 9992 | 徐延顺 | 9544 |
| 徐修余 | 5238, 5482, 5809, 5978 | 徐妍 | 6330 |
| 徐秀芬 | 2071, 2087, 2096, 4519, 4542, 4625, 4636, 4647, 4649, 4683, 4820 | 徐炎 | 11204 |
| | | 徐炎记 | 11779 |
| 徐秀美 | 1417, 6611 | 徐彦洲 | 2803 |
| 徐秀棠 | 8664 | 徐燕孙 | 1437, 1709, 6588 |
| 徐秀英 | 4997 | 徐燕荪 | 2357 |
| 徐秀岳 | 4335 | 徐扬 | 1677, 1681, 1696 |
| 徐秀云 | 1085 | 徐养原 | 11009, 11018, 11299 |
| 徐岫 | 2130 | 徐耀庭 | 7048 |
| 徐宣东 | 5304 | 徐一苍 | 10661 |
| 徐萱 | 1165 | 徐一方 | 2908 |
| 徐铉 | 7955, 8356, 8357 | 徐一鸣 | 5402, 5419 |
| 徐学成 | 7636, 7652 | 徐一维 | 040, 10180 |
| 徐学初 | 5359, 5373, 5450, 5758, 6131, 6206, 6489, 6490, 6545 | 徐一轩 | 908, 909, 915, 2030, 2045, 4576 |
| | | 徐宜 | 8753 |
| 徐学干 | 8502, 8504 | 徐以坤 | 8503 |
| 徐学廉 | 5394, 5498, 5730, 6000, 6025, 6098, 6232 | 徐义鸣 | 10681 |
| 徐学良 | 5349, 9259 | 徐义生 | 2106, 2242, 2275 |
| 徐学萍 | 13248 | 徐艺峰 | 128 |
| 徐雪蓉 | 6991, 6997 | 徐艺麟 | 3987 |
| 徐雪松 | 10581 | 徐艺乙 | 150, 423, 10183, 10357, 10695, 10710 |
| 徐勋 | 5198 | 徐易 | 11306 |
| 徐洵蔚 | 135, 199 | 徐益明 | 9388 |
| 徐珣 | 4900, 4941, 5887, 6060, 6090 | 徐益铭 | 9595 |
| 徐迅 | 126, 4038 | 徐逸涛 | 10273 |
| 徐雅琴 | 11244 | 徐毅 | 1049 |

徐毅英　8654

徐萌　1096

徐音萍　11153

徐银汉　7331

徐银森　8464

徐银斋　4924

徐寅　8496

徐应厚　5678, 5976

徐应祥　5786

徐应源　5668

徐英德　4093

徐英怀　2447

徐英槐　819, 916, 917, 1916, 1981, 2003, 2016,
2429, 2432, 2453, 2475, 2642, 4408, 4438,
4501, 4534, 4610, 4628, 4639, 4643, 4701,
4742

徐英杰　5312, 5456, 5463, 5696, 5773, 5857

徐英培　3197, 3210, 5956, 6924

徐英修　3263

徐英耀　12087

徐瑛　5295, 6150

徐鹰　6020

徐颖　11994

徐永辉　8916, 8998

徐永生　6448, 6578

徐永万　2291, 4406

徐永锡　8241

徐永祥　3549

徐永秀　1348

徐永义　466, 636

徐咏菊　10297, 10317

徐咏平　7372

徐咏青　1162

徐勇　3455, 8900, 9115, 9127, 9254, 9302

徐勇民　1351

徐用锡　7693

徐友声　5463, 5574, 5830, 6643

徐有刚　5653, 5721, 5734, 5823, 5832, 5908, 5926,
5927, 6153

徐有武　882, 5210, 5236, 5269, 5333, 5392, 5407,
5416, 5443, 5480, 5507, 5521, 5531, 5536,
5564, 5576, 5645, 5653, 5721, 5734, 5787,
5791, 5823, 5832, 5843, 5848, 5908, 5926,
5927, 5929, 5950, 6013, 6153, 6333, 6589

徐佑生　11511

徐佑珠　8913

徐于室　12054, 12055, 12057

徐余兴　5066, 5130, 5135, 5629, 5736, 6114, 6164

徐瑜　6319

徐雨苍　12669

徐玉　2125

徐玉发　9972

徐玉兰　13092

徐玉明　5934

徐育恩　5479

徐育林　5216, 5385, 5475, 5816

徐育忠　1190

徐垧　7237

徐裕根　8908, 8977

徐元平　8857

徐元清　953, 1884, 1968, 2494, 3991

徐元田　7263

徐源　5479, 11099, 11677

徐源蓉　9958

徐源绍　2338, 2513

徐远荣　9339

徐月波　11802

徐月初　10886

徐月樵　1603

徐赞　7625

徐云　581, 3556, 3559, 3629, 4168, 4242, 4286,
　　4361, 4390, 4569, 4654

徐云麟　5452

徐云山　6680

徐云涛　10255

徐沄秋　8658

徐曾　2101, 2118, 4665, 4771, 10536

徐增　4816

徐增元　3227, 4055, 4112, 4227

徐占福　4246

徐湛　630, 857, 859, 860, 2538

徐章　7599

徐章瑞　5352, 5390, 5953

徐璋荣　4995, 5119

徐昭　13175, 13176, 13180, 13307

徐兆琦　5283

徐兆前　2766

徐兆群　4951

徐兆玮　779

徐照　8496

徐照海　1826, 1924, 1981, 3918

徐贞木　8496

徐振铎　1328

徐振贵　12790

徐振金　10215

徐振铭　3855

徐振时　9299, 9995

徐振亚　8720

徐振玉　8299, 8311

徐震　2555

徐震池　1217

徐震时　402, 2241, 2301,
　　2436, 2545, 2553, 2908, 2920, 3271, 3382,
　　3796, 4633, 4683, 4700, 5246, 8861, 8932,
　　8943, 9025, 9064, 9076, 9080, 9082, 9085,

9088, 9106, 9112, 9121, 9128, 9211, 9221,
　　9222, 9223, 9226, 9227, 9237, 9288, 9826,
　　9831, 9848, 9877, 9942, 9945, 9946, 9995,
　　9997, 10054

徐征　572

徐征吉　11760

徐征野　12988

徐铮　5139

徐正　922, 924, 2241

徐正方　5391

徐正华　11695

徐正廉　8590

徐正平　4882, 4921, 4924, 4930, 4950, 4957, 5007,
　　5021, 5043, 5046, 5066, 5080, 5274, 5384,
　　5391, 5402, 5419, 5434, 5439, 5655, 5800,
　　5844, 5872, 6497, 7481, 7547

徐政夫　461, 10133

徐之美　8299

徐之谦　8413

徐之肜　10842, 11742

徐之炎　2956

徐之元　8517

徐芝麟　3655, 3685, 3718, 4091

徐芝耀　5995

徐直　5041, 5081, 5139

徐植　4980

徐志　2117, 11954

徐志刚　5265, 9972

徐志骍　8996

徐志辉　8974

徐志良　11954

徐志明　3484

徐志鹏　1262

徐志强　5940, 5944, 6020, 6210, 6390

徐志荣　6170

徐志瑞　　　　　　　　　　　10361
徐志伟　　　　　　　　　8556, 8987
徐志文　1818, 1996, 2241, 3776, 4659, 5245, 6053
徐志新　　　　　　　　　　　8910
徐志兴　　　　　　　　　　　725
徐致远　　　　　　　　　　　3191
徐智明　　　　　　　10393, 10774
徐中　　2106, 3842, 4168, 4184, 4226, 4314, 4429,
　　　　4471
徐中定　8938, 9064, 9087, 9093, 9124, 9486, 9627,
　　　　9864, 10025
徐中嘉　　　　　　　　　　　7034
徐中立　1971, 2029, 2369, 4446, 4452, 4587, 8515
徐中敏　　964, 994, 999, 1004, 6829, 7915, 8005,
　　　　10327, 10743
徐中业　　　　　　　　　　　11043
徐中一　　　　　　　　　　　12119
徐中益　　　　5763, 5805, 6188, 10378
徐忠杰　　2660, 4270, 4357, 4542, 10331
徐忠民　　　　　　8773, 8781, 8793
徐钟杰　　　　　　　　　　　3564
徐仲偶　　　　　　　　　　　3916
徐仲宣　　　　　　　　　　　5268
徐州博物馆　　　　　　　　　8128
徐州民间美术学会　　　10187, 10699
徐州师范学院艺术科　　　　　11442
徐州市博物馆　　　　　　　　8651
徐州市利国铁矿工人业余美术创作组　3190
徐州市书法家协会　　　　　　8338
徐州市蔬菜公司业余美术创作组　3200
徐州市文化局　　　　　　　　11780
徐州市文化站　　　　　　　　11456
徐州市文联　　　　　11607, 11780
徐州市文联美术组　　　　　　5121
徐州市文学艺术界联合会　8168, 8338

徐州中国天地艺术公司　　　　10700
徐竹初　　　　　　　　　　　10700
徐竹影　　　　　　　　　　　8323
徐祝林　　　　　　　　　　　10389
徐庄　　　　　　　　　　　　9256
徐卓　　　　　　　　　　　　12307
徐卓呆　　　　　　　13021, 13263
徐子方　　　　　　　　　　　12981
徐子鹤　　　　　952, 2593, 10431
徐子久　7295, 7424, 7431, 7432, 7439, 7440, 7498,
　　　　7522, 7533, 7541, 7549, 7584, 7595, 8387
徐子维　　　　　　　　　　　2481
徐子雄　　　　　　　　　　　045
徐梓宁　　　　　　　　　　　083
徐自强　　　　　　　　　　　13227
徐自生　　　　　　　　　　　2019
徐宗挥　　　　　　　　　　　2242
徐祖蕃　　7706, 7707, 7719, 7724, 7764, 8339
许爱仙　　　　　　　　　　　2286
许安巢　　　　　　　　　　　8052
许安宁　　　　　　　　　　　9915
许安琪　　　　　　　　　　　8705
许宝钏　　　　　　　　　　　8144
许宝驯　7414, 7416, 7614, 7623, 7761, 7868, 8150,
　　　　8382, 8428, 11838
许宝英　　　　　　　　　　　10230
许宝中　1339, 2735, 2768, 2774, 2775, 3375, 3982
许必华　　　　　8751, 8785, 8801, 9039
许碧珊　　　　　　　　6999, 7003
许彪甲　　　　　　　　　　　3903
许彬　　　　　　　　　　　　9736
许斌魁　　　　　　　　　　　5661
许秉铎　　　　　　　11889, 13241
许并生　　　　　　　　　　　12729
许伯建　　　　　　　　　　　7432

| | | | |
|---|---|---|---|
| 许伯鑫 | 8863 | 许德奇 | 1087 |
| 许苍泽 | 8950 | 许东雷 | 7313 |
| 许昌县杨水才事迹展览馆 | 3774 | 许东升 | 9827 |
| 许长虹 | 2332 | 许东侠 | 7486 |
| 许常惠 | 10802, 10893, 10906, 10907, 10908, | 许敦谷 | 617, 3620 |
| | 10963, 10975, 10985, 11082 | 许敦平 | 7922 |
| 许朝栋 | 12663 | 许敦栻 | 5289 |
| 许晨 | 5930 | 许多 | 9715, 10113 |
| 许晨有 | 3817 | 许恩光 | 2046, 2515 |
| 许成 | 8652 | 许恩源 | 3956, 4065, 4167, 4187, 4354, 4454, |
| 许成锋 | 8271 | | 10217, 10293, 10342, 10405, 10564 |
| 许城 | 6330 | 许恩珠 | 10591, 10607 |
| 许乘炜 | 1393 | 许伐布 | 13305 |
| 许澄宇 | 1312 | 许番芝 | 4378 |
| 许崇安 | 5866 | 许方明 | 9099 |
| 许楚才 | 11718 | 许飞玉 | 11538 |
| 许川 | 13084 | 许霏 | 8271 |
| 许传琳 | 2163 | 许丰胤 | 5659 |
| 许春诚 | 9683 | 许风仪 | 5198 |
| 许春之 | 4460 | 许峰 | 10308 |
| 许春芝 | 4074, 4119, 4179 | 许凤锦 | 5879 |
| 许纯欣 | 10576 | 许凤仪 | 5131, 5180, 5236, 5398, 5615, 5649 |
| 许从慎 | 2004, 2012 | 许凤翥 | 7234 |
| 许从慎 | 1909, 2563 | 许伏生 | 5335 |
| 许达 | 569 | 许福华 | 3198 |
| 许大同 | 2164 | 许福壤 | 3336, 10427 |
| 许大为 | 4076 | 许福仙 | 6307 |
| 许岱 | 5898, 6070, 6149, 6154 | 许刚 | 9456, 9728 |
| 许道丰 | 10342 | 许高如 | 8339 |
| 许道静 | 5575, 5630, 5642, 6166, 6169, 6654 | 许歌 | 6532, 6539, 6547 |
| 许道明 | 13161, 13185 | 许根荣 | 5212, 5236, 5272 |
| 许德贵 | 5340, 5389, 5548, 5586, 5816, 6022, 6094, | 许共城 | 031 |
| | 6187, 6225 | 许关龙 | 12139 |
| 许德珩 | 8200 | 许观光 | 11932 |
| 许德民 | 2886 | 许光毅 | 11340 |

许光宗　　　　6179, 6181, 6193, 6201, 6208

许光祚　　　　　　　　　　　　7177

许广平　　　　　　　　　　　　8294

许贵芳　　　　　　　　　　3812, 3886

许郭璜　　　　　　　　　　1517, 2483

许国华　　　　　6261, 11145, 12875

许国屏　　11169, 11171, 11295, 11303, 11304,
　　11314, 11351

许国庆　6790, 6801, 6827, 6869, 6902, 6903, 6904,
　　9440

许国荣　　　　　　　　　　　12693

许国璋　　　　　　6354, 6355, 6370

许海　　　　　　　　　　　　2901

许海刚　　　　　　　　　　　1197

许翰如　　　　　　　5375, 12791

许瀚　　　　　　　　　　　　7218

许行　　　　　　　　　　　　8258

许豪炯　　　　　　　　　　　5354

许灏　　　　　　　　　　　　5191

许鹤卿　　　　　　　　　　　1909

许红缨　　　　　　　　　　　6582

许宏泉　　　　　　　　　　　7402

许宏盛　　　　　　　　　　　6077

许虹生　　　　　　　　　　　8174

许洪流　　　　　　　　　　　8011

许鸿　　　　　　　　　　　10692

许鸿宾　　　　　　　717, 942, 975

许鸿科　　　　　　　　　　　8804

许鸿英　　　　　　　　　　12646

许骍华　　　　　　　　　　　9728

许化廉　　　　　　　　　　　8272

许化夷　　　　　　　　　　　940

许怀华　　　　　　　　　　　2227

许怀楠　　　　　　　　10987, 11275

许还汉　　　　　　　　　　　6035

许焕岗　5637, 5639, 5693, 5706, 5739, 5817, 5868,
　　5873, 6223, 6326, 6335, 6336, 6411, 6417,
　　6418

许焕章　　　　　　　　　　10371

许晃　　　　　　　　　　　　4227

许辉　　　　　　　　　9390, 10041

许惠南　　　　　　　　　　　3864

许慧敏　　　　　　　　　　　6478

许姬传　12863, 12864, 12875, 12876, 12880, 12890

许集厚　　　　　　　　　　　8311

许继庄　　　　　　　　　959, 2530

许佳琼　　　　　　　　　　　7157

许家观　　　　　　　　　　13241

许家乐　　　　　　　　　　10728

许家麟　1817, 1886, 1944, 2338, 2495, 4073, 4333

许家庆　　　　　　　　9104, 12743

许嘉利　　　　　　　　　　　5243

许嘉祥　　　　　　　　　　　7006

许建爱　　　　　　　　　　　6161

许建英　　　　　　　　　　451, 455

许剑盦　　　　　　　　　　10616

许健　　　　　　　　　　　11336

许江　　　　　319, 1121, 2820, 5876

许讲德　　　　　12286, 12287, 12288

许讲真　　　　　　　11119, 11125

许介康　　　　　　　　　　　3136

许介文　　　　　　　　　　12892

许芥昱　　　　　　　　　　　1872

许金宝　　　　　　　　　2259, 3205

许金国　3213, 5289, 5411, 5671, 5867, 6004, 6084,
　　6085

许金群　　　　　　　　　　　5962

许金文　　　　　　　　　　　5988

许金焰　　　　　　　　　　　5543

许锦根　　　　　　　　　　　5639

许锦集　6478

许锦文　11348, 11865, 11868, 11872, 11873, 11877, 12078, 12085, 12086, 12088

许锦佑　11865, 12077

许经燕　12207, 12210

许景琛　3467, 3468, 3469, 3509, 6734, 6735, 6736, 6737

许景辉　9328, 9451

许景思　6594

许敬行　11054, 11055, 11056, 11102

许敬之　1190, 4884

许静　6996, 6997

许静辉　12593

许静子　12091

许镜清　12137, 12333

许炯　8564

许九垄　12749

许菊慧　8789

许菊仙　6331

许俊　2486

许俊德　11874

许骏　8835, 8838, 9445

许开　7220, 7774

许康铭　10317

许康荣　5410, 9143

许珂　12812, 13238, 13241

许可经　11370, 11934

许克俭　6746

许快雪　10723, 12588, 12594, 12652, 12653, 12656, 12661

许葵　5980

许魁武　8701, 9132

许坤成　476

许骊　8838, 9724

许礼平　2210, 2289, 2406, 2470, 7820, 7923, 8007,

8095, 8304, 8307, 8311, 8422, 10643

许力民　3091

许力以　2118

许立仁　9782

许立言　1253

许丽娟　12956

许利民　2722

许连城　6373

许联华　3088

许良臣　12078

许良工　10240, 10243

许亮　10216

许林　9221

许临星　075

许麟庐　1882, 1952, 2627

许仑由　621

许贸淞　6483

许枚　7392, 8132

许密德　11105

许民　10899, 11360, 11989, 11990, 12151, 12523, 12529, 12537, 12539

许民康　6372

许敏　7090

许明康　6355, 6372, 6381

许明农　408

许明耀　2748, 2752, 3295, 3352, 5267, 5764

许铭鸿　4878

许铭华　5808

许墨林　5235

许谋　9458, 9724

许睦琰　3991

许慕羲　12856

许耐庐　12434

许鼐穌　1604

许南明　13120

| | | | |
|---|---|---|---|
| 许培德 | 9249 | 许淑真 | 10588 |
| 许沛 | 10288 | 许树信 | 10652 |
| 许平 | 040, 3856, 10193, 10686, 11961 | 许水富 | 10380 |
| 许其郁 | 1473 | 许舜华 | 10575 |
| 许奇高 | 1774 | 许思言 | 12087 |
| 许骐 | 8840 | 许思源 | 10210 |
| 许琦 | 4833, 5501, 5560 | 许堂仁 | 1171 |
| 许起根 | 11624 | 许特生 | 5451 |
| 许钦松 | 3025, 3063, 5505, 5849 | 许天柏 | 5015, 5243, 12709 |
| 许青天 | 3510 | 许天开 | 11111 |
| 许清 | 5361 | 许铁生 | 4895 |
| 许清籁 | 1646 | 许铁铮 | 1805, 1812 |
| 许庆山 | 2998 | 许同庆 | 8980 |
| 许全群 | 1884, 2754, 3791, 3799, 3854, 4004, | 许同祥 | 5516 |
| | 4141, 4241, 4297, 5188, 5409, 5493, 5651, | 许桐君 | 7236, 7237 |
| | 5692, 5712, 5713, 5842, 5858, 5875, 5883, | 许晚成 | 3402, 7245 |
| | 5990, 6097, 6116, 6121, 6152, 6546 | 许万敬 | 084 |
| 许韧 | 10652 | 许万林 | 12645 |
| 许日东 | 5803 | 许万育 | 3129 |
| 许荣 | 9139, 9722 | 许巍巍 | 1128 |
| 许荣初 | 2758, 2766, 2897, 2898, 2929, 3786, 5192, | 许为通 | 11997 |
| | 5193, 5404 | 许维 | 6203, 6560 |
| 许容 | 8445, 8446, 8453, 8494, 8495, 8502 | 许维国 | 3525 |
| 许汝良 | 1211, 5200 | 许维明 | 6029 |
| 许三连 | 3270, 3784, 3839 | 许伟华 | 6553 |
| 许绍基 | 5540 | 许文厚 | 2240, 2242 |
| 许绍满 | 7404 | 许文集 | 10322 |
| 许绍鹏 | 10596 | 许文龙 | 4962, 4999, 5016, 5100, 5119 |
| 许申玉 | 10577 | 许文霞 | 10584, 10601 |
| 许莘农 | 1654 | 许文祥 | 4065 |
| 许石丹 | 6841 | 许文兴 | 8455 |
| 许士骐 | 1953, 1979, 2275 | 许文译 | 12067 |
| 许世宏 | 5374 | 许武成 | 9403 |
| 许世虎 | 559, 1175, 1181 | 许希孟 | 4952 |
| 许世山 | 2291 | 许先 | 10714 |

许祥麟　　　　　　　　　12731, 12852
许祥熙　　　　　　　　　　　13266
许翔皆　　　　　　　　　　　1699
许小峰　　1873, 2227, 4148, 10493, 10511
许小雷　　　　　　　　　　　3429
许小平　　　　8706, 8777, 8785, 8800
许小雄　　　　　　　　　　　4021
许晓东　　　　　　　　　2698, 6252
许晓峰　　　　　　　　　　　10926
许晓光　　　　　　　　　　　11202
许晓江　　　　　　　　　　　3865
许晓俊　　　　　　　　　　　7604
许晓明　　　　　　　　　　　9944
许笑厂　　　　　　　　　　　12272
许心华　　　　　　　　　3908, 4965
许芯仁　　　　　　　　　　　5445
许欣　　　　　　　　　　　　10269
许新建　　　　　　　　　　　10841
许信容　　　　　　　　　　923, 6594
许兴　　　　　　　　　　　　5932
许兴卯　　　　　　　　　　　7346
许幸之　　　　　　　　200, 505, 13205
许雄志　　　　　　　8228, 8553, 8590
许修余　　　　　　　　　　　5379
许秀鸿　　　　　　　　　　　546
许旭奎　5538, 5732, 5786, 5980, 6235, 6252, 6339,
　　　　6514
许学明　　　　　　　　　　　3917
许学勤　　　　　　　　　　　11489
许雅琼　　　　　　　　　　　8409
许亚君　　　　　　　　　　　2405
许延慈　　　　　　　　　　　8569
许延风　　　　　　　　　　　6506
许琰　　　　　　　　　　9698, 9980
许艳春　　　　　　　　　　　10654

许燕　　　　　　　　　　　　10600
许燕明　　　　　　　　　　　12181
许燕贞　　　　　　128, 372, 412, 1169
许燕真　　　　　　　　　　　1169
许扬　　　　　　　　　　8892, 8951
许业坤　　　　　　　　　　　8321
许烨　　　　　　　　　　9639, 9647
许一禾　　　　　　　　　3078, 4985
许一鸣　　　　　　　　　　　8993
许仪　　　　　　　　　　　　11888
许诒芳　　　　　　　　　　　5831
许贻来　　　　　　　　　　　6382
许以冠　　　　　　　　　　　1189
许以力　　　　　　　　　　　8203
许艺　　　　　　　　　　　　8146
许亦农　　　　　　　　　692, 8478
许逸之　　　　　　　　　　　12879
许胤丰　　　　　　　　　　　5392
许应华　　　　　　　　　　　8989
许英　　　　　　　　　　　　778
许英辉　　　　　　　　　　　6497
许颖　　　　　　8919, 9112, 9638, 10749
许永昌　　　　　　　　　　　3818
许勇　　　628, 994, 1006, 1111, 1399, 1421, 1763,
　　　　2884, 3647, 3943, 3953, 4025, 4178,
　　　　4654, 5319, 5375, 5644, 5768, 5829, 5916,
　　　　6036, 6143, 6149, 10428
许勇三　　10800, 10830, 10878, 11087, 11273
许涌　　　　　　　　　　1077, 6413
许用谦　　　　　　　　　　　3840
许由　　　　　　　　　　　　1354
许幼谦　　　　　　　　　12065, 12273
许瑜菁　　　　　　　　　　　8710
许宇凌　　　　　　　　　　　8358
许雨仁　　　　　　　　　　　338

| | | | |
|---|---|---|---|
| 许御良 | 8535 | | 9667, 9675, 9678, 9708, 9714, 9716, 9808, |
| 许毓光 | 6518 | | 9892, 10051 |
| 许元财 | 3766, 3781 | 许志钢 | 9973, 10048 |
| 许元上 | 5257 | 许志棍 | 5250, 5336 |
| 许元植 | 12175 | 许志豪 | 11826, 12065, 12066, 12853 |
| 许源来 | 4890, 8053 | 许志浩 | 070, 817, 853, 4997, 5003, 13185 |
| 许跃祥 | 3766 | 许志绮 | 10518 |
| 许云 | 2323 | 许志强 | 3441 |
| 许云瑞 | 7393, 7544, 8258 | 许志仁 | 13229 |
| 许在廉 | 8165 | 许致远 | 3153, 3155, 3215 |
| 许增 | 843, 845 | 许智范 | 425 |
| 许札平 | 8460 | 许忠华 | 115 |
| 许斋 | 207 | 许钟荣 | 10987, 10990 |
| 许占惠 | 1482 | 许仲琳 | 5545, 5561, 5679, 5709, 6404, 6444 |
| 许占志 | 1368, 2187 | 许庄叔 | 7799, 7874 |
| 许章茹 | 5972 | 许涿 | 8891 |
| 许昭 | 1705 | 许卓娅 | 11265 |
| 许兆熊 | 773, 783, 8502 | 许子汉 | 12793 |
| 许哲生 | 10738 | 许自强 | 7464 |
| 许珍 | 11007 | 许宗鹤 | 11029 |
| 许振茂 | 12827 | 许宗强 | 5529 |
| 许振轩 | 8383, 8419, 8427 | 许祖良 | 489, 689, 5317, 5324, 5327, 5358, 5361, |
| 许震 | 5555 | | 5475 |
| 许震凯 | 5423, 5557, 6069 | 许祖龙 | 5448 |
| 许震民 | 162, 1113 | 许祖馨 | 3463, 6477, 6556, 6561 |
| 许征一 | 3411 | 许作正 | 10832 |
| 许正龙 | 8625, 8678, 10335, 10337, 10605 | 旭昌 | 5624 |
| 许正奇 | 9609 | 旭东 | 6267, 11743 |
| 许正英 | 12792 | 旭风 | 6109 |
| 许之衡 | 10949, 10974, 11019 | 旭光 | 7499 |
| 许之敏 | 10770 | 旭磊 | 2799 |
| 许志彬 | 2031, 4139, 4288, 4385, 4426, 4465, 4562, | 旭明 | 12109 |
| | 4592, 4631, 4660 | 旭日 | 10153 |
| 许志刚 | 5420, 8897, 9343, 9407, 9418, 9427, 9538, | 旭文 | 8646 |
| | 9555, 9615, 9622, 9625, 9634, 9642, 9660, | 叙晨 | 6267 |

叙永人民出版社 6617

绪阳 2116

续行 8499

续建宜 6567

续柯璜 12133

续三义 7043

煦炜 5823

轩明 6094, 6289

轩新杰 9234

宣兵 2513

宣灿源 3234, 3900

宣承榜 1189, 2752

宣传员手册编委会 5117

宣大庆 1140, 1160, 8259

宣道平 2015

宣奉华 8745

宣和印社 8537

宣积慧 3207

宣佳平 10708

宣敏 4677

宣森 488, 5837, 6518, 7136, 7139

宣善铭 5436

宣瘦梅 5690

宣武少年美术馆 7922

宣相权 8738

宣祥鎏 8637

襦颖诗 2288

玄堡 11079, 12546, 12551

玄常 4885

玄旋 6323

玄烨 8093, 8100

玄一 3095

旋歌 11982

旋鹰 3536

璇风 2528

铉绪秦 10232

薛宝琨 12768, 12969, 12970, 12971, 12972, 12976

薛斌 3243, 8805, 8806, 9276

薛冰 6270, 6928

薛兵 8688

薛伯德 6900

薛博兰 10193

薛长贵 4600

薛长杰 2060, 2062, 2063, 2123, 2140, 4782, 4810

薛长山 1943, 1986, 2005, 2037, 2082, 2086, 2095, 2124, 2129, 2130, 2516, 2570, 2575, 4210, 4221, 4272, 4273, 4304, 4373, 4404, 4406, 4426, 4451, 4523, 4544, 4561, 4564, 4580, 4583, 4615, 4623, 4651, 4679, 4707, 4713, 4812

薛晨 7182, 7183, 7196

薛冲波 8299

薛川 12034

薛春霞 12635

薛存家 2630, 4048

薛德元 5736

薛调 4900

薛鼎铭 1057

薛定衡 2898

薛恩厚 12120

薛尔章 4377, 4393, 4696, 4711

薛范 12361, 12365, 12366, 12367, 12368, 12380, 12382, 12390, 12413, 12422, 12423, 12424, 12427, 12431, 12432, 12433, 12443

薛方 5603

薛菲 8599

薛丰 10787

薛峰 1199, 6087

薛锋 017, 853

薛夫 5720

薛夫彬　7307, 7342, 7344, 7374, 8240, 8265, 8338

薛告生　3381

薛光弼　10580

薛贵棻　12147

薛贵笙　425

薛行彪　2807, 3292, 5516

薛河献　13179

薛鹤　3051

薛红缨　3072

薛鸿达　8593

薛华　066

薛华克　8704, 8712, 8751, 8765, 8767, 9035

薛晖　1186, 12448

薛慧志　10403

薛吉生　3331, 3345, 3370, 3376

薛稷　7837, 7839, 7844, 7919, 7925

薛佳　8763

薛家锡　5301

薛嘉惠　2049, 2089, 2115, 2159, 2171, 3923, 3966, 4312, 4571, 4743, 4778, 4791, 4814, 4817, 4832, 4833, 4835, 4840, 4857, 4860, 4861

薛建华　414, 419, 6051, 6270

薛婕　418

薛金炎　10813, 11271, 11272

薛锦锡　9860

薛京一　8692

薛景贵　3764, 3791, 3928, 4363

薛军　7761

薛军民　6549

薛俊一　1818, 3633, 3673, 3694, 3737, 5038

薛浚一　2013, 2666, 5688

薛良　10788, 10806, 10814, 10818, 10825, 10835, 10913, 10915, 11118, 11119, 11120, 11532, 12356, 12377, 12379, 12390, 12429

薛亮　2299

薛林　639, 8751, 8761, 8762, 8783, 8785, 8801, 10777

薛林兴　2400, 2703

薛麖　8488, 8529

薛龙　2134, 2387

薛龙春　8007, 8401

薛麦喜　12323

薛梅　6349, 6401

薛梅尼　6658

薛明　11131, 11509, 11511, 11727, 12947

薛明镜　11054, 11063, 11066

薛明亮　3823

薛沐　12805

薛尼·勃区门　5863

薛平　7572, 7605, 7615

薛平海　1188

薛平南　8358

薛萍　10728

薛其晴　3853

薛其晴　3872, 3901

薛企荧　4984

薛强　5419, 5524, 5548, 5629, 5737, 5777, 6645

薛清海　11519

薛铨　8494

薛群　5755

薛仁生　1741

薛仍　12736

薛荣明　5240

薛瑞荣　4001

薛瑞忠　3108, 3665

薛润芳　13048

薛若邻　459, 12853

薛绍彭　7972

薛氏　7193

薛世　1447, 2878, 2902

| | | | |
|---|---|---|---|
| 薛首中 | 11313 | 薛义 | 2074, 2800, 2801, 2966, 6866 |
| 薛树森 | 3859, 5177 | 薛义安 | 11838 |
| 薛苏北 | 10740 | 薛艺兵 | 10833, 11352 |
| 薛太夫人 | 8113, 8118 | 薛益寿 | 1181, 2949, 2961 |
| 薛涛 | 11529 | 薛英 | 6644 |
| 薛天 | 12583, 12618 | 薛永德 | 5243 |
| 薛天航 | 4300 | 薛永年 | 190, 592, 798, 822, 848, 853, 1315, 1485, 1697, 12965 |
| 薛天沛 | 1474 | | |
| 薛天祥 | 9375, 9574 | 薛永维 | 311 |
| 薛铁章 | 5202 | 薛余良 | 5792 |
| 薛挺 | 6525 | 薛瑜 | 11265 |
| 薛维维 | 5584 | 薛宇才 | 940 |
| 薛蔚 | 5586, 5784, 5965 | 薛玉西 | 10044 |
| 薛文广 | 10583 | 薛月楼 | 11822 |
| 薛文灏 | 6529 | 薛月生 | 10077 |
| 薛文俊 | 2289, 3993 | 薛增禄 | 11836, 11866 |
| 薛锡 | 9219, 9221, 9407, 9538 | 薛兆宸 | 11191, 11192, 11193, 11211 |
| 薛锡祥 | 11928 | 薛肇南 | 12608 |
| 薛熹 | 5431, 5624 | 薛珍 | 10173, 10174 |
| 薛小德 | 5265 | 薛正安 | 049, 3277, 3302, 6386, 6390 |
| 薛小敏 | 2544 | 薛志广 | 1844 |
| 薛晓林 | 3304, 3786, 5283, 5382, 5948 | 薛志华 | 6647, 6656 |
| 薛忻 | 10986 | 薛志云 | 1879, 1894 |
| 薛邢高 | 3310 | 薛志泽 | 680 |
| 薛秀华 | 6758 | 薛智国 | 2570, 4404, 4406, 4451 |
| 薛宣 | 3208 | 薛仲坚 | 8110 |
| 薛宣林 | 693 | 薛周琦 | 3056, 3788 |
| 薛雪 | 5526 | 薛珠 | 5785, 6648, 12627 |
| 薛延翔 | 10677 | 薛柱国 | 11676 |
| 薛岩 | 11830 | 薛铸 | 5561, 8416 |
| 薛炎文 | 5838, 5839, 6216, 6232 | 薛子江 | 8717, 8977, 9040 |
| 薛彦田 | 6333 | 薛宗明 | 10969, 10970 |
| 薛艳 | 4778, 4814, 4835, 4860, 4861 | 学聪 | 6171 |
| 薛雁 | 10367 | 学海出版社编辑部 | 798 |
| 薛雁群 | 614, 3298, 6110 | 学俭 | 6197 |

| | | | |
|---|---|---|---|
| 学军 | 2391, 4783, 6345 | 雪梦 | 6019 |
| 学礼 | 6069 | 雪萍 | 5876 |
| 学联 | 7437 | 雪祁 | 8162, 8163, 8179 |
| 学明 | 2881 | 雪桥 | 6450 |
| 学鹏 | 3836 | 雪社慰劳前敌将士书画展览会 | 343 |
| 学伟 | 5864, 6157 | 雪深 | 11762, 11763, 12449 |
| 学文 | 590, 6045, 6097 | 雪生 | 1737, 12369 |
| 学义 | 12279 | 雪声剧务部 | 12918 |
| 学增 | 10284 | 雪松 | 4926, 5025, 5093, 5602, 5738, 5996, 6048, 6080, 6147, 6158, 6168 |
| 学章 | 9522, 10098 | | |
| 学之 | 5633, 5647, 5862, 6153 | 雪莎 | 5488, 5984 |
| 学知 | 5753 | 雪天 | 12569 |
| 雪安理 | 5328 | 雪希 | 5531 |
| 雪冰 | 5695 | 雪演 | 11714, 12182 |
| 雪厂 | 11376 | 雪莹 | 10085 |
| 雪春 | 6760 | 雪原 | 6398, 9516, 10011, 10099, 10126, 10847 |
| 雪村 | 13134 | 雪枣 | 6510 |
| 雪冬 | 5233, 5288, 12432 | 雪舟 | 6839 |
| 雪峰 | 005, 006, 080, 357, 358 | 雪舟等扬 | 6774 |
| 雪夫 | 4890 | 雪舟等杨 | 6776 |
| 雪刚 | 8292 | 雪洲 | 6359 |
| 雪岗 | 2400, 2401, 5823, 6443, 6519 | 勋柏格 | 11079 |
| 雪红 | 9485, 10005 | 熏风 | 11960 |
| 雪华 | 794 | 寻年 | 6217 |
| 雪江 | 12137 | 寻乌县戏曲志编辑组 | 12924 |
| 雪界翁 | 1542, 2635 | 寻秀林 | 4008, 4101 |
| 雪君 | 6319, 6632 | 巡华 | 7562 |
| 雪克 | 5106, 5107, 5123 | 荀慧生 | 2481, 12867, 12869, 12870 |
| 雪兰 | 5667 | 荀建华 | 6651 |
| 雪雷 | 6637, 6642, 6645, 6648, 6649 | 荀况 | 8203 |
| 雪蕾 | 6047, 6069, 6148, 6150, 6152, 6157 | 荀令香 | 11868, 12880 |
| 雪犁 | 5225, 5266, 11121 | 荀生 | 2069 |
| 雪林 | 6642 | 栒年 | 6275 |
| 雪岭编辑部 | 8792 | 训练总监部 | 11369 |
| 雪岭文化编辑部 | 8793, 8797 | 讯河 | 5725 |

| | | | |
|---|---|---|---|
| 讯河搜集 | 5662 | 《音乐译丛》编辑部 | 10797 |
| 汛雄 | 5978 | 《音乐译文》编辑部 | 10855, 11079 |
| 迅冰 | 8602 | 《音乐周报》编辑部 | 11811 |
| 迅行 | 4897 | 《音像世界》杂志社 | 10926 |
| 逊敏 | 5476 | 《银幕》编辑部 | 13051 |
| 逊斋 | 12306 | 《影视文化》编辑部 | 13054 |
| 巽工 | 10325 | 《优秀共产党员王恒德》连环画创作组 | 5188 |
| | | 《幽默大师》编辑部 | 3477, 3478, 3507 |

**Y**

| | | | |
|---|---|---|---|
| "音乐译文"编辑部 | 10795 | 《幼儿教育》编辑部 | 12446 |
| 《"一二五"赞歌》连环画创作组 | 5157 | 《豫剧艺术总汇》编辑委员会 | 12948 |
| 《鸦片战争》影视制作有限责任公司 | 6546 | 《元江风采》编委会 | 8967 |
| 《亚运在北京》画册编委会 | 8900 | 《园林》杂志社 | 8947 |
| 《延安画刊》记者 | 5387 | 《粤剧唱腔音乐概论》编写组 | 11151 |
| 《延边朝鲜族自治州戏曲志》编辑部 | 12774 | 《云岭歌声》 | 11712 |
| 《炎黄百子诗词书画集》编委会 | 2340 | 《云南》画册编辑委员会 | 8945 |
| 《炎黄子孙书画册》编辑委员会 | 2164 | 《云南画院作品集》编委会 | 1374 |
| 《颜真卿正楷描红》编写组 | 7362 | 《云南剧目选辑》编辑室 | 12925 |
| 《演唱会》编委会 | 446 | 《云南历代书法选》编委会 | 7734 |
| 《燕赵新声》编辑部 | 10807 | 昳莺 | 12429 |
| 《杨水才》画册创作组 | 5154 | 乐坚 | 986 |
| 《姚茫父书画集》编委会 | 1713 | 乐军 | 1268 |
| 《一日一笑台历》编写组 | 10489 | 乐清县文化馆 | 6746 |
| 《伊犁》画册编辑委员会 | 8933 | 乐声 | 11295, 11299 |
| 《沂河两岸》创作组 | 12122 | 乐毅夫 | 5938 |
| 《沂蒙之光丛书》编委会 | 8284 | 乐震文 | 910, 914, 947, 948 |
| 《宜春地区民歌选》编委会 | 11807 | 押谷贤一日 | 3413 |
| 《艺术·走向新世纪》编辑委员会 | 213 | 鸦片战争虎门人民抗英纪念馆 | 6749 |
| 《艺术概论》编写组 | 017 | 牙·普洛达赞诺夫 | 13255 |
| 《艺苑掇英》编辑部 | 1512, 1662 | 涯菱 | 12383 |
| 《音乐表演用语词典》编写组 | 10829 | 哑风 | 9735 |
| 《音乐创作》编辑部 | 12209, 12263, 12276, 12353 | 哑迫 | 5572 |
| 《音乐世界》编辑部 | 10807 | 雅·哈谢克 | 5775, 6934, 7013 |
| 《音乐天地》编辑部 | 10807 | 雅丹 | 2242 |
| 《音乐小世界》编写组 | 10878 | 雅尔马托夫 | 13255 |
| | | 雅芳 | 6430 |

| | | | |
|---|---|---|---|
| 雅伏尔斯卡娅 | 515 | 亚·盖拉西莫夫 | 091 |
| 雅高林 | 10980 | 亚·柯布兹德依 | 6895 |
| 雅哥林 | 10980 | 亚·尼·奥斯特洛夫斯基 | 5904 |
| 雅各 | 11074 | 亚边个 | 3516 |
| 雅各布·顿特 | 12477 | 亚辰 | 8797, 9036, 9037 |
| 雅各布森 | 11187 | 亚春 | 6290 |
| 雅各布生 | 6949, 6950 | 亚当斯 1109, 1125, 2297, 7013, 8690, 8692, 8695, | |
| 雅各布斯 | 8696, 8728, 13186 | 10134, 10143, 10144, 10171, 13281 | |
| 雅谷勃 | 13262 | 亚铎 | 9813 |
| 雅君 | 4384, 4428, 4504, 4658 | 亚方 | 3674 |
| 雅凯拉依季斯 | 12655 | 亚飞 | 6203 |
| 雅柯甫列娃 | 13215 | 亚非新闻工作者协会书记处 | 3409 |
| 雅科伏列夫 | 035 | 亚菲 | 6358 |
| 雅科甫列夫 | 8681 | 亚孚 | 12263 |
| 雅科瓦 | 12372 | 亚格纳斯·史沫德黎 | 6913 |
| 雅克–雷蒙·布拉斯卡萨 | 2777 | 亚健 | 151 |
| 雅克·贝索尔 | 13197 | 亚江 | 9845 |
| 雅克·马赛 | 192 | 亚洁 | 6399 |
| 雅克·马赛勒 | 193 | 亚静 | 5874 |
| 雅克·派屈 | 13067 | 亚军 | 3002, 11563 |
| 雅克布斯 | 7142 | 亚君 | 3003 |
| 雅库波维奇–雅斯内 | 13216 | 亚柯夫斯卡雅 | 12656 |
| 雅库雪夫 | 13256 | 亚克 | 11547 |
| 雅罗斯拉夫·希达 | 10858 | 亚阔布逊 | 13256 |
| 雅米斯 | 13127 | 亚拉尔孔 | 5978 |
| 雅纳切克 | 12549 | 亚力 | 6072, 6209 |
| 雅尼 | 12538 | 亚力山大洛夫 | 13200, 13299 |
| 雅宁 | 9730 | 亚力山特罗夫 | 12425 |
| 雅浓 | 12087 | 亚历山大·车列浦悠 | 12486 |
| 雅文 | 10745, 11483, 11949, 11951 | 亚历山大·沃 | 10890 |
| 雅沃尔斯卡娅 | 196 | 亚历山大·修比尔兹 | 10725 |
| 雅辛 | 5988, 6137 | 亚历山大罗夫 | 12361, 12395 |
| 雅欣 | 6419, 6683, 6686 | 亚历山大洛夫 | 12393 |
| 雅治 | 1248 | 亚历山德安 | 093 |
| 亚·奥斯特罗夫斯基 | 5712 | 亚历山德拉·里普利 | 6464 |

亚林　　　　　　　　　　　　　6617

亚鲁斯托夫斯基　　　　　　　10854

亚伦·肯道尔　　　　　10828, 10829

亚伦·森菲斯特　　　　　　　　039

亚米契斯　5499, 5938, 5947, 6264, 6422, 7102

亚明　1287, 1323, 1430, 1742, 1756, 1785, 1823,
　　　1856, 1864, 1880, 1927, 1998, 2291, 2422,
　　　2424, 2616, 2854, 3095, 3916, 6210

亚摩　　　　　　　　　　　　　096

亚娜　　　　　　　　　　　　6061

亚农　　　　　　　　　　　　1488

亚朋　　　　　　　　　　　　6044

亚旗　5888, 5890, 5891, 5899, 5919, 5923, 5940,
　　　5953, 5954, 5981, 6022

亚强　　　　　　　　　　6963, 6964

亚琴　　　　　　　　　　　10327

亚秋　　　　　　　　　　6381, 6399

亚瑟·C·克拉克　　　　　　　7048

亚瑟·罗特施坦　　　　　　　10153

亚沙　　　　　　　　　　　11525

亚生　　　　　　8814, 9066, 9231

亚文　　　　　　　　　　　12095

亚欣　　　　　　　　　　　12351

亚艺　　　　　　　　　　　4362

亚庄　　　　　　　　　　　8681

亚子　　　　　　　　10985, 11719

烟客　　　　　　　　　　　815

烟山画院　　　　　　　　　2212

烟水山民　　　　　　　　　8126

烟台"地革委"文化局　　　　11674

烟台地区毕英兰连环画创作组　5148

烟台地区沈秀芹连环画创作组　5153, 5183, 5215

烟台画院　　　　　　　　　1371

烟台美术博物馆　　　　　　8202

烟台专区莱阳县纪格庄"公社"　3160

烟台专区群众艺术馆　　　　10671

鄂福初　　　　　　　　　　8311

鄂钢　　　　　　　　　　　10198

鄂国培　　　　　　　　　　6109

鄂烈　　　　　　　　　　　8324

鄂茂材　　　　　　　　　　7196

鄂岷　　　　　　　　　　　7477

鄂文俊　　　　　　7499, 8392, 8396

鄂自垠　　　　　5571, 5600, 6098

延安地区"革命委员会"政工组　8881

延安地区"革委会"文化局　　9218

延安地区行政公署　　　8887, 9327

延安地区农业展览馆　　　　9287

延安地区群众艺术馆　10677, 10678

延安地委　　　　　　　　　8942

延安革命纪念馆　　　4922, 8919

延安工艺美术厂　　　　　　10421

延安行署　　　　　　　　　8942

延安画刊《伟大的创举》创作组　3288

延安鲁迅艺术学院艺术系　　10662

延安鲁艺工作团　　11879, 12091

延安平剧活动史料征集组　12768, 12775

延安青年艺术剧院　　　　　12785

延百亮　　　　　　　　　　8780

延边博物馆　　　　　　　　9275

延边朝鲜族自治州毛主席思想宣传站　11661

延边朝鲜族自治州文化处　　11587

延边朝鲜族自治州文化局　11463, 11797

延边朝鲜族自治州文化局歌曲编选小组　11464

延边人民出版社　　9340, 10248, 11457, 11463,
　　　11640, 11655, 11661, 11662, 12398

延边人民广播电台　　　　　11651

延边橡胶厂"革委会"革命文艺宣传组　5184

延边橡胶厂业余翻译小组　　5174

延边州包装技术协会　　　　9780

| | | | |
|---|---|---|---|
| 延边足球俱乐部 | 9780 | 严次平 | 8995, 12985, 13199 |
| 延成 | 11496 | 严丹 | 5687 |
| 延凡 | 2061, 2137, 2389, 4780, 4798, 4817, 4832, 4835 | 严德泰 | 2953 |
| | | 严德祥 | 6604 |
| 延风 | 3014, 3288 | 严镝 | 12476, 12477 |
| 延峰 | 3494 | 严定宪 | 1224, 4931, 6439, 6674, 6680, 6681, 6740 |
| 延光室 | 1472 | 严丰 | 2259 |
| 延会 | 3770 | 严风口 | 12681 |
| 延吉市精神文明办公室 | 11757 | 严风扬 | 4041, 4174, 4384 |
| 延津县戏曲志编辑室 | 12772 | 严峰 | 13060 |
| 延军 | 5741, 5972, 6136 | 严福昌 | 12948 |
| 延强 | 6671 | 严复 | 1049 |
| 延清 | 10948 | 严垓 | 8495 |
| 延庆县八达岭特区管理处 | 2032 | 严荄 | 8513 |
| 延生 | 1830, 1835, 3841, 11474 | 严个凡 | 4883, 4885, 4889, 5091, 12243 |
| 延生同 | 11474 | 严庚辰 | 5273, 5334, 5386 |
| 延增成 | 8299 | 严恭 | 13230, 13243 |
| 闫波 | 11981 | 严光有 | 10663 |
| 闫德明 | 4212, 10465 | 严国 | 2014 |
| 闫凤成 | 3768 | 严国基 | 3898 |
| 闫国灿 | 7539 | 严寒 | 5675 |
| 闫红卫 | 6720 | 严华 | 4183, 4206, 4227 |
| 闫平 | 2830 | 严华国 | 12167 |
| 闫启文 | 10222 | 严华生 | 11092 |
| 闫锐敏 | 7522 | 严惠君 | 4946 |
| 闫文英 | 11243 | 严慧 | 5511, 5892 |
| 严白 | 2097, 2154, 2675 | 严继华 | 12404 |
| 严宝瑜 | 12371 | 严寄洲 | 13230, 13244 |
| 严保才 | 3112 | 严家宽 | 2339 |
| 严播 | 9984 | 严坚 | 2752, 3220, 3319, 3997 |
| 严博 | 9727 | 严健 | 10320 |
| 严灿光 | 3438 | 严介生 | 5118 |
| 严苍宇 | 4069, 4125, 4176, 4295 | 严金萱 | 12023, 12049 |
| 严承信 | 4294, 9236 | 严军 | 2369, 2538, 6277 |
| 严澂 | 12289, 12314 | 严君生 | 6100 |

严俊期 5055

严隽慧 12188

严浚 4310

严濬 2269, 4085, 4237

严克勤小说《大姐和二妹》 6175

严宽瑞之 4893

严历 5924

严利人 5866

严良堃 11881, 11990

严烈 10715

严林 5620, 5749, 5931, 5982, 6016

严麟书 6286

严隆成 4701

严梅华 10440

严蒙 5360

严敏 13127, 13313

严明 9575, 9578, 12890, 12896

严明星 3872

严摩罕 124, 175, 176, 360, 365, 600, 601, 1068, 1069, 6916

严南麟 3890

严妮 10298

严佩玲 4112

严平 5266, 9259

严朴勤 4701, 5633, 5672, 5717, 5785

严琪 10688

严启国 5778

严启生 5204, 5242, 5266, 5523, 5598, 5729, 5778, 6071

严庆祥 8383, 8397, 11765

严秋白 9118, 9404, 12993

严仁 6236

严蓉仙 13063, 13144

严汝峰 6695

严瑞潘 9317

严善錞 809

严绍唐 4959, 4962, 4968, 4972, 4999, 5000, 5006, 5019, 5021, 5025, 5040, 5041, 5065, 5072, 5399, 5444

严绳孙 8018

严胜雄 5803

严盛尧 2313

严栻 8480

严顺开 6220

严肃 12723

严速 11928, 11987, 11988

严太平 7364

严铁明 12159, 12268

严亭亭 5610, 5807

严卫平 7602

严文父 11020

严文井 5509, 6366, 6392

严文俊 3810, 3839, 4136, 5421

严文蔚 11215

严熙豫 8505

严霞峰 5253, 5413, 5498, 5536, 5763

严潇 6448

严欣强 2009, 2143, 2659, 10497

严信厚 7659, 7832, 8524

严兴华 4206, 4234, 4243, 4363, 4379, 4575, 4617, 4645

严修 8113

严学万 11708, 11718

严学章 8311

严雅美 825

严岩 6075, 6574, 10376

严耀华 1190, 10760

严一萍 225, 226, 8461

严义彬 8027

严艺 12427

严逸　485

严永满　6105, 6145, 6209

严勇　2005, 2103, 4449, 4462, 4578, 4753, 4755, 4757, 4761, 4762, 8197, 8205

严幼俊　3093, 3104, 3721

严瑜仲　5762, 6101, 6171, 6294, 10275, 10302, 10740

严玉仲　10289

严煜　8499

严元照　8051

严跃　2905

严越培　8942

严云受　050

严折西　5019, 5140

严振超　11218

严振国　6438, 6457

严正　4038, 12800, 12801, 12802, 12819

严政　12804

严忠义　9902

严钟义　9064, 9135, 9838, 9844, 10033, 10045

严仲义　9381

严灼明　3826

严左　5621, 5665, 6156

言成龙　8404

言川　5780

言公达　8349

言光军　7504

言浩生　9351, 9375, 9991, 10014, 10022

言慧珠　11833, 12078

言明　9532, 9536, 10597

言前　12920

言秋土　13117

言人　5836

言少朋　12079, 12866

言师中　1916, 3223, 3233, 3241, 3278, 3287, 3351,

3982, 5278

言覃　2084, 4451, 4492, 4698, 4745, 7434

言午　5336

言宣　9139

言炎　6382

言志平　9232

岩兵　9037

岩峰　5337

岩井宽　030

岩崎ンたろう　7005, 7009

岩崎昶　13035, 13055, 13178

岩青　9079

岩石　5430

岩田可治　6979

岩轩　11282

岩左氏寿　13253

炎冰　6547

炎黄百子诗词书画集编委会　2302

炎黄艺术馆　432, 814, 2075, 8956

研讨会编委会　811

盐城地区连环画创作学习班　5194, 5201, 5207, 5213, 5222

盐城地区连环画创作学习班《顶天立地》创作组　5196

盐城地区文教局创作组　5313

盐城工农兵文化馆　3196

盐城尚庄"公社"业余文艺创作组　5242

盐城市水浒学会　2283

盐城县创作组　5194

盐城县工农兵文化宫　11668

盐城新四军军部原址纪念馆筹备处　11700

盐城专区人民出版社　11607

盐城专署文教局　11600

盐阜大众美术组　3147

盐阜画报社　3067

盐阜文艺社 12811

阎爱华 11339

阎安 6519

阎安龙 5274

阎宝光 8744, 8750

阎宝泉 6188

阎秉会 8322

阎长林 5407

阎超 6729

阎成功 12945

阎春 4703

阎次平 1544

阎大方 5122

阎德魁 13236

阎德林 5749, 5847

阎德明 4101, 4112, 9306, 10449

阎定文 12843, 12845

阎东 13285

阎恩辉 11195

阎风成 2076, 2166, 4792

阎峰樵 3020, 3823, 5189, 5193, 5295, 5299, 5331

阎凤成 1969, 2055, 2119, 2383, 2559, 3772, 3789,
3967, 4051, 4502, 4638, 4642, 4750, 4790,
4812, 4814, 4822, 4840, 4849

阎凤城 2363, 2365

阎光辉 6753

阎广林 12695

阎贵明 3809, 3828, 3925, 3970

阎贵生 8965

阎桂芳 5369

阎国平 4770, 4834

阎国苹 4795, 13135

阎海登 11300, 12264

阎宏 614

阎洪波 1817, 1867, 3914

阎环 10209

阎睢 6425, 6428, 6429, 6433, 6434

阎吉喆 1488

阎继青 12887

阎嘉 181

阎建玲 10293

阎金富 8423

阎金良 1109

阎金山 2313

阎敬禹 10441

阎俊 8164

阎可行 12134

阎磊 2031

阎立本 1523, 1525

阎立杰 8978

阎丽川 247, 251, 531, 1711, 2291

阎俐 11339

阎林 1258

阎禄其 5839

阎茂如 499, 3097, 3732, 6280

阎眉中 4393

阎敏 1148, 3065

阎明魁 3486

阎平 2825, 2830

阎萍 10764, 10767

阎启文 10188, 10218

阎人诒 12814

阎荣 10781

阎汝勤 2460

阎锐敏 7444, 7468, 7497, 7508, 7581, 7596, 7622

阎善春 5890, 5941, 6376, 6475, 10487

阎善盛 2737, 2738, 3120, 3129, 3138, 3142, 3143,
3147, 3733

阎绍一 11309, 12254, 12277, 12279

阎胜利 3928

阎世宏　　　　　　　　　　5350

阎书勤　　　　　　　　　　2329

阎淑琴　　　　　　　　　　288

阎树田　　　　　　　　　11956

阎水村　　　　　　　　　11349

阎颂艺　　　　　　　　3775，3948

阎甄　　　　　　　　　　5154

阎肃　　5117，5399，5564，7154，11639，11865，
　　11885，11953，11968，12047，12095

阎素　　　　　　　　　　2734

阎泰公　　　　　　　　　11182

阎涛　　　　　　　5007，5234，6461

阎为民　5544，5678，5778，5871，6016，6077，6195，
　　6259

阎文科　　　　　　　5272，5323

阎文喜　2785，2837，3249，3265，3323，5743

阎襄　　　　　　　　　　1533

阎祥田　　　　　　　　　4657

阎小莉　　　　　　　　　6549

阎啸　　　　　　　　　11886

阎醒民　　　　　　　　　8947

阎学　　　　　　　　　　4961

阎学军　　　　　　　　　2160

阎学曾　　　　　　　993，2520

阎学智　　　　　　　　11235

阎亚安　4176，4311，4322，4358，4383，4442，4544，
　　4579

阎瑶莲　　　　　　　　　5230

阎义春3359，3360，4199，4300，4429，4453，5892，
　　5945

阎义洲　　　　　　　　11163

阎瑛　　　　　　　　　10597

阎永生　　　　3226，3761，4220，4387

阎友宵　　　　　　　　　8231

阎占福　　　　　　　　　4649

阎照平　　　　　　　4936，4961

阎折梧　　　　　　　　12910

阎哲吾　12799，12837，12903，12905，12917

阎珍　2142，3804，4269，4477，4657，4664，4792，
　　4819

阎振铎　　　　　　　　　318

阎振卿　　　　　　　　　5232

阎振新　　　　　　　　10579

阎正　5333，5376，5444，5507，6022，7738，8202，
　　8570

阎志强　　　　5242，5248，5503，5699

阎志翔　　　　　　　　　5280

阎中强　　　　　　　　　9220

阎中柱　　　　　　　　　2520

阎忠礼　　　　　　　　　2755

阎梓昭　　　　　　　　　8210

阎作义　　　　　　　5219，5269

颜宝存　　　　　　　　　7535

颜宝臻　　　1130，5821，6122，6375

颜炳选　　　　　　　　　3846

颜伯龙　　　　　　　　　2498

颜昌晋　　　　　　　　　8955

颜昌耀　　　　　　　　　7426

颜承富　　　　　　　　　3260

颜崇规　　　　　　　　　1038

颜纯钧　　　　　　　　13155

颜德昌　　　　　　　9383，9877

颜地　　　　　1885，1892，1894

颜娥　7809，7811，7898，7901，7993，8419，8420

颜枫　　　　　　5639，6440，6484

颜福海　　　　　　　　　6076

颜冈　　　　　　　　　　5712

颜国强　　　　　　　3301，5422

颜海平　　　　　　　5818，5965

颜涵锐　　　　　　　　10879

颜鸿蜀　　　　　8703, 8758, 8771, 10691

颜汇增　　　　　　　　　　　13142

颜惠先　　　　　　　11126, 11127

颜蕙先　　　　　　　11985, 12431

颜家龙　　　　　　　　5136, 8299

颜家文　　　　　　　　　　　6571

颜锦帆　　　　　　　　　　　5380

颜景龙　　　　　　　　　　　2339

颜静蓉　3793, 4014, 4094, 4119, 4204, 4256, 4460

颜娟英　　　272, 550, 1400, 1401, 1402

颜娟瑛　　　　　　　　　　　795

颜君　　　　　　　　　　　6114

颜开　　　3516, 6511, 6546, 6570, 6593

颜丽莉　　　　　　　11230, 11231

颜丽丝　　　　　　　　　　12834

颜砺　7809, 7811, 7898, 7901, 7993, 8419, 8420

颜岭梅　　　　　　　　　　　6804

颜迈　　　　　　　　　　　8465

颜梅华　　880, 979, 991, 1004, 1428, 1990, 2365,
　　3083, 3581, 4220, 4878, 4992, 5004, 5007,
　　5018, 5061, 5074, 5078, 5081, 5096, 5227,
　　5252, 5379, 5423, 5444, 5472, 5530, 5613,
　　5616, 5645, 6153, 6160, 10447

颜美娟　　　　　　　　　　11821

颜民生　　　　　　　　　　5855

颜丕承　　　　　　　　　　11484

颜平　　　　　　　　　　10363

颜其麟　　　　　　　　8308, 9316

颜庆卫　　　　　　　　　　7326

颜庆云　　　　　　　　　　7409

颜泉　　　　　　　　　　2555

颜少奎　　　　　12880, 12881, 12882

颜师古　　　　　　　　　　7894

颜世民　　　　　　　　　　4930

颜水龙　　　　　　　　　　10394

颜嗣荣　　　　　　　　1619, 1650

颜天佑　　　　　　　　097, 12731

颜铁良　1113, 1114, 1141, 2874, 2898, 3224, 3240,
　　3551, 5479, 5767

颜铁明　　　　　　　　　　6395

颜廷芳　　　　　　　　　　10678

颜庭寿　　　　　　　　　　11967

颜伟明　　　　　　　4139, 4200, 5941

颜文梁　　478, 554, 1742, 2663, 2666, 2769, 2792

颜文樑　　144, 497, 513, 2715, 2731, 2792, 2841

颜文雄　　　　　　　　　　10911

颜霞青　　　　　　　　　　5613

颜贤才　　　　　　　　　　2756

颜显庭　　　　　　　　　　11828

颜小行　　　　　5582, 5754, 5789, 6003

颜小玉　　　　　　　　　　10283

颜新元　484, 1327, 7796, 7821, 8009, 8103, 10659

颜一烟　　　　　　5129, 5529, 5743

颜永刚　　　　　　　　　　6471

颜玉强　　　　　　　　6507, 6513

颜运桢　　　　　　　　　　6183

颜运祯　　　　　　　　5816, 6411

颜韵松　　　　　　　　　　3557

颜泽祺　　　　　　　　　　8108

颜真卿　7219, 7270, 7369, 7372, 7373, 7402, 7599,
　　7672, 7673, 7719, 7721, 7827, 7828, 7829,
　　7830, 7831, 7833, 7834, 7835, 7836, 7837,
　　7839, 7840, 7842, 7843, 7845, 7846, 7847,
　　7850, 7852, 7854, 7856, 7857, 7858, 7859,
　　7860, 7863, 7864, 7865, 7867, 7869, 7870,
　　7871, 7872, 7873, 7875, 7876, 7877, 7878,
　　7879, 7880, 7881, 7884, 7886, 7888, 7889,
　　7890, 7891, 7893, 7895, 7896, 7897, 7898,
　　7901, 7904, 7905, 7906, 7907, 7909, 7910,
　　7911, 7913, 7914, 7915, 7916, 7917, 7919,

7920, 7921, 7924, 7925, 7926, 7928, 7931,
7934, 7935, 7936, 7937, 7938, 7941, 7942,
7943, 7963, 8010, 8053, 8054, 8112, 8120,
8398, 8400, 8404, 8435, 8437

颜正庄　7484
颜志刚　8693, 8748, 8751, 8779
颜志强　5444, 5530, 6442, 6674, 6714
颜忠贤　13158
颜仲　3049, 8644
颜宗德　11097
兖州府天主堂　12434
兖州县文化馆　3834
俨韦　12836
衍光　4451
衍契夫　13253
衍周　8023
剡鸿魁　3815
剡人　6376
偃师县文化局　12779
演剧九队队史编辑委员会　12772
砚子　3689, 5821, 5965, 5981
彦春　4629
彦悰　729
彦芳　5945, 6007, 6031, 6061, 6481
彦涵　1402, 1894, 2227, 2834, 2872, 2983, 2984,
2985, 2986, 2987, 2988, 3031, 3052, 3056,
6604, 8640, 8643
彦军　11939, 12637
彦克　10891, 11436, 11466, 11477, 11904, 12010,
12147, 12592, 12604, 12648, 12784
彦平　4384, 4428, 4504, 4658, 11304
彦一白　7086
彦颖　3131, 3750
晏成佺　11055, 11281
晏海林　077

晏霁　539
晏建中　5503
晏军　6694
晏立熹　3726
晏明　8861
晏少翔　1434, 2260
晏诵周　11307
晏文正　1164, 1170, 2954, 3078, 3088, 3098, 3204,
3710, 4925, 5071
晏无忌　7623
晏延萱　3758
晏阳　6760
晏乙　5036
晏义平　3852
晏仲方　13224
晏紫　6364
雁北地区平鲁县美术创作组　3762
雁弓　9682
雁华　5220
雁冀　6768
雁来红　3701, 5087, 5351
雁敏　7122
雁鸣　6536, 9673, 9683, 10065
雁文山　5392
雁翼　2029, 2996, 6597
雁州　12130
娄子配　3394
燕草　8769
燕凡　2121
燕枫　5648, 5994
燕夫　2878, 5918
燕刚　2573
燕歌　5910
燕华兴　6124, 6196
燕佳　12423

| | | | |
|---|---|---|---|
| 燕杰 | 5290 | 扬世全 | 7920 |
| 燕京 | 9405, 10059, 10061 | 扬肃生 | 5627 |
| 燕经 | 10732 | 扬雄 | 11329, 12297 |
| 燕岚 | 5703 | 扬扬 | 1276 |
| 燕烈 | 8920, 9148, 9784, 13092, 13093 | 扬阳 | 6832, 6878 |
| 燕林 | 7471 | 扬再春 | 8176 |
| 燕陵 | 351 | 扬州八怪纪念馆 | 854 |
| 燕麦 | 6249 | 扬州博物馆 | 423 |
| 燕鸣 | 1798, 2275 | 扬州地区文化局创作组 | 10904 |
| 燕南 | 11383 | 扬州地委宣传部 | 9058 |
| 燕宁钟 | 5574 | 扬州电影志编写组 | 13199 |
| 燕平 | 1984, 6438 | 扬州曲艺志编委会 | 12974 |
| 燕平孝 | 3207, 3212 | 扬州日报社 | 2003 |
| 燕森 | 7450 | 扬州师范学院中文系词曲研究室 | 12746, 12847 |
| 燕石 | 12806 | 扬州市"革委会"《龚二》连环画创作组 | 5174 |
| 燕守谷 | 8590 | 扬州市工艺美术工业局 | 10201 |
| 燕肃 | 1532 | 扬州市人民政府 | 8939 |
| 燕文贵 | 1530, 1548 | 扬州市人民政府文化局 | 12318 |
| 燕雁 | 9357 | 扬州市委宣传部 | 8929 |
| 燕燕 | 6306, 6648 | 扬州市文化处 | 247 |
| 燕杨 | 9873 | 扬州市文化艺术研究室 | 11809 |
| 燕毅 | 9349, 9814 | 扬州市文联 | 247, 12919 |
| 燕志僡 | 5094 | 扬州市文学艺术工作者联合会 | 851 |
| 燕竹 | 12348 | 扬州市文学艺术界联合会 | 851 |
| 中央人民政府文化部艺术事业管理局 | 11575 | 扬州市中等职业教育教材编写组 | 487 |
| 央心 | 10328 | 扬州外办 | 9864 |
| 扬·M·彼得斯 | 13056 | 扬州文物商店 | 423 |
| 扬波尔斯基 | 11181 | 扬州玉器厂志编写组 | 10199 |
| 扬铎 | 12917 | 羊城晚报报业集团 | 8910 |
| 扬帆 | 12032 | 羊景 | 12833 |
| 扬歌 | 11604 | 羊驹 | 11378 |
| 扬根相 | 5137 | 羊鸣 | 11639, 11886, 11968, 11990, 12095 |
| 扬禾 | 4899 | 羊木 | 5822 |
| 扬力 | 5243 | 羊牧 | 2080, 4650, 4723, 4793, 6048, 6097 |
| 扬林 | 2707 | 羊鸣 | 11885 |

羊子　　　　　　　　　　　3452

阳冰　　　　　　　　　　　427

阳成子长　　　　　　10935, 10936

阳春　　　　　　　　　　　5589

阳村　　　　　　9119, 9126, 10587

阳光　　　　　　　　2051, 10323

阳翰笙　　　　　　　　　12689

阳河　　　　　　　　　　　4806

阳江县文化局《边海红旗》创作组 5223

阳龙　　　　　　　　　　　4694

阳苗　　　　　　　　　　　5239

阳泉工人《红心铁骨》创作组　3923

阳泉工人业余美术编创组　　　1362

阳泉工人业余美术编辑分部　　3290

阳泉矿工人业余美术组　　　　3266

阳泉市　　　　　　　　　　3021

阳泉市农机厂工人业余美术编辑组 3290

阳泉市人民文化馆　　　1362, 3262

阳泉市手管局农机厂工人业余美术组 3249, 3255

阳日　　　　　　　　1973, 5849

阳荣秀　　　　　　　　　12948

阳盛全　　　　　　　　　　3559

阳朔县人民政府　　　　　　8970

阳太阳　529, 1817, 1930, 1989, 2015, 2590, 2841,
　　　2925, 3106

阳小毛　　　　　　　　　　4730

阳炎　　　　　　　　　　　9149

阳焱　　　　　　　　　　　5058

阳羊　　　　　　　　5642, 6150

阳友鹤　　　　　　　　　12921

阳友权　　　　　　　　　　101

阳羽　　　　　　　　　　　5952

阳彧　　　　　　　　　　　6391

阳云　　　　　　1841, 3878, 3921

阳植禾　　　　　　　　　　3432

阳子　5526, 6280, 6287, 6294, 6296, 6300, 6303,
　　　6307, 6310, 6315, 6336, 6338, 6346, 6349

阳祖玉　　　　　　　　　　6006

杨　　　　　　　　　　　13266

杨·马列克　　　　　　　　13003

杨蔼琪　200, 514, 576, 1085, 1086, 6800, 8607,
　　　8669, 8670

杨艾强　　　　　　　　　10211

杨艾湘　2569, 3772, 4343, 4586, 5442, 6410

杨爱伦　11495, 11501, 11505, 11506, 11712,
　　　11720, 11722, 11727, 12382, 12383,
　　　12385, 12405, 12406, 12446

杨爱群　　　　　　　　　　5921

杨安　　　　　　　　　　　5257

杨安久　　　　3015, 3016, 3017, 3019

杨安乐　　　　　　　　　　6547

杨岸青　　　　　　　　451, 1117

杨白　　　　　　　　　　　5945

杨白华　　　　　　　11384, 11935

杨白新　　　　　　　　8966, 9302

杨柏林　　　　　　　　4951, 5049

杨柏玉　　　　　　　　　11491

杨宝成　　　　　　3265, 3842, 5807

杨宝发　　　　　　　　　　3833

杨宝恒　5300, 5354, 5558, 5615, 5703, 5804, 5918,
　　　6050

杨宝林　　　　　　　　　10744

杨宝森　　　　　　　11877, 12074

杨宝瑜　　　　　　　　　　4004

杨宝智　　　　　　　12169, 12180

杨宝忠　　　　　　　　　11309

杨葆郐　3631, 3781, 4124, 4295, 4417, 4494

杨葆光　　　　　　　　　　8124

杨抱林　　　　　　　　　　1482

杨抱朴　　　　　　　　　　7405

| | | | |
|---|---|---|---|
| 杨豹 | 2466, 2673, 3836, 4027 | 杨灿 | 1618 |
| 杨北 | 2539 | 杨鹍国 | 12620 |
| 杨北钊 | 9304, 9788, 9791 | 杨昌胜 | 5467 |
| 杨奔骅 | 3823 | 杨昌树 | 11303 |
| 杨本红 | 5368 | 杨昌顺 | 2117, 4803 |
| 杨本荣 | 10255, 10288 | 杨昌雄 | 12643, 12657, 12663, 12668 |
| 杨本生 | 5360, 5361, 5405, 5432 | 杨昌裕 | 13307 |
| 杨碧海 | 12193, 12200 | 杨昌运 | 1606 |
| 杨表正 | 12291, 12292 | 杨昌忠 | 9564 |
| 杨宾 | 7203, 7692, 7696 | 杨长安 | 11313, 12288 |
| 杨斌 | 13080, 13221 | 杨长福 | 8661, 9142, 9831, 9855, 10030, 10031, 10038, 10623 |
| 杨冰 | 3865 | | |
| 杨兵才 | 9338 | 杨长富 | 9859 |
| 杨秉桂 | 753, 8017 | 杨长槐 | 1368, 2440, 2469, 2600 |
| 杨秉辉 | 2914 | 杨长生 | 10289 |
| 杨秉良 | 5276 | 杨长胜 | 4053, 4210, 4293, 4437, 4447, 4526, 4540, 5288, 5355, 5383 |
| 杨秉信 | 8524, 8525 | | |
| 杨秉政 | 8964 | 杨长勋 | 045 |
| 杨炳昌 | 5281 | 杨长瀛 | 5470, 5668, 5948 |
| 杨炳南 | 8283 | 杨嫦君 | 3434, 3439, 3441, 3442 |
| 杨炳锐 | 12178 | 杨畅 | 5232, 12988, 12995 |
| 杨炳湘 | 1997 | 杨超 | 5686, 6002 |
| 杨炳郁 | 12095 | 杨超尘 | 10108 |
| 杨波 | 2163, 2168, 5228, 8210, 13272 | 杨朝岭 | 7364 |
| 杨伯安 | 123 | 杨朝艳 | 3870 |
| 杨伯达 | 296, 300, 589, 6008, 8653, 10201 | 杨朝婴 | 11277 |
| 杨伯峻 | 6580 | 杨澈 | 12822 |
| 杨伯鲁 | 4902 | 杨忱 | 12042 |
| 杨伯润 | 1601, 1606, 1610 | 杨宸 | 8753 |
| 杨博 | 11180 | 杨成国 | 614 |
| 杨鹁 | 614, 615, 862, 2260 | 杨成杰 | 8300 |
| 杨补 | 645, 646 | 杨成仁 | 3195, 4345 |
| 杨步升 | 5033, 5094, 5224, 5226, 5663, 5780 | 杨成武 | 5342 |
| 杨才裕 | 11288 | 杨成寅 | 013, 041, 061, 064, 068, 362, 477, 495, 918, 1095, 1696, 8607, 8615, 8620, 10214 |
| 杨参军 | 3942, 3944 | | |

| | | | |
|---|---|---|---|
| 杨成忠 | 9827 | 杨春轩 | 10114 |
| 杨澄 | 6150 | 杨春洲 | 8981 |
| 杨池 | 1676, 2437 | 杨璀 | 11816, 12148 |
| 杨炽宏 | 520 | 杨翠琴 | 11245 |
| 杨冲 | 5498, 5504 | 杨村彬 | 5495, 6139, 12804, 12905 |
| 杨崇福 | 7274, 7286, 7290 | 杨达 | 5895, 6126, 6175 |
| 杨崇稷 | 11331 | 杨达三 | 10700, 10727 |
| 杨初 | 2882 | 杨大风 | 12469 |
| 杨楚民 | 3513, 3516, 3527, 3528 | 杨大戈 | 12143 |
| 杨传龙 | 3020 | 杨大寰 | 7327, 7606 |
| 杨创基 | 3051 | 杨大经 | 11108 |
| 杨春 | 10914, 10917, 11703 | 杨大钧 | 12963 |
| 杨春风 | 5848 | 杨大明 | 11300, 11522 |
| 杨春峰 | 5469, 5593, 5620, 5742, 5892, 5934, 5962, 5967, 5989, 6136, 6298 | 杨大年 | 476 |
| | | 杨大仟 | 5312, 5935 |
| 杨春华 | 6093, 11133, 12037, 12386, 12446 | 杨大全 | 6481, 6562 |
| 杨春晖 | 3119, 3637, 3711, 3723 | 杨大受 | 8527 |
| 杨春林 | 12121 | 杨大威 | 7048 |
| 杨春林音乐 | 12121 | 杨大莹 | 710 |
| 杨春茂 | 1485, 2263 | 杨大章 | 5806, 5835, 5862, 6149 |
| 杨春农 | 12983 | 杨大洲 | 8951, 9119 |
| 杨春青 | 6167, 6346, 6405, 6591 | 杨代华 | 4576 |
| 杨春清 | 6575, 6576, 6589, 6592 | 杨代欣 | 7307 |
| 杨春瑞 | 5661, 5884, 5923, 5926, 5927, 5981, 6002, 6058, 6150, 6174, 6258 | 杨丹 | 1155 |
| | | 杨丹萍 | 11288 |
| 杨春生 | 2087, 2147, 2391, 4150, 4221, 4285, 4320, 4356, 4455, 4484, 4501, 4513, 4557, 4654, 4673, 4699, 4777, 4786, 4807, 4809, 4821, 4966, 4998, 5257, 5936, 6492 | 杨导宏 | 4949 |
| | | 杨焘 | 7230 |
| | | 杨道德 | 8903 |
| | | 杨道立 | 050, 11518 |
| 杨春时 | 034, 038 | 杨道明 | 301 |
| 杨春堂 | 422 | 杨得云 | 7882 |
| 杨春田 | 5401 | 杨得志 | 5358 |
| 杨春溪 | 6421 | 杨德彪 | 3202, 3796, 3958, 4003, 4055 |
| 杨春曦 | 5406, 6421 | 杨德才 | 5299 |
| 杨春兴 | 6048 | 杨德昌 | 5315, 13301 |

杨德敷 8490

杨德衡 1005, 2550, 3720, 3956, 4063, 4162, 4259, 4589, 5524

杨德宏 6366

杨德华 2966

杨德举 1412, 2339

杨德康 6279, 7630, 7631, 7641

杨德麟 12138

杨德润 5604, 6359

杨德生 7392, 7598

杨德树 857, 874, 878, 1916, 2052, 5118, 5884, 5996, 6622, 10448

杨德贤 2207

杨德勋 5746

杨德鋆 107, 12640

杨涤江 303, 304, 2771, 3253, 3880, 3900, 3989

杨弟 6356

杨奠安 3091, 3701, 3713, 4066, 4133, 4242

杨调元 8043

杨丁 5981

杨丁东 3682

杨定国 9352, 9370, 9374, 9542, 9555, 9575, 10024

杨定抒 11129

杨东风 1414

杨东力 6364

杨东鸣 11491

杨东铭 10834, 12445

杨东平 2698

杨东升 7068, 7071

杨冬 6522

杨冬春 10880

杨冬青 10320, 10489

杨咚鸣 11122

杨栋 3484

杨渡 12784

杨敦仪 5031, 5497, 5702, 6026, 6378

杨鄂西 945, 946, 999

杨鄂西 954

杨恩 2342, 2531, 2654, 8977, 8978, 8979, 8980, 8981, 9956, 10137, 10142

杨恩洪 5806, 5950

杨恩璞 8708, 8757

杨恩生 1168, 1171, 1178

杨恩寿 1465

杨恩陶 6306

杨恩智 1257

杨尔曾 2969, 2970

杨发河 8597

杨发顺 8973, 9138

杨发旺 1817

杨发维 9293

杨帆 5459, 7651, 10040, 10393, 10660

杨凡 8887, 9602, 9742

杨范 13252, 13254, 13255, 13257

杨方景 2777

杨芳菲 6945, 6949, 6958, 6976, 7001, 7023, 7500

杨芳绒 10602

杨放 10912, 11086, 11773, 11808, 12035

杨飞 4897, 9221

杨飞云 2816, 2847, 2920, 6825

杨非 11481, 11942

杨风 5971

杨枫 2469, 5369

杨锋 6641

杨凤清 6939

杨凤英 1084, 1088

杨夫英 12617

杨涪林 059, 3386, 6312

杨福根 6069

杨福生 7312

杨福音 2402, 5555, 5701, 5896, 6216, 6246, 6330, 6539, 6566, 6607

杨甫明　　　　　　　　　　　　　12095

杨辅　　　　　　　　　　　　　　6432

杨辅京　　　　　602, 5417, 5834, 6563

杨复如　3776, 3781, 3859, 3944, 3948, 3963

杨富明　　　　　　　　　　　　　1981

杨馥菱　　　　　　　　　　　　　12960

杨馥如　　　2056, 2064, 2124, 2165, 3089, 3356, 3534, 3535, 3536, 3548, 3554, 3558, 3559, 3568, 3594, 3606, 3608, 3611, 3657, 3669, 3731, 3779, 3961, 4007, 4038, 4082, 4088, 4091, 4102, 4104, 4119, 4122, 4125, 4149, 4153, 4176, 4187, 4204, 4208, 4237, 4245, 4250, 4254, 4258, 4275, 4315, 4316, 4321, 4343, 4372, 4402, 4425, 4426, 4454, 4465, 4470, 4498, 4512, 4527, 4571, 4593, 4626, 4647, 4652, 4733, 4788, 4825, 4834, 4841, 10413

杨改学　　　　　　　　　　　　　8766

杨干　　　　　　　　　　　　　　9659

杨刚　　2133, 2886, 2903, 5224, 5294, 5302, 5326, 9377, 9582, 9603

杨戈　　　2048, 2444, 2671, 3378, 4727, 6299

杨根　　　　　　　　　　　　　　10646

杨根相 5048, 5065, 5092, 5115, 5371, 5532, 5536, 5539, 5649, 5656, 5731, 5845, 5851, 5943, 5957, 5961, 5992, 6234, 6292

杨更　　　　　　　　　　　　　　5101

杨更生　　　　　　　　　　12093, 12094

杨庚新　　　　　　　　　　　　　8608

杨庚绪　　　　　　　　　　　　　5811

杨耿　　　　　　　　　　　　　　2534

杨功顺　　　　　　　　　　　　　7495

杨古城　　　　　　　　　　　　　217

杨谷昌　　　　　　　　　　　　　5838

杨关麟　　　9119, 9723, 9725, 9727, 9729, 9730

杨光　　636, 1245, 4444, 6002, 6187, 6190, 6207, 10710, 11268

杨光河　　　　　　　　　　　　　1485

杨光华　　　1110, 9380, 9588, 10021, 10022

杨光辉　　　　　　　　　　2677, 8619

杨光间　　　　　　　2759, 2760, 3863

杨光生　　　　　　　　　　　　　5812

杨光伟 5276, 5295, 5433, 5518, 5565, 6133, 6230

杨光文　　　　　　　　　　　　　457

杨光铣　　　　　　　　　　　　　1804

杨光宇　　　　　　　　　　　　　10329

杨光远　　　　　　　　　　　　　13270

杨光中　　　　5401, 5522, 5917, 5981, 5988

杨洸　　　10794, 10807, 10846, 11267

杨广生　　　　　　　　　　　　　5474

杨广泰　　8460, 8548, 8549, 8560, 8567, 8570

杨贵方　　　　　　　　　　　　　10390

杨贵云　　　　　　　　　　　　　2578

杨国斌　　　　　　　　　　　　　8620

杨国仓　　　　　　　　　　　　　4568

杨国定　　　　　　　　　　　　　9308

杨国栋　　3562, 3592, 3633, 3716, 3723, 3802, 3915, 4045, 4314, 4500

杨国藩　　4948, 5003, 5028, 5061, 5072, 5139

杨国辅　　　　　　　　　　　　　4950

杨国光　　　　　　　　　　　　　3813

杨国汉　　　　　　　　　　9551, 10020

杨国华　　　　　　　　　　　　　12687

杨国杰　　　　　　　　　　　　　1135

杨国敬　　　　　　　　　　　　　7596

杨国立　　　　　　　　　　　　　12211

杨国梁　　　　　　　　　　　　　8817

杨国美　　　　　　　　　　　　　9317

| | | | |
|---|---|---|---|
| 杨国强 | 6098 | 杨洪山 | 3901 |
| 杨国生 | 5049 | 杨洪仪 | 8616 |
| 杨国台 | 3054 | 杨洪哲 | 10311 |
| 杨国桢 | 5718 | 杨鸿滨 | 9411 |
| 杨海 | 1133 | 杨鸿飞 | 5740 |
| 杨海滨 | 1001 | 杨鸿举 5866, 6034, 6048, 6053, 6085, 6126, 6134, | |
| 杨海峰 | 3495, 5337 | 6138, 6140, 6151, 6166, 6173 | |
| 杨海明 | 13062 | 杨鸿坤 | 1736, 2010 |
| 杨海卿 | 5216 | 杨鸿年 11083, 11222, 11269, 11612, 11619, | |
| 杨海清 | 1809 | 11621, 11626, 11627, 11787, 11960, | |
| 杨海水 | 8672 | 12019, 12194 | |
| 杨海涛 | 8597 | 杨鸿森 | 4100 |
| 杨海洲 | 13285 | 杨鸿书 | 1974, 4407 |
| 杨涵 250, 293, 294, 1284, 2427, 3002, 3003, 3007, | | 杨鸿晏 | 1078 |
| 3031, 3112, 6598 | | 杨鸿仪 | 2848 |
| 杨汉 | 12107 | 杨侯华 | 7580 |
| 杨翰 | 469, 770 | 杨厚永 3504, 3505, 3507, 3512, 3513, 3515 | |
| 杨杭生 | 9099 | 杨厚忠 | 5970 |
| 杨航 | 5732 | 杨候英 | 3508 |
| 杨濠曳 | 8356 | 杨华 1352, 6410, 6413, 10778, 10781, 10975, | |
| 杨昊成 | 7168 | 11723, 13201 | |
| 杨浩石 | 5575, 5792 | 杨华明 | 2762, 2776, 3324, 3350 |
| 杨和钧 | 11112, 11119, 11122 | 杨华生 | 12980 |
| 杨和明 | 2517 | 杨骅 | 1227 |
| 杨和平 | 10847, 10848, 10874 | 杨化 | 6427 |
| 杨红 | 3328, 5686, 11274 | 杨化选 | 6610 |
| 杨红兵 | 13071 | 杨怀 | 2062, 4752 |
| 杨红太 | 1078, 2735 | 杨怀武 | 6551 |
| 杨红玉 | 3509 | 杨淮生 | 12722 |
| 杨宏富 | 6048, 6226, 6428 | 杨槐 | 4899 |
| 杨宏明 | 1373, 2319, 10702, 10712 | 杨浣石 | 8555 |
| 杨宏群 | 6567 | 杨焕 | 3700, 3747, 5139 |
| 杨泓 | 264, 1352, 12584 | 杨焕章 | 8258 |
| 杨虹 | 690, 12996 | 杨焕照 | 3569, 3748 |
| 杨洪 | 6408, 6410, 6416, 6469 | 杨会义 | 5812 |

杨荟铼 6328

杨惠 4917

杨惠东 918, 919, 920

杨惠芬 10827, 10831, 10876, 10881

杨惠林 12267

杨惠民 1346

杨惠权 5782

杨慧华 6508, 6509, 6519, 6524, 6543, 6544, 6545, 6582, 6706, 10559

杨火才 5312, 5595

杨基炘 8973

杨吉雷 11747

杨集富 6014, 13049

杨计斗 5428

杨际萱 5463, 6036

杨季纯 5747

杨济川 7596

杨继盛 8024, 8043, 11010

杨继松 6087

杨继陶 11904, 11999, 12001

杨继武 12262, 12263

杨继曾 7230

杨加友 10115

杨迦森 4923

杨家安 494

杨家保 1853, 3816, 3925, 4406

杨家埠木版年画研究所 4774

杨家聪 1885, 2956, 3109, 3627, 3716, 3725, 4084, 4129, 4166, 4197, 4220, 4340, 4402, 4431, 4952

杨家祺 10200

杨家驷 3922

杨家祥 11175, 11236

杨家永 6764

杨嘉 10889

杨嘉栋 10687

杨嘉华 8755, 10146

杨嘉仁 11072, 11108

杨嘉森 12288

杨嘉树 2232

杨坚 6731

杨坚康 6368

杨坚水 3051, 8567, 8568

杨建滨 054, 118, 210, 6335

杨建德 2719

杨建芳 414

杨建国 6237

杨建侯 622, 939, 2596, 2874, 4331

杨建候 1946, 4742

杨建华 7448

杨建明 2110, 2383, 2391, 2445, 2807, 3941, 4014, 4080, 4143, 4183, 4197, 4285, 4326, 4335, 4343, 4464, 4540, 4615, 4658

杨建俟 2517

杨建文 12699

杨建喜 2426, 2626, 3712, 4690

杨建勋 045

杨建友 1845, 3915, 5465, 5788

杨建中 11734

杨剑 6491

杨剑华 1822, 3900, 5266, 5425, 5717

杨剑萍 4664

杨健 4903, 10582

杨健健 1177, 2935, 2936, 2949, 4125, 10433

杨健民 2530

杨健生 6481, 6482

杨鉴 3118, 3147

杨江东 705

杨骄 7014

杨杰 1086, 1155, 4515, 4811, 4814, 4816, 4830,

4833, 5094, 5440, 5478, 5548, 5554, 5590,
6019, 6311, 6312, 6351, 6451, 6452, 6717

杨洁 5809, 5831, 10365

杨洁民 12250

杨洁明 12331

杨介寿 8501, 8502

杨介元 3482

杨今豪 12361, 12429, 12443

杨金华 8779, 8899

杨金萍 7102, 7103, 7106, 7118

杨金祥 10907

杨金星 6330

杨锦文 4918, 4965, 5005, 5108, 5763

杨进升 4409, 6108

杨劲松 5677, 5990, 6264

杨晋 1623, 1626, 1627

杨京 7371

杨京京 414

杨晶 142, 8277

杨景度 7840

杨景更 2945

杨景辉 12916

杨景群 2213

杨景文 6010

杨景秀 4575

杨景曾 7204, 7233

杨景增 750, 7204

杨景芝 1140, 1256, 1258, 1265, 2895, 4195, 4200,
5876, 6763

杨径青 451, 1109, 1121

杨竞明 11346, 11347, 12321

杨敬东 6410

杨靖 9939

杨静 6096

杨静波 8145

杨静荣 413, 434

杨炯明 6474

杨九华 5006, 12534, 12554

杨九洲 864, 2659

杨久华 4979, 5072

杨久礼 11511

杨巨方 12285

杨巨源 10934

杨军 3779, 5583, 5722, 5822, 5865, 6980, 7518

杨军茂 12773

杨君 13167

杨君民 12100

杨君伟 7024

杨君子 11720

杨钧 196

杨菌 9453

杨俊生 1780, 3535, 3550, 3557, 3561,
3562, 3589, 3594, 3597, 3604, 3607,
3613, 3639, 3652, 3661, 3666, 3694,
3701, 3725, 3738, 3753, 3754, 3976,
4032, 4061, 4238

杨俊云 11468

杨开金 7619

杨开屏 2356

杨凯 6630, 12272, 12288

杨凯华 5783

杨凯力 6096

杨凯生 3065

杨恺力 5711, 5972, 6322, 6388

杨铠 3679

杨康乐 7353

杨可 12290

杨可叙 3763

杨可扬 091, 299, 1421, 2986, 3002, 3005, 3054,
6920, 8615, 8640

杨克家　　　　　　　　　　　7307

杨克俭　　　　　　　　9490, 10720

杨克敬　　　　　　　　　　　11995

杨克宽　　　　　　　　　　　9526

杨克林　　449, 450, 4537, 8693, 8700, 8737,
　　8744, 8747, 8756, 8814, 8817, 9002, 9007,
　　9009, 9100, 9223, 9224, 9228, 9232, 9235,
　　9251, 9252, 9288, 9343, 9345, 9347, 9354,
　　9366, 9392, 9399, 9420, 9425, 9435, 9471,
　　9525, 9529, 9548, 9553, 9567, 9572, 9573,
　　9578, 9581, 9617, 9624, 9641, 9674, 9706,
　　9817, 9845, 9873, 9881, 9888, 9890, 9896,
　　9941, 9945, 9947, 9954, 9955, 9956, 9992,
　　9998, 10020, 10033, 10036, 10046, 10047,
　　10148, 13110

杨克勤　　　　2481, 11263, 12221

杨克忍　　　　　　　　　　　6168

杨克山　3194, 3196, 3217, 3252, 3296, 3308, 3317,
　　3324, 3365, 5388

杨克文　　　　　　　　9783, 9926

杨克祥　　　　　　　　　　　5320

杨克炎　　　　　　　　　　　8325

杨克媛　　　　　　　　　　　2339

杨库　　　　　　　　12376, 12377

杨匡海　　　　　　　　　　　8580

杨匡满　　　　　　　　　　　4956

杨匡民　　　　　11044, 11809, 12580

杨揆　　　　　　　　　　　　8019

杨坤　　　　　　　　　　　　9437

杨琨　　　　　　　　　　　12330

杨来　　　　　　　　　　　13256

杨赉丽　　　　　　　　　　10583

杨兰春　　5110, 5384, 5751, 11839, 11863, 11871,
　　11880, 11881, 12118

杨乐平　　　　　　　　　　　8647

杨乐天　　　　　　　　5233, 5742

杨乐银　　　　　　　　　　　9892

杨乐云　　　　　　　　　　12411

杨乐中　　　　　　　　　　　1337

杨磊　　　　　　　5383, 5534, 5638

杨蕾　　　　　　　　　　　　811

杨礼门　　　　　　　　6754, 8882

杨礼未　　　　　　　　5397, 5482

杨娌娅　　　　　　　　　　　3308

杨理　　　　　　　　　5001, 6320

杨力　3655, 3690, 5607, 5878, 9350, 9963, 12134,
　　13079

杨力国　　　　　　　　　　　6482

杨力行　　　　　　　　5422, 6210

杨力民　　　629, 9064, 9863, 9869, 9998, 10682

杨力舟　1827, 1829, 1861, 2817, 2833, 2914, 3970,
　　3989, 6147

杨立德　　　　　　　　　　12962

杨立光　　　　　　　　2731, 2803

杨立梅　　　　　　　10828, 10838

杨立强　　　1892, 2106, 2313, 2555, 2601

杨立青　　　　　11093, 11967, 12338

杨立群　2078, 2157, 2635, 3893, 4010, 4129, 4156,
　　4157, 4196, 4215, 4285, 4330, 4331, 4342,
　　4357, 4380, 4437, 4450, 4451, 4472, 4480,
　　4482, 4483, 4495, 4518, 4522, 4549, 4552,
　　4576, 5285

杨立旺　　　　　　　　　　　3520

杨立志　　　　　　　　　　　7585

杨立中　　　　　　　　　　11300

杨立舟　　　　　　　　　　　2914

杨丽杰　　639, 8751, 8762, 8783, 8801, 10777

杨丽丽　　　　　　　　　　　598

杨丽娜　　　　　　　　5040, 5137, 5340

杨丽文　　　　　　　　　　　8939

杨利禄　　　　　　　5293, 5414, 5699, 5934

杨荔　5742, 5790, 5833, 5949, 5956, 5959, 5968,
　　　6001, 6009, 6022, 6140

杨连成　　　　　　　　　　　　　4161

杨连荣　　　　　　　　　7646, 10313

杨莲娣　　　　　　　　　　　　　5989

杨廉坤　　　　　　　　504, 1069, 8602

杨列章　　　　　　　1810, 2313, 3159

杨烈　　　　　　　　　　　　　　5096

杨林　　　1890, 9357, 11202, 12180

杨林军　　　　　　　　　　　　　6366

杨琳美　　　　　　　　　　　　　4918

杨霖　　　　　　　　　　　　　　8759

杨麟　　　　　　　　　　2145, 2443

杨麟翼　　　　　　　3954, 5481, 6034, 6164

杨玲　　　　　　　　　　　418, 1410

杨柳　9486, 9490, 9491, 9494, 9497, 9501, 9502,
　　　9503, 9763, 9773, 9774, 9913, 9914, 9916,
　　　9919, 10089, 10091, 10092, 10123, 10556

杨柳青　　　　　　　　　2986, 5715

杨柳洋　　　　　　　　　　　　　6712

杨龙　　　　　　　　　　2321, 11444

杨隆山　　　　　　　　　　　　　8322

杨楼生　　　　　　　　　6549, 6550

杨鲁　　　　　　　　　　　　　　6272

杨鲁安　　　　　　　　　　　　　8200

杨履方　　　　　　　5687, 5737, 11894

杨律人　　　　　　　　　　　　　6900

杨鹿鸣　　　　　　　　　　　　　471

杨璐　　　　　7825, 7913, 8266, 8267, 8395

杨麓　　　　　　　　　　　　　　9526

杨露　　　　　　　　　　　　　11146

杨抡　　　12259, 12290, 12291, 12292, 12293

杨马转　　　　　　　　　　　　11166

杨茂林　　　　　　　　　　022, 5243

杨茂时　　　　　　　4275, 4282, 10278

杨貌　　　　　　　　　　　　　12864

杨懋建　　　　　　　12736, 12737, 12738

杨梅红　　　　　　　　　　　　　3528

杨梅良　　　　　　　　　6979, 10315

杨梅亭　　　　　　　　　　　　12326

杨美华　　　　　　　　　　　　　5399

杨美岚　　　　　　　　　　　　　4316

杨美丽　　　　　　　　　　　　11721

杨美莉　　　396, 397, 398, 399, 400, 417, 851

杨美钦　　　　　　　　　　　　　3831

杨美清　　　　　　　　　5297, 5414

杨孟华　　　　　　　　　　　　　175

杨孟欣　　　　　　　　　　　　2275

杨孟瑜　　　　　　　　　　　　12584

杨孟哲　　　　　　　　　　　　　273

杨梦昶　　　　　　　　　　　　13244

杨梦君　　　　　　　　　　　　6436

杨梦楼　　　　　　　　　　　　6436

杨梦义　　　　　　　　　　　　4895

杨苗　　　　　　　　　　　　　9827

杨森　　　　　　　　5025, 5096, 5473

杨民怀　　　　　　　　　　　　10856

杨民康　　　　　　　　10912, 10915

杨民望　10791, 10856, 11039, 11074, 11078,
　　　11267, 11268, 11269, 11270, 11271

杨旻玮　　　　　　　　　　　　10971

杨敏　　　　　　　3959, 12788, 12804

杨敏时　　　　　　　　　　　　13274

杨明　　385, 3322, 3326, 3328, 3334, 3336, 3350,
　　　3501, 4035, 4112, 4743, 7031, 9226, 9353,
　　　9732, 10831, 10876, 11304, 11515, 11531,
　　　12933, 13245

杨明富　　　　　　　　　　　　9374

杨明华　　　　　　　　　　　　8142

| | | | |
|---|---|---|---|
| 杨明晖 | 9811 | 杨培 | 12107 |
| 杨明辉 | 9340, 9793 | 杨培鑫 | 8284 |
| 杨明礼 | 5330, 5396 | 杨培义 | 8385, 8389 |
| 杨明良 | 11995 | 杨培钊 | 3078, 5039 |
| 杨明生 | 5226, 5423, 5704 | 杨沛林 | 3926 |
| 杨明熙 | 8203 | 杨沛霆 | 6393, 6394 |
| 杨明欣 | 6869 | 杨沛章 | 879, 3906, 6360 |
| 杨明义 | 1994 | 杨沛璋 | 613, 2412, 3906 |
| 杨明渊 | 5407 | 杨佩华 | 6394 |
| 杨明智 | 1858 | 杨佩瑾 | 5254, 5283, 5350, 5979 |
| 杨鸣键 | 12124 | 杨佩章 | 6033, 6253 |
| 杨鸣山 | 3700 | 杨霈 | 7203, 7692, 7696 |
| 杨铭 | 10899 | 杨彭 | 8577 |
| 杨铭朝 | 1081 | 杨鹏 | 3499, 3684, 4953, 6705, 6747 |
| 杨沫 | 5372, 5433, 5471, 5495, 5688, 5817, 5909 | 杨鹏辉 | 13154 |
| 杨墨 | 10242 | 杨鹏南 | 5984 |
| 杨牧之 | 2264, 2265, 2266, 2267 | 杨鹏升 | 8535, 8555 |
| 杨纳群 | 3929 | 杨平 | 5030, 5674, 11953 |
| 杨娜妮 | 11338, 11342 | 杨平凡 | 2053 |
| 杨乃林 | 12338 | 杨璞 | 7538 |
| 杨乃美 | 5528 | 杨朴轩 | 11307 |
| 杨乃卿 | 8776, 8782, 8799 | 杨溥涛 | 8996, 9294 |
| 杨乃望 | 10855 | 杨七芝 | 2463 |
| 杨乃尊 | 11433, 11944 | 杨圻 | 12750 |
| 杨南荣 | 3872 | 杨其光 | 8515 |
| 杨楠 | 5510, 5815, 5910 | 杨其楘 | 3894 |
| 杨讷维 | 2999, 3008, 4964 | 杨其铮 | 11307 |
| 杨能富 | 8731, 8732 | 杨奇 | 5482 |
| 杨念池 | 7523 | 杨奇昌 | 10230 |
| 杨念一 | 4042, 4069, 4122, 4126, 4245 | 杨奇虹 | 2587 |
| 杨念彝 | 044, 131 | 杨琪 | 5911 |
| 杨宁 | 10326 | 杨琦 | 10665, 10790, 10848, 12902 |
| 杨凝式 | 7669, 7840, 7847, 7872 | 杨琦英 | 6761 |
| 杨农 | 4265 | 杨琦瑛 | 4452 |
| 杨农生 | 8219 | 杨启昌 | 10389 |

杨启伦 3712

杨启孝 12943, 12949

杨启舆 2460

杨启屿 1953

杨起民 3715

杨起文 5239

杨千 1254, 1255

杨谦 4148, 6823, 8779

杨乾钊 10208, 10293, 10327, 10565

杨强 10619

杨樵康 3801

杨芹 6566

杨勤 12833

杨青 1744, 2999, 5071, 6758, 10668, 11095, 11788

杨青华 4956, 4979, 4986, 5072, 5112, 5118, 5126,
5263, 5411, 5759

杨青禄 6040

杨青青 3497

杨清泉 127

杨清我 1749

杨清振 8338

杨庆龙 3899

杨庆明 9814, 9864

杨庆旺 6429

杨庆义 563

杨庆英 1278, 10256, 10279

杨庆周 13142

杨琼 4431, 4506

杨秋宝 1830, 4365, 4667, 5531, 5532, 5571, 5631,
5661, 6367, 6391, 6488

杨秋人 2728, 2730, 2732, 2786, 2857

杨秋实 12822

杨诎人 6789, 6793, 6794, 6853

杨全生 5670

杨全意 962

杨人翊 11083

杨仁凯 4939

杨仁恺 298, 541, 803, 817, 848, 870, 1302, 1315,
1524, 1548, 1682, 1864, 8333

杨仁敏 156, 608, 10398, 10760

杨仁毅 8365, 10299, 10324, 10325, 10326

杨荣东 12363

杨荣良 278

杨荣敏 9813

杨如鑫 8809, 9341, 9410, 9802, 9806, 9855, 9946,
10013, 10017, 13106

杨茹鑫 9341, 10015

杨儒怀 10851, 11091, 11672, 11968, 12192, 12536

杨汝伟 11945

杨汝谐 7689, 8017

杨瑞芬 2042, 2524

杨瑞庆 10977, 10994, 11094, 11099, 11127, 12037

杨瑞意 345

杨瑞云 8426

杨润 5096

杨润成 3357

杨若笙漫 3463

杨若天 5298

杨若望 12440

杨若英 5093

杨骚 13169

杨森 5373, 5394, 6159, 6426, 6427, 8485, 8504,
10857, 10860

杨沙 1998, 5211, 9525

杨善 9133

杨善琛 2228

杨善深 1390, 1432, 2016, 2031

杨尚东 10779

杨尚奎 5398

杨少青 11486

| | | | |
|---|---|---|---|
| 杨少山 | 12992 | 杨士忠 | 7558 |
| 杨少彝 | 12316 | 杨世安 | 10394 |
| 杨少毅 | 12160 | 杨世昌 | 3808, 5184 |
| 杨绍斌 | 12344 | 杨世光 | 5885 |
| 杨绍辉 | 4959, 4992 | 杨世海 | 11034 |
| 杨绍练 | 5935, 6181 | 杨世骥 | 10347 |
| 杨绍路 | 2423, 3950, 4090, 5407, 5494 | 杨世科 | 11834 |
| 杨绍明 8707, 8887, 8889, 8898, 8901, 8953, 8984, 9035, 9106 | | 杨世彭 | 12798 |
| | | 杨世全 | 7820, 8438 |
| 杨绍全 | 8971 | 杨世瑞 | 7488 |
| 杨绍仁 | 12479 | 杨世祥 | 12776 |
| 杨身源 | 479, 483 | 杨仕成 | 3520, 3521 |
| 杨慎 753, 754, 794, 1056, 1269, 1453, 7208, 7209, 7215, 7656, 7657, 10948, 12305 | | 杨守本 | 5851 |
| | | 杨守敬 7234, 7262, 7670, 7746, 7776, 7830, 8387, 8398, 8518 | |
| 杨升庵 | 8076 | | |
| 杨生丁 | 5299 | 杨守炉 | 6764 |
| 杨声灿 | 5596 | 杨守谋 | 1067 |
| 杨声光 | 6801 | 杨守年 | 10256 |
| 杨胜利 | 6014 | 杨守智 | 821 |
| 杨胜荣 | 1798, 1852 | 杨寿东 | 1148 |
| 杨诗云 | 8241 | 杨受安 2759, 3233, 3246, 3273, 3280, 3283, 3318, 3809 | |
| 杨石朗 | 1791, 1943, 2469, 3574 | | |
| 杨石青 | 12006 | 杨书案 | 5470, 6492, 6502 |
| 杨石友 | 6801, 10139, 10140, 10141, 10142 | 杨书凤 | 1251 |
| 杨时川 | 12346 | 杨书明 | 12036, 12630, 12636 |
| 杨时荣 | 9442 | 杨叔明 | 8110 |
| 杨时音 | 9011, 9406 | 杨淑芬 | 7742 |
| 杨士菊 | 11091, 11096, 11521 | 杨淑萍 | 10363 |
| 杨士军 | 3912 | 杨淑琴 | 1842 |
| 杨士林 | 8305 | 杨淑清 | 11812 |
| 杨士明 | 2187 | 杨淑涛 880, 3865, 3924, 3960, 4025, 4124, 4305, 5318, 5471 | |
| 杨士清 | 11797, 11798 | | |
| 杨士修 | 8456 | 杨淑娴 | 10801 |
| 杨士毅 | 043 | 杨淑珠 | 3907 |
| 杨士颖 | 13204 | 杨述 | 6032, 6203 |

杨树常　867

杨树亮　12407

杨树文　450, 10648

杨树有　1833, 1854, 1921, 1925, 1944, 1956, 1960, 2078, 2095, 2104, 2131, 2133, 2146, 2148, 2159, 2354, 2422, 2432, 2434, 3152, 3367, 3910, 4086, 4138, 4145, 4272, 4333, 4495, 4584, 4605, 4640, 4688, 4709, 4734, 4796, 4807, 4834, 4835

杨树玉　5724, 5739, 6511, 6551

杨树云　9641, 13123

杨庶正　11683, 11755, 12227

杨水利　8961

杨水青　6468

杨顺和　6591

杨顺泰　2162, 2809, 3207, 3376, 3383, 3771, 4301, 4315, 4854, 5266

杨朔　6001

杨硕　912

杨思本　1030

杨思梁　055, 480, 10180

杨思平　13200

杨思胜　2273

杨思陶　2875, 5367, 5742, 5875, 6058, 6102, 6402

杨泗孙　8033

杨松杰　3854, 5204, 5464, 6055

杨松林　2792, 3091, 3111, 3734, 8647

杨松青　3738, 3745

杨嵩　5489, 5634, 5811, 5841

杨嵩春　2327

杨颂仁　11440

杨苏民　9339, 9373, 10018

杨甦　3096, 4952

杨肃生　2825

杨素芳　7387

杨素兰　7136

杨素霞　6629

杨素云　10319

杨随　11986

杨莎丽　2088

杨涛　7156

杨逖先　8715

杨天飞　5987

杨天福　11310

杨天基　11310

杨天军　2313

杨天生　2313

杨天佑　1172

杨天中　2066, 2098, 2147, 4502, 4574, 4621, 4631, 4671

杨田村　13083

杨铁刚　12205, 12336

杨廷宝　2869, 2938

杨廷宾　3051

杨廷珍　8543

杨廷梓　12997

杨亭轩　9782

杨挺　2460

杨通八　11094, 11098

杨通河　4034, 4122, 4126, 4273, 4384

杨通六　12168

杨通祥　8939

杨通谊　8222

杨桐　4109

杨土琼　6294

杨畹农　12071, 12073, 12074, 12075

杨万富　12605

杨万国　2052, 2098, 2167, 2571, 2574, 2576, 2578, 4564, 4696, 4702, 9087

杨万久　5781

杨万强 2167

杨万兴 1257

杨万秀 8943

杨王休 1461, 1462

杨望科 2912

杨威 6051, 12593, 12644, 12666

杨薇 6159

杨为国 7313, 7433, 7459, 7500, 7506, 7550, 7618,
7770, 7814, 7895, 7896, 7904, 7911, 8000,
8370, 8386, 8428

杨为铭 2719, 2726

杨为农 2260

杨为先 2473

杨维才 3786, 4150

杨维功 2106

杨维鸿 7323

杨维华 2072, 2078, 4275, 4313, 4415, 4418, 4433,
4458, 4472, 4572, 4597, 4648, 4743, 4789,
4811, 4832, 4853, 5275, 5335

杨维科 3785

杨维桢 7979

杨维祯 7951, 7972, 7980

杨维臻 4333

杨伟 2242, 10220, 12063, 12605

杨伟等 2224

杨伟光 2280, 9135, 11158, 13086, 13248

杨伟国 7417

杨伟华 8701, 8775, 8801

杨卫东 5900

杨卫平 1155, 6021, 6223, 6391

杨卫星 7395

杨卫中 3907

杨文 4884

杨文彬 5091

杨文春 10249

杨文骢 1572, 8039

杨文达 5333, 5457

杨文德 2365, 4321, 4358, 4422, 4423, 4470, 4485,
4503, 4683, 6509

杨文虎 088

杨文华 4986, 5248, 12733

杨文杰 10565

杨文竞 12364

杨文娟 6290

杨文俊 10611

杨文开 7666

杨文坤 5353

杨文理 5903, 6348, 6427, 6429, 6437, 6464, 6501,
6565

杨文亮 4597, 4793

杨文敏 6689

杨文明 8334

杨文平 12135

杨文庆 9393, 9538, 9563, 9589, 13148

杨文仁 631, 875, 877, 880,
955, 956, 957, 970, 979, 994, 2299, 3715,
3780, 4083, 4929, 5051, 5300, 5387, 5470,
5559, 5576, 5601, 5622, 5637, 5745, 5756,
5957, 5994, 6129, 6340, 6749

杨文涛 8010, 8098, 11258, 11483, 12210

杨文湘 4511

杨文秀 3079, 3083, 3086, 3087, 3092, 3097, 3100,
3101, 3108, 3116, 3556, 3633

杨文义 3372, 4190, 4198, 4280, 4312, 4372, 4384,
4410, 4469, 4532, 4573, 4575, 4585, 4612,
4645, 4652, 4735, 4780, 5245

杨文颖 12959

杨文勇 11724, 13135

杨文玉 8306

杨文月 9772

杨无咎　　　　　　　1541, 1546, 1547

杨武敏　　　　　　　　　　　　9026

杨兮　　　　　　　　　　3486, 6691

杨犀　　4912, 4955, 4969, 5004, 5012, 5038, 5044,
　　　5056, 5061, 5354

杨锡廿　　　　　　　　　2314, 2539

杨锡康　　　　　　　　　　　2156

杨熙会　　　　　　　　　　　12594

杨熙曾　　　　　　　　　　　11400

杨喜云　　　　　　　　　　　13238

杨遐琪　　　　　　　　　　　6216

杨遐琪　　　　　　　　　5821, 5942

杨霞　　　　　　　　　　　　10599

杨夏林　　　　　　　　　1938, 2345

杨先　　　　　　　　　　2260, 5655

杨先让　　311, 531, 1307, 2227, 3025, 3026, 3029,
　　　3114, 3127, 5121, 8642, 10187

杨贤才　　　　　　　　　　　4926

杨贤英　　　　　　　　　　　10686

杨咸胜　　　　　　　　　　　9237

杨岷　　　　　　　　　1464, 1471, 8078

杨宪金　1346, 2229, 2329, 6833, 7743, 7744, 8273,
　　　8319

杨宪明　　　　　　　　　　　10906

杨宪益　　　　　　　　　　　11548

杨乡　　　　　　　　　　　　12805

杨相镐　　　　　　　　　　　12607

杨祥麟　　　　　　　　　　　1417

杨向夫　　　　　　　　　　　5313

杨向红　　　　　　　　　　　12824

杨向阳　　　3354, 7269, 8206, 8429, 8430

杨向英　　　　　　　　　　　10604

杨象宪　　　　　　　　　2187, 2260

杨宵　　　　　　　　　　　　7601

杨萧萧　　　　　　　　　　　4887

杨小佛　　　　　　　　　　　8718

杨小健　　　　　　　　　　　7461

杨小凯　　　　　　　　　　　514

杨小涟　　　　　　　　　　　422

杨小玲　　　　　　　　　　　3391

杨小毛　　　　　　　　4679, 12994

杨小梦　　　　　　　　　8368, 8373

杨小民　　　　　　　　3522, 3523, 3524

杨小年　　　　　　　　11744, 11748

杨小佩　　　　　　　　　　　12079

杨小伟　　　　　　　　　　　6559

杨小彦　　108, 5939, 10139, 10140, 10141, 10142

杨小宜　　　　　　　　　6643, 6644

杨晓　　　　　　　　　6181, 11066

杨晓村　　　　　　　　　　　6537

杨晓东　　　3538, 3606, 3677, 3684, 6550

杨晓歌　　　　　　　　　　　12988

杨晓光　　　　　　　　　　　8912

杨晓晖　3979, 4035, 4106, 4289, 4560, 5444, 5526,
　　　5591, 5605, 5629, 5712, 5776, 5879, 5980,
　　　5990

杨晓辉　2571, 3896, 4177, 4219, 4431, 4481, 5629,
　　　11157

杨晓捷　　　　　　　　　　　8651

杨晓康　　　　　　　　　　　6629

杨晓利　　　　　　　　　8743, 8981

杨晓鲁　　　　　　　　10872, 10973

杨晓梅　　　　　　　　1196, 1200

杨晓能　　　　　　　　288, 8606, 8608

杨晓阳　　　　　　　　　356, 2908

杨晓勇　　2387, 4332, 4467, 4580, 4594, 4621

杨晓珍　　　　　　　　　　　2186

杨筱怀　　　　　　　　　　　2277

杨孝丽　　　　　　　　1820, 1828, 1836

杨孝敏　　　　　　　11190, 11255, 11274, 11276

杨效让　　　　　　　　　12654

杨啸　　　　1809, 5131, 5246, 5253, 5312

杨啸虎　　　　　　　　6649, 6650

杨澥　　　　　　　　　　8492

杨燮　　　　　　　　8485, 8504

杨心源　　　　　　　　　8506

杨辛　　　　110, 1343, 8319, 8322

杨辛媛　　　　　　　　　5654

杨欣　　　　　　　　　　5598

杨欣迎　　　　　　　　　862

杨新　534, 594, 598, 1488, 1510, 1520, 1521, 1585,
　　　1588, 1590, 2223, 2286, 3516, 5356, 5386,
　　　5482, 5635, 10279

杨新安　　　　　　　　　6879

杨新连　　　　　　　　　8731

杨新民　5202, 5209, 5210, 5390, 5392, 5397, 5433,
　　　5444, 5505, 9878

杨新奇　　　　　　　　　4473

杨新周　　　　　　　　　5518

杨鑫铭　　　　　　11161, 12388

杨兴　　　　　　　　　13019

杨兴海　　　　　　　　　7556

杨兴林　4109, 4133, 5244, 5324, 5587, 9345, 10019

杨兴石　　　　　　　　11040

杨兴雅　　　　　　　　　5893

杨星火　　　　5496, 11429, 11909

杨星曜　　　　　　　　　8506

杨雄　　　　　　　　　10989

杨修兰　　　　　　12657, 12658

杨修品　　　　　　　7398, 8313

杨修生　　　　　　　　12387

杨修义　　　　　　　3685, 3689

杨秀坤　　　5329, 5395, 5464, 5572, 5891

杨秀昆　　　　　　　　　5204

杨秀琴　　　　　　　　13215

杨秀实　　　　　　　　13291

杨秀雁　　　　　　　　　5303

杨秀云　　　　　　　　　9327

杨秀昭　　10841, 10906, 11351, 11535

杨秀枝　　　　　　　8229, 8239

杨旭　　　　　　　　4981, 6702

杨旭辰　　　　　　　　　5748

杨旭涛　　　　　　　　12086

杨叙南　　　　3561, 5488, 5552

杨续本　　　　　　　　　2890

杨轩良　　　　3767, 3783, 10406

杨宣勤　　　　　　　　　088

杨萱庭　　　　　　　8192, 8258

杨璇　　　　　　　　　12570

杨学　　1238, 1261, 5805, 6014, 6076

杨学成　　　　　　　　　5938

杨学宁　　　　　　　　　2695

杨学芹　　　　　　　8611, 10685

杨学求　　　　　　　　　8121

杨学书　　　　　　　　　2704

杨学昭　　　　　　　511, 6880

杨学正　　　　　　　　11052

杨雪帆　　　　　　　6804, 6865

杨雪丽　　　　　　　　　8745

杨雪梅　　　　　　　　106, 399

杨雅都　　　　　　　　12639

杨雅琇　　　　　　　　　057

杨亚典　　　　　　　　12830

杨亚伦　　9383, 9595, 9597, 9971, 10039

杨延文　　　2227, 2298, 2435, 2642

杨妍　　4517, 9592, 9601, 9730, 9738, 9739, 9743,
　　　9974

杨岩　　　　　　　　9132, 9257

杨炎祚　　　　　　　　　8532

杨盐　　　　　　　　　　7745

杨砚耕 12709, 12725

杨彦 921

杨艳华 10383

杨艳录 11503

杨雁堤 10880

杨雁鸣 6934

杨焰凌 5920

杨燕 10659

杨燕迪 10928

杨燕杰 5567, 5949

杨燕来 6246

杨燕屏 1166, 2516

杨燕萍 2935

杨扬 939, 6227, 6540, 7148, 11255, 11535, 11758, 12413, 12608

杨阳 2164, 2311, 10362, 10687

杨洋 1155, 5940, 11206

杨尧 3205, 3300, 5235, 5283, 5619, 5685

杨耀 386, 942, 1312, 2187, 2457, 7163, 10616

杨耀华 11056

杨野 5515, 5558, 5648, 5826, 5858, 5941, 6052, 6053

杨业治 10844, 10845

杨一峰 5409, 13320

杨一耕 3299

杨一鸿 10681

杨一华 5260, 5350, 5611

杨一明 5134, 5259, 5307, 5350, 5475

杨一之 10981

杨依现 6181

杨沂京 1149, 6613

杨沂孙 8027, 8042, 8044, 8047, 8048, 8052, 8066, 8070, 8102, 8104, 8116, 8357, 8363, 8519

杨怡 2164, 6363

杨苡 5461

杨义 6413, 9811

杨义辉 1123, 1136

杨艺 5471, 6066, 12644, 12645, 12667

杨艺华 12626

杨屹 11253, 11483

杨亦千 2148

杨易禾 10852

杨奕 534

杨益言 5089, 5090, 5091, 5092, 5099, 5132, 5133, 5140, 5350, 5360, 5365, 5368, 5480, 5520, 5937, 5974, 5979, 6003, 6020

杨谊 11171

杨逸麟 1733, 4974, 4993, 5007, 5447, 5563, 5564, 5608, 5711, 5721, 5972, 6096, 6247, 6322, 6388, 6565

杨逸麟创作室 6573, 6574

杨逸塘 2457, 3802

杨翌朝 637

杨毅 2339, 8328, 10304

杨毅红 11728

杨因 12019, 12021, 12023

杨茵 8843, 8966, 9061, 9069, 9114, 9314, 9447, 9452, 9470, 9718, 9731, 9894, 9900, 9902, 9917, 10001, 10006, 10114, 10148

杨荫浏 10908, 10953, 10954, 10955, 10961, 10965, 10966, 11045, 11078, 11150, 11163, 11292, 11350, 11548, 11934, 11935, 12058, 12075, 12138, 12156, 12243, 12245, 12246, 12247, 12308, 12309, 12322, 12327, 12341, 12345, 12351, 12437, 12438

杨银 7594, 7612, 7622

杨银乐 4041, 4553, 8849, 9315, 9873, 9874, 9881, 9884, 10055

杨寅宗 414

| | |
|---|---|
| 杨印溪 | 12439 |
| 杨应修 | 1766, 1921, 1927, 1992, 2051, 3553, 4271 |
| 杨英镖 | 3896, 4927, 4938, 4950, 4978, 5269, 5330 |
| 杨英侯 | 7313 |
| 杨樱林 | 8672 |
| 杨莹 | 12908 |
| 杨莹泽 | 3090, 3599, 4085, 4134, 4336 |
| 杨颖 | 3489 |
| 杨影 | 950 |
| 杨永 | 5492 |
| 杨永春 | 4980, 5387, 5411 |
| 杨永德 | 2477, 7302, 7566, 10305, 10326, 11170 |
| 杨永东 | 3315, 3747, 3770, 4103, 4125 |
| 杨永健 | 7310, 7341 |
| 杨永进 | 2477 |
| 杨永琚 | 2466, 5601 |
| 杨永康 | 2750 |
| 杨永坤 | 8027 |
| 杨永禄 | 4019 |
| 杨永明 | 4441, 8809, 8825, 9085, 9226, 9229, 9230, 9235, 9237, 9238, 9240, 9241, 9243, 9376, 9378, 9955, 10023, 10056, 10066, 12990, 13107 |
| 杨永年 | 8974 |
| 杨永青 | 1511, 2400, 4971, 5029, 5113, 5132, 5394, 6386, 6398, 6428, 6429, 6495 |
| 杨永清 | 5514, 6361 |
| 杨永善 | 326, 330, 331, 413, 2264, 2280, 3057, 10191, 10648 |
| 杨永生 | 094 |
| 杨永胜 | 8402, 8403, 8404, 8405 |
| 杨永葳 | 3293 |
| 杨永雄 | 2692 |
| 杨永义 | 1102, 1103, 10268 |
| 杨永裕 | 7211 |
| 杨勇 | 1112, 8890, 11512 |
| 杨勇绘 | 6717 |
| 杨勇翔 | 3453 |
| 杨友吉 | 7929, 7930, 7935, 8011 |
| 杨友园 | 5971 |
| 杨有凤 | 5366 |
| 杨有祥 | 6474 |
| 杨有园 | 5661 |
| 杨有志 | 8946 |
| 杨于复 | 5839 |
| 杨余燕 | 11967, 11978 |
| 杨与石 | 11040 |
| 杨予野 | 11140, 12111, 12119 |
| 杨宇 | 6281, 6282, 6690, 10737 |
| 杨宇云 | 8573 |
| 杨羽 | 1260, 12599, 12652, 12653, 12655 |
| 杨羽仪 | 5348, 5398 |
| 杨雨春 | 12919, 12923 |
| 杨雨青 | 3731, 5234, 5238, 5273, 5363, 5436, 5448, 5717, 5803, 5950, 5960, 6040, 6110 |
| 杨雨森 | 11308 |
| 杨雨文 | 8942, 9097 |
| 杨玉 | 6002, 6003 |
| 杨玉光 | 8191, 9424 |
| 杨玉国 | 10842 |
| 杨玉红 | 3509 |
| 杨玉华 | 3551, 3637, 3657, 3686, 3688, 3702, 3756, 4906, 4998 |
| 杨玉奎 | 3917 |
| 杨玉兰 | 12624 |
| 杨玉良 | 6250 |
| 杨玉林 | 6256 |
| 杨玉龙 | 7308 |
| 杨玉平 | 6805 |
| 杨玉萍 | 10187 |

杨玉琪 2051, 2544

杨玉生 12610

杨玉英 13065

杨郁生 3905, 5286

杨郁暄 6655, 6662, 6664

杨育才 2521

杨育光 9696, 9977

杨育林 5396

杨育青 4984, 7502

杨育元 9669

杨遇春 5316, 5547

杨遇泰 981, 7643

杨裕平 12574

杨毓珉 12820

杨毓荪 2528, 12316

杨渊绘 2416

杨元昌 8702, 8747, 9358

杨元其 11956

杨远昌 11287

杨远英 024

杨远婴 13065, 13212

杨苑鑫 13106

杨悦浦 122, 536, 1485, 2402

杨跃 13034, 13052

杨云 5721, 6244, 8157

杨云芳 12663

杨云飞 2800

杨云海 4144

杨云鹤 11005

杨云华 4972

杨云龙 1167, 1173, 2851, 2938, 3205

杨云平 1261

杨云青 1918

杨云清 1960, 2093, 2419, 4252, 4316, 4358, 4558, 10407

杨云庆 5182, 5215, 5262, 5270, 5311, 5333, 5364, 5368, 5372, 5437, 5493, 5558, 5739, 5776, 6042

杨允澄 6264

杨运昌 954

杨锟 10882, 10920, 11274, 11276

杨锟华 1598, 1643

杨蕴华 1643

杨载仁 7433

杨再春 7276, 7277, 7280, 7281, 7295, 7296, 7343, 7415, 7425, 7433, 7445, 7462, 7464, 7478, 7493, 7498, 7513, 7535, 7545, 7546, 7548, 7552, 7553, 7555, 7556, 7559, 7571, 8176, 8189, 8193, 8198, 8199, 8202, 8226, 8227, 8229, 8231, 8239, 8240, 8267, 8270, 8370, 8433, 10299

杨再华 6135

杨再立 7166

杨再溪 5318

杨在敏 10764

杨在泉 11006

杨在溪 5129, 5494, 5586, 6533

杨赞贤 10509, 10511

杨泽 194, 7295

杨泽生 9556

杨曾宪 217

杨增玲 7647, 10305

杨展业 6409

杨战生 2229

杨湛霖 5093

杨章熙 093

杨掌生 12736, 12737, 12738

杨招亮 11490

杨昭俊 8535

杨兆丰 11239

| | | | |
|---|---|---|---|
| 杨兆军 | 7440 | 杨正昌 | 11967 |
| 杨兆林 | 3907, 4905, 5045, 5085, 5356, 5359, 5369, 5404, 5437, 5440, 5525, 5601, 5602, 5617, 5618, 5684, 5736, 5737, 5786, 5824, 5829, 6128, 6461 | 杨正旗 | 1065, 1066, 1067 |
| | | 杨正秋 | 10093 |
| | | 杨正全 | 10280 |
| | | 杨正仁 | 11671 |
| 杨兆麟 | 3609, 3674, 4205, 4882, 5068, 6447, 6485 | 杨正山 | 12422 |
| 杨兆平 | 1926 | 杨正吾 | 6094 |
| 杨兆三 | 3748, 5351 | 杨正午 | 11997 |
| 杨兆席 | 6328 | 杨正新 | 990, 991, 2164, 2275, 2314 |
| 杨兆祥 | 5581, 5745 | 杨政华 | 7012, 7139 |
| 杨兆新 | 2718, 3543, 3544, 3549, 3558, 3575 | 杨之光 | 710, 870, 871, 1308, 1390, 1721, 1736, 1774, 1785, 1807, 1808, 1816, 1819, 1825, 1842, 1847, 1927, 2052, 2355, 2413, 2860, 2902, 3883, 3942 |
| 杨兆祯 | 10850, 11116, 11794 | | |
| 杨照明 | 13183 | | |
| 杨肇林 | 5143 | | |
| 杨振国 | 1489 | 杨之江 | 12233 |
| 杨振华 | 4109, 4558, 9342, 9944, 12989 | 杨之庆 | 5404 |
| 杨振辉 | 13147 | 杨之婉 | 5850, 5921 |
| 杨振吉 | 9459 | 杨植材 | 6285, 6286 |
| 杨振良 | 10870 | 杨植建 | 1963 |
| 杨振淇 | 11155 | 杨植霖 | 5506 |
| 杨振荣 | 8635 | 杨芷芳 | 5323 |
| 杨振廷 | 2416 | 杨志彬 | 2584 |
| 杨振伟 | 3508, 6557, 6562, 6567 | 杨志斌 | 2581, 2583 |
| 杨振武 | 087 | 杨志春 | 5387, 5390, 5411, 5494 |
| 杨振熙 | 2481, 2551, 2937, 4141 | 杨志达 | 1117 |
| 杨振雄 | 11625 | 杨志刚 | 6349, 11984, 11991 |
| 杨振宇 | 10384 | 杨志恒 | 2310 |
| 杨振渊 | 3853 | 杨志坚 | 3125, 3568, 3583, 3620 |
| 杨振远 | 4626, 4708 | 杨志军 | 039 |
| 杨振忠 | 7321 | 杨志康 | 7500, 7538, 7580 |
| 杨振洲 | 3793, 4000, 4103, 4127, 4237, 5343 | 杨志麟 | 183, 528, 3354, 3362 |
| 杨震 | 6807 | 杨志明 | 190 |
| 杨震方 | 7665 | 杨志鹏 | 10656 |
| 杨震河 | 3123, 9811 | 杨志平 | 5705 |
| 杨镇 | 11108 | 杨志清 | 10720 |

| | | | |
|---|---|---|---|
| 杨志威 | 2915 | 杨子建 | 2339 |
| 杨志义 | 5781, 5813, 5927 | 杨子健 | 3818 |
| 杨志印 | 3621 | 杨子江 | 3059, 5523, 5631, 5715 |
| 杨志远 | 5172, 5195, 5225, 5230, 5248, 5315, 5403 | 杨子颐 | 8683 |
| 杨志忠 | 11673 | 杨子耘 | 11277 |
| 杨治国 | 10323 | 杨梓 | 6552 |
| 杨治经 | 8621 | 杨紫 | 4450, 4452 |
| 杨智 | 5381, 5874, 6179 | 杨自立 | 8271 |
| 杨智富 | 119, 121 | 杨自明 | 6411 |
| 杨智华 | 12203 | 杨宗稷 | 11330, 11331, 12242 |
| 杨中俭 | 8847, 8941, 9029, 9110, 9408, 9432, 9433, 9442, 9445, 9454, 9460, 9465, 9468, 9480, 9484, 9506, 9522, 9690, 9693, 9695, 9696, 9703, 9718, 9720, 9722, 9724, 9731, 9738, 9745, 9746, 9764, 9861, 9874, 9881, 9887, 9895, 9905, 10068, 10076, 10085, 10091, 10118, 10633 | 杨宗魁 | 1089, 7634, 8777, 10368, 10379, 10385, 10386, 10387, 10388, 10394, 10398, 10401, 10402, 10596, 10725 |
| 杨中天 | 4530 | 杨宗荣 | 573 |
| 杨中修 | 9703 | 杨祖荃 | 12600 |
| 杨中言 | 5299 | 杨祖逃 | 2715 |
| 杨忠 | 6126, 12695 | 杨祖武 | 7363 |
| 杨忠椿 | 5893 | 杨佐恒 | 10043 |
| 杨忠福 | 4260, 4551 | 杨佐桓 | 9846 |
| 杨忠庆 | 10993 | 杨作文 | 1815, 1992, 2004, 2361, 2362, 2363, 2365, 3784, 3814, 3860, 4011, 4059, 4131, 4205, 4231, 4475, 4477, 4544, 4623, 4653, 4740, 5200 |
| 杨忠义 | 10382 | 杨祚职 | 8533, 8555 |
| 杨钟 | 5212 | 旸团君 | 5540, 5578, 5790 |
| 杨钟贤 | 2310, 2311 | 洋洋 | 6379, 10602 |
| 杨钟宇 | 11288 | 洋溢 | 6222 |
| 杨仲英 | 10241 | 仰嘉祥 | 8473 |
| 杨仲子 | 8511 | 仰文渊 | 13209 |
| 杨周怀 | 12389, 12443 | 养晦盦 | 11827 |
| 杨孜 | 4344 | 养老孟司 | 10773 |
| 杨滋植 | 5241 | 样如薪 | 9229 |
| 杨子 | 1257, 6387 | 尧登佛 | 12658 |
| 杨子华 | 10838 | 尧登富 | 12658 |
| | | 尧光铠 | 12381 |

| | | | |
|---|---|---|---|
| 尧进 | 4607 | 姚福成 | 8738, 8783 |
| 尧井 | 11712 | 姚淦铭 | 7354 |
| 尧心厂 | 11562 | 姚格之 | 13217 |
| 尧尧 | 5659 | 姚根发 | 156, 562 |
| 姚安 | 10993 | 姚亘 | 979 |
| 姚柏 | 5625, 5917, 6220, 6224, 6275, 6277 | 姚耕 | 10866 |
| 姚宝荣 | 10511 | 姚耕云 | 902, 903 |
| 姚葆勋 | 4599, 8145, 8381 | 姚耕耘 | 2010, 2632, 2641, 5048 |
| 姚宾谟 | 10203 | 姚关虎 | 5399 |
| 姚秉怡 | 6942 | 姚关荣 | 11084 |
| 姚博初 | 8820, 9241 | 姚光 | 5834 |
| 姚长起 | 4017 | 姚广才 | 6338 |
| 姚承嵘 | 11521, 12049 | 姚广孝 | 8038, 8040 |
| 姚承勋 | 5451 | 姚国安 | 3202 |
| 姚崇林 | 12639 | 姚国祥 | 3517 |
| 姚传骧 | 5789, 5813, 5881, 5906 | 姚国桢 | 8111 |
| 姚春 | 1082, 7472, 7508 | 姚汉光 | 11308, 12328 |
| 姚春明 | 10585 | 姚浩然 | 10620 |
| 姚大因 | 10651 | 姚衡 | 7692 |
| 姚大源 | 8501 | 姚弘倜 | 8495 |
| 姚得民 | 2486 | 姚红 | 6452, 6494, 7135 |
| 姚德淳 | 7499, 8392 | 姚宏斌 | 5662 |
| 姚德利 | 11058, 11065 | 姚宏翔 | 194, 370, 1161, 6830, 6831, 6832, 6833, |
| 姚钿 | 316 | | 6835, 6836, 6877, 6878, 6905, 7622 |
| 姚殿科 | 3210, 4020, 4094, 4212, 4238, 4474, 4590, | 姚洪 | 6244 |
| | 8789, 10646 | 姚洪斌 | 5418, 6165 |
| 姚东晖 | 5769 | 姚洪发 | 3100, 3103, 4954, 4985, 4999, 5096, 5400 |
| 姚都生 | 8684 | 姚鸿发 | 2031, 3803, 5034, 5093, 5308, 6756 |
| 姚尔畅 | 3261, 3336, 6905 | 姚华 | 1703, 1707, 3674, 8113, 8117, 8399, 8535 |
| 姚尔清 | 5848, 5849 | 姚华俊 | 4769, 4773 |
| 姚方 | 2878 | 姚华平 | 9466, 9734 |
| 姚方正 | 12353 | 姚际恒 | 773 |
| 姚峰 | 11123 | 姚继焜 | 5799 |
| 姚锋 | 6702, 6708 | 姚继业 | 11099 |
| 姚凤林 | 3064, 7623, 7624, 10187 | 姚暨荣 | 584 |

姚家栋 10616

姚家齐 10657

姚建峰 5420

姚建国 4320, 5833

姚建杭 7478, 7543

姚建华选 11489

姚建明 5323

姚建平 5850, 6217, 6275

姚荐杭 7431, 7443

姚今迈 478

姚金石 12628

姚锦祥 9406

姚锦新 10845, 11536

姚觐元 8452

姚京明 2899

姚经才 8724, 13104

姚景卿 1958, 2043, 2516, 4513, 4660, 4723, 4724, 4742

姚静萍 10310

姚军 3901, 6522

姚钧 4915, 5623, 5655, 5676, 5691, 5742, 5760, 5773, 5778, 5797, 5805, 5807, 5809, 5857, 6007, 6008, 6009, 6071, 6091, 6127

姚俊国 2149, 2381, 2382, 4080, 4718, 5728

姚俊卿 7253, 8271

姚俊忠 4480

姚濬熙 8515

姚克明 5237, 5284

姚奎 1385, 2646, 5583

姚腊远 3862

姚来彬 11286, 12557

姚兰 5810

姚力 6549

姚力芳 3849

姚力平 7504

姚莉 11531, 11989

姚连生 5577

姚伶 12104, 12127

姚玲 12115

姚鲁彦 5557

姚绿野 4991, 12611

姚美芳 5282

姚孟起 7235

姚敏夫 8963

姚敏奇 3347, 3348, 3350, 3351, 10178, 10276

姚明德 5764

姚明辉 11019

姚鸣京 2314, 6260

姚铭 1916, 2918

姚牧 11377, 11381, 11899, 11934, 11936, 12021

姚乃兴 11268

姚耐 5663, 5702, 5792, 5817, 5845, 5871, 5940, 5986, 6031, 6094, 6129, 6137

姚鼐 7701, 7702, 8043, 8046, 8055

姚楠 13143

姚念赓 10980, 11181, 11182

姚念贻 13259

姚宁 10188

姚佩君 6932, 6933, 6934

姚配中 7216, 11327

姚平 7260

姚其巩 10710

姚琪 1818

姚旗 8763

姚迁 4487, 10651

姚峭丽 4927, 4937, 4955, 5041, 5070, 5087, 5140, 6855

姚秦 585, 1130, 6799

姚勤 5229, 5296, 5391

姚勤德 422

| | |
|---|---|
| 姚青 | 5986 |
| 姚清水 | 5620 |
| 姚庆林 | 8944 |
| 姚庆章 | 6789, 6791 |
| 姚全福 | 4101 |
| 姚泉福 | 3241 |
| 姚群 | 2624 |
| 姚人雄 | 5737, 5926, 6469 |
| 姚杉 | 12159 |
| 姚善堂 | 2994 |
| 姚少崇 | 4940, 4946 |
| 姚少华 | 2692, 4803 |
| 姚申玉 | 9020 |
| 姚石子 | 12743 |
| 姚士宏 | 408 |
| 姚世迦 | 5523, 5729 |
| 姚世泽 | 10993, 11051, 11164 |
| 姚世真 | 12525, 12526, 12531 |
| 姚寿康 | 5679 |
| 姚绶 | 1565, 1566, 1582 |
| 姚水娟 | 12919 |
| 姚顺麟 | 7425, 7466, 7558 |
| 姚舜熙 | 2909 |
| 姚思敏 | 2708 |
| 姚思源 | 10815, 10823, 10841, 11682, 11947, 12018, 12019 |
| 姚苏凤 | 13171, 13172 |
| 姚泰成 | 7268 |
| 姚天沐 | 1800, 3065, 3750, 3830, 3910, 3993, 3994, 4957 |
| 姚天新 | 9139, 9903 |
| 姚天佑 | 1307 |
| 姚天元 | 5395, 5839 |
| 姚维身 | 3804 |
| 姚莘芝 | 8721 |
| 姚文放 | 12706 |
| 姚文华 | 11169 |
| 姚文恺 | 5388 |
| 姚文奎 | 2828 |
| 姚文字 | 4801 |
| 姚惜抱 | 8050 |
| 姚祥发 | 5633, 5880, 6086, 6192 |
| 姚祥智 | 8254 |
| 姚向东 | 5657 |
| 姚向群 | 3874 |
| 姚小泉 | 6377, 6378 |
| 姚晓蒙 | 13077 |
| 姚晓濛 | 13078, 13079 |
| 姚晓强 | 12182, 12239 |
| 姚孝法 | 1913, 2091, 2151, 2156, 4229, 4296, 4346, 4363, 4675, 4801 |
| 姚燮 | 1627 |
| 姚燮 | 1632 |
| 姚欣 | 13179 |
| 姚新峰 | 2550, 2703 |
| 姚胥正 | 5263 |
| 姚宣刚 | 6976 |
| 姚学贤 | 3882, 3894, 3926 |
| 姚雪华 | 11956, 11957 |
| 姚雪垠 | 5318, 5319, 5353, 5356, 5359, 5374, 5392, 5394, 5400, 5404, 5409, 5410, 5414, 5415, 5416, 5456, 5465, 5482, 5486, 5487, 5494, 5524, 5525, 5550, 5568, 5601, 5616, 5669, 5681, 5684, 5778, 5779, 5786, 5824, 5831, 5879, 6013, 6128 |
| 姚亚平 | 10987 |
| 姚亚萍 | 9253 |
| 姚延林 | 3635, 3649, 4087, 4990, 5308, 5448, 5700, 5819, 5871, 5948, 6059, 10280 |
| 姚晏 | 7692, 7694, 7697, 8449, 8450 |

姚阳光    6608

姚瑶    5585

姚一苇    016, 114, 12567

姚以让    10872, 11076, 11091

姚以文    11470

姚义发    7530

姚艺    1102

姚逸之    1255, 3850, 5255, 5308, 5667

姚意克    3525

姚毅    6473

姚毅刚    5295

姚莹    8017

姚莹湘    9244

姚颖华    5735

姚永全    7302, 7310

姚有多  876, 1449, 1855, 1867, 1874, 2405, 3659, 4897

姚有信  1853, 1900, 2606, 3857, 3877, 3931, 4897, 5006, 5040, 5137, 5340, 5414, 5437, 10458

姚佑章    4309

姚渔湘    782

姚渝永    5822, 6086, 6497

姚羽    6036

姚雨林    10715

姚玉成  2119, 2141, 4441, 4614, 4644, 4669, 4749, 4786

姚玉明    8699

姚玉卿    11390, 11957

姚玉霞    5975

姚煜    2262

姚元龙    10284

姚元之    769

姚岳山    361, 473

姚越秀    374, 7065

姚运才    11520

姚肇昌    8524

姚哲成    8280

姚哲人    8253

姚振起    6068

姚振益    10820

姚振中    12829

姚争    7005, 7008, 7009

姚正富    5286, 6008, 6345

姚正平    5458

姚政文    5366

姚之书    8242

姚志虎    11360

姚志明    11234, 11284

姚志远    10369, 10727

姚治华    1119, 1855, 2031, 5070

姚中玉  1945, 2779, 3085, 3223, 3228, 3386, 3573, 3582, 3594, 3614, 3627, 3635, 3636, 3662, 3679, 3680, 3687, 3698, 3785, 3799, 3802, 4003, 4009, 4015, 4037, 4038, 4055, 4064, 4065, 4068, 4082, 4092, 4099, 4134, 4147, 4162, 4165, 4172, 4180, 4192, 4198, 4201, 4203, 4217, 4224, 4228, 4236, 4247, 4296, 4325, 4341, 4357, 4359, 4374, 4378, 4668, 4746, 8839, 8842, 8852, 8858, 8862, 9004, 9016, 9018, 9110, 9313, 9462, 9499, 9765, 9912, 10089

姚忠保    8740

姚忠礼    5282, 6250, 6733, 6742

姚钟葆    1602

姚钟华    1388, 1405, 2772, 10458

姚钟荣    6275

姚仲华    3317

姚仲新  882, 1447, 2377, 3818, 4270, 4393, 6074,

6122

姚重庆 1490, 1491, 1520, 1936, 2164, 2861, 3322,
　　　 3326, 3340, 4031, 4114, 4163, 4165, 4195,
　　　 4203, 4228, 4251, 4293, 4309, 4343, 4616,
　　　 4725, 4791, 5443, 5962, 6359, 6902, 9899,
　　　 9900

姚子良　　　　　　　　　　　　　　 5707

姚自豪　　　　　　　　　 5838, 5839, 5984

姚最　　　　　　　　　　 727, 745, 746

姚佐庭　　　　　　　　　　　　　　 1485

瑶华道人　　　　　　　　　　　　　 8018

瑶军　　　　　　　　　　　　　　　 5729

药恒　　　　　　　　　　　　　　　 5014

要彬　　　　　　　　　　　　　　 10204

要新华　　　　　　　　　　　　　　 3389

耀光　　　　　　　　　　　　　　　 5369

耀华　　　　　　　　　　　　　　 12093

耀明　　　　　　　　　　　　　　　 6510

耀强　　　　　　　　　　　　　　　 5132

耀群　　　　　　　　　　　　　　　 6337

耀伟　　　　　 5563, 5569, 5674, 5846, 6032

耀云　　　　　　　　　　　　　　 11510

耀中　　　　　　　　 7073, 7074, 12166

耶·格里尼瓦　　　　　　　　　　　 4894

耶·罗斯托勃契娜　　　　　　　　　 12426

耶·耶·雅估施金　　　　　 13255, 13257

耶·耶·雅古施金　　　　　　　　　 4904

耶胡迪·梅纽因　　　　　　 10867, 11191

耶娃·萧　　　　　　　　　　　　　 8917

也迅　　　　　　　　　　　　　　　 5895

冶黄　　　　　　　　　　　　　　　 9876

野村良雄　　　　　　　　　　　　 10847

野村明　　　　　　　　　　　　　 10371

野岛　　　　　　　　　　　　　　 13141

野渡　　　　　　　　　　　　　　　 9903

野峰　　　　　　　　　　　　　　 12611

野蜂　 12095, 12562, 12588, 12589, 12603, 12607,
　　　 12654

野夫　　 1203, 1204, 1283, 2982, 3401, 4879, 8868

野宫勋　　　　　　　　　　　　　 10866

野火　　　　　　　　　　　　　　　 4897

野间省一　　　　　　　　　　　　　 9250

野口久光　　　　　　　　　　　　 10860

野牧　　　　　　　　　　　 4950, 4998

野崎诚近　　　　　　　　 10296, 10312

野世杰　　　　　　　　　　　　　 10477

野田道子　　　　　　　　　　　　　 7138

野田亚人　　　　　　　　　　　　 10684

野雁　　　　　　　　　　　　　　　 5759

业德俊　　　　　　　　　　　　　　 974

业立中　　　　　　　　　　　 405, 406

业宁　　　　　　　　　　　　　　 10299

业强编辑室　　　　　 180, 1075, 10679

业守义　　　　　　　　　　　　　　 3565

业余美术创作学习班　　　　　　　 5183

业余美术组　　　　　　　　　　　 12592

叶·米·戈尔陀夫斯基　　　　　　 13202

叶白凡　　　　　　　　　　　　　　 1743

叶柏风　　　　　　　　　　　　　 10618

叶柏满　　　　　　　　　　　　　　 5702

叶宝森　　　　　　　　　　　　　　 3864

叶保全　　　　　　　　　　　　　　 5739

叶本度　　　　　　　　　　 6870, 8676

叶彬彦　　　　　　　　　　　　　　 964

叶伯和　　　　　　　　　　　　　 10949

叶布　　　　　　　　　　　　　　 12300

叶菜　　　　　　　　　　 12481, 12555

叶蝉贞　　　　　　　　　　　　　　 365

叶昌炽　　　　　　　　 8614, 8615, 8616

叶长海　　　 12743, 12770, 12855, 12897

| | | | |
|---|---|---|---|
| 叶超 | 4889 | 叶尔恺 | 7797, 7806, 8109 |
| 叶朝苍 | 6901 | 叶尔宽 | 8454, 8457 |
| 叶朝武 | 3521 | 叶方青 | 12067 |
| 叶呈基 | 10701 | 叶芳来 | 5772 |
| 叶承桂 | 1269 | 叶芳琼 | 11232, 11233 |
| 叶承泗 | 6794 | 叶仿樵 | 2016 |
| 叶川 | 2565, 4059, 4087, 4110, 4136, 4139, 4157 | 叶访樵 | 3667 |
| 叶川复 | 10444 | 叶放生 | 5036 |
| 叶创蘅 | 11386 | 叶飞 | 5519, 5623, 5787, 6661 |
| 叶春阳 | 5950 | 叶菲莫夫 | 502 |
| 叶春旸 | 3440, 6293 | 叶枫 | 2227, 11434, 11832, 11985 |
| 叶纯敏 | 4201, 4257 | 叶峰 | 1088 |
| 叶纯之 | 10846 | 叶甫盖尼·巴甫洛维奇·叶戈洛夫 | 6905 |
| 叶赐振 | 5057 | 叶钢 | 6659 |
| 叶聪 | 11966, 11968 | 叶戈罗夫 | 11112 |
| 叶大兵 | 12990 | 叶戈洛夫 | 081 |
| 叶大根 | 8568 | 叶歌 | 6672 |
| 叶大开 | 3140, 8804 | 叶更生 | 6688 |
| 叶大荣 | 4881, 5008, 5024, 5035, 5062, 5086, 5087, 5109, 5118, 5127, 5137, 5143, 5743 | 叶公超 | 016, 7973 |
| 叶丹 | 5504 | 叶公贤 | 370, 1206, 3091, 3648, 3998, 4357, 4954, 5525, 10447 |
| 叶丹青 | 12954 | 叶恭绰 | 091, 1057, 1682, 2051 |
| 叶旦妮 | 1214 | 叶冠华 | 6416 |
| 叶导 | 8691, 8760, 9012, 9433, 9436, 9452, 9460, 9729, 9752, 9891, 9908, 9973 | 叶广伟 | 9406 |
| 叶导等 | 9752 | 叶国松 | 10211 |
| 叶德昌 | 1752, 1907, 3610, 3664, 3673, 3692, 3705, 3880, 3923, 4125, 4149, 4219 | 叶果 | 6440 |
| 叶德辉 | 500, 777, 780, 7662, 8107 | 叶果洛夫 | 081 |
| 叶殿迎 | 7508 | 叶海 | 5044, 5140 |
| 叶定莲 | 7385 | 叶海鸥 | 5832 |
| 叶栋 | 10965, 11294, 11295 | 叶海燕 | 6052, 6191 |
| 叶栋解 | 11052 | 叶含润 | 11821 |
| 叶渡 | 459 | 叶红红 | 12834 |
| 叶钝清 | 5923 | 叶宏材 | 13263, 13264 |
| | | 叶洪祥 | 1762 |
| | | 叶鸿翰 | 8516 |

叶鸿翔 6687

叶鸿业 1697

叶厚荣 12838

叶华 13238, 13240

叶怀德 10784

叶惠芳 11255

叶惠康 10862

叶惠元 4898, 5062, 5070, 5079, 5081, 5083, 5100, 5103, 5119, 5120, 5130, 5137, 5390, 5447, 5464, 5482, 5495, 5988, 5989, 8350

叶吉 4973, 5021

叶纪彬 087

叶佳亮 12219

叶家斌 5212, 5242, 5255, 5386, 5431, 5504, 5552, 5590, 5594, 5650, 5735, 5748, 5849, 5920, 6167, 6170, 6536

叶家和 5659, 5770

叶家佺 7439, 7500

叶家铮 6613

叶坚 1838, 3098, 3856, 3946, 5552

叶坚铭 4933, 4961, 5007, 5029, 5035, 5061, 5086, 5385, 5427, 5453, 5518, 5545, 5554, 5593, 5887

叶建荣 6001

叶建森 3149, 5007, 5031, 5034, 5064, 5567, 5672, 5745, 5832, 5848, 5891, 6052, 6191

叶建新 2524, 2550

叶剑秋 10601

叶剑英 8143

叶介渔 9369, 9569

叶金华 5544

叶金生 3606, 8910, 10407

叶锦 8498

叶锦培 8322

叶进财 12181

叶菁 2574

叶景綦 2012, 2165

叶敬华 8840

叶靓 4937, 5033

叶九如 677, 678, 1451, 1452, 1453

叶军 6558

叶君健 4891, 5142, 5447, 5491

叶俊康 2564, 3206, 3300, 3936, 4009, 4057, 4092, 4113, 4280

叶俊松 11243

叶俊英 11479, 11480, 11764

叶开沅 12775

叶凯尔契克 8681

叶可晃 6433

叶拉尼克 12512

叶莱 11195, 11196, 11204, 11708, 12479, 12480, 12481, 12556

叶烂 2528

叶雷 10820

叶礼旋 5850

叶丽敏 6731

叶笠 5509

叶良玉 2010, 2416, 2660, 4455, 4677, 4740

叶列梅耶夫 1135

叶林 6687, 8829, 8833, 9237, 11044, 11106, 11111, 11112, 11395, 11626, 12563

叶林辉 9351

叶麟趾 10640

叶灵 6434, 6435

叶灵凤 6927

叶菱 5879

叶零 10239

叶刘天增 187

叶龙彦 13194, 13196, 13197, 13198

叶侣梅 1822, 2435, 3688

| | | | |
|---|---|---|---|
| 叶鲁 | 12410 | 叶坪 | 10312 |
| 叶绿娜 | 10829, 12499 | 叶朴 | 2936 |
| 叶绿野 | 2314, 4539 | 叶其峰 | 8541, 8550 |
| 叶潞渊 | 8563, 8571 | 叶其嘉 | 4300, 6277 |
| 叶露柯 | 10228 | 叶其青 | 1350, 2275, 3886, 3971, 4065, 4157, 4213, 4251, 4300, 5309 |
| 叶萝兰 | 13284 | | |
| 叶洛 | 2728, 3077 | 叶其盛 | 6277 |
| 叶曼纪 | 4191 | 叶其璋 | 2350, 3079, 3105, 3125, 3130, 3133, 3157, 3920, 3934, 4935, 5109 |
| 叶茅 | 6185, 6186, 6252 | | |
| 叶茂涵 | 354, 491, 492, 1111, 1137, 1147 | 叶其中 | 8617 |
| 叶茂林 | 418 | 叶琪 | 10363 |
| 叶眉 | 6807 | 叶启亮 | 5302 |
| 叶梅 | 13296 | 叶启森 | 9996, 10048 |
| 叶梦得 | 734 | 叶浅予 | 103, 476, 1094, 1385, 1389, 1434, 1724, 1725, 1728, 1734, 1755, 1776, 1782, 1786, 1863, 1895, 1910, 1934, 2016, 2031, 2083, 2346, 2348, 2410, 2848, 2851, 2855, 2856, 2857, 2858, 2871, 2872, 2873, 2875, 2977, 3392, 3393, 3413, 3421, 3422, 3481, 3502, 3503, 4870, 9557 |
| 叶苗 | 4881 | | |
| 叶苗田 | 2817, 2837 | | |
| 叶明 | 2481, 5567, 5814 | | |
| 叶明媚 | 10876, 11338, 11339 | | |
| 叶明楠 | 5067, 5286 | | |
| 叶明生 | 12947, 12956, 12980, 12981 | | |
| 叶明勋 | 12904 | 叶强 | 059, 158, 1147, 1160 |
| 叶鸣 | 5494 | 叶庆 | 1153 |
| 叶茗 | 6254 | 叶庆瑞 | 5657, 5735, 5914 |
| 叶铭 | 8527 | 叶庆文 | 8613, 8617, 8624 |
| 叶乃飞 | 5510, 6510 | 叶琼 | 13250, 13253, 13260, 13261, 13262 |
| 叶南 | 5268, 6018 | 叶琼芳 | 11227 |
| 叶楠 | 5447, 5562, 5572, 5624 | 叶秋原 | 005 |
| 叶宁 | 12587 | 叶泉 | 2339, 6642 |
| 叶诺夫 | 13256 | 叶人 | 2260 |
| 叶培贵 | 7403 | 叶仁山 | 11306 |
| 叶培蕴 | 9517 | 叶容 | 6943 |
| 叶佩兰 | 412, 423, 430, 432 | 叶蓉 | 6942, 6944, 6945, 6976, 12660 |
| 叶鹏 | 158, 317 | 叶如强 | 8902 |
| 叶鹏飞 | 8905 | 叶润周 | 8619, 8636, 10230 |
| 叶平安 | 10266 | 叶森 | 5533 |

| | | | |
|---|---|---|---|
| 叶森槐 | 2213, 2291, 2567 | 叶涛 | 12823, 12891, 12907, 13006 |
| 叶尚青 | 516, 799, 943, 960, 1004, 2187 | 叶天荣 | 4594, 5600, 5897, 5938, 5980, 6040, 6086, 6133, 9097, 9241, 9242, 9243, 9398, 9708, 9882, 9886, 9957 |
| 叶尚志 | 8271 | | |
| 叶韶荣 | 5467 | 叶天荣策 | 6262 |
| 叶绍钧 | 11365 | 叶天文 | 12769 |
| 叶绍岚 | 9132 | 叶田园 | 616, 1123 |
| 叶生 | 6069 | 叶铁坚 | 5954 |
| 叶圣陶 | 5680, 6348, 8259 | 叶亭 | 4902 |
| 叶盛长 | 12883 | 叶霆 | 3435 |
| 叶诗芳 | 5005, 5388 | 叶挺 | 11963 |
| 叶诗平 | 5871 | 叶桐轩 | 1895, 3650 |
| 叶氏 | 1644, 1664 | 叶童 | 1249 |
| 叶世苏 | 3939 | 叶为铭 | 8490, 8491, 8524 |
| 叶适 | 7687 | 叶为青 | 11200 |
| 叶淑华 | 1172 | 叶维 | 675, 916, 918, 1305, 2030, 2133, 2457, 5573, 9138, 10147 |
| 叶淑兰 | 10300, 10552 | | |
| 叶淑琴 | 2076, 2172, 2192, 4813 | 叶维廉 | 210, 583 |
| 叶曙光 | 8654 | 叶维亮 | 11192 |
| 叶树 | 9523 | 叶维奇·波列诺夫 | 6887 |
| 叶树柏 | 9791 | 叶维欣 | 7431 |
| 叶树发 | 12790 | 叶伟夫 | 8462 |
| 叶树林 | 8784 | 叶伟珊 | 10234 |
| 叶树梭 | 9849 | 叶伟雄 | 7621 |
| 叶双石 | 2619 | 叶苇 | 4894 |
| 叶朔苓 | 10386, 10693, 10709 | 叶玮芹 | 5519, 6645, 10717 |
| 叶朔苓 | 10698 | 叶蔚林 | 5869 |
| 叶思芬 | 1401 | 叶文 | 069 |
| 叶松 | 11200, 12182 | 叶文夫 | 1417 |
| 叶松年 | 10849 | 叶文和 | 12641 |
| 叶松青 | 7656 | 叶文进 | 8824 |
| 叶松荣 | 10925, 11750 | 叶文玲 | 5508, 6071 |
| 叶苏 | 5500, 6174 | 叶文龙 | 8583 |
| 叶甦 | 5934 | 叶文西 | 3081, 3210, 3595, 3623, 3649, 3699, 3704, 3972 |
| 叶素遐 | 6275, 6305 | | |
| 叶堂 | 12055, 12133 | | |

| | |
|---|---|
| 叶文艺 | 5263, 5370 |
| 叶武杰 | 9289 |
| 叶武林 | 2806, 3250, 6210 |
| 叶希明 | 11330 |
| 叶晞 | 5324 |
| 叶锡祚 | 2745, 2837 |
| 叶曦 3512, 6343, 6353, 6356, 6363, 6367, 6371, 6373, 6392 | |
| 叶遐庵 | 3391 |
| 叶显英 | 9137 |
| 叶献民 | 2948 |
| 叶祥光 | 10283 |
| 叶向南 | 2101, 4586, 4587 |
| 叶向阳 | 5860 |
| 叶小钢 | 12178 |
| 叶小敏 | 1266 |
| 叶小沫 | 5582, 5892, 6564 |
| 叶小青 | 565 |
| 叶晓芍 | 543 |
| 叶晓雯 | 5265, 5446, 5767 |
| 叶孝慎 | 6444 |
| 叶燮 | 8212 |
| 叶辛 | 5344, 5498 |
| 叶欣 | 3021, 5313 |
| 叶新仁 | 9860 |
| 叶兴远 | 9803 |
| 叶星生 | 4589, 10685 |
| 叶雄 1842, 2051, 5336, 5364, 5427, 5492, 5508, 5604, 5613, 5622, 5854, 5874, 5889, 6013, 6115, 6153, 6173, 6245, 6388, 6404, 6554, 6564, 6568, 6574, 6586, 6701, 6711, 6725 | |
| 叶雄工作室 | 6711 |
| 叶雄笠 | 6292 |
| 叶秀峰 | 111 |
| 叶秀根 | 5304 |
| 叶秀山 | 7278 |
| 叶绪然 | 12310 |
| 叶学龄 | 9317, 9319 |
| 叶雅歌 | 11116 |
| 叶颜妮 | 10338 |
| 叶衍兰 | 1682 |
| 叶彦 | 3499, 3500 |
| 叶仰曦 | 12819 |
| 叶耀才 | 6200, 6206, 6238, 6302 |
| 叶叶舟 | 8524 |
| 叶一苇 | 8466, 8469, 8474, 8477, 8576 |
| 叶以照 | 772, 773 |
| 叶义 | 8656 |
| 叶音 | 10145 |
| 叶银章 | 12604 |
| 叶隐谷 | 8203 |
| 叶应燧 10246, 10252, 10255, 10259, 10324, 10354 | |
| 叶英 | 11627 |
| 叶鹰宇 | 1192, 1373 |
| 叶影 | 4903 |
| 叶永昶 | 1942 |
| 叶永烈 1227, 5352, 5358, 5463, 5493, 5500, 5511, 5533, 5550, 5579, 5603, 5622, 5624, 5638, 5645, 5649, 5677, 5686, 5687, 5699, 5712, 5736, 5749, 5789, 5817, 5869, 5904, 5934, 6343, 13047, 13048, 13132, 13201 | |
| 叶永青 | 6605 |
| 叶永森 5214, 5406, 5500, 5546, 5554, 5715, 6020, 6215 | |
| 叶永珍 | 5539 |
| 叶咏芳 | 5979 |
| 叶又新 | 10356, 10664 |
| 叶语 | 12277 |
| 叶玉昶 942, 943, 978, 1867, 1877, 1915, 1952, 1965, 1982, 1986, 2493, 2503, 2510, 2525, | |

2544, 2647, 2659, 2670, 2671, 4089, 4130, 4148, 4180, 4189, 4279, 4280, 4290, 4329, 4406, 4557, 4734

叶玉海　2186

叶玉宽　8544

叶毓山　8632

叶毓山雕塑　8653

叶毓中　2663, 5382, 5397, 5482, 5556, 5573, 5688, 5693, 5700, 5761, 5816, 5868, 6008, 6107, 6119, 6129, 6401, 6611

叶元　5646, 13053, 13231

叶元珪　10238

叶樾　1008, 1009

叶耘　11495

叶运升　13024

叶再萌　5046

叶泽惇　3901

叶增宽　12724

叶兆信　10287, 10307

叶兆言　3496

叶兆用　10328

叶喆民　8318

叶榛　10171

叶臻　4946

叶正立　12854

叶之　5914

叶之浩　4914, 4973, 5009, 5398, 5450, 5612, 6176

叶芝　5405, 5464, 5505, 5653

叶知　081, 13151

叶至诚　11626

叶至善　12454

叶志鸿　3896, 4495, 5222

叶志雄　017, 465, 1257

叶智勇　10361, 10362

叶中冷　11211

叶中鸣　8648

叶钟进　759

叶舟　5677, 9439, 9707, 9974, 10081

叶洲　6279

叶子　813, 819, 6179, 6208, 6353, 6560, 6707, 6956, 9478, 9751, 9759, 10848

叶紫　5643

叶宗镐　517

叶宗翰　5752, 6294, 6307, 6438, 6704, 6706

叶宗祺　777

叶祖孚　12886

叶祖润　12610

叶作均　3309

叶作钧　3261

页乐　10738

邺瑜　5328

夜冰　3827

晔全　6686

晔石　4723, 8830, 9019, 9442, 9676, 9708, 9724, 9884

烨吴　5835

一白　7727, 7892

一斌　2963, 6146

一兵　5098, 5733, 11047

一草　6005

一丹　2168

一灯　8327

一丁　4878, 5997, 6574, 10911, 11484, 12946

一定　4367, 4479, 4570, 4605, 4750

一东　6416

一帆　5130

一凡　6149

一非　11106, 11838

一锋　6264

一夫　5764, 8722, 13296

一海 9802

一行 7651

一豪 9564, 9570, 9571

一禾 3500

一虹 452, 1383, 1384, 1866, 9350, 9539, 9542, 9803, 9993, 10045

一壶 1337

一九六七年国庆节推荐歌曲编选小组 11645

一九七七年北京市中小学红五月歌咏活动办公室 12028

一涓 6245, 6248, 6252, 6253, 6266

一君 9455, 9893

一空 6146

一匡 13056, 13210

一乐 4185, 4470, 10088, 10630

一立斋广 6927

一流 6109

一柳 9236

一六四三部队八连美术组 3831

一民 4967, 6243, 6388

一鸣 9894, 11207, 11554

一木 2361, 2366, 3439, 4507, 4584

一南 6043

一品编辑群 11749

一平 3375, 8759, 9837, 10040

一朴 7035

一群 4950, 5005

一素子 12296

一粟 6117

一苇 4984, 4996, 5429, 5462

一文 1221

一五五七部队美术组 3195

一遐 6192

一欣 6143

一煦 4747

一冶业余连环画创作组 5212

一叶 6133

一斋 7395, 7939, 7942

一知 5077

伊·奥·杜纳耶夫斯基 12414

伊·贝尔查 11267

伊·布·马佐尼奇 5940

伊·布·米哈洛弗斯基 10782

伊·弗莱明 6280, 6283, 6290, 6295, 6300, 6301

伊·格里各里也夫 4900

伊·马尔梯诺夫 10854

伊·莫·勒节罗夫 6895

伊·鸥·孟库尔斯坦姆 4903

伊·伊·马尔诺夫 13003

伊阿拉希 10370

伊昂·克里昂迦 5735

伊秉绶 1621, 8050, 8051, 8070, 8078, 8081, 8084, 8200

伊德勒胡 3653

伊甸 6491

伊东深水 6784, 10484

伊东章夫 7012

伊豆 6465, 6466

伊顿 128

伊恩·弗莱明 6327

伊恩·塞拉利尔 6207

伊尔默 12515

伊尔斯基 13279

伊凡·布柯夫羌 13255

伊凡尼茨基 160

伊凡诺夫－阿里鲁也夫 10132

伊芙特 13058

伊福部隆彦 7286

伊格拉舍夫 6907

伊格纳契也夫 485

| | | | |
|---|---|---|---|
| 伊贡·席勒 | 6796 | 伊斯特凡·玛利亚西 | 12529 |
| 伊鸠姆斯基 | 13252 | 伊斯特万·玛利亚西 | 12519 |
| 伊卡尔娜乌霍娃 | 4904 | 伊粟 | 13242 |
| 伊兰 | 11543 | 伊索 | 7143 |
| 伊犁哈萨克自治州群众艺术馆 | 1302 | 伊藤结花理 | 7012 |
| 伊犁哈萨克自治州文艺创作办公室 | 1302 | 伊藤松涛 | 8085 |
| 伊黎 | 4892, 5550, 5592 | 伊藤翁介 | 11192 |
| 伊里 | 8259 | 伊铁士 | 9721 |
| 伊里茵斯基 | 12682 | 伊庭孝 | 10982, 11112 |
| 伊立勋 | 8521 | 伊瓦茨凯维支 | 10857 |
| 伊丽莎白 | 6812 | 伊瓦尼欣 | 12651 |
| 伊丽莎白·M.韦斯伯格 | 596 | 伊万·马奇 | 10897 |
| 伊丽莎白·简·劳埃德 | 1191 | 伊万·斯塔德纽克 | 4933 |
| 伊利卡 | 12450 | 伊万里寿美子 | 7007 |
| 伊利克 | 13256 | 伊万诺夫 | 6879 |
| 伊林 | 13240 | 伊文思 | 13241 |
| 伊林娜 | 13215 | 伊言 | 6106 |
| 伊林切夫 | 13262 | 伊元文 | 6566 |
| 伊岭岩管理处 | 9798 | 伊元纹 | 6311, 6386 |
| 伊留欣 | 11038 | 伊孜 | 8761 |
| 伊柳兴 | 11038, 11044 | 衣爱军 | 6456 |
| 伊梅尔 | 12400 | 衣博 | 6588, 6593 |
| 伊妮德·布莱顿 | 5647 | 衣成信 | 182 |
| 伊纽欣 | 11038 | 衣家奇 | 9031 |
| 伊群 | 10376 | 衣若芬 | 828, 6860 |
| 伊人 | 163, 6651, 6652, 12389 | 衣小白 | 5370 |
| 伊萨科夫斯基 | 12363 | 衣晓白 | 4017, 5464, 5850, 6084, 6572 |
| 伊萨耶夫 | 13257 | 侬·克拉姆斯柯依 | 6882, 6883 |
| 伊师 | 202 | 依佳 | 5917 |
| 伊始 | 5269 | 依群 | 3896 |
| 伊思·弗利明 | 6167 | 依田义贤 | 5431 |
| 伊思其 | 1421 | 依晓白 | 5776, 5923 |
| 伊斯拉莫娃 | 12655 | 依彦才 | 8829 |
| 伊斯曼·柯达公司 | 8746 | 沂水县文化馆 | 5200 |
| 伊斯梅尔 | 365 | 沂县行署文化局 | 11833 |

沂源县文化馆 5268
怡泓 1145
怡明 12597, 12902
怡齐 8366, 8377
怡齐选 8439
怡社剧艺组 11826
怡声 5953
怡堂 8133
怡婉 6229
怡文 6569, 6724
怡志楼昆曲研究社 11825
宜宾地 3199
宜宾地区《陈绍光》连环画创作组 5224
宜宾地区美术创作组 3762, 3763
宜昌地区《云盘峰》连环画创作组 5188
宜昌地区群众艺术馆 11802
宜昌地区文化馆 5274
宜昌国旅集团 9135
宜昌市商业局政治处 5445
宜春地区戏剧创作研究室 12132
宜春军分区政治部 5222
宜春市《民舞集成》编辑小组 12614
宜春县东方红"公社"业余文艺宣传队 5262
宜春县金瑞"公社"业余文宣队 5253
宜春县文化站群艺组 5235
宜春专区"革委会"政治部宣传组 5155
宜方 11985
宜黄县"革委会"宣传组 5148
宜兴县丁蜀镇工人业余文艺创作组 5253, 5298
宜云 9702, 10032
移风 6372
颐道居士 842
颐和园管理处 8078, 10435
彝良一中 3192
乙丙 134

乙朔 3047
以东 12604
以恭 9066
以光国 10317
以青 6030
以石配 2134
以兴 7121
以友 5677
以章 5779
蚁美楷 1832, 2814, 3085, 3110, 3577, 3984,
3985, 4142, 5063, 5105, 5600, 5701, 5729,
6016, 6077, 6151, 6268, 6370
蚁美玲 1102, 6151
蚁美谐 6059
礦山雅 10924
弋良俊 5914
弋霄 2034
亿平 3003
义春 6907
义德日 11678
义俊 5670, 5987
义乌高清 8322
义乌县文化馆 3763
义晓 10890
义勇 2394, 9764, 9911
义友 590
艺冰 6009
艺非 1154, 1155, 1193, 1194, 1196, 1199, 2919
艺风堂编辑部 1101
艺风堂出版社 10213
艺风堂出版社编辑部 128, 1127, 10377
艺夫 3923, 4894, 4918, 5056, 6270
艺光剧团 12906
艺海 6045, 6085, 6089, 6106, 6116, 6168
艺海学社 8115

| | | | |
|---|---|---|---|
| 艺华 | 2131 | 亦戈 | 11126 |
| 艺兰生 | 12739, 12742, 12748, 12749 | 亦罕 | 4886 |
| 艺岚 | 3732, 10414 | 亦华 | 6030 |
| 艺力 | 11514 | 亦可 | 6039, 6073, 7015 |
| 艺莉 | 12043 | 亦民 | 5072, 5343, 6669 |
| 艺龙 | 11746 | 亦名 | 4952 |
| 艺鸣 | 11984 | 亦鸣 | 1241 |
| 艺术编辑委员会 | 027 | 亦茗 | 6108, 6263 |
| 艺术出版社编辑部 | 147 | 亦木 | 9309 |
| 艺术丛书编辑组 | 602, 1102 | 亦平 | 4681, 5721 |
| 艺术家工具书编委会 | 406, 410, 422, 10644, | 亦潜 | 8708 |
| | 10647, 10649 | 亦然 | 1237, 1239 |
| 艺术家杂志 | 8671, 10676 | 亦如 | 5866 |
| 艺术评论编辑委员会 | 101 | 亦文 | 3506 |
| 艺术图书制作群 | 2052 | 亦笑 | 13164 |
| 艺术学编辑委员会 | 027, 028 | 亦辛 | 9012 |
| 艺术学院美术学系 | 1367 | 亦云 | 6391 |
| 艺文阁 | 6333 | 异天 | 115 |
| 艺训班 | 10790, 11072, 11300, 12637 | 佚夫 | 8717 |
| 艺友书画会 | 2178 | 佚文 | 9710, 10061, 10067 |
| 艺园 | 004 | 佚佚 | 6090, 6131, 6249, 6258, 6259, 6276, 6277 |
| 艺源文物开发公司编译部 | 850, 851 | 佚莺 | 11486 |
| 艺苑绘画研究所 | 342 | 役挫公司 | 12838 |
| 艺苑研究所 | 1281 | 译林出版社 | 6945 |
| 艺苑真赏社 | 1271, 1467 | 译艺轩制 | 1715 |
| 艺舟书画会 | 1473 | 易安 | 4919 |
| 忆船 | 6313 | 易卜生 | 5843, 12494, 12904 |
| 忆放 | 6199 | 易昌 | 3382 |
| 忆恒工作室 | 10334, 10339 | 易丹 | 101, 107, 261 |
| 忆蓝 | 5020 | 易地 | 4880 |
| 忆平 | 11112, 11222 | 易定国 | 5317, 5755 |
| 亦北 | 6352 | 易多 | 6175 |
| 亦宾 | 5756 | 易法智 | 3510 |
| 亦臣 | 5139 | 易丰 | 6283 |
| 亦凡 | 6523 | 易风 | 7068, 7073 |

| | | | |
|---|---|---|---|
| 易寒 | 5949, 6068 | 易图境 | 2291 |
| 易行 | 9229, 9230, 9375, 9549, 9800, 13113 | 易韦斋 | 11364, 11365 |
| 易和声 | 6525 | 易希高 | 5601 |
| 易和元 | 2424, 3691, 3692, 3720, 3731, 5125, 6601 | 易弦 | 11206, 11208, 11209, 11210, 12184 |
| | | 易显强 | 10623 |
| 易洪斌 | 2260, 2314 | 易乡 | 5554, 6186 |
| 易慧珠 | 11751 | 易萱 | 11679, 11682, 11967 |
| 易加义 | 11305 | 易学登 | 8299 |
| 易家勋 | 5314 | 易学钿 | 6049 |
| 易建业 | 5332 | 易扬 | 11110 |
| 易进 | 5898 | 易阳 | 3063 |
| 易晶 | 2450, 2451 | 易一平 | 7638 |
| 易娟 | 12645 | 易宜曲 | 7610 |
| 易柯 | 11496 | 易乙 | 6064, 6220, 6221, 6325, 6401 |
| 易利森 | 148, 1080, 2754, 4094 | 易英 | 070, 071, 186, 1078, 1085 |
| 易玲 | 12645 | 易佑庄 | 12116 |
| 易敏 | 6324 | 易豫 | 5474, 5554, 5662, 5740, 5742, 5774, 6009, 6132 |
| 易明 | 1240, 6385, 10144 | | |
| 易鸣 | 9821, 11746 | 易元吉 | 1530 |
| 易沫 | 6517 | 易原符 | 11307 |
| 易木 | 9451, 9894, 10690 | 易跃 | 5942 |
| 易乃光 | 2828, 3284, 3324, 4090 | 易云生 | 466, 2914 |
| 易普 | 6038 | 易振生 | 3001, 3005 |
| 易启年 | 10918 | 易知 | 8149 |
| 易琼 | 3045, 5935 | 易至群 | 2260, 5102, 5401, 5479, 5547, 5814, 6339, 6484 |
| 易秋 | 8756, 10152 | | |
| 易人 | 11046 | 易治安 | 13063 |
| 易蓉 | 6042 | 易中天 | 042 |
| 易孺 | 8559 | 易衷 | 6408 |
| 易述时 | 8347 | 易铸 | 6314 |
| 易水 | 9780, 9889, 13193, 13203 | 易子 | 5601 |
| 易顺鼎 | 12749 | 易自群 | 3777 |
| 易苏民 | 2215 | 轶镜 | 9809 |
| 易田 | 027 | 奕荷 | 6093 |
| 易统 | 8736 | 奕佳 | 4172 |

| | | | |
|---|---|---|---|
| 奕维顺 | 2662 | 逸云 | 6075, 6114, 6122 |
| 奕文 | 13221 | 裔程洪 | 12669 |
| 奕颜 | 8467 | 裔萼 | 484 |
| 挹华 | 6146 | 意强 | 1126 |
| 挹杨 | 6110 | 毅玎 | 6397 |
| 益斌 | 10386 | 毅宏 | 9346, 9555, 9575 |
| 益华影业公司宣传科 | 13286 | 毅进 | 5060, 5173, 5226 |
| 益马 | 11413 | 毅娟 | 11711 |
| 益民 | 2154, 6717, 8831, 8836, 8837, 8840, 8842, 8843, 9246, 9470, 9471, 9713, 9743, 9753, 9898 | 毅民 | 5368 |
| | | 翼城县农民业余美术组 | 3875 |
| | | 翼平 | 5941 |
| 益群书店编辑部 | 3435, 3436 | 翼然 | 6162 |
| 益人卡通工作室 | 6738 | 翼学闻 | 3868 |
| 益文 | 5946, 6981, 7089, 7090, 7092, 7093, 7094, 7095, 7096, 7097, 7098, 7099, 7106 | 翼振武 | 10765 |
| | | 翼之 | 7335 |
| 益文选 | 1249 | 因之 | 2914 |
| 益西单 | 5484 | 阴法鲁 | 10953, 11027, 11028, 11078 |
| 益西泽仁 | 4641 | 阴戈民 | 6626 |
| 益西泽珠 | 9118 | 阴建功 | 8266 |
| 益阳 | 6706 | 阴衍江 | 1277, 2001, 2296, 2583, 2585, 3855, 4155, 5401, 5412, 5417, 5450, 5593, 5689, 5777, 5820, 6125, 6174 |
| 益阳地区"革命委员会" | 5160, 5163 | | |
| 益阳地区"革命委员会"政工组 | 5179 | | |
| 益友 | 2394 | 阴衍山 | 5477, 5571, 5777, 6013 |
| 益智书店 | 12637 | 阴衍珊 | 5919 |
| 逸彬 | 8248, 8273 | 茵波 | 6373 |
| 逸才 | 12891 | 荫生 | 12589 |
| 逸见梅荣 | 446 | 荫文 | 10926 |
| 逸明 | 267, 809 | 荫远著 | 10404 |
| 逸泉 | 5829, 5849 | 音玞 | 11923 |
| 逸群图书公司 | 10267 | 音春 | 11939 |
| 逸群图书公司出版部 | 10729 | 音德拉 | 13179 |
| 逸人工作室 | 6539 | 音峰 | 11715 |
| 逸伟 | 5271 | 音捷 | 11507 |
| 逸文 | 2363, 10850 | 音乐 | 12120 |
| 逸心 | 129 | 音乐出版社 | 10132, 10404, 10795, 11426, 11427, |

11428, 11429, 11445, 11452, 11625,
11645, 11841, 11953, 12149, 12153,
12224, 12248, 12249, 12251, 12264,
12265, 12275, 12311, 12366, 12371, 13004

音乐出版社编辑部　　　445, 8995,
8998, 10793, 10795, 10798, 10844, 10858,
10903, 11043, 11081, 11082, 11106,
11145, 11408, 11416, 11418, 11426,
11430, 11432, 11433, 11434, 11441,
11442, 11444, 11445, 11451, 11578,
11579, 11580, 11582, 11584, 11592,
11593, 11607, 11608, 11613, 11618,
11619, 11620, 11622, 11625, 11627,
11631, 11632, 11635, 11637, 11772,
11774, 11775, 11777, 11840, 11880,
11884, 11898, 11907, 11940, 11941,
11942, 11945, 11947, 11948, 12004,
12006, 12013, 12017, 12018, 12021,
12051, 12147, 12154, 12164, 12165,
12193, 12195, 12197, 12199, 12224,
12247, 12251, 12276, 12321, 12329,
12352, 12362, 12363, 12364, 12365,
12366, 12367, 12368, 12369, 12370,
12371, 12372, 12402, 12411, 12415,
12427, 12443, 12449, 12489, 12493, 12541

音乐创作编辑部　　　　　11408, 12278
音乐工作团　　　　　　　　　　11561
音乐工作委员会　　　　　　　　12103
音乐工作者协会天津分会　11560, 11561
音乐股　　　　　　　　　　　　11365
音乐会作品编辑小组　　　　　　12154
音乐教学研究会　　　　　　　　11034
音乐论丛编辑部　　　　　10795, 10796
音乐生活编辑部　　　　　　　　12150
音乐生活月刊编委会　　　　　　10794

音乐生活月刊社　　11489, 11704, 11978, 11980,
12430
音乐书店　　　　　　　　　　　11352
音乐委办　　　　　　　　　　　12435
音乐舞蹈史诗《东方红》导演团　11883, 11884,
11885, 12096
音乐新　　　　　　　　　　　　12558
音乐学生社　　　　　　　　　　10789
音乐艺术社　　　　　　　10788, 10789
音乐译丛编辑部　　　　　　　　10796
音乐译文编辑部　　　　10792, 10793, 10849
音乐与音响杂志社　　　　　　　10803
音乐之友社　　10840, 11161, 11277, 12554
音乐作品编辑委员会　　　11353, 11355
音容　　　　　　　　　　　　　5504
音协长春分会筹委会　　　　　　11587
音协江苏分会　　　　　　　　　11780
音岩　　　　　　　　　　　　　12642
音因　　　　　　　　　　　　　5077
音勺　　　　　　　　　　　　　5132
音子　　　　　　　　　　　　　5999
殷宝华　　　　5637, 5657, 5892, 5984, 6629
殷保康　　　　　　　1168, 1183, 2959
殷本成　　　　　　　　　　　　5204
殷本崇　　　　　　　5213, 5245, 5404
殷飚　　　　　　　　　　　　　11209
殷诚忠　　　　　　　　　　　　12203
殷承宗　　　　　　　　　　　　12200
殷传宝　　　　　　　　　　　　9521
殷登国　　　　　　　　　　　　12994
殷敦煌　　　　　　　　　　5960, 6015
殷恩光　1826, 5253, 5350, 5447, 5663, 5726, 5869,
6087, 6201, 6222, 6235, 6411, 6433, 6434,
6435, 6447
殷二文　　　　　　　　　　　　12270

| | |
|---|---|
| 殷弗康 | 3109 |
| 殷刚 | 11114 |
| 殷恭端 | 601 |
| 殷光兰 | 11686 |
| 殷光宇 | 554, 565, 5045, 5430, 5626 |
| 殷光玉 | 5110 |
| 殷国明 | 073 |
| 殷海山 | 082, 11804 |
| 殷涵 | 3521, 3522 |
| 殷皓 | 6162 |
| 殷鹤仙 | 8911 |
| 殷泓 | 182, 198 |
| 殷焕先 | 8219 |
| 殷会利 | 2314 |
| 殷会珍 | 3902 |
| 殷济蓉 | 5275 |
| 殷嘉才 | 10123 |
| 殷剑影 | 13001 |
| 殷杰 | 1076, 6903 |
| 殷介宇 | 3902 |
| 殷金山 | 613 |
| 殷金玉 | 5210 |
| 殷景阳 | 11754, 11755 |
| 殷乐 | 13069 |
| 殷立民 | 9586 |
| 殷立业 | 5754 |
| 殷励箴 | 3611 |
| 殷陆军 | 5351 |
| 殷梅 | 12390 |
| 殷梅娟 | 6269 |
| 殷孟珍 | 9381, 9387, 9590 |
| 殷梦醒 | 11888 |
| 殷明尚 | 2314 |
| 殷农 | 7418, 7455 |
| 殷培华 | 1831, 1835, 1839, 1842, 2340, 3832, |

| | |
|---|---|
| | 3856, 3874, 3898, 3927, 3966, 3975, |
| | 4011, 4027, 4308 |
| 殷其美 | 5953 |
| 殷奇美 | 6238, 6646 |
| 殷强 | 12080 |
| 殷全元 | 3089, 3111, 4937, 4950, 4970, 4995, 5081 |
| 殷润民 | 4534, 4575 |
| 殷润云 | 4320 |
| 殷申甫 | 10583 |
| 殷双喜 | 548, 550, 1079, 8637, 8638 |
| 殷荪 | 7158 |
| 殷维国 | 3335, 10263 |
| 殷伟 | 591, 5452 |
| 殷文凯 | 5354 |
| 殷西 | 6053 |
| 殷锡祥 | 9912 |
| 殷锡翔 | 9124 |
| 殷宪 | 8259 |
| 殷翔云 | 3009 |
| 殷象益 | 1762, 3078 |
| 殷小林 | 8103 |
| 殷秀云 | 10711 |
| 殷雪 | 11504 |
| 殷炎麟 | 12752 |
| 殷义石 | 11464 |
| 殷永耀 | 3872 |
| 殷用霖 | 8519 |
| 殷雨 | 10756 |
| 殷玉华 | 2149, 4804 |
| 殷元和 | 12818 |
| 殷元正 | 10936, 10937 |
| 殷岳君 | 2508, 4389 |
| 殷照明 | 8916 |
| 殷振立 | 3852 |
| 殷之慧 | 5101 |

殷志强 413

殷志扬 5108, 5117, 5615, 5777, 5916, 6066, 6245

殷梓湘 1972, 4743

殷作安 3431, 6956

殷作炎 4935

殷作桢 13022

吟龙 3494, 3515

吟龙卡通艺术工作室绘 6524

银道禄 9139, 9141

银歌音乐部 12413

银国春 5681

银汉光 11696

银河 7587

银花出版社 11889

银力康 11473, 11709

银日连科 13252

银小宾 1342

银鹰 9601

银豫强 9441

银中 11928

寅生 10037

鄞人 4838, 6335, 6507

鄞县民众俱乐部 11544

尹安石 10620

尹斌 6637

尹伯康 12945

尹晨 9105

尹成友 10652, 10653

尹呈忠 3880

尹承梁 12556

尹承玺 13262

尹承志 2314, 2363, 8171

尹崇尧 6338

尹传荣 564, 1137, 1152, 1158, 1160, 10194

尹创庚 9052

尹春华 8846, 8847, 8851, 9027, 9030, 9378, 9383, 9391, 9412, 9426, 9427, 9433, 9435, 9438, 9448, 9454, 9467, 9472, 9569, 9572, 9593, 9640, 9734, 9856, 9864, 9882, 9891, 10041

尹德本 11251, 11252, 11289

尹德华 4630

尹德年 1947, 2430, 2512, 3867, 3917, 4291

尹定邦 135, 136, 4043, 10413

尹定帮 10257

尹东权 1149, 2908

尹斗宪 13258

尹锷 6669

尹凡然 7241

尹方 5181

尹凤阁 4048

尹福根 9575

尹福康 3206, 3979, 4036, 4075, 4101, 4105, 4621, 4739, 4888, 4912, 4970, 5002, 5046, 5076, 5416, 5859, 5867, 6040, 6189, 6202, 8765, 8805, 8808, 8811, 8831, 8838, 8882, 9002, 9004, 9009, 9010, 9022, 9038, 9039, 9041, 9054, 9070, 9147, 9210, 9218, 9219, 9221, 9229, 9232, 9238, 9242, 9244, 9295, 9297, 9305, 9308, 9311, 9326, 9341, 9345, 9348, 9359, 9361, 9368, 9380, 9381, 9398, 9412, 9426, 9530, 9531, 9535, 9536, 9542, 9548, 9551, 9555, 9556, 9560, 9561, 9568, 9571, 9573, 9576, 9589, 9594, 9600, 9608, 9611, 9614, 9617, 9620, 9627, 9637, 9639, 9643, 9649, 9650, 9668, 9672, 9674, 9676, 9692, 9694, 9695, 9699, 9703, 9704, 9709, 9710, 9712, 9822, 9835, 9842, 9843, 9872, 9889, 9899, 9917, 9941, 9943, 9946, 9947, 9952, 9953, 9956, 9958, 9976, 9982, 9991, 10012, 10017, 10023, 10025, 10055,

| | |
|---|---|
| 10103, 10621, 13122 | |
| 尹高发 | 11929 |
| 尹戈 | 8338 |
| 尹贡白 | 7652 |
| 尹光 | 9709, 10632, 11361 |
| 尹广文 | 13249, 13251, 13252, 13253, 13255, 13259, 13260, 13261 |
| 尹桂复 | 5304 |
| 尹桂馥 | 5265, 5497, 5567 |
| 尹国良 | 1302, 2795, 3982, 4973 |
| 尹恒 | 11190 |
| 尹红 | 10832, 10899 |
| 尹宏义 | 7135, 8791 |
| 尹洪波 | 10721 |
| 尹鸿 | 13069 |
| 尹欢 | 3885, 3929, 4040 |
| 尹绘泽 | 5747 |
| 尹积昌 | 3112 |
| 尹吉男 | 106 |
| 尹继红 | 6371 |
| 尹继鸣 | 466 |
| 尹家琅 | 3257, 3890, 5514, 10360, 10566 |
| 尹家清 | 8882 |
| 尹艰 | 5738 |
| 尹建 | 4347 |
| 尹建鼎 | 8170, 8271 |
| 尹剑 | 11831 |
| 尹教本 | 4458 |
| 尹洁 | 4614 |
| 尹君 | 5057, 10182 |
| 尹俊龙 | 704, 810, 7425, 7426, 7427, 7453, 7465, 7518, 7594, 7604, 7622, 8349 |
| 尹开先 | 12333, 12628 |
| 尹康福 | 9973 |
| 尹力 | 8746 |
| 尹莉 | 11162 |
| 尹连城 | 7800, 8338 |
| 尹连红 | 12046 |
| 尹凌 | 6364 |
| 尹泸 | 9627 |
| 尹明 | 6214, 6215, 6245 |
| 尹明山 | 12268 |
| 尹墨 | 2581, 2807, 4796 |
| 尹默 | 2227, 2291, 2709 |
| 尹佩 | 563, 1182 |
| 尹佩芳 | 12658 |
| 尹彭寿 | 8522 |
| 尹丕杰 | 5630 |
| 尹平 | 13194 |
| 尹其超 | 5408, 5590, 5980, 6081 |
| 尹其颖 | 12147 |
| 尹其云 | 3328 |
| 尹青 | 8755 |
| 尹清仪 | 1350, 6829, 10133, 10234, 10725 |
| 尹庆芳 | 5184, 5226, 5396, 5556, 5999 |
| 尹琼 | 1211, 4902, 5101, 5365 |
| 尹群 | 3776 |
| 尹戎生 | 201, 2735, 2762, 2763, 2829, 3085, 3104, 3146, 3253, 3295, 6859, 6865 |
| 尹荣 | 9239 |
| 尹萨贝 | 6877 |
| 尹少淳 | 135, 491 |
| 尹升镇 | 12372 |
| 尹士圣 | 5323, 5324, 5421, 5456, 5674 |
| 尹世霖 | 5352, 5718, 5961, 6477, 12798 |
| 尹瘦石 | 1722, 1858, 2165, 3864 |
| 尹树民 | 8493 |
| 尹树人 | 8289 |
| 尹硕庚 | 9325 |
| 尹松 | 12217 |

| | | | |
|---|---|---|---|
| 尹廋石 | 10433 | 尹毅 | 3263, 5337, 5655, 9345 |
| 尹铁良 | 10836 | 尹永恒 | 3769 |
| 尹维生 | 9877 | 尹泳龙 | 156 |
| 尹卫东 | 10882 | 尹宇 | 5745, 5756 |
| 尹卫星 | 3435 | 尹雨 | 6294 |
| 尹文良 | 2667 | 尹玉如 | 5420 |
| 尹文欣 | 5797 | 尹玉茹 | 5396 |
| 尹文子 | 2314 | 尹玉湘 | 2323 |
| 尹武松 | 133, 134, 148, 10209, 10228 | 尹元洪 | 5565 |
| 尹西九 | 3836 | 尹元君 | 11723 |
| 尹喜求 | 8118 | 尹元洲 | 4448 |
| 尹先敦 | 8322 | 尹云非 | 5060 |
| 尹相新 | 2126, 2128, 4830 | 尹泽华 | 6468 |
| 尹祥 | 12668 | 尹增昌 | 3747, 10413 |
| 尹向前 | 1949, 3715, 3797, 3804, 3827, 3930, 4015, 4057 | 尹章伟 | 10396 |
| 尹向新 | 4777 | 尹钊 | 11831 |
| 尹小保 | 6718 | 尹照熙 | 3769 |
| 尹晓军 | 2060, 2065, 2079, 2117, 2120, 2130, 4723, 4767, 4800 | 尹震华 | 11533 |
| 尹晓君 | 2061, 2121, 2125 | 尹正文 | 11066 |
| 尹晓平 | 2079, 2120, 4767, 4800 | 尹之 | 11195, 12481 |
| 尹晓彦 | 2060, 2061, 2065, 2121, 2122, 2125, 2130, 2208, 4723, 4811 | 尹志超 | 11219, 11220, 11230, 12191, 12208 |
| 尹孝本 | 4501, 4549, 4577, 5333 | 尹志发 | 11172, 11174, 12161, 12458, 12554 |
| 尹协和 | 152 | 尹中 | 6040 |
| 尹兴雅 | 11185 | 尹子 | 10886, 10891 |
| 尹学钧 | 6562 | 尹子文 | 2314 |
| 尹延新 | 944, 971, 972, 992, 993, 2299, 2515, 2681 | 尹祖文 | 2099, 2448, 4722, 4777, 4826 |
| 尹言 | 6122, 6184, 6188, 6190, 6200, 6209, 7624 | 引得编纂处 | 7146 |
| 尹炎生 | 6315 | 引流 | 9619 |
| 尹燕 | 9105 | 引田天功 | 13007 |
| 尹耀权 | 5208 | 饮水 | 8747, 8775 |
| 尹晔 | 12301, 12302 | 印翀 | 11571, 11575 |
| 尹伊 | 8338 | 印淑英 | 12949 |
| | | 印刷工业出版社 | 10293 |
| | | 印刷与设计杂志社 | 1234, 8758, 10377 |
| | | 印洗尘 | 11678 |

应城石膏矿　　　　　　　　　　　5309

应凤仙　　　　　　　　　　3155, 5260

应福康　　　　　5759, 5997, 9527, 9528

应福缩　　　　　　　　　　　　　5530

应富棠　　　　　　　　　　　　　8806

应杭华　　　　　　　　　　　　　8647

应鹤光　　　　　　　　　　2614, 4369

应红　　　　　　　　　　　　　　6835

应洪声　　　　　　　　　　　　　2457

应撝谦　　　　　　　　　　　　11002

应霁民　　　　　　　　　　　　　1267

应加登　　　　　　　　　　4800, 4828

应嘉琨　　　　　　　3871, 6547, 10342

应均　　　　　　　　　　　　　　2550

应立国　　　　　8679, 10150, 10777

应龙森　　　　　　　　　　　　　3967

应能　　　　　　　　　　　　　　4949

应培　　　　　　　　　　　　　　5641

应平　　　　　　　　　　　　　　6518

应歧　　　　　　　　　　　　　　4614

应琦　　　　　　　　　　　　　　6238

应日隆　　　　　5536, 5764, 5841, 9149

应山县"革命委员会"政工组　　　5163

应善昌　　　　　3960, 4014, 8709, 8760

应尚能　　　11032, 11117, 11368, 11369, 11490,
11759, 11826

应诗流　　　955, 2544, 2664, 4270, 4408, 4727

应诗真　　　11241, 12212, 12213, 12516

应淑琴　　　　　　　　　　　　10580

应天常　　　　　　　　　　　　13086

应天齐　　　　　　　　　　1211, 3056

应为众　　　　　　　　　　　　　5350

应维江　　　　　　　　　　　　　1421

应文祖　　　　　　　　　　　　　3413

应肖蔚　　　　　　　　　　　　　4421

应肖慰　　　　　　　　　　　　　6242

应野平　　　1731, 1743, 1794, 1827, 1840, 1874,
1898, 1998, 2199, 2340, 2417, 2419, 2421,
2426, 2429, 2435, 2596, 2597, 3038, 3557,
3570, 3571, 3576, 3596, 3630, 3649,
3659, 3925, 3974, 4901

应一丁　　　　　　　　　　　　10396

应艺　　　　　　　　　　　　　10697

应有勤　　　　　　　　　　　　11298

应玉娥　　　　　　　　　　4952, 5061

应在　　　　　　　　　　　7270, 8357

应占义　　　　　　　　　　　　　9143

应真箭　　　　　　　　　　8790, 8799

应中逸　　　　　　　　　　　　　1942

英·弗·鲍姆　　　　　　　　　　5572

英博　　　　　　　　　　　　　　6021

英才　　　　　　　　　　10615, 10769

英格·梅勒尔　　　　　　　　　　6870

英更原　　　　　　　　　　　　　5139

英国 D&AD 协会　　　　　　　　10392

英国费登出版公司　　　　　　　　085

英国皇家音乐学院联合委员会　　11054

英国麦克米伦教育公司　　　　　　019

英国文化协会　　　　　　　　　6900

英海　　　　　　　　　　　　　12372

英豪　　461, 462, 3506, 3507, 3508, 3512, 3513,
3516

英浩　　　　　　　　　　　　　　5903

英和　　　　　　　　　　1458, 1459, 1495

英华　　　　　　　4411, 5870, 8108, 8112

英杰　　　　　　　　　　　　　　4263

英军　　　　　　　　　　　5978, 8817

英民　　　　　　　　　　　5394, 9538

英明　　　　　　　　　　　　　11501

英能　　　　　　　　　　　　　　5792

| | | | |
|---|---|---|---|
| 英年 | 12077 | 莹雨 | 6694 |
| 英平 | 6301 | 萤凤章 | 6096 |
| 英憻 | 8577 | 萤火虫映像体 | 13155 |
| 英如 | 3383, 3384 | 营口市民族民间舞蹈集成编辑部 | 12621 |
| 英若诚 | 110, 13002 | 营口市戏曲志编辑部 | 12777 |
| 英若识 | 110, 606, 1175, 2896 | 嬴枫 | 12823 |
| 英若伟 | 12173 | 赢枫 | 12708 |
| 英山县 "革委会" 政工组 | 5173 | 瀛生 | 7168 |
| 英韬 | 3414, 3423, 3428, 3447, 3517, 3525 | 颖士 | 4915, 9962 |
| 英文 | 6142, 6143 | 颖萱 | 5447 |
| 英侠 | 8842 | 颖子 | 6150 |
| 英雄 | 431 | 影方 | 4753, 13126, 13127, 13129 |
| 英艺 | 8836, 9439, 9443, 9446, 9647, 9648, 9702, 9856, 9980 | 影纺 | 9026 |
| | | 影人 | 13297 |
| 英语杂志社 | 12432 | 影视人类学研究室 | 13065 |
| 英原明 | 3257 | 影宣 | 4761, 9022, 9712 |
| 英耘 | 4878 | 影雪 | 5683 |
| 英之 | 7580 | 影艺出版公司 | 11887 |
| 英志光 | 7298 | 影影 | 2905 |
| 英子 | 636, 638, 5837, 6535, 6695 | 影斋 | 11722 |
| 莺莺 | 11888 | 映海山 | 6680 |
| 婴草 | 7458 | 映岚 | 5966 |
| 婴林 | 6021 | 映雪 | 11545 |
| 瑛宝 | 8043 | 映莺 | 11698 |
| 瑛珊 | 4605, 9477 | 硬硬 | 6957 |
| 樱井始 | 8794 | 庸凤鸣 | 6308 |
| 鹰定 | 2438 | 雍碧明 | 6366 |
| 鹰潭镇毛泽东思想宣传站 | 3175 | 雍繁星 | 6549, 6550 |
| 迎春 | 5591 | 雍和宫编委会 | 462 |
| 迎曦 | 6432 | 雍均 | 12443 |
| 迎新 | 2171 | 雍文卓 | 3820 |
| 盈禧 | 7456 | 雍正 | 8095 |
| 盈洲 | 8423 | 永安 | 1099, 5121 |
| 莹洁 | 5627 | 永昌 | 8734 |
| 莹珺 | 6138 | 永成 | 5492, 5768 |

| | | | |
|---|---|---|---|
| 永川 | 6470, 6471, 10714, 10715 | 永学 | 9832, 9846 |
| 永春 | 4543, 4778, 8846, 8851 | 永远 | 5667, 5739 |
| 永黛 | 1932 | 永岳 | 6662 |
| 永岛直树 | 6991 | 永珍 | 707, 7368, 7372, 7373, 7922, 7923, 7926, 8008 |
| 永登书画协会 | 2306 | | |
| 永恩 | 11007 | 永蓁 | 1127 |
| 永富 | 9499, 9919 | 咏北 | 10824, 11252 |
| 永刚 | 2169, 2656, 2657, 2658, 2659, 2661, 2663, 2665, 2709, 4631, 9408 | 咏诚 | 11952 |
| | | 咏春 | 6269 |
| 永海 | 11285, 12348 | 咏梅 | 10593, 12484 |
| 永宏 | 6229 | 咏明 | 2091, 2147 |
| 永锦 | 9283 | 咏日 | 2168 |
| 永井道雄 | 7041 | 勇赴 | 13195 |
| 永井进 | 12500 | 勇军 | 5145 |
| 永钧 | 6062 | 勇力 | 6109 |
| 永康 | 6141 | 勇良 | 6701 |
| 永礼 | 5464 | 勇文 | 5953 |
| 永良 | 6717 | 勇午 | 11955 |
| 永柳 | 5865, 6798 | 勇志 | 6675 |
| 永茂 | 2706 | 涌军 | 9567 |
| 永强 | 8774 | 优生优育优教音乐系列编委会 | 12137 |
| 永清 | 10752, 10753 | 攸笛 | 6472 |
| 永瑢 | 1595, 10938, 10939, 11008 | 幽泉 | 9363, 10027 |
| 永儒布 | 10917, 12237 | 悠悠 | 10686 |
| 永珊 | 8550 | 尤·伏·洛托次基 | 13255 |
| 永身 | 2014 | 尤·伏契克 | 5462 |
| 永生 | 4391 | 尤·戈·夏皮罗 | 510 |
| 永田萌 | 7013, 7015, 7066 | 尤·梅依杜斯 | 12093 |
| 永伟 | 9426 | 尤·邱林 | 10851 |
| 永熙 | 9897 | 尤宝诚 | 032, 033 |
| 永祥 | 5080, 5244, 5620, 5872 | 尤宝峰 | 2550 |
| 永翔 | 6662 | 尤炳秋 | 7480 |
| 永新 | 10122 | 尤崇仁 | 3119, 3125, 3692, 5070, 5097, 5122, 5132 |
| 永兴国剧社 | 12859 | 尤德义 | 11170 |
| 永瑝 | 7661, 8037, 8071 | 尤端 | 11220 |

| | | | |
|---|---|---|---|
| 尤兑 | 3918 | 尤异 | 5452 |
| 尤恩 | 360 | 尤荫 | 1676 |
| 尤枫 | 1237 | 尤英 | 1646 |
| 尤根·席宁 | 455 | 尤永根 | 11131 |
| 尤红 | 10710 | 尤诏 | 1642 |
| 尤家铮 | 11094 | 尤珍 | 8355 |
| 尤嘉琪 | 2650 | 尤振洪 | 5406 |
| 尤建伟 | 12574 | 尤宗 | 9830 |
| 尤金·奥尼尔 | 5634 | 由甲 | 11501, 11737 |
| 尤军 | 6401 | 由甲申 | 3612, 3689 |
| 尤开民 | 2934, 3884, 5898 | 由里山人 | 942 |
| 尤克尔 | 144 | 由其瑾 | 4937, 4994 |
| 尤利乌斯·伏契克 | 6076 | 由山 | 6341 |
| 尤利乌斯·绍尔·卡罗尔斯菲尔德 | 6926 | 由少斌 | 10042 |
| 尤莉亚·洛曼 | 373 | 由世诚 | 12136 |
| 尤列涅夫 | 13033, 13088, 13177 | 由淑文 | 4165 |
| 尤龙 | 11510 | 由休光 | 7848 |
| 尤路 | 5779, 5805, 5854 | 由尹桂 | 5983 |
| 尤懋勤 | 5523 | 由尹佳 | 5983, 5984, 6102 |
| 尤丘林 | 11086 | 由之 | 6160 |
| 尤仁德 | 263 | 由志恺 | 4930 |
| 尤生 | 11245 | 油波 | 4982 |
| 尤师 | 10483 | 油达民 | 12333, 12334 |
| 尤苏福·锁兴 | 7557 | 油画《红色娘子军》创作组 | 2749 |
| 尤索福·卡希 | 10146 | 莜原千 | 7127 |
| 尤特凯维奇 | 13176, 13205, 13215, 13217 | 游本宽 | 8706 |
| 尤天然 | 5461 | 游棣 | 8694 |
| 尤维雅 | 5293 | 游恩溥 | 10646 |
| 尤文绚 | 3792, 3810, 4036 | 游光中 | 13314 |
| 尤熹 | 5213 | 游国权 | 2037 |
| 尤喜 | 8996 | 游汉强 | 2043 |
| 尤侠 | 3445, 3499 | 游惠贞 | 111, 13063, 13151 |
| 尤先瑞 | 5565, 5756, 5837, 5880, 5934, 6289, 6295, 6305, 6342, 6373 | 游嘉瑞 | 8229 |
| | | 游健 | 10317 |
| 尤新叔 | 502 | 游江滨 | 6704, 6710, 6711, 6713 |

| | |
|---|---|
| 游洁 | 13086 |
| 游丽嘉 | 12688 |
| 游练 | 8988 |
| 游龙 | 13231 |
| 游龙姑 | 2353, 2812, 3071, 3076, 3086, 3094, 3098, 3109, 3114, 3118, 3121, 3128, 3129, 3131, 3134, 3151, 3153, 3203, 3210, 3247, 3291, 3329, 3336, 3346, 3347, 3363, 3376, 3786, 4024, 4047, 4082, 4088, 4134, 4250, 4330 |
| 游明元 | 118, 8096 |
| 游丕承 | 2314 |
| 游仁贵 | 11821 |
| 游荣光 | 6911 |
| 游世龙 | 7025 |
| 游寿 | 8339 |
| 游素兰 | 3483, 3484, 3487 |
| 游文好 | 6127 |
| 游戏主人 | 3511 |
| 游祥芝 | 084 |
| 游象平 | 10209, 10375 |
| 游新民 | 857, 2314, 4546 |
| 游学华 | 418 |
| 游泳源 | 11063, 11100, 11108 |
| 游有方 | 11716 |
| 游云谷 | 8882, 9315, 10095 |
| 游云山 | 361 |
| 游允常 | 1074, 1110 |
| 游振国 | 5542, 10071 |
| 游振卿 | 9242 |
| 游振鑫 | 9465, 12978 |
| 游子 | 9568 |
| 友霖 | 4127 |
| 友梅 | 4895 |
| 友名 | 9308, 9356 |

| | |
|---|---|
| 友人 | 6248, 6254, 6262, 9977, 10043 |
| 友善 | 5385, 6218 |
| 友声 | 6229 |
| 友声印社编辑室 | 8562 |
| 友文 | 2097 |
| 友元 | 5366, 5405 |
| 有吉佐和子 | 5575 |
| 有乐 | 3008 |
| 有美堂 | 568 |
| 有肖像及 | 6322 |
| 有缘 | 1247 |
| 有源 | 4151 |
| 有照片乐 | 13014 |
| 有正书局 | 1271, 1467, 1498, 1499, 1500, 1501, 1559, 1561, 1562, 1606, 1616, 1623, 1699, 7661, 7662, 7757, 7787, 7790, 7951, 7953, 8107, 8109, 8378 |
| 有正印刷所 | 7747 |
| 卣绂 | 12986 |
| 又栩 | 8509 |
| 又珣 | 6553 |
| 右草 | 6073, 6113 |
| 右石 | 8565 |
| 右元 | 2926 |
| 幼儿歌曲编选组 | 12024 |
| 幼儿歌曲编选组合 | 12026 |
| 幼狮公司编辑部 | 3385 |
| 幼狮文化公司 | 375 |
| 幼幼 | 4904 |
| 于安澜 | 574, 682, 855 |
| 于安民 | 2423, 4063 |
| 于安祥 | 7646 |
| 于宝俭 | 2072, 2398, 2450, 2808, 3234, 4450, 4805, 5265 |
| 于宝剑 | 3234 |

于宝民　　　　　　　　　　　　　10717

于保俭　　　　　　　　　2065, 2126, 4815

于保险　　　　　　　　　　　　　　2124

于保勋　　　　1844, 3283, 3290, 5134, 5446

于本善　　　　　　　　　　　　　11208

于彬　　　　　　　　　　　　　　　3525

于斌　　　　　　　　　　　　4361, 4390

于冰　　　　　　　　　　　　615, 11372

于兵　　　　　　　　　　　11955, 11968

于秉正　　559, 1138, 3963, 5249, 5254, 5267, 5420,
　　　　5611, 5802

于波　　　　　　　　　　　　　　　4947

于长安　　　　　　　　　　　　　10315

于长拱　　　　　　　　　2722, 2723, 2855

于长海　　　　　　　　　　　　　　6425

于长虹　　　　　　　　　　　　　12340

于长林　　　　　　　　　2108, 4819, 4820

于长胜　　　　　　　　　　　　　　2555

于长澍　　　　　　　　　　　　　12893

于长悦　　　　　　　　　　　　　　4259

于鬯　　　　　　　　　　　　　　　646

于辰　　　　　　　　　　　　　　　6445

于辰文　　　　　　　　　　　　　　6478

于成龙　　　　　　　　　　11010, 11011

于成山　　　　　　　　　　　　　　6281

于成松　　　　　　　　　　　　　　1398

于成业　　3796, 5422, 5494, 5503, 5514, 5550, 5583,
　　　　5585, 5621, 5682, 5752, 5767, 5806, 5918,
　　　　5958, 5983, 6026, 6054, 6251, 6252, 6277,
　　　　6290

于成智　　　　　　　　　　　　　11471

于传萤　　　　　　　　　　　　　12312

于春　　　　　　　　　　　　　　11101

于春时　　　　　　　　　　　　　　317

于春瀛　　　　　　　　　　　　　　614

于春雨　　　　　　　　　　　　　11390

于村　　　　　　　　　　　11881, 11883

于大成　　　　　　　　　　　　　　249

于大武　　3259, 5589, 5663, 5752, 5767, 5961, 6126

于单明　　　　　　　　　　　　　　5613

于得水　　　　　　　　　　13153, 13286

于登斌　　　　　　　　　　　　　12661

于东方　　　　　　　　　　　　　　5799

于东云　　　　　　　　　　　　　　5210

于敦厚　　　　　　　　　　　5584, 6166

于多　　　　　　　　　　　　　　　6704

于凡琦　　　　　　　　　　　　　　9699

于方明　　　　　　　　　　　　　　5516

于飞　　　　　　　　　　　12834, 13227

于非　　2684, 2687, 4917, 4952, 4954, 4983, 4989,
　　　　5124

于非闇　651, 652, 855, 935, 972, 1286, 1428, 1433,
　　　　1722, 1724, 1725, 1733, 1737, 1743, 1753,
　　　　1755, 1769, 1776, 1781, 1792, 1863, 1874,
　　　　1904, 2487, 2488, 2490, 2497, 2563, 2636

于菲　　　　　　　　　　　　　　　6588

于风　　　　　　　　　　790, 4993, 5329

于峰　　　　　　　　　　　　2249, 2256

于逢源原　　　　　　　　　　　　　4887

于凤超　　　　　　　　　　　　　　5996

于凤湘　　　　　　　　　　　6557, 6560

于夫　　　　　　　　　　　　　　12603

于福庚　　　　　　　　　6298, 6613, 10316

于福谦　　　　　　　　　　　　　　3754

于复千　　　　　　　　　　616, 2166, 2314

于干　　　　　　　　　5959, 6038, 6088, 6139

于歌今　　　　　　　　　　　　　　6048

于格　　　　　　　　　　　　　　10212

于公介　　　　　　　　　　　5414, 5505

于光　　　　　　　　　　4918, 4924, 4987

于光辉　　　　　　　　　　2112，2369
于广陵　　　　　　　　　　　　6003
于广美　　　　　　　　　7649，10320
于广业　　　　　　　　　　　　5860
于广有　　　　　　　　　　　　4073
于桂元　　　　　　　　　3387，3388
于国凡　　　　　　　　　5720，6511
于国平　　　　　　　　　　　　7635
于国荣　　　　　　　　　　　　1338
于海寰　　　　　　　　　　　　8725
于海江 3610，3688，5143，5532，5746，5782，5887
于海灵　　　　　　　　　　　11222
于海龙　　　　　　　　　　　12557
于海祥　　　　　　　　　　　　5862
于海燕　　　　　　　　　12568，12672
于行　　　　　　　　　　3747，3748
于航　　　　　　　　　　　　　3583
于恒希　　　　　　　　　　　　3440
于洪　　　　　　　　　　　　　1190
于洪江　　　　　　　　　　　　4516
于鸿林　　　　　　　　　　　　2477
于华夫　　　　　　　　　　　10182
于华里　　　　　　　　　　　　5425
于化　　　　　　　　　　　　　5054
于化里　　　　　　　　　2778，3082
于化鲤　　　　　　3083，3094，3105，3106，3429，3481，
　　　3536，3577，3580，3641，3670，3709，
　　　3871，4980，5008，5020，5092，5400，5531，
　　　5568，5954
于怀琛　　　　　　　　　　　　2737
于怀深　　　　　　　　　　　　4256
于焕图　　　　　　　　　　　　5001
于璜　　　　　　　　　　　　　8886
于睢　　　　　　　　　　　　　6120
于会　　　　　　　　　　10277，10292

于会泳 11771，11952，12138，12139，12251，12311
于惠　　　　　　　　　　　　　5826
于慧彬　　　　　　　　　　　　4793
于加改　　　　　　　　　　　　7001
于家兴　　　　　　　　　　　　419
于家珍　　　　　　　　　　　　704
于健英　　　　　　　　　　　　9494
于健鹰 9499，9505，9754，9909，9917，9921，9922，
　　　9985，10005，10008
于杰　　　5530，5715，5772，5852，5892，6181
于洁　　　7810，7899，7900，7904，7993，7996，8082，
　　　8084，8085
于捷　　　　　　　　　　　　10835
于今　　　　　　　　　　　　10928
于金才　　　　　　　　　　　　2429
于金凤　　　　　　　　　　　11121
于金兰　　　　　　　　　　　10362
于锦生　　　　1900，4141，4148，4181，4241
于锦声 1932，1981，2067，2104，2292，2429，2443，
　　　2445，3793，3999，4000，4274，4328，4345，
　　　4349，4361，4368，4400，4429，4435，4482，
　　　4504，4636，4791，8142
于锦珠　　　10266，10269，10277，10300，10306
于瑾　　　　　　　　　　　　　3486
于晋里　　　　　　　　　2569，3933
于晋鲤 2072，2100，2292，2675，3133，3721，4302，
　　　4652，4660，4729
于京良　　　　　　　　　　　　6556
于景才　　　　　　　　　　　　1338
于景春　　　　　　　　　　　12584
于景庆　　　　　　　　　　　　2528
于景显　　　　　　　　　　　　7340
于久洵　　　　　　　　　　563，1184
于聚义　　　　　　　　　　　13084
于军　　　　　　　　　　　　10593

| | | | |
|---|---|---|---|
| 于均 | 6550 | 于茂昌 | 8795 |
| 于君 | 529 | 于茂阳 | 7167 |
| 于俊海 | 8984, 8991 | 于美成 | 1214, 1234, 2350, 3989, 10386 |
| 于骏治 | 5523, 5539, 5544, 5570, 5584, 5599, 5692, 5732, 5738, 5801, 5816, 5840, 5845, 5896, 5943, 5992, 6001, 6141, 6152 | 于美玉 | 11055 |
| | | 于孟晨 | 6990 |
| 于可安 | 2355, 3945, 4040, 4084, 4096, 4117, 4335 | 于民 | 072 |
| 于坤 | 11526 | 于敏 | 6498, 13050, 13073, 13238, 13242 |
| 于来 | 3788 | 于敏中 | 1044, 7693, 7694 |
| 于兰 | 5992 | 于名川 | 319 |
| 于蓝 | 13213 | 于明 | 4927, 5078, 5082, 5093, 10275 |
| 于乐林 | 10337 | 于明夫 | 533, 7341 |
| 于乐庆 | 12728 | 于明汉 | 8339 |
| 于磊 | 6246 | 于明善 | 12877 |
| 于理 | 6493 | 于明涛 | 2315 |
| 于力 | 6711 | 于牧 | 2770, 3228, 3242, 3990 |
| 于立 | 5905 | 于南 | 2436 |
| 于立群 | 8150 | 于宁 | 6366, 8963, 8969 |
| 于丽 | 13285 | 于宁万 | 6401 |
| 于丽红 | 12824 | 于培 | 5011 |
| 于利 | 6970 | 于培才 | 13078, 13137, 13138 |
| 于连成 | 7157 | 于培庚 | 4246 |
| 于连魁 | 8913 | 于培杰 | 072, 075, 078, 108, 10967 |
| 于连武 | 8850 | 于裴中 | 10977 |
| 于濂元 | 5022 | 于鹏阁 | 13068 |
| 于良子 | 8463, 8479 | 于平 | 3555, 3573, 3590, 3637, 4902, 5055, 5683, 10692, 10702, 12571, 12573, 12574, 12578, 12640 |
| 于凉 | 3380 | | |
| 于林青 | 10814, 11156, 12923 | 于凭 | 3483, 3485, 3490, 3491, 3492 |
| 于麟 | 5714, 5743, 5886, 5993 | 于普杰 | 5200 |
| 于伶 | 12722, 13024 | 于普洁 | 1824, 2963 |
| 于令涝 | 7205 | 于溥洮撰 | 7276 |
| 于令仪 | 8667 | 于琪林 | 8795 |
| 于芦笛 | 8744 | 于启平 | 5399 |
| 于鲁俊 | 6582 | 于千 | 12813 |
| 于鲁人 | 5265 | 于谦 | 8025 |

于乾浩　5433

于钦德　1249

于秦坤　6200, 6218, 6219, 6220, 6235, 6240, 6264

于沁　2548

于清　5258

于清溪　12501

于庆成　8664

于庆祝　12321, 12343

于然　559

于人　1130, 2946, 7007

于如龙　6399

于润发　10707

于润洋　10845, 10847, 10861, 10927

于沙　5033, 5058, 5089, 5091, 5114, 5360, 5629,
　　5650, 5783, 6498, 6550, 12669

于山　11927, 11981

于善明　5300

于善英　5233, 5259, 5332, 5831, 6078

于少兰　12589

于少平　12589, 12630

于少蔚　11256, 11260

于邵文　5729

于绍文　5410, 5451, 5571, 5592, 5711, 5809, 5889,
　　5928, 6045, 6135, 6156, 6322, 6378, 6485,
　　6500

于声　5137, 12095

于声原　12120

于胜兰　8953

于胜利　6972

于世弼　6401

于世华　11126

于世涛　9594

于世绪　10733

于式金　6050, 6051, 6254

于式枚　8108

于是之　5459, 12910, 12915

于守万　1338, 5314, 5455, 5795, 5885, 5982, 6040,
　　6070, 6084

于守洋　3478，3490

于书亭　7670, 8271

于淑茶　10781

于淑荣　10194

于淑媛　5974

于淑珍　8850, 9006

于曙光　2315, 7302, 7400

于树斌　1148

于树中　4954

于水　4411, 5592, 5626, 5766, 5799, 5859, 5884,
　　5894, 5917, 5926, 5927, 5935, 5991, 6002,
　　6017, 6054, 6083, 6092, 6142, 6174, 6288,
　　6338, 6341, 6347, 6388, 6446, 6447

于苏贤　10877, 11083, 11613, 11666

于素秋　7042

于素云　8780, 8789

于速　5572, 5634, 5654, 5662, 5746, 5975, 6001,
　　6133, 8823, 8824, 8825, 9096, 9235, 9243,
　　9244, 9245

于太昌　1848, 2423, 2442, 2593, 3890，3904

于汤　5558, 5627, 5766, 5874, 6444

于涛　2260, 8280, 10721

于天　3805, 5241, 5404, 5565

于天存　5004, 7417, 7495, 7524, 7551

于天为　8934, 9065, 9218, 9295, 9827, 9998, 10103

于土　5548

于万夫　8916

于万海　12970

于万强　3819

于微　3499

于为　9499

于唯德　7592

于伟 4214
于文 5798, 5864, 6129, 6494, 6501, 6502
于文补 11835
于文江 2300
于文杰 188
于文朴 11832
于文青 5035
于文清 4924, 4928, 5295, 5594, 5699, 6466
于文瑞 8259
于雯 5015
于希宁 387, 945, 946, 949,
950, 951, 954, 971, 974, 1442, 1744, 1857,
1858, 1873, 1883, 1952, 1953, 1982, 2491,
2496, 2521, 2531, 2555, 2596, 2597, 2602,
2627, 8550
于希宇 2492
于夏 6181
于显 5831
于显臣 4202
于祥 3482, 5603
于翔 4993, 5069
于向东 10773
于小虎 10228
于小玲 2077, 2380, 2386, 4699, 4730
于晓光 5219
于晓慧 7133, 7134, 7135
于晓玲 2115, 4627, 4634
于晓野 7057, 7058
于晓玉 6972
于新生 1417, 1860, 1915, 1971, 2046, 2369, 2374,
3937, 4052, 4064, 4086, 4152, 4208, 4296,
4510, 4690, 5384, 6457
于兴安 5268, 5459, 5658
于秀芳 11811
于秀琴 6516, 6730

于秀锡 5302
于秀溪 4141, 4297, 5302, 5449, 5482, 5495, 5498,
5506, 5527, 5589, 5692, 5706, 5721, 5725,
5728, 5738, 5883, 5916, 5963, 6030, 6032,
6097, 6209
于学剑 12723, 12877
于亚文 5391
于延祥 3479
于彦夫 13231
于雁 1775, 3565, 3587, 3622, 3625, 3657,
3666, 3674, 3736, 5121
于雁军 4900
于阳春 2473, 3120, 5180
于也 7042, 7043
于业广 5983
于一 5060, 6972, 12786, 12935, 12944, 12950,
12954
于仪新 2760
于义 5864, 6007
于英卜 6415
于缨 5929
于瀛波 6573, 6574
于永昌 3794
于永和 5266
于永华 2156, 3919
于永锦 5408
于永平 8989
于永全 5635
于游 5777
于友善 711, 2340, 6036, 6320, 6447, 6463, 6573,
6586
于右任 7245, 8119, 8122, 8125, 8151, 8156, 8166,
8172, 8173, 8174, 8192, 8219, 8243, 8284,
8290, 8296, 8339, 8413, 8414, 8415, 8418,
8423

于幼军　　　　　　　　　　　　6498
于宇光　　　　　　　　　　　　8840
于玉安　　　115, 594, 595, 1451, 7404, 7405
于玉生　5437, 5438, 5439, 5487, 6004, 6188, 6492
于寓真　　　　　　　　　　　　8311
于跃中　　　　　　　　　　　　864
于越　　　　　　5704, 5836, 5837, 5981
于云　　　　　　　　　　　　　6573
于云天　9482, 9739, 9828, 9869, 9925, 9977
于云香　　　　　　　　　　　　185
于占德 1880, 1955, 1964, 1978, 2020, 2025, 2037,
　　2115, 2351, 2564, 2623, 2635, 3880, 4076,
　　4110, 4233, 4249, 4250, 4303, 4319, 4335,
　　4396, 4443, 4462, 4476, 4582, 4694, 4730,
　　9370, 10440, 10446, 10449
于兆　　　　　　　　　　　　　8943
于兆雄　　　　　　　　　　　　9248
于照　　　　　　　　　　　　　1995
于振波 2058, 2115, 2135, 2380, 2384, 2386, 2391,
　　4209, 4352, 4542, 4572, 4593, 4636, 4655,
　　4668, 4672, 4720, 4728, 4730, 4736
于振丹　　　　　　　　　　　　4820
于振海　　　　　　　　　　　　13154
于振立 3212, 3224, 3241, 3245, 3264, 3272, 3829,
　　3833
于振平　　　　　　　1146, 2921, 6905
于振宇　　　　　　　　　　　　13107
于振羽　　　　　　　　　　　　13106
于振中　　　　　　　　　　　　13215
于正羊　　　　　　　　　4918, 4967
于政中　　　　　　　　　　　　10890
于之　　　11951, 11952, 12018, 12023
于植元　　　　　7285, 7667, 8271, 8558
于芷诺　　　　　　　　　　　　12175
于祉　　　　　　　　　　　　　1457

于志力　　　　　　　　　　　　9977
于志祥　　　　2101, 2580, 2748, 4818
于志新　　　9411, 9459, 9464, 9720, 9895
于志学　　1308, 3575, 3586, 3610, 3688, 3725,
　　3904, 5067, 10434
于质彬　　　　　　　　　　　　12890
于智　　　　　　　　　　　　　11752
于智魁　　　　　　　　　　　　12452
于中兴　　　　　　　　　　　　3865
于忠　　　　　　　　　　　　　6579
于忠才　　　　　　　　　　　　4978
于忠海　　　　　　　　　　　　11386
于忠正　　　　　　　3473, 3474, 11757
于仲安　　　8797, 8802, 8911, 8990, 9036
于仲德　　　　　　　　　　　　12591
于祝明　　　9392, 9584, 9587, 9617, 9637
于倬云　　　　　　　　　　　　301
于卓　　　　　　　　　　　　　5831
于宗信　　　　　1298, 11676, 11965
余白墅　　　1938, 2985, 3001, 3003, 3007
余本　　　1378, 2720, 2726, 2728, 2729, 2817
余碧芳　　　　　　　　　4366, 5945
余碧娟　　　　　　　　　6348, 6659
余斌　　　　　　　　　　　　　10779
余滨生　　　　　　　　　　　　11149
余秉楠　7061, 7063, 7633, 7645, 10198, 10210
余伯焜　　　　　　　　　5764, 5829
余超英　　　　　　　　　　　　6025
余辰　　　　　　　　　　　　　9119
余辰绘　　　　　　　　　　　　4407
余陈　　　　　　　　　　　　　6237
余晨　　　　　　　　　　　　　9327
余成德　　　　　　　　　　　　8889
余成先　　　　　　　　　　　　10670
余承先　　　4191, 4303, 4315, 4606, 4612

余城　802, 10358

余春晖　6493

余春明　1398

余纯顺　6558, 8988

余慈度　12434

余从　11155, 12783, 12893

余大喜　8677, 12954

余大中　4983

余丹红　11289, 12459, 12555

余德泉　7345, 7398

余德先　8339

余德元　2153

余荻　11375, 11379, 11381, 12356, 12425

余丁　1087, 1201

余笃刚　11121, 11127

余多　6121

余凡　219

余方　6008

余方德　5311, 5328

余芳　6475, 6731

余夫　12919

余甫磋夫　12459, 12460

余纲　8201

余功保　7467

余光　10986, 12353

余光中　1079

余广彤　5347

余国煜　12604

余国成　3485

余国宏　1395, 2276, 2756, 3826

余国华　3853

余国松　8206

余国煜　12604

余国振　5478

余国智　10666

余汉东　12823

余鹤仙　5711, 6219, 6351

余宏理　5892

余华盛　11682

余怀　1048

余辉　322, 822, 849, 2161

余惠轩　5038, 5688

余惠珍　12637

余继明　414, 8248

余继清　12214, 12237

余佳　1128

余佳佳　11197

余家璜　9307

余家乐　5541, 5664, 5797, 6145

余家台"公社"业余美术组　3885

余嘉敏　5443

余驾楼　7413, 7418, 7428, 7432, 7433, 7449

余俭　5773, 5774

余建华　5901, 5902, 5903

余建荣　1452

余建伟　5901

余金　4882

余晋芳　8114

余靖　2931

余静　10603

余静凡　4510

余鞠庵　8562

余巨力　7604

余军　5422

余均伟　6522

余开基　10835

余克德　5579

余克危　2276, 2630, 2638, 2801, 2940, 4089, 4266, 4407

余兰　6708

余乐　　　　　　5563, 5677, 12948
余乐孝　　　　　10184, 10225
余力　2129, 4795, 4797, 5800, 6100
余立勋　　　　　　　　12211
余丽芬　　　　　　　　6357
余丽清　　　　　　　　4987
余连如　3559, 3685, 5456, 10404
余廉洁　　　　　　　　5999
余良　　　　　　　　　8933
余列涅夫　　　　　　　13252
余林　3661, 3681, 5847, 6140, 6170, 6799, 6925,
　　　12798, 12805
余霖　　　　　　　　　5571
余凌云　　　　　　　　5475
余隆禧　　　　　　　　12119
余吕楚　　　　　　　　5976
余曼白　　　　　　　　10664
余美琴　　　　　　　　5043
余美西　　　　　　　　5776
余美玉　　　　　　　　12593
余明善　　　　　　8271, 8407
余明沃　　　　　　　　8892
余明阳　　　　　　　　10399
余铭　　　　　　　　　7795
余铭源　　　9975, 10028, 10034
余慕云　13182, 13185, 13193, 13195
余南轩　2908, 3893, 4669, 5315, 5384
余楠明　　　　　　　　5479
余培勤　　　　　　　　9864
余培侠　　　　　　　　1267
余佩瑾　　　　　　390, 417
余萍　　　　　　　　　6558
余其伟　　　　　　　　11352
余企霓　　　　　　　　172
余启　　　　　　　　　11360

余启平　　　　　　1395, 6925
余千里　　　　　　　　3463
余蒨如　　　　　　　　13166
余强　　　　　　　3917, 7634
余青　　　　　6147, 6519, 6520
余清莲　　　　　　　　11058
余清平　　　　　　　　11209
余庆县文化馆　　　　　11356
余秋雨　050, 086, 087, 12687, 12689, 12769
余泉耕　　　　　　　　2653
余铨　　　　　　　　　11086
余热　　　　　　　　　6176
余仁　　　　　　　　　6467
余仁志　　　　　　　　10124
余任天　　806, 2228, 8229, 8311, 8573
余荣　　　　　　5816, 6093
余荣家　　　　　　　　6639
余三　　　　　　　　　6134
余珊珊　　　　　　　　020
余上沅　12708, 12722, 12745, 12780, 12798,
　　　12807, 12824, 13010
余尚清　　　　　　　　12222
余少国　　　　　　　　10279
余少麟　　　　　　　　10756
余绍宋　　　　676, 677, 686, 1482
余石风　　　　　　　　3540
余石苹　　　　　　　　977
余时闲　　　　　　　　6529
余式晖　　　　　　　　629
余守谟　　　　　　　　2340
余书　　　　　　　　　6442
余蜀　　　　　　　　　6003
余树泽　3820, 5288, 5291, 5321, 5752, 5948, 6204
余水　　　　　　　　　6516
余水编　　　　　　　　6533

| | |
|---|---|
| 余思齐 | 10760 |
| 余松山 | 8492 |
| 余松岩 5194, 5251, 5267, 5289, 5345, 5826, 5830, 5875, 6115, 6276 | |
| 余莎莎 | 6383 |
| 余所亚 | 1474, 2980 |
| 余涛 | 2555 |
| 余天益 | 6126 |
| 余挺 | 11559 |
| 余彤甫 | 901, 1728 |
| 余统德 | 3875 |
| 余万凯 | 11711, 11728 |
| 余伟雄 | 6018, 6176 |
| 余蔚 | 1769, 3556 |
| 余文琪 | 6472, 6541 |
| 余文祥 | 5041, 5105, 5339, 13089 |
| 余我 | 094 |
| 余武章 | 3103, 10243 |
| 余熙 | 2951, 2953 |
| 余险峰 | 8271 |
| 余险锋 | 8203 |
| 余祥记 | 8258 |
| 余向东 | 5282 |
| 余萧然 | 7530 |
| 余小仪 1945, 3227, 3252, 3292, 3898, 4062, 4109, 4144, 4164, 4176, 4177, 4188, 4190, 4254, 4283, 4320, 4353, 4409, 4495, 4522, 9583 | |
| 余晓云 | 6315 |
| 余笑予 | 12805 |
| 余心 | 12745, 12838, 12839 |
| 余欣 | 5906, 6125, 11510, 11741, 11745 |
| 余新 | 4539, 10743, 10745 |
| 余新民 | 1212, 3768, 4943 |
| 余新志 | 1395 |
| 余雪曼 | 7805 |

| | |
|---|---|
| 余迅 | 10740 |
| 余亚万 6426, 6800, 6901, 8822, 9081, 9084, 9896 | |
| 余言 | 10615, 10769 |
| 余扬 | 5751 |
| 余阳 | 11925 |
| 余洋星 | 648 |
| 余耀国 | 8265, 8292 |
| 余耀康 | 7419 |
| 余怡 | 6294, 6869 |
| 余义明 | 8957 |
| 余亦文 | 10814, 11131 |
| 余益强 | 10577 |
| 余益友 | 1171, 1174, 5779 |
| 余意 | 5955 |
| 余毅 | 654, 5709, 5938, 6604 |
| 余音 5536, 5543, 5561, 5575, 5576, 5582, 5596, 5642, 5667, 5673, 5688, 5692, 5710, 5711, 5718, 5731, 5760, 5767, 5785, 5803, 5869 | |
| 余音耕 | 12181 |
| 余应禄 | 059 |
| 余雍和 | 6077, 6173 |
| 余友心 | 5310 |
| 余又晨 | 6273, 6276, 6631 |
| 余玉照 | 10970, 12822 |
| 余远荣 | 11746, 11747, 12026 |
| 余约章 | 11221 |
| 余月虹 | 10316 |
| 余云 | 5273, 5814 |
| 余云鹏 | 2760, 3233, 3244 |
| 余载 | 10951, 12050, 12051 |
| 余泽恩 | 9338 |
| 余泽银 | 3343 |
| 余曾美 | 3824 |
| 余曾善 | 1876 |
| 余增德 | 8612 |

| | | | |
|---|---|---|---|
| 余增一 | 4882 | 俞长嘉 | 2002 |
| 余占友 | 12271 | 俞超尘 | 1094 |
| 余昭科 | 11055 | 俞承芳 | 11163 |
| 余振东 | 5315 | 俞崇正 | 6701 |
| 余振鹏 | 8702 | 俞创硕 | 3206, 9054, 9305 |
| 余振中 | 6160 | 俞春晖 | 6493 |
| 余振州 | 4974 | 俞从福 | 12619 |
| 余正 | 8129, 8358, 8553, 8554, 8580 | 俞大纲 | 12714, 12845 |
| 余之 | 13212 | 俞德麟 | 7789 |
| 余之钦 | 2141, 2801 | 俞荻 | 12401, 12442 |
| 余志强 | 8606 | 俞东高 | 3763 |
| 余志森 | 5928, 5958 | 俞栋成 | 5476 |
| 余志勇 | 9782 | 俞尔科 | 7343 |
| 余致贞 | 1984 | 俞绂棠 | 11547 |
| 余稗 | 1646 | 俞根泉 | 9592, 12624, 13113 |
| 余忠为 | 1417 | 俞浩清 | 8718 |
| 余钟志 | 2931 | 俞灏东 | 13215 |
| 余众 | 6066 | 俞和 | 7970, 7979 |
| 余专一 | 8763 | 俞宏理 | 2477 |
| 余作恭 | 11322 | 俞虹 | 141, 7553, 13112, 13162, 13215 |
| 鱼夫 | 6945 | 俞惠如 | 448 |
| 鱼汲胜 | 8249 | 俞获 | 12411 |
| 鱼闻诗 | 12927 | 俞继高 | 2707 |
| 鱼仙子 | 2228 | 俞寄凡 | 002, 007, 060, 145, 207, 465, 568, 1068, 1093, 1163, 2923, 10921, 12745 |
| 鱼翔 | 5529, 5615 | | |
| 鱼讯 | 12784, 12785, 12928 | 俞嘉瑞 | 4885, 4886, 4888 |
| 鱼翼 | 664 | 俞建国 | 1146 |
| 鱼元傅 | 769 | 俞建华 | 917, 2574, 4217, 4399, 7303, 7351, 7423, 7471, 7479, 8167, 8220 |
| 俞百何 | 8484 | | |
| 俞包象 | 7421 | 俞建英 | 7571 |
| 俞彬彬 | 6976 | 俞剑华 | 123, 137, 572, 575, 580, 588, 589, 598, 680, 681, 682, 741, 791, 792, 835, 839, 850, 1221, 1910, 7242, 7243 |
| 俞斌浩 | 1304, 10217 | | |
| 俞伯洪 | 6324, 6371 | | |
| 俞伯秋 | 5494 | 俞蛟 | 773 |
| 俞昌平 | 7396, 7621 | 俞洁 | 4983 |

俞介君　　　　　　　　　　9146, 13119
俞进　　　　　　　　　　　　　9876
俞京　8826, 9397, 9425, 9434, 9436, 9445, 9618,
　　9621, 9622, 9659, 9665, 9695, 9701
俞京隆　　　　　　　　　　4483, 9825
俞经文　　　　　　　　　　　9537
俞璟璐　　　　　　　　　　　3064
俞可　1129, 1140, 1197, 6830, 6837, 6908, 7145,
　　8626
俞昆　　　　　　　　　　　　688
俞兰　　　　　　　　　　　　6113
俞雷　　　　　　　　　　　　6415
俞礼　　　　　　　　1604, 1605, 1629
俞礼纯　　　　　　　　　　　12311
俞理　　　　　　3777, 5534, 5794, 6570
俞廉三　　　　　　　　　　　8527
俞良模　　　　　　　　12310, 12333
俞林　　　　　　　　　　　　11793
俞林泉　　　　　　　　　　　8905
俞枚　　　　　　　　　　　　748
俞梦彦　876, 2315, 2908, 5493, 5606, 5799, 5998
俞敏　　　　　　　　　　　　8351
俞明　　　　　　　　　　5623, 8106
俞明珠　　　　　　　　　5886, 6216
俞乃大　　　　　　　　　　　1376
俞南　　　　　　　　　　　　6215
俞南屏　　　　　　　　　　　11951
俞妮亚　　　　　　　　6461, 6469, 6473
俞沛铭　　　　5614, 5657, 5808, 5855, 6567
俞频　　　　　　　　　11947, 12278
俞平　　　　　　　11036, 11037, 11062
俞平伯　　　　　　　　　　　11838
俞琦　　　　　　　　　　　　6250
俞祺德　　　　　　　　　　　8311
俞启慧　　　606, 1212, 1420, 3001, 3002, 3004

俞嶔奇　　　　　　　　　　　8495
俞泉耕　2660, 4355, 4397, 4538, 9355, 10464
俞人豪　10835, 10882, 10913, 10985, 11109,
　　11209, 11260
俞人悦　　　11231, 11283, 11620, 11958
俞润生　　　　　　　　　5587, 5591
俞沙丁　2988, 4890, 4903, 4908, 4918, 4921, 5026
俞山　　　　　　　　　　1090, 1185
俞善金　　　　　　　　　　　10607
俞慎　　　　　　　　　　　　11944
俞笙　　　　　　　　　　　　1665
俞士梅　　1309, 1312, 3071, 3750, 3810, 3923,
　　3930, 3948, 5278
俞士善　　　　　　　　　　　6181
俞寿宾　　　　　　　　　　　10743
俞抒　　　　　　　　　12199, 12225
俞淑芬　　　　　　　　　　　12645
俞树连　　　　　　　　　　　11370
俞思冲　　　　　　　　　　　3027
俞松　　　　　　　　7172, 7173, 7225
俞菘　　　　　　　　　　　　8629
俞苏　　　　　　　　　　　　9145
俞瑅　　　　　　　　　　　　771
俞天白　　　　　　　　　　　5884
俞天民　　　　　　　　　　　10855
俞桐园　　　　　　　　　　　12304
俞微波　　　　　　　3592, 3666, 4044
俞为民　　　　　　　　　　　12779
俞伟华　　　　　　　　　　　1258
俞文云　　　　　　　　6025, 10300
俞惜阴　　　　　　　　　　　4909
俞先明　　　　　　　　12237, 12554
俞小勇　　　　　　　　　　　11229
俞晓夫　1371, 5197, 5246, 5371, 5747, 5967, 6145,
　　6222, 6259

俞晓刚　　　　　　　　　　5751

俞晓庆　　　　　　　　　　5594

俞晓群　　　　　　　1156, 1201

俞雄伟　　　　　　　　　　9814

俞暄　　　　　　　　　　　5099

俞学明　　　6576, 6577, 6584, 6593

俞耀庭　　　　　　　　　　5688

俞怡生　　　　　　　　　　5249

俞宜国　　　　　　　　　　9120

俞宜震　　　　　　　　　10718

俞颐申　　　　　　　　　　8806

俞英　　　　　　　10361, 10362

俞颖　　　　　　　　　　　9472

俞雍衡　　　　　　12983, 13001

俞永康　　　　　　　6779, 8605

俞玉龙　　　　　　　　　　8580

俞玉滋　　　　　　　　　10825

俞原　　　　　　　　1701, 1707

俞樾　　　　　8029, 8030, 10945

俞云阶　　　　　　　1390, 2781

俞振飞　　　11833, 12086, 12899

俞志富　　　　　　　　　12448

俞致贞　　865, 938, 959, 1445, 1769, 1874,
　　　　1883, 1901, 1909, 1926, 2494, 2515, 2587,
　　　　2599, 2601, 2603, 2619, 2621, 3929, 4035,
　　　　10406, 10445, 10458, 10461

俞仲英　　　　　　　　　13231

俞珠珍　　　　　　　　　　8771

俞子才　　907, 909, 915, 944, 2426, 2434, 2636,
　　　　4202, 4255, 10445

俞子鉴　　　　　　　　　　7158

俞子龄　　　　　　　　　10173

俞子龙　　　　　　　3383, 6638

俞宗　　　　　　　　　　12303

俞宗青　　　　　　12303, 12304

俞祖祯　　　　　　　　　13035

馀不钓徒　　　　　　　　12740

渔帆　　　　　　　　　　　5825

隅田博之　　　　　　　　　7004

渝莲　　　　　　　　　　　4672

渝美　　　　　　　　　　　9987

渝生　　　　　　　　　　　9534

瑜继高　　　　　　　　　　2697

瑜君　　　　　　　　　　　9104

瑜蓉　　　　　　　　　　　6390

瑜生　　　　　　　　9114, 9119

榆林地区"革委会"《王永久英雄事迹连环画创
　　　　作组》　　　　　　　5168

榆林地区"革委会"文教局　　　13100

榆林地区"革委会"政工组　　　5186

榆林地区"革委会"　　　　　　8924

榆林地区水利水保局　　　　　8888

榆林地区文化局　　　　　　11833

榆林地区文联　　　　9286, 9287

榆林地区畜牧局　　　　　　　8933

榆林军分区政治部　　　　　　9286

榆林市人民政府　　　　　　　2163

虞爱民　　　　　　　6678, 6679

虞谌　　　　　　　　　　　4948

虞承中　　　　　　10843, 12582

虞春富　4935, 4943, 4958, 4962, 4965, 4982, 5026

虞涤凡　　　　　　　　　　6720

虞伏虎　　　　　　　　　　6286

虞复　　　　　　　　　　　681

虞刚　　　　　　7638, 7641, 10213

虞行先　　　5104, 5583, 5738, 6291

虞棘　　　　　　　　　　　5126

虞健　　　　　　3781, 3852, 4056

虞金龙　　　　　　　　　10608

虞君质　　　　　　016, 227, 246

虞垒 9307

虞磊 9372

虞荔 379

虞亮 10213, 10321

虞留德 12801

虞敏 6244

虞汝明 11319, 11320

虞世南 7202, 7828, 7830, 7831, 7832, 7834, 7837, 7839, 7840, 7841, 7842, 7845, 7849, 7858, 7860, 7861, 7867, 7875, 7885, 7887, 7888, 7892, 7899, 7903, 7905, 7910, 7911, 7916, 7926, 7927, 7932, 7938, 8400

虞天慈 12632, 12902

虞伟民 5237, 5373, 5486

虞卫毅 7403

虞文哲 10607

虞献忠 11709

虞小风 2199

虞孝宽 8683, 8715, 8717, 8718, 10132

虞颖茂 7529

虞勇 11200, 11279, 11283, 11286

虞愚 7244, 8429

虞予 11626, 11956

虞哲光 5719, 10667, 12978

虞祖尧 6401

愚夫 3440

愚谷 6240

愚华 8310

愚君 10300

愚马 6050

予锋 13071

予强 9421, 9441, 9471, 9508, 9678, 9745, 9776

予且 12795

予群 1386

予屯 12606

予文 8753

予志云 5071

宇白 5502

宇光 4778, 8846, 8850, 8851

宇海 6026

宇华 5058

宇慧 717, 1151, 1193, 7382, 8789, 10603, 10893, 11133, 11190, 11208, 11260, 11290, 11314, 12574, 13080

宇空 12182

宇林 6093, 6930

宇南 5615

宇文 5366, 7425

宇文洲 923, 2460

宇野比吕士 7128

宇野雪村 7168, 7275

宇业荥 13132

宇一 3689

宇之 5076

宇芝芭 6366

宇宙 4902, 4910

羽放 5917, 6054

羽化 5636, 5644, 5648, 5674, 5696, 5708, 5712, 5719, 5729, 5731, 5796, 5806

羽佳 10581

羽奇 13237, 13243, 13246

羽青 6324

羽人 6248

羽山 5098, 13237, 13238, 13300

羽新 5896

羽叶 9567, 9568

羽之野 12730

雨辰 4809, 11745

雨川 7515

雨村 12927

| | | | |
|---|---|---|---|
| 雨岛 | 7481 | 禹海亮 | 6449 |
| 雨果 | 4906, 6545, 7051, 12542 | 禹化兴 | 3837 |
| 雨花 | 9962 | 禹民 | 9357 |
| 雨花台烈士陵园管理局 | 8299 | 禹瑞祥 | 12778 |
| 雨华 | 5272 | 禹颂拍 | 6111 |
| 雨慧 | 7316 | 禹天安 | 7342 |
| 雨季 | 5006 | 禹晓荣 | 1821, 3745, 5431 |
| 雨佳 | 6459 | 禹之鼎 | 1632, 1641 |
| 雨岚 | 6246 | 庾东海 | 5582, 5650 |
| 雨立 | 5831, 5883, 6341 | 庾肩吾 | 7187, 7188, 7199 |
| 雨林 | 9560, 9568, 9574, 9579, 9824, 9968, 11735 | 玉凤 | 6218 |
| 雨鸣 | 6253 | 玉含 | 2138 |
| 雨苹 | 4922, 4994 | 玉华 | 2879, 6297, 6409, 9518 |
| 雨琴 | 6760 | 玉洁 | 6373 |
| 雨青 | 5737, 6218, 6324 | 玉井清 | 12663 |
| 雨石 | 8238, 12571 | 玉珂 | 1254 |
| 雨水 | 6723 | 玉宽 | 6337 |
| 雨田 | 2400, 4827, 5973, 6675, 9905 | 玉坤 | 5621 |
| 雨文 | 1163, 6467 | 玉腊 | 191 |
| 雨屋 | 2883 | 玉兰 | 5130, 5131 |
| 雨弦 | 1410 | 玉磊 | 5270 |
| 雨香 | 985 | 玉林 | 2116, 2377 |
| 雨心 | 3485, 3486 | 玉林地区插秧机厂 | 5198 |
| 雨新 | 627, 634, 955, 1903, 1932, 1943, 2617, 2630, 2645, 2648, 2652, 4137, 4207, 4216, 4221, 4288, 4385, 9969, 10458 | 玉林市文化局 | 1372 |
| | | 玉林市文联 | 1372 |
| | | 玉门石油管理局工人文化宫 | 11644 |
| 雨雁 | 8916 | 玉潘 | 12266 |
| 雨羊 | 7341, 7647 | 玉琦 | 1254 |
| 雨雨 | 6312, 6431 | 玉清 | 4402 |
| 雨云 | 173, 367, 372 | 玉荣奖 | 3317, 3834, 4015, 4142, 4295 |
| 雨芸 | 196, 518 | 玉山樵者 | 7211 |
| 雨中 | 6016, 6029 | 玉树藏族自治州人民政府 | 8953 |
| 雨中林 | 11507 | 玉树藏族自治州州委宣传部 | 8953 |
| 禹昌夏 | 12371 | 玉水 | 6189 |
| 禹称 | 861 | 玉锡珏 | 5781 |

玉溪地区行署文化局艺术研究室 12949

玉溪地区行政公署 419

玉溪地区行政公署文化局 12142

玉溪地区群众艺术馆 12142

玉溪地区文化馆 5173

玉溪地区文化局 12950

玉溪行署文化局 12062

玉溪市群众艺术馆 12349

玉溪市文化局 12349

玉香龙 11753, 11754

玉心 201, 202

玉岩 4049

玉宇 5058

玉竹 1233

聿杰 2446

聿文 6226, 10731

郁葆青 7237

郁达 6638

郁达夫 6927, 12674, 12675

郁德芳 11821

郁东 9845

郁方 5903

郁斐斐 6911

郁风 1283, 1284, 1285, 1391, 3071

郁枫 204, 8286

郁逢庆 766, 769

郁馥华 5904

郁汉羽 6188, 6492

郁航 4912

郁红 9148

郁慧芳 3509, 6447

郁吉 5655

郁家伦 3809

郁金英 5276

郁进 9060

郁敬湘 6299

郁俊英 5246

郁兰 13132

郁林 7507, 7513

郁麦青 12228

郁梅 7042

郁明 11722

郁慕娟 953

郁奇 5813

郁庆五 11628

郁庆云 5727

郁人 811

郁仁民 12838

郁如 6274

郁茹 5594, 5929

郁生 5476

郁声 5536, 5597

郁树钰 12175

郁天恩 11684

郁薇 6519, 6554

郁文 11630, 11961

郁文华 2315

郁文武 10816, 10822

郁文哉 12360, 12425

郁娴 10288, 10293

郁秀 6558, 6731

郁序新 10733

郁亦行 12788

郁有铭 13258, 13264, 13279

郁郁星 11212, 11213

郁元英 12351

郁曾全 7494

郁芝芳 5786

郁芷芳 4981, 5009, 5048, 5100, 5141, 5601, 5656, 5661, 5668, 6000, 6017, 6181

| | | | |
|---|---|---|---|
| 郁志桐 | 8323 | 喻晓建 | 5978 |
| 郁钟馥 | 12086 | 喻宣萱 | 11117 |
| 郁重今 | 8556 | 喻宜 | 8387 |
| 育柏 | 5732 | 喻宜萱 | 11117, 11938, 12425 |
| 育才学校绘画组 | 2979 | 喻义和 | 12119 |
| 育昇编辑工作室 | 10612 | | |

喻岳衡　5625, 5630, 5637, 5671, 5679, 5724, 5726,
　　5736, 6403, 6517, 6554

| | | | |
|---|---|---|---|
| 育新中学 | 3194, 3199 | 喻再华 | 12626 |
| 昱瀛 | 2092 | 喻正元 | 4268, 4653 |

峪崎　5557, 6171, 6263, 6564

喻仲林　956, 995, 1385, 1927, 2508, 2513, 2516

| | | | |
|---|---|---|---|
| 欲晓 | 6423 | 寓农 | 151, 152, 8689, 8724, 8733 |
| 喻成功 | 12026 | 裕根 | 4867, 9782 |
| 喻春泉 | 10325 | 裕康 | 730, 7683 |
| 喻德荣 | 5410 | 愈致贞 | 1917 |

毓继明　4933, 4959, 5006, 5013, 5069, 5142

| | | | |
|---|---|---|---|
| 喻璠琴 | 10692 | 毓明 | 3131 |
| 喻贵森 | 7308 | 豫昌 | 3941 |
| 喻衡 | 9304 | 豫鄂皖苏边区党政分会战地宣传委员会 | 3066 |
| 喻红 | 2952 | | |
| 喻洪斌 | 12103 | | |

豫强　2083, 2140, 2153, 2580, 4695, 4727, 8821,
　　8822, 8823, 8826, 8827, 8828, 8831, 8832,
　　8833, 8836, 8837, 8840, 8842, 8843, 8849,
　　9119, 9243, 9246, 9396, 9418, 9437, 9443,
　　9444, 9448, 9450, 9453, 9454, 9455, 9465,
　　9466, 9470, 9471, 9478, 9479, 9482, 9490,
　　9495, 9506, 9512, 9514, 9516, 9520, 9683,
　　9699, 9704, 9707, 9711, 9713, 9718, 9721,
　　9732, 9733, 9738, 9743, 9745, 9751, 9753,
　　9754, 9755, 9756, 9757, 9763, 9770, 9869,
　　9883, 9889, 9898, 9902, 9906, 9925, 9959,
　　10075, 10112, 10120, 10360, 10637

喻慧　2521

喻继高　1749, 1758, 1766, 1770, 1781, 1784,
　　1806, 1865, 1867, 1877, 1878, 1899, 1906,
　　1919, 1923, 1952, 2503, 2504, 2535, 2597,
　　2608, 2614, 2617, 2621, 2623, 2638, 2672,
　　3613, 3636, 3692, 3918, 3969, 4058,
　　4127, 4149, 4150, 4199, 4201, 4263, 4272,
　　4279, 4297, 4563, 4713, 10431, 10447

| | | | |
|---|---|---|---|
| 喻建辉 | 6723 | 鸳湖逸者 | 12054 |

喻建十　457, 7301, 7322, 7346

| | | | |
|---|---|---|---|
| 喻乐静 | 314 | 元昌 | 5941, 5969 |
| 喻能芝 | 7645 | 元丁 | 10080 |
| 喻启礼 | 8339 | 元阜 | 4946 |
| 喻如玉 | 4354 | 元好问 | 772 |
| 喻维国 | 301 | | |
| 喻侠夫 | 10243 | | |
| 喻湘涟 | 8662 | | |

| | | | |
|---|---|---|---|
| 元浩 | 9424, 9670, 9978 | 袁保安 | 10737 |
| 元鸿 | 12405 | 袁兵兵 | 3520 |
| 元济 | 895 | 袁炳昌 | 10976 |
| 元景兰 | 11253 | 袁波 | 2340 |
| 元炯子 | 11097 | 袁伯成 | 9979 |
| 元开平 | 10426 | 袁博轮 | 10556 |
| 元奎 | 6572 | 袁采然 | 1307, 3052 |
| 元龙 | 6279 | 袁草田 | 8766 |
| 元谋 | 11749 | 袁昶 | 8056 |
| 元宁选 | 10030 | 袁成兰 | 6570 |
| 元气 | 9842 | 袁川 | 5654, 5663, 5696, 5716, 5835, 5847, 5862, 5878, 5906, 5965, 6015, 6109, 6183 |
| 元庆 | 11793 | | |
| 元人 | 6261 | 袁传鼎 | 3849 |
| 元仁山 | 9289 | 袁春 | 12647 |
| 元厦 | 9392, 9841, 10049 | 袁春荣 | 268 |
| 元山 | 6439 | 袁春松 | 5915, 5956 |
| 元姝 | 2131, 4590, 4726, 6097 | 袁纯瑕 | 10580 |
| 元喜 | 5336 | 袁大仪 | 1870, 1979, 4124, 4143, 5312, 5342, 5392, 5468, 5695, 5924, 5979, 6249, 6258, 6259, 6276, 6277 |
| 元夏 | 9407 | | |
| 元兴 | 5665 | | |
| 元瑶 | 6181 | 袁大义 | 3831 |
| 元元 | 6005 | 袁丹 | 10835 |
| 元之 | 12224, 12225, 12276 | 袁道俊 | 8655 |
| 元子 | 8751, 8763 | 袁德炯 | 8273 |
| 贠冬鸣 | 809, 6375 | 袁德坤 | 2038 |
| 园田光庆 | 7043 | 袁德星 | 396 |
| 员恩凤 | 11677 | 袁登学 | 11812 |
| 员宁珠 | 6758 | 袁棣一 | 9408 |
| 员有名 | 13281 | 袁殿民 | 5369, 5397, 5657, 5712, 5769 |
| 沅浦痴渔 | 12741 | 袁丁 | 5654 |
| 爱兰 | 10350 | 袁鼎生 | 076 |
| 袁安圃 | 1708 | 袁冬华 | 4690 |
| 袁安森 | 5522 | 袁斗 | 8220 |
| 袁昂 | 7188, 7201, 7215 | 袁樊 | 8057 |
| 袁宝林 | 053, 130, 6853 | 袁飞 | 11415, 12121 |

袁斐 5662

袁峰 3807, 3970, 5302, 5448, 5817, 6070, 6118, 6149, 6154, 6335

袁锋 5475, 6239, 6390

袁奉泰 1810

袁赣忠 7272

袁钢 3425, 3426

袁歌辛 11938

袁观望 7382, 7576

袁广达 7536

袁广茂 10753

袁桂珍 5942

袁国祥 8974

袁海庭 5273, 5399, 5410, 5498, 5661, 5808, 5855, 5979, 6071, 6539

袁汉勇 4255

袁行霈 274

袁浩 2729, 2754, 2766, 3250, 5425, 5577

袁浩兴 5988

袁禾 12573, 12581

袁恒海 6706

袁宏道 643, 10571

袁鸿儒 3792

袁华 11133

袁华清 10982, 13194

袁晖 3343, 3904, 4824, 5260, 6040

袁辉 2413, 3363, 4135, 6497, 6524, 6532, 6577, 6586

袁惠兰 10357

袁惠民 5578, 5718

袁惠贞 121

袁慧 6583

袁吉中 2998, 3218, 3248, 5480, 6033, 6049

袁继光 5272

袁继翰 7236

袁继仁 5237, 5292, 5471

袁珈玲 11715

袁建国 6558

袁建华 13153

袁健民 7357, 8322

袁江 1442, 1492, 1656, 1659, 1661, 1675, 1679, 1680, 1689, 2050, 2303, 2613, 2637, 2662, 2678, 10447

袁金麟 7615, 7616

袁金塔 558, 1928, 1998, 2109

袁敬德 3795

袁静 5513, 5604, 5720, 5806, 5942, 13237

袁静芳 10917, 10920, 11294, 11295, 11297, 11348, 12322

袁均哲 12289

袁俊 7662, 8117, 13205

袁俊考 8357

袁骏 5636

袁开祥 4727, 8828

袁珂 5459, 5472, 5491, 5500, 5502, 5554, 5661, 5783, 5893, 5921, 5957

袁克露 5893

袁乐平 8217

袁里 6485, 6547

袁立德 6382

袁立风 12826

袁立书 12574

袁丽蓉 11058

袁励 5825

袁励准 1063, 1702

袁连祥 6463

袁廉 9382

袁廉民 8759, 8959, 9061, 9066, 9076, 9826, 9837, 9850, 9888, 9915, 10058

袁烈州 1512, 1513, 2166, 5566, 5588

| | | | |
|---|---|---|---|
| 袁烈洲 | 1512, 5490 | 袁汝云 | 3950 |
| 袁林 | 199, 2798, 5433, 6304, 9015 | 袁瑞昌 | 10422 |
| 袁苓 | 3131, 8716, 10132 | 袁闰澄 | 5834 |
| 袁玲 | 129 | 袁润澄 | 5834 |
| 袁珑 | 1187 | 袁三俊 | 8472 |
| 袁路 | 3487 | 袁善志 | 11480 |
| 袁迈 | 10724 | 袁善治 | 12662, 12669 |
| 袁枚 | 8022, 8035, 8061, 8503 | 袁韶莹 | 7034 |
| 袁粿 | 8365 | 袁生中 | 2343, 2403 |
| 袁美范 | 10677 | 袁世海 | 5778, 12882 |
| 袁美云 | 10679 | 袁世捷 | 6207 |
| 袁敏 | 6825, 7322 | 袁世凯 | 8110, 8113 |
| 袁明清 | 6157 | 袁守芳 | 6433 |
| 袁明毓 | 8895 | 袁守泰 | 5812, 5822 |
| 袁鸣 | 10590 | 袁枢 | 757, 758 |
| 袁牧 | 963 | 袁曙声 | 10219 |
| 袁牧之 | 12807, 12809, 12832, 13177, 13178 | 袁树 | 467, 843, 1053 |
| 袁拿恩 | 2292 | 袁双印 | 3609, 3625 |
| 袁佩娜 | 3502, 10328, 10329 | 袁水海 | 12593, 12666 |
| 袁丕海 | 1861, 2361, 3786, 3862, 3909, 3988, 4072, 4113, 4191, 4444 | 袁水拍 | 12371, 13094 |
| | | 袁舜吾 | 10619 |
| 袁其龙 | 5975 | 袁松年 | 2850 |
| 袁启彤 | 8946 | 袁嵩龄 | 8494 |
| 袁倩 | 3462 | 袁颂珉 | 10557 |
| 袁强 | 7456, 7457, 7474, 7481, 7484, 7496, 7502, 7521, 7525, 7540, 7545, 7591, 7621 | 袁堂忠 | 7512 |
| | | 袁体明 | 8056 |
| 袁青松 | 5915 | 袁庭栋 | 3440 |
| 袁清霓 | 989, 4726, 4731 | 袁同礼 | 11353 |
| 袁庆禄 | 3310 | 袁维春 | 407, 7280, 7328, 7330 |
| 袁仁智 | 8299 | 袁维青 | 3723, 10217 |
| 袁荣昌 | 12650 | 袁维清 | 3091, 3093, 3096, 3540 |
| 袁荣生 | 5263 | 袁维新 | 2535, 4973 |
| 袁融 | 8337 | 袁维学 | 2344 |
| 袁儒云 | 4070 | 袁伟 | 1491, 2235, 5408, 9283 |
| 袁汝逊 | 8785, 9992 | 袁伟大 | 5435, 6249 |

袁玮 1301

袁玮大 5276, 5312, 5636, 5678, 5721, 5780, 5923, 5959

袁慰吾 3285, 3308, 3311

袁文才 10718

袁文德 360

袁文强 13080

袁文殊 12697, 13072, 13092, 13202

袁熙坤 626, 992, 2863, 2869, 10558

袁熙阳 10222

袁熙旸 10190

袁宪军 198

袁翔 6559

袁晓岑 999, 1432, 1764, 1775, 1872, 1895, 2242, 2597, 3670, 3929, 8631

袁晓岭 10432

袁晓义 7337, 7417, 7452, 7558

袁晓英 6563

袁啸声 1426

袁欣 1517

袁新廷 3450

袁秀先 12626

袁旭 8383

袁旭临 7272, 7878, 8165, 8170, 8180, 8229

袁绪钦 7147

袁学浩 12555

袁学军 9009, 9252, 9314, 9370, 9394, 9396, 9402, 9406, 9407, 9417, 9499, 9502, 9507, 9510, 9514, 9515, 9517, 9569, 9576, 9593, 9594, 9595, 9597, 9774, 9776, 9777, 9779, 9780, 9781, 9924, 10008, 10042, 10049, 10096, 10097, 10106, 10123, 10124

袁学君 2469

袁学礼 259

袁学强 6014

袁雪芬 11872

袁雅珍 1254

袁衍丽 6267

袁尧书 3289

袁瑶瑶 8696

袁耀 1442, 1492, 1689, 2307, 2699, 4627, 10439, 10446, 10453, 10459

袁耀锷 1383, 2779, 3113, 4003

袁耀敏 6376

袁一宾 10709

袁一路 12664

袁一鸣 8784

袁义芬 8598

袁奕贤 3218, 3248, 5019, 5803, 5818, 6091, 6177

袁毅 5892

袁毅平 8707, 8879

袁茵 6046

袁音 193, 364, 365, 575

袁银昌 3921

袁寅章 8578

袁应兆 11001

袁鹰 3702, 8879, 10665, 11115, 11954, 11956

袁颖一 1952, 4440

袁永庆 6397

袁勇汉 4451

袁佑琦 3326

袁予三 8544

袁宇 10281, 10682

袁玉琴 13064, 13138

袁愈高 8461

袁媛 5730, 5784

袁跃 5131

袁云 5829

袁云范 13235

袁运甫　　　324, 329, 354, 538, 1164, 1383,
　　1853, 2242, 2292, 2315, 3085, 3094, 6602,
　　10358, 10564, 10565

袁运生　　　　　　　2865, 2914, 5514

袁仄　　　　　　　　　　　5876

袁旃　　　　　　　　　　　396

袁兆熊　　　　　　　　　　4915

袁照　　　　　　　　　　　7235

袁哲　　　　　　　　　7068, 7073

袁真　　　5920, 6529, 6571, 10480, 10489

袁振　　　　　　　　　　　2645

袁振洪　　　　　　　10280, 10281

袁振璜　　　　　　　　　　3768

袁征　　　　　　　　　　　6051

袁正　　　　　　　　　　　6248

袁正阳　　　　　4054, 5694, 6823

袁支亮　　　　　　　　　11156

袁至刚　　　　　　　　　12650

袁志煌　　　　　　　　025, 477

袁志权　　　　　　　　859, 861

袁志学　　　　　　　　　11822

袁志忠　　　　　　　　　11499

袁仲熊　　　　　　　　　7461

袁著同　　　　　　　　　3868

袁子敬　　　　9146, 12865, 12920

袁子强　　　　　　　　　7554

袁梓桐　　　　　　　　　1331

袁醉庵　　　　　　　　　1767

原草　　　　　　　　　　6350

原付萍　　　　　　　　　11719

原海荣　　　　　　　　　3830

原济　　　　　1680, 2624, 10457

原黎明　　　　　　　　　1187

原立军　　　　　　　7623, 7624

原流军　　　　　　　　　12402

原儒玉　　　　　　　　　2021

原儒云　2650, 4087, 4202, 4234, 4307, 4367, 4409,
　　4471, 4514, 4686

原守俭　4053, 4063, 4075, 4096, 4104, 4118, 6016

原水　　　　　5103, 5851, 5996

原田松三郎日　　　　　　8334

原田彦　　　　　　　　　11073

原小民　　　　　　　5493, 6415

原野　　　5269, 6044, 6559, 10145, 11351, 12250,
　　12265, 12278

原由子　　　　　　　　　12450

原元　　　　　　　　　　11714

原哲夫　　　6951, 6952, 6953, 6954, 6955

圆生　　　　　　　　　　447

圆照堂艺术收藏画廊　　　825, 826

援军　　　　6655, 6661, 6668, 6676

源奉泰　　　　　　　　　1810

源华　　　　　　　　　　4819

源泉　　　　　　　　　　10287

源氏鸡太　　　　　　　　6942

远方　　　　　　　　5718, 5872

远峰　　　　11737, 11740, 11746

远航　　　　5784, 6528, 11479

远宏　　　141, 10203, 10225, 10333, 10704

远纪　　　　　　　　　　8822

远近　　　　7030, 7614, 7618, 7619

远静　　　　　　　　　　6295

远利　　　　　　　　　　11709

远岷　　　　　　　　　　4996

远祁　　　5792, 5878, 5898, 5899, 5965, 5991

远秋桦　　　　　　　　　10767

远乡　　　　　　　　6032, 6164

远征　　　　　　　　　　2466

苑成心　　　　　　　3134, 3812

苑诚心　　　　3698, 3912, 3926

| | | | |
|---|---|---|---|
| 苑冬梅 | 7607 | 约翰·霍华德·劳逊 | 12708, 13082 |
| 苑书翰 | 5226 | 约翰·基帕克思 | 5558 |
| 苑耀升 | 052 | 约翰·卡鲁克 | 8785 |
| 苑野超 | 2481 | 约翰·克里斯托弗 | 5844, 6138 |
| 苑月楼 | 12273 | 约翰·拉塞尔 | 103, 527 |
| 苑子安 | 9394 | 约翰·拉依内斯 | 162 |
| 曰鸟 | 6714 | 约翰·劳恩 | 636 |
| 约·拉达 | 6934, 7013 | 约翰·罗兰 | 5405 |
| 约·列文 | 11225 | 约翰·罗斯金 | 003 |
| 约·罗大里 | 5429 | 约翰·马丁 | 12572, 12573 |
| 约·塞·巴赫 | 12503 | 约翰·马歇尔 | 451 |
| 约阿希姆 | 12545 | 约翰·塞巴斯蒂安·巴赫 | 12530, 12534 |
| 约飞 | 1220 | 约翰·沙克拉 | 10188 |
| 约菲 | 1221 | 约翰·斯坦倍克 | 6016 |
| 约菲斯 | 13263 | 约翰·斯特劳斯 | 12551 |
| 约干松 | 360, 361, 473, 6855 | 约翰·汤普森 | 11253, 11254 |
| 约甘松 | 485, 600, 601 | 约翰·威廉·沃特豪斯 | 6869 |
| 约翰 | 513 | 约翰·维斯 | 7053 |
| 约翰·奥尼尔 | 11175 | 约翰·沃尔克 | 187 |
| 约翰·柏格 | 118 | 约翰·肖 | 1201 |
| 约翰·柏杰 | 543 | 约翰·肖著 | 8795 |
| 约翰·伯杰 | 104, 108 | 约翰·辛格·萨金特 | 6815 |
| 约翰·丹佛 | 12432 | 约翰娜·史比里 | 7053 |
| 约翰·邓特 | 5833, 6128 | 约翰内斯·勃拉姆斯 | 12534 |
| 约翰·迪安德烈亚 | 8673 | 约翰内斯·伊顿 | 147, 148 |
| 约翰·厄格尔 | 13267 | 约翰尼斯·弗美尔 | 6814 |
| 约翰·菲尔德 | 10152 | 约翰孙 | 11110 |
| 约翰·格兰特,龙·提尼尔 | 1248 | 约翰逊 | 031, 370, 12528 |
| 约翰·哈拉斯 | 1239 | 约里斯·伊文思 | 13255 |
| 约翰·哈特 | 8751, 8783 | 约纳斯 | 12527 |
| 约翰·海吉科 | 8781, 8784 | 约奈尔·杨鲁 | 6786 |
| 约翰·海巨格 | 8796, 8799, 8802 | 约瑟·毕垣括尔 | 6903 |
| 约翰·海奇科 | 8744 | 约瑟芬·海费滋 | 12498 |
| 约翰·汉德森 | 191 | 约瑟夫 | 12393 |
| 约翰·怀斯 | 6334 | 约瑟夫·海顿 | 12534 |

| | |
|---|---|
| 约瑟夫·迦特 | 11227 |
| 约瑟夫·康拉德 | 7043 |
| 约瑟夫·拉达 | 6324 |
| 约瑟夫·马赫 | 13255 |
| 约瑟夫·马克利斯 | 10869 |
| 约瑟夫·马洛德·透纳 | 6868 |
| 约瑟夫·韦克斯贝格 | 10986 |
| 约瑟夫·韦克斯贝克 | 10986 |
| 约瑟夫·维奥拉 | 11175 |
| 约瑟夫·夏普德 | 615 |
| 约斯里 | 13253 |
| 月光 | 11751 |
| 月惠 | 13203 |
| 月楼轩 | 1599 |
| 月木 | 8847, 10079 |
| 月琪 | 2078 |
| 月生 | 6462 |
| 月涛 | 5302 |
| 月正元 | 8664 |
| 岳冰 | 6047, 6073 |
| 岳炳皓 | 5471 |
| 岳伯武 | 3663 |
| 岳长贵 | 5224, 5248, 5329 |
| 岳飞 | 7951, 7955, 7959, 7975, 7980, 7981, 7985, 7987, 7988, 7990, 7991, 7995, 8004, 8007, 8011, 8013, 8172, 8183, 8192 |
| 岳菲秀 | 11746 |
| 岳风 | 5749, 5872, 5948, 5951 |
| 岳枫 | 9385 |
| 岳峰 | 11314 |
| 岳凤翔 | 10927 |
| 岳岗 | 5952 |
| 岳国芳 | 9444 |
| 岳国丰 | 5332 |
| 岳海 | 6668 |
| 岳海波 | 884, 5606, 5637, 6029, 6290, 6307, 6375, 6578 |
| 岳恒 | 6608, 6609, 6648 |
| 岳宏 | 615, 984, 985, 1006 |
| 岳洪潮 | 7470 |
| 岳建国 | 6174 |
| 岳杰 | 5387, 5685 |
| 岳景融 | 10566 |
| 岳俊发 | 7371 |
| 岳开铸 | 12608 |
| 岳珂 | 7201, 7202 |
| 岳鹏飞 | 9675 |
| 岳樑柱 | 864 |
| 岳林庐 | 6240 |
| 岳凌 | 13126 |
| 岳凌配 | 8825 |
| 岳仑 | 11958 |
| 岳仑编 | 8601 |
| 岳崙 | 12222 |
| 岳鹏飞 | 8730, 8731, 9020, 9345, 9373, 9375, 9387, 9439, 9533, 9564, 9641, 9857, 10018 |
| 岳黔山 | 2260, 2323 |
| 岳庆平 | 266 |
| 岳仁 | 741 |
| 岳瑞敏 | 3232 |
| 岳山 | 5820 |
| 岳山川 | 7623 |
| 岳石 | 2340, 5974 |
| 岳石尘 | 4370 |
| 岳世平 | 13067 |
| 岳韬 | 561 |
| 岳文义 | 10691 |
| 岳西岩 | 3233 |
| 岳祥书 | 1772, 3651 |
| 岳晓 | 4063, 4159, 4197, 4362, 4391, 4621 |

| | | | |
|---|---|---|---|
| 岳啸 | 6275 | 云告 | 828 |
| 岳昕 | 3482, 7639, 7650, 10185 | 云贵 | 9394 |
| 岳燕宁 | 1417 | 云海 | 6411, 11215, 11510 |
| 岳阳地区"革命委员会"文化组 | 5204 | 云鹤 | 183, 6784, 8832 |
| 岳野 | 13235 | 云花 | 2154, 2678, 4829, 10085 |
| 岳英 | 12150 | 云华 | 4776, 4780, 4785, 4788 |
| 岳钰 | 10384 | 云画 | 9408 |
| 岳元 | 7004 | 云辉 | 6412 |
| 岳云 | 12039 | 云惠 | 11710 |
| 岳增光 | 11711 | 云惠晶 | 11735 |
| 岳志霞 | 9555, 9571 | 云慧 | 6681, 6682 |
| 岳志忠 | 10568 | 云霍 | 6928 |
| 岳宗周 | 2497, 3885, 5256, 5449 | 云君 | 11494, 11713, 11733, 12420, 12421 |
| 悦芳 | 11751 | 云岚 | 12694 |
| 悦朋 | 5727 | 云澜 | 5916 |
| 跃峰渠指挥部创作组 | 3951 | 云蕾 | 10602, 10609 |
| 跃龙卡通工作室 | 6726, 6727 | 云力 | 9698 |
| 跃阅 | 6947 | 云林堂 | 7763, 7764, 7765, 7863, 7864, 7876, 7881, 7883, 8069, 8072 |
| 跃中 | 6114 | | |
| 越城 | 5402 | 云凌 | 205 |
| 越飞 | 6265 | 云流 | 1090, 8737 |
| 越非 | 5573, 6191, 6193, 6223, 6301, 6518 | 云龙 | 6097, 6425, 7014 |
| 越菲 | 6518 | 云门子 | 2214, 2679 |
| 越清 | 6191 | 云南碧江基督教三自革新委员会 | 12442 |
| 越田美喜 | 7141 | 云南楚雄彝族自治州文化局 | 11803 |
| 越岳 | 10738 | 云南大学历史系民族历史研究室 | 10962 |
| 越舟 | 4838, 4839 | 云南大学校长办公室 | 10111 |
| 粤剧研究中心 | 12942 | 云南代表团歌舞演出队 | 12592 |
| 云宝 | 7580 | 云南滇萃博览中心 | 8913 |
| 云波 | 2808, 2810 | 云南对外宣传品制作中心 | 8854 |
| 云楚 | 11487 | 云南画报社画册编辑部 | 9128 |
| 云川 | 5011, 9998 | 云南画院 | 1369 |
| 云娣 | 4813, 4832 | 云南剪纸协会 | 10703 |
| 云舫氏 | 8512 | 云南教育出版社 | 6732 |
| 云飞 | 5859 | 云南军区文工团 | 11412 |

云南科技出版社　　　　　　　　　8972

云南美术出版社　　　　　　　　　2340

云南民族出版社　　　　4912, 4967, 5119

云南群众艺术馆　　　　　　　　10268

云南人民出版社　　　　　440, 2926, 3078,

　　3756, 4108, 4443, 4745, 5226, 5810, 8885,

　　8919, 8927, 9038, 9261, 9277, 9284, 9305,

　　9914, 10012, 10022, 10268, 10466, 11046,

　　11414, 11449, 11456, 11476, 11481,

　　11602, 11605, 11619, 11634, 11636,

　　11638, 11643, 11645, 11648, 11677,

　　11680, 11681, 11689, 11693, 11723,

　　11769, 11791, 11794, 11833, 11849,

　　11861, 11862, 11864, 11922, 11924,

　　11925, 11972, 12032, 12083, 12107,

　　12345, 12870, 12873, 13099

云南人民出版社编辑部　　　　　9261

云南人民出版社美术组　　　　　3192

云南人民出版社美术组改　　　　3192

云南人民广播电台　10854, 11404, 11631, 11695,

　　11803, 11972

云南人民艺术剧院花灯剧团　　11837, 12126

云南生产建设兵团一师政治部　3189, 3190

云南省保山地区烟草公司　　　10317

云南省博物馆　　　393, 1492, 1659, 1690

云南省承办第三届中国艺术节工作领导小组文

　　集编辑部　　　　　　　　　349

云南省城乡建设委员会　　　　9128

云南省楚雄市民族事务委员会　12623

云南省楚雄市文化局　　　　　12623

云南省楚雄彝族自治州人民政府　8970

云南省灯剧团　　　　　　　　11867

云南省第四次职工业余文艺会演大理州代表队

　　　　　　　　　　　　　　12609

云南省第一次农业普查领导小组办公室　8912

云南省滇剧团　　　11858, 11859, 12124

云南省电影发行放映公司　　　11914

云南省电影公司　　　　　　　11910

云南省电影公司临沧分公司　　13188

云南省对外文化交流协会　8975, 10319

云南省歌舞团　　　　　　　　11769

云南省"革命委员会"知识青年上山下乡工作办

　　公室　　　　　　　　　　　8882

云南省个旧市健康教育所　　　6417

云南省工艺美术公司　　　　　10350

云南省红河州人民政府新闻办公室　8965

云南省花灯剧团　　11830, 11831, 11838, 11839,

　　11856, 11858, 11859, 12606

云南省计划生育协会　　　　　3373

云南省教育局师范教材编写组　10799

云南省军区政治部　　　　　　3141

云南省勘察设计院　　　　　　3176

云南省科学技术协会　　　3150, 8974

云南省老　　　　　　　　　　1371

云南省老干部书画协会　　　　1367

云南省老年书画研究会　　　　1371

云南省丽江地区文教局　　　　11807

云南省林业厅　　3346, 3348, 3350, 3351, 3352,

　　3354

云南省旅游局　　　　　　　　8970

云南省绿化委员会　　3346, 3348, 3350, 3351,

　　3352, 3354

云南省民族民间美术展览办公室　10675

云南省民族事务委员会　　　　1364

云南省民族研究所民族艺术研究室　10277

云南省民族艺术研究所　10910, 12620, 12724,

　　12939, 12940, 12950

云南省民族艺术研究所戏剧研究室　12724,

　　12937, 13006

云南省民族音乐工作室　　　　11802

云南省怒江州兰坪白族普米族自治县文化局
　　　　　　　　　　　　　　12623
云南省轻工局工艺美术公司　　　10350
云南省曲靖市人民政府爨碑书画碑林筹建委员
　　会　　　　　　　　　　　　2174
云南省群众文化馆　　　　　　　497
云南省群众艺术馆　　　　　　　1221,
　　3320, 10700, 11038, 11080, 11083, 11438,
　　11439, 11443, 11445, 11448, 11590,
　　11598, 11605, 11607, 11610, 11773,
　　11777, 11830, 11831, 11837, 11838,
　　11839, 11865, 12126, 12341
云南省燃化局《煤海》编创组　　5257
云南省人民政府文化局　　　　　10854
云南省少年儿童文化艺术委员会　12633
云南省少数民族古籍整理出版规划办公室 8544
云南省社会发展成就展览领导小组办公室 8958,
　　8959
云南省摄影家协会　　　　　8712, 8981
云南省思茅地区行政公署文化局　12622
云南省体育运动委员会　　　　　10453
云南省卫生局　　　　　　　　　3237
云南省文化局　　　　　　　1839, 8923
云南省文化局革命歌曲征集小组　11792
云南省文化局美术摄影工室　　　3258
云南省文化局美影工作室　　3320, 10425
云南省文化局民歌编选小组　　　11799
云南省文化局戏剧工作室　　11833, 12921
云南省文化局艺术处音乐组11694, 11794, 11799
云南省文化局音乐工作组　11577, 11579, 12002,
　　12105
云南省文化厅　　　　　　　　　8701
云南省文化艺术干部学校　　11833, 12610
云南省文史研究馆　　　　　　　2281
云南省戏剧创作研究室　12876, 12924, 12925

云南省艺术节目会演大会　　　　12113
云南省战备支前领导小组　　　　8898
云南省中苏友好协会　　　　　　9261
云南思茅行　　　　　　　　　　12063
云南图书博物馆　　　　　　　　1568
云南戏剧家协会　　　　　　　　12724
云南新华书店　　　　　　　　　4108
云南新闻图片社　　　　　　　　8953
云南冶金第二矿政治部宣传处　　5244
云南艺术学院　　　　3070, 4996, 12349
云南音乐　　　　　　　　　　　11448
云南音乐舞蹈家协会　　11445, 11607, 11619,
　　11632, 11784, 12343
云南音乐舞蹈家协会筹委会　11445, 11605
云南中苏友好协会　　　　　　　10854
云沛林　　　　　　　　　　　　4054
云平　　　　　　　　　　　　　8225
云屏　　　　　　　　　　　　　6109
云琦　　　　　　　　　　　　　5896
云茜　　　　　　　　　　4447, 10473
云山　11476, 11477, 11700, 11701, 11702, 11706
云杉　　　　　　　　　　　　　6283
云生　　　　　　　　　　　　　9105
云声　　　　　　　　　　　　　5564
云石　　　　　　　　　　9339, 11706
云士篆　　　　　　　　　　　　8022
云天　5559, 5635, 5668, 5673, 5739, 5847, 5861
云尉　　　　　　　　　　　　　11568
云西正　　　　　　　　　　　　8653
云希正　　　　　　　　　　　　346
云霞　　　　　　　　　　9619, 9670
云翔　　　　　　　　　　　　　12093
云雪梅　　　　　　　　　　　　720
云游客　　　　　　　　　　　　12961
云原　　　　　　　　　　　　　1247

| | |
|---|---|
| 云照光 | 5407, 5573 |
| 云志 | 6241 |
| 云志高 | 12295 |
| 云志功 | 7400 |
| 云中君 | 5379 |
| 云众 | 9468 |
| 云子 | 5542, 9007, 9011 |
| 勾平 | 12639 |
| 芸槭 | 8504 |
| 昀蹳 | 6560, 6566 |
| 郧阳 "革命委员会" 政工组 | 5166 |
| 郧阳地区 "革命委员会" 政工组 | 5164, 5166 |
| 郧阳地区工农兵美术创作组 | 5176, 5181, 5182 |
| 郧阳地区美术学习班 | 3886 |
| 耘夫 | 7452, 7496 |
| 蕓叟 | 1778 |
| 允迪·祖和 | 10882 |
| 允禄 | 11008, 11009, 11010 |
| 允南 | 13215 |
| 允庆 | 4539 |
| 允祉 | 11009 |
| 运城地区文化局 | 12937 |
| 运升 | 5303 |
| 运西 | 4969 |
| 郓城县 "革命委员会" | 5210 |
| 郓城县文化馆 | 1833 |
| 恽冰 | 1622, 1629, 2626 |
| 恽达 | 5734 |
| 恽格 | 469, 759, 767, 772, 777, 802, 893, 894, 935, 942, 1600, 1612, 1613, 1621, 1622, 1627, 1630, 1635, 1639, 1640, 1641, 1643, 1646, 1647, 1654, 8033, 8034, 8043 |
| 恽皓 | 6778 |
| 恽恪 | 1622 |

| | |
|---|---|
| 恽南平 | 5343, 5377, 5490, 5529, 5538, 5571, 5573, 5662, 5669, 5767, 5828, 5916, 6095, 6486 |
| 恽南田 | 1613, 1643, 1652, 1653, 1657, 1662, 1687 |
| 恽圻苍 | 2730, 2765 |
| 恽寿 | 1670 |
| 恽寿平 | 1466, 1613, 1616, 1621, 1622, 1627, 1629, 1630, 1652, 1664, 1666, 1667, 1668, 1669, 1680, 1682, 1689, 1692, 1695, 2640, 2696, 6813, 6819, 6822, 8032, 8033, 8034, 8106 |
| 恽锡麟 | 13104 |
| 恽毓鼎 | 8028 |
| 恽元复 | 1644 |
| 恽振霖 | 1812, 2051, 2649, 3093, 3699, 3754 |
| 恽珠 | 1591 |
| 恽宗瀛 | 1417 |
| 韫辉斋 | 1650 |
| 韵儿 | 6568 |
| 韵清 | 4940, 12087 |
| 蕴真 | 6113, 6245 |

## Z

| | |
|---|---|
| "争取持久和平，争取人民民主！" 报中文版出版部 | 3405 |
| "中国工艺美术" 编辑委员会 | 10230 |
| "中国话剧运动五十年史料集" 编辑委员会 | 12907 |
| "中国摄影" 编辑部 | 8880 |
| "中华民国" 儿童美术教育学会 | 7144 |
| 《杂技与魔术》编辑部 | 6950, 12992 |
| 《造船工人志气高》创作组 | 5168 |
| 《怎么谈不拢》创作组 | 5133, 11840 |
| 《怎样打锣鼓》编写组 | 11347 |
| 《怎样识简谱》编写组 | 11046 |
| 《怎样识五线谱》编写组 | 11046 |
| 《怎样写楷书》编写组 | 7253 |

《怎样写新魏书》编写组　　　　　7253
《战地红花七月开》编委会　　　　12782
《战地新歌》编选小组　　　　　　11683
《战斗的新村》创作组　　　　　　5168
《浙江版画五十年》编辑委员会　　3032
《浙江画报》社　　　　　　　　　8891
《浙江美术作品集》编委会　　　　341
《浙江摄影作品集》编委会　　　　8975
《中国·台州》画册编委会　　　　8962
《中国·新疆》画册编委会　　　　8949
《中国版画》编辑部　　　1213, 1217
《中国版画年鉴》编辑委员会　　　3035
《中国大连十年建设》编辑委员会　8896
《中国当代漆艺文集》编辑委员会　10654
《中国当代艺术家画库》编辑部1308, 1309
《中国当代艺术家画库》编委会1309, 1310
《中国电影画册》编委会　　　　　13181
《中国雕塑》筹备组　　　　　　　8631
《中国风光画库》编委会　　　　　9137
《中国钢笔书法》编辑部　7473, 7475, 7478
《中国钢笔书法艺术》编辑部　　　7462
《中国高等美术学院作品全集》编辑委员会　305
《中国工艺美术》编辑部　　　　　10226
《中国工艺美术》编委会　　　　　10226
《中国姑娘》绘制组　　　　　　　6170
《怎国古陶瓷图典》编辑委员会　　430
《中国古筝考级教程》编写组　　　11342
《中国广播电视》编辑部　8888, 11481
《中国河南》画册编辑委员会　　　8916
《中国画》编委会　　　　　　　　784
《中国画年鉴》编委会　　　　　　1485
《中国画新百家》编辑部　　　　　2170
《中国画研究》编辑部　　　　　　687
《中国话剧运动五十年史料集》编辑委员会
　　　　　　　　　　　　　　　12907

《中国吉林农业》编委会　　　　　8898
《中国经典画本珍藏系列》编辑委员会　6589
《中国辽宁》编辑委员会　　　　　8943
《中国美术》编辑部　　　　　　　291
《中国美术家》编委会　　　　　　1339
《中国美术家丝绸之路作品选集》编辑委员会
　　　　　　　　　　　　　　　1340
《中国民间歌曲集成·福建卷》编辑委员会 11815
《中国民间歌曲集成·广西卷》编辑委员会 11815
《中国民间歌曲集成·贵州卷》编辑委员会 11818
《中国民间歌曲集成·河北卷》编辑委员会 11815
《中国民间歌曲集成·河南卷》编辑委员会 11815
《中国民间歌曲集成·黑龙江卷》编辑委员会
　　　　　　　　　　　　　　　11815
《中国民间歌曲集成·湖南卷》编辑委员会11801,
　　11815
《中国民间歌曲集成·江苏卷》编辑委员会11801,
　　11815
《中国民间歌曲集成·江西卷》编辑委员会11801,
　　11815
《中国民间歌曲集成·辽宁卷》编辑委员会 11816
《中国民间歌曲集成·内蒙古卷》编辑委员会
　　　　　　　　　　　　　　11817, 11818
《中国民间歌曲集成·山西卷》编辑委员会 11817
《中国民间歌曲集成·陕西卷》编辑委员会 11816
《中国民间歌曲集成·上海卷》编辑委员会 11816
《中国民间歌曲集成·四川卷》编辑委员会 11816
《中国民间歌曲集成·新疆卷》编辑委员会 11816
《中国民间歌曲集成·浙江卷》编辑委员会 11818
《中国民间歌曲集成》北京卷编辑委员会 11815
《中国民间歌曲集成》编辑工作组　10904
《中国民间歌曲集成》广西卷编辑委员会 11814
《中国民间歌曲集成》湖南卷编辑委员会 11798
《中国民间歌曲集成》全国编辑委员会　11801,
　　11809, 11815, 11816, 11817, 11818

《中国民间歌曲集成》总编辑委员会　　11812,
　　11817

《中国民族民间器乐曲集成·河南卷》编辑委员
　　会　　　　　　　　　　　　　　12347

《中国民族民间器乐曲集成·湖北卷》编辑部
　　　　　　　　　　　　　　　　12351

《中国民族民间器乐曲集成·湖北卷》编辑委员
　　会　　　　　　　　　12346, 12349

《中国民族民间器乐曲集成·湖南卷》编辑委员
　　会　　　　　　　　　　　　　　12347

《中国民族民间器乐曲集成·辽宁卷》编辑委员
　　会　　　　　　　　　　　　　　12347

《中国民族民间器乐曲集成·宁夏卷》编辑委员
　　会　　　　　　　　　　　　　　12347

《中国民族民间器乐曲集成·山东卷》编辑委员
　　会　　　　　　　　　　　　　　12347

《中国民族民间器乐曲集成·陕西卷》编辑委员
　　会　　　　　　　　　　　　　　12346

《中国民族民间器乐曲集成·上海卷》编辑委员
　　会　　　　　　　　　　　　　　12346

《中国民族民间器乐曲集成·四川卷》编辑委员
　　会　　　　　　　　　　　　　　12348

《中国民族民间器乐曲集成·新疆卷》编辑委员
　　会　　　　　　　　　　　　　　12347

《中国民族民间器乐曲集成·浙江卷》编辑委员
　　会　　　　　　　　　　　　　　12347

《中国民族民间器乐曲集成》全国编辑委员会
　　　　12346, 12347, 12348, 12349

《中国民族民间舞蹈集成·广西卷》编辑部　12618

《中国民族民间舞蹈集成》编辑部　12613, 12614

《中国民族民间舞蹈集成》湖南省卷编辑部
　　　　　　　　　　　　　　　　12613

《中国民族民间舞蹈集成》湖南省卷编辑部怀化
　　地区编写组　　　　　　　　　12613

《中国民族民间舞蹈集成》湖南省卷编辑部零陵

地区编写组　　　　　　　　　　12613

《中国民族民间舞集成·上海卷》编辑部　12619

《中国汽车商标集锦》编委会　　　　　10385

《中国青年报》团的生活部　　　　　　12601

《中国轻纺面料花样图集》编辑委员会　10364

《中国曲艺集成·四川卷》编辑委员会　　12141

《中国曲艺音乐集成·北京卷》编辑委员会　12141

《中国曲艺音乐集成·甘肃卷》编辑委员会　12142

《中国曲艺音乐集成·广西卷》编辑部　　12971

《中国曲艺音乐集成·河南卷》编辑委员会　12141

《中国曲艺音乐集成·江苏卷》编辑委员会　12141

《中国曲艺音乐集成·宁夏卷》编辑委员会　12142

《中国曲艺音乐集成·青海卷》编辑委员会　12142

《中国曲艺音乐集成·山东卷》编辑委员会　12142

《中国曲艺音乐集成·陕西卷》编辑委员会　12142

《中国曲艺音乐集成·四川卷》编辑委员会　12141

《中国曲艺音乐集成·天津卷》编辑委员会　12141

《中国曲艺音乐集成》全国编辑委员会　　12141,
　　12142

《中国曲艺志·北京卷》编辑委员会　　　12973

《中国曲艺志·广西卷》编辑部　　　　　12971

《中国曲艺志·河南卷》编辑委员会　　　12973

《中国曲艺志·湖南卷》编辑委员会　　　12973

《中国曲艺志·江苏卷·南京分卷》编辑室　12972

《中国曲艺志·江苏卷》编辑委员会　　　12973

《中国三峡》编辑委员会　　　　　　　　8859

《中国扇面书画集锦》编辑委员会　　　　1484

《中国扇子艺术精品集》编委会　　　　　2344

《中国少数民族地区画集丛刊》广东册编辑委员
　　会　　　　　　　　　　　　　　8933

《中国少数民族地区画集丛刊》贵州册编辑委员
　　会　　　　　　　　　　　　　　8934

《中国少数民族地区画集丛刊》湖北册编辑委员
　　会　　　　　　　　　　　　　　8934

《中国少数民族地区画集丛刊》湖南册编辑委员

会 8934

《中国少数民族地区画集丛刊》四川册编辑委员
会 1365

《中国少数民族地区画集丛刊》西藏册编辑委员
会 8936

《中国少数民族地区画集丛刊》总编辑委员会
8934, 8937, 8938, 8939

《中国少数民族戏剧丛书·湖南卷》编委会 12943

《中国少数民族艺术词典》编纂委员会 082

《中国设计年鉴》编辑委员会 10397, 10402

《中国摄影》 9282

《中国摄影》编辑部 8880, 8886, 9001, 9042, 9217,
9284

《中国摄影家》编辑部 8843, 8844

《中国摄影家》杂志社 8965

《中国摄影年鉴》编辑组 8802

《中国摄影艺术选集》编辑委员会 8878

《中国书法》编辑部 7264, 7266

《中国书法》杂志社 8254

《中国书法大成》编委会 7671

《中国书法大字典》编辑组 7162

《中国书法作品集》编辑委员会 8340

《中国书画选》编委会 1487, 2112

《中国水城农民画》编辑委员会 6771

《中国戏剧年鉴》编辑部 12844, 12845

《中国戏曲剧种大辞典》编辑委员会 12854

《中国戏曲音乐集成·安徽卷》编辑委员会 12063

《中国戏曲音乐集成·北京卷》编辑委员会 12062

《中国戏曲音乐集成·广东卷》编辑委员会 12064

《中国戏曲音乐集成·河北卷》编辑部 11151

《中国戏曲音乐集成·河北卷》编辑委员会 12064

《中国戏曲音乐集成·河南卷》编辑委员会 12063

《中国戏曲音乐集成·黑龙江卷》编辑委员会
12064

《中国戏曲音乐集成·湖北卷》编辑委员会 12065

《中国戏曲音乐集成·湖南卷》编辑委员会 12063

《中国戏曲音乐集成·江西卷》编辑委员会 12065

《中国戏曲音乐集成·内蒙古卷》编辑委员会
12065

《中国戏曲音乐集成·宁夏卷》编辑委员会 12065

《中国戏曲音乐集成·山东卷》编辑委员会 12064

《中国戏曲音乐集成·四川卷》编辑委员会 12135

《中国戏曲音乐集成·天津卷》编辑委员会 12063

《中国戏曲音乐集成·新疆卷》编辑委员会 12064

《中国戏曲音乐集成》编辑委员会 12062, 12063,
12064

《中国戏曲音乐集成》全国编辑委员会 12064,
12065, 12135

《中国戏曲志·安徽卷》编辑委员会 12763, 12764

《中国戏曲志·北京卷》编辑委员会 12766

《中国戏曲志·福建卷》编委会 12760

《中国戏曲志·福建卷》编委会编辑部 12760

《中国戏曲志·甘肃卷》编辑委员会 12765

《中国戏曲志·广东卷》编辑委员会 12764

《中国戏曲志·广西卷》编辑部 12761

《中国戏曲志·广西卷》编辑委员会 12765

《中国戏曲志·贵州卷》编辑委员会 12766

《中国戏曲志·海南卷》编辑委员会 12765

《中国戏曲志·河北卷》编辑委员会 12763, 12764

《中国戏曲志·黑龙江卷》编辑委员会 12764

《中国戏曲志·湖北卷》编辑部 12760

《中国戏曲志·湖北卷》编辑委员会 12763, 12947

《中国戏曲志·湖北卷》编辑委员会武汉市文化
局 12947

《中国戏曲志·湖南卷》编辑室 12760

《中国戏曲志·湖南卷》编辑委员会 12760

《中国戏曲志·吉林志》编辑委员会 12764

《中国戏曲志·江苏卷·南京分卷》编辑室 12936

《中国戏曲志·江苏卷》编辑部 12762

《中国戏曲志·江西卷》编辑委员会 12766

《中国戏曲志·辽宁卷》编辑委员会 12761, 12764

《中国戏曲志·内蒙古卷》编辑部　　　　12934

《中国戏曲志·内蒙古卷》编辑委员会　　12764

《中国戏曲志·宁夏卷》编辑委员会　　　12765

《中国戏曲志·青海卷》编辑委员会　　　12766

《中国戏曲志·山东卷》编辑委员会　　　12764

《中国戏曲志·山西卷》编辑部　　　　　12762

《中国戏曲志·陕西卷》编辑委员会　　　12765

《中国戏曲志·上海卷》编辑部　　　　　12762

《中国戏曲志·上海卷》编辑委员会　　　12765

《中国戏曲志·四川卷》编辑委员会　　　12765

《中国戏曲志·四川卷》编委会编辑部　　12761

《中国戏曲志·天津卷》编辑部　　　　　12766

《中国戏曲志·天津卷资料汇编》编纂委员会

　　　　　　　　　　　　　　　　　　12766

《中国戏曲志·西藏卷》编辑部　　　　　12760

《中国戏曲志·新疆卷》编辑委员会　　　12765

《中国戏曲志·新疆卷》编委会　　　　　12763

《中国戏曲志·云南卷》编辑部　　　　　12761

《中国戏曲志·云南卷》编辑委员会　　　12765

《中国戏曲志·浙江卷》编辑部　　　　　12768

《中国戏曲志·浙江卷》编辑委员会 12761, 12762,

　　12765

《中国戏曲志》编辑委员会　12762, 12763, 12764,

　　12765, 12766

《中国戏曲志》河北卷编辑部　　　　　　12929

《中国现代名家书法大字典》编委会　　　8350

《中国消防》杂志编辑部　　　　　　　　3419

《中国新疆·巴音郭楞》画册编委会　　　8949

《中国新疆·哈密》画册编委会　　　　　8949

《中国新疆·喀什噶尔》画册编委会　　　8949

《中国新疆·吐鲁番》画册编委会　　　　8949

《中国新疆·乌鲁木齐》画册编委会　　　8949

《中国艺术》编辑部　　　　　232, 233, 2286

《中国艺术院校艺术团体报考从艺指南》编委会

　　　　　　　　　　　　　　　　　　　354

《中国音乐词典》编辑部　　　　　　　11357

《中国应用电视学》编辑委员会　　　　13063

《中国硬笔书法楷书临习法帖》编委会　　7599

《中国硬笔书法临习法帖》编委会　　　　7599

《中国硬笔书法临习法帖编委会》　　　　7599

《中国优秀动画片精萃》编委会　　　　　6727

《中华碑帖精选》编辑组　　　　　8089, 8090

《中华国宝百科大典》编委会　　　　　　436

《中华舞蹈志》编辑委员会　　　　　　12581

《中华闲趣》编委会　　　　　　　　　11134

《中华之光》编委会　　　　　　　　　　8901

《中南海》画册编辑委员会　　　　1924, 9065

《中南海画册》编委会　　　　　　9065, 9074

《中外妇女》杂志社　　　　　　　　　11704

《中外摄影参考》编辑部　　　　　　　　8689

《中外影剧》编辑部　　　　　　　　　12689

《中小学校"五爱"教育歌曲百首》编委会 11491

《中学生》杂志社　　　　　　　　3449, 3497

《周恩来墨迹》编辑委员会　　　　　　　8323

《周末》编辑部　　　　　　　　　5796, 5826

《周末》画报编辑部　　　3415, 3422, 5827, 5907,

　　6022, 6025, 6265, 7067

《篆书字典》编写组　　　　　　　　　　8360

《装帧集粹》编委会　　　　　　　　　10373

《追蛋》小组　　　　　　　　　　　　12081

《自贡市历史文化名城保护研究》课题组 10682

《祖国的关怀》编辑委员会　　　　　　　9287

《祖国盛开大寨花》编选小组　　　　　11678

《祖国之爱》编辑委员会　　　　　　　11928

《做新世纪的主人》宣传组编委会　　　　3389

藏洪磊　　　　　　　　　　　　　　　2149

查·马格南蒂　　　　　　　　　　　　12503

查保　　　　　　　　　　　　　　　　1168

查波罗热茨　　　　　　　　　　　　　10853

| | | | |
|---|---|---|---|
| 查尔斯·马格尔潘蒂 | 12498 | 查仲林 | 8230 |
| 查尔斯·马格南特 | 11231 | 朝晖 | 12644, 12663 |
| 查尔斯·伍奥里南 | 11103 | 褚斌杰 | 5780 |
| 查阜西 | 11332, 11971, 12309 | 褚伯承 | 7032 |
| 查哈乐夫扎哈罗夫 | 12363 | 褚福章 | 5567, 5788, 5870 |
| 查哈罗夫 | 12361, 12658 | 褚明灿 | 5307 |
| 查哈瓦 | 12796, 12800, 12812 | 褚士莹 | 2958 |
| 查亨尼·约瑟夫 | 13260 | 褚遂良 | 7928 |
| 查加伍 2263, 5373, 6159, 6329, 6345, 6433, 6460, 6543 | | 翟本宽 | 7330 |
| 查侃 | 6673, 6674 | 翟卜 | 5556 |
| 查礼 | 930 | 翟灿 | 036, 042, 043 |
| 查理·布朗 | 10989 | 翟昌权 | 12570 |
| 查理士·金斯莱 | 6128 | 翟长安 | 5419, 5913 |
| 查立 | 582 | 翟超 | 13256 |
| 查良峰 | 10658 | 翟从森 5342, 5515, 5542, 5549, 6241, 6260, 6267, 6307, 6335, 6355 | |
| 查烈 | 12648 | 翟达 | 6510 |
| 查麒祥 | 6315 | 翟大坤 | 1613 |
| 查昇 | 8016 | 翟大伦 | 3247, 3871 |
| 查士标 1609, 1630, 1635, 1637, 1650, 1678, 8082, 8089 | | 翟德尔 | 13268 |
| 查士玉 | 12116, 12129, 12130, 12131 | 翟登文 | 1243 |
| 查世铭 | 5374 | 翟东 | 7547 |
| 查寿兴 | 1183 | 翟东奇 | 2292 |
| 查双禄 | 12936, 12972 | 翟奋 | 8116, 8436 |
| 查铁青 | 1606 | 翟凤兰 | 4028 |
| 查文有 | 6316, 6341 | 翟谷寒 | 5763 |
| 查希里扬 | 13112 | 翟谷量 | 2465 |
| 查小玲 | 8966 | 翟灏 | 1200 |
| 查元方 | 7948 | 翟虹 | 11514 |
| 查德基 | 3550 | 翟鸿均 | 7631 |
| 查加伍 | 2231, 5325 | 翟吉增 | 4024 |
| 查礼 | 8502 | 翟继昌 | 1628 |
| 查士玉 | 12131 | 翟继峰 | 12512, 12526, 12527, 12528, 12530 |
| 查秀峰 | 12306 | 翟绛祁 | 6226 |
| | | 翟绛礽 | 5744 |

翟金城　2318

翟君　7034

翟立功　8080

翟立三　12331

翟露　6434

翟敏智　4950

翟墨　068, 071, 075, 115, 120, 483, 484, 494, 549,
629, 9145, 10142

翟培德　4023

翟鹏　7444

翟齐　1595

翟强　12483

翟庆明　6012, 9007

翟荣强　2544

翟润书　3660, 4946

翟绍蓉　6219, 6495

翟盛礼　1941, 4085, 4144

翟世雄　12371, 12372

翟蜀成　6368

翟泰丰　8272

翟万英　4912, 5172, 5195, 5225, 5393, 5473, 5553,
5720, 6511

翟维　12196

翟维远　858

翟文奇　538

翟向荣　7395

翟小实　8624

翟昕　6695

翟欣建　5864, 6157, 9246

翟星红　13221

翟学凤　10874, 10891

翟学文　10866, 10888

翟以森　6280

翟翊　2940

翟鹰　6688

翟永庚　6949, 6980

翟永瑚　5105

翟有衡　4961

翟羽　2379

翟煜平　5461, 5807, 6069, 6094, 6164

翟跃飞　459

翟云升　7268, 8021, 8372, 8375

翟振喜　8278

翟志馥　12077

翟志华　5905, 5920, 5953, 5979

翟子霞　12651

翟宗祝　375, 376, 377, 450, 702

翟祖华　1191, 3205, 3225, 3252, 10216

粘碧华　10359

粘喜成　5929

扎代亚　12372

扎都纳依斯卡　7057

扎尔卡罗夫　13256

扎哈洛夫　12582

扎克　13215

扎鲁特民族版画研究会　3039

扎内奇　186

扎瓦茨卡娅　689

扎瓦提尼　13256

扎旺马　450

扎西　4846, 4950

扎西次登　8862

扎雅·诺丹西绕　460

扎卓　5705

杂技志编辑部　12999

哉许　8822

载铨　12295

载人　001

载通　13251

载武　10936, 11005, 11018, 12242

| | | | |
|---|---|---|---|
| 载新闻日报 | 4884 | 泽格 | 11271 |
| 载洵 | 8484 | 泽海 | 5935 |
| 再萌 | 5117 | 泽康 | 5656, 6049 |
| 再桥绅吉郎 | 10372, 10373 | 泽清 | 5372 |
| 再实 | 4914 | 泽仁珠 | 8969 |
| 在华日本人民反战同盟西南支部 | 12752 | 泽田泰广 | 10780 |
| 臧藏 | 7007, 10693 | 泽玉 | 4085 |
| 臧大象 | 10591 | 曾安楚 | 2482 |
| 臧德宽 | 9622, 9973 | 曾柏良 | 1343 |
| 臧东升 | 11740, 11975, 11978 | 曾宝生 | 11718 |
| 臧东昇 | 12333 | 曾保泉 | 7288 |
| 臧尔康 | 3086, 3125, 3144 | 曾伯言 | 5217 |
| 臧恒望 2003, 2042, 2046, 2076, 2122, 4599, 4661, | | 曾长生 | 114, 372, 374, 550, 1419 |
| 4679, 4721, 4847 | | 曾成金 2020, 2083, 2152, 2434, 2445, 2503, 2573, | |
| 臧开钦 | 7420 | 2574, 3302, 4187, 4392, 4415, 4490, 4502, | |
| 臧科 | 5313 | 4532, 4546, 4567, 4781, 4802, 5209, 5326, | |
| 臧克家 | 4923 | 5381, 5860, 5945, 6117, 6333, 6568 | |
| 臧立志 | 3745 | 曾乘 | 3192 |
| 臧美倩 | 11158 | 曾赤敏 | 7594, 7612, 7622 |
| 臧宁 | 9040 | 曾传矩 | 4987 |
| 臧佩 | 5923 | 曾春田 | 11202 |
| 臧石奇 | 4994 | 曾从军 | 3266 |
| 臧淑如 | 1646 | 曾达聪 | 11146, 11158 |
| 臧铁军 | 8205 | 曾大伟 | 10855, 11267, 11268 |
| 臧兴 | 11706 | 曾大正 | 3425, 3426 |
| 臧旭晖 | 999 | 曾大知 | 4901 |
| 臧一冰 | 10978 | 曾道雄 | 13008 |
| 臧泳云 | 7605 | 曾道宗 | 1926, 3222, 3982 |
| 臧玉珍 | 3286 | 曾恩波 | 8686 |
| 臧志建 | 8407 | 曾法文 | 6026 |
| 枣阳县"革委会" | 5179 | 曾帆 4227, 4425, 6940, 7070, 7071, 11738, 12408 | |
| 枭榆 | 10098 | 曾凡恕 | 075, 10358 |
| 连朗 | 664, 1463, 1601 | 曾凡乡 | 3686 |
| 泽苾 | 4473 | 曾凡益 | 5526, 6187 |
| 泽德迈牙 | 174 | 曾繁光 | 5761, 5904, 6254 |

| | | | |
|---|---|---|---|
| 曾繁柯 | 12092 | 曾纪泽 | 8024 |
| 曾繁茂 | 7539, 7547 | 曾加庆 | 12279, 12329, 12330, 12331 |
| 曾繁森 | 195 | 曾建平 | 8711 |
| 曾飞泉 | 11038, 11039 | 曾建中 | 4525 |
| 曾凤鸣 | 5864 | 曾健 | 12217 |
| 曾富源 | 5330 | 曾键 | 12204, 12207 |
| 曾刚 | 10865, 12115, 12117 | 曾江涛 | 2296 |
| 曾戈 | 10607 | 曾进顺 | 3029 |
| 曾巩 | 7688 | 曾景充 | 2073, 7271, 7293, 7414, 7554, 7808, 8211, 8385 |
| 曾关心 | 5404 | | |
| 曾广华 | 131 | 曾景初 | 477, 523, 1208, 3000, 3008, 3036, 4903 |
| 曾广健 | 3440 | 曾景文 | 6911 |
| 曾广振 | 2321 | 曾景祥 | 1173 |
| 曾国安 | 2813 | 曾觉之 | 123 |
| 曾国藩 | 8021, 8024, 8027, 8036, 8050, 8104 | 曾俊 | 134, 10192 |
| 曾国涅 | 3078, 3543 | 曾可述 | 11825 |
| 曾国珍 | 12988 | 曾克广 | 9578 |
| 曾汉超 | 8839, 8843 | 曾铿然 | 11735 |
| 曾瀚霈 | 10919 | 曾来德 | 8302 |
| 曾恒德 | 7700, 7701 | 曾理中 | 11077, 11087, 11090, 12266 |
| 曾红 | 10581, 10743 | 曾立平 | 5415 |
| 曾红膺 | 3224 | 曾立新 | 8762 |
| 曾红鹰 | 5547, 6002 | 曾立毅 | 11291 |
| 曾宏父 | 7701, 8040 | 曾莉 | 1517 |
| 曾洪流 | 3795, 3833 | 曾连生 | 7257 |
| 曾胡 | 187, 10141 | 曾良 | 8231, 10655 |
| 曾璜 | 9291 | 曾良奎 | 2231 |
| 曾辉 | 075 | 曾亮 | 6245 |
| 曾慧佳 | 10836 | 曾令洪 | 8916 |
| 曾慧灵 | 11939 | 曾令威 | 6144, 6292 |
| 曾慧玉 | 8704 | 曾美慧 | 7064 |
| 曾积三 | 5637 | 曾宓 | 702, 861, 2277, 2454 |
| 曾纪纲 | 3258, 3281, 3310, 3909, 4124, 4158, 4234 | 曾明男 | 10652 |
| 曾纪荣 | 5427, 5444, 5673, 5997 | 曾明宣 | 8990 |
| 曾纪伊 | 4141 | 曾明印 | 6629 |

| | |
|---|---|
| 曾鸣 | 6772 |
| 曾亩 | 6309 |
| 曾能汀 | 2313, 2831 |
| 曾农髯 | 7785 |
| 曾槃 | 7683 |
| 曾平 | 5643, 5681, 5698, 5783, 5823, 5961, 6007, 6218 |
| 曾菩 | 7811, 8431 |
| 曾朴 | 8473 |
| 曾琪 | 6441 |
| 曾琦 | 5612 |
| 曾秦 | 5323 |
| 曾琴莲 | 3476 |
| 曾庆福 | 7426, 7438, 7477, 7577 |
| 曾庆国 | 12625 |
| 曾庆红 | 8947, 8953 |
| 曾庆华 | 3890 |
| 曾庆骅 | 5306 |
| 曾庆瑞 | 13066, 13080 |
| 曾庆元 | 5295 |
| 曾仁 | 5671, 8220, 8230 |
| 曾认 | 9087 |
| 曾日文 | 1119, 1800, 2727, 2780, 3119, 3126, 3623, 3633, 3693 |
| 曾荣华 | 12924, 12939 |
| 曾嵘 | 2246 |
| 曾晒淑 | 057 |
| 曾善庆 | 1167, 2762 |
| 曾升玉 | 1120 |
| 曾胜利 | 5615, 5773, 5866, 6116 |
| 曾盛源 | 5761 |
| 曾石 | 6715 |
| 曾抒嘉 | 3915, 4111, 4185, 4278, 4399, 5266 |
| 曾叔鸣 | 8401 |
| 曾树松 | 2745 |

| | |
|---|---|
| 曾水帆 | 11771 |
| 曾水向 | 10362 |
| 曾松龄 | 3018 |
| 曾遂今 | 10835, 10870, 11127 |
| 曾天中 | 2133, 4347, 4430, 4655, 4784 |
| 曾田力 | 10829, 10833, 11160, 12507 |
| 曾铁强 | 10264 |
| 曾廷枚 | 7226 |
| 曾廷仲 | 2349, 3822, 4055, 4139, 4144, 4181, 4190, 4206, 4248, 4269, 4287, 4384, 4517, 4592 |
| 曾途 | 3509 |
| 曾婉 | 12043 |
| 曾万 | 9095, 9102, 9105, 9113, 9299, 9432 |
| 曾万谦 | 5234 |
| 曾葳 | 2231 |
| 曾伟 | 2587 |
| 曾伟人 | 3479 |
| 曾伟祯 | 13059, 13065, 13068, 13162, 13210 |
| 曾未之 | 13242 |
| 曾文朗 | 622, 623 |
| 曾西霜 | 13120 |
| 曾希邦 | 13103 |
| 曾希圣 | 609, 10395 |
| 曾熙 | 8112, 8127 |
| 曾遐 | 6209 |
| 曾先国 | 2298, 2473 |
| 曾贤谋 | 2173, 2530 |
| 曾宪才 | 6793, 6794, 6855 |
| 曾宪高 | 1403, 3747 |
| 曾宪和 | 2108, 2581, 4580, 4708, 4737, 4777, 4797, 4812, 4814, 4840, 4846, 4853, 4855, 8839 |
| 曾宪就 | 2263 |
| 曾宪均 | 6054, 6075, 6258 |
| 曾宪龙 | 3671, 3731, 4496, 5578, 6088, 6266 |
| 曾宪瑞 | 11098, 11483, 11493, 11683 |

曾宪阳　　　　　　　　3199, 8756, 8807, 8915,
　　8931, 8932, 9360, 9366, 9388, 9436, 9442,
　　9443, 9591, 9594, 9691, 9696, 9801, 9813,
　　10027, 10042, 10045, 10068

曾宪宇　　　　　　　　　　　　　　5546

曾宪源　　　　　　　　　　　5717, 7031

曾献忠　　　　　　　　　　　　　　2916

曾湘文　　　　　　　　　　　　　　8354

曾翔　　　　　　　　　　　　　　　7454

曾向红　　　　　　　　　　　　　10775

曾向明　　　　　　　　　　　　　　4005

曾小元　　　　　　　　　　　　　　6262

曾晓虎　　　　　　　　　　　　　　1764

曾晓浒　　　3955, 5279, 5343, 5468, 5599, 5888

曾晓浒曾进　　　　　　　　　　　　5827

曾孝濂　　　　　　　　1417, 2545, 10097

曾协钧　　　　　　　　　　　　　　761

曾协泰　　　　　　　　　　　8900, 10287

曾新鲁　　　　　　　　　　　4371, 4377

曾新泉　　　　　　　　　　　　　　8658

曾兴仁　　　　　　　　　　　　　　1053

曾杏绯　　　　　　　　2545, 2596, 3643

曾秀仓　　　　　　　　　　　6049, 6107

曾学文　　　　　　　　　　12951, 12955

曾雪　　7465, 7479, 7499, 7500, 7506, 7514, 7531,
　　7541, 7544

曾雪玟　　　　　　　　　　8796, 10744

曾雪梅　　　　　　　　　　　　　　128

曾寻　　　　　　　　　　　　　　11957

曾雅云　　　　　　　095, 180, 1098, 1099

曾炎宣　　　　　　　　　　10823, 11053

曾龑白　　　　　　　　　7405, 7600, 7617

曾燕琴　　　　　　　　　　　　　　6328

曾耀庭　　　　　　　　　　　　　　9067

曾一帆　　　　　　　　　　　　　　7818

曾益凡　　　　　　　　　　　　　　5964

曾逸之　　　　　　　　　　　　　11810

曾溢波　　　　　　　　　　　　　　3904

曾毅　　　　　　　　　　　　　　　6444

曾印泉　　　　　　　　　　　　　　7583

曾应枫　　　　　　　　　　　　　　6595

曾莺　　　　　　　　　　　　　　　5783

曾影靖　　　　　　　　　　　　　12945

曾邕生　　　　　　　　　　　　　　8261

曾永秀　　　　　　　　　　　　　　6906

曾永义　　082, 450, 12725, 12730, 12731, 12770,
　　12791, 12855, 12957, 12981

曾友兴　　　　　　　　　　　　　10179

曾有海　　　　　　　　　　　　　　4972

曾佑和　　　　　　　　　　　　　　813

曾佑玮　　　　　　　　　　　5294, 6208

曾佑瑄　5294, 5331, 5352, 5358, 5459, 5500, 5749,
　　5886, 5964, 6009

曾余　　　　　　　　　　　　6182, 6183

曾禹　　　　　　　　　　　　5848, 5938

曾玉华　　　　　　　　　　　　　　5900

曾玉立　　　　　　　　　　　　　　6571

曾堉　　　　　　127, 174, 187, 252, 685, 8605

曾曰瑛　　　　　　　　　　　　　　7203

曾云志　　　　　　　　　　　　　　2892

曾愭　　　　　　　　　　　　734, 12288

曾泽强　　　　　　　　　　　　　　6261

曾泽祥　　　　　　　　　　　5409, 5783

曾昭强　　　　　　　　　　　3943, 3979

曾昭仁　　　　　　　　　　6054, 10574

曾昭祥　　　　　　　　　　　　　　6184

曾昭旭　　　　　　　13075, 13076, 13077

曾昭咏　　　　　　　1904, 1926, 4352, 4483

曾昭泳　　　　　　　　　　　　　　2099

曾昭勇　　　　　　　　　　　　　　4225

| | | | |
|---|---|---|---|
| 曾昭正 | 11372, 12355, 12358 | 斋藤谦 | 8543, 8551 |
| 曾照欣 | 3017 | 斋藤清 | 6923, 6924 |
| 曾真 | 10366 | 斋藤秀雄 | 11108 |
| 曾臻 | 11210 | 斋亭主人 | 12982 |
| 曾振华 | 057 | 詹·格林伍德 | 5802, 5946 |
| 曾峥 | 219 | 詹·昆兹 | 1194 |
| 曾正民 | 3894, 3917, 3975 | 詹大全 | 3848 |
| 曾正明 | 882, 2296, 6245 | 詹代尔 | 6112 |
| 曾正中 | 3445, 3446 | 詹岱尔 | 5764 |
| 曾正忠 | 1233, 3444, 3445 | 詹方瑶 | 6476 |
| 曾正仲 | 10888 | 詹福利 | 5516 |
| 曾知 | 6304 | 詹庚西 | 1871, 1921, 2639, 2708, 4022, 4089 |
| 曾志巩 | 3765 | 詹国光 | 449, 9069, 9070, 9071, 9073, 9115, 9128, 9359, 9812 |
| 曾致果 | 11137 | | |
| 曾中天 | 4560 | 詹国荣 | 10023, 10046 |
| 曾仲鸣 | 007 | 詹汉能 | 3466 |
| 曾柱昭 | 7665 | 詹荷 | 8482 |
| 曾卓宏 | 10607, 10608 | 詹鸿昌 | 8672, 9015 |
| 曾子 | 6580 | 詹化雨 | 5779 |
| 曾子屹 | 137 | 詹惠娟 | 8628, 10229 |
| 曾子芸 | 8724, 10576, 10610 | 詹建俊 | 2716, 2725, 2731, 2777, 2789, 2790, 2895, 2906, 3079, 3092, 3106, 3113, 3194, 3926, 3967, 3985, 6859 |
| 增仁 | 6470, 6947 | | |
| 增昕昕 | 4198 | | |
| 增寅 | 7044 | 詹景凤 | 725, 738, 739, 742, 783, 7197, 8071 |
| 增章 | 6248 | 詹景森 | 12365 |
| 增哲 | 5511 | 詹凯 | 10219 |
| 札高尔斯基 | 12811 | 詹克礼 | 3816 |
| 札克鲁德尼克 | 13251 | 詹丽君 | 10365 |
| 札木苏荣札布 | 11958 | 詹敏 | 5478, 5724, 5973, 6226 |
| 札万悌尼·希塞 | 13259 | 詹姆士·杰尼 | 7021 |
| 闸北区编写组 | 5152, 5155 | 詹姆斯·列维 | 6908 |
| 乍启典 | 1982 | 詹姆斯·埃尔金斯 | 194 |
| 斋藤诚 | 10192 | 詹姆斯·巴斯蒂安 | 11256 |
| 斋藤春夫 | 7139, 7140, 7141, 7142, 7143 | 詹姆斯·巴斯提安 | 12509 |
| 斋藤桂子 | 10728 | 詹姆斯·蒂梭特 | 6819 |

| | | | |
|---|---|---|---|
| 詹姆斯·费尼莫尔·库珀 | 6349 | 詹祖迪 | 9100 |
| 詹姆斯·霍顿 | 1147 | 展宏 | 11730 |
| 詹姆斯·库珀 | 7056 | 展览工作办公室 | 9271 |
| 詹姆斯·李索尔 | 5649 | 展览会广州办公室宣传处 | 6843 |
| 詹纳尔 | 3413, 3418 | 展望国际文化司 | 2846 |
| 詹尼弗·皮兹 | 7019 | 展望之 | 10586 |
| 詹前裕 | 856, 909, 949, 959, 1265 | 展一工 | 1990, 1993 |
| 詹钦成 | 3777 | 展源 | 6061, 6224 |
| 詹青 | 2761, 3908 | 展之余 | 5601, 5994 |
| 詹仁中 | 10920 | 展之玉 | 5303, 5739, 6033, 6127 |
| 詹仁左 | 714 | 展子 | 6293 |
| 詹石窗 | 12697 | 占立 | 6555 |
| 詹士华 | 11132 | 占敏 | 5621 |
| 詹士维多 | 10193 | 占中南 | 7511 |
| 詹肃龙 | 8253 | 战斗报社 | 2974 |
| 詹同 3481, 5348, 5539, 5652, 5721, 6273, 6381, 6552 | | 战斗文艺工作团 | 11763 |
| | | 战丽萍 | 12215 |
| 詹同渲 | 5060, 5103 | 战强 | 5485 |
| 詹万佑 | 5410 | 战时木刻研究社第一期木刻函授班 | 1203 |
| 詹维克 | 10592 | 战士出版社 | 288 |
| 詹文发 | 2027 | 战士话剧团 | 5091 |
| 詹锡芬 | 2329, 2338, 2834 | 战士文艺丛书编辑组 | 11432 |
| 詹秀铃 | 2313, 2831, 8636, 8966 | 战肃容 | 12612, 12618 |
| 詹勋华 | 10643 | 战雅生 | 6704 |
| 詹杨彬 | 1237 | 战永胜 | 6118 |
| 詹艺虹 | 12536 | 战勇 | 10300 |
| 詹荫鸿 | 5302 | 战友剧社 | 11549 |
| 詹萤 | 5652, 5879 | 战友社 | 10128 |
| 詹永春 | 13244 | 战友文工团歌剧团创作组 | 12120 |
| 詹永明 | 11303 | 绽云霞 | 6026 |
| 詹幼寒 | 8392 | 湛福 | 8529, 8530 |
| 詹贞元 | 2340 | 湛江区文学艺术协会 | 2994 |
| 詹之燕 | 5786 | 湛江市文联 | 11418 |
| 詹忠效 | 1953, 5228, 5593, 5658, 6613 | 湛江市文学艺术工作者联合会 | 2994 |
| 詹自强 | 12336 | 湛江市职工业余教育委员会办公室 | 4989 |

湛若水 10999

湛孝安 6196

湛学诗 4605

张皑 8845, 8846, 9123, 9301

张霭维 2765, 2769, 3253, 3750

张艾嘉 13167

张艾莉 5666, 5802, 5848, 5858

张爱斌 5285

张爱国 3824, 7366, 8294, 13187

张爱红 6626, 10320

张爱兰 11249

张爱平 12663

张爱萍 8226, 8886, 12957

张爱珍 10331

张安 3452, 4938, 6555

张安鸽 435

张安鲁 9607, 9623

张安平 041, 5332

张安朴 3236, 3251, 3312, 3323, 3327, 3331, 3345,
　　3359, 3364, 3366, 3369, 3373, 3378,
　　3383, 5618

张安吾 153, 1141, 1235, 3045, 6880, 8824, 8826,
　　9644, 10310

张安武 5609, 5624

张安治 292, 588, 789, 790,
　　791, 793, 801, 812, 830, 1205, 1398, 1539,
　　1540, 1541, 1545, 1797

张傲芳 3940

张白敏 2993

张白羽 4899, 4990, 5041, 5055, 5099, 5101, 5105

张百成 8230

张百行 8832

张百青 10877

张柏 416, 417

张柏坚 5923

张邦兴 2463

张邦彦 3329, 8171, 8190, 8339, 11086

张宝 1595, 1596

张宝安 8734, 8765, 8776, 8781, 9055, 9071, 9818

张宝才 162, 2146, 4097, 4407, 4547, 4740, 10310

张宝贵 3236, 3269, 3272, 3276, 5620

张宝华 6252

张宝玑 8803

张宝康 5321

张宝良 2046, 9723

张宝林 1489, 1490, 1491, 1492, 1520, 1521, 1855,
　　2301, 2585, 5471, 5588, 5686, 5799, 5997,
　　6658

张宝年 12161

张宝平 6264

张宝庆 12249

张宝生 3457, 10389

张宝声 8845, 9460, 9700, 9702, 9728, 9894,
　　10072, 10634

张宝松 5791, 5887, 5905, 5909, 5912, 5913, 5914,
　　5933, 5968, 5969, 5970, 5977, 6006, 6017,
　　6018, 6178, 6201

张宝棠 7237

张宝彤 7510, 7523, 7530

张宝万 2086, 4353

张宝蔚 1312, 5259, 5278, 5373, 5407, 5418, 5466,
　　5502, 5534, 5550, 5578, 5648, 5697, 5735,
　　5750, 5790, 5930, 5971, 5991, 6583

张宝玺 403, 6628, 9854, 9860

张宝祥 2124, 2139, 2143, 2146, 2157, 4781, 4782,
　　4796, 4821

张宝彝 12870

张宝英 3902

张宝元 1923, 1942, 1958, 1996, 2006, 2496, 2619,
　　2628, 2649, 3937, 4068, 4072, 4082, 4083,

4170, 4245, 4288, 4302, 4317, 4348, 4391, 4467, 4486

张宝珠　　920, 953, 2168, 2460

张保国　　5842, 6134

张保亮　　3978

张保生　　11500, 12614

张葆成　　12729

张葆冬　　2905

张北超　　8364

张北方　　11867, 12940

张北方音乐　　12108

张北平　　1869, 5528

张本楠　　12568

张本宁　　12481

张本平　　2250, 2308

张本煦　　10395

张彼得　　12661

张碧　　3737

张碧清　　12365

张碧梧　　1796, 1801, 3108, 3122, 3149, 3158, 3534, 3538, 3541, 3542, 3555, 3558, 3562, 3596, 3599, 3617, 3628, 3651, 3667, 3669, 3678, 3681, 3683, 3709, 3710, 3713, 3717, 3727, 3729, 3744, 3746, 3749, 3961, 4017, 4100, 4176, 4220, 6747

张碧悟　　2393

张碧珠　　3389, 10382, 10399, 10552

张标　　4752, 4761

张飚　　5772

张别麓　　12305

张彬　　3216, 4993, 9369, 9841, 10800, 11087, 11092

张彬渊　　10774

张斌　　5192, 5706, 11041, 11144, 12094, 12102, 12112, 12138

张斌元　　402

张滨　　3452

张冰　　10689

张冰杰　　5279

张冰洁　　4364, 5233, 5302, 5507, 5651, 5844, 5875, 6063

张兵　　12792

张丙辛　　5290

张秉发　　3912

张秉衡　　10824

张秉厚　　3819, 3821, 5775

张秉慧　　12364, 12428, 12496

张秉禄　　4296, 4463, 4515

张秉伦　　5457, 5577

张秉权　　12731

张秉山　　8952, 8978

张秉雄　　11864

张秉尧　　106, 2915

张秉元　　10650

张炳德　　5864, 5972, 5974, 6198, 7568, 10361

张炳斗　　5982, 5983, 6306

张炳发　　8817

张炳厚　　6159

张炳煌　　7270

张炳如　　8740

张炳隅　　5353, 5438, 5459, 5482, 5486, 5909

张炳源　　10722, 10723

张炳忠　　449, 7717, 8770

张波　　5448, 5538, 5566, 5667, 5814, 6496, 13237, 13238

张伯安　　267

张伯诚　　4921, 5078, 5429

张伯淳　　7951

张伯根　　8964

张伯杰　　12113

张伯驹　　1998, 12875

| | | | |
|---|---|---|---|
| 张伯奇 | 6571 | 张长弓策 | 10341 |
| 张伯清 | 12593, 12637 | 张长贵 | 5338 |
| 张伯仁 | 612, 5338 | 张长杰 | 125, 536, 539, 10178, 10265 |
| 张伯熙 | 10251 | 张长龙 | 12975 |
| 张伯英 | 8109, 8128 | 张长明 | 5289 |
| 张伯瑜 | 10818 | 张长青 | 3340 |
| 张伯元 | 5615, 6413 | 张长清 | 3353, 3367, 3373 |
| 张伯媛 | 1815, 3763, 3827, 3830, 4048, 4093, 4189 | 张长兴 | 11831 |
| 张伯瑗 | 3730 | 张常海 | 13238 |
| 张泊华 | 6007 | 张常晤 | 9052 |
| 张勃编 | 6721 | 张超 | 2276 |
| 张博治 | 8729, 10133 | 张超金 | 071 |
| 张博智 | 1278, 10256, 10279 | 张超选 | 7286 |
| 张步 | 1999, 2046, 2432, 2623, 2643, 2868 | 张朝晖 | 593 |
| 张步虹 | 4967 | 张朝明 | 8784 |
| 张步禹 | 5376, 5474 | 张朝清 | 6206 |
| 张步贞 | 5330 | 张朝群 | 12607 |
| 张步真 | 5272, 5413 | 张朝玺 | 586, 4239, |

张参 5263
张灿辉 315
张璨 8519
张策 1005
张槎客 779, 1497
张昌伯 1649
张昌甲 8518
张昌熙 758
张昌洵 5343, 5423, 5488, 5544, 5624, 5691, 5711, 5884, 5916, 5977, 6068, 6110, 6236, 6252, 6323
张昌炎 5553
张昌照 776
张锠 8624
张长城 11307, 12276
张长德 2755
张长弓 5323, 5891, 8230, 12962, 12970

张朝玺 586, 4239, 4274, 8811, 8813, 8814, 8815, 9004, 9079, 9084, 9094, 9102, 9105, 9228, 9229, 9230, 9231, 9253, 9298, 9301, 9328, 9433, 9461, 9462, 9463, 9608, 9825, 9836, 9896, 9897, 9947, 9949, 9951, 9963, 9968, 9988, 9996, 10023, 10036, 10039, 13108, 13109, 13111
张朝祥 7624
张朝埔 8108, 8117
张潮 4673, 5251, 6356, 8822, 8823, 8850, 9241, 9242, 9467
张彻 13184
张琛 8682, 11014
张辰 12695
张晨 808, 810, 830, 1520
张晨初 2836
张晨桦 2836
张成 8289, 8846, 9030, 9450, 9451, 9457, 9458,

9460, 9720, 9721, 9725, 9727, 9728, 9741, 10002, 10076, 10114

张成九　　　　　　　　　　3310, 3786

张成久　　　1881, 2908, 5584, 5753, 5935

张成军　　　　　　　　　　　　8793

张成林　6045, 6085, 6089, 6106, 6116, 6168

张成龙　　　　　　　　　　　　2969

张成明　　　　　　　　　　　　13221

张成荣　　　　　　　　　　　　3263

张成三　　　　　　　　　1815, 1832

张成珊　　　　　　　　13055, 13118

张成胜　　　　　　　　　　　　6071

张成思　　3773, 3839, 3985, 4014, 4078, 5512, 5633, 5652, 5826, 6419, 6489

张成思合　　　　　　　　　　　4052

张成田　　　　　　　　　　　　11283

张成祥　　　　　　　　　　　　4079

张成新　　　　　　　　　　　　5348

张诚　　　5026, 5047, 7331, 8290, 10114

张诚毅　　　　　　　　　　　　2550

张承汉　　　　　　　　　　　　2261

张承基　　　　　　　　　　　　9593

张承良　　　　　　　　　　　　5887

张承谟　　10228, 12367, 12405, 12508, 13005

张承文　　　　　　　　　　　　4139

张承桢　　　　　　　　　　　　11034

张承志　　　　　　　　　　　　6315

张承宗　　　　　　　　　　　　10973

张程　　　　　　　　　　7527, 10188

张澂　　　　　　　　　　　　　8513

张澄　　　　　　　　　　　　　7602

张澄寰　　　　　　　　　　　　8150

张澄江　　　　　　　　　　　　8668

张澄之　　　　　　　　　　　　8622

张弛　　　　　　　4673, 6008, 11990

张籅　　　　　　　　　　　　　12244

张赤　　　　　　　　　　　　　7928

张冲　　　　　　　　　　6573, 6702

张充和　　　　　　　　　　　　12067

张充仁　　　　　　　　　2926, 8629

张崇琬　　　　　　　　　　　　6129

张崇政　3987, 5349, 5373, 5489, 5579, 5757, 5816, 6008, 6275

张丑　238, 688, 726, 754, 760, 761, 770, 771, 781, 1059, 1453, 1454, 1466, 7184, 10342

张初华　　　　　　　　　3274, 3300

张初雄　　　　　　　　　　　　11191

张樗寮　　　　　　　　　7947, 7951

张楚叔　　　　　　　　　　　　11136

张楚雾　　　　　　　　　　　　5518

张楚锡　　　　　　　　　　　　8481

张川　　　　　　　　　　　　　4992

张川华　　　　　　　　　　　　3440

张传家　　　　　　　　　　　　7595

张船山　　　　　　　　　　　　8424

张春　　　　　　　　　　　　　5937

张春峰1224, 1241, 3659, 3672, 4922, 4955, 4987, 4994, 5018, 5039, 5077, 5118, 5487, 9858, 9862

张春红　　　　　　　　　　　　7569

张春华　　　　　　　　　　　　12596

张春来　　　　　　　　　　　　6462

张春良　　　　　　　　　　　　6629

张春林　　　　　　　　　　　　6175

张春山　　　　　　　　　2242, 5082

张春文　　　　　　　　　　　　5354

张春新　1082, 1087, 1091, 1265, 3772, 4275, 4279, 5635, 5963, 6088, 6244, 6415

张春英　　　　　　　　　6360, 6564

张椿辑　　　　　　　　　　　　12301

张纯　　　　　　　　　　　8498

张淳　　　　　　　　　　　6629

张绰　　　　　　　　　5490, 6284

张词组　　　　　　　9312, 10067

张词祖　　　8752, 8835, 8840, 8845, 8848,
　　8852, 9309, 9311, 9313, 9315, 9419, 9908,
　　10034, 10079, 10086

张词祖摄　　　　　　　　　9311

张祠祖　　　9319, 9320, 10093, 10094

张此吾　　　　　　10355, 10357

张次辉　　　　　　　　　　8322

张次溪　　　792, 12750, 12755, 12858

张葱玉　　　　　　　　　　1610

张从海　　　　　　　　　　5505

张从明　　　　　　　5290, 13222

张从申　　　　　7840, 7846, 7936

张从新　　　　　　　　　　3075

张从渝　　　　　　　　　　3792

张丛林　　　　　　　　　　5531

张琮　　　　　　　　　　10678

张粹如　　　　　　　　　12145

张翠华　　　　　　　　　　6306

张翠兰　　　5473, 5585, 5602, 5606

张存发　　　　　　　　　　3831

张存杰　　　　　5253, 5287, 5509

张存良　　　　　　　　　　2917

张达平　　1826, 3793, 3843, 3880, 3962, 4029,
　　5408, 5649, 5771, 5857, 5865, 6004, 6411,
　　6668, 10426

张达生　　　　　　　　　　8792

张达煜　　　　　　　　　　7368

张大昌　　　　　　　　　　6444

张大川　　　3937, 5977, 6112, 6553

张大铎　　　　　　　　　　688

张大光　　　　　　　　　13001

张大经　　　4908, 4931, 11875, 12996

张大钧　　　　　　　　　　707

张大龙　　　　　　　　　12086

张大鸣　　　　　　　　　　1521

张大命　　　　　　12291, 12292

张大年　　　　　　　　　　5678

张大起　　　　　　　　　12914

张大千　　335, 691, 700, 717, 722, 985, 1320, 1323,
　　1428, 1429, 1516, 1644, 1697, 1718, 1719,
　　1720, 1721, 1896, 1904, 1910, 1911, 1928,
　　1982, 1983, 1992, 1993, 1999, 2011, 2012,
　　2032, 2136, 2188, 2197, 2261, 2276, 2292,
　　2315, 2341, 2357, 2433, 2504, 2507, 2620,
　　2621, 2629, 2635, 2637, 2640, 2642, 2645,
　　2647, 2648, 2649, 2663, 2684, 2685, 2689,
　　2693, 2700, 2701, 2702, 2711, 4607, 6617,
　　6623, 6812, 6813, 8201, 8241, 8580

张大强　　　　　　　　　　6206

张大群　　　　　　　　　　9259

张大森　　　　　　　　　12334

张大胜　　　　　　11225, 11261

张大石头　　　　　　　　　1314

张大顺　　　　　　　7443, 7509

张大昕　　　　　　　　　　3975

张大维　　　　　　　　　　6679

张大卫　　　　　　　2292, 8141

张大畏　　　　　　　　　　3890

张大夏　　　　　12873, 12875, 12885

张大昕　　1796, 1922, 1966, 1979, 1989, 1997,
　　2007, 2014, 2030, 2048, 2109, 2430, 2444,
　　3533, 3539, 3545, 3550, 3551, 3552,
　　3561, 3581, 3586, 3587, 3594, 3606,
　　3610, 3619, 3664, 3667, 3673, 3679,
　　3705, 3706, 3715, 3716, 3859, 4030,
　　4096, 4202, 4255, 4342, 4353, 4555, 4616,

4659, 4670

张大铺 1463

张大勇 12829

张大羽 6616

张大渊 5334

张大元 2577, 4600, 4744

张大中 2686

张大壮 1440, 1783, 1868, 1874, 1877, 1911, 1928,
2193

张代航 7640

张岱 6835

张戴 8033

张丹 4179, 8624

张丹斧 1271

张导曦 1414

张道藩 568, 571, 12904, 13010, 13011

张道森 117

张道兴 2413, 3714, 5279

张道一 052, 058, 077, 117, 119, 1247,
3047, 10179, 10181, 10182, 10185, 10198,
10257, 10281, 10306, 10307, 10318,
10357, 10665, 10675, 10679, 10727

张道引 8888

张道余 5210, 5217, 5558

张道元 4053

张得蒂 8624, 8632, 8675

张德 4916, 5555

张德成 10385, 12842, 12926

张德诚 9406

张德蒂 8628

张德福 12861

张德富 11130

张德华 8628, 8636, 8660

张德俊 1929, 2101, 2108, 2136, 2357,
2359, 2366, 2380, 2391, 2393, 2448, 2582,

2651, 3245, 3279, 3299, 3366, 4002, 4019,
4040, 4061, 4062, 4110, 4126, 4171, 4175,
4183, 4203, 4215, 4227, 4238, 4260, 4270,
4271, 4286, 4294, 4318, 4339, 4364, 4372,
4391, 4409, 4413, 4424, 4429, 4449, 4466,
4487, 4493, 4508, 4510, 4513, 4525, 4536,
4538, 4543, 4556, 4570, 4572, 4601, 4614,
4615, 4616, 4622, 4627, 4657, 4672, 4704,
4708, 4710, 4722, 4723, 4761, 5410, 5533,
10087, 10437, 10439, 10445, 10448

张德骏 4820

张德魁 13188, 13261

张德录 2748, 3214, 3219

张德禄 1421, 3945

张德仑 4050

张德伦 4258, 4414, 4632

张德民 5329, 5368

张德明 5317

张德泉 980, 1946, 1952, 2521, 2644

张德瑞 4103

张德汪 8734

张德吾 4899

张德武 5232, 5233, 5259

张德祥 10108, 10679

张德新 12292

张德阳 2242

张德育 1799, 4947

张德忠 10191

张德重 2587, 9145, 9843, 9945, 9960, 9998,
10021, 10454

张登魁 5208, 5224, 5233, 5248, 5262, 5308, 5312

张登联 3912

张登勤 7378

张登山 5239

张登堂 1312, 1848, 2300, 2436, 2449, 3949, 4151

张登雄 1342

张迪平 1826, 1842, 1929, 2315

张荻寒 2489

张涤尘 1928, 10216

张棣昌 11682

张棣华 5031, 5111, 5139, 11336, 12094, 12972

张典方 3593

张典芳 3556

张佃生 3938

张甸 3129, 3552, 3719, 4045, 4929, 8803, 8898,
9042, 9092, 9263, 9345, 9425, 9615, 9646,
9717, 9811, 9945, 9971, 10017, 10630

张奠宇 2875, 3111, 3115, 3142

张殿贵 5913, 5970

张殿英 1234, 6418

张殿云 5466, 5819

张丁酉 11193

张仃 112, 325, 329, 333, 478, 1385, 1434, 1726,
1728, 1739, 1983, 2292, 2424, 2429, 2460,
3400, 3421, 3481, 6627, 6928, 10663,
10707

张鼎昌 2544

张定 7147, 8516, 11942

张定和 11547, 11628, 12108, 12156

张定华 5171, 5196, 5221, 5421, 5449, 5451, 5532,
5628, 5645, 5747, 6148, 7075

张定琦 7023

张定绮 6957, 7004, 7016, 7017, 7018, 7029

张定钊 1143, 1303, 1304, 1305, 2730, 2738, 2761,
2873, 3382

张东 430, 7026, 13301

张东辉 5979, 11988

张东九 5230, 5288

张东林 13301

张东平 5296, 5416, 5587

张东生 13277

张东兴 10653

张东振 5747

张冬 6195, 9775

张冬冬 9948

张冬峰 2833, 2904, 6224

张冬生 2043, 2084, 2098, 2159, 3947, 4412, 4538,
4580, 4700, 4735

张冬彧 13226

张董芬 8825, 8827, 9488, 9493, 9502, 9508, 9883,
10120

张动 9410, 9413, 9423, 9447, 9493, 9680, 9759,
9760, 9761, 9762, 9981

张栋 9769, 12019

张笃行 7359

张笃言 1706

张笃正 3744

张度 1638

张端恒 4410

张敦财 13191

张敦智 11951

张朵山 10346

张谔 3396, 4873

张恩波 5402

张恩华 11729

张恩杰 3769, 3787, 3964, 4042

张恩礼 5253, 6062, 6154, 6261

张恩亮 3761, 10349

张恩儒 7057

张恩天 4958

张尔宾 2471

张尔立 4062, 4176, 4291, 4310

张珥 5732, 6161

张二滨 8624

张二和 4177, 4295

张发良　　　　　　　5304, 5381, 5451

张发亮　　　　　　　　　　5255

张发颖　　　　　　　　　　12779

张法　　　　　　　　　058, 271

张法参　　　　　　　　　　11309

张法根　　　　　　　　2730, 5133

张法汀　　　　　　　　2223, 4696

张法银　　　　　　5600, 5980, 5994

张帆　　　3488, 3756, 4936, 4944, 4945,
　　4948, 4956, 4969, 5063, 5074, 5080, 5091,
　　5092, 5323, 5375, 5455, 5715, 5729, 6240,
　　10836, 12908

张凡　　　　　　　　　　　5842

张范九　　　　　　　　2243, 7329

张方　2604, 3220, 3783, 3831, 3970, 4100, 4212,
　　4351, 4384, 10927

张方林　　　2243, 5292, 5363, 5684, 5775, 6275

张方平　　　　　　　　　　7948

张方震　　　　　　　　1111, 3875

张芳　　　　　　　　　　　11739

张芳霞　　　　　　　　　　1852

张放　　　　　　　　6459, 10880

张飞虹　　　　　　　　　　11346

张非　　　　　　　　　　　11520

张斐　　　　　　　　　　　5959

张芬龄　　　　　　　　　　11494

张奋　　　　　　　　　　　12987

张丰麟　　　　　　　　　　10562

张丰荣　857, 8464, 8654, 8760, 8767, 8771, 8784,
　　8983, 10288, 10654, 10703, 10719

张丰玉　　　　　　　　　　11957

张风　　10064, 10211, 10222, 10570, 11962

张风洪　　　　　　　　　　12932

张风雷　　　　　　　　　　1487

张风仪　　　　　　　　　　1957

张峰　　　　　　　　　　　9549

张峰松　　　　　　　　　　6070

张烽　　　　　　　　　　　11149

张锋　　　　　　　　5650, 12271

张凤德　　　　　　　　　　8339

张凤良　　　　　　　　　　10969

张凤麟　　　　　　　　　　10570

张凤鸣　　　　　　　　　　7603

张凤翔　　　　　　　　　　10934

张凤仪　　　　　　　　1931, 2366

张凤泽　　　　　　　　　　8944

张凤铸 10994, 13052, 13067, 13071, 13072, 13272

张奉杉　　　　　　　　　　1160

张夫也　　　　　　　10204, 10770

张敷　　　　　　　　　　　6745

张福昌 8595, 10178, 10387, 10578, 10588, 10680,
　　10704, 10733, 10736

张福乘　　　　　　　　　　4042

张福春　　　　　　　　　　5477

张福奎　　　　　　　　　　5465

张福林　　　　　　　　　　12921

张福龙　　　2378, 2385, 2386, 3239, 3673, 3674,
　　3677, 3711, 3732, 3733, 3979, 3988,
　　3997, 4002, 4125, 4323, 4433, 4605, 4783,
　　6104, 6280, 10412

张福隆　　　　　　　　　　4307

张福明　　　　　　　　　　6287

张福琪　2498, 4200, 4245, 4495, 4558, 4685, 4747

张福祺 4190, 4302, 4908, 5747, 5821, 5846, 5861,
　　5872, 5930, 6023, 6110

张福荣　　　　　　　　　　6325

张福三　　　　　　　　　　5972

张福生　　　　　　　　　　6926

张福堂　　　　　　　11141, 11350

张福宜　　　　　　　　　　12833

张付吉 8811

张复 1560, 1565, 12074, 12079

张复乘 155, 2838, 4020

张复兴 2477, 5917, 10736

张富荣 3867

张富生 11135

张富祥 2281

张富岩 10814

张改琴 2292

张赶生 6659, 6660

张敢 615

张赣生 12847

张刚 5088

张钢 8795

张高寮 12279

张杲 1896, 2664, 13250, 13253, 13259, 13260

张戈 8794, 9009, 11162

张歌明 1158, 10221

张革 12183

张根堂 8252

张根兴 11600

张更有 11809

张庚 419, 469, 470,
646, 647, 659, 661, 666, 671, 752, 777,
846, 4968, 5017, 5119, 5266, 5505, 5826,
5927, 12675, 12678, 12679, 12701, 12715,
12721, 12756, 12757, 12763, 12765,
12813, 12835, 12853, 12893, 12901

张耕源 8468, 8588

张耿 8815, 9531, 9535, 9578

张弓 2008,
2046, 2076, 2166, 4078, 4127, 4132, 4175,
4197, 4210, 4229, 4277, 4282, 4291, 4300,
4315, 4320, 4323, 4346, 4415, 4441, 4475,
4547, 4585, 4621, 4653, 4688, 4782, 6546,

8312, 10863, 11166, 11279, 11280, 11290,
11338, 12239

张弓长 10332, 10333, 10340, 10341

张弓长策 10341

张公礼 7859

张功德 10444

张功军 5304, 5562, 5578, 5653, 5757, 5932

张功钤 067

张恭德 4114

张古 11710

张谷乐 6590

张谷良 4254, 4315, 6312

张谷密 10911, 11788

张谷旻 829, 1339, 2485

张观教 7296

张冠豪 8981

张冠军 4974, 11492

张冠钦 5335

张冠嵘 9063, 9808, 9818, 9950, 9994

张冠尧 064

张冠宇 11716, 12421

张冠哲 1848, 1920, 2420, 3760, 3771, 3779,
3825, 3846, 4151, 4277, 5262, 5858

张琯洽 4934

张光 5485, 5801, 8893

张光壁 3575

张光璧 3117, 3662

张光宾 1299, 7150, 7261

张光昌 6280, 6582

张光福 251, 252, 511

张光奎 2368, 3270, 3795, 3839, 4023, 5494, 5954,
6591

张光民 10384

张光明 7010, 7011

张光年 12712

| | |
|---|---|
| 张光荣 | 4941 |
| 张光武 | 5331 |
| 张光雄 | 11147 |
| 张光炎 | 4893, 4984 |
| 张光尹 | 5385 |
| 张光莹 | 694, 993, 2563, 2568, 2569, 2570, 2572, 2573, 2574, 2575, 2578, 2581, 2582, 2583, 2653, 2687, 8214 |
| 张光宇 | 2292, 2342, 2367, 2531, 3393, 3406, 3480, 3517, 5404, 6599, 6616, 6629, 6744, 8941, 10173, 13293 |
| 张光照 | 3736 |
| 张广 | 1883, 1983, 2315, 2569, 2571, 2584, 3091, 3252, 3306, 3923, 4050, 13216, 13217 |
| 张广昌 | 5509, 5816, 5936, 6005, 6090 |
| 张广慧 | 1216 |
| 张广俊 | 2477 |
| 张广力 | 1892, 1924, 1965, 2079, 2104, 2512, 4014, 4121, 4222, 4232, 4271, 4283, 4293, 4349, 4364, 4377, 4392, 4477, 4553, 4680, 4750, 5733 |
| 张广立 | 10281, 10660 |
| 张广纶 | 6264 |
| 张广茂 | 7396 |
| 张广琦 | 045 |
| 张广生 | 11484 |
| 张广胜 | 6331 |
| 张广泰 | 7482 |
| 张广文 | 423 |
| 张广熙 | 1253 |
| 张广修 | 2014 |
| 张广义 | 3358, 3359, 3362, 5286, 7653, 10334, 10335, 10342 |
| 张广志 | 1331 |
| 张广智 | 6682 |
| 张贵亨 | 5046 |
| 张贵强 | 5525 |
| 张贵三 | 9351 |
| 张贵毅 | 7353 |
| 张贵英 | 4186 |
| 张桂凤 | 10743 |
| 张桂光 | 7278, 7337 |
| 张桂兰 | 2166, 12118, 12119 |
| 张桂林 | 1212, 1215, 3041, 5306 |
| 张桂玲 | 3356, 3357, 3359, 3360 |
| 张桂铭 | 957, 1815, 2109, 2276, 5257, 6166 |
| 张桂萍 | 6442, 6467, 6494, 6512 |
| 张桂秋 | 5693 |
| 张桂荣 | 12469 |
| 张桂涛 | 7290 |
| 张桂英 | 2166, 4017, 4107, 4146, 4155, 4317, 4355, 4382, 4424, 4455, 4494, 4549, 4614, 4698 |
| 张桂征 | 2540, 2553 |
| 张桂芝 | 3801, 3988, 4025, 4074, 4186, 4248, 5607, 5671 |
| 张国标 | 852, 3057, 8648, 8655 |
| 张国才 | 5255, 5395 |
| 张国臣 | 255 |
| 张国栋 | 5227 |
| 张国凡 | 3224 |
| 张国夫 | 2885 |
| 张国华 | 6181 |
| 张国辉 | 12120, 12123 |
| 张国际 | 3930 |
| 张国良 | 2369, 3904, 4634, 7664 |
| 张国梁 | 3383, 6648, 9435, 9631, 10160 |
| 张国琳 | 3043 |
| 张国龄 | 12414, 12416, 12426 |
| 张国龙 | 6095 |
| 张国宁 | 4960 |

| | | | |
|---|---|---|---|
| 张国平 | 12208, 12451, 12509 | 张海如 | 1410, 2759, 5573 |
| 张国强 | 2238 | 张海茹 | 3343 |
| 张国清 | 8798, 8799 | 张海天 | 982 |
| 张国庆 | 076, 3868, 5405 | 张海云 | 1257, 5308 |
| 张国权 | 5236, 5311, 5346, 5395 | 张邯 | 8475 |
| 张国泉 | 5691, 5931 | 张含 | 10580 |
| 张国然 | 5745 | 张含保 | 5518 |
| 张国珊 | 10609 | 张函 | 13183 |
| 张国胜 | 2664 | 张函毅 | 9368, 10045 |
| 张国图 | 4512 | 张涵 | 045, 066, 13076 |
| 张国威 | 8752, 12895 | 张涵毅 | 5395, 5669, 6005, 8824, 8882, |
| 张国维 | 5281, 5767 | | 9013, 9022, 9053, 9054, 9059, 9064, 9067, |
| 张国贤 | 5857 | | 9310, 9345, 9346, 9350, 9359, 9360, 9362, |
| 张国祥 | 5952 | | 9367, 9368, 9377, 9384, 9385, 9396, 9531, |
| 张国辛 | 6097 | | 9537, 9538, 9545, 9551, 9570, 9577, 9596, |
| 张国信 | 5403, 5412, 5451, 5463, 5466, 5526, 5615, | | 9597, 9600, 9801, 9821, 9855, 9863, 9968, |
| | 5855, 6073 | | 9992, 10016, 10036, 10042, 10049, 10053, |
| 张国兴 | 2293 | | 10059, 10063, 10630, 10644, 13104 |
| 张国英 | 2921 | 张寒晖 | 11473 |
| 张国云 | 4303, 4858, 4859 | 张寒杉 | 1740, 1741, 1743, 1749, 8174 |
| 张国珍 | 4890, 6576, 6582, 6583 | 张寒月 | 8372, 8576 |
| 张国柱 | 11190 | 张汉彪 | 8724, 8725 |
| 张果 | 13249, 13250, 13257 | 张汉举 | 12336 |
| 张果约 | 8536 | 张汉良 | 451 |
| 张海 | 8230, 8284, 8315, 8322, 11244 | 张汉青 | 4893 |
| 张海潮 | 6518, 10144 | 张汉生 | 12836 |
| 张海发 | 4755 | 张汉威 | 10383 |
| 张海凡 | 10141 | 张汉玺 | 8693, 8749, 13269 |
| 张海峰 | 2293, 5308, 9129 | 张汉斋 | 12342 |
| 张海国 | 421 | 张汉忠 | 5346 |
| 张海军 | 10144 | 张颌 | 8161 |
| 张海礼 | 2355 | 张翰 | 7310, 8155 |
| 张海莉 | 12645 | 张行 | 11718 |
| 张海明 | 13208 | 张行吉 | 6169, 6202 |
| 张海平 | 8639 | 张行洲 | 4904 |

| | | | |
|---|---|---|---|
| 张豪 | 2512, 4406, 4457, 4458, 4690 | 张弘昕 | 479, 483 |
| 张昊 | 2431 | 张红 | 2655, 6528 |
| 张浩 | 619, 706, 866, 982, 1139, 2531, 2891 | 张红兵 | 5443 |
| 张浩文 | 7550, 7585 | 张红红 | 563 |
| 张浩元 | 8319, 8323 | 张红军 | 4612, 13078, 13141, 13142, 13211 |
| 张灏 | 8020, 8480, 8483 | 张红年 | 5344, 5508 |
| 张禾 | 127, 2107, 2368, 4590, 4727, 4743, 4818, 6311 | 张红铃 | 4950 |
| 张合 | 2764 | 张红曙 | 11975 |
| 张和 | 1412 | 张宏 | 1563, 1565, 2614, 4981, 4993, 5019, 12639 |
| 张和庵 | 2669, 2671, 4612, 4631 | 张宏安 | 5291 |
| 张和平 | 2481 | 张宏宾 | 3909, 3922, 4080 |
| 张和荣 | 1804, 1811, 1859, 3724, 3755, 3789, 3822, 3990 | 张宏芳 | 12382 |
| 张贺门 | 3793, 10431 | 张宏锋 | 3020, 3021, 5313 |
| 张赫嵩 | 8694, 9364 | 张宏浩 | 6305 |
| 张鹤 | 11323 | 张宏君 | 11236 |
| 张鹤岭 | 8394 | 张宏良 | 9635 |
| 张鹤亭 | 8526 | 张宏民 | 4860, 4864 |
| 张鹤云 | 629, 630, 631, 995, 1002, 10174 | 张宏明 | 6266 |
| 张痕 | 10707 | 张宏实 | 425, 1266 |
| 张亨德 | 10262, 10311 | 张宏旺 | 2901 |
| 张恒 | 6225 | 张宏伟 | 6264 |
| 张恒成 | 7411, 7414, 7432, 7433 | 张宏元 | 4851 |
| 张恒德 | 2370, 2375, 2379, 2380, 2392, 2395, 3372, 4348, 4377, 4433, 4604, 4621, 4654, 4658, 4674, 4686, 4691, 4697, 4791, 4827 | 张宏卓 | 2460 |
| 张珩 | 794, 1284, 1540 | 张泓 | 9254 |
| 张衡 | 11325 | 张虹 | 619, 3513, 6570, 12938 |
| 张衡德 | 2389, 2392, 4827 | 张洪波 | 6512 |
| 张弘 | 351, 1187, 4582, 5600, 6234, 6587, 6593, 6720, 6721, 9236, 13134, 13212 | 张洪岛 | 10855, 10857, 10858, 10922, 10924, 10983, 11068, 11069, 11075, 11176, 11177, 11269, 12145, 12162 |
| 张弘明 | 6309, 6563 | 张洪飞 | 3847, 3995, 4045, 5403 |
| 张弘强 | 9848 | 张洪干 | 4803 |
| 张弘武 | 10610 | 张洪谨 | 12194 |
| | | 张洪瑾 | 12628 |
| | | 张洪林 | 3959, 4086, 4107 |
| | | 张洪民 | 4864, 5782, 6448 |

张洪模　071, 10791, 10792, 10803, 10851, 10854,
　　10855, 10857, 10902, 10905, 10980,
　　10981, 11062, 11078, 11080

张洪年　5462

张洪千　2077, 2088, 2097, 2154, 2450, 2451, 2674,
　　4298, 4399, 4542, 4551, 4613, 4630, 4712,
　　4716, 4804

张洪庆　10680

张洪仁　5781

张洪文　2755, 3221, 3825, 5135, 5739

张洪武　5908, 5948

张洪祥　2786, 2830

张洪赞　1331, 2353, 2753, 2755, 2840, 3861, 3909,
　　3933, 4066, 4107, 4171, 5418

张鸿　13229

张鸿宝　5610, 9645, 9877

张鸿保　2072, 2104, 4087, 4147, 4185, 4785, 9723,
　　10002, 10081

张鸿诚　7419

张鸿飞　2302, 4096, 4869, 5631, 5789, 6011, 6053,
　　6085, 6086, 6124, 6492

张鸿基　8619

张鸿奎　2880, 4968

张鸿坤　7425

张鸿来　7242

张鸿林　5681, 5712, 5713, 5718, 5735, 5841, 6011,
　　6063, 6603, 7448

张鸿眉　5821

张鸿伟　6160

张鸿玮　10883

张鸿翔　12628

张鸿修　4782, 4790, 8565, 10299

张鸿懿　10869, 10894

张鸿志　5046

张侯光　10665, 10701

张侯权　8650, 9093, 9600, 9831, 9837, 9863, 10600

张厚瑾　6008

张厚进　2951, 2960

张候光　10664

张候权　5677, 8891, 9083, 9084, 9413, 9455, 9861,
　　9864

张虎　8187, 8208

张虎臣　204, 318, 2272, 2290, 7540, 8268

张虎生　459

张华　4423, 4718, 6673, 6674, 7068, 8187, 9876,
　　11250, 12571, 12621

张华安　2201

张华铬　9949

张华根　4771

张华铭　8904, 9390, 9402, 9424, 9544, 9552, 9556,
　　9571, 9585, 9613, 9640, 9643, 9662, 9670,
　　9671, 9672, 9679, 9680, 9700, 9950, 9965,
　　10142

张华瑾　10344

张华青　2767

张华清　2769, 2786, 2787, 2789

张华容　10366

张华芝　1487

张怀瑾　7195, 7196, 7225, 8051, 8053

张怀江　1282, 2850, 2988, 3049, 4897, 5025, 5565,
　　6745, 8643

张怀介　10781

张怀林　2900, 2901, 2920

张怀璞　4350, 4451

张怀群　8301

张怀仁　3157, 4443, 8312

张怀信　3910

张怀忠　12118

张淮　5360, 5361, 5578, 5680, 5750, 5930, 5991

张簧　11213, 11367, 11544

张晃 3010

张恢 3316, 6016, 6169, 6216

张晖 162, 1142, 5441, 7144, 12946

张辉 904, 4725, 5964, 6034, 6050, 6338

张辉令 6731

张辉明 10211, 10380, 10381, 10382, 10383, 10402

张卉 12821

张汇滨 11331

张会军 13272

张会利 8576

张会元 1116, 1141, 2577

张绘 2915

张惠宝 9233

张惠斌 2188, 3768, 3790, 3904, 3970, 4056, 4321, 5415, 5532, 6201

张惠芬 9912, 10091

张惠钧 5553

张惠良 12839

张惠林 3258

张惠民 3243, 3308, 5634, 5660, 5726, 5758, 5800, 5809, 5840, 5845, 5861, 5862, 6004, 6372, 8329, 10414

张惠敏 2407, 4344, 4514, 4530, 4552, 4628, 4656, 4666

张惠明 5834, 5852

张惠卿 5398

张惠蓉 1811, 1865

张惠仪 351

张慧 11873, 11877, 12921

张慧冲 12985

张慧行 2276

张慧剑 5352, 5403

张慧敏 1973, 3746, 4479, 4493

张慧荣 10656

张慧蓉 4148

张慧香 5339, 5384

张慧元 11313

张蕙 4901

张蕙慧 10849, 10970

张豁明 3862

张积文 12706

张吉成 10304, 10314, 10597

张吉根 10667

张吉平 5408

张吉忠 9574, 9706, 9958, 9968

张即之 7947, 7966, 7967, 7974, 7977, 7979, 7999, 8005, 8010

张已任 10813, 10823, 10867, 10918, 10983, 11046, 11360

张计贵 12157

张记书 5726

张纪恩 1983

张纪平 5521, 5947, 6064, 6292, 6458

张际春 8248, 8394, 12901

张季良 11721

张季曾 8656

张济 5409

张济国 7416

张济华 8543

张继芳 5218

张继国 4076

张继红 6331

张继华 151

张继楼 5879, 12962

张继平 2293

张继文 6765, 12830

张继武 7006, 13260

张继仙 911, 2653, 4628

张继晓 10195

张继馨 629, 631, 865, 939, 943, 961, 962, 966,

969, 985, 988, 997, 998, 999, 1002, 1488,
2496, 2535, 2623, 2867, 3982, 4072, 4193,
4199, 4704

张继选 6513

张继迎 8789

张继元 4809

张继源 2134, 2171, 4802, 4809

张继忠 9510

张寂雁 6558, 6571

张绩秋 3532

张骥 5675

张加贝 13055, 13132, 13283

张加力 11175

张加勉 8623

张加齐 3727

张加毅 11899, 11949, 13245

张佳邻 4933

张佳讯 4407, 6065, 6403, 6419

张家 11949

张家臣 3761

张家纯 1912, 2127, 2433, 3857, 3951, 4220, 4228,
4258, 4374, 4397, 4574, 4708, 5911, 6065

张家福 5967, 6018

张家国 7625

张家珩 4948

张家界市旅游局 9141

张家驹 1460

张家钧 11177

张家口地区《董存瑞》连环画创作组 5172

张家口地区《京生》连环画创作组 5176

张家口市文化局 12870

张家口市文化局戏研室 12758

张家口市文联 12870

张家口市总工会 12145, 12146

张家口铁路地区"生命线"连环画业余创作组

5181

张家口专员公署文教局 11442

张家明 3639

张家奇 9383

张家瑞 8644

张家素 1350, 1417

张家洼工程指挥部宣传组 3181

张家伟 10177, 10750, 10765

张家相 12069

张家瑶 1759

张家哲 6567

张家祯 1134, 4092, 4102, 4303, 4318, 4574

张嘉 6043

张嘉齐 9061, 9068

张嘉文 5321

张嘉贞 8312

张稼人 7339

张坚 197, 12175

张謇 8113, 8115, 8116, 8129

张建 5806, 5809, 5824, 11171, 12457

张建邦 13140

张建才 8302

张建川 10320

张建春 134, 1199

张建淳 134

张建德 13164

张建栋 13079

张建国 3824, 5798, 5821, 6450, 7612, 8567

张建华 2335, 3477, 3905, 4044, 5590, 5997, 7462,
7621

张建辉 4944, 4950, 4962, 4969, 4982, 4987, 4989,
4998, 5005, 5010, 5017, 5018, 5022, 5057,
5083, 5087, 5125, 5658, 5677, 5685, 5818,
5841, 5888, 5889, 6011, 6062, 6179

张建康 10298

| | |
|---|---|
| 张建林 | 10771, 10774 |
| 张建民 | 6247, 6328, 11865, 11866, 11870 |
| 张建明 | 203, 917, 1847, 1850, 3900, 6472 |
| 张建平 | 137, 10584 |
| 张建萍 | 5658, 5681 |
| 张建强 | 2915 |
| 张建时 | 2558, 3959, 3961 |
| 张建文 | 1317, 2988, 2998, 8640, 8995, 10404 |
| 张建辛 | 140, 10221, 10320, 10389, 10392 |
| 张建新 | 10336 |
| 张建兴 | 11129, 11287 |
| 张建勋 | 6433 |
| 张建亚 | 5906 |
| 张建哲 | 134 |
| 张建珍 | 13238 |
| 张建中 | 369, 1908, 2426, 2611, 2645, 2704, 3128, 3131, 3234, 3320, 3687, 3936, 4195, 4967, 5279, 5867, 10430 |
| 张剑 | 2915 |
| 张剑芳 | 2650, 4397 |
| 张剑华 | 455 |
| 张剑平 | 2395 |
| 张剑萍 | 5200, 5259, 5277, 5405, 5420, 5429, 5430, 5434, 5524, 5532, 5560, 5561, 5595, 5604, 5879, 5933, 5999, 6606, 8164 |
| 张剑秋 | 11706, 11708, 12445 |
| 张剑维 | 4937, 4945, 4958, 4959, 4983, 5011, 5043, 5115 |
| 张健 | 430, 5949, 6061, 6262, 6568, 12728, 12731, 13071 |
| 张健昌 | 5587 |
| 张健民 | 5730, 5786, 5925, 6227, 6328, 6355, 6376, 6523, 6686, 6704, 6707 |
| 张健平 | 6425 |
| 张健生 | 625, 1102 |
| 张健伟 | 493 |
| 张健文 | 6388 |
| 张健怡 | 6704 |
| 张健中 | 2614, 2619 |
| 张键 | 5446, 5451, 5556, 5576, 5694, 5771 |
| 张江 | 10947 |
| 张江裁 | 679, 8117, 12739, 12740, 12741, 12748, 12749, 12750 |
| 张江华 | 8621 |
| 张江舟 | 6427, 6430 |
| 张娇 | 12575 |
| 张阶平 | 2950 |
| 张节末 | 072 |
| 张杰 | 088, 1884, 2529, 3781, 6056, 6115, 7440, 9621, 10337, 11200, 12148, 12471 |
| 张杰尤 | 7559 |
| 张洁 | 4166, 4229, 4233, 4260, 4294, 4321, 4626, 6062 |
| 张捷 | 088, 923, 2214, 4936 |
| 张介礼 | 8538 |
| 张介民 | 1731, 2228, 2672 |
| 张今洁 | 6881, 6927 |
| 张金 | 9422, 9425 |
| 张金标 | 7548 |
| 张金长 | 5791 |
| 张金川 | 2223 |
| 张金栋 | 6226 |
| 张金芳 | 10354 |
| 张金庚 | 2492, 3998, 4094, 4099, 10181 |
| 张金海 | 4747, 8272 |
| 张金花 | 3732 |
| 张金鉴 | 691, 819, 1405 |
| 张金举 | 5334 |
| 张金梁 | 7385, 12836 |
| 张金隆 | 6869 |

张金明 9087, 9094, 9259, 9389, 9544, 9793, 9856, 9859, 9862, 9998, 10038, 10059, 10060

张金铭 5746, 5791

张金琦 2644

张金荣 3871, 5217

张金沙 8259

张金生 5382

张金树 10398

张金锁 5352

张金武 5534

张金祥 10048, 10105

张金义 2386, 4794, 4851

张金镛 778

张金云 11494, 11512, 11817

张金智 9634, 9670, 9954

张金柱 4049

张锦 8747, 8756

张锦标 989, 990, 993, 1926, 1952, 2000, 2100, 2129, 2156, 2573, 2580, 2639, 2643, 2651, 2660, 2667, 2673, 3338, 3725, 3790, 3972, 4023, 4044, 4089, 4223, 4236, 4281, 4312, 4343, 4511, 4670, 4749, 10536

张锦鸿 10801, 11086, 11092

张锦华 12798

张锦江 5222, 6524, 6538

张锦平 2257

张进朝 12292

张进贤 481, 811, 7540, 8275, 8562

张劲秋 709

张晋 1748

张京 5917, 9988

张京德 2261, 3284, 4101

张京红 1147, 1189

张京生 559, 587, 2795, 2826, 3240, 3347, 5598

张经高 12112, 12114

张经纬 9118

张晶 4242, 6877, 9575, 10705

张景 7759

张景富 9857

张景光 1402

张景祜 8657

张景林 5931

张景全 3302

张景然 10612, 10743, 10745, 10750, 10751

张景儒 1318, 1338

张景生 11062, 11740

张景寿 3632

张景松 11143

张景旺 8172

张景祥 2657, 4943, 4976, 5010, 5063, 5091, 5111, 5308, 5313, 5575

张景熊 1997

张景阳 3807

张景仪 2089

张景佑 10901

张景源 5439, 5502, 5554, 5631, 5661, 5862, 6099, 6219

张景中 3535

张璟文 3018

张竞 11264, 12698

张竞成 12332

张竞华 3830, 3929

张竟华 3994

张敬 6675

张敬安 11880, 11881, 11882, 11883, 11884, 11886, 11904, 11908, 12169, 12172, 12200, 12231

张敬平 3776, 3783, 3791, 3806, 4153, 4281, 4428, 4432

张靖　6587

张靖平　12170

张静　973, 2133, 2140, 4289, 4334, 4402, 4415, 4435, 4436, 4437, 4458, 4581, 4680, 4717, 4725, 4794, 4797, 4852, 5129, 5933, 10749, 11191, 11367

张静波　3150, 3722, 8932

张静二　12794

张静芳　7374, 8209, 8259, 8386

张静蔚　10869, 10976, 11255

张镜聪　12279, 12335

张镜清　11278

张九　11148

张九鹏　7288, 8262

张九荣　2379, 8827, 9016, 9020, 9421, 9443, 9640, 9705, 9870, 10069

张九如　10375

张九意　8323, 10871

张久　2889

张久明　2294

张久荣　6447

张久兴　1807

张居华　069

张琚　8108

张鞠如　1697

张菊　2954

张菊如　3034

张菊英　420, 7704

张咀英　8537

张举　8363, 8400

张举义　4922

张举毅　1175, 2436, 2931, 2945, 2959, 3589, 4067, 4138, 4337, 4401, 4583

张巨成　8906

张炬　057, 4052, 4126, 4181, 4210, 5567

张炬灼　12779

张聚宁　5383

张觉民　3290, 11364, 12243

张觉明　13059

张军　141, 967, 2094, 5752, 5889, 6187, 6473, 6560, 6564, 6669, 6876, 8786, 8788, 10271, 12962, 12969, 12975

张军功　5495

张军武　3909

张均萍　5344

张君菡　1225

张君华　6192

张君谟　3810

张君默　409

张君秋　020, 12878

张君实　3846

张君绥　1704

张俊　432, 6150, 8787, 11097

张俊峰　6193, 7508, 7540

张俊国　2129

张俊华　10397

张俊杰　6427

张俊明　6765

张俊南　5301

张俊卿　4680

张俊秋　1174, 1309, 1313

张俊堂　10064

张俊勋　8655

张俊彦　1370

张峻　3377, 8805, 8997, 8998, 9263

张峻德　2315, 5256, 5762

张峻声　5472, 5495, 5515, 5609, 5622, 5928, 5965, 6004, 6413

张峻松　5277, 5387, 5726, 5962, 6649

张隽伟　11215

张隽一　　　　　　　　5280, 5452, 5593

张骏　　　　　　　5377, 5407, 6175, 6182

张骏祥　　12698, 12802, 13082, 13089, 13173,
　　13182, 13192, 13234, 13235, 13237

张竣声　　　　　　　　　　　　4142

张开　　　　　　　　　11300, 13176

张开福　　　　　　　　　　　　7237

张开理　　　　　　　　　　　　8619

张开熙　　　　　　　　　　　　3434

张开元　　　　　　　　　　　　1665

张凯　　　　　　　　　9012, 10307

张凯玲　　　　　　　　　　　　3458

张恺骥　　　　　　　　　　　　1709

张楷真　　　　　　　　　　　　8023

张康　　　　　　　　　　　　　7091

张考光　　　　　　　　　　　10646

张苛　　　　11943, 12125, 12639

张珂　　　　　　　　　　　　12926

张可隽　　　　　　　　　　　　1265

张可欣　　　　　　　　　　　　2118

张可中　　　　　　　　　　　　8456

张克　　　　　　　　　1368, 11951

张克必　　　　　　　　　6120, 6446

张克非　　　　　　　　　　　　141

张克军　　　　　　　　　　　　8776

张克明　　　1857, 5249, 5301, 5417, 5422

张克齐　　　　　　　　　　　　2255

张克勤　　　　　　　　9235, 9954, 9972

张克庆　　4732, 8936, 9007, 9061, 9064, 9066,
　　9070, 9073, 9074, 9080, 9083, 9084, 9088,
　　9143, 9222, 9252, 9297, 9308, 9310, 9316,
　　9326, 9347, 9372, 9382, 9392, 9404, 9413,
　　9483, 9548, 9571, 9618, 9624, 9682, 9797,
　　9800, 9804, 9808, 9811, 9826, 9830, 9836,
　　9837, 9847, 9854, 9861, 9862, 9863, 9962,

　　9973, 10015, 10016, 10024, 10031, 10033,
　　10037, 10038, 10041, 10051, 10057,
　　10058, 10088, 10091, 10577, 10579, 10623

张克让　1180, 1190, 2005, 2700, 2707, 2708, 2709,
　　2880, 2901

张克仁　　　　　　　　　　　　1421

张克森　　3780, 3824, 3933, 4013, 4111, 4180

张克伟　　　　　　　　3779, 3815, 4156

张克志　　　　　　　　　　　　943

张客　　　　　　　　　　　　13073

张恳　　　　　　　　　　　　2341

张孔昭　　　　　　　　　　　5328

张宽　　　　　　　　　　　　2539

张奎斌　　　　　　　　　　　6154

张奎杰　　　　　　　　　3964, 8376

张坤　　　　　　　　　　　10686

张坤义　　　　　　　　　　　7605

张昆　　　　　　　　　　　　6174

张昆元　　　　　　9342, 10016, 10021

张琨　　　　　　　　　　　11226

张鲲　　　　　　　　　　　12288

张来阳　　　　　　　　11303, 12271

张兰军　　　　　　　　　　　7495

张岚　　　　　　　　9818, 9820, 9823

张朗　3534, 3553, 3613, 4069, 4163, 4891, 10408,
　　10412, 10692

张乐平　　　1388, 3068, 3398, 3400, 3403, 3404,
　　3408, 3409, 3411, 3413, 3417, 3418,
　　3419, 3425, 3448, 3466, 3481, 3497,
　　3500, 3501, 3514, 3537, 3559, 3571,
　　3683, 3783, 4870, 5114, 5970, 6434, 6589

张乐水　　　　　　　　　　　10808

张乐娃　　　　　　　　　　　5792

张雷　4925, 5057, 5124, 5907, 5940, 6009, 7373,
　　7922, 8007, 8760

| | | | |
|---|---|---|---|
| 张雷平 | 2228, 2276, 2316 | 张立选 | 8219 |
| 张耒 | 7684, 7685 | 张立英 | 2501, 8168 |
| 张磊 | 1159, 3496, 5355, 6084, 6638, 6935, 6936, 6937, 6938, 9584, 10328, 10396 | 张立柱 | 3842 |
| 张蕾 | 11134 | 张丽 | 2838, 6232, 7073, 7074, 7075, 10591 |
| 张梨美 | 13067 | 张丽壁 | 12654 |
| 张黎 | 551, 7144, 12721, 13019 | 张丽端 | 425 |
| 张黎晨 | 3487 | 张丽华 | 882, 1139, 3387, 6242, 6561 |
| 张黎明 | 8851 | 张丽娟 | 10605 |
| 张黎至 | 12942 | 张丽君 | 4094, 4113, 10833 |
| 张黎洲 | 2243 | 张丽萍 | 10326 |
| 张藜 | 11089, 11698, 11807, 11940, 11966, 11971 | 张丽琦 | 10755 |
| 张藜照 | 673 | 张丽生 | 5829 |
| 张礼军 | 4014 | 张丽燕 | 1969, 2364, 2433, 4477, 4500 |
| 张礼魁 | 12995 | 张丽英 | 6049, 9117, 9127, 9457, 10742 |
| 张礼权 | 698 | 张丽珠 | 10358 |
| 张力 | 100, 2378, 4793, 5741, 6322, 6431, 6536, 9261, 12646, 13014 | 张利川 | 8500 |
| 张力军 | 9233 | 张利德 | 8980 |
| 张力科 | 12173 | 张利君 | 10840, 11249 |
| 张力平 | 127, 8972 | 张利萍 | 8960, 8974 |
| 张力涛 | 13185 | 张利群 | 3963 |
| 张立 | 141, 6547, 6637 | 张利亚 | 10223 |
| 张立本 | 4900 | 张利岳 | 5676 |
| 张立辰 | 1983, 2243, 2448, 2633, 10038 | 张莉 | 6525 |
| 张立凡 | 7379, 8393 | 张连 | 852, 3303, 12830 |
| 张立俊 | 5197 | 张连成 | 9979 |
| 张立昆 | 11698 | 张连诚 | 8824, 9015, 9251 |
| 张立旗 | 6034, 6626 | 张连城 | 9554, 9968, 9969 |
| 张立群 | 134, 11244 | 张连福 | 11753 |
| 张立人 | 5610, 5938, 10288 | 张连富 | 9114 |
| 张立文 | 11889 | 张连贵 | 5626, 6016, 6184 |
| 张立宪 | 1142, 2892, 3357 | 张连军 | 8907 |
| 张立新 | 560 | 张连瑞 | 2412, 3718, 3844, 5261, 5292, 6106, 10719 |
| 张立雄 | 548 | 张连生 | 201, 1091, 2951, 2957, 10653 |
| | | 张连寿 | 5211, 5445, 5485, 5801, 5879 |

| | |
|---|---|
| 张连扬 | 2467 |
| 张联盟 | 6763 |
| 张联珠 | 2048 |
| 张廉卿 | 8074, 8092 |
| 张濂 | 10307 |
| 张棟 | 12196 |
| 张良 | 2879, 6331, 6409, 6554 |
| 张良弼 | 12121 |
| 张良渡 | 5257 |
| 张良仁 | 12828 |
| 张良学 | 4477 |
| 张良勋 | 8155 |
| 张缪子 | 12863 |
| 张林 | 1199, 1844, 2898, 3789, 3855, 5301, 5345, 5662, 5780, 6077, 6078, 6441, 6752, 6753, 6754, 9617, 9641, 9661, 10057, 10423, 11059, 12238, 12611 |
| 张林一 | 6948 |
| 张林婴 | 7071 |
| 张林樱 | 5792 |
| 张林雨 | 12135, 12943, 12957, 12959 |
| 张琳 | 2588, 3101, 3714, 3738, 3904, 5039 |
| 张琳仙 | 12575 |
| 张璘 | 1458 |
| 张霖 | 7275 |
| 张灵 | 1570, 6568 |
| 张灵芝 | 10408 |
| 张玲麟 | 2939 |
| 张玲玲 | 7079, 7080 |
| 张玲缩 | 6485 |
| 张凌云 | 2837 |
| 张陵 | 197 |
| 张令涛 | 1163, 1721, 2923, 4892, 4902, 4927, 4962, 5005, 5011, 5023, 5024, 5027, 5413, 5427, 5477, 5491, 5512, 5567, 5590, 5606, 5607, 5616, 5743, 5880, 6229, 6373, 6558, 10240, 10242 |
| 张刘 | 4428, 9066, 9067, 9308, 9807, 9884, 10013, 10037, 10057 |
| 张鏐 | 1645 |
| 张龙 | 11284 |
| 张龙耕 | 4926 |
| 张龙玉 | 2514 |
| 张隆基 | 1070, 1075, 1165, 2714, 2793, 3081 |
| 张鲁 | 11488, 11561, 11880 |
| 张鲁宾 | 5792 |
| 张鲁滨 | 5514, 5521, 6091 |
| 张鲁厂 | 8536 |
| 张鲁平 | 3460 |
| 张鲁泉 | 3945, 8086 |
| 张鹿山 | 4956, 4958, 4970, 4986, 5001, 5013, 5028, 5074, 5468, 5715, 6181 |
| 张禄杰 | 2316 |
| 张路 | 2996, 3001, 3006, 3007, 3008, 3066, 4906, 8645 |
| 张路春 | 11200, 12481 |
| 张路德 | 8295 |
| 张路光 | 620 |
| 张路弘 | 4349 |
| 张路红 | 2089, 2444, 3947, 4037, 4101, 4145, 4156, 4175, 4211, 4246, 4277, 4284, 4340, 4409, 4447, 4457, 4537, 4561, 4573, 4620, 4627, 4745 |
| 张路樵 | 11067 |
| 张璐 | 2140, 2582, 4820 |
| 张鸾 | 3573, 3603, 3628, 3644, 3693, 3713, 4028, 4046, 4058, 4089, 4123, 4141, 4162, 4170, 4177, 4190, 4211, 4224, 4261, 4309, 4366, 4400, 5018, 5054, 5055, 5060, 5496, 5595 |

张伦　　　　　　　　　　5582, 11157

张伦基　　　　　　　　　　　5818

张罗培　　　　　　　　　　　11239

张洛　　9074, 9341, 9351, 9354, 9527, 9537, 9616,
　　10103

张洛辅　　　　　　　　　　　10330

张马力　　　　　　　　　　　13006

张迈　　　　　　　　　　　　8019

张曼涛　　　　　　　　　　　446

张曼怡　　　　　　　　　　　12519

张茂华　　　　　　　　　　　1145

张茂荣　　　　　　　　　　　340

张懋镕　　　　　　　　　803, 804

张懋赏　　　　　　　　　　　12301

张枚同　　　　　　　　　　　11973

张眉孙　1164, 2922, 2923, 2926, 2927, 2929, 7627

张眉荪　　　　　　　　　　　2930

张煤　　5725, 5825, 6030, 6100, 6192, 6209, 6243,
　　6341, 6363, 6399, 6568, 6580, 7072

张美芳　　　　　　　　　　　13195

张美惠　　　　　　　　　11229, 13297

张美莉　　　　　　　　　　　2963

张美玲　　　　　　　　　5994, 6637

张美龄　　　　　　　　　　　5844

张美妮　　　　　　　　　　　6541

张美荣　　　　　　　　　10216, 12571

张美山　　　　　　　　　　　3894

张美星　　　　　　　　　　　5872

张美燕　　　　　　　　　　　12240

张美寅　　　　　　　　　　　543

张美影　　　　　　　　　10331, 10339

张美中　　　　　　　　　7298, 7328

张美珠　　　　　　　　　　　7128

张孟常　　　　　　　　　　　10190

张孟君　　　　　　　　　6409, 6411

张孟良　5085, 5260, 5637, 5723, 5814, 5872, 6050,
　　6051

张孟起　　　　　　　　　13239, 13245

张梦庚　　　　　　　　　12876, 12985

张梦亭　　　　　　　　　4582, 6172

张梦新　　　　　　　　　　　7593

张密　　　　　　　　　　　　614

张绵荫　　　　　　　　　　　12669

张苗　　　　　　　　　5746, 5888, 6214

张森森　　　　　　　　　　　10124

张妙夫　　　　　　　　　　　5874

张民　　　　　　　　8786, 8788, 11312

张民华　　　　　　　　　　　8965

张民林　　　　　　　　　　　3450

张民强　　　　　　　　　　　6869

张民权　　　　　　　　　　　11106

张珉　　　　　　　　　　　　5503

张敏　　　1490, 6320, 6321, 6425, 6474, 6690, 6996,
　　6997, 7320, 7344, 7350, 7384, 7385, 7386,
　　7387, 7400, 7916, 8362, 8434, 8435, 8817,
　　9532

张敏杰　　　　　　　　　1966, 4648

张敏之　　　　　　　　　2753, 3010

张名河　　　　　　　　　11483, 11927

张名娟　　　　　　　　　　　10400

张明　　2606, 5114, 5608, 5747, 6808, 8815, 10779,
　　13228

张明曹　　　　　　　　　4906, 5001

张明超　　　　　　　　　5449, 5907

张明川　　　　　　　　　　　8645

张明岛　　　　　　　　　　　8145

张明等　　　　　　　　　　　4912

张明东　　　　　　　　　　　9240

张明华　　　　　　　　　　　426

张明慧　　　　　　　　　　　10653

| | | | |
|---|---|---|---|
| 张明金 | 6476 | 张穆 | 1566, 1571, 8021, 8043 |
| 张明敏 | 10150 | 张乃臣 | 2094 |
| 张明明 | 6438 | 张乃成 | 3435, 3472, 3473, 3495 |
| 张明勤 | 10148 | 张乃诚 | 11117 |
| 张明山 | 8657 | 张乃光 | 4922, 4978, 5035, 8739 |
| 张明生 | 2957, 3822, 4264, 4267, 4572, 4613, 4633, 4936 | 张乃仁 | 5277, 5367, 5376, 5743 |
| | | 张乃馨 | 3274 |
| 张明堂 | 1845, 2317, 3326, 3357, 3361, 3675, 3911, 3970, 3993, 4031, 5486 | 张乃兴 | 2341 |
| | | 张乃勇 | 5959 |
| 张明文 | 5379 | 张乃纛 | 462 |
| 张明武 | 5524 | 张迺成 | 3411 |
| 张明玺 | 9544 | 张南 | 3822 |
| 张明霞 | 3529 | 张南宁 | 6303 |
| 张明星 | 3375 | 张南星 | 1206 |
| 张明元 | 10819, 12557 | 张难 | 11678 |
| 张明远 | 1711, 8759 | 张楠 | 3452, 8949 |
| 张明真 | 3873 | 张能斌 | 12220 |
| 张明洲 | 7563 | 张妮娜 | 11503, 11736, 12412 |
| 张鸣 | 2120, 3885, 4833 | 张鲵渊 | 11323 |
| 张鸣铎 | 8125 | 张念潮 | 8712 |
| 张鸣剑 | 11639 | 张宁 | 5272, 5467, 5703, 10857, 10870, 10871, 12378, 12379, 12383, 12387, 12406, 12422, 12444, 12447 |
| 张鸣珂 | 567, 7703 | | |
| 张铭 | 2324, 2340, 8746 | | |
| 张铭和 | 10747 | 张宁和 | 10794 |
| 张铭淑 | 2555, 4364 | 张暖忻 | 5482, 6530 |
| 张铭心 | 412 | 张培成 | 703, 2316, 5188, 5472, 5550, 5592, 5725, 5726, 5829, 6042, 6182, 6490 |
| 张铭元 | 1492 | | |
| 张铭宗 | 5325 | 张培础 | 885, 1801, 1819, 1828, 1836, 2293, 2918, 3380, 5172, 5193, 5575, 5663 |
| 张末元 | 10348 | | |
| 张漠清 | 5068 | 张培敦 | 1643 |
| 张墨龙 | 6768 | 张培基 | 11967, 11968 |
| 张默君 | 9247 | 张培萍 | 11189 |
| 张牧 | 4909 | 张培武 | 2261 |
| 张牧野 | 009 | 张培溁 | 13304 |
| 张慕鲁 | 11961, 12263, 12592, 12902 | 张培漦 | 13169 |

张沛　　　　7579, 10620, 12104, 12110

张沛贤　　　　　5578, 5635, 5641

张沛之　　　　　　　2285

张佩芳　　　　　　　6385

张佩芬　　　　　　　5462

张佩衡　　　　　　　11884

张佩琳　　　8535, 10683, 10694

张佩纶　　　　　　　8036

张佩如　　　　　　　817

张佩义　　　　　　　1215

张朋　　1883, 1896, 1953, 2233, 4027

张朋川　　　　　　　408

张朋弟　　　　　　　11681

张彭　　　　　　　　5273

张彭春　　　　　　　12904

张彭年　　　　　　　12696

张鹏　849, 2826, 5445, 5527, 5761, 5973

张鹏川　　　　　　　10646

张鹏飞　　4664, 9727, 9732, 10073

张鹏涛　　　　　　　7576

张鹏翼　　　　　　　8272

张澎　　1082, 1142, 6836, 12102

张丕慧　　　　　3843, 3897

张丕基　　11927, 12158, 12209

张丕余　　　　　053, 10271

张丕振　　　　　　　1720

张品操　874, 3752, 4421, 4952, 4962, 4990, 4994,
　　5021, 5027, 5061, 5266, 5314, 5371, 5378,
　　5428, 5477, 6242

张品重　　　　　　　8248

张平　　　　　　1062, 1141,
　　5387, 5879, 6582, 7349, 7482, 7574, 8990,
　　10319, 11058, 11127, 12222, 12932

张平静　　　　　　　5320

张平凯　　　　　　　5088

张平良　　　　　　　2227

张平平　　　　　　　5843

张平生　7429, 7433, 7443, 7444, 7446, 7474, 7496,
　　7996

张平义　　　　　　　3793

张平治　　　　　　　3486

张凭　912, 915, 1847, 2432, 2469, 2597, 3923,
　　4327, 4993, 4997, 5026

张萍　　722, 3743, 4822, 5722, 6566, 8610

张扑　　　　　　　　13239

张蒲舲　　　　　　　2311

张蒲生　　　　　　　2528

张普　　　　　　　　9668

张齐　　　　　　　　8813

张齐生　　　　　　　10708

张其　　　13233, 13236, 13238

张其军　9044, 9053, 9339, 9784, 10064

张其明　　　　　　　6282

张其翼　　　936, 987, 1748, 1757,
　　1789, 1983, 2490, 2504, 2557, 2615, 3600,
　　3602, 3636, 3650, 3686, 3718

张其正　　　　　　　9249

张其中　　　　　　　5948

张奇　　　1193, 2956, 12601

张奇虹　　　　　　　12805

张奇驹　　　　　　　5201

张奇开　　　　　　　6605

张琪　1926, 1934, 1943, 1964, 1968, 1969, 1982,
　　1987, 1995, 2030, 2044, 2047, 2074, 2108,
　　2113, 2151, 2169, 2506, 2508, 2524, 2580,
　　2639, 2640, 2651, 2658, 4193, 4263, 4279,
　　4290, 4292, 4304, 4337, 4351, 4368, 4370,
　　4376, 4377, 4389, 4427, 4448, 4465, 4482,
　　4513, 4514, 4529, 4538, 4546, 4583, 4591,
　　4610, 4613, 4625, 4627, 4651, 4657, 4673,

4690, 4725, 4802, 4830, 4844, 4852, 4858, 4864

张琦　　　　1153, 4860, 4864, 6162, 10329

张旗　　　　　　　　　　　2647, 8892

张屺　　　　　　　　　　　　　5801

张企荣 5643, 5791, 5819, 5867, 5880, 5914, 5956, 5992, 6020, 6028, 6032, 6035, 6039, 6046, 6064, 6075, 6080, 6090, 6101, 6115, 6148, 6150, 6152, 6153, 6162, 6179, 6201, 6224, 6229, 6232, 6233, 6262, 6288, 6295, 6300, 6356, 6411, 6434, 6455, 6456, 6465, 6740

张企曾　　　　　　　　　　　5247

张杞生　　　　　　　　　　　8455

张启恩　　　　　　　　　　　13232

张启明　　　　　　　　　　　2886

张启太 5386, 5449, 5532, 5595, 5600, 5757, 5766, 5859, 6056, 6092

张启泰　　　　　　　　　6191, 9993

张启文　　　　499, 5292, 5443, 5613, 5949

张启亚　　　　　　　　　　706, 7164

张起林　　　　　3827, 3946, 3998, 4075

张起云　　　　　　　　　　　11279

张绮曼　　　　　　　　　　　10575

张千一　　　556, 3316, 12231, 12236

张迁才　　　　　　　　　　　7367

张谦　　　　　　　　　　　　7245

张谦德　　　　　　　　　　　10571

张谦美　　　　　　　　　　9337, 9524

张骞　　　　　　　　　　8111, 8116

张前　10804, 10847, 10848, 10890, 10978, 11486, 11513, 11737, 11747, 11750, 11927, 12424

张虔　　　　　　10843, 10871, 10956

张潜超　　　　　　　　　7303, 7421

张强　　　117, 718, 3024, 3026, 5558, 5567, 5597, 5716, 5881, 6613, 6947, 7363, 7385,

10303, 10535

张蔷　　　096, 478, 480, 527, 1545, 1548

张巧英　　　　　　　　　　　4742

张峭　　　　　　　　　　　　2477

张锲　　　　　　　　　　　　2334

张钦若　　　　　　　　　2826, 4893

张琴　　　　　　　　　　　　5689

张青　　　　　3489, 10366, 10714

张青林　　　　　2574, 4820, 6647

张青琴　　　　　　　　　　　12886

张青渠　　　878, 3978, 5588, 6146, 8206

张青予　　　　　　　　　　　5142

张卿　　　2088, 4254, 4629, 4667

张卿公　　　　　　　　　　　12862

张清　　　911, 2027, 2666, 6191, 13228

张清常　　　　　　　　　　　11027

张清芳　　　　　　　　　　　9036

张清桂　　　　　　　　　　　3884

张清河　　　　　　　　　　　7300

张清宏　　　　　　　　　　　1350

张清浦　　　　　　　　　　　149

张清渠　　　　　　　　　　　5999

张清泉　　　　　　　　　　　11377

张清荣　　　　　　　　　7333, 7344

张清澍　　　　　　　　　　　12645

张清顺　　　　　　　　　　　12408

张清翔　　　　　　　　　4009, 6253

张清岩 4930, 4955, 4985, 5041, 5042, 5118, 5123, 5487

张清垣　　　　　　　　　　　7552

张清治　　　　　　　　　　　2235

张晴　　　　　　　　　　　　218

张庆泰　　　　　　　　　　　8503

张庆东　　　　　　　　　　　6728

张庆芳　　　　　　　　　　　2278

| | | | |
|---|---|---|---|
| 张庆贵 | 7537 | 张然 | 8599 |
| 张庆鸿 | 9844, 13228, 13236 | 张然或 | 2130 |
| 张庆华 | 6057, 6058, 6189, 13237 | 张人石 | 6561 |
| 张庆锟 | 6063 | 张人勇 | 3911 |
| 张庆利 | 5303 | 张仁东 | 9854, 9872, 9996, 10109 |
| 张庆林 | 2374, 2380 | 张仁黼 | 8033, 8043 |

张仁康 4937, 4958, 4993, 5021, 5051, 5053, 5087,
5103, 5114, 5120, 5137, 5432, 5557, 5693,
5860, 5983, 5984

| | | | |
|---|---|---|---|
| 张庆麟 | 5506 | | |
| 张庆三 | 12657 | 张仁里 | 12909 |
| 张庆涛 | 5740 | 张仁山 | 4027, 4275, 4392 |
| 张庆田 | 5094 | 张仁熙 | 1021, 1022, 1038 |
| 张庆祥 | 12236 | 张仁缘 | 2793 |
| 张庆云 | 6051, 12772 | 张仁芝 | 1863, 2032, 3862, 3965, 4011, 8142 |
| 张庆洲 | 3864, 3973 | 张任 | 10026 |
| 张琼芝 | 4994 | 张日焜 | 8356 |
| 张秋波 | 2535 | 张戎 | 321 |
| 张秋怀 | 6361 | 张荣 | 415, 8838, 8846 |
| 张秋菊 | 5747, 5753, 5871, 6078 | 张荣昌 | 6564, 6571, 6585, 6586 |
| 张秋林 | 6357 | 张荣春 | 5240, 5318 |
| 张秋民 | 10294 | 张荣弟 | 11265, 11266, 11350 |
| 张秋山 | 1199 | 张荣杰 | 4930 |

张秋生 5245, 5488, 5879, 6515, 6572, 6654, 6664,
11675, 12017, 12024

| | | | |
|---|---|---|---|
| | | 张荣明 | 108 |
| 张秋实 | 7653 | 张荣强 | 8270, 8300, 8312 |
| 张秋祥 | 4963 | 张荣森 | 149 |
| 张趋 | 5226 | 张荣生 | 020, 124, 178, 185, |

362, 367, 473, 517, 859, 2170, 2810, 6796,
6802, 6863, 8187, 8190, 8605, 8612, 10179

| | | | |
|---|---|---|---|
| 张权 | 12430 | | |
| 张全安 | 3836 | 张荣章 4310, 4347, 4569, 5561, 5699, 5870, 5933 | |
| 张全国 | 5354 | | |
| 张全会 | 7288 | 张荣珍 | 5257, 5265, 5309 |
| 张全全 | 12695 | 张容 | 6328, 6658, 8706 |
| 张泉 | 10092 | 张蓉蓓 | 8736, 10732, 10733, 10734 |
| 张泉兴 | 4968 | 张榕山 | 5245, 5511 |
| 张铨 | 11144, 12108, 12788 | 张如飞 | 12997 |
| 张群发 | 3785 | 张如皋 | 2174 |
| 张群力 | 13066 | | |

张茹兰　　　　　　　　　　　　　7459

张汝川 4427, 5737, 5744, 5891, 6063, 6109, 6169,
　　　　6460, 6474

张汝济 3090, 3117, 3121, 3127, 3132, 3146, 3271,
　　　　3284, 3297, 3587

张汝谦　　　　　　　　　　　　　4919

张汝为 3150, 3214, 3225, 3227, 3284, 3297, 3304,
　　　　3318, 3323, 3327, 3338, 3962, 4088, 4306,
　　　　5666, 6035, 6236, 6423, 6538, 6592

张汝运　　　　　　　　　　　　　5795

张锐　 11295, 11312, 11881, 11894, 11941, 12278,
　　　　12283

张锐林　　　　　　　　　　　　　354

张瑞　　　　　　 3534, 11089, 11095, 12499

张瑞邦　　　　　　　　　　　　　10307

张瑞恒 1758, 1775, 1991, 2063, 2070, 2127, 2138,
　　　　2140, 2144, 2378, 2382, 2384, 2389, 2395,
　　　　3339, 3544, 3704, 3805, 4017, 4027,
　　　　4068, 4085, 4108, 4136, 4143, 4150, 4169,
　　　　4183, 4186, 4196, 4200, 4204, 4206, 4216,
　　　　4265, 4278, 4286, 4291, 4309, 4317, 4328,
　　　　4350, 4361, 4398, 4400, 4424, 4458, 4490,
　　　　4504, 4523, 4526, 4549, 4552, 4554, 4578,
　　　　4635, 4643, 4654, 4719, 4793, 4796, 4801,
　　　　4822, 4848, 4849, 4851, 4853, 4854

张瑞桓　　　　　　　　　　　　　4617

张瑞林 1484, 2069, 2192, 2193, 2194, 2195, 2196,
　　　　2197, 2198, 2199, 2204, 2207, 2213, 2283,
　　　　2523, 5398, 5587, 5903, 6035, 6110, 7669,
　　　　10283

张瑞麟　　　　　　　　　　　　　13192

张瑞龄 4674, 7571, 8162, 8246, 8252, 8253, 8260,
　　　　8269, 8296, 8317, 8320, 8386, 8404, 8405

张瑞鹏　　　　　　　　　　　　　7498

张瑞琦　　　　　　　　　　　　　8437

张瑞泰　　　　　　　　　　　　　2293

张瑞图 1569, 8071, 8076, 8085, 8086, 8088, 8092,
　　　　8095, 8097, 8102, 8103

张瑞胧　　　　　　　　　　　　　1260

张瑞璋　　　　　　　　　　　　　8300

张润　　　　　　　　　　　　　　13279

张润春　　　　　　　　　　　　　5744

张润垲　　　　　　　　　　8624, 8675

张润青　　　　　　　　　　　　　489

张润秀　　　　　　　　　8903, 10256

张若　　　　　　　　　　　　　　5489

张若霭　　　　　　　　　　　　　1646

张若谷　　　　　　　　　003, 004, 10784

张若描　　　　　　　　　　　　　6132

张若一　　　　　　　　　　　　　3106

张若愚　　　　　　　　　　5646, 5888

张三　　　　　　　　　　　　　　9261

张三友　　　　 920, 1395, 2039, 2595, 3849, 3996

张桑女　　　　　　　　　　　　　5783

张森　 2341, 7268, 8241, 8323, 8368, 8371, 8375,
　　　　10191

张森昌　　　　　　　　　　5131, 5134

张森临　　　　　　　　　　　　　8370

张森伶　　　　　　　　　　　　　11877

张森严　　　　　　　　　　　　　2486

张僧繇　　　　　　　　　　647, 666

张山　　　　　　　　　　　　　　5055

张山水　　　　　　　　　　　　　10860

张杉宏　　　　　　　　　　　　　6295

张善　　　　　　　　　　10820, 11082

张善夫　　　　　　　　　　　　　9537

张善平　　　　　　　　　2720, 3712, 4953

张善孖 1644, 1712, 1714, 1907, 1999, 2188, 2562,
　　　　2688, 2704, 4558, 10478

张善子　　　　 1486, 1707, 1928, 2626, 2647

张尚志　6639, 6640

张韶　11308, 11309, 11310, 11311, 12280, 12285, 12287

张少丞　8555

张少峰　5863, 5885

张少和　5360

张少华　2469, 5288, 12478

张少伟　10755

张少武　5332, 5382, 5633

张少侠　369, 582, 6833, 6834, 6835, 10197, 10199, 10733

张少一　1169

张少元　10393

张绍　5834

张绍昌　7578

张绍城　2757, 3289, 3321, 3562, 5570, 5621

张绍方　3152

张绍奎　12132

张绍旻　5293, 5322, 5426, 5458, 5478, 5530, 5535, 5598, 5634, 5656, 5659, 5677, 5694, 5737, 5749, 5751, 5758, 5799, 6011, 6012, 6202

张绍卿　273

张绍仁　1022

张绍儒　12773

张绍山　7447

张绍文　3828

张绍玺　11613

张绍祖　13149

张申　12173

张申靖　7507

张绅　7198

张莘　4958

张神农　7611

张沈　6836

张升军　10566

张生鑫　3112

张声显　4902

张省　2109, 2316, 10212

张省莉　4159, 4240, 4255, 4490, 4496, 5892, 5968

张圣福　256

张圣洁　8302

张胜　2833, 2947, 3191, 3194, 3208, 3221, 3246, 3284, 3293, 3645, 5263, 11531

张胜远　2460, 3042

张盛良　5915, 5960, 6134, 6181, 6195

张盛明　13202

张诗豪　4972

张诗剑　8966

张诗正　12476, 12477

张石　8518

张石流　12799

张石莽　8479

张石培　3872

张石秋　8160, 8162

张石山　5741, 5922

张石升　4050

张石生　4227

张石昇　484, 1142, 4340, 4348, 4497

张石园　2418

张时中　1417

张始祖　9520

张士　9497, 9917

张士保　1598

张士葆　3035

张士才　8792

张士光　11206

张士珩　8035

张士衡　7657

张士杰　4921, 4935, 4983, 5056, 5061, 5125, 5589

张士魁　11155, 11873

张士亮　　　　　　　　　　　5005, 5388

张士敏　　　　　　　　　　　　　5838

张士南　　　　　　　　　　　　　6046

张士强　　　　　　　　　　　　　1863

张士伟　　　　　　　　　　　　　1144

张士燮　　　　11613, 11619, 11626, 11956, 11957,
　　11980, 12095

张士新　　　　　　　　　　　　　3871

张士英　　　　　　　　　　　　　3074

张士莹　　　　　　　　　　3114, 3579

张士元　　　　　　　　　　　　　630

张士增　　　　　　　　　　2529, 5417

张世彬　　　　　　　　　10961, 12052

张世范　321, 1072, 1117, 2794, 2826, 4002, 9846

张世刚　　　　　　　　　6110, 6111

张世恭　　　　　　　　　5530, 5655

张世光　　　　　　　　　　　　　7329

张世吉　　　　　　　　　　　　　3585

张世简　938, 942, 943, 967, 1761, 2531, 2551,
　　2618, 4385, 4792, 4893, 4938, 4973, 4978

张世杰　　　　　　　　　　　　　7916

张世林　　　　　　　　　　　　　2316

张世禄　　　　　　　　　　　　　2316

张世明　　5340, 5426, 5694, 6376, 6515

张世平　　　　　　　　　　　　　3930

张世强　　　　　　　　　1837, 5215

张世荣　3425, 3436, 3459, 6759, 7405, 8856,
　　11966

张世瑞　　　　　　　　　　　　12329

张世申　　　　　　　　　5489, 10761

张世先　　　　　　　　　　　　　3931

张世祥　　　　　　　　　　　　3111,
　　6768, 10805, 11182, 11183, 11184, 11185,
　　11188, 12179, 12470, 12472, 12474, 12476

张世新　　　　　　　5844, 5907, 5943

张世雄　　　　　　　　　　　　　1149

张世彦　　　　　　　558, 1091, 5221

张世英　　　　　　　　　　　　　8987

张世钲　　　　　　　　　　　　12361

张世钟　　　　　　　　　　　　　6250

张仕伦　　　　　　　　　　　　　9731

张仕森　　　　　　　　　　　　10305

张式　　　　　　　　　　　666, 674

张式业　　　　　　　11297, 11351, 12333

张栻　　　　　　　　　　　　　　7979

张守成　　　　　　　　　1736, 2257

张守方　　　　　　　　　　　　11992

张守连　　　　　　　　　　　　　6449

张守慎12682, 12686, 12801, 12802, 12813, 12827

张守涛　　　　　　　　　2335, 2462

张守义　325, 329, 1241, 5855, 6603, 6604, 8667

张守渊　　　　　　　　11789, 11962

张守镇　7435, 7446, 7450, 7460, 7470, 7477, 7481,
　　7489, 7519, 7557, 12624

张守中　　　　　　　　　3750, 3821

张首映　　　　　　　　　　　　　016

张寿　　　　　　　　1047, 1057, 1059

张寿华　　　　　　　　　　　　10277

张寿民　　　　　　　　　　　　　5379

张寿平　　　　　　　　　8549, 8584

张寿山　　　　　　　　5335, 12789

张寿文　　　　　　　　　5272, 5826

张瘦石　　　　　　　　　　　　　8148

张瘦松　　　　　　　　　　　　　7372

张书范　7297, 7345, 7350, 7491, 7928, 8094, 8102,
　　8270, 8396

张书康　　　　　　　　　　　　　617

张书良　　　　　　　　　5294, 5326

张书明　　　　　　　　　　　　　4721

张书旂　1739, 1745, 1753, 1879, 1983, 1991, 2341,

| | | | |
|---|---|---|---|
| | 2500, 2508, 2535, 2544, 2565, 2617 | 张树堂 | 4193, 5736 |
| 张书旗 | 10461 | 张树文 | 5242 |
| 张书卿 | 2387, 4130 | 张树贤 | 2467, 2537, 8647, 10136, 10706, 10708 |
| 张书永 | 8962, 9583, 9847, 9850, 9874, 10027 | 张树新 | 10312, 10328, 10364 |
| 张抒 | 10306 | 张树英 | 266 |
| 张叔田 | 8523 | 张双凤 | 2055 |
| 张叔愚 | 8300 | 张双勤 | 6251, 6325 |
| 张姝 | 10336 | 张双锡 | 8194 |
| 张淑惠 | 10582, 10585 | 张水安 | 12615 |
| 张淑俊 | 2721 | 张水澄 | 9148, 9219, 9305, 9530, 10014 |
| 张淑敏 | 8103, 8660, 9339 | 张顺保 | 12995 |
| 张淑清 | 6971 | 张顺国 | 5257, 5353, 5524 |
| 张淑娃 | 13069 | 张顺礼 | 1539 |
| 张淑懿 | 10866, 10896, 11228 | 张顺桥 | 1338 |
| 张淑娱 | 10343 | 张顺欣 | 5197 |
| 张淑珍 | 11135 | 张舜华 | 12081 |
| 张舒平 | 499 | 张舜咨 | 2635 |
| 张舒彤 | 3802 | 张思聪 | 1865 |
| 张蜀津 | 6528 | 张思淮 | 3827, 3986, 4239 |
| 张曙 | 11598, 11697 | 张思杰 | 1834 |
| 张曙光 | 7453 | 张思恺 | 12603 |
| 张曙然 | 152 | 张思涛 | 13320 |
| 张述忱 | 5384 | 张思武 | 6386 |
| 张述峰 | 13303 | 张思燕 | 1213, 1262 |
| 张树 | 316 | 张四春 | 4150 |
| 张树才 | 2539 | 张四茹 | 5250 |
| 张树芳 | 8536 | 张四维 | 10227, 10610 |
| 张树芬 | 6557 | 张似榛 | 6656 |
| 张树侯 | 8095 | 张嗣熙 | 4012 |
| 张树华 | 7338, 8230 | 张松鹤 | 2762, 3874, 3942 |
| 张树军 | 5959, 6271, 6272, 6309, 6409 | 张松林 | 5264, 12790 |
| 张树南 | 11789 | 张松龄 | 12038 |
| 张树奇 | 5355, 5952 | 张松茂 | 3652, 3664, 3798, 3866, 5586 |
| 张树勤 | 5487, 5774, 5937, 6451 | 张松年 | 12639 |
| 张树权 | 3236, 3299 | 张松泉 | 9796 |

| | | | |
|---|---|---|---|
| 张松岩 | 6515 | 张天德 | 7569 |
| 张嵩祖 | 3125 | 张天放 | 3302 |
| 张宋 | 5435 | 张天弓 | 7285 |
| 张颂 | 11937 | 张天国 | 12802 |
| 张颂南 | 3234, 3299 | 张天骥 | 8592 |
| 张苏妍 8821, 9014, 9031, 9371, 9398, 9425, 9564, 9637, 9659, 9660, 9682, 9683, 9873 | | 张天钧 | 549 |
| 张苏予 | 3603 | 张天霖 | 2707 |
| 张苏中 | 8749, 8775, 8781, 8790 | 张天民 4908, 5749, 6052, 7334, 7905, 8393, 11911 | |
| 张甦 | 9585 | 张天仁 | 4951, 5026, 5045, 5114, 5385, 6095 |
| 张甦妍 9024, 9477, 9478, 9613, 9753, 10097, 13136 | | 张天寿 | 4060, 4092, 5390 |
| 张甦研 | 9691, 9703 | 张天啸 | 2109 |
| 张酥庵 | 940 | 张天心 | 2232 |
| 张素英 | 11314 | 张天一 | 10394 |
| 张素玉 1807, 2361, 2365, 3748, 3839, 4008, 4107, 4114, 4121, 4204, 4210, 4318, 4474, 4601, 4709 | | 张天翼 | 2405 |
| 张素贞 | 1149 | 张天拙 | 6719 |
| 张速 | 724, 7822, 7823, 7929, 7935, 8012 | 张添柴 | 3827 |
| 张穗芬 | 4038 | 张恬君 | 053 |
| 张所家 | 3299 | 张铁兵 | 3764 |
| 张索 | 7350, 7445 | 张铁华 | 6001 |
| 张台璧 | 10224 | 张铁林 | 3762, 5301, 9981 |
| 张太白 | 8312 | 张铁民 | 5591, 7365 |
| 张泰昌 | 2214 | 张铁山 | 083 |
| 张泰阶 | 1455, 1462 | 张铁苏 | 1370, 1371 |
| 张潭 | 10663 | 张铁英 | 8428 |
| 张唐山 | 5547 | 张听 | 8371 |
| 张弢 | 6364, 6370, 6396 | 张听涛 | 1728 |
| 张涛 | 6318, 11330, 12113 | 张廷 | 1598 |
| 张韬 | 7365 | 张廷琛 | 5582 |
| 张体文 | 5375, 5641, 5717, 5775 | 张廷贵 | 5826 |
| 张天畴 | 7243, 7244 | 张廷济 | 1052, 7661, 8489, 8512, 8522 |
| 张天赐 | 13229, 13235 | 张廷奎 | 2436 |
| | | 张廷禄 | 492, 920, 2316, 10190, 10193 |
| | | 张廷相 | 7239 |
| | | 张廷秀 | 5306 |
| | | 张廷玉 | 12292 |

张庭 5412
张婷乙 12819
张挺 6522
张通谟 8113
张同 7654, 10362, 10764, 10770
张同道 052
张同霞 362, 1221, 8544
张同印 7390, 7397, 8407
张彤 10711, 12962
张彤云 1302, 3982, 4973
张桐胜 8970, 10146
张桐柱 11238
张铜霞 11341
张铜柱 12382
张统良 7148, 8141, 8143, 8168, 8206
张统星 11028
张退公 466, 934
张屯 12776
张婉菇 6997
张婉晔 13116
张婉真 375
张万臣 1978, 2097, 2102, 2103, 2105, 2106, 2109,
2110, 2115, 2127, 2137, 2160, 2168, 2172,
2174, 2183, 2374, 2378, 3234, 3312, 4214,
4216, 4220, 4313, 4325, 4418, 4419, 4436,
4453, 4467, 4485, 4495, 4498, 4502, 4505,
4524, 4536, 4541, 4565, 4579, 4581, 4602,
4615, 4619, 4665, 4684, 4694, 4699, 4734,
4742, 4744, 4776, 4778, 4802, 4807, 4808,
4811, 4813, 4814, 4816, 4830, 4833, 4842,
4845, 4854, 4865, 8847
张万臣合 4484
张万晨 13055
张万春 9565
张万德 10295

张万峰 2316
张万夫 612, 3987, 5214, 5616, 5797, 5981, 6000,
8650
张万鸿 2604, 2605, 5850, 6000
张万杰 3253, 3890, 4115, 4334, 6007
张万巨 2163
张万里 6171
张万灵 2381
张万隆 3806
张万民 2189
张万琪 946
张万清 1158
张万庆 8312
张万选 2973, 2974, 2978, 2980
张万一 5014, 12093
张万玉 11061
张王亮 4349
张旺清 5285, 5559
张望 014, 090, 091, 521, 523, 1150, 2974, 3046,
4874, 5543, 6100, 6134, 6776, 7059
张威 2728, 2729, 3791, 5077, 6992
张葳 6657, 7033
张微 4928, 10389
张巍 8385, 10885, 10892, 11065
张巍嫒 10271
张为民 2064, 2067, 2070, 2081, 2157, 2445, 4166,
4214, 4223, 4240, 4275, 4380, 4397, 4425,
4522, 4728, 4782, 4804, 4828, 4842, 4846,
4852, 4853, 4860, 4865, 5172, 5186, 5195,
5284, 5328, 5675, 6316, 6766, 7594
张为之 3942
张执之 7167
张惟 5515
张维 6542, 7044, 7291, 10183, 10184, 10411,
10683, 13075, 13078, 13136

张维波　138
张维持　8616
张维船　8967
张维国　10888
张维华　9238
张维良　11304, 12272
张维明　1696
张维萍　4479, 8178, 8584, 8585
张维胜　3472
张维新　10193
张维信　6367
张维振　10206
张维志　11284
张伟　2293, 3072, 9142
张伟才　12628
张伟光　10646
张伟建　6144
张伟健　5518, 5550, 5687, 5749, 6000, 7068
张伟杰　10290
张伟君　11874
张伟良　10304
张伟民　957, 980, 985, 4628
张伟男　13059, 13127
张伟平　724, 920, 922, 2276
张伟生　7306, 7334, 7373, 7379, 7384, 7812, 7819,
　7908, 7921, 8300, 8353, 8393
张伟雄　13193
张伟忠　6454
张玮　3540, 4895, 4898, 4909, 5002, 5009, 5042,
　5111, 5118, 5119, 5139, 5509, 6146
张炜　1483, 3512, 5900
张炜玮　6456
张卫　6828, 6829, 6833, 8621, 13284
张卫华　5958
张卫健　5649

张卫疆　6515
张卫民　1313, 5351, 5543, 5922, 6431, 9393
张卫明　6533
张卫平　1232
张卫星　6377
张尉　412, 428
张渭清　5081
张渭人　5279
张蔚龙　8815
张蔚然　12240, 12241
张慰祖　8683
张温纯　1589, 1963, 2167, 2428, 2436, 2443, 4345,
　4347, 4368, 4435, 4529, 4625, 4641, 4685,
　7641
张温璞　8891, 8969
张温帙　10753
张文　1421, 2213, 2302, 3281, 9845, 11672, 11714
张文斑　3632
张文彬　429
张文斌　5780, 5788, 6052, 6907
张文波　3116, 3697, 3753
张文博　475
张文昌　2619, 4305
张文德　7315
张文棣　8614
张文纲　11164, 11408, 11938, 11962, 12005,
　12017, 12036, 12037
张文阁　341, 5210
张文光　2528
张文广　9138
张文国　3944
张文海　7479, 7559, 7562, 7594, 7595, 7607
张文恒　1160, 2917
张文华　12591
张文焕　2093

| | | | |
|---|---|---|---|
| 张文辉 | 1120 | 张文钰 | 5129 |
| 张文俭 | 2131, 4609, 4695 | 张文元 | 3400, 3403, 10879 |
| 张文建 | 13187 | 张文源 | 2792, 3315, 3316, 3350, 3368, 3677, |
| 张文金 | 088 | | 3924, 3968, 4540, 5519 |
| 张文静 | 10780 | 张文允 | 4871 |
| 张文涓 | 12086 | 张文运 | 8109, 8112 |
| 张文娟 | 6352, 11202 | 张文藻 | 8122 |
| 张文俊 | 1743, 2437 | 张文泽 | 5692, 5714 |
| 张文康 | 8465, 8581 | 张文忠 | 3917, 4957, 5047, 5056, 5206, 5271, 5331, |
| 张文莉 | 153 | | 5346, 5359, 5394, 5465, 5490, 5518, 5566, |
| 张文亮 | 11210 | | 5606, 5638, 5673, 5718, 5725, 5745, 5770, |
| 张文玲 | 461 | | 5771, 5781, 5903, 5910, 5931, 6010, 6066, |
| 张文明 | 12648 | | 6083, 6187, 6201, 11200, 11202 |
| 张文平 | 7021 | 张文竹 | 3484, 3491 |
| 张文奇 | 12963 | 张文宗 | 7638, 10280, 10726 |
| 张文启 | 11500 | 张闻彩 | 560 |
| 张文乾 | 3842 | 张闻清 | 6449 |
| 张文潜 | 1955, 4317 | 张雯煦 | 3822 |
| 张文钦 | 6355 | 张问陶 | 1616, 8034 |
| 张文秋 | 10608 | 张汶 | 7542 |
| 张文淦 | 1472 | 张梧 | 11174, 12157, 12458 |
| 张文瑞 | 874, 1796, 1817, 2717, 3836, 3944, 7629 | 张伍毅 | 9801 |
| 张文善 | 7444 | 张武桂 | 4159 |
| 张文顺 | 2382, 4314, 4415, 4468, 4565, 4629, 4711, | 张武惠 | 6343, 6655, 6661, 6669, 6670, 6673, 6676, |
| | 4791 | | 6677 |
| 张文涛 | 3147, 3209, 3235, 3244, 4911 | 张武生 | 8761 |
| 张文祥 | 3022, 5661, 8208, 9406, 10311 | 张武勇 | 3877 |
| 张文新 | 2779, 2800, 2851, 3142, 3214 | 张武智 | 5896 |
| 张文煦 | 3904 | 张悟贤 | 5561 |
| 张文学 | 1984, 2908, 3192, 3195, 4036, 4075, 4159, | 张夕庵 | 2618 |
| | 4214, 4437, 5509, 5729, 5757 | 张夕华 | 5889 |
| 张文颜 | 4711 | 张西帆 | 7670 |
| 张文嵝 | 6528 | 张西关 | 3924 |
| 张文永 | 3939, 5274, 5374, 5406, 5491, 5530, 5577, | 张西洛 | 4890, 4904, 4962 |
| | 5742 | 张西秋 | 10292 |

| | | | |
|---|---|---|---|
| 张希诚 | 1231 | 张习孔 | 5775, 5855, 5943, 5965, 6021 |
| 张希关 | 3815, 3899 | 张习礼 | 5818 |
| 张希广 | 10181 | 张喜良 | 3808, 3809 |
| 张希华 | 2737, 2804, 3974, 4063, 4156, 4339, 4392, 4739, 5524, 5573 | 张遐道 | 9138, 9140, 9501, 9519, 9925 |
| | | 张霞 | 372 |
| 张希苓 | 2720, 3598, 3701 | 张先翱 | 5331 |
| 张希钦 | 8904, 8954, 8955, 9123 | 张先得 | 2949 |
| 张希臻 | 7929 | 张先富 | 4120, 4301 |
| 张锡昌 | 5957, 5975, 6247, 6719 | 张先奎 | 10972 |
| 张锡璠 | 12001 | 张先良 | 9107 |
| 张锡庚 | 7591, 7602 | 张先敏 | 12636 |
| 张锡杰 | 977, 2544 | 张先荣 | 3349 |
| 张锡九 | 12290 | 张先时 | 9529, 9795 |
| 张锡均 | 6191 | 张先友 | 6410 |
| 张锡钧 | 6056 | 张先志 | 3879 |
| 张锡康 | 10829, 10833, 11166 | 张贤凤 | 6159 |
| 张锡坤 | 451, 453 | 张贤华 | 5119, 5137 |
| 张锡南 | 7068 | 张贤亮 | 5852, 6261, 13083, 13248 |
| 张锡瑞 | 11742 | 张贤明 | 2551 |
| 张锡武 | 973, 2059, 2062, 2094, 2110, 2122, 2133, 2140, 2157, 2243, 2393, 3318, 3555, 3607, 3706, 3967, 3979, 4087, 4237, 4333, 4334, 4361, 4398, 4402, 4428, 4437, 4447, 4458, 4471, 4505, 4525, 4541, 4542, 4550, 4567, 4604, 4624, 4629, 4632, 4645, 4653, 4680, 4703, 4711, 4715, 4722, 4725, 4731, 4732, 4752, 4777, 4788, 4791, 4799, 4814, 4823, 4831, 4851, 4926, 4979, 4980, 4982, 5014, 5043, 5100, 5214, 5471, 5473, 5699, 5870 | 张弦 | 5488, 11367, 11544, 13007, 13294 |
| | | 张弦泽 | 12447 |
| | | 张铣民 | 8428 |
| | | 张宪昌 | 1955 |
| | | 张宪荣 | 4264 |
| | | 张献清 | 7578 |
| | | 张相文 | 11820 |
| | | 张湘 | 1191 |
| | | 张湘南 | 11264 |
| | | 张湘雯 | 400 |
| | | 张祥河 | 666, 673, 674, 7236 |
| 张锡瑛 | 419 | 张祥之 | 6648 |
| 张锡之 | 3594, 3657 | 张翔 | 613, 2898 |
| 张熙江 | 3437 | 张向东 | 2388, 10273, 10298 |
| 张熹 | 5904 | 张向明 | 8300 |
| 张曦旺 | 3916, 4305 | 张向阳 | 6102 |

张肖虎　　10794, 11033, 11038, 11053, 11060,
　　11102, 11375, 11989, 12005, 12222,
　　12454, 12630

张枭　　　　　　　　　　　　　12267

张小安　　　　　　　　　　　　6654

张小柏　　　　　　　　　　　　6674

张小纲　　　1180, 1183, 1314, 2957, 2961

张小虎　　　　　　　　　　　　2243

张小建　　　　　　　　　　4357, 8162

张小健　　　　　　　　　　2095, 4568

张小京　　　　　　　9970, 9975, 9979

张小乐　　6315, 6318, 6329, 6330, 6349

张小林　　　　　　　　　　　　1259

张小楼　　　　　　　　　　　　1707

张小鹭　　　　　　　　　　132, 210

张小陪　　　　　　　　　　　12659

张小佩　　　　　　　　　　　11746

张小平　　　　　　　　　　　11529

张小琴　　　　　　　　　　　6627

张小涛　　　　　　　　　　　2834

张小燕　　　　　　　　　　　5453

张小阳　　　　　　　　　　　965

张晓　　　　　　　　　　3375, 6450

张晓冰　　　　　　　　　5251, 5345

张晓晨　　　　　　　　12888, 13018

张晓春　　　　　　　　　049, 1153

张晓东　　　　　　　　　　　8773

张晓飞　　2000, 2354, 2358, 2365, 3848, 3984,
　　3987, 4157, 4185, 4210, 4237, 4268, 4326,
　　4439, 4697, 4709, 4710, 4725, 4727, 5369,
　　5507, 5667, 5689, 5705, 5793, 5798, 5801,
　　5823, 5959, 6083

张晓峰　　5787, 11348, 12266, 12321, 12322

张晓光　　　　　　　　　　　426

张晓寒　　　　　　　　　2027, 2469

张晓红　　　　　　　　　　　6553

张晓江　　　　　　　　　　　2282

张晓岚　　　　　　　　　　　9251

张晓林　　　　　　　5229, 5248, 5525

张晓凌　　101, 119, 261, 549, 1586, 1587, 2798,
　　2800, 6866, 6867, 6868, 8613, 10695

张晓明　　4832, 8300, 8334, 8436, 8964

张晓农　　　　　　　　　　　11131

张晓鸥　　　　　　　　　　　5507

张晓陪　　　　　　　　　　　12666

张晓齐　　　　　　　　　　　10749

张晓圻　　　　　　　　　　　2539

张晓琪　　　　　　　　　　　13020

张晓秋　　　　　　　　　　　12778

张晓星　　　　　　　　　　　4708

张晓燕　　　　　　　　　　　3344

张晓颐　　　　　　　　　　　5792

张晓颖　　　　　　　　　　　6571

张晓豫　　　　　　　　　　　5417

张晓源　　　　　　　　　9067, 9225

张晓兆　　　　　　　　　　　7486

张筱军　　　　　　　　　　　4315

张筱强　　　　　　　　　　　13163

张孝攽　　　　　　　　　　　8033

张孝光　　　　　　　　　　　425

张孝鸣　　　　　　　　　　　5485

张孝谦　　2072, 2514, 2516, 2571, 4674, 8198

张孝勃　　　　　　　　　　　13285

张孝申　　　　　　　　　　　8456

张孝嗣　　　　　　　　　　　8503

张孝文　　　　　　　　　　　6208

张孝友　　　　　　　　　　1446, 8259

张笑天　　　　　　　5749, 5788, 5919, 6014

张笑侠　3531, 11137, 11306, 11307, 11828, 12832,
　　12834, 12835

| | | | |
|---|---|---|---|
| 张笑洋 | 7597 | | 6292, 6311, 6354, 6381 |
| 张效孟 | 3906 | 张新华 | 3458, 3482 |
| 张效民 | 7287 | 张新化 | 12219 |
| 张啸东 | 8011 | 张新凯 | 620 |
| 张啸谷 | 618, 10270, 10283, 10306 | 张新莲 | 11101 |
| 张啸涛 | 3847 | 张新民 | 8638 |
| 张谢 | 10053 | 张新萍 | 7137 |
| 张燮元 | 6243 | 张新奇 | 10144 |
| 张心抚 | 12282 | 张新同 | 5951 |
| 张心龙 | 041, 045, 184, 187, 210, 372, 375, 377, 531, 589, 590, 591 | 张新学 | 8220, 8348 |
| | | 张新英 | 1373 |
| 张心庆 | 8201 | 张新予 | 3010, 3013 |
| 张心忠 | 3552, 4992 | 张新政 | 9076 |
| 张辛国 | 998, 1796, 2001, 2062, 2127, 2389, 2584, 3648, 3725, 3846, 4051, 4338, 4370, 4457, 4499, 4531, 4608, 4629, 4632, 4682, 4688, 4946, 5015, 5018, 5031, 5042, 5088, 5098, 5126, 5223, 5497 | 张新洲 | 6473 |
| | | 张馨 | 13263 |
| | | 张鑫 | 3384, 7601, 8353, 10272 |
| | | 张信发 | 9009 |
| | | 张信让 | 3043 |
| 张辛汗 | 7302, 7466, 7489, 7490, 7491, 7494, 7495, 7496, 7499, 7504, 7507, 7509, 7513, 7515 | 张信业 | 12687 |
| | | 张信政 | 12216, 12517 |
| 张辛稼 | 1431, 2199, 2497, 2524, 2601, 2627 | 张兴斌 | 8312 |
| 张昕 | 463 | 张兴国 | 5330, 6148 |
| 张昕若 | 7292, 8429 | 张兴隆 | 6750 |
| 张欣木 | 11870 | 张兴荣 | 12348, 12349, 12352 |
| 张欣萍 | 5678 | 张兴水 | 11493 |
| 张欣欣 | 6035 | 张兴文 | 5595 |
| 张欣之 | 5245, 5246, 5257, 5258, 5270, 5368, 5516 | 张兴祥 | 4225, 4233, 4370 |
| 张新 | 3904, 5694, 5966, 6003, 6104, 6155, 6412, 6559 | 张兴毅 | 1868 |
| | | 张兴援 | 13186 |
| 张新德 | 2951, 12622 | 张兴载 | 782 |
| 张新东 | 2308 | 张星 | 2704, 2708, 2846, 2847 |
| 张新福 | 6530 | 张星阶 | 1756, 1786 |
| 张新光 | 6502 | 张星明 | 5897 |
| 张新国 | 5440, 5614, 5703, 5722, 5785, 5836, 5851, 6015, 6017, 6028, 6064, 6194, 6265, 6274, | 张星逸 | 408 |
| | | 张惺一 | 2707 |

张杏如 6944

张雄 911, 913, 1987, 2433, 2632, 2638, 2643, 2658, 2680, 4691, 4739, 8839, 8844, 9116, 9722, 9726, 9728, 9919, 9920, 9923, 9924, 10096, 10124, 10171, 11256, 11985, 12408

张雄海 11957

张熊 688, 1599, 1600, 1627, 1634, 1641

张修 5109, 8804

张修雷 6217

张修身 9064

张修竹 1341, 2168, 5548, 5586, 5607, 5688, 5734, 5785, 6013, 6051, 6146, 6278

张秀 7424, 7474, 7512, 7565, 7566, 7570, 7575, 8346

张秀芬 5828, 6043, 6161, 9348

张秀华 2705, 6947

张秀莲 6683

张秀龄 2316

张秀岭 12096

张秀平 6433, 6434, 6547, 6548

张秀琴 10315

张秀山 1755, 3105, 3739, 10783, 10784, 11068, 11109, 11364

张秀石 4348, 6437

张秀时 1263, 1264, 1331, 1334, 1945, 2353, 2355, 2389, 3344, 4077, 4105, 4377, 4482, 6419, 6554, 9131

张秀英 1066

张秀筠 1135

张秀章 8351, 11877

张秀贞 11519, 11748

张岫石 6120

张旭 435, 7673, 7842, 7853, 7860, 7862, 7876, 7880, 7901, 7903, 7905, 7911, 11162, 12667

张旭初 11136

张旭东 117

张旭光 7298, 8262, 8337

张旭奎 9115

张旭玲 10337

张旭云 2275

张叙 2083, 4392, 4448, 4476, 4648

张叙敏 10605

张叙生 5696

张绪纲 12130

张宣猷 11010, 11011

张萱 1525, 1526

张玄英 5277, 8637

张璇 5906

张选之 2005, 2050, 2055, 2501, 2517, 2568, 2628, 4247, 4457

张炫文 12958

张绚 10974

张学斌 8770

张学成 489, 716, 3973, 6467

张学德 9381

张学畊 1555

张学耕 1555

张学恒 048

张学衡 3800

张学华 12086

张学惠 6718

张学俭 6091

张学洁 10361

张学廉 1218, 10663

张学民 11210

张学明 11836

张学鹏 7523, 7586, 7601, 7611, 7617

张学谦 218

张学乾 1128, 3218, 3254, 3283, 3309, 3339, 3340,

3356，3361，3798，5397，5610，5754，
5763，5785，5862

张学勤　　　　　　　　　　7902

张学庆　　　　　　　　　　11304

张学文　　　　　5230，9285，10651

张学新　　　　4989，11562，12093

张学曾　　　　　　　　　　1614

张学宗　　　　　　　　　　8512

张雪　　　　　　　　　　　7065

张雪芳　　　　　　　12665，12667

张雪父　　　　　　　　1742，2877

张雪萝　　　　　　　　　　9319

张雪燕　　　　　　　　　　10927

张雪扬　　　　　　　　　　10357

张雪茵　　　1165，2936，3085，3327，3753

张勋仓　　　　　　　　　　8993

张勋人　　　　　　　　　　4587

张勋义　　　　　　　　　　4586

张旬　　　　　　6179，9444，9547

张郇丞　　　　　　　　　　1748

张浔　　　　　　　　　　　12613

张栒　　　　　　　　　　　5843

张迅齐　　　　　　　　　　10232

张逊　　　　　　　　　　　1544

张逊三　　　　　　　　8170，9875

张雅君　4428，4456，4582，4632，4644，4645，4709

张雅琳　　　　　　　　　　8479

张雅琴　　　　　　　　　　2089

张雅文　　　　　　　　　　8913

张雅心　　　　9798，9800，9864，9872

张雅欣　　　　　　　　　　13298

张雅新　　　　　　　　　　9217

张亚　　　　　　　　　　　4706

张亚海　　　　　　　　　　7464

张亚和　　　　　　　　　　5897

张亚锦　　　　　　　　　　12623

张亚力　5584，5632，5666，5677，5967，5968，6011，
6012，6184，8678

张亚丽　　　　　　　　　　2316

张亚濂　　　　　　　　　　9547

张亚生　8719，8765，8775，8784，8793，8813，9966，
10026

张娅琴　　　　　　　　　　2377

张延　　　　1216，2762，6245，6355

张延风　　　　188，369，370，371，375

张延刚　　　　　　　　　　1236

张延奎　　　　2021，2440，4442，4473

张延龄　　　　　　3149，3151，3788

张岩　　　　　2551，9405，9570，9571，
9608，9612，9626，9634，9639，9972，9981，
10034，10057，10062，10065，10731

张炎　　　5062，5094，6199，8495，9421，9698，9700，
9871

张炎冰　　　　　　　　　　5579

张炎夫　　　　　　　　　　1772

张研　　　　　　9757，9759，9760

张衍任　　　　　　　　　　12106

张琰　　　　　　　　　　　147

张彦青　1758，1827，1906，1999，2453，2457，2591，
2593，3601，3697

张彦生　　　　　　　　　　7718

张彦远　734，757，837，838，839，7178，7179，7199，
7200

张艳　　　　　　　　　　　1244

张艳红　　　　　　　　　　12448

张艳辉　　　　　　　　　　8794

张艳梅　　　　　　　　　　10820

张晏清　　　　　　　　　　4874

张雁　　　　　　　　　　　8365

张雁碧　　　　　　　　　　3978

| | |
|---|---|
| 张雁洲 | 4930 |
| 张焱 | 9821, 9843 |
| 张燕 | 1090, 6518, 7086, 10202, 10402 |
| 张燕昌 | 1031, 1036, 1037, 7226, 10615, 10616 |
| 张燕瑾 | 12783, 12788 |
| 张燕宁 | 5304 |
| 张燕岐 | 9532 |
| 张燕歧 | 10028 |
| 张扬 | 2909, 3830, 5387, 5460, 5761, 6630 |
| 张阳 | 6315, 6331, 6334, 6342, 6399, 6400, 6650, 6651, 6661, 6665, 6673, 6674, 6677, 6702 |
| 张杨 | 12984 |
| 张炀 | 2826 |
| 张钖武 | 4415, 4436 |
| 张钖佑 | 9006 |
| 张仰竣 | 1104 |
| 张仰林 | 10121 |
| 张漾滨 | 10400 |
| 张漾兮 | 3003, 8640, 8641, 8643, 8644 |
| 张尧昆 | 5317 |
| 张瑶琮 | 12274 |
| 张耀 | 5528, 5859, 10148, 10150, 10154 |
| 张耀峰 | 2081, 2440 |
| 张耀海 | 8286 |
| 张耀华 | 8890, 8989 |
| 张耀辉 | 5067 |
| 张耀来 | 6024 |
| 张耀良 | 7396 |
| 张耀明 | 2040, 2071, 2079, 2093, 2099, 2118, 2123, 2144, 2375, 2378, 2379, 2387, 2392, 2394, 4651, 4682, 4792, 4805, 4825, 13246 |
| 张耀宁 | 3452, 3457 |
| 张耀卿 | 12825 |
| 张耀山 | 6765 |
| 张耀文 | 9494, 9505, 9731, 9775, 9783 |
| 张耀熙 | 2806 |
| 张耀中 | 5442, 6410 |
| 张也 | 5807 |
| 张野 | 1067, 6532 |
| 张野农 | 080, 081 |
| 张业法 | 8335, 8336 |
| 张业琳 | 10701 |
| 张叶舟 | 5477, 5596, 5667 |
| 张一 | 9367 |
| 张一尘 | 10367 |
| 张一驰 | 12445 |
| 张一川 | 8493 |
| 张一丁 | 6690 |
| 张一帆 | 10734 |
| 张一非 | 11984 |
| 张一峰 | 5540 |
| 张一福 | 7461, 8339 |
| 张一弓 | 3111, 5778, 5802, 5805, 10737, 10740, 11764 |
| 张一亨 | 12290 |
| 张一楫 | 8567 |
| 张一骥 | 12208, 12211, 12639 |
| 张一玲 | 9848 |
| 张一民 | 10225, 10291 |
| 张一鸣 | 9577 |
| 张一农 | 7381 |
| 张一文 | 10896 |
| 张一旃 | 11764 |
| 张一尊 | 1771, 1780, 1928, 2559, 2579, 3654 |
| 张伊 | 12457 |
| 张衣杰 | 6397, 6585, 10305, 10308, 10315 |
| 张依依 | 6795 |
| 张仪 | 5655, 7927 |
| 张仪静 | 12908 |
| 张仪山 | 8493 |

| | | | |
|---|---|---|---|
| 张仪尊 | 8720 | 张毅 | 044, 637, 9518, 9783, 9927, 11041 |
| 张怡昭 | 12996 | 张毅刚 | 6269, 6714, 6718 |
| 张怡庄 | 10339 | 张毅康 | 8846, 8847 |
| 张宜健 | 1653 | 张翼 | 6258, 6259, 11771, 12193 |
| 张贻来 | 363, 2717, 4987 | 张荫 | 2228 |
| 张贻庆 | 3860 | 张荫伯 | 10848 |
| 张乙庐 | 12862 | 张荫才 | 408 |
| 张以国 | 7308, 7317 | 张荫昌 | 9140 |
| 张以慰 | 10975 | 张荫华 | 2015, 4653 |
| 张以永 | 1484 | 张荫培 | 8584 |
| 张以忠 | 4041 | 张银彤 | 3082 |
| 张义 | 287, 3926 | 张寅 | 2316 |
| 张义超 | 9240 | 张尹 | 11746 |
| 张义春 | 560, 1084, 1119, 3204, 3207 | 张引 | 12128, 12132, 12802 |
| 张义良 | 3788, 3796 | 张印泉 | 8682, 8715, 8716, 9304 |
| 张义潜 | 3561, 3639, 3654, 5400, 6070 | 张胤德 | 11871, 12868, 12878, 12879, 12882 |
| 张义生 | 1805, 3849 | 张应名 | 9345 |
| 张义替 | 3226 | 张应铭 | 5432, 5705, 9336, 9339, 9394, 9523, 10102 |
| 张义霄 | 7545 | 张应文 | 238, 239, 726, 1453, 1454, 7184 |
| 张艺 | 7048, 7116 | 张应湘 | 12798 |
| 张艺军 | 10279 | 张应中 | 2831 |
| 张艺学 | 10102 | 张英 | 8546 |
| 张忆辉 | 1189 | 张英超 | 1130 |
| 张亦庵 | 1422, 1425, 11366 | 张英洪 | 554, 608, 1166, 1191, 2939, 2941, 2944, 2945, 2946, 2960, 4401 |
| 张亦浩 | 3741 | | |
| 张易生 | 2952 | 张英军 | 4664, 8816, 9071, 9234, 9235, 9240, 9461, 9469, 9498, 9723, 9734, 9769, 9770, 9984, 10084 |
| 张益福 | 400, 8687, 8709, 8723, 8731, 8732, 8740, 8741, 8743, 8745, 8746, 8759, 8760, 8769, 8775, 8784, 10042 | | |
| | | 张英涛 | 7485 |
| 张益桂 | 7714, 8939 | 张英伟 | 5874 |
| 张益华 | 12597 | 张英武 | 3781, 4302, 4323, 4401, 4426 |
| 张谊 | 7291 | 张英哲 | 2899 |
| 张逸民 | 3646 | 张莺 | 4556 |
| 张逸心 | 242 | 张瑛 | 8032 |
| 张裔 | 7738 | 张瑛文 | 6351, 6381 |

| | | | |
|---|---|---|---|
| 张鹰 | 1300, 8663, 8974, 10352, 10703 | 张永清 | 10326, 10331, 10394 |
| 张迎欣 | 5293 | 张永荣 | 12353 |
| 张荧磊 | 9875 | 张永如 | 5599 |
| 张莹 | 6477 | 张永寿 | 2909, 10664, 10667, 10669 |
| 张营 | 6027, 6028, 6052, 6066, 6089, 6116 | 张永太 | 2875, 4936, 5083, 5085, 5134, 5143, 5466, 5795, 6076, 6078, 6450 |
| 张滢英 | 3413 | | |
| 张颖 | 3004, 3559, 5046, 5076, 5676, 8753, 8764, 8814, 8920, 8921, 8938, 9068, 9099, 9100, 9221, 9223, 9225, 9234, 9235, 9248, 9304, 9395, 9407, 9498, 9538, 9548, 9573, 9606, 9784, 9810, 9816, 9830, 9834, 9948, 9970, 10012, 10023, 11745 | 张永透 | 5252 |
| | | 张永伟 | 4842 |
| | | 张永武 | 5464 |
| | | 张永新 | 1824, 2764, 3300, 4989, 5006, 5071, 5625, 5724, 5739, 5898, 6429, 6430, 6480 |
| | | 张永印 | 5367 |
| 张颖琪 | 7454 | 张永珍 | 7367, 8398, 8399, 8400, 8401 |
| 张映文 | 5959 | 张永正 | 5572 |
| 张映雪 | 100, 1406, 3531 | 张永治 | 4959 |
| 张永 | 5265, 5565, 5999, 8776, 13237 | 张咏 | 1816, 3148, 3985, 5422, 5552, 6130 |
| 张永安 | 11160 | 张泳艾 | 8746 |
| 张永昌 | 5223, 5499 | 张勇 | 2819, 6637, 12143, 13319 |
| 张永典 | 3307, 5509, 5840, 5968 | 张湧 | 11062 |
| 张永富 | 8915 | 张用博 | 8459 |
| 张永海 | 2915, 6402 | 张优 | 12616 |
| 张永杰 | 11127 | 张友 | 4566, 4740, 5417, 5571, 5687, 5747, 5847 |
| 张永炯 | 7330 | 张友春 | 2407 |
| 张永康 | 1492 | 张友慈 | 3553, 4017 |
| 张永利 | 4305 | 张友刚 | 10832, 11132 |
| 张永满 | 3057 | 张友婕 | 11712 |
| 张永茂 | 2188, 4551, 4555 | 张友霖 | 4088, 4119, 4209 |
| 张永枚 | 5238, 5279, 6525, 11612, 11624, 11904, 11950, 11954, 11956, 12092, 12874 | 张友鸾 | 5631 |
| | | 张友明 | 5255, 5286, 10718, 10758 |
| 张永明 | 7281, 7343, 7385, 7401, 7406, 7429, 7436, 7440, 7441, 7475, 7505, 8241, 8359, 8361, 8362, 8364 | 张友珊 | 10926, 11272 |
| | | 张友宪 | 715, 878, 911, 6588 |
| | | 张友瑜 | 11278, 11279, 11282 |
| 张永谟 | 11810 | 张友元 | 5768, 5845, 5859 |
| 张永镛 | 3893 | 张有 | 1800, 2116, 2386, 2587, 4111, 4508, 4632, 4813, 6419 |
| 张永强 | 8591 | | |

| | | | |
|---|---|---|---|
| 张有待 | 10926 | 张雨华 | 4901 |
| 张有德 | 4917 | 张雨琴 | 12137 |
| 张有刚 | 047, 10899 | 张禹敖 | 5802 |
| 张有美 | 5468 | 张禹田 | 12112 |
| 张有清 | 7335, 7376, 8369 | 张敔 | 1594, 1637, 10933, 10998 |
| 张又栋 | 7314, 7327, 7770, 8351, 8362, 8370 | 张瑀 | 795 |
| 张幼丞 | 8555 | 张玉 | 2012, 5671 |
| 张幼炬 | 4065 | 张玉德 | 8067, 8079 |
| 张幼坤 | 7295 | 张玉崱 | 10347 |
| 张幼兰 | 1774, 8286 | 张玉范 | 8094 |
| 张幼农 | 1074, 2814, 5498, 5936 | 张玉芳 | 2539 |
| 张幼琪 | 6232 | 张玉国 | 9722 |
| 张幼荣 | 10200 | 张玉华 | 2316 |
| 张幼文 | 11517, 11521, 12392 | 张玉画 | 2012 |
| 张佑民 | 1186 | 张玉俊 | 5838, 6133 |
| 张余 | 6073, 12916 | 张玉坤 | 10969 |
| 张余多 | 5747 | 张玉来 | 5632, 5660, 5672, 5835, 5879 |
| 张渝役 | 10807, 10828 | 张玉兰 | 2524, 4339 |
| 张愉 | 10211 | 张玉廉 | 1918, 1919 |
| 张瑜生 | 2081, 2349, 2413, 3817, 3947, 3972, 4047, 4341, 4592 | 张玉濂 | 2424, 4059, 4142, 10018, 10445 |
| 张愚 | 12115, 12129, 12130, 12131 | 张玉良 | 3191, 3261, 3753, 5323, 5801, 5818 |
| 张宇 | 2228, 3560, 4911, 4996, 5058, 5966, 6430, 6928, 8773, 8779, 8906, 8960, 9108, 10282, 13270 | 张玉林 | 11283, 12212 |
| | | 张玉霖 | 5023 |
| 张宇慈 | 11143, 11347, 11834, 11866, 12073 | 张玉龙 | 2169, 2209, 2506, 2511, 2578, 4560, 4627, 4722 |
| 张宇平 | 5948 | 张玉茂 | 2276 |
| 张宇仲 | 10355 | 张玉梅 | 337, 11129, 11287 |
| 张羽 | 2243, 2414, 4917, 5271, 5490 | 张玉米 | 5666 |
| 张羽翔 | 8467 | 张玉民 | 1968, 2228, 2426, 2603, 3344, 4352, 10576 |
| 张羽雪 | 6482 | 张玉敏 | 5170, 5241, 5338, 5390, 5538, 5951, 6042, 6085 |
| 张羽仪 | 11032 | 张玉明 | 2096, 4784, 10565, 10592, 10708, 11244 |
| 张雨 | 5206, 5394, 5449, 5530, 5566, 5569, 5659, 5689, 5755, 5760, 5841, 7980 | 张玉能 | 072, 118 |
| | | 张玉培 | 6036, 6376, 6558 |
| 张雨方 | 354 | 张玉清 | 954, 1932, 2427, 2500, 2502, 2506, 2648, |

4219, 4264, 4310, 4379, 4515, 4548

| | |
|---|---|
| 张玉容 | 6945 |
| 张玉蓉 | 3429 |
| 张玉珊 | 5296, 5512, 5527, 6509 |
| 张玉生 | 2544, 5419, 5958 |
| 张玉亭 | 8657 |
| 张玉同 | 9129, 9488, 9823, 9824, |

9827, 9857, 9859, 9865, 9873, 9876, 9877,
9892, 9897, 9899, 9900, 9901, 9905, 9906,
10004, 10058, 10110, 10115

| | |
|---|---|
| 张玉桐 | 9812 |
| 张玉瓚 | 13054 |
| 张玉祥 | 6633 |
| 张玉欣 | 1343 |
| 张玉贞 | 626 |
| 张玉珍 | 1100, 10720, 11212 |
| 张玉忠 | 3142, 5750 |
| 张玉柱 | 10710 |
| 张郁 | 5651 |
| 张郁明 | 8088, 8553 |
| 张育才 | 9405, 9542, 9624 |
| 张育良 | 3325 |
| 张育林 | 5263 |
| 张育麟 | 3013 |
| 张育青 | 2058, 12204 |
| 张育文 | 6093, 6262 |
| 张育英 | 454 |
| 张昱 | 4138, 4285 |
| 张裕禾 | 10858 |
| 张裕剑 | 8035 |
| 张裕元 | 5250 |
| 张裕钊 | 8024, 8026, 8032, 8034, 8043, 8045, 8092, |

8102

张煜 2363, 2500, 3717, 3753, 3960, 3979, 4026,
4224, 4310, 4330, 4334, 4335, 4407, 6266,

8808, 8809, 8810, 8811, 8813, 8814, 8815,
8816, 8817, 9004, 9005, 9006, 9227, 9228,
9229, 9231, 9232, 9233, 9357, 9359, 9360,
9361, 9542, 9948, 9953, 9966, 10028

| | |
|---|---|
| 张毓贤 | 12148 |
| 张毓秀 | 9809 |
| 张渊 | 910, 980, 991, 992, 1993, 2277 |
| 张元 | 10989 |
| 张元刚 | 8954 |
| 张元晖 | 4348 |
| 张元锦 | 5336, 5489, 5994, 11518 |
| 张元龙 | 11187 |
| 张元民 | 5765, 6023, 6187 |
| 张元明 | 5796 |
| 张元奇 | 9843, 11811 |
| 张元善 | 3753 |
| 张元树 | 8790 |
| 张元铁 | 2964 |
| 张元贞 | 4996 |
| 张元洲 | 4050 |
| 张元竹 | 5690 |
| 张沅恒 | 8867, 8917, 9294 |
| 张沅生 | 8968, 9837, 9875, 10105 |
| 张爱同 | 1707 |
| 张袁祥 | 6126 |
| 张源生 | 8759, 9707 |
| 张远 | 6329 |
| 张远帆 | 6339 |
| 张远逢 | 11417 |
| 张远林 | 10752, 10773 |
| 张媛 | 10359 |
| 张月才 | 3788 |
| 张月华 | 5646, 5775, 5846, 5880, 6069, 6340, 6432, |

6530, 6544

| | |
|---|---|
| 张月朗 | 7413 |

张月明 2881, 4080, 6414

张月英 11981

张月中 12782

张岳健 951, 984, 1002, 2188, 2289, 5002, 5043, 5249, 5487, 5490

张岳琦 1372

张悦 11610, 12102

张悦海 11162

张跃 1521, 5411, 6686, 6704

张跃进 2486

张跃来 6079, 6373

张跃铭 542

张跃起 10218, 10311

张越男 10885

张樾丞 8555

张云飞 6558

张云峰 2110, 2394, 3649, 4330, 4478, 4489, 4790, 4822

张云皋 6830

张云海 2336

张云鹤 11825

张云华 11263, 11304

张云杰 11172

张云朋 12645

张云青 5641, 13238

张云卿 11962

张云清 6113, 6158

张云溪 12893

张云祥 6266

张沄 8512

张昀 7225

张筠 5109

张筠青 11417, 11813

张允德 5644

张允晖 4383, 4461, 4508, 4576, 4680, 4692

张运辉 2990, 3000, 9082, 9393, 9399, 10051

张运林 7369

张运泰 11470

张韫磊 8720, 8724, 8730, 8773, 8785, 9069, 9080, 9288, 9819, 9820, 9841, 10039

张韫韬 2441, 3886, 3930, 3994, 4038, 4381, 5782

张载 601, 4903, 4915, 4928, 4939, 4973, 4977, 4988, 4994, 5110, 8033

张再学 5033, 5117

张再中 10295

张在衡 11058

张在辛 663, 771, 869, 1049, 7224, 8470, 8494

张在元 2908

张瓒明 5771, 5872, 6110, 6142, 6641

张造时 7266, 7304

张择端 1442, 1539, 1540, 1541, 2708

张择瑞 10353

张泽 1675, 1704, 5266, 10152

张泽苁 2025, 2428, 2674, 3590, 3965, 4081, 4115, 4266, 4380, 4668, 4907, 5104, 5118

张泽珩 1705

张泽厚 007

张泽伦 11156, 11312, 12283, 12391

张泽宓 7033

张泽民 3362, 3783, 3793, 4057, 4167, 4321, 10804, 10854, 10855, 10859

张泽明 8733, 8766

张泽南 5846

张泽乾 188

张泽芯 4203, 4206, 4365, 4536

张泽珣 4433, 8663

张泽源 5277, 5936

张曾畴 8049

张增光 12279

张增伦 4189

张增木 5253, 5309, 5328, 5436, 5500, 5531, 5677, 5735, 5737, 5755, 5937, 5987, 6103, 6108, 6451

张增瑞 2366

张增泰 759

张增堂 8646

张展 5422

张展欣 499

张占甫 10212, 10262, 10266, 10283, 10393

张占尧 5713

张战 5822

张战生 3946

张章 5566

张璋 3564

张沼滨 13237

张兆柏 3680

张兆芳 7471

张兆丰 11057

张兆函 5495, 5668, 5738

张兆涵 5423, 5575, 5955, 5965

张兆基 9078, 9841

张兆龙 13310

张兆民 4526

张兆南 11133

张兆年 2051, 2058, 2149, 2386, 3318, 3328, 3337, 3347, 4429, 4794, 4831, 4851, 6002, 6046, 6060, 6402

张兆鹏 3824

张兆全 3518

张兆祥 1604, 1606, 1626, 1726, 2620

张兆新 1257, 3489

张兆增 9750

张照 756, 767, 1494, 1495, 8058, 11009

张照堂 8945, 8948, 8958

张肇基 9085, 9087, 9089, 9259, 9447, 9609, 9997

张肇铭 1911, 2488, 2489, 2718, 3551

张肇源 1598

张哲 5552, 5667

张哲基 5961

张辙 4958

张珍芳 5652

张珍芬 5674

张珍容 7522

张真 12725

张桢麒 3002

张祯麒 1352, 2998, 3011, 3015, 3027

张枕戈 4929

张振 5538, 6042

张振铎 1953, 1982, 2591, 3606, 3689

张振发 1800, 3715, 3750

张振锋 3933

张振纲 7087

张振国 3841, 11058, 11064, 11735, 11741

张振和 5423, 5510, 5557, 5603, 5982, 5983, 6069, 6306

张振河 5480

张振华 492, 2147, 2674, 2675, 3907, 3976, 4103, 4144, 4236, 4281, 4304, 4401, 4444, 4508, 4558, 4580, 4582, 4643, 4685, 4695, 4720, 4726, 10199, 13057, 13212

张振济 2293

张振郡 4494

张振民 5233

张振鹏 4479

张振平 6661, 6674

张振强 8397

张振群 2082, 2105, 4252, 4263, 4359, 4368, 4387, 4402, 4403, 4406, 4419, 4421, 4434, 4483, 4491, 4533, 4575, 4624, 4746, 10252, 10256, 10351

| | | | |
|---|---|---|---|
| 张振仕 | 1273, 2346, 2347, 2348, 2723 | 张正义 | 5383, 5384, 6052 |
| 张振松 | 1520 | 张正余 | 5217 |
| 张振涛 | 10872 | 张正宇 | 1217, 1999, 2567, 3394, 8148, 13293 |
| 张振武 | 11173 | 张正芸 | 13203 |
| 张振祥 | 2153, 4797 | 张正治 | 11156, 11346, 11877, 12113, 12146, |
| 张振心 | 5676 | | 12189, 12262 |
| 张振学 | 2214 | 张正周 | 11347 |
| 张振英 | 2030 | 张之 | 8225, 8249 |
| 张振芝 | 6716, 11064 | 张之沧 | 058 |
| 张震 | 6230, 9308, 9606 | 张之纯 | 7231 |
| 张震麟 | 5355, 5406, 5431, 5435, 5488, 5519, 5570, | 张之洞 | 7239, 8043, 8049 |
| | 5619, 5625, 5659 | 张之凡 | 1094, 4889, 4890, 4891, 11219 |
| 张震钦 | 5457, 6023 | 张之淦 | 8323 |
| 张震中 | 1261, 6035 | 张之光 | 2188, 2277, 5995, 6160 |
| 张镇江 | 4909 | 张之宏 | 7827, 7840, 7888 |
| 张镇田 | 11348 | 张之杰 | 5219 |
| 张镇照 | 2293, 3581, 3613, 4907 | 张之进 | 3095, 8669, 10369, 10370, 10371 |
| 张争 | 059, 1147, 1160, 2907 | 张之路 | 13296 |
| 张争平 | 5508, 5712 | 张之路工作室 | 6709 |
| 张征 | 1867 | 张之年 | 11337 |
| 张征众 | 2083, 9398 | 张之万 | 1614, 1627 |
| 张铮 | 7569, 12822, 13244 | 张之为 | 6168 |
| 张正刚 | 2745, 3336, 5304, 5598, 5613, 5958, 5979, | 张知行 | 4959 |
| | 6003, 6068, 6084, 9312 | 张知新 | 10358 |
| 张正纲 | 6679 | 张知音 | 11346 |
| 张正贵 | 4945 | 张执中 | 2293 |
| 张正豪 | 12600 | 张直生 | 1749 |
| 张正恒 | 711, 2109 | 张芷岷 | 033 |
| 张正杰 | 7524, 10697 | 张祉浩 | 5480, 10675 |
| 张正民 | 2293 | 张志 | 720, 10245 |
| 张正墨 | 2168 | 张志安 | 2341 |
| 张正平 | 5579, 8904, 12592 | 张志才 | 4047 |
| 张正乾 | 7488 | 张志诚 | 11820 |
| 张正仁 | 082 | 张志纯 | 8617, 8723 |
| 张正新 | 5538, 5613, 5876, 5943, 6131, 6170 | 张志存 | 12612 |

张志福　　　　　　　　　　　　　10772
张志刚　　　　　　　　　　　　　4928
张志高　　　　　　　　　　2208, 5676
张志光　5533, 5537, 5576, 5639, 5737, 5772, 6022
张志海　　　　　　　　　　　　　11487
张志和　6475, 8366, 8377, 8402, 8408, 8424, 8439,
　　8780
张志华　　　　　　　　　　3423, 5934
张志坚　　　　　　　　　　　　　1086
张志琚　　　　　　　　　　　　　3035
张志军　　　　　　　　　　　　　10883
张志烈　　　　　　　　　　　　　5359
张志林　　　　7634, 7635, 7637, 10338, 10781
张志民　723, 2300, 2449, 5107, 5804, 6038, 6140,
　　8817, 8942, 9857
张志明　　　　　　　　　　9855, 9864
张志能　4105, 4295, 4393, 4436, 4687, 4705, 5225,
　　5239, 5267, 5386, 5563, 5850
张志鹏　　　　　　　　　　　　　6362
张志平　　　　　　　3797, 5524, 5885, 8310
张志千　　　　　　3950, 3968, 4163, 4427
张志谦　　　　　　　　　　　　　5266
张志铃　　　　　　　　　　　　　795
张志强　　　　　1415, 2275, 6519, 6529, 6541
张志清　　　　　　　　　　　　　8435
张志权　　　　　　　　　　　　　11819
张志泉　　　　　　　　　　　　　2556
张志仁12071, 12073, 12074, 12075, 12076, 12086
张志潭　　　　　8109, 8110, 8113, 8114, 8119
张志彤　　　　　　　　　　　　　5235
张志伟　　　　　　　　　　　　　076
张志文　　　　　　　　　　　　　11055
张志武　　　　　　　　　　　　　5268
张志祥　　　　　　　　　　　　　5038
张志雄　　　　　　　　　　　　　211

张志亚　　　　　　　　11192, 12181
张志印　　　　　　　　　　　　　6685
张志永　　　　　　　　　　　　　12959
张志勇　3356, 5495, 5851, 5893, 8312, 9725
张志鱼　　　　　　　　　8536, 8537
张志增　9003, 9220, 9339, 9524, 9525, 9526, 9816,
　　10024, 10054
张志中　　　　　　　　　　　　　2341
张志忠　　　　　　　　　　　　　5451
张帙栋　　　　　　　　　　　　　2339
张治本　　　　　　　　　　　　　12120
张治华　5389, 5418, 5520, 5521, 5599, 5625, 5751,
　　5754, 5854, 6003, 6058, 6095, 6179, 6292
张治军　　　　　　　　　　　　　9145
张治龙　　　　　　　　　　5889, 6021
张治远　　　　　　　　　　　　　6227
张治政　　　　　　　　　　　　　6264
张致　　　　　　　　　　　　　　6462
张致和　　　　　　　　　　　　　11249
张智　　　　　　　　　　　　　　6156
张智斌　　　　　　　　　　　　　11132
张智同　　　　　　　　　　　　　5469
张稚君　　　　　　　　　　　　　4251
张中　　　　　　　　　　　　　　11711
张中铎　　　　　　　　　　　　　7820
张中光　　　　　　　　3204, 3595, 3682
张中河　　　　　　　　　　　　　5305
张中良　3412, 3463, 6217, 6443, 6454, 6465, 6556
张中龄　　　　　　　　　　　　　6474
张中煖　　　　　　　　　　　　　12573
张中平　　　　　　　　　　　　　13227
张中胜　　　　　　　　　　　　　9241
张中笑　　　　　　　　　　　　　10909
张忠符　　　　　　　　　　　　　6049
张忠国　　　　　　　　　　　　　3882

| | | | |
|---|---|---|---|
| 张忠进 | 7456, 7495 | 张子恩 | 3094, 3150, 3228, 3290, 3774, 3782 |
| 张忠利 | 6096 | 张子固 | 6085 |
| 张忠良 | 6477, 6561 | 张子虎 | 3228, 5517, 6322 |
| 张忠卿 | 5203, 5250, 5253, 5335, 5350 | 张子嘉 | 5373, 5434 |
| 张忠尤 | 3384 | 张子良 | 13209 |
| 张钟龄 | 5327, 5344, 5401, 5496, 5517, 5658, 5708, 5762, 5821, 5936, 5980, 6164, 6235, 9458 | 张子麟 | 1331 |
| | | 张子奇 | 1331 |
| 张仲嘉 | 7748, 7751, 7752, 7754, 8114 | 张子勤 | 8314 |
| 张仲年 | 12805 | 张子锐 | 12329 |
| 张仲朋 | 11910 | 张子万 | 1611 |
| 张仲樵 | 11771, 11800, 12121 | 张子伟 | 12951, 12954 |
| 张仲清 | 1062 | 张子祥 | 688, 965 |
| 张仲寿 | 1062, 12307, 12315 | 张子扬 | 8725 |
| 张仲祥 | 5949, 5962 | 张子仪 | 5087, 5099, 5103, 5137, 5872, 6495 |
| 张仲英 | 472 | 张子玉 | 8287 |
| 张仲愈 | 7351, 8286, 8419, 8428, 8434 | 张子正 | 10769 |
| 张仲则 | 2715 | 张子忠 | 2592 |
| 张重光 | 4083, 4112, 4289 | 张梓媛 | 12882 |
| 张重辉 | 10835 | 张紫晨 | 12851, 12852 |
| 张重梅 | 943, 7285 | 张自巙 | 1105, 1395, 2752, 2773, 2790, 2791, 3256, 3327, 3932, 4106 |
| 张重庆 | 2792, 2826, 3073, 3096 | | |
| 张重天 | 5683, 6277 | 张自醍 | 1105 |
| 张重渝 | 4163 | 张自启 | 3848, 5238, 5596, 5760, 6023, 6388 |
| 张重远 | 5302, 5725, 5895 | 张自强 | 2710, 5473, 5977, 10842, 11223, 11633, 11957, 11959, 12217 |
| 张竹平 | 5698 | | |
| 张祝民 | 4935 | 张自申 | 5056, 6611, 6612 |
| 张铸 | 10582 | 张自生 | 3885, 3936, 5458, 5548, 5850, 6100, 6161, 6174 |
| 张专 | 13198 | | |
| 张准 | 5661, 11103 | 张自武 | 3801, 5396 |
| 张卓敏 | 10029 | 张自巐 | 2779, 3256, 3307, 3997 |
| 张卓娅 | 12203 | 张字渊 | 11947 |
| 张兹生 | 312 | 张宗 | 10682 |
| 张资启 | 5688 | 张宗苍 | 1634 |
| 张子臣 | 052, 13150, 13154 | 张宗道 | 2293 |
| 张子诚 | 13137, 13279 | 张宗祺 | 12904 |

| | |
|---|---|
| 张宗泰 | 7684 |
| 张宗祥 | 7322, 7351, 7373, 8259 |
| 张宗尧 | 8742, 8877, 8886, 8895, 8897, 10134, 10136, 10137 |
| 张宗祐 | 9060 |
| 张宗禹 | 159 |
| 张宗载 | 10678 |
| 张总 | 456 |
| 张组良 | 4882 |
| 张祖道 | 3959, 5479, 5585, 5621, 5670, 8807, 8810, 9006, 9218, 9230, 9557, 9810, 9941, 9950, 9963 |
| 张祖迪 | 11334, 12589, 12630 |
| 张祖林 | 8805, 8883, 9325, 9791 |
| 张祖麟 | 9526, 9530, 13105 |
| 张祖泰 | 3880, 5871 |
| 张祖翼 | 7755, 8109 |
| 张祖英 | 1421, 2776, 2829, 3324 |
| 张祖元 | 3374 |
| 张左之 | 12211 |
| 张佐 | 12005 |
| 张佐改 | 5855 |
| 张作良 | 3001, 3005, 3007, 3008, 3066 |
| 张作明 | 2950, 2985 |
| 张作善 | 1859 |
| 张祚羌 | 5225, 5239, 5299 |
| 章柏奇 | 6385 |
| 章柏青 | 056, 057, 13148, 13199, 13284 |
| 章飙 | 5463 |
| 章炳文 | 2133 |
| 章伯年 | 8272 |
| 章晨 | 5792 |
| 章成钧 | 5760 |
| 章诚 | 9396 |
| 章程 | 4896, 4897, 4905, 4909, 4912, 4930, 5022, |
| | 5027, 5028, 5051, 5133, 5413, 5712, 5735, 5819, 6229 |
| 章纯 | 11051, 12192 |
| 章慈风 | 2293 |
| 章达 | 9339 |
| 章达祥 | 12351 |
| 章德甫 | 2778 |
| 章德明 | 2620, 2812, 2919, 3380, 4030, 4102 |
| 章德青 | 5217 |
| 章东磐 | 1672 |
| 章盾之 | 8948 |
| 章帆 | 4906 |
| 章凡 | 4908 |
| 章非 | 5049 |
| 章丰 | 6041 |
| 章涪陵 | 1090, 1171, 3303 |
| 章辅儒 | 6267 |
| 章耕辛 | 3126 |
| 章贡 | 9337, 10012 |
| 章观年 | 6500 |
| 章光华 | 8593, 9527, 9528, 9536, 9537, 9545, 9801 |
| 章贵征 | 4992 |
| 章桂征 | 5032, 6613, 6615 |
| 章河松 | 5866 |
| 章衡 | 4990 |
| 章红 | 10818 |
| 章厚斋 | 8526 |
| 章华 | 629 |
| 章挥 | 6023 |
| 章辉 | 11143, 11829 |
| 章回 | 4167 |
| 章骥 | 12899 |
| 章嘉年 | 8955 |
| 章简甫 | 8024 |
| 章简叔 | 8028 |

| | | | |
|---|---|---|---|
| 章建刚 | 190 | 章培文 | 2551 |
| 章建明 | 7162 | 章培筠 | 1775, 4022, 4068 |
| 章杰 | 13253, 13255 | 章沛霖 | 11149 |
| 章捷 | 4904, 4920 | 章启凡 | 10700 |
| 章金莱 | 6722 | 章钦 | 11756 |
| 章锦荣 | 121, 820, 2350, 3795 | 章棂 | 8022 |
| 章晶 | 5965 | 章秋农 | 1920 |
| 章菊女 | 144 | 章人英 | 12646 |
| 章觉鹰 | 7282 | 章仁缘 | 2760, 3212, 3336, 3356, 3880 |
| 章开森 | 2594, 3768, 3871, 4180, 4210, 5430, 10437 | 章日永 | 5306 |
| 章可 | 4629, 4686, 4697 | 章荣海 | 9378, 9379, 9382, 9386, 9395 |
| 章孔畅 | 638 | 章睿 | 5937 |
| 章乐珍 | 3357 | 章杉 | 11758 |
| 章力华 | 9333 | 章绍岩 | 5858 |
| 章力挥 | 4930 | 章声 | 10032 |
| 章立 | 2966, 6313, 12387 | 章绳 | 11479 |
| 章丽 | 6480 | 章石羽 | 9059 |
| 章利国 | 137, 194, 464, 1124, 10193 | 章士佼 | 7627 |
| 章利民 | 10010 | 章士礼 | 12606 |
| 章林 | 2183, 4776, 5058, 5977 | 章寿松 | 12768 |
| 章霖 | 5450 | 章淑 | 11994 |
| 章洛 | 12559, 12776 | 章淑萍 | 5443 |
| 章茂连 | 5313, 5318 | 章述 | 7508 |
| 章枚 | 11116, 11552, 11555, 11562, 12414 | 章颂先 | 8912 |
| 章梅 | 13014 | 章太炎 | 8124, 8131 |
| 章孟和 | 3797, 3868, 4070, 4113, 4232, 4249, 4371, 4434, 4576 | 章天根 | 2642 |
| 章民新 | 12607 | 章田 | 5049 |
| 章泯 | 12677, 12797, 12799, 12800, 12808, 13214 | 章汀 | 6199 |
| 章明 | 3012, 5311, 5650, 6220, 11586, 12095 | 章庭 | 6128 |
| 章明配 | 8644 | 章彤辉 | 7524 |
| 章明相 | 6144 | 章伟华 | 9920 |
| 章鸣 | 10916 | 章伟文 | 10671 |
| 章慕伟 | 3104 | 章文 | 6071 |
| | | 章文熙 | 088, 1414, 5345, 5424 |
| | | 章西厓 | 7630, 10478, 10562 |

章锡龄　　　　　　　　　　　　　　　1830
章献明　　　　　　　　　　　　　　　8625
章祥法　　　　　　　　　　　　　　　9902
章祥福　　　　　　　　　　　　　　　6842
章向文　　　　　　　　　　　　　　　5808
章晓都　　　　　　　　　　　　　　　1313
章晓明　　　　　　　　　　　2844, 3904
章晓严　　　　　　　　　　　　　　10286
章效梅　　　　　　　　　　　　　　　2510
章熊书　　　　　　　　　　　　　　　8390
章学林　　　　　　　　　　　3025, 3134
章雪　　　　　　　　　　　　　　　　6383
章彦　　　　　　　　10700, 11107, 11184
章燕　　　　　　　　　　　　6445, 6463
章姚姚　　　　　　　　　　　　　　10838
章耀达　　　3111, 3137, 3212, 5043, 10414
章一钧　　　　　　　　　　　　　　　6156
章诒和　　　　　　　　　　　12727, 12795
章以武　5386, 5408, 5415, 5446, 5480, 5488, 5565,
　　　5576
章忆　　　　　　　　　　　　　　　　6318
章亦　　　2878, 6162, 6300, 6364, 6670, 7091
章永浩　　　　　　　　　　　8637, 8673
章勇配　　　　　　　　　　　　　　11983
章用秀　　　　　　　　　　　　　　　8478
章友芝　　　　　　　　　　　　　　　8201
章育青　599, 600, 1956, 2023, 2456, 3542, 3544,
　　　3545, 3559, 3582, 3594, 3601, 3635,
　　　3642, 3655, 3665, 3672, 3685, 3722,
　　　3728, 3740, 3745, 3756, 3771, 3778,
　　　3790, 3798, 3821, 3922, 3972, 3984,
　　　4016, 4027, 4053, 4061, 4105, 4118, 4137,
　　　4156, 4182, 4217, 4239, 4292, 4299, 4346,
　　　4359, 4434, 4461, 4481, 4507, 4540, 4557,
　　　4605, 4631, 4691, 4716, 4816, 4837, 9043,
　　　　　　　　　　　　　　　　　9061
章禹编　　　　　　　　　　　　　　　6545
章钰　　　　　　　　　　　　8121, 8532
章槭华　　　　　　　8806, 9249, 9523, 9959
章毓霖　　3784, 3886, 3988, 4135, 4179, 4332,
　　　5235, 5463, 5476, 5738, 5780, 5830, 5891,
　　　6132, 6213, 6480, 6499, 12665
章云京　　　　　　　　　　　　　　　9020
章藻　　　　　　　　　　　　7779, 8025
章泽仪　　　　　　　　　　　　　　　7031
章兆源　　　　　　　　　　　　　　　3907
章珍芳　　　　　　　　　　　10983, 12378
章真理　　　　　　　　　　　　　　　3878
章震欧　　　　　　　　　　　　　　12665
章直　　　　　　　　　　　　9352, 9533
章志华　　　　　　　　　　　　　　　6514
章志敏　　　　　　　　　　　3081, 3150
章志远　　　　　　　　　　　2316, 2460
章中　　　　　　　　　　　　　　　11728
章卓英　　　　　　　　　　13228, 13240
章子峰　　　　　　　　　7421, 7439, 7466
章宗闵　　　　　　　　　　　　　　　8498
章祖安　　　　　　　　　　　8288, 8339
彰大刚　　　　　　　　　　　　　　　5035
漳柳　　　　　　　　　　　　　　　　5686
漳州芗剧院　　　　　　　　　　　　12114
仉辰生　　　　　　　　　2501, 4192, 4444
仉凤皋　　　10673, 10674, 10676, 10694, 10710,
　　　10735, 10766
仉凤舞　　　　　　　　4479, 5790, 8177
钊邦　　　　　　　　　11676, 11964, 11965
招灿　　　　　　　　　　　　　　10234
招炽挺　2524, 2771, 3212, 3289, 3994, 5203, 5507,
　　　5698, 5856, 5928, 6233, 6239
招楚玉　　　　　　　　　　　　　　　3604

招明　　　　　　6055, 6070, 6154, 6370

招仕波　　　1993, 2073, 4757, 4758, 4761

招司　　　　　　　　　　　　11391

招蔚　　　　　　　　　　　　4946

招远县文化馆　　　3831, 3855, 5193

招子庸　　　　　　　　　　　8040

昭菱　　　　　　　　　　　　5627

昭平　　　　　　　1091, 6360, 6375

昭通地区"革委会"政工组　　　5166

昭通地区地委宣传部　　　　　10905

昭通地区气象台　　　　　　　10465

兆丰　　　　　　　　　　　　11042

兆海　　　　　　　　　　　　9241

兆晖　　　　　　　　　　　　8325

兆惠　　　　　　　　　6651, 6652

兆江　　　　　　　　　　　　11393

兆林　　　　　　　　　　　　5644

兆裴　　　　　　　　　　　　5426

兆平　　　　　　　　　　　　6660

兆前　　　　　　　　　　　　5974

兆钦　　　　　　　　　　　　8840

兆群　　　　　　　　　　4238, 4245

兆贤　　　　　　　　　　　　10345

兆湘　　　　　　　　　　　　10501

兆欣　　　　　　3388, 5996, 8816, 8818,
　　8820, 8823, 8831, 8841, 9008, 9009, 9078,
　　9106, 9140, 9236, 9238, 9242, 9329, 9378,
　　9441, 9476, 9478, 9617, 9623, 9746, 9747,
　　9831, 9847, 9905, 9953, 9954, 9973, 9974,
　　10084, 13116, 13118, 13119

兆新　　　　　　　　　　8816, 9007

兆兴　　　　9138, 9139, 9494, 9508, 9922

兆星　　　　　　　　　　　　9133

兆雄　　　　　　　　　　　　12484

兆燕　　　　　　　　　　　　9361

兆钟伟　　　　　　　5335, 5412, 5612

赵·道尔加拉　　　　　　　　11494

赵爱玲　　　　　　　4455, 4483, 4726

赵爱明　　　　　　　　　　　13194

赵骜　　　　　　　　　　　　5185

赵白　　　　　　　　　　　　11380

赵白帆　　　　　　　　　　　6324

赵白岭　　　　　　　　5088, 12130

赵白山　4878, 4880, 4883, 4884, 4885, 4886, 4889,
　　4892, 4930, 4943, 4955, 5038, 6611

赵柏月　　　　　　　　7338, 8286

赵半须　　　　　　　　　　　2669

赵邦彦　　　　　　　　　　　12983

赵宝呈　　　　　　　　　　　1193

赵宝康　　　　　　　　　　　5941

赵宝林　5198, 5218, 5240, 5282, 5296, 5309, 5459,
　　5511, 5527, 5619, 5650, 5673, 5696, 5742,
　　5894, 6370, 6378

赵宝平　　　　　　　　　　　2921

赵宝祥　　　　　　　　　　　025

赵葆华　　　　　　　　　　　13161

赵堡　　　　　　　　　　　　9919

赵抱衡　　　11309, 12020, 12114, 12977

赵悲庵　　　　　　　　　　　7711

赵北海　　　　　　　　　　　12115

赵本夫　　　　　　　　　　　5950

赵本山　　　　　　　　　　　12980

赵碧珊　　　　　　　　　　　11226

赵彬　　　　　　　　　10379, 10501

赵斌　　　　　　　　　　　　10889

赵冰　　　　　　　　197, 198, 9078

赵冰波　　　6465, 6473, 6542, 6565, 6714

赵冰爽　　　　　　　　　　　5270

赵兵　　3120, 5258, 5408, 5513, 9793, 9989, 10012

赵兵凯　2059, 2372, 3765, 4237, 4250, 4303, 4334,

4351, 4383, 4458, 4499, 4533, 5047, 5062,
5106, 5357, 5513, 5514, 5720

赵秉泉　　　　　　　　　　3210, 4028

赵炳青　　　　　　　　　　11811

赵伯飞　　　　　　　　　　076

赵伯光　　　　　　　4846, 8222, 8229

赵博　　　　　　　　　　　12119

赵博理　　　　　　　　　　5359

赵布克　　　　　　　　　　5650

赵步唐　　　　　　　　4581, 7900

赵昌　　　　　　　　　　　1541

赵长安　　　　　　　　3785, 4648

赵长保　　　　　　　　　　2176

赵长赋　　　　　　　　　　11200

赵长贵　　　　　　　　　　11200

赵长江　　　　　　　　　　8676

赵超群　　13199, 13275, 13276, 13281

赵朝群　　　　　　　　　　13276

赵辰　　　　　　　　　　　6561

赵忱　　7426, 7436, 7509, 7521, 7526, 7528, 7536,
7544, 7555, 7570

赵晨　　　　　　　　　　　6568

赵成立　　3855, 4044, 4093, 4142, 4421, 5870

赵成民　2904, 3212, 5522, 5898, 5944, 6084, 6152,
6551

赵成鑫　　　　　　　　　　4657

赵成源　　　　　　　　　　3011

赵承安　　　　　　　　8951, 9845

赵承楷　　7168, 7305, 7397, 7401, 8163

赵承鑫　　1935, 4503, 4556, 4726

赵澄　　　　　　　　　　　1626

赵澄襄　　　　　　　　　　10694

赵鱥　　　　　　　　　7193, 7202

赵崇光　　　　　　　　　　10276

赵崇正　　　　　　　　1740, 1764

赵处明　　　　　　　　　　12096

赵春宝　　　　　　　　　　9052

赵春峰　　　　　　　　　　12265

赵春林　　　　　　　　　　6122

赵春男　　　　　　　　1084, 1087

赵春生　　　　　　　　　　7424

赵春堂　　　　　　　　5483, 5642

赵春田　　　　　　2105, 3893, 4311

赵春亭　　　　　　　　　　12264

赵春翔　　　　　　　　　　2214

赵春燕　　　　　　　　　　3509

赵春庄　　　　　　　　　　11109

赵纯　　　　　　　　　　　11063

赵纯元　　　　　　　　　　7539

赵次闲　　　　　　　　　　8532

赵达金　　　　　　　　8143, 8343

赵大陆　　　　　　　　2812, 2829

赵大明　　　　　　　　　　6439

赵大鹏　1179, 3273, 3359, 5994, 6321, 6334, 8865,
8987

赵大卫　　　　　　　　1266, 1267

赵大骛　　　　　　　　　　3211

赵大勇　　　　　　　　　　4867

赵丹　　1887, 1891, 1928, 1954, 2562, 13218

赵德　　　　　　　　　　　4889

赵德芬　　　　　　　　　　4370

赵德贵　　　　　　　4203, 4209, 7542

赵德举　　　　　　　　　　2915

赵德利　　　　　　　　　　885

赵德明　　　　　　　　　　10034

赵德生　　　　　　　3818, 3869, 4191

赵德树　　　　　　　　　　5642

赵德顺　　　　　　　　　　4189

赵德苏　　　　　　　　8722, 8733

赵德修　　　　　　3558, 3795, 10404

| | |
|---|---|
| 赵德义 | 11101, 11261, 11281 |
| 赵德增 | 9301 |
| 赵德震 | 12328 |
| 赵殿邦 | 4915 |
| 赵殿玉 | 1966, 1983, 2049, 2645, 4073, 4140, 4246, 4332, 4474, 4480, 4650 |
| 赵殿泽 | 138, 10180, 10236, 10245 |
| 赵丁 | 1834, 1853, 1955, 2146, 2354, 3789, 3869, 3927, 4612, 5691, 5939, 6090 |
| 赵定保 | 10788 |
| 赵定平 | 2366, 4507, 4584, 5548 |
| 赵东海 | 9413 |
| 赵东华 | 7413, 7489 |
| 赵东明 | 8435 |
| 赵东瑞 | 5257, 5740, 5870 |
| 赵东水 | 7434 |
| 赵栋 | 4906, 4988 |
| 赵端礼 | 8112 |
| 赵敦 | 3534, 4946, 5031, 5088 |
| 赵多良 | 7498, 7501, 7529, 7597 |
| 赵朵朵 | 6353 |
| 赵而昌 | 8086 |
| 赵尔莘 | 7659 |
| 赵尔莘 | 7710, 7711 |
| 赵发潜 | 7279, 7350, 8340, 8405 |
| 赵藩 | 8062, 8117 |
| 赵方幸 | 10837, 10838, 11048, 11057, 11063 |
| 赵芳 | 5906 |
| 赵丰 | 10200, 10364 |
| 赵丰生 | 8738 |
| 赵风 | 4929 |
| 赵风凯 | 5354 |
| 赵风文 | 9627, 9637, 9640, 9645 |
| 赵沨 | 5344, 10787, 10788, 10815, 10816, 10853, 10925, 10979, 11035, 11037, 11069, 11070, 11072, 11297, 11379, 11443, 11732, 12356, 12415 |
| 赵沨来 | 5384 |
| 赵沨译 | 12360 |
| 赵峰 | 10760 |
| 赵逢明 | 7381 |
| 赵凤池 | 12877 |
| 赵凤迁 | 2214 |
| 赵凤山 | 1867 |
| 赵凤桐 | 2261 |
| 赵凤文 | 9531, 9564, 9611, 9612, 9619, 9665 |
| 赵奉业 | 3505, 3506, 3508, 3509, 3510, 3511, 3512, 3513, 3517 |
| 赵佛重 | 8242 |
| 赵苻 | 1546 |
| 赵福昌 | 5029, 5101, 5631, 5869, 5884 |
| 赵福民 | 5731 |
| 赵黻 | 1546 |
| 赵复兴 | 2902, 5029, 5113 |
| 赵干 | 1523 |
| 赵澣 | 10816, 12386 |
| 赵钢 | 6718, 11242 |
| 赵岗 | 5356, 5375, 5415, 5568, 5833, 5889, 5931, 5944, 6018, 6060, 6086, 6095, 6244 |
| 赵耕石 | 8356 |
| 赵功义 | 11517, 11799 |
| 赵构 | 7180, 7964, 7972, 7990, 7992, 7998, 8003, 8420 |
| 赵古泥 | 8538 |
| 赵冠儒 | 8500 |
| 赵光德 | 340 |
| 赵光辉 | 5352 |
| 赵光亮 | 5244 |
| 赵光林 | 413 |
| 赵光楣 | 1315 |

赵光媚 10447

赵光涛 1287, 2717, 2719, 3082, 3086, 3101, 3104, 3162, 3207, 3361, 3362, 4179, 4981, 13173

赵广德 707

赵广东 4369, 4563, 4653, 4660, 4680

赵广晖 10966

赵广林 4863

赵广森 4863, 4864

赵广文 12589

赵贵德 1001, 1106, 1134, 1876, 1946, 2364, 2367, 2750, 3625, 3697, 3698, 3785, 3845, 3876, 3952, 3953, 4086, 4145, 4604, 4944, 5561, 5613, 5696, 5753, 5882, 5893, 5977, 5979, 6035, 6197, 6352, 6371, 9973

赵贵荣 5594, 5736

赵贵颢 5274

赵桂祥 13281, 13282, 13284

赵国光 8743

赵国辉 5854

赵国经 1823, 2341, 3813, 3946, 4047, 4099, 5303, 5315, 5478, 5504, 5517, 5527, 5657, 5658, 5734, 5756, 5780, 5827, 5834, 5883, 5918, 5935, 5947, 6035, 6124, 6164, 6219, 6223, 6271, 6289, 6378

赵国径 6328

赵国庆 5479

赵国荃 3115, 3657, 3698

赵国瑞 5233, 5344, 5366

赵国纬 12569, 12658

赵国英 4904, 11284, 13256, 13257

赵国瑛 3233

赵国志 150, 565, 1179

赵国宗 6765

赵海 6216, 6497, 6510, 7576

赵海红 9728

赵海明 8576

赵海鹏 3063

赵海若 7353, 7388

赵海鹰 3833

赵海洲 5409

赵寒阳 11312, 11313, 11314, 11315, 12285, 12286, 12287, 12288

赵汉 5752, 5863, 5918

赵汉南 626

赵汉平 028

赵行达 11238

赵行道 11104, 11581, 11621, 12035, 12036, 12186, 12308

赵行如 12332, 12333

赵航 7607

赵浩如 7669, 8259

赵浩生 5687

赵合俦 3597

赵河 12639

赵鹤琴 1632

赵鹤田 4908

赵亨衢 7231, 7693

赵衡生 9806, 9835, 10015, 10016, 10018, 10020, 10022, 10041, 10045

赵蘅 6881

赵红 6491

赵红军 4510

赵红柔 10884, 11812

赵红伟 11206

赵红瑶 6865

赵红英 7077

赵宏 3521, 3794, 3824, 4006, 4136, 4253, 5588, 5842, 12996

赵宏本　　　　　　2243, 2680, 3092,
　　3535, 3563, 3652, 3941, 3983, 4271,
　　4893, 5032, 5044, 5101, 5238, 5292, 6005,
　　6347, 6586
赵泓　　　　　　　　　　　　13313
赵虹　　　　　1316, 3248, 5394, 5424, 5951
赵洪彬　　　　　　　　　　　　5659
赵洪波　　　　　　　　　　　　5845
赵洪恩　　　　　　　　　　069, 5406
赵洪滔　　　　　　　　　　　11523
赵洪武　　　1831, 2072, 2203, 4894, 6031
赵鸿　　　　　　　　　　　　4919
赵鸿恩　　　　　　　3876, 5399, 5636
赵鸿谦　　　　　　　　　　　13304
赵后起　　　　　　　　　　　10973
赵厚义　　　　　　　　　　　　205
赵华　　　　　　　　　　　　5096
赵华仁　　　　　　3786, 3809, 3852
赵华胜 1371, 1847, 3097, 3566, 5308, 5422, 5552,
　　5636, 5765, 6165
赵化　　　　　　　　　　　　13244
赵怀刚　　　　　　　　　　　12121
赵怀祖　　　　　　　　　　　4918
赵寰　　　　　　　　　　5091, 5495
赵宦光　　　　　　8442, 8472, 8498
赵焕　　　　　　　　　　　　8054
赵焕章　　　　　　　　　　　5601
赵黄岗　　　　　　　　　　　9097
赵辉　　　　　　　　　　　　7646
赵惠芳　　　　　　　　　　　10590
赵惠玲　　　　　　　　　　　　110
赵惠民　　　　　　　　　　　8376
赵惠群　　　　　　　　　　　　629
赵慧　　　　　　　　　　2895, 6730
赵慧丽　　　　　　　　　　　6048

赵慧宁　　　　　　　　　　132, 1188
赵慧平　　　　　　　　　　　　121
赵慧深　　　　　　　　　　　13011
赵基天　　　　　　　　　　　12359
赵基阳　　　　　　　　　　　12478
赵吉禄　　　　　　　　　　　12219
赵吉南 5116, 5130, 5139, 5249, 5280, 5392, 5437,
　　5536, 5553, 5660, 5661, 5664, 5668, 5670,
　　5731, 5842, 5909, 6014, 6064, 6091, 6169,
　　6188, 6203, 6292, 6432, 6448
赵吉楠　　　　　　　　　　　6074
赵吉锡　　　　　　　　　12372, 12495
赵佶　　831, 1533, 1538, 1547, 1549, 7950, 7958,
　　7965, 7966, 7970, 7971, 7981, 7982, 7983,
　　7985, 7990, 7992, 7994, 8003, 8007, 8010,
　　8013
赵佶真　　　　　　　　　　　7994
赵纪鑫　　　　　　　　　　　12081
赵际滦　　　　　　　　　　　2243
赵季平　　　　　　　　　　　12161
赵继光　　　　　　　　　　　10685
赵继良　　　　　　　5061, 5651, 5652
赵佳　　　　　　　3513, 6546, 6570
赵佳宏　　　　　　　　　　　10734
赵佳梓　　　　　　　　　10828, 10916
赵家璧　　　　　　　　　　　6927
赵家传　　　　　　　5301, 5368, 5986
赵家鹤　　　　　　　　　　　13075
赵家杰　　　　　　　　　　　6191
赵家启　　　　　　　　　　　9260
赵家全　　　　　　　　　　　5537
赵家恕　　　　　　　　　　　11235
赵家熹　7273, 7292, 7345, 7377, 8264, 8348
赵家耀　　　　　　　5307, 5795, 6161
赵嘉骏　　　　　　　　　　　6702

赵甲顺 5058, 9148

赵尖兵 10669

赵坚 2636, 11176

赵建 10737

赵建国 5603, 5917, 6176, 6470

赵建华 3201, 3814, 4013

赵建杰 3023

赵建军 10705

赵建科 10233

赵建民 6567, 12650

赵建明 5567, 5590, 5606, 5607, 5616, 5628, 5867,
6070, 6081, 6118, 6154, 6373

赵建平 184, 2832, 7015, 7016

赵建新 12980

赵建源 2229, 2424, 2427, 2493, 2501, 3836, 4070,
4146, 10459, 10577

赵剑 5460, 5867, 5892, 5969, 7437

赵健 1127, 10391, 10748

赵健勇 11203

赵洁 5770

赵金发 5607

赵金阁 13155

赵金虎 11092

赵金亮 5233

赵金鸽 3985, 4392, 4500, 6063

赵金龙 3835, 3885, 3986

赵金铭 2897, 2905

赵金平 12370, 12371, 12379, 12383

赵金伟 7494

赵锦诚 10649

赵锦元 3453

赵锦云 8333

赵进 6469

赵进争 7354, 7513

赵泾生 7523

赵经寰 078, 3057, 3296, 3318, 4045

赵晶旸 10722

赵景庵 2551

赵景东 11163

赵景华 8793

赵景平 3425, 3426

赵景深 11878, 11879, 12090, 12091, 12723,
12732, 12770, 12772, 12962, 12965

赵景亭 8910

赵景岩 2473, 2708

赵景艳 4658

赵景源 12806

赵景云 7594

赵竞先 2369

赵竞城 2959

赵敬之 3925

赵静东 1765, 2394, 3092, 3095, 3099, 3979, 3997,
4047, 4091, 4122, 4223, 4253, 4287, 4300,
4411, 4541, 4555, 4633, 4717, 4947, 5001,
5106, 5107, 5108, 5432, 6022, 6044, 6045,
6050, 6051, 6128, 6254, 6290, 6348, 6659

赵静怀 12439

赵静香 8121

赵镜明 111

赵九杰 137

赵九伶 5225, 5263, 5272, 5324, 5485

赵军 132, 321, 1188, 2921, 13146

赵军红 4455

赵均 7666

赵君 10398

赵君谋 499, 5939

赵钧龙 3106, 3274

赵俊宏 5958

赵俊杰 3536, 3787, 3922

赵俊民 8438

| | | | |
|---|---|---|---|
| 赵俊琦 | 5427 | 赵立军 | 1246 |
| 赵俊荣 | 6626 | 赵立明 | 4770 |
| 赵俊生 | 2689, 5495, 5808, 5913, 5979, 6032, 6481 | 赵立奇 | 10263 |
| 赵峻防 | 5323 | 赵立贤 | 2245, 2262 |
| 赵隽明 | 7573 | 赵立新 | 13153 |
| 赵珺 | 4095 | 赵立柱 | 6034, 6073, 6089, 6107, 6136 |
| 赵开荣 | 5662 | 赵丽 | 10330 |
| 赵开生 | 11949, 11953, 11961, 11974 | 赵丽宏 | 6393, 8988 |
| 赵侃 | 5059, 5563 | 赵利利 | 6560, 6574 |
| 赵康 | 6702, 10282 | 赵连霭 | 3964 |
| 赵康太 | 12706, 12958 | 赵连城 | 8962 |
| 赵克 | 1090, 10257, 10267 | 赵连甲 | 7359, 12975 |
| 赵克标 | 5708, 5956, 5974, 6044, 6115, 6290, 6611 | 赵连生 | 5330, 5331 |
| 赵克玉 | 3962 | 赵联民 | 5316 |
| 赵宽 | 749 | 赵良 | 3448 |
| 赵宽仁 | 12605 | 赵梁军 | 10600 |
| 赵旷 | 5631 | 赵林 | 11288 |
| 赵奎华 | 6172 | 赵林福 | 5257 |
| 赵奎生 | 4738, 4741 | 赵林文 | 3677 |
| 赵奎英 | 11292, 12105, 12106, 12146, 12150, 12919, 12923 | 赵琳 | 6540 |
| | | 赵灵出 | 12363 |
| 赵魁元 | 5325 | 赵岭翔 | 10320 |
| 赵坤汉 | 3236, 4091, 4129, 6750 | 赵榴 | 8661 |
| 赵喇嘛 | 12275, 12283 | 赵隆义 | 4926, 4967, 4981, 4985, 4991, 4992, 4998, 5015, 5026, 5061, 5079, 5096, 5105, 5130, 5131, 5557, 5713, 5742, 5985, 6043, 6260, 6433, 6434, 6459, 6548 |
| 赵莱静 | 12805 | | |
| 赵蓝天 | 4890, 11999, 12589 | | |
| 赵雷 | 11203 | | |
| 赵磊 | 2261, 6647, 7077 | 赵侣 | 8347 |
| 赵冷月 | 8155, 8272 | 赵鲁 | 8246 |
| 赵理 | 2293 | 赵路 | 6162 |
| 赵澧 | 196 | 赵璐 | 565 |
| 赵力 | 590, 1079, 6561, 9321 | 赵麦璐 | 12086 |
| 赵力光 | 430, 7707, 7738, 8383 | 赵曼 | 6549 |
| 赵力生 | 6317 | 赵矛 | 5732 |
| 赵力中 | 3342, 6021, 6394 | 赵茂魁 | 5295 |

赵茂生　　　　　　10221, 10222, 10288, 10342

赵梅伯　　　　　　　11031, 11104, 11131

赵梅生　　　　　　　　　　2169, 2551

赵美成　　　　　　　　　12724, 13220

赵萌　　　　　　　　3316, 8624, 10184

赵孟　　　　　　　　　　7968, 7974

赵孟頫　778, 779, 1467, 1529, 1530, 1534, 1535,
　　1541, 1549, 1551, 6604, 6818, 6821, 7602,
　　7660, 7673, 7719, 7776, 7944, 7945, 7946,
　　7947, 7948, 7949, 7950, 7951, 7952, 7953,
　　7954, 7955, 7956, 7957, 7958, 7959, 7960,
　　7961, 7963, 7964, 7967, 7968, 7969, 7970,
　　7971, 7972, 7973, 7974, 7975, 7976, 7980,
　　7981, 7982, 7983, 7984, 7985, 7986, 7988,
　　7989, 7990, 7991, 7992, 7996, 7997, 7999,
　　8000, 8001, 8002, 8003, 8004, 8005, 8006,
　　8007, 8008, 8011, 8012, 8013, 8377, 8428,
　　8437, 8439, 10949

赵孟坚　　1530, 1532, 1542, 1548, 6819, 7970

赵孟林　　　　　　　　　　　　4644

赵孟矛　　　　　　　　　　　　7576

赵孟琪　　　　　　　　　　　　2952

赵梦姣　　　　　　　　　　　11876

赵梦林　　　　2055, 2084, 2101, 2128, 2159,
　　2366, 2373, 2384, 2450, 4028, 4209, 4216,
　　4255, 4284, 4361, 4362, 4377, 4387, 4435,
　　4475, 4488, 4511, 4526, 4546, 4547, 4564,
　　4582, 4584, 4586, 4590, 4602, 4619, 4625,
　　4628, 4632, 4655, 4667, 4687, 4699, 4702,
　　4716, 4718, 4754, 4778, 4790, 4792, 4800,
　　12887, 12896

赵梦晓　　　　　　　　　　　　1718

赵梦朱 279, 1759, 1954, 3555, 3658, 3734, 3967

赵民　　　　　　　　　　　　7617

赵岷泉　　　　　　　　　　　10206

赵敏　1417, 2915, 2994, 3333, 3549, 3608, 3649,
　　3711, 4043, 4258, 6340, 6341, 6389, 6627

赵敏生　3075, 3534, 3566, 3582, 3635, 3707,
　　3779, 8156, 8416

赵明 3429, 5494, 6331, 6443, 6475, 7258, 13186,
　　13228, 13233, 13242, 13252, 13257

赵明程　　　　　2910, 4107, 5198, 5208, 5362

赵明钧 4954, 5047, 5093, 5094, 5096, 5118, 5484,
　　5637, 5654, 5801, 6066, 6437, 6484, 6489,
　　6523, 6551

赵明文　　　　　　　　　　　　7457

赵明湘　　　　　　　　　　　　6303

赵明义　　　　　　　　　　　11266

赵明用　　　　　　　　　　　12627

赵明远　　　　　1338, 2999, 3000, 3005

赵鸣　　　　　　　　　　　　5558

赵铭　　　　　　　　　　11952, 13224

赵铭德　　　　　　　　　　　11524

赵铭彝　　　　　　　　　　　12711

赵墨　　　　　　　　　　　　7043

赵慕志　　　9039, 9385, 9843, 9856, 13015

赵穆　8494, 8515, 8516, 8517, 8521, 8522, 8524

赵穆父　　　　　　　　　　　8516

赵乃澄　　　　　　　　　　　9424

赵乃升　　　　　　　　　　　3752

赵男　　　　　　　　　　　　5262

赵南星　　　　　　　　　　　8031

赵楠　　　　　　　　　　　　2394

赵霓　　　　　　　　　　　　6369

赵宁安　　　　703, 2642, 2675, 2876, 2889

赵培恭　　　　　　　　　　　10841

赵沛　　　　　　　　　　684, 5208

赵鹏　6441, 6532, 6682, 6683, 6708, 7427, 7429,
　　8946, 12312, 13151

赵鹏万　　　　　3531, 11828, 12069

| | | | |
|---|---|---|---|
| 赵丕涛 | 9566, 10257 | 赵庆祥 | 4144, 4537, 4615, 6006 |
| 赵品三 | 8181 | 赵琼 | 10152 |
| 赵品逸 | 5963 | 赵球 | 5045 |
| 赵平祥 | 7505 | 赵权 | 3950 |
| 赵屏固 | 12267 | 赵全健 | 5278 |
| 赵朴初 | 1839, 2492, 8141, 8145, 8146, 8245 | 赵群 | 5974, 13158 |
| 赵普 | 7277, 7289, 8259, 8340 | 赵然玮 | 6327 |
| 赵奇 | 1114, 2243, 5465, 5540, 5568, 5804, 5939, 6029, 6161, 6290 | 赵仁 | 5218 |
| 赵崎 | 10231 | 赵仁成 | 3284, 3319, 4010, 4071, 4081, 4114, 4158, 4187, 4234, 4240, 4276, 4320, 4321, 4379, 4410 |
| 赵琪 | 2117, 6119, 13258 | 赵仁年 | 3954, 5112, 5123, 5135, 5210, 5243, 5331, 5344, 5428, 5432, 5437, 5485, 5496, 5515, 5536, 5539, 5545, 5564, 5609, 5660, 5666, 5671, 5675, 5681, 5700, 5724, 5727, 5796, 5804, 5971, 5989, 6012, 6053, 6507 |
| 赵琦 | 360, 502, 1069, 6917 | | |
| 赵琦美 | 771 | | |
| 赵启霖 | 8041 | | |
| 赵启祥 | 13095 | | |
| 赵启亚 | 5555 | | |
| 赵起 | 1703, 1718, 2650 | 赵仍 | 5784 |
| 赵绮云 | 2615, 4035 | 赵荣 | 8513, 8825, 8906, 9460 |
| 赵千红 | 5513, 5514, 5720 | 赵荣华 | 10659 |
| 赵前锟 | 6387 | 赵荣纪 | 1836, 1843, 3911 |
| 赵茜 | 12473, 12477 | 赵如兰 | 11486 |
| 赵强 | 861, 12773 | 赵如琳 | 12674, 12678, 12752, 12785, 12825, 13001 |
| 赵琴 | 10804, 10860, 10861, 10865 | 赵如意 | 4525 |
| 赵勤 | 13086, 13204 | 赵汝珍 | 412 |
| 赵勤国 | 10570 | 赵瑞 | 12914 |
| 赵勤英 | 12425, 12655 | 赵瑞春 | 1855 |
| 赵青河 | 6438 | 赵瑞椿 | 609, 1115, 1211, 5006, 5393 |
| 赵卿云 | 3741, 6748 | 赵瑞林 | 5271 |
| 赵清 | 5693 | 赵瑞平 | 11173 |
| 赵清礼 | 7625 | 赵瑞璞 | 2117 |
| 赵清远 | 8503 | 赵瑞清 | 8213 |
| 赵庆莲 | 7656 | 赵润平 | 4161, 4179 |
| 赵庆民 | 10577 | 赵润生 | 4001 |
| 赵庆泉 | 10591, 10628 | 赵润学 | 2686 |
| 赵庆笙 | 5762, 5843, 6672 | 赵润宇 | 6410 |

| | | | |
|---|---|---|---|
| 赵三岛 | 5419 | 赵世杰 | 2829 |
| 赵森 | 6446 | 赵世奎 | 12990 |
| 赵山 | 421, 434, 1518 | 赵世民 | 10899 |
| 赵山林 | 12788, 12852 | 赵世铭 | 358 |
| 赵善富 | 12605, 12607 | 赵世骞 | 10971, 10975 |
| 赵尚文 | 12793 | 赵世强 | 1845 |
| 赵尚义 | 3347 | 赵世伟 | 5746 |
| 赵少昂 | 478, 479, 949, 1429, 1707, 1884, 1908, 1929, 1983, 1999, 2000, 2032, 2052, 2214, 2277, 4126, 8419, 10032 | 赵世雍 | 8496 |
| | | 赵世洲 | 6385, 6388, 6474 |
| 赵少非 | 1823 | 赵守辉 | 11819 |
| 赵少华 | 10660, 10715, 10716, 10722, 12897 | 赵守军 | 7430 |
| 赵绍波 | 8833, 9109, 9858, 9883, 9888 | 赵守敏 | 4579 |
| 赵绍虎 | 2294, 3233, 3893, 3963, 3978, 4285, 4409, 4490, 4717, 5675, 5790, 6087 | 赵寿楣 | 6531, 6568 |
| | | 赵书权 | 5632 |
| 赵绍龙 | 219 | 赵书全 | 5254, 5766 |
| 赵绍义 | 13086 | 赵书群 | 7304, 7325 |
| 赵绍之 | 2817 | 赵叔孺 | 1737 |
| 赵昚 | 7966 | 赵淑娥 | 2052 |
| 赵升仁 | 962, 3740 | 赵淑范 | 11187 |
| 赵升云 | 3608 | 赵淑玲 | 6061 |
| 赵生龙 | 7538 | 赵淑明 | 5243 |
| 赵胜琛 | 6437, 6561, 6571 | 赵淑屏 | 12317 |
| 赵胜利 | 565, 1123, 1125, 4062 | 赵淑琪 | 9109, 9379, 9816, 9835, 9985, 9995, 10046, 10055, 10078, 10106 |
| 赵胜源 | 5212 | 赵淑钦 | 2758, 3851, 3852, 5863, 5967, 6227 |
| 赵师震 | 10785 | 赵淑霞 | 12611 |
| 赵石 | 8559 | 赵淑云 | 6305 |
| 赵时枫 | 8522 | 赵舒春 | 1331 |
| 赵士恒 | 2528 | 赵曙晤 | 8883, 9053 |
| 赵士荟 | 13185, 13197 | 赵述友 | 5234 |
| 赵士玑 | 5779, 5780 | 赵树繁 | 7484 |
| 赵士佶 | 5871 | 赵树理 | 4907, 5011, 5067, 6455 |
| 赵士骥 | 6137 | 赵树松 | 918, 924, 1313 |
| 赵士奎 | 13148 | 赵树同 | 8629 |
| 赵士英 | 1409, 2869, 3235 | 赵树玉 | 5297 |

赵树云 1253, 3423, 6660, 7098

赵恕 11168

赵恕心 11810

赵恕中 10736

赵澍萍 3071, 3114, 3783, 3969, 4215, 4340, 4491, 10470

赵拴造 5302, 6062

赵栓 5171

赵栓皂 5881

赵栓造 3737

赵双 6657

赵双群 4523

赵舜才 12094

赵思温 1995, 2023, 2085, 2369, 2510, 2512, 2567, 3928, 3968, 3971, 4385, 4454, 4509, 4617, 4706, 5314, 5646

赵思政 5255

赵四渝 12445

赵嗣伦 8272

赵松柏 3309

赵松龄 409, 10044

赵松年 10334

赵松青 1241, 10195

赵松泉 1983

赵松涛 856, 908, 2457

赵松庭 11300, 11303

赵松雪 7975

赵宋光 10848, 11046, 12173

赵宋生 2157, 2187, 2242, 2358, 2382, 2389, 2405, 2564, 3357, 3620, 3703, 3735, 3779, 3794, 3904, 3928, 4020, 4056, 4111, 4231, 4261, 4329, 4831, 5467, 5596, 5909

赵苏娜 584

赵素行 1234, 6416

赵素兰 2388, 4707

赵素岚 2396, 4778, 4792, 4800

赵素琪 12119

赵素棠 5282

赵随意 11724

赵穗萍 6056

赵锁琬 3411

赵塔里木 10906

赵泰来 2189, 2229

赵天楼 2004, 2013

赵田吉 4234

赵田人 4958

赵铁成 5382

赵铁城 5524, 6275

赵铁镜 3844

赵铁民 5812

赵铁铭 397

赵汀阳 072, 3506

赵廷春 3343

赵廷光 8955

赵庭武 12645

赵同 5820

赵万俭 3842

赵万捷 6149

赵万顺 3949, 3957, 3962, 4010, 4011, 4064, 5207, 5313, 5502, 5547, 5579, 5736, 5759, 6014, 8142

赵万堂 3602, 3637, 4939, 4981, 5053, 5068, 5078, 5099, 5197, 5377

赵望进 8283

赵望云 1436, 1707, 1728, 1769, 1777, 1783, 1864, 1954, 2000, 2294, 2317, 2416, 2847, 2848, 2853, 2857, 2921, 3396, 8648

赵薇 11184, 11185, 11186, 12180

赵巍 154, 2827

赵为民 11820

赵为群 3474, 3494, 3508, 3518

赵惟陈 11316, 11317

赵惟俭 11187, 11188, 11189, 12178, 12179,
12471, 12472, 12473, 12477

赵维 2342, 3613

赵维东 2306

赵维俊 7604

赵维利 5218

赵维敏 1809

赵维屏 7063, 10741

赵维松 7339

赵维扬 10191

赵维泽 9376, 9559

赵伟 8967, 9623

赵伟飞 1196

赵伟平 7352

赵伟月 3795

赵纬泽 9965

赵卫 2472, 2486

赵渭凉 3211, 3311, 3346, 5265, 5346

赵蔚华 6517, 6531

赵文彬 3448, 3492

赵文炳 7447

赵文发 1899, 1946, 1961, 2421, 2437, 2893,
3828, 3906, 3922, 3929, 4194, 4300,
4338, 4437, 4445, 4658

赵文淦 10374

赵文慧 618

赵文进 5397

赵文卿 8512

赵文贤 1952, 2626, 2633, 3701, 3710, 4894

赵文玉 5193, 5240, 5312, 5368, 5475, 5744, 6337

赵文元 1328, 2773, 3863, 4214, 4215, 5320, 5474,
5531, 5684, 5727, 5824, 5849

赵文远 5956

赵文忠 12778

赵闻庆 6021

赵我青 1250

赵卧虎 1380, 3881

赵斡 6822

赵无极 6861, 6862

赵吴成 6626, 7737

赵西德 7306

赵西林 8210

赵希鹄 378, 1032, 11315

赵希京 12639

赵希良 5223, 5316

赵希孟 11801

赵希强 1960, 4596

赵希玮 5408, 5971, 6194, 6277, 6316, 6426

赵希炜 5704

赵锡 4968

赵锡复 6355

赵锡堃 1719

赵锡山 5325, 5480, 5483, 6240

赵锡绶 8493, 8503

赵熙 6433, 8201

赵席珍 8050

赵先闻 2111

赵宪章 050, 078, 269

赵祥 5652, 5660

赵祥汉 6329

赵祥林 2111, 2141, 2366, 2376, 2383, 2384, 2386,
2393, 2946, 4191, 4209, 4271, 4284, 4440,
4453, 4461, 4535, 4537, 4538, 4589, 4590,
4595, 4601, 4616, 4625, 4628, 4655, 4688,
4691, 4709, 4723, 4736, 4751, 4761, 4798

赵翔 3549, 12607

赵向标 1348, 4867, 10401, 13166

| | |
|---|---|
| 赵小丁 | 13150 |
| 赵小觉 | 12938 |
| 赵小曼 | 10742 |
| 赵小敏 | 11129 |
| 赵小平 | 10889 |
| 赵小瑞 | 5330 |
| 赵小石 | 6477 |
| 赵小卫 | 6128 |
| 赵小毅 | 11202, 11991 |
| 赵小勇 | 6616 |
| 赵晓东 | 12883 |
| 赵晓光 | 3424 |
| 赵晓红 | 157 |
| 赵晓澜 | 5471, 6198, 6209 |
| 赵晓沫 | 3047 |
| 赵晓生 | 10851, 11242, 11262, 11672, 12203, 12204, 12205, 12207 |
| 赵晓苏 | 3482, 3495 |
| 赵晓亚 | 5681 |
| 赵晓音 | 6408, 6568, 6677 |
| 赵孝宁 | 11208 |
| 赵笑言 | 1964, 2364 |
| 赵笑岩 | 1951, 2085, 2122, 2365, 4681, 4784 |
| 赵燮 | 1354 |
| 赵辛 | 7088 |
| 赵辛茅 | 3496 |
| 赵欣 | 6193 |
| 赵欣野 | 6125 |
| 赵新 | 6281 |
| 赵新立 | 2059 |
| 赵新禄 | 5995 |
| 赵新民 | 5190 |
| 赵鑫珊 | 372, 10863, 10983 |
| 赵信芳 | 1788, 2722, 3682 |
| 赵兴彬 | 5079 |

| | |
|---|---|
| 赵兴斌 | 2829 |
| 赵兴国 | 6881 |
| 赵兴华 | 1947 |
| 赵兴琪 | 3272 |
| 赵兴文 | 11808 |
| 赵星 | 5687, 5938, 5974, 6203, 6286, 8198, 10218, 10393, 10907, 11818, 12098, 12235, 12338 |
| 赵杏楼 | 10616 |
| 赵熊 | 7758, 8374, 8436, 8437, 8565 |
| 赵修道 | 4252, 4310 |
| 赵修德 | 5293 |
| 赵修柱 | 3059 |
| 赵秀焕 | 2628 |
| 赵秀如 | 6001 |
| 赵秀英 | 6368 |
| 赵旭 | 6337 |
| 赵绪成 | 339, 1349, 2017, 3841, 5932 |
| 赵学兵 | 5605 |
| 赵学健 | 2335, 2342 |
| 赵学君 | 2148 |
| 赵学伦 | 8340 |
| 赵学元 | 5885 |
| 赵雪春 | 1260, 1261, 1262, 1266, 1267, 2906 |
| 赵雪海 | 8827, 8833, 13115 |
| 赵雪锦 | 11673 |
| 赵勋 | 2892, 5856, 6006, 6052, 6076, 6083, 6090, 6455 |
| 赵寻 | 12713, 12730 |
| 赵雅安 | 5387 |
| 赵雅博 | 016, 019 |
| 赵雅君 | 4564 |
| 赵延芳 | 2616, 9347, 9539, 9555, 9571 |
| 赵延杰 | 2092, 2396 |
| 赵延龄 | 5229 |
| 赵延年 | 560, 1211, 2717, 2986, 2998, 3003, 3011, |

3013, 3027, 3031, 3049, 3097, 3104, 3557, 5446, 8615, 8619, 8639, 8640

赵延平 3232, 3295, 5379, 5536, 5641, 6096, 6112, 6156

赵岩峻 7346, 8436

赵砚臣 11310, 11311

赵彦称 8052

赵彦杰 1836, 1854, 1946, 1966, 1968, 2103, 2128, 2162, 2449, 2494, 3783, 3789, 3929, 4144, 4240, 4427, 4506, 4674, 4818, 4820

赵彦良 7435, 8195, 8196

赵彦修 8018, 8024

赵彦章 8869

赵雁朝 5466

赵雁潮 5870, 6071

赵雁君 8312

赵燕 1304, 5101, 6660, 10268, 10770, 10771, 10820

赵燕潮 6051

赵燕南 6396

赵燕士 5861

赵燕侠 5935, 6073, 6243, 12878

赵燕选 308

赵燕翼 5099, 5126, 5129, 5240, 5344, 5392, 5400

赵扬名 9863

赵阳 4537, 4986, 5971, 6424, 10586

赵洋汉 5705

赵仰山 8722, 8733

赵养锋 6744

赵尧生 12920

赵耀东 13132

赵耀堂 5728, 6386

赵一东 5642

赵一楷 6764

赵一宁 6436

赵一鹏 11120

赵一萍 10838

赵一唐 605, 3151, 5134

赵一新 5378, 7260, 7313, 7314

赵壹 7205

赵诒琛 098

赵怡男 2363

赵怡元 688

赵宜生 8595, 10563, 10775

赵宜轩 10579

赵宜忠 6446

赵㿲光 7179

赵以夫 3366

赵以雄 1326, 2782, 2786

赵义民 12329

赵亦南 10388

赵易山 11287

赵怿贤 368

赵益超 1845, 2003, 2317, 3326, 3357, 3361, 3911, 3970, 3993, 4031

赵毅 218, 2342, 2569, 4225, 4306, 4724, 5776, 6053, 11806

赵翼荣 7307, 8217

赵懿 8528

赵茵 4399, 6044, 6128, 6254, 6348

赵银法 6342

赵银师 10498

赵应潮 10710

赵英奇 7618

赵英山 7370

赵映宝 1976, 2437, 4558, 4643

赵映壁 3967

赵映同 1853, 1859, 3848, 5458, 5637, 5638, 5683, 5692, 5722, 5755

赵映炯 5449

| | | | |
|---|---|---|---|
| 赵雍 | 1533, 1547 | | 4369, 4476, 4541, 4561, 4622, 4689, 4784, |
| 赵永芬 | 532 | | 4785 |
| 赵永红 | 083 | 赵玉 | 10688 |
| 赵永华 | 8276 | 赵玉昌 | 5708, 6156 |
| 赵永江 | 4999, 11283, 11284 | 赵玉芳 | 1336 |
| 赵永军 | 10713 | 赵玉峰 | 2283 |
| 赵永魁 | 8623 | 赵玉晶 | 10201, 10400 |
| 赵永鹏 | 5389 | 赵玉敏 | 2627, 4281, 10564 |
| 赵永森 | 5972 | 赵玉明 | 3836 |
| 赵永生 | 11693 | 赵玉琦 | 6273, 6305 |
| 赵永伟 | 157 | 赵玉强 | 7047 |
| 赵永祥 | 5431, 5539, 5542, 5605, 5678, 5941, 6005 | 赵玉荣 | 3816 |
| 赵永新 | 264 | 赵玉枢 | 12178 |
| 赵永鑫 | 4424 | 赵玉亭 | 8205, 8220, 8344, 8351 |
| 赵勇 | 10869 | 赵玉斋 | 12310, 12311 |
| 赵勇田 | 6351, 8912 | 赵玉州 | 7312 |
| 赵用之 | 11137 | 赵玉琢 | 1102 |
| 赵友萍 | 555, 562, 1075, 1076, 2768, 2769, 2778, | 赵域 | 2984 |
| | 2790, 3098, 3702, 3942, 3983 | 赵裕丰 | 10290 |
| 赵有林 | 7324 | 赵裕华 | 6265 |
| 赵有平 | 13063 | 赵毓桔 | 7137 |
| 赵有为 | 3913 | 赵豫 | 2481, 4670 |
| 赵幼兵 | 10710, 10711 | 赵元华 | 1325, 2264 |
| 赵幼华 | 1837, 1856, 1918, 1940, 2135, 2145, 2449, | 赵元礼 | 8119 |
| | 2517, 3374, 3376, 3879, 3912, 3939, | 赵元任 | 10830, 11364, 11473, 11486, 11993 |
| | 4049, 4078, 4424, 4462, 4552, 4662, 4678, | 赵元星 | 5583, 5661, 5682, 5958, 6247 |
| | 4720, 4738, 4799, 4829 | 赵元真 | 6519 |
| 赵幼文 | 12589 | 赵元佐 | 7948 |
| 赵渝明 | 5770 | 赵原 | 6821 |
| 赵宇敏 | 2024, 2052, 2576, 2657, 3352, 4625, 4657, | 赵远帆 | 082 |
| | 4663 | 赵远强 | 8479, 8576 |
| 赵羽 | 11959 | 赵月 | 10773 |
| 赵雨生 | 2631, 4114, 4160, 4173, 4191, 4284, 4392, | 赵月琪 | 1969, 4456, 4538 |
| | 4608 | 赵跃庆 | 1255 |
| 赵雨树 | 1955, 2005, 2060, 2102, 2388, 2395, 2503, | 赵越 | 4969, 4998, 5057, 5094, 6540, 12825 |

赵云 492, 10733

赵云程 12963

赵云川 10615

赵云壑 1703, 8558, 8559

赵云龙 1190

赵云起 8420

赵云清 3946

赵云声 6106, 6125

赵云舞 5418, 5534

赵云轩 7356, 7818, 8400

赵沄 8866

赵运生 5036

赵蕰玉 2615, 2619

赵蕴玉 1733, 1752, 1774, 1784, 1785, 1786, 1853,
1859, 1871, 1882, 1887, 1894, 1897, 2011,
2169, 2261, 2617

赵再生 11867, 12108, 12933

赵在翰 10941, 10942

赵则训 5852

赵泽生 6372

赵曾望 1271

赵增锴 020, 027, 030, 8711

赵增云 7295

赵瞻 5747

赵占东 861

赵阵容 13234

赵振川 2294, 2342, 2469

赵振录 5561

赵振民 5313, 13115

赵振南 5757

赵振堂 5448

赵振威 5281, 8817, 8822, 9237

赵振武 2160, 4229, 4372, 4484

赵振兴 10712

赵震 5430, 11204

赵震方 11875

赵震海 8989

赵震民 11123

赵震宇 5641

赵镇南 6098

赵镇琬 5303, 5983, 6112, 6377, 6556, 6557, 6564,
6565, 6760, 6811

赵征 5818, 5825, 6148, 6506

赵铮 12977

赵正 3715, 5345, 7767, 8282

赵正林 11954

赵正涛 3866

赵正阳 3888, 5529

赵之 3540

赵之琛 8489, 8490, 8491, 8493, 8504, 8506, 8519,
8524, 8547

赵之谦 1627, 1641, 1643, 1654, 1655, 1662, 1663,
1667, 1668, 1680, 1684, 1689, 1692, 2628,
7718, 8023, 8026, 8028, 8034, 8044, 8050,
8054, 8059, 8060, 8070, 8074, 8076, 8078,
8082, 8086, 8098, 8104, 8358, 8488, 8493,
8509, 8510, 8512, 8513, 8515, 8520, 8521,
8523, 8532, 8533, 8539, 8551

赵之硕 8994, 9759, 9761, 13150

赵之洵 9221

赵知敬 8625, 9302

赵执信 7202

赵祉平 2956

赵志斌 4795

赵志冲 12947

赵志凡 459

赵志方 5649

赵志光 938, 945, 949, 956, 963, 971, 2175, 2508,
2531, 3800, 3885, 5128, 9846

赵志华 1810, 1837

| | | | |
|---|---|---|---|
| 赵志辉 | 6329 | 赵紫峰 | 2551 |
| 赵志杰 | 11494 | 赵自强 | 417,426 |
| 赵志久 | 13224 | 赵宗概 | 2413 |
| 赵志钧 | 706,8468 | 赵宗敏 | 4688 |
| 赵志平 | 6561 | 赵宗心 | 12137 |
| 赵志强 | 5247,5275,6329 | 赵宗藻 | 2921,2994,3002,3008,3024,5123,5585, 8642 |
| 赵志勤 | 6424 | | |
| 赵志全 | 9536 | 赵祖德 | 8952 |
| 赵志田 | 1813,1824,1834,2697,2707,5798 | 赵祖欢 | 7147 |
| 赵志洋 | 6052 | 赵佐良 | 10769 |
| 赵志雍 | 5335 | 赵作慈 | 10708 |
| 赵治平 | 12992 | 赵作梁 | 4790 |
| 赵忠 | 5089,5102,11882,11883,11907,13234 | 照会 | 4939 |
| 赵忠琴 | 8790 | 照日格巴图 | 5339,5384 |
| 赵忠映 | 7605 | 照心 | 9529 |
| 赵仲穆 | 8524 | 照耀 | 5265,5325,8737,8740 |
| 赵仲普 | 11298 | 照沼真理惠 | 7138,7139,7140,7141,7142,7143 |
| 赵仲贤 | 3274,3849 | 肇靖 | 403,404 |
| 赵仲修 | 4967 | 肇明 | 5915,5956 |
| 赵仲玉 | 2804 | 肇庆地区文化局 | 5321 |
| 赵竹 | 3374 | 肇庆专署文化局 | 3151 |
| 赵竹鸣 | 5223 | 肇野 | 1202 |
| 赵竹坪 | 8055 | 肇玉厚 | 1856,2354,2422,3811,3860,3935, 4049,4953,4982,5060 |
| 赵准旺 | 1915,1985,2111,2169,2631,2876 | | |
| 赵子昂 | 1541,1544,7949,7988 | 肇毓厚 | 3114,4440,5822,6048 |
| 赵子江 | 7368 | 折葳美穗 | 8618 |
| 赵子佩 | 9538 | 折鸿雁 | 12409 |
| 赵子谦 | 1754 | 哲·赛音额尔德尼 | 5189 |
| 赵子荣 | 3023,3864 | 哲冰 | 1261 |
| 赵子贤 | 6239 | 哲成 | 8272,8340,8572 |
| 赵子玉 | 2466 | 哲峰 | 6708 |
| 赵子云 | 1703 | 哲焕 | 5170 |
| 赵梓雄 | 2751,5465,5507 | 哲里木盟版画创作组 | 3017 |
| 赵紫 | 12811 | 哲里木盟文化处 | 11807 |
| 赵紫宸 | 12051,12434,12435 | 哲里木盟文化局革命歌曲编选小组 | 11696 |

哲曼        13255

哲枚        5195

哲盟艺术集成办公室   12972

哲敏        5844

哲木        5159

哲牧        5159

哲曙       201, 202

哲宇        6724

哲中  5345, 5497, 5584, 5595, 5732, 5743, 5829

者吞        5840

者力        5044

浙江《两江》创作组    3871

浙江常山县毛泽东思想宣传站 3189

浙江大学党委宣传部   11526

浙江大学文化艺术委员会  11526

浙江电视台      7438

浙江富春江画报社    10500

浙江歌舞团      9218

浙江歌选编辑组     11416

浙江工农兵画报     5174

浙江工农兵画报社   3185, 5191

浙江工农兵美术大学    3164

浙江工艺美术编辑部   10231

浙江古籍出版社  7822, 8103, 8104

浙江画报社      10273

浙江幻灯制片厂 3092, 5000, 5152, 5158, 5166

浙江教育出版社     11730

浙江军区政治部  5142, 5144, 5145

浙江科学技术出版社  7420, 10494

浙江美术学院   029, 1283, 1667,
  1802, 1803, 1890, 2781, 2861, 3253, 3679,
  3685, 3711, 3712, 4995, 5170, 8659

浙江美术学院《地道战》连环画创作组 5159,
  5195

浙江美术学院《红灯记》连环画创作组 5149,

5161

浙江美术学院《沙家浜》国画创作组 1806

浙江美术学院版画系    2991

浙江美术学院出版社    7451

浙江美术学院出版社美术画册编辑部 1317

浙江美术学院附中高三    4922

浙江美术学院附中高四  3072, 3092

浙江美术学院附中高四学生 4955, 4999

浙江美术学院工农兵创作学习班 3758

浙江美术学院工农兵学员 3265, 3266

浙江美术学院环境艺术系   10584

浙江美术学院绘画教材编写组 161, 553, 1097,
  1222

浙江美术学院教材编写组   554

浙江美术学院师生    2854

浙江美术学院图案教材编写组 10208

浙江美术学院油画系二年级  3074

浙江群众艺术馆  601, 10665, 10666, 11586,
  11595, 11612, 11613, 11619, 11624,
  11625, 11626, 11633, 11637, 11769,
  11771, 11778, 12004, 12014, 12342,
  12596, 12599

浙江人民出版社  344, 3211, 3845, 3961, 5004,
  5237, 7854, 7855, 7856, 8806, 8807, 8871,
  8918, 9042, 9051, 9052, 9103, 9211, 9215,
  9218, 9274, 9305, 9306, 9339, 9784, 9788,
  9792, 10013, 10463, 10495, 11223, 11472,
  11518, 11713, 11869, 11929, 12375,
  12378, 12403, 12648, 12871, 12872,
  12874, 12922, 13013

浙江人民出版社绘    3216

浙江人民出版社美术创作组 3199, 3214

浙江人民广播电台文艺部  11705

浙江人民广播电台音乐组  11710

浙江人民美术出版社  1286, 1358, 1381,

1585, 1667, 1715, 2069, 2203, 2205, 2325, 2330, 2333, 2482, 2514, 2688, 3340, 3441, 4130, 4199, 4583, 4747, 4753, 4755, 4758, 4774, 4846, 4848, 4850, 4851, 4852, 4854, 4965, 4983, 5110, 5124, 5143, 6230, 6368, 6893, 7036, 7059, 8559, 8804, 8852, 9060, 9069, 9073, 9084, 9176, 9309, 9547, 9763, 9917, 10063, 10247, 10412, 10453, 10726, 10729, 10730, 10731

浙江人民美术出版社合　　　　　　　1358
浙江人民美术出版社画册编辑室　　1304, 6910, 10729, 10730
浙江日报美术组　　　　　　　　　3174
浙江少年儿童出版社　　　　　　　12046
浙江绍兴地区剧团　　　　　　　　9218
浙江摄影出版社　　　　　　　430, 8970
浙江省《半篮花生》创作组　　　　5245
浙江省博物馆　　1483, 1574, 2203, 2219, 2234, 2302, 2419, 2482, 2814, 4860, 7364, 7869
浙江省插花艺术研究分会　　　　　10603
浙江省党务指导委员会宣传部　　　11365
浙江省第一届工人业余美术创作展览会筹备委员会　　　　　　　　　　　　1355
浙江省电视剧制作中心　　　　　　13296
浙江省电影发行放映公司　　13104, 13279
浙江省电影志编辑办公室　　　　　13187
浙江省电影志编纂委员会　　13187, 13194
浙江省电影总公司　　　　　　　　13149
浙江省动员委员会战时教育文化事业委员会老百姓社　　　　　　　　　　1281
浙江省二轻局美术公司　　　　　　10350
浙江省富阳市政协文史委　　　　　2466
浙江省"革命委员会"生产指挥组农林局　9268
浙江省工艺美术研究所　　　　　　10232
浙江省公安厅　　　　　　　　　　4919

浙江省供销社院校书法教研大组　　7360
浙江省国风昆苏剧团　　　　　　　4894
浙江省国际广告公司温州分公司　　8957
浙江省会中等学校第二届音乐演奏会　11363
浙江省纪念毛主席《在延安文艺座谈会上的讲话》发表三十周年征文办公室　11667
浙江省嘉兴市秀洲区人民政府　　　1374
浙江省教育厅第三科电化教育服务处　13172
浙江省教育厅电化教育人员训练班　13023
浙江省教育委员会普通教育处　　　11929
浙江省金华市民族民间舞蹈集成编委会　12615
浙江省抗日自卫委员会战时教育文化事业委员会老百姓旬刊社　　　　　　1376
浙江省老龄委员会　　　　　　　　7346
浙江省立民众教育实验学校　　　　501
浙江省旅游局　　　　　　　　　　8929
浙江省美术家协会　　　　　　　　2261
浙江省民政教育厅　　　　　　　　12961
浙江省民政厅　　　　　　　　　　4995
浙江省宁波市民族民间舞蹈集成编委会　12615
浙江省群众艺术馆　　11445, 11620, 11628, 12568
浙江省人民政府新闻办公室　　　　8971
浙江省商业厅教材编审领导小组　　7348
浙江省上虞县人民政府《上虞风貌》编辑组8941
浙江省少年儿童出版社　　　　　　6633
浙江省绍兴市民族民间舞蹈集成编委会　12615
浙江省绍兴县战时政治工作队第十九次队员大会　　　　　　　　　　　　11544
浙江省师范教材编写组　　485, 486, 10795
浙江省室内装饰公司　　　　　　　10597
浙江省室内装饰公司组　　　　　　10604
浙江省书法家协会　　　7342, 8300, 8540
浙江省桐乡县文化局　　　　　　　8560
浙江省卫生防疫站　　　　　　　　10252
浙江省温州市民族民间舞蹈集成编委会　12616

浙江省文化局革命歌曲编辑小组　11460, 11461
浙江省文化局剧目创作室　12081
浙江省文化局美术组　10664
浙江省文化局群众文化组　11680, 12025
浙江省文化局音乐工作组　11404, 11767
浙江省文联音乐研究组　11404
浙江省文史研究馆　2229
浙江省文物管理委员会　8648
浙江省文物局　430
浙江省文物考古研究所　407
浙江省文学艺术工作者联合会　11404
浙江省戏曲现代剧曲艺现代书观摩演出大会办
　　公室　12924
浙江省戏曲音乐学会　11154
浙江省义乌市人民政府　8326
浙江省艺术研究所　022, 023, 058, 11154, 12844,
　　12848
浙江省战时教育文化事业委员会　11547
浙江省战时音乐工作者协会　11547
浙江水彩水粉画研究会　2944
浙江天蓝电脑蓝蜻蜓创作中心　6724
浙江文艺出版社　11706, 11714, 12878
浙江婺剧团　12117
浙江戏曲音乐学会　11154
浙江音协筹委会　11586, 11610, 11778, 12014
浙江余姚县文化站创作组　5267
浙江越剧改革剧组　2740
浙江越剧团　9215, 11828
浙江越剧团音乐研究组　12101, 12109
浙江展览馆　1274, 3181
浙江展览馆美术组　3173
浙江中亚广告艺术中心　9777
贞固　765
贞一居士　1057
珍·蒂伯莉　10767

珍·席格尔　190
珍波　5884
珍尔　6216
珍妮·多比　564
珍妮·哈维兰　184
真德秀　7239, 7697
真光剧场　13087
真慧　6535
真侣　6000
真木雅子　10732
真奇　5867
真人元开　5476
真唯　6381
真筱俊雄　10843
甄伯蔚　11037, 11074, 11086, 11110, 12356
甄藏国际艺术有限公司　1492
甄达津　10842
甄光俊　6095
甄鸿桂　857
甄鸿柱　860, 863
甄葵　5357
甄明菲　7744
甄石钦　5913
甄巍　120, 193
甄为民　9586
甄阳　6423
甄悦　209
甄曾　5550
枕戈　11769, 11937
振斌　6187
振超　11573
振德　5621
振东　5415
振奋　11939
振戈　9901

| | | | |
|---|---|---|---|
| 振海 | 2845, 9512, 9780 | 正刚 | 6381 |
| 振华 | 4376, 4677, 5316, 5400, 6970 | 正贵 | 10094 |
| 振环 | 4960 | 正惠 | 2028, 2679 |
| 振佳 | 11960 | 正霖 | 6245 |
| 振龙 | 9111 | 正平 | 11729 |
| 振民 | 3143 | 正青 | 4886 |
| 振平 | 6425 | 正仁 | 6302, 6307 |
| 振山 | 4835 | 正上 | 12110 |
| 振声 | 10095 | 正社书画研究会 | 678 |
| 振伟 | 10063 | 正威 | 2993, 2996, 3542 |
| 振新 | 5761, 5807 | 正文 | 11745 |
| 振鑫 | 6136 | 正新 | 6345 |
| 振业 | 4918 | 正阳 | 2361, 2362 |
| 振宇 | 5219, 5241 | 正阳县文化局 | 12761 |
| 振云 | 6187 | 郑爱莉 | 1215 |
| 震钦 | 5922, 6003 | 郑安阳 | 6547 |
| 震时 | 8825 | 郑安云 | 6494, 6512 |
| 震伟 | 6405 | 郑百重 | 2169, 4351 |
| 震亚 | 6246 | 郑板桥 | 961, 1654, 1659, 1668, 1669, 1670, 1671, |
| 震野 | 6205 | | 1672, 1674, 1676, 1678, 1679, 1682, 1683, |
| 震中 | 9664 | | 1684, 2503, 2612, 2633, 2650, 2659, 2670, |
| 镇怀 | 3341 | | 2705, 2711, 4290, 4438, 4661, 4866, 7672, |
| 镇江市博物馆 | 402 | | 8018, 8068, 8071, 8072, 8074, 8077, 8082, |
| 镇江市文化馆 | 12443 | | 8088, 8092, 8094, 8095, 8102, 8105, 8106, |
| 镇江市扬剧团 | 4960 | | 10457, 10478 |
| 镇江市政协文史资料委员会 | 12973 | 郑板桥艺术节组织委员会 | 1686 |
| 镇江中国旅行社 | 9805 | 郑邦裕 | 1914, 1916 |
| 镇欧 | 6330 | 郑宝琛 | 1056, 10948 |
| 征帆 | 11573 | 郑宝春 | 4450, 10578 |
| 征飞 | 8092 | 郑宝恒 | 11348, 11349 |
| 征歌编选小组 | 11692 | 郑宝俭 | 12627 |
| 征平 | 5680 | 郑必宽 | 4848, 8242 |
| 征衣 | 5647 | 郑必新 | 9926 |
| 峥嵘 | 11833 | 郑碧玉 | 6060 |
| 钲台 | 4985 | 郑秉琦 | 2730 |

| | | | |
|---|---|---|---|
| 郑秉珊 | 788 | 郑达 | 098 |
| 郑炳纯 | 759 | 郑大和 | 5807 |
| 郑炳也 | 7226 | 郑大其 | 3805 |
| 郑波 | 3918, 4963, 5045, 5096, 5273, 5292, 5522, 5685, 5722, 5981, 6044, 6168, 6338, 6365, 6407 | 郑大同 | 11871 |
| | | 郑大伟 | 6402 |
| | | 郑大斡 | 4538 |
| 郑波微 | 7627 | 郑大昕 | 12175, 12207, 12524 |
| 郑波侠 | 6196 | 郑代隆 | 2894 |
| 郑伯劲 | 2460 | 郑岱 | 2826 |
| 郑伯萍 | 593, 1996 | 郑黛琼 | 13020 |
| 郑伯庆 | 9136 | 郑丹瑞 | 3434 |
| 郑伯山 | 081 | 郑道光 | 12305 |
| 郑伯侠 | 5457, 5476, 5487, 6124 | 郑道鸿 | 3875 |
| 郑伯英 | 1474, 1709, 2982 | 郑道昭 | 7778, 7785, 7795, 7805, 7811, 7818, 7827 |
| 郑灿 | 8015 | 郑德坤 | 017 |
| 郑昌蕤 | 9833 | 郑德民 | 2486 |
| 郑昌巍 | 9062, 9063, 9076, 9098, 9357, 9385, 9801, 9819, 9820, 9837, 9838, 9945 | 郑德仁 | 12150, 12173 |
| | | 郑德渊 | 10994 |
| 郑昶 | 242, 569, 600 | 郑狄克 | 12645, 12661 |
| 郑超雄 | 074, 10202 | 郑棣 | 3067 |
| 郑朝 | 121, 354, 523, 535, 693, 906, 1097, 5275, 7334, 10394 | 郑棣青 | 2215 |
| | | 郑定荣 | 5286 |
| 郑成伟 | 12404 | 郑定友 | 4372 |
| 郑成义 | 5499, 12009 | 郑洞天 | 13211 |
| 郑城 | 7832 | 郑笃孙 | 2317 |
| 郑崇民 | 6252, 6290 | 郑端 | 7047 |
| 郑崇尧 | 2820 | 郑多铿 | 8560 |
| 郑川谷 | 1425, 10205, 10207 | 郑恩天 | 3785 |
| 郑传寅 | 12853 | 郑尔康 | 406 |
| 郑春华 | 6426, 6710, 6712 | 郑发祥 | 2283, 2295, 2531 |
| 郑春龙 | 1244, 10214, 10332 | 郑法祥 | 12870 |
| 郑春松 | 2215 | 郑方 | 2470 |
| 郑淳 | 2973 | 郑方伟 | 182 |
| 郑聪明 | 7670 | 郑芳 | 5856 |
| 郑琮 | 6174, 6205 | 郑风 | 6486 |

| | | | |
|---|---|---|---|
| 郑峰明 | 7288 | 郑宏然 | 6176 |
| 郑凤兰 | 13078 | 郑宏宇 | 6367 |
| 郑福生 | 10489 | 郑虹 | 9860 |
| 郑福裕 | 8292 | 郑洪 | 5108 |
| 郑箎 | 8044 | 郑洪峨 | 3806, 8318, 10684 |
| 郑富州 | 3198 | 郑洪流 | 2725 |
| 郑刚 | 5506, 5838 | 郑鸿路 | 3105 |
| 郑岗 | 2317 | 郑虎文 | 7233 |
| 郑高空 | 5587, 5803, 5832, 6167, 6180 | 郑华 | 4776, 8974, 9209, 9214, 9333, 10720 |
| 郑工 | 830, 1491 | 郑华丰 | 7636 |
| 郑光华 | 9304 | 郑化 | 5709, 5913 |
| 郑光健 | 10558 | 郑化改 | 1244, 7023 |
| 郑光克 | 2695 | 郑化中 | 155 |
| 郑光泽 | 13238, 13239 | 郑桦 | 12918 |
| 郑珑 | 3987 | 郑怀 | 7775 |
| 郑广贤 | 4284 | 郑怀杰 | 11255 |
| 郑瑰玺 | 2556 | 郑怀岭 | 3227 |
| 郑桂兰 | 5781, 5788, 5942, 6347 | 郑怀义 | 8248, 8304 |
| 郑国 | 453, 801 | 郑辉 | 6595 |
| 郑国斌 | 9594 | 郑惠美 | 1188 |
| 郑国础 | 4739 | 郑惠民 | 10253 |
| 郑国恩 | 13269, 13270, 13272 | 郑慧慧 | 12584 |
| 郑国英 | 11219 | 郑火星 | 4917 |
| 郑国裕 | 149, 8692 | 郑基相 | 8484 |
| 郑海明 | 5315, 5884, 6219 | 郑集宾 | 1786, 2490 |
| 郑海涛 | 8300 | 郑纪民 | 6144 |
| 郑海瑶 | 073 | 郑际浩 | 5587, 5688, 6601 |
| 郑寒风 | 10907 | 郑济炎 | 2215 |
| 郑菡萍 | 10686 | 郑绩 | 668, 856, 862, 1452, 8024 |
| 郑浩豪 | 5218 | 郑加真 | 5254 |
| 郑禾 | 6033, 6041 | 郑浹 | 6766 |
| 郑何群 | 12404 | 郑家声 | 3689, 4918, 4926, 4927, 4933, 5001, 5045, 5111, 5222, 5407, 5470, 5505, 5524, 5712, 5735, 5934, 6010, 6093, 9821 |
| 郑红 | 7364 | | |
| 郑红娥 | 4218 | | |
| 郑宏 | 5530, 6046, 9583, 10326 | 郑家瑾 | 8605 |

郑家园　　　　　　　　　　　　　　　5882

郑家沅　　　　　　　　　6289, 6295, 6305

郑家镇　　　　　　　　　　　1236, 2873

郑坚石　2093, 2385, 4013, 4161, 4223, 4276, 4374,
　　　4507, 4542, 4581, 4611, 4614, 4647, 4663,
　　　4680, 4702, 4726

郑建国　　　　　　11265, 11266, 12553

郑建平　　　　　　　　　　　　　　1227

郑建文　　　　　　　　　　　　　　9975

郑建新　　　　　1258, 6482, 6760, 6767

郑建忠　　　　　　　　　　　　　　8941

郑剑华　　　　　　　　　　　　　12588

郑剑西　　　　　　　　　　　　　11136

郑健　　　　　　　156, 10259, 10261

郑阶平　　　　　　　　　　7602, 8272

郑捷　　　　3110, 4087, 9042, 9345, 9363,
　　　9450, 9546, 9624, 9625, 9717, 9784, 9889,
　　　10230, 10485, 10487

郑捷克　　　　　　　　　　　　　　2959

郑金昌　　　　　　　　　　　　　　4020

郑金坤　　　　　　　　　　　　　　7566

郑金兰　　　　　1235, 10681, 10682

郑锦扬　　　　　　　　098, 100, 10972

郑构　　　　　　　　　　　7193, 7194

郑觐　　　　　　　　8674, 8675, 8676

郑觐文　　　　　　　　10949, 11299

郑经　　　　　　　　　　　　　　　1714

郑经文　　　　　　　　　　　　　　1390

郑景康　　　　　　　　　　8683, 8975

郑景贤　　　　　　　　　　962, 2531

郑久康　　　　　　　　　　　　　　8573

郑巨欣　　　　　　　　　　　　　10331

郑娟　　　　　　　　　　　　　　　6288

郑军　　　　6661, 7650, 7652, 7654, 8599,
　　　9822, 10220, 10295, 10304, 10310, 10315,

10316, 10318, 10320, 10321, 10322,
10323, 10325, 10326, 10327, 10328,
10332, 10333, 10336, 10339, 10342,
10364, 10389, 10392, 10398, 10568,
10607, 10704, 10706, 10712, 12836

郑军健　　　　　　　　　　7571, 7579

郑军里　　　　　　　705, 1002, 2294

郑君　　　　　　　　　　　　　　12914

郑君里　　　　　　　　　　　　　5012,
　　　5087, 5354, 5482, 5567, 5766, 6061, 6188,
　　　6444, 12677, 12807, 12808, 12810, 12904,
　　　13206, 13233

郑君瑜　　　　　　　　　　　　　　8977

郑俊秀　　　　　　　　　　　　　10716

郑峻生　　　　　　　　　　　　　13168

郑开慧　　　　　　　　　　5340, 5371

郑开来　　　　　　　　　　　　　10880

郑凯军　5475, 5863, 5927, 6006, 6077, 6168, 6213,
　　　6396, 6468, 6590, 6676, 6677, 6708

郑康振　　　　　　　　　　　　　13152

郑可俊　　　　8933, 9836, 10123, 10124

郑克明　　　　　　　　　　　　　　2556

郑克祥　　　　　4055, 4104, 4115, 4202

郑鹂　1953, 2615, 2930, 3098, 3535, 3582, 3971,
　　　4024, 4094, 4114, 4148, 4178, 4213, 4332,
　　　4352, 4356, 4389, 4534, 4589, 4640, 4655

郑兰茂　　　　　　　　　　　　　　8239

郑磊　　　　　　　　　　　　　　12593

郑冷横　　　　　　　　　　　　　12045

郑礼　　　　　　　　　　　　　　　6184

郑礼波　　　　　　　　　　　　　　5304

郑礼阔　　　　　　　314, 2294, 10234

郑理　　　　　　　　349, 6494, 6498

郑力　　　　　　　　　　　　　　　1342

郑力强　　　　　　　5717, 5967, 6133

| | | | |
|---|---|---|---|
| 郑立 | 5961 | 郑明盛 | 5893 |
| 郑立君 | 3384 | 郑明耀 | 7380, 7610 |
| 郑立藻 | 11048, 12334, 12336 | 郑明之 | 6203 |
| 郑丽 | 10210 | 郑鸣 | 8861, 8901, 9290 |
| 郑丽芬 | 6939 | 郑鸣放 | 183 |
| 郑丽华 | 3018 | 郑墨 | 2901 |
| 郑丽芸 | 8594 | 郑谋梅 | 5313, 5576, 5684, 5840, 6033 |
| 郑利 | 722 | 郑沐 | 8516 |
| 郑利平 | 2535 | 郑慕康 | 1765, 3562, 3640 |
| 郑莉 | 11103 | 郑慕倩 | 1629 |
| 郑连群 | 1486, 4788, 4822, 4850, 4863 | 郑乃珖 | 935, 1733, |
| 郑樶生 | 518 | | 1735, 1752, 1768, 1770, 1775, 1871, 1876, |
| 郑林华 | 3903, 5812, 5967, 6177, 6227, 6275 | | 1879, 1880, 1892, 1895, 1903, 1912, 2025, |
| 郑林生 | 1132 | | 2032, 2169, 2199, 2294, 2489, 2490, 2494, |
| 郑琳 | 5920 | | 2497, 2556, 2562, 2571, 2607, 2611, 2612, |
| 郑龙兴 | 12372 | | 2614, 2617, 2618, 2620, 2621, 2631, 3632, |
| 郑鲁言 | 9924 | | 3651, 3652, 3656, 3663, 3995 |
| 郑录高 | 475, 564, 4683 | 郑乃铭 | 048 |
| 郑律成 | 11412, 11433, 11442, 11466, 11539, | 郑乃荣 | 3225 |
| | 11586, 11601, 11604, 11944, 11952, | 郑乃炘 | 11176 |
| | 11971, 12359, 12363, 12364 | 郑乃珧 | 1428 |
| 郑路 | 12158, 12159, 12160, 12161, 12229, 12230, | 郑南 | 6077, 11626 |
| | 12234 | 郑霓裳 | 3953, 4193 |
| 郑路创 | 12161, 12553 | 郑鸥 | 5011 |
| 郑曼青 | 1929 | 郑盘齐 | 9802, 9805, 9951 |
| 郑玫玲 | 10355 | 郑培英 | 1134, 6873, 6879 |
| 郑美玉 | 7064 | 郑佩佩 | 12601 |
| 郑孟煦 | 5410, 6435 | 郑佩珊 | 8537 |
| 郑梦星 | 5250 | 郑鹏 | 4504 |
| 郑妙昌 | 6062 | 郑平 | 5010, 6206 |
| 郑旻 | 3434 | 郑平著 | 5454 |
| 郑明 | 804, 1104, 5914, 6233, 6322, 7280 | 郑奇 | 694, 696, 698, 852 |
| 郑明宝 | 8899 | 郑旗 | 818 |
| 郑明进 | 605, 1247, 6599, 7063 | 郑起妙 | 2960 |
| 郑明明 | 5995 | 郑茜 | 6500, 6579, 6588, 6591 |

郑强平　9303

郑沁园　4956, 4962, 5001, 5004, 5012, 5051, 5075, 5081, 5083, 5086, 5087, 5092, 5107

郑清川　5612

郑清风　5951

郑清清　10847

郑庆各　6010

郑庆衡　857, 860, 2395, 2416, 3251, 5273, 5394, 5592, 5821, 5823, 5884, 5988

郑庆蘅　5492

郑庆魁　12272

郑秋枫　11466, 11475, 11682, 11695, 11966, 11967, 11972, 11981, 12172, 12229

郑泉松　5582, 5763

郑铨　12197

郑确　034

郑然　5100

郑人　5286

郑壬和　914

郑仁德　11174

郑仁山　782

郑荣庚　1182, 1304, 3168, 3269

郑荣国　3296, 4350

郑荣华　5654, 5787, 5954, 5980, 6007, 6079, 6123, 6136, 6138

郑荣明　7368, 7927

郑荣兴　12958

郑如文　6098, 6189

郑瑞德　3136

郑瑞全　10371, 10372

郑瑞勇　2321

郑若泉　2608, 3611, 3668, 3711, 4947

郑森林　617

郑善禧　1897

郑尚宪　12705

郑枸　7176, 7177, 7194

郑少谷　10369

郑绍敏　916, 996, 1003, 5328, 6056

郑佘标　8842

郑慎斋　2922, 6772

郑生武　5697

郑声　12589

郑圣天　5052, 5109

郑胜　11516

郑胜军　6574

郑胜天　2793, 2794, 3283

郑盛名　2111

郑诗敏　11313

郑石生　12476

郑实予　3094, 4960, 4965

郑士彬　3661

郑士金　5434, 5545, 5609, 6236

郑士仰　2359, 5986, 6114

郑世芳　5853

郑世俊　5356, 5426, 5559, 5572, 6280

郑世魁　1837

郑世文　11166

郑仕金　5336

郑书阁　2486

郑书健　2317

郑书雄　4940

郑叔方　1279, 5958

郑淑文　1173, 13161

郑曙光　9299, 9852

郑曙杉　10592, 10594

郑树楠　3267

郑树森　13157

郑双田　4496

郑爽　3054, 10513

郑朔　11274, 11276

郑硕人　　12651, 12652, 12653, 12655

郑松茂　　13161

郑松维　　3492

郑松义　　7557

郑宋乾　　8948

郑诵先　　8153, 8323

郑素霞　　10367

郑泰丞　　13064

郑倪　　8134

郑陶　　3073

郑天　　10601

郑铁林　　457, 461, 8693

郑廷桂　　381

郑廷玉　　6387, 6492

郑通贵　　4547, 4650

郑通卫　　8338

郑通校　　3004, 3005, 3147, 3735, 6144

郑万林　　6540, 6567, 6722, 6726

郑万泽　　6606, 6610, 6677

郑威　　1688, 8083, 8085, 8397

郑为　　312, 402, 1683, 3069, 9829

郑维　　7559

郑维汉　　8885, 9872

郑维庆　　5191, 5476, 6158

郑维雄　　4885

郑伟　　4695, 4727, 5395, 5952, 8820, 8821, 8822, 8823, 8827, 8828, 9074, 9086, 9240, 9243, 9645, 9670, 10065, 13122, 13124, 13125

郑伟建　　921

郑炜　　12005

郑炜明　　2334, 12792

郑卫　　2960, 9857, 9858, 9962, 10167

郑卫军　　6276

郑文　　596, 5230, 8904

郑文宝　　8480, 8484

郑文彬　　5294, 5558

郑文焯　　8115, 8132

郑文光　　13237, 13256

郑文华　　3055, 8268

郑文慧　　12986

郑文侠　　5930, 5962

郑文贤　　5574

郑文中　　4884, 4892

郑闻慧　　544

郑问　　6214, 6427

郑午昌　　569, 782, 1644, 1646, 1647, 1974, 2197, 2489

郑希哲　　5241

郑锡同　　5481

郑锡炎　　5082

郑锡珍　　793

郑熙亭　　2551

郑曦　　10394

郑曦阳　　6761

郑先梅　　3743, 3845

郑先庆　　11010, 11011

郑显全　　12353

郑宪章　　8992

郑献铭　　9039

郑祥福　　199

郑祥瑞　　12569, 12646

郑祥裕　　3128

郑向恒　　12790

郑向农　　2294, 3286, 3842, 3971, 9448

郑向群　　11718, 11721

郑象贤　　5892

郑小都　　3942

郑小娟　　874, 1305, 1326, 1716, 2243, 3874, 3880, 4020, 4072, 4259, 4493, 6304, 6525

郑小凯　　5886

郑小明 3989

郑小朋 2771, 3970

郑小鹏 3246, 3252, 3883, 5603

郑小秋 13237, 13240, 13246

郑小提 12210

郑小维 12213

郑小焰 6392

郑晓宾 12178

郑晓东 8697

郑晓华 052, 7390, 8005

郑晓星 316

郑晓焰 6429

郑筱云 10095

郑孝淳 8344

郑孝廉 7630

郑孝民 10057

郑孝通 8598

郑孝同 2664

郑孝胥 8107, 8113, 8114, 8117, 8122, 8127, 8130, 8131, 8193, 8341

郑獬 381

郑燮 644, 645, 748, 1444, 1614, 1631, 1660, 1682, 1689, 2612, 2639, 8030, 8044, 8045, 8069, 8071, 8072, 8075, 8076, 8086, 8088, 10439

郑心南 13021

郑辛遥 3490, 7015

郑新兰 11500

郑新民 3799, 3860, 3989

郑新生 11384

郑新吾 6378, 6410

郑新羽 5533, 5856, 6192, 6534

郑新雨 2616, 2633, 3271, 3773, 3983, 4207, 4217, 5265, 5350, 5370

郑忻 2898

郑兴丽 11120, 12370, 12428, 12430, 12450

郑兴三 11247, 11262

郑秀晨 5872

郑秀桂 6225

郑秀明 2340

郑旭 1216

郑旭庆 2833

郑旭升 6522

郑旭生 3613

郑绪良 6375

郑绪梁 6389

郑宣 5791

郑学恭 1823, 3730, 3878, 3921, 3949, 5124

郑学清 9978

郑学信 1933, 1955, 1978, 2022, 4452, 4571, 4657, 10470

郑雪峰 7741

郑雪来 100, 164, 165, 12677, 12678, 12681, 12684, 12685, 12686, 12688, 12812, 13051, 13073, 13138

郑勋 10276

郑洵 1760

郑亚玲 13191

郑亚龙 10272

郑言 6482

郑岩 6043, 6571

郑炎 5630, 9258

郑彦伟 7503, 7521

郑瑶锡 397

郑药如 3851

郑一呼 3600, 5007, 5012, 5039, 5064, 5671, 5755, 5963, 6288

郑伊农 1815, 1828, 1907, 1908, 2593, 3649, 3748, 4092, 4192

郑宜 6102

郑宜颖 6122

| | |
|---|---|
| 郑宜云 6122 | 郑元绪 6942, 7001 |
| 郑义 10384 | 郑元者 192 |
| 郑艺 1088, 7630, 10244 | 郑沅 8111, 8114, 8120 |
| 郑亦秋 12079 | 郑远明 6020 |
| 郑逸梅 7161, 13181, 13289 | 郑月桂 147 |
| 郑毅 5813 | 郑越 5317 |
| 郑银河 10324 | 郑云 11204 |
| 郑银淑 799 | 郑云波 4885 |
| 郑隐飞 11138, 11300, 11834, 11835, 11869 | 郑云亮 12119 |
| 郑应杰 10193, 10395 | 郑云有 11202 |
| 郑应隆 1373 | 郑允钦 6460 |
| 郑英锋 466 | 郑再新 13180 |
| 郑英烈 11058, 11089, 11094 | 郑赞嘉 9373 |
| 郑瑛 11665 | 郑赞文 10272, 10303, 10394 |
| 郑颖 6559, 6572 | 郑泽中 5891, 6175 |
| 郑颐人 7418 | 郑湛 199 |
| 郑永华 2226 | 郑肇建 12647 |
| 郑永吉 9346, 9529, 9668, 9797, 9942, 10063 | 郑珍 1649 |
| 郑永琦 8901, 8990, 9523, 9524, 9525, 9960, 9961, 10013 | 郑振铎 096, 276, 277, 1201, 1205, 1209, 1468, 1469, 1474, 1498, 1515, 1523, 1531, 1532, 1540, 1549, 1553, 1573, 1622, 2979, 2980, 2981, 2991, 2992, 3040, 3045, 12742 |
| 郑涌 3777, 3798 | |
| 郑于鹤 8661, 9339, 10510 | |
| 郑羽 6907 | 郑振华 8352 |
| 郑雨 10576 | 郑振强 3051 |
| 郑玉菁 13302 | 郑振孙 9072 |
| 郑玉岷 3737 | 郑振祥 13115 |
| 郑玉崑 2189, 2229, 2261, 2951 | 郑振耀 3459, 3466 |
| 郑裕孚 7711 | 郑振玉 11958 |
| 郑毓敏 1290, 2770, 2861, 5069, 5104, 5130, 5417, 5964 | 郑震 1176, 1206, 1367, 3005, 3006, 12747 |
| | 郑震孙 3129, 9044, 9149, 9929, 9960, 9961 |
| 郑渊洁 5468, 5779, 5888, 5890, 5891, 5899, 5919, 5923, 5940, 5953, 5954, 5981, 6022, 6226, 6316, 6439, 6652, 6654, 6656, 6657, 6658, 6660, 6664, 6673, 6674, 6687, 6690 | 郑镇玉 11424, 11434, 11642, 12158, 12226 |
| | 郑征泉 1398, 5569, 6172 |
| | 郑正 2531 |
| | 郑正刚 10024 |
| 郑元福 5007 | 郑之 4687 |

| | | | |
|---|---|---|---|
| 郑之东 | 6158 | 郑子钢 | 2818 |
| 郑之同 5760, 5782, 5813, 5898, 5962, 5974, 6040, 6068, 6109 | | 郑子礼 | 10381, 10584 |
| | | 郑子良 | 12328 |
| 郑支宗 | 8497 | 郑子铭 5242, 5336, 5460, 5463, 5514, 5522, 5707, 5773, 5790, 5875 | |
| 郑直 | 9974 | | |
| 郑志 | 10786 | 郑祖纬 | 1376, 2317 |
| 郑志明 | 5834, 6004, 6107, 6223, 6355 | 郑祖襄 | 10976 |
| 郑志宁 | 13059 | 郑祖英 | 9886 |
| 郑志祥 | 4460 | 郑左文 | 12606 |
| 郑志岳 5636, 5792, 6004, 6107, 6236, 6317, 6355 | | 郑佐时 | 7799, 8125 |
| 郑志云 | 1165, 1177 | 政事堂礼制馆 | 12242, 12243 |
| 郑中荣 | 6730, 6731, 6733 | 政协北京市委员会文史资料研究委员会 | 12879 |
| 郑忠澄 | 10367 | 政协赤峰市红山区委员会 | 12345 |
| 郑重 517, 802, 1571, 6013, 10602, 10605, 10651, 12800 | | 政协福建省委员会 | 2282, 2325 |
| | | 政协广州市委员会办公厅 | 341 |
| 郑州·大河画廊 | 1493 | 政协江苏省委员会 | 2283 |
| 郑州市"二七"大罢工革命史画创作办公室 | | 政协兰坪白族普米族自治县委员会 | 8966 |
| | 1290, 3194 | 政协齐齐哈尔市委员会 | 1374 |
| 郑州市爱国主义教育丛书编委会 | 11751 | 政协曲阜县文史资料研究委员会 | 1479 |
| 郑州市美术工作者协会 | 2987 | 政协汕头市委员会 | 339 |
| 郑州市曲剧团 | 11835 | 政协四会县委员会 | 8207 |
| 郑州市群众艺术馆 | 7666 | 政协温岭市委员会 | 9145 |
| 郑州市人大常委会办公厅 | 8334 | 政协榆林市委员会 | 2163 |
| 郑州市人民政府 | 349 | 政协云南省江川县委员会 | 1373 |
| 郑州市少年宫 | 3240 | 政勋 | 12405 |
| 郑州市图书馆 | 161 | 政治部 | 8881, 9271 |
| 郑州市文化馆 | 161, 11680 | 政子平 | 5308 |
| 郑州市文联 11444, 11603, 11608, 12012, 12014 | | 之冲 | 8672 |
| 郑州书法家协会 | 8152 | 之芳 | 6319 |
| 郑州铁路局业余美术创作组 | 3194 | 之江 | 6130 |
| 郑竹三 | 715 | 之明 | 12092 |
| 郑竹天 | 3260 | 之硕 | 10107, 10233 |
| 郑竺三 | 541 | 之先 | 10592 |
| 郑拙庐 | 660, 791 | 之湘 | 5022 |
| 郑子褒 | 12857 | 之英 | 4879, 10128 |

之莹　7474
之渔　7503
之竹　5077
支养年　162, 8829, 9119, 9438, 9441, 9444, 9698, 9708
支益民　8901
支羽　7514
支柱　3385, 4771, 4865, 8838, 8839, 8840, 8845, 8848, 8849, 8851, 8852, 8853, 8865, 9025, 9027, 9028, 9030, 9033, 9034, 9035, 9329, 9374, 9718, 9730, 9740, 9743, 9747, 10034, 10063
芝光林　3890
芝田米兰　1070
芝野一郎　12450
知凹　6296
知非　11759
知更鸟设计家族　7065
知行　3522
知日　5727
知识出版社　044, 2689, 3330
知闻　6281
知希　4963, 5005, 5029, 5548
知希斋　8481, 8493
知侠　5127, 5128
知音　4930, 4978
知真　3470, 3471
直友　11386
职业高中金融专业教材编写组　7348, 7569
植谋　5477, 5791, 6451
植日焕　8855
植绒　2204
植天先志　6942
植田正史　6946, 6958, 6963
植田正志　6939, 6942, 7047

止水　6709
芷雨　5480, 5531, 5652, 5681
纸老虎　6691
至昌　6595
志斌　2127, 2392, 4437
志常　12669
志成　6632, 9079, 9358, 9360, 9362
志飞　10098
志峰　8569
志淦　5722, 5856
志刚　6241, 13072, 13181, 13215, 13307
志光　13069
志浩　7525
志和　6449
志贺克行　10775, 10776, 10779, 10780
志恒　8855, 8856, 9315, 9316, 9501, 9507, 10095, 10096
志红　11725
志宏　6510
志华　2077, 2110, 4796, 4802, 6406, 11509
志华桂卿　4738
志辉　11509
志坚　6337
志建　5699
志兰　7507
志敏　10807
志能　3357
志鸟荣八郎　10883
志农　7647
志平　5440, 5441, 6309
志强　1141, 1142, 6086
志泉　5044
志仁　6667
志堂　4092, 9222, 9342, 10022
志尉　4441

志武　8865, 9104, 9124, 9128, 9479, 9517, 9522, 9888

志贤　605

志新　3127

志学　1755, 4961, 5008

志颜　1602

志一　5226

志友　6648

志渊　9079

志圆　1702

志增　9579

志中　5596

志忠　8850, 8853, 9024, 9470, 9902, 10085, 12412

郅红　6705, 6719

质夫　4902, 5073, 5077

治安　2367

治贵　5773

治洪　5904

治淮委员会政治部教宣处　8875

治淮委员会政治部宣教处8869, 8870, 8871, 8873

治黄　9697

致荣　10227

蛭田达也　6981, 7126, 7127, 7132, 7133

智匠　10942, 10943, 10964

智谱　2113

智强　11732

智树春　12094

智维　8386

智益春　10737

智颖　9339

智永　7373, 7719, 7729, 7840, 7842, 7844, 7859, 7866, 7867, 7872, 7881, 7884, 7897, 7898, 7911, 7914, 7916, 7920, 7927, 7930, 7936, 7944, 8025, 8401, 8424

智涌　6136

智玉莲　11991

稚青　12863

稚燕　9552

中川　6838

中川李枝子　5990, 7042

中川三郎　12654

中川作一　040

中村不折　572

中村东见　9369

中村光子　7140

中德学会　358

中等师范学校教材编写组　11224, 11225

中等师范学校音乐教材编写组　10802, 10803, 10822

中等师范学校音乐器材编委会　11263

中等师范音乐教材编委会　10822, 11225, 11258, 11988, 12637

中等师范音乐教材编写组　10822, 11225

中电三厂宣传室　13173

中甸县人民政府　8968

中定　8812, 8815, 9073

中法文化出版委员会　11032

中奋　4935

中共安东地委宣传部　11777

中共安徽省委党史工作委员会　9290

中共安阳县委创作组　5254

中共保定地委宣传部　4925

中共北京市委宣传部　11757, 12786

中共北京通县委员会　8892

中共北票矿区委员会　4961

中共本溪市委宣传部　11774

中共苍南县委党史研究室　3056

中共昌平县委员会宣传部　8892

中共长汀县委　2957

中共朝阳县委宣传部　11776

| | | | |
|---|---|---|---|
| 中共慈利县委宣传部 | 6618 | 中共怀柔县委宣传部 | 8895 |
| 中共慈溪市委宣传部 | 1373 | 中共桓仁县委宣传部 | 11776 |
| 中共大连市委党校地方党史 | 6323 | 中共吉安地委宣传部 | 340 |
| 中共大庆委员会政治部 | 8883 | 中共吉林省委宣传部 | 339 |
| 中共登封县委 | 8698 | 中共冀鲁豫区党委宣传部 | 245 |
| 中共登封县委宣教办公室 | 11417 | 中共江苏省委员会 | 8899 |
| 中共第一冶金公司政治部 | 1288 | 中共江西省委文教部 | 13014 |
| 中共定边县委宣传部 | 8926 | 中共江西省星子县委宣传部 | 8895, 8948 |
| 中共法库县委宣传部 | 11778 | 中共金县委宣传部 | 11777 |
| 中共福建省委办公厅 | 8914 | 中共锦州地委宣传部 | 11777 |
| 中共福州市委宣传部 | 13141 | 中共锦州市委宣传部 | 11775 |
| 中共阜新市委宣传部 | 11779 | 中共晋北地委文艺"跃进"办公室 | 11438 |
| 中共复县委员会宣传部 | 11777 | 中共井冈山委员会宣传部 | 11608 |
| 中共盖平县委宣传部 | 11776 | 中共喀什地委宣传部 | 8951 |
| 中共甘肃省委宣传部办公室 | 218 | 中共宽甸县委宣传部 | 11777 |
| 中共谷城县委宣传部 | 11779 | 中共昆明市官渡区委员会 | 8855 |
| 中共广东省委党史研究室 | 11513 | 中共乐平县委宣传部 | 3069 |
| 中共广东省委工业学大庆办公室 | 9284 | 中共荔波县委宣传部 | 8935 |
| 中共广东省委老干部局 | 1940 | 中共辽阳地委宣传部 | 11775 |
| 中共广东省委宣传部 | 12047 | 中共灵丘县委文艺"跃进"办公室 | 11438 |
| 中共广东省委直属机关工委 | 1319 | 中共浏阳县委宣传部 | 1357 |
| 中共广西壮族自治区高等学校工作委员会宣传部 | 11516 | 中共柳州市委党史研究室 | 12915 |
| | | 中共六安地委党史工作委员会 | 9028 |
| 中共广西壮族自治区委员会宣传部组织 | 6488 | 中共六盘水市委宣传部 | 2283 |
| 中共广州市委宣传部美工室 | 3211, 3779 | 中共龙岩市委宣传部 | 8915 |
| 中共广州市委宣传部美术组 | 3206, 3207, 3211 | 中共旅大市委宣传部 | 11775 |
| 中共贵阳市委党史研究学会 | 6404 | 中共路南彝族自治县委宣传部 | 1371 |
| 中共桂阳县委宣传部 | 5098 | 中共南召县委办公室 | 5123 |
| 中共河北省委老干部局 | 2021 | 中共宁波市委宣传部 | 11522, 11535 |
| 中共河北省委宣传部 | 9519 | 中共宁德地委宣传组 | 8806 |
| 中共河南省委宣传部 | 13019 | 中共平顶山市委宣传部 | 8941, 13019 |
| 中共呼和浩特市玉泉区委 | 8701 | 中共栖霞县委宣传部 | 5135 |
| 中共湖北省委宣传部 | 11754 | 中共乾县县委宣传部 | 6755 |
| 中共湖南省委集体生活福利办公室 | 3092 | 中共青海省委对外宣传小组办公室 | 8956 |
| 中共湖南省委宣传部文艺处 | 11513 | 中共青海省委宣传部 | 013, 8973 |

中共三明市委宣传部　　11534

中共山东省委宣传部　　11529

中共山东省委宣传部文艺处　　13163

中共山东省委组织部　　9036

中共山西省委办公厅　　8958

中共山西省委老干部局　　306, 2183

中共陕西省委全体会议(扩大)　　4913

中共陕西省委研究室　　8944

中共陕西省委知识青年上山下乡领导小组办公

　　室　　8883

中共陕西省委组织部　　13144

中共上海市委宣传部　　6764, 8961, 11758

中共上海市委宣传部文艺处　　11718, 11729

中共上海市委宣传部组织　　6441, 6763

中共上海市文化局党史资料征集领导小组

　　12772

中共深圳市委宣传部　　8961, 11755

中共沈阳高压开关厂党委宣传部　　11419

中共石景山区委宣传部　　2332

中共太原市委宣传部　　340

中共天津市纪律检查委员会宣教室、　　3387

中共天津市委办公厅　　8854

中共天津市委宣传部　　8854

中共天津市委支部生活社　　4922

中共铁岭地委宣传部　　11775

中共铁岭县委宣传部　　11775

中共渭南地委宣传部　　9285

中共文化部党史资料征集工作委员会　　12775

中共文山县委宣传部　　7743

中共瓮安县委党史研究室　　8339

中共武汉钢铁公司委员会宣传部　　1358

中共武汉市委武汉市人民政府　　8910

中共西安市委宣传部　　1373

中共仙游县委工作组集体　　5123

中共咸阳地委宣传部　　9277

中共忻县地委通讯组　　5220

中共新宾县委宣传部　　11777

中共新海连市委宣传部　　1283

中共新民县委宣传部　　11776

中共兴国县委宣传部　　11432

中共兴县通讯组　　5220

中共延安地委宣传部　　9218

中共延安县委宣传部　　9275

中共延吉市委宣传部　　11757

中共冶金工业部政治部　　5141

中共宜昌县委党史资料征集编研委员会办公室

　　12909

中共宜阳县委宣传部　　11777

中共榆林地委宣传部　　9275

中共玉林地委农村政治部　　3137

中共岳阳县委宣传部　　4954, 4968

中共云南省委党史研究室　　8917

中共漳浦县委宣传部　　10712

中共肇庆地委宣传部　　3151

中共哲里木盟委员会宣传部　　9385

中共郑州市委宣传部　　8969

中共中甸县委　　8968

中共中国艺术研究院委员会　　217

中共中央党校出版社　　8287

中共中央华北局　　3067

中共中央文献研究室　　8158, 8223, 9013

中共中央宣传部文化艺术局　　12728, 12729

中共中央宣传部文化艺术局影视处　　13131

中共重庆市委下放干部工作委员会　　3069

中共重庆市委宣传部　　13088

中共涿州市委宣传部　　8972

中共秭归县委员会　　8967

中共邹平县委宣传部　　8893

中共遵义市委党史研究室　　6418, 6422, 6431

中谷吉隆　　8796

中国《美术报》编辑部　　　　　　204
中国《水彩艺术》编辑部　　1178，1179
中国（天津）首届书法艺术节组委会　8304
中国埃及友好协会　　　　　　　2853
中国百年史连环画编写组　　　　6375
中国版画家协会　　1217，3041，3066
中国版画年鉴编辑委员会　　3035，3036
中国版画年鉴编委会　　　　　　3035
中国包协设计委员会《中国设计年鉴》编辑部
　　　　　　　　　　　　　10391
中国包装技术协会　　　　　　10756
中国保卫儿童委员会　　　　　　8876
中国壁画全集》编辑委员会　　　6624
中国壁画全集编辑委员会6624，6625，6626，6627
中国标准草书学社　　　　　　　8129
中国财政经济出版社　　　　　　9264
中国残疾人联合会　　　　　　　6554
中国藏书票收藏馆　　　　　　　3061
中国长城工业公司　　　　　　　8893
中国长城学会　　　　　　　　　9102
中国长虹出版社　　　　　　　　452
中国常德诗墙丛书编委会　　　　8332
中国唱片厂　10856，11408，11409，11413，11414，
　　　11829，11830，12008，12072，12075，
　　　12078，12110，12111，12112，12247
中国唱片公司　　　　　11811，12136
中国唱片社　11356，11477，11478，11479，11709，
　　　11712，12118，12720，12870，12920
中国唱片社上海分社音乐编辑室　11978
中国成都锦江区民间糖画艺术协会　455
中国成都锦江区文化广播电视局　455
中国出版工作者协会连环画艺术委员会《连环
　　　画艺术》编辑部　　　1229，1230
中国出版工作者协会装帧研究室　6603
中国出口商品包装研究所　　　10725

中国出口商品包装总公司辽宁省分公司　8594
中国出口商品包装总公司辽宁省公司　8594
中国出口商品陈列馆　　　1803，3183
中国出口商品交易会美术组　2756，2840，4047
中国大百科全书编委会　　　　12848
中国大百科全书出版社编辑部　　046
中国大百科全书出版社文艺文教部　12047
中国大百科全书总编辑委员会　　046
中国档案出版社　　　　　　　8914
中国道教协会　　　　　　　　2237
中国登山队　　　　　　　　　9250
中国登山协会　　　　　　　　8961
中国地质书法家协会　　　　　8312
中国第二历史档案馆　　　8129，8914
中国第七届全国美术作品展览获奖作品集编委
　　　会　　　　　　　　　　312
中国第一历史档案馆　　8093，8094，8095
中国电视剧制作中心　　6015，6016，6050，6115，
　　　6125，13073，13083，13120，13121
中国电视艺术家协会　　13129，13131
中国电视艺术家协会北京分会　13117
中国电影表演艺术学会　　　　13219
中国电影出版社　1954，3069，3316，3367，3714，
　　　4939，4947，4951，4978，4979，4984，4990，
　　　4998，5021，6566，6722，6727，6728，9262，
　　　9775，10122，11832，11890，11891，11892，
　　　11893，11899，11904，11905，11906，
　　　11907，11908，12008，12110，12418，
　　　12419，12420，12421，13029，13030，
　　　13053，13083，13089，13090，13091，
　　　13093，13095，13101，13105，13119，
　　　13122，13151，13157，13207，13279，
　　　13292，13293，13294，13307，13308
中国电影出版社本国电影编辑部　13085
中国电影出版社本国电影编辑室　13083，13202，

13206, 13207, 13294

中国电影出版社编辑部　　　　12707, 13308

中国电影出版社外国电影艺术编辑室　　13069

中国电影出版社中编室　　　13126, 13141

中国电影出版社中国电影艺术编辑室　13158,
　　13207, 13209, 13210, 13224

中国电影代表团　　　　　　　　　13305

中国电影发行放影公司　　　　　　13280

中国电影发行放映公司 5172, 5182, 5207, 13128,
　　13176, 13277, 13283, 13295

中国电影发行放映公司电影放映技术教材编写
　　组　　　　　　　　　　　　13278

中国电影发行放映公司宣传处　　3373, 6956

中国电影发行放映学会青海分会　　　13184

中国电影发行放映学会青海分会编　　13184

中国电影发行放映学会乌鲁木齐市支会　13283

中国电影发行放映学会浙江分会　　　13187

中国电影发行公司　　　4893, 5169, 13274

中国电影发行公司总公司宣传处　　　13274

中国电影工作者协会　　　13033, 13035, 13036,
　　13037, 13038, 13039, 13040, 13041,
　　13042, 13043, 13044, 13045, 13046,
　　13047, 13092, 13093, 13094, 13262,
　　13263, 13292, 13300

中国电影工作者协会外国电影研究室　　13033

中国电影公司　　5247, 5284, 5430, 5462, 13100,
　　13279, 13318

中国电影家协会　　13051, 13052, 13161, 13167,
　　13213, 13309, 13310, 13312, 13313,
　　13316, 13320

中国电影家协会电影史研究部　　13111, 13182,
　　13317, 13318

中国电影家协会吉林分会　　　　　　9633

中国电影家协会江苏分会　　　　　13105

中国电影家协会辽宁分会　　　　　13113

中国电影家协会上海分会编译室　13202, 13308,
　　13309

中国电影家协会新疆分会　　　　　13121

中国电影家协会艺术研究部　　　　13122

中国电影家协会浙江分会　　　　　13104

中国电影科学技术研究所　　　13201, 13300

中国电影年鉴编辑委员会　　　　　13310

中国电影年鉴社　　　　　13310, 13311

中国电影评论学会　　　　　　　　13120

中国电影评学会　　　　　　　　　13053

中国电影器材公司　　　　　　　　13285

中国电影市场杂志社　　　　　　　13286

中国电影协会　　　　　　　　　　13309

中国电影艺术编辑室　　　　　　　13052

中国电影艺术研究所　　13089, 13300, 13307

中国电影艺术研究中心　　　8889, 13074, 13127,
　　13142, 13152, 13159, 13190, 13192, 13193

中国电影音乐协会　　　　　　　　11929

中国电影资料馆　　3386, 13096, 13159, 13181,
　　13192, 13193, 13196, 13294, 13301, 13318

中国电子工业编辑委员会　　　　　8888

中国雕塑壁画艺术总公司　　　　　　305

中国雕塑杂志社　　　　　　　8637, 8655

中国东方文化研究会画书分会组　　　3451

中国东方文化研究会连环漫画分会组　3475

中国对外文化交流协会　　　　　　1258

中国儿童电影制片厂　　　　　　　13213

中国儿童少年活动中心　　　　　　7144

中国儿童戏剧研究会　　　　　　　12979

中国儿童艺术剧院　　　　　4083, 12722

中国发展出版社　　　　　　　　　11740

中国非洲人友好协会　　　　　　　6781

中国佛教文化研究所　　　453, 8248, 9127

中国佛教协会　　　　　　　　　　8873

中国佛教协会云南省分会　　　　　4754

中国扶贫基金会　　　　　　　2301, 2708

中国服装服饰编辑中心　　　　　　7029

中国福利会　　　　　　　　　　　8870

中国福利会少年宫　8880, 9989, 11605, 12006,
　　12009, 12010, 12020, 12022, 12633

中国妇女出版社　　　　　　　　　2692

中国妇女杂志社　　　　　　　　　　278

中国改革二十年书法联谊会编委会　8340

中国钢笔书法杂志社　　　　　　　7615

中国歌剧团　　　　　　　　　　　11464

中国歌剧艺术学会　　　　　　　　12900

中国革命博物馆　　337, 1316, 3377, 6375, 8859

中国革命历史博物馆　3830, 3834, 3835, 3839,
　　3849

中国革命摄影协会　　　　3161, 3165, 8993

中国个体劳动者协会　　　　　　　　312

中国工笔画学会　　　　　　　　　2262

中国工人出版社　　　　　　　　　2211

中国工人画集编辑室　　　　　　　9146

中国工商业美术作家协会　　　　　10367

中国工商银行北京市分行　　　　　　311

中国工商银行储蓄部　　　　　1302, 10267

中国工商银行甘肃省分行　　　　　3441

中国工商银行总行储蓄部　　　　　3441

中国工业设计协会　　　　10328, 10385

中国工艺美术学会理论研究会　　　10186

中国工艺美术学会民间工艺美术委员会　10693

中国公关艺术委员会　　　　8250, 8265

中国共产党代表团梅园新村纪念馆　　218

中国共产党海北藏族自治州委员会　9097

中国共产党南昌市委员会纪念中国人民解放军
　　建军五十周年领导小组办公室　　9280

中国共产党青年团广东省委员会宣传部　11582

中国共产主义青年团　　　　　　　11587

中国共产主义青年团北京市委员会　11409,

　　11447, 11448

中国共产主义青年团福建省委宣传部　11581

中国共产主义青年团辽宁省委员会　11676

中国共产主义青年团辽宁省委员会宣传部

　　　　　　　　　　　　　　　　11429

《中国姑娘》绘制组　　　　　6170, 6171

中国古代绘画选集编辑委员会　　　1508

中国古代书画鉴定组　1352, 1353, 1477, 1478,
　　1479, 1480, 1481, 1511, 1583

中国古典艺术出版社　　　　　1654, 6619

中国管弦乐团《卫仲乐琵琶演奏曲集》编辑小组

　　　　　　　　　　　　　　　　12317

中国广播电视出版社　11488, 11489, 11497,
　　11535, 11707, 11710, 11715, 11718,
　　11730, 11919, 11926, 11927, 11981, 12405

中国广播电视学会电视音乐研究委员会　11158,
　　11928

中国广播艺术团建团三十周年纪念册编委会

　　　　　　　　　　　　　　　　　345

中国广告联合总公司　　　　　　　10370

中国广告文艺编辑部　　　　　　　10371

中国广告协会　　　　　　　8801, 10393

中国桂林画院　　　　　　　　　　2170

中国国际广播电台首都部　　12379, 12380

中国国际旅行社　　　　　　9058, 9346

中国国际旅行社鞍山社　　　　　　10471

中国国际旅行社广州分社　　　　　9054

中国国际旅行社合肥分社　　　　　9062

中国国际旅行社济南分社　　10496, 10509

中国国际旅行社无锡支社　　　　　9353

中国国际旅行社镇江支社　　　　　9805

中国国际旅行社总社　　　　　　　9249

中国国际名人研究院　　　　　　　　115

中国国际书店　　　　　　　　　　10451

中国国际文化传播中心　　824, 2304, 2467

中国国际文化交流中心　8232
中国国际友人研究会　6387
中国国际友谊促进会　10778
中国国民党安徽省党部宣传科　3394
中国国民党革命委员会中央宣传部　1937
中国国民党浙江省党部　11544
中国合唱协会　11526, 11990, 11991, 12448
中国红十字会总会　8917
中国"红卫兵"长征队　11637
中国后具象专辑)《美术文献》编辑部　489
中国华侨摄影学会　9329, 10138, 10143
中国华侨文学艺术家协会　2174
中国华山管理局　8991
中国画报出版　9500
中国画报出版社　2137, 2186, 2400, 2689, 2692,
　9500, 9502, 9503, 9504, 9506
中国画报社《大地与人》编辑部　8897
中国画编辑委员会　783
中国画会编译部　1281
中国画学研究会　1473
中国画研究院　687, 694, 707, 2000, 2474
中国画研究院画廊　2189, 2190
中国话剧艺术研究会　12910, 12911
中国环境报　3428
中国机械设备进出口总公司福建公司　2464
中国基督教联合书局　12051
中国基督教圣教书会灵歌新集编辑委员会
　12439
中国基督徒圣乐学会　12440
中国建筑工业出版社　320, 9297, 10595
中国建筑卫生陶瓷协会　10294
中国建筑学会建筑美术与摄影专业委员会　320
中国交通书画协会　2252, 2334
中国教育电影协会　13169, 13170, 13171, 13172
中国教育电影协会年鉴编纂委员会　13304

中国教育电影协会总务部　13171
中国教育电影协会总务组　13170
中国教育科学研究所德育研究中心　6616
中国教育学会美术教育研究会　1373
中国教育学会书法教育研究会　813, 7370
中国教育学会书法教育专业委员会　813, 7382,
　7383, 7388
中国教育学会书法专业委员会　7383
中国解放军总参谋部动员部　9013
中国解放区文学研究会天津分会　12773
中国金币总公司　10652
中国金融出版社　10652
中国金石书画会　1621
中国金石书画赛会　1622
中国京都古物陈列所　385
中国京剧　11843
中国京剧团　9152, 9158, 9161, 9163,
　9198, 11840, 11842, 11843, 11844, 11845,
　11846, 11848, 11849, 11850, 11851,
　11856, 12081, 12082, 12083, 12084,
　12201, 12203, 12874
中国京剧团《平原作战》剧组　13097
中国京剧院　9149, 11843, 12080, 12081, 12082
中国京剧院导演室音乐组　12076
中国京剧院文学艺术室　12080
中国京剧院总导演室音乐组　11832, 11834, 12071
中国经济记者协会声像信息部　3422
中国剧协党组　12837
中国剧协汕头支会　12944
中国军事博物馆　8701
中国科普创作研究所　13295
中国科学技术情报研究所　13201, 13223
中国科学院编译出版社委员会名词室　146
中国科学院地理研究所设计　152
中国科学院古脊椎动物研究所宣　5190

中国科学院考古研究所绘图室　386, 10640

中国科学院印刷厂　152

中国科学院植物研究所昆明工作站　1355

中国科学院紫金山天文台　10463

中国孔子基金会　6595, 6596

中国宽甸县委宣传部　11773

中国矿业大学出版社　9505

中国昆剧研究会　12853, 12899

中国拉丁美洲友好协会　6919

中国老教授协会文艺专业委员会　2831

中国老龄协会　867

中国老年书画研究会　8340

中国老年书画研究会云南分会　1367

中国历代名画集编辑委员会　1507, 1508, 1541

中国历代器物图案集成编委会　10312

中国历代书法　8085

中国历代书法名作系列丛书编辑组　7811, 7814,
　　7898, 7899, 7901, 7905, 7906, 7907, 7909,
　　7911, 7992, 7994, 7995, 7996, 7997, 7998,
　　8082, 8083, 8084, 8086, 8087, 8088, 8128

中国历代艺术编辑委员会　265, 267, 268

中国历史博物馆　391, 392, 394, 1580, 8094, 8885

中国连环画出版社　9489, 9494, 9503, 10556

中国连环画选刊编辑部　6171

中国连环画研究会《连环画艺术》编辑部　1228

中国流专辑)《美术文献》编辑部　489

中国旅行剧团　13011

中国旅行社重庆分社　9346

中国旅游产品生产供应公司　8817

中国旅游出版社　395, 8808, 8930, 8954, 8955,
　　8960, 8962, 8968, 8969, 8970, 8971, 8973,
　　9062, 9127, 9134, 9135, 9139, 9140, 9141,
　　9259, 9292, 9377, 9496, 9757, 11477

中国旅游出版社画册编辑室　9134

中国梅兰芳研究会　12883

中国煤矿书法家协会　8307

中国煤矿文化艺术联合会　341

中国煤矿文联　8307

中国美术出版总社　274

中国美术馆　227, 308, 320, 1685, 1694, 2182, 2798

中国美术馆藏品选集编辑委员会　312, 313

中国美术家协会　274, 279, 291, 292, 338, 363,
　　1187, 1300, 1380, 1738, 1779, 1782, 1783,
　　1784, 1785, 1786, 1793, 1891, 2118, 2294,
　　2412, 2415, 2804, 2988, 3006, 3007, 3008,
　　6779, 6780, 6781, 6845, 6909, 6916, 6917,
　　8629, 8658

中国美术家协会安徽分会　1287

中国美术家协会编辑部　6916

中国美术家协会长春分会筹委会　3407

中国美术家协会第一届理事会第二次会议办公
　　室　347

中国美术家协会对外联络部　574

中国美术家协会儿童美术艺术委员会　315

中国美术家协会广东分会　1274, 1288, 1358,
　　1378, 1789, 1869, 3109, 3112, 3113

中国美术家协会广西分会　1359, 2417

中国美术家协会广州分会　278, 279, 1357, 2994,
　　2995, 3082, 6746, 8643, 10667

中国美术家协会贵阳分会筹委会　278

中国美术家协会贵州分会　3038, 10352, 10353

中国美术家协会黑龙江分会　1359

中国美术家协会湖北分会　1365, 1953

中国美术家协会湖南分会　1363, 5121

中国美术家协会江苏分会　253, 475

中国美术家协会江西分会　1356, 3407

中国美术家协会辽宁分会　2857, 3070, 8147

中国美术家协会辽宁省分会　1356

中国美术家协会漫画艺术委员会　3430

中国美术家协会漫画组　3408

中国美术家协会美术服务部　　　　10666

中国美术家协会南方艺术中心　　　　1348

中国美术家协会南京分会筹委会　　503, 2853

中国美术家协会内蒙古自治区分会　　1357

中国美术家协会山东分会　　1771, 1789, 1946,
　　2994, 2995, 5137

中国美术家协会陕西分会版画组　　　3029

中国美术家协会上海分会　　　1383, 3009

中国美术家协会水彩画艺术委员会　1187, 1194,
　　2960

中国美术家协会四川分会　　3011, 3012, 3030,
　　3149, 3411, 8630

中国美术家协会四川石刻考察团　　　　388

中国美术家协会天津分会　　　1797, 2993

中国美术家协会天津分会美术组　　　3753

中国美术家协会武汉分会　　1356, 1358, 1378,
　　1911, 4911

中国美术家协会西安分会　　　278, 1355

中国美术家协会西安分会国画研究室　　1778

中国美术家协会西藏分会　　　　1316

中国美术家协会新疆分会　　　256, 10300

中国美术家协会新疆维吾尔自治区分会　　1359

中国美术家协会油画艺术委员会　　　2804

中国美术家协会云南分会　　　　3038

中国美术家协会云南分会国画组　　　1751

中国美术家协会中国画艺术委员会　2244, 2410

中国美术家协会重庆分会　　1355, 2852, 6745

中国美术全集编辑委员会　　259, 292, 293, 294,
　　295, 296, 297, 298, 299, 300, 301

中国美术协会　　　　　　　　　1864

中国美术学院　　　　　2688, 2696, 2701

中国美术学院出版社　　355, 2683, 2684, 2836,
　　9504, 9772, 9915, 9984

中国美术学院出版社画册编辑室　　　2963

中国美术学院出版社美术画册　　　2819

中国美术学院出版社美术画册编辑部　　2901

中国美术学院出版社图书编辑部　　2281, 2824,
　　2828, 2905, 2906, 2907, 6905, 10228,
　　10229

中国美术学院基础美术教学研究室　　1325

中国美术学院基础美术研究室　　　1325

中国美术学院教务处　　　　　　118

中国美术学院综合绘画工作室　552, 2825, 2832,
　　2912

中国美术学院作品展筹委员　　　　318

中国美协　　　　　　　　　　348

中国美协山东分会　　　　　2118, 2804

中国民间歌曲集成湖南卷编辑委员会　　11800

中国民歌集成福建卷编委会　　　11803

中国民歌研究社　　　　　　　11761

中国民间歌曲集成《江苏卷》编辑委员会　11803

中国民间歌曲集成编辑委员会　　　11806

中国民间歌曲集成河南省编辑委员会　　11806

中国民间歌曲集成陕西卷编委会　　11788

中国民间歌曲集成云南卷编委会办公室　11806,
　　11807

中国民间美术学会　　　　　　10187

中国民间文艺家协会南通分会　　　10680

中国民间文艺研究会　　11764, 11765, 11766,
　　12099, 12100, 12103

中国民间文艺研究会贵州分会　　　11802

中国民间文艺研究会南通分会　　　10356

中国民间音乐研究会　　　　10900, 12099

中国民主同盟中央委员会　　　8133, 8134

中国民族管弦乐学会全国民族乐器演奏（业余）
　　考级委员会古筝专家委员会　　12319

中国民族民间器乐曲集成凉山彝族自治州资料
　　卷编辑部　　　　　　　　12346

中国民族民间舞蹈集成·湖北孝感卷编辑部
　　　　　　　　　　　　　12617

中国民族民间舞蹈集成编辑部　12614, 12615,
　　12616, 12617
中国民族民间舞蹈集成辽宁卷编辑部　12617
中国民族民间舞蹈集成云南卷编辑部　12622,
　　12623
中国民族摄影艺术出版社　2690, 8789, 9328,
　　9775, 9917, 9920, 10708
中国民族音乐集成编辑办公室　10908
中国民族音乐集成河南省编辑办公室　12058,
　　12059, 12128
中国民族音乐集成宁夏卷编辑部　12346
中国南音学会　12133
中国酿酒工业协会　10391
中国农垦摄影协会　8979
中国农民书画研究会　1372
中国农民银行行员训练班　11377
中国农学会　8888
中国农业银行辽宁省分行　2306
中国农业银行乌鲁木齐市支行　8698
中国评剧院　11839, 12105, 12107, 12109, 12111,
　　12114, 12929, 12933
中国评剧院《中国评剧》编辑部　12937
中国评剧院二团　12120
中国七大古都编辑委员会　9127
中国漆器全集编辑委员会　420
中国铅笔二厂　5098
中国青年出版社　443, 445, 3116, 7430, 8872,
　　10266, 11409, 11629
中国青年艺术剧院　8668, 12906, 13243
中国青年艺术剧院艺术资料编辑室　12688
中国青铜器全集编辑委员会　423, 424
中国轻工业进出口公司天津工艺品分公司
　　10232, 10350, 10673, 10674, 10675
中国曲协研究部　12968, 12969
中国曲艺出版社　12970

中国曲艺出版社编辑部　12966
中国曲艺工作者协会　12963
中国曲艺工作者协会吉林分会　12924
中国曲艺工作者协会武汉分会　11145, 12117,
　　12963
中国曲艺家协会　12707
中国曲艺家协会黑龙江分会　11802
中国曲艺家协会湖南分会　12936
中国曲艺家协会吉林分会　12965
中国曲艺家协会辽宁分会　12927
中国曲艺研究部　12969
中国曲艺志·德阳市卷编委会　12973
中国曲艺志全国编辑委员会　12973
中国人民保卫儿童全国委员会　11998
中国人民保卫儿童全国委员会评　11999, 12003
中国人民保卫儿童人国委员会　6756
中国人民保卫儿童委员会　6756
中国人民保险公司　7461
中国人民保险公司厦门市分公司　6764
中国人民大学附属剪报资料图片社　10797, 10798
中国人民大学附属剪报资料图书卡片社　124,
　　125, 12591, 13034, 13035
中国人民大学附属剪报资料图书卡社　13034
中国人民大学图书馆　13094
中国人民大学新闻系　8723
中国人民大学新闻系摄影教研室　8723
中国人民大学新闻系新闻摄影专业 1985 级本科
　　学生　10139
中国人民对外文化协会　362, 6780, 6845, 6909,
　　6916, 6917, 6919
中国人民对外文化协会对外文化联络局　13014
中国人民对外文化协会湖北省暨武汉市分会
　　8919
中国人民革命军事博物馆 302, 3118, 3127, 3136,
　　3140, 3188, 5425, 5752, 5776, 5804, 5812,

5879, 8701, 10403, 10657

中国人民革命军事博物馆美术组　　3174, 3175

中国人民解放军"八一"电影制片厂　　13099

中国人民解放军〇九二三部队文工团　　11769

中国人民解放军〇二八三部队　　5186

中国人民解放军0010部队美术组　　2934, 3191,
　　3194, 3196, 3198, 3203

中国人民解放军0058部队政治部　　11606

中国人民解放军0973部队政治部　　11610

中国人民解放军0975部队政治部　　11435

中国人民解放军1505部队政治部　　5241

中国人民解放军2855部队业余美术组　　5274

中国人民解放军6003部队政治部文化处　　5145

中国人民解放军6011部队　　5157

中国人民解放军6424部队政治部　　5190

中国人民解放军7105部队　　3173

中国人民解放军7685部队　　3177

中国人民解放军8172部队政治部　　5213

中国人民解放军8181部队政治部　　5220, 5243

中国人民解放军36121部队政治部　　5334

中国人民解放军37001部队政治部　　3026

中国人民解放军51002部队　　9328

中国人民解放军51031部队特务连理论组　11028

中国人民解放军51033部队政治部　　5254

中国人民解放军51071部队　　5323

中国人民解放军51114部队　　11693

中国人民解放军51361部队　　11747

中国人民解放军52831部队业余美术组　　5260

中国人民解放军81021部队　　10251

中国人民解放军83405部队　　5421

中国人民解放军八九一一二部队政治部　　8928

中国人民解放军八一八一部队政治部　　3766

中国人民解放军八一七二部队　　3763

中国人民解放军白求恩国际和平医院　　1293,
　　1295, 3786, 9002

中国人民解放军北京部队某部美术组　　5136

中国人民解放军北京军区政治部　　12916

中国人民解放军渤海军区政治部宣传部　　11538

中国人民解放军成都部队　　3178

中国人民解放军成都部队庆祝建国十周年活动
　　筹备分会文艺办公室　　11437, 12113

中国人民解放军第二炮兵政治部　　1302

中国人民解放军第二野战军政治部　　11038

中国人民解放军第三野战军政治部　11936, 11937

中国人民解放军第三野战军政治部文艺工作团
　　11937

中国人民解放军第四兵团云南军区政治部
　　11563

中国人民解放军第四十一军政治部　　3067

中国人民解放军电影制片厂　　13236

中国人民解放军东北军区政治部宣传部　　11386

中国人民解放军东北军区政治部宣传部出版部
　　文艺社　　11386

中国人民解放军福建前线部队政治部　　8878

中国人民解放军福州军区江西生产建设兵团第
　　一团　　5150

中国人民解放军工程兵政治部文工团　　11684

中国人民解放军公安部队政治部宣传部　　11582

中国人民解放军公安军政治部文化部　　11581

中国人民解放军广西军区兼第十三兵团政治部
　　文艺工作团　　11387

中国人民解放军广西军区政治部　　3103

中国人民解放军广州部队歌舞团　　12592, 12650

中国人民解放军广州部队政治部文化部　　11465

中国人民解放军广州部队政治部战士话剧团
　　5122

中国人民解放军广州军区政治部文化部　　11470

中国人民解放军广州政治部宣传部　　11683

中国人民解放军贵州军区政治部　　11406

中国人民解放军海军美术工作者　　2741, 2742,

2743, 2744, 2745, 2747, 3183

中国人民解放军海军南海舰队政治部文化部
　　　　　　　　　　　　　　　　1288
中国人民解放军海军政治部　　315, 1298, 1342
中国人民解放军河北省石家庄军分区政治部
　　　　　　　　　　　　　　　　3125
中国人民解放军河南省军区政治部　3112, 3119
中国人民解放军河南省新乡军分区政治部　5227
中国人民解放军后字二七三部队　　　3197
中国人民解放军华北军区　　　　　　3067
中国人民解放军华北军区政治部　11391, 11563
中国人民解放军华北军区政治部军乐队　12222
中国人民解放军华东军区第三野战军政治部
　　　　　　　　　　　　　　　　11560
中国人民解放军纪念《"五·七"指示》五周年办
　　公室　3183, 3180, 3188, 9045, 9268, 9269
中国人民解放军济南部队　　　　　　2349
中国人民解放军济南部队空军政治部　5145
中国人民解放军济南部队某部政治部　3189
中国人民解放军济南部队政治部文化部　1362
中国人民解放军九六八一部队政治部　5190
中国人民解放军九五七八部队　　　　3816
中国人民解放军军乐编辑室　11168, 12541
中国人民解放军军乐团　12202, 12226, 12229
中国人民解放军军乐团创作组　　　　12159
中国人民解放军空军业余文艺代　　　11436
中国人民解放军空军业余文艺代表队　11437
中国人民解放军空军政治部文工团　　11438,
　　11446, 12095
中国人民解放军空军政治部文化部　　11700
中国人民解放军昆明部队政治部歌舞团　11468
中国人民解放军兰州部队　　　　　　3188
中国人民解放军零九二四部队文工团　12604
中国人民解放军六三七八部队业余美术创作组
　　　　　　　　　　　　　　　　3221

中国人民解放军陆海空三军驻京部队无产阶级
　　革命派文体战士联合演出委员会　11452
中国人民解放军绿化委员会　　　　　8888
中国人民解放军美术工作者　　　　　2742
中国人民解放军某部政治部宣传科　　5298
中国人民解放军南京部队政治部电影工作站
　　　　　　　　　　　　　　　　13303
中国人民解放军南京部队政治部文化部　1363
中国人民解放军南京军区安徽生产建设兵团政
　　治部　　　　　　　　　　　　5221
中国人民解放军七九六九部队政治部　5174
中国人民解放军前线歌舞团　　11425, 11595,
　　11943, 12321
中国人民解放军山东军区政治部　11566, 11567
中国人民解放军山西军区政治部　　　11608
中国人民解放军上海警备区文艺骨干学习班
　　　　　　　　　　　　　　　　12964
中国人民解放军沈阳部队某部治部　　5164
中国人民解放军沈阳部队文艺编辑组　11076,
　　11413
中国人民解放军沈阳部队政治部　1284, 10668
中国人民解放军沈阳部队政治部文化部　11635
中国人民解放军沈阳军区政治部宣传部　11683
中国人民解放军十二兵团湖南军区政治部
　　　　　　　　　　　　　　　　11563
中国人民解放军十三兵团政治部宣传队　11562,
　　12901
中国人民解放军四八〇〇部队某部编绘组　5171,
　　5177
中国人民解放军四五一〇部队　　　　5186
中国人民解放军铁道兵业余美术创作组　5262
中国人民解放军铁道兵业余美术组　　5312
中国人民解放军文艺史料编辑部　　252, 253
中国人民解放军乌鲁木齐歌舞团　　　12600
中国人民解放军五二八五四部队政治部　3251

中国人民解放军五一〇〇二部队美术创作学习
　　班　　　　　　　　　　　　　　　1097
中国人民解放军五一〇〇二部队　　　8896
中国人民解放军武汉部队某部政治部　5167,
　　5170, 5222
中国人民解放军西北军区政治部文工团　11562
中国人民解放军西南军区政治部　2986, 11564
中国人民解放军新疆军区生产建设兵团农六师
　　政治部　　　　　　　　　　　　3015
中国人民解放军一五零五部队政治部　5186
中国人民解放军一五五三部队特务连理论组
　　　　　　　　　　　　　　　　　10961
中国人民解放军益阳军分区政治部　　5179
中国人民解放军战士歌舞团　　11416, 11435,
　　11441, 12648
中国人民解放军浙江省军区政治部　　3115
中国人民解放军政治部文艺工作团　　11631
中国人民解放军总参谋部计划生育领导小组办
　　公室　　　　　　　　　　　　　10291
中国人民解放军总参谋部军训部　　13293
中国人民解放军总参谋部通信部　　　8304
中国人民解放军总参谋部通信部政治部宣传部
　　　　　　　　　　　　　　　　　10253
中国人民解放军总参谋部政治部, 文化部　11511
中国人民解放军总后勤部　　　　　　5144
中国人民解放军总后勤部六一幼儿园　12633
中国人民解放军总政歌舞团　　　　12600
中国人民解放军总政文化部　　　　13274
中国人民解放军总政治部　279, 1801, 3014, 8885
中国人民解放军总政治部歌剧团　11887, 12902
中国人民解放军总政治部文工团歌舞团　12648
中国人民解放军总政治部文化部　　　307, 3068,
　　4900, 11115, 11449, 11451, 11647, 11953,
　　11954, 11959, 13276
中国人民解放军总政治部文艺工作团歌舞团

中国人民解放军总政治部文艺工作团歌舞团
　　　　　　　　　11437, 11945, 12590
中国人民军事博物馆美术组　　　　279
中国人民美术出版社　　　　　　　9250
中国人民银行吉林省分行　　　　　3140
中国人民银行江苏省分行　　　　　3318
中国人民银行江西省萍乡市分行　　8317
中国人民银行青海省分行　　　　　9911
中国人民政治协商会议北京市委员会文史资料
　　委员会　　　　　　　　2896, 12879
中国人民政治协商会议北京市委员会文史资料
　　研究委员会　　　　　　　　　12879
中国人民政治协商会议北京委员会文史资料研
　　究委员会　　　　　　　　　　12768
中国人民政治协商会议福建省莆田县委员会
　　　　　　　　　　　　　　1482, 2223
中国人民政治协商会议福州市委员会　2281
中国人民政治协商会议甘肃省委员会文史资料
　　和学习委员会　　　　　　　　12793
中国人民政治协商会议高邮县委员会　7765
中国人民政治协商会议河北省唐山市委员会
　　　　　　　　　　　　　　　　　323
中国人民政治协商会议辽宁省委员会　1374
中国人民政治协商会议辽宁省委员会学习宣传
　　和文史委员会　　　　　　　　8587
中国人民政治协商会议临沂市委员会　7733
中国人民政治协商会议山西省晋城市委员会文
　　史资料研究委员会　　　　　　12952
中国人民政治协商会议陕西省户县委员会　1216
中国人民政治协商会议上海市委员会文史资料
　　委员会　　　　　　　　　　　8967
中国人民政治协商会议四川省射洪县委员会文
　　史资料委员会　　　　　　　　2171
中国人民政治协商会议太仓县委员会　853
中国人民政治协商会议云南省安宁县委员会
　　　　　　　　　　　　　　　　8203

中国人民政治协商会议浙江省绍兴县委员会 340
中国人民政治协商会议重庆市沙坪坝区委员会 8286
中国人民志愿军第十九兵团政治部 11566
中国三峡百景图创作活动组委会 2473
中国三峡画院 2300, 2532
中国山东画报社 10684
中国陕西宾馆 10519, 10527
中国商业出版社 8174
中国上海国际艺术节组织委员会 213
中国少年报社 6402, 6403
中国少年儿童出版社 2348, 5018, 5116, 5132, 6511, 11614, 12009
中国少年儿童歌舞会演办公室 12040
中国少年儿童社 4878
中国少数民族音乐学会 10912
中国社会科学院民族研究所 13065
中国社会科学院外国文学研究所外国文学研究资料丛刊编辑委员会 12721
中国社会科学院外国文学研究所外国文学研究资料丛书编辑委员会 087, 12696
中国社会科学院新闻研究所 8730
中国社会科学院哲学所美学室 064
中国社会文化编辑出版委员会 1315
中国社会文化编辑委员会 10683
中国摄影编辑部 8735, 8876, 8880
中国摄影出版社 8802, 8820, 8887, 8896, 8925, 8928, 9341, 10133, 10136, 10137, 10139
中国摄影家协会 8685, 8695, 8886, 8896, 8917, 9327
中国摄影家协会创作理论研究部 8686
中国摄影家协会广东分会 8931
中国摄影家协会江西分会翻译小组 8700
中国摄影家协会山东分会 8930
中国摄影家协会上海分会 8935
中国摄影家协会云南分会 8942
中国摄影家杂志社 10149
中国摄影年鉴编辑委员会 8802
中国摄影年鉴编辑组 8802
中国摄影学会 8802, 8876, 8878, 8880, 10132
中国摄影学会吉林分会 3127, 3142
中国摄影学会江苏分会 8919
中国摄影学会理论研究部 8683
中国摄影学会山东分会筹委会 8920
中国摄影学会上海分会 8920
中国摄影学会上海分会筹备委员会 8919, 8920
中国摄影艺术选集编辑委员会 8878
中国诗书画研究院 2256, 2292, 2306, 2308
中国石油化工总公司 308
中国石油摄影协会 8944
中国石油摄影协会新疆分会 8944
中国世界民族文化交流促进会艺术委员会 2319
中国视听研究中心 13300
中国视听研究中心《功夫片》丛书编委会 13300
中国手指画研究 2199
中国书店 7717, 7754
中国书店出版社 10652
中国书法编辑部 7262
中国书法编辑组 7259, 7270, 7794, 7868, 7869, 7870
中国书法家协会 7264, 7328, 7359, 8152, 8159, 8160, 8170, 8192, 8254, 8265, 8266, 8268, 8276, 8295, 8299, 8308, 8320, 8324, 8326
中国书法家协会北京市分会 7760, 7876
中国书法家协会编辑部 8159, 8414
中国书法家协会广东分会 7154, 7155
中国书法家协会贵州分会 7150
中国书法家协会河北分会 8207
中国书法家协会河南分会 7270, 7271, 7293, 8178

| | |
|---|---|
| 中国书法家协会黑龙江分会 | 8178 |
| 中国书法家协会江苏分会 | 7157, 7277 |
| 中国书法家协会刻字研究会 | 8465, 8584 |
| 中国书法家协会辽宁分会 | 7297, 8147 |
| 中国书法家协会内蒙古分会 | 8176 |
| 中国书法家协会山东分会 411, 7304, 7704, 7800, 7809 | |
| 中国书法家协会山西分会 | 8069 |
| 中国书法家协会书法培训中心 7403, 7826, 7943, 7944, 8284, 8301, 8409 | |
| 中国书法家协会天津分会 | 7287 |
| 中国书法家协会学术委员会 | 7163 |
| 中国书法家协会硬笔书法委员会 | 7582 |
| 中国书法家协会云南分会 | 7797 |
| 中国书法家协会浙江分会 | 8560 |
| 中国书法家协会中央国家机关分会 | 8340 |
| 中国书法家协会篆刻研究委员会 | 8565 |
| 中国书法家协会篆刻艺术委员会 | 8572 |
| 中国书法社 | 7254 |
| 中国书法协会四川分会 | 8181 |
| 中国书法艺术研究院 | 1354 |
| 中国书法艺术研究院西南分院 | 2303, 2340 |
| 中国书法杂志社 | 7285, 8188 |
| 中国书画报社 | 813, 815 |
| 中国书画编辑组 | 1297 |
| 中国书画函授大学 | 2917, 8285 |
| 中国书画名家纪念馆联会 | 1717 |
| 中国书画研究资料社 | 574 |
| 中国书籍出版社 | 8000 |
| 中国书协教育委员会 | 8207 |
| 中国书协书法培训中心 | 8301 |
| 中国书协中直分会 | 8301 |
| 中国书学研究会 | 7245, 7246, 7247 |
| 中国水彩画家协会 | 2954 |
| 中国水彩画家学会 | 2953 |
| 中国水利报社 | 8908 |
| 中国水利电力文学艺术协会音乐研究会 | 11717 |
| 中国四川美术学院 | 465 |
| 中国苏州南林饭店 | 10471 |
| 中国陶瓷编辑委员会 | 406, 10644, 10645 |
| 中国陶瓷编委会 | 10645 |
| 中国陶瓷全集编辑委员会 | 436 |
| 中国陶瓷史编委会 | 394 |
| 中国体育报社 | 9450, 10530 |
| 中国体育记者协会摄影学会 | 8738 |
| 中国铁道出版社 | 3387, 10123 |
| 中国铁道希望工程办公室 | 2318 |
| 中国铁路工会济南区委员会宣传部 | 4997 |
| 中国铁路工会锦州区委员会宣传教育部 | 5084 |
| 中国铁路工会全国委员会文化教育部 | 12680 |
| 中国铁路工会全国委员会文教部 | 1282 |
| 中国铁路工会全国委员会宣传教育部 | 5084, 5087 |
| 中国图片社 | 9054, 9510, 9515, 9935, 9936 |
| 中国文化建设协会 | 11373 |
| 中国文化信息协会 | 7612 |
| 中国文化学院戏剧电影研究所 | 12685 |
| 中国文联出版公 | 9501 |
| 中国文联出版公司 | 9501, 10123 |
| 中国文联艺术指导委员会 | 6767 |
| 中国文艺社 | 11371 |
| 中国文字研究社 | 8342 |
| 中国武汉钢铁公司委员会宣传部 | 1358 |
| 中国舞蹈工作者协会 062, 12582, 12591, 12599, 12610, 12612, 12627, 12639, 12648, 12902 | |
| 中国舞蹈家协会 | 12569, 12583, 12672 |
| 中国舞蹈家协会福建分会 | 12635 |
| 中国舞蹈家协会湖北江西新疆湖南浙江分会 | 12585 |
| 中国舞蹈家协会四川分会 | 12614 |
| 中国舞蹈协会辽宁分会 | 12633 |

中国舞蹈协会上海分会　　　　12670

中国舞蹈研究会　　　　　　　12570

中国舞蹈艺术研究会　　12094, 12105, 12146,
　　12561, 12562, 12595, 12596, 12598,
　　12599, 12603, 12604, 12605, 12606,
　　12610, 12626, 12629, 12642, 12657

中国舞蹈艺术研究会筹委会　　12561, 12603

中国舞蹈艺术研究会舞蹈史研究组12575, 12579

中国舞蹈杂志社　　　　　　　2874

中国舞剧团　　9152, 9175, 9217, 12097, 12149,
　　12204, 12648, 12649, 12650, 13098

中国舞剧团集体　　5149, 5161, 9195, 12098

中国舞台科学技术研究所《舞台美术与技术》编
　　辑委员会　　　　　　　　12827

中国舞台美术学会　　12706, 12827, 12831

中国舞协浙江分会　　　　　　12568

中国西安唐城宾馆　　　　　　10521

中国西藏自治区登山协会　　　8961

中国玺印篆刻全集编辑委会　　8555

中国玺印篆刻全集编辑委员会　8555

中国戏剧出版社　　11874, 11875, 11876, 12867

中国戏剧出版社编辑部　　12683, 12691, 12695,
　　12721, 12877

中国戏剧电视剧创作函授中心　12916

中国戏剧家　　　　　　　　　12848

中国戏剧家协会　　12682, 12686, 12714, 12754,
　　12755, 12816, 12848, 12870, 13015,
　　13018, 13020

中国戏剧家协会《剧本》杂志社　12916

中国戏剧家协会安徽分会　　12686, 12688

中国戏剧家协会北京分会　　　12820

中国戏剧家协会北京市分会马派艺术研究小组
　　　　　　　　　　　　　　12879

中国戏剧家协会福建分会　　12843, 12935

中国戏剧家协会广东分会　　12842, 12843, 12910,

　　12922, 12923

中国戏剧家协会广西分会　　　12757

中国戏剧家协会河北分会　11148, 12929, 12930

中国戏剧家协会湖南分会　　　12817

中国戏剧家协会江苏分会　　12687, 12942

中国戏剧家协会江西分会　　11150, 12707, 12927

中国戏剧家协会宁夏分会　　　12818

中国戏剧家协会青海分会　　　12939

中国戏剧家协会山东分会　　　12847

中国戏剧家协会上海分会　　11149, 12845, 12898

中国戏剧家协会四川分会　　　6403

中国戏剧家协会四川分会《连环画报》编辑部
　　　　　　　　　　　　　　6348

中国戏剧家协会新疆分会　　　12939

中国戏剧家协会艺术委员会　　12826, 12853

中国戏剧家协会云南分会　　12924, 12925

中国戏剧家协会浙江分会　　11154, 12117, 12804

中国戏剧家协会浙江省分会　　13015

中国戏剧家协会资料室　　　　12681

中国戏剧年鉴社　　　　　　　12845

中国戏剧协会云南分会　　　　12870

中国戏剧研究院　　　　　　　11347

中国戏曲家协会北京分会程派艺术研究小组
　　　　　　　　　　　　　　12878

中国戏曲现代戏研究会　　11871, 12795, 13017

中国戏曲协会　　　　　　　　12849

中国戏曲学会　　　　12849, 12850, 12885

中国戏曲学校　　11145, 11838, 12075, 12076,
　　12077, 12869

中国戏曲学校教学研究室　　　12275

中国戏曲学校研究所　　　　11045, 12078

中国戏曲学院　　12088, 12089, 12818, 12824,
　　12884, 12885

中国戏曲学院附中　　　　　　12824

中国戏曲学院戏曲研究所　　　11309

中国戏曲学院研究所　　11144、11834、11837、
　　12729、12816
中国戏曲学院中国戏曲研究所　　11832、12079
中国戏曲研究院　　11045、11111、11141、11142、
　　11143、11350、11828、11829、11831、
　　11832、11834、11835、11839、11869、
　　12069、12070、12071、12072、12073、
　　12076、12078、12105、12106、12700、
　　12812、12813、12814、12815、12865、12921
中国戏曲研究院戏曲音乐研究组　　12070
中国戏曲研究院研究室戏曲音乐研究组　　12070
中国戏曲研究院艺术处戏曲音乐组　　12070
中国戏曲艺术国际学术讨论会秘书处　　12851
中国戏曲音乐集成上海卷编辑部　　12852
中国戏曲音乐集成浙江卷绍兴市卷编写组
　　12061、12062
中国戏曲志编辑部　　12769、12848
中国戏曲志贵州卷编辑部　　12721
中国戏曲志河南卷编辑委员会　　12767、12773、
　　12777
中国戏曲志江苏卷编辑部　　12689、12821
中国戏曲志江西卷编辑部　　12769
中国戏曲志辽宁卷编辑部　　12933
中国戏曲志上海卷编辑部　　12690、12771
中国戏曲志四川卷编辑部　　12770、12935、12942、
　　12944、12945
中国戏曲志云南卷编辑部　　12776
中国戏曲志云南卷编辑部合　　12937
中国现代美术全集编辑委员会　　323、324、325、
　　326、327、328、329、330、331、332、333
中国现代文化学会艺术部　　6808
中国现代文化研究中心　　6595、6596
中国现代硬笔书法研究会　　7505
中国现代硬笔书法研究会四川分会　　7463
中国现代硬笔书法研究会浙江分会　　7447

中国乡村田园画会　　2232
中国湘潭齐白石艺术研究中心　　10487
中国新疆阿克苏图片室　　10455
中国新民主主义青年团北京市委员会　　11409
中国新民主主义青年团北京市委员会文化艺术
　　部　　11391
中国新民主主义青年团东北筹委会宣传部辑
　　12358、12359
中国新民主主义青年团广东省委员会宣传部
　　11579
中国新民主主义青年团贵州省委宣传部　　11581
中国新民主主义青年团华北大学校团委员会
　　11558
中国新民主主义青年团辽宁省委宣传部　　11578
中国新民主主义青年团上海市工作委员会宣传
　　部　　11391
中国新民主主义青年团沈阳市委会少年儿童部
　　11996
中国新民主主义青年团天津市工作委员会　　4879
中国新民主主义青年团中央委员会　　11385
中国新民主主义青年团中央宣传部　　11578
中国新闻社　　8967
中国新闻摄影学会　　8697、8782、8787、9288、9291、
　　9293、10135、10139
中国新兴(集团)总公司　　8266
中国新兴版画五十年选集编辑委员会　　3030
中国刑事警察学院刑事技术教研室　　8736
中国延安精神研究会　　8701
中国延安文艺学会　　1328
中国演出管理家协会　　13017
中国演出家协会　　13018
中国彝文书法　　7388
中国艺术编辑部　　2287、2410
中国艺术大展组织委员会　　333、334、335
中国艺术科学研究院　　12840、12841

中国艺术研究电影研究所《电影文化》编辑室　13048

中国艺术研究所音乐研究所《中国音乐词典》编辑部　11357

中国艺术研究院　12579, 12851, 12913

中国艺术研究院《现状研究丛书》编辑部　025

中国艺术研究院电影电视艺术研究所《当代外国影视艺术》编辑部　13315, 13316

中国艺术研究院电影研究所　13294

中国艺术研究院电影研究所《电影文化》编辑部　13048

中国艺术研究院话剧研究所　12908, 12910, 12911, 12914, 12916, 13018

中国艺术研究院科研办公室　108

中国艺术研究院马克思主义文艺理论研究所外国文艺理论研究资料丛书编委会　098

中国艺术研究院美术研究所　264, 811, 1898, 10180

中国艺术研究院美术研究所《美术史论》编辑部　250

中国艺术研究院美术研究所《美术史论》丛刊编辑部　248, 249, 250

中国艺术研究院美术研究所《美术史论丛》丛刊编辑部　248

中国艺术研究院美术研究所现代美术研究室　1075

中国艺术研究院曲艺研究所　12971, 12976

中国艺术研究院摄影艺术研究室　8979

中国艺术研究院摄影艺术研究院　8843

中国艺术研究院外国文艺研究所　063, 164

中国艺术研究院外国文艺研究所《世界艺术与美学》编辑部　062

中国艺术研究院外国文艺研究所《世界艺术与美学》编辑委员会　062, 063

中国艺术研究院舞蹈研究所　12564, 12565,

12566, 12567, 12576, 12577

中国艺术研究院舞蹈研究所资料室　12583

中国艺术研究院戏曲研究所　11150, 11153, 11868, 12689, 12716, 12717, 12718, 12719, 12720, 12828, 12835, 12893, 12929, 12931, 12934

中国艺术研究院戏曲研究所《戏曲研究》编辑部　13017

中国艺术研究院研究生部　024, 476, 10869, 10993, 12848

中国艺术研究院艺术品鉴定研究室　8588

中国艺术研究院音乐研究所　10807, 10830, 10912, 10913, 10955, 10968, 11294, 11298, 11336, 11357, 11358, 11802, 11977, 12259, 12313, 12314

中国艺术研究院音乐研究所《民间音乐采访手册》编辑组　10907

中国艺术研究院音乐研究所《音乐学丛刊》编辑部　10803

中国艺术研究院音乐研究所《中国音乐词典》编辑部　11357

中国艺术研究院音乐研究所《中国音乐年鉴》编辑部　11358

中国艺术研究院音乐研究所《中国音乐学》编辑部　10808, 10809, 10810, 10811, 10812, 10813

中国艺术研究院音乐研究所资料室　10807, 10964, 11360

中国艺术研究院影视研究室　13054

中国艺术研究院影视研究室《影视文化》编辑部　13054

中国音乐编辑部　11481

中国音乐出版社　11641

中国音乐函授学院　10816

中国音乐家协会　10793, 10795, 10849, 10850,

10855, 10875, 10956, 10957, 10958,

10959, 11084, 11402, 11403, 11405,

11408, 11424, 11445, 11474, 11488,

11574, 11575, 11576, 11580, 11598,

11600, 11601, 11611, 11626, 11628,

11642, 11705, 11749, 11911, 11940,

11969, 12012, 12138, 12168, 12176,

12196, 12208, 12268, 12269, 12281,

12282, 12283, 12314, 12322, 12393, 12559

中国音乐家协会安徽分会　11610, 11796, 12155

中国音乐家协会编辑部　10791, 10792, 11409,

11412, 12002

中国音乐家协会长春分会筹委会　　　11594

中国音乐家协会成都分会　11076, 11402, 11436,

11440, 11441, 11578, 11579, 11582,

11593, 11602, 11611, 11618, 11778,

11782, 11783, 11940, 12012, 12321,

12342, 12343, 12840

中国音乐家协会成都分会理论创作委员会

11580

中国音乐家协会创作编辑部　　　　11408

中国音乐家协会创作委员会　　　　10955

中国音乐家协会对外联络部　　　　10923

中国音乐家协会对外联络委员会　10923, 10960,

10982

中国音乐家协会分会　　　　　　11435

中国音乐家协会福建分会　11086, 11468, 11476,

11484, 11703, 12402

中国音乐家协会福建分会筹委会　　11607

中国音乐家协会歌曲编辑部　　　　11702

中国音乐家协会广东分会　11448, 11469, 11617,

11618, 11620, 11621, 11664, 12020

中国音乐家协会广东分会创作委员会　12031

中国音乐家协会广西分会　10905, 11467, 11798,

11800, 11801, 11802, 11804, 12034, 12118

中国音乐家协会广西僮族自治区分会　　11783

中国音乐家协会广西壮族自治区分会　11449,

11616, 11621, 11624, 11638, 11642,

11783, 11785, 11788, 12018, 12020

中国音乐家协会广州分会　11430, 11440, 11609,

11774, 12012, 12342

中国音乐家协会贵阳分会　　　　　11436

中国音乐家协会贵阳分会筹备委员会　11443

中国音乐家协会贵阳分会筹委会　11144, 11595,

11597, 11903, 12012, 12018

中国音乐家协会贵阳分会筹员会　　11606

中国音乐家协会贵州分会　11473, 11633, 11796,

11798, 11909, 11984

中国音乐家协会河北分会　11148, 11452, 11483,

11486, 11634, 11639, 11641, 11800, 11974

中国音乐家协会河北省分会　　　　11632

中国音乐家协会黑龙江分会　　10845, 11438,

11443, 11444, 11450, 11452, 11600,

11616, 11620, 11636, 11796

中国音乐家协会湖南分会　11467, 11616, 11634,

11694, 11800

中国音乐家协会吉林分会　11477, 11615, 11632,

11635, 11904

中国音乐家协会吉林分会民歌征集小组　11795

中国音乐家协会吉林人民分会　　　11451

中国音乐家协会江苏分会　10804, 10807, 11044,

11115, 11443, 11444, 11445, 11447,

11449, 11451, 11611, 11616, 11623,

11629, 11632, 11642, 11779, 11780,

12014, 12020, 12119, 12120, 12122,

12123, 12252, 12332, 12609

中国音乐家协会江苏分会筹委会　11441, 11444,

11603, 11606, 11608, 11780

中国音乐家协会江西分会　11150, 11443, 11446,

11609, 11610, 11631, 11632, 11634,

11789, 11871

中国音乐家协会考级委员会　　　　10837

中国音乐家协会理论创作委员会　　　11081

中国音乐家协会理论委员会　　11357, 11703

中国音乐家协会辽宁分会　11419, 11429, 11433,
　　11435, 11444, 11446, 11447, 11450,
　　11597, 11598, 11600, 11601, 11608,
　　11609, 11610, 11612, 11620, 12251, 12330

中国音乐家协会民族音乐委员会　　　12318

中国音乐家协会南京分会筹委会　11426, 11587,
　　11774, 12139

中国音乐家协会内蒙古分会11448, 11703, 11972

中国音乐家协会普及工作部　　　　11998

中国音乐家协会青海分会　11495, 11811, 12128

中国音乐家协会全国乐器演奏（业余）考级委员
　　会电子琴专家委员会　　　　11288

中国音乐家协会全国乐器演奏（业余）考级委员
　　会钢琴专家委员会　　12214, 12216

中国音乐家协会全国乐器演奏（业余）考级委员
　　会琵琶演奏专家委员会　　　12318

中国音乐家协会全国乐器演奏（业余）考级委员
　　会萨克斯管专家委员会　　　11173

中国音乐家协会全国乐器演奏（业余）考级委员
　　会手风琴专家委员会　　11253, 12216,
　　12217

中国音乐家协会山东分会　10969, 11440, 11467,
　　11607, 11609, 11610, 11620, 11627,
　　11698, 11788, 12153, 12248

中国音乐家协会山西分会　11429, 11450, 11627,
　　11631, 11634, 11984, 12013, 12345

中国音乐家协会山西分会筹委会　10797, 11440,
　　11443, 11446, 11602, 11610, 11612,
　　11613, 11616, 11617, 11782, 12018

中国音乐家协会山西分会筹委员　　　12013

中国音乐家协会陕西分会　　　11150, 11490

中国音乐家协会上海分会　10901, 11149, 11353,
　　11355, 11406, 11409, 11414, 11415,
　　11416, 11417, 11432, 11433, 11434,
　　11438, 11441, 11443, 11444, 11447,
　　11451, 11452, 11590, 11592, 11593,
　　11598, 11602, 11606, 11608, 11633,
　　11776, 11941, 12007, 12010, 12011,
　　12014, 12020, 12022, 12247, 12278

中国音乐家协会上海分会音乐作品编委员会
　　　　　　　　　　　　11416

中国音乐家协会沈阳分会　　　　11609

中国音乐家协会四川分会　10904, 11452, 11632,
　　11634, 11642, 11698, 11783, 11786,
　　11789, 11795, 11803, 11809

中国音乐家协会天津分会　10905, 11415, 11419,
　　11440, 11441, 11447, 11599, 11602,
　　11618, 11619, 11622, 12014, 12030

中国音乐家协会武汉分会　11045, 11415, 11445,
　　11597, 11618, 11798

中国音乐家协会西安分会　11419, 11439, 11440,
　　11579, 11600, 11607, 11614, 11618,
　　11625, 11641, 11697, 11770, 11772,
　　11782, 12005, 12012

中国音乐家协会新疆分会　　　11804, 11805

中国音乐家协会新疆维吾尔自治区分会　11447,
　　11451, 11782, 11784, 11801, 12033, 12343

中国音乐家协会新疆维吾尔自治区分会筹委会
　　　　　　　　　　　　11782

中国音乐家协会选　　　　　　　11447

中国音乐家协会延边分会　11472, 11797, 11803

中国音乐家协会音乐创作编辑部　　　11408

中国音乐家协会音乐考级委员会　11291, 12220,
　　12319

中国音乐家协会云南分会　11794, 11799, 11802

中国音乐家协会浙江分会　11445, 11612, 11613,

11614, 11619, 11620, 11624, 11625,
11626, 11628, 11633, 11637
中国音乐家协会中国音乐研究所音乐史编辑组
10958
中国音乐家学会吉林分会　11643
中国音乐协会　12208
中国音乐协会成都分会　12351
中国音乐协会上海分会　11602, 11606
中国音乐学院　11293, 11490, 12259
中国音乐学院考级委员会　10841
中国音乐学院民族音乐研究所　10954
中国音乐学院声乐系　11131
中国音乐学院作曲系　11642
中国音乐学院作曲音乐文学专业　11702
中国音乐研究会　11761
中国音乐研究所　10955, 10956, 10957, 10958,
10959, 11293, 11301, 11355, 11356,
11779, 11781, 11783, 12148, 12657
中国音乐研究所无产阶级革命派　11648
中国音乐研究所中国古代音乐史提纲编写小组
10956
中国音乐作家协会　12196
中国音协《歌曲》编辑部　11535
中国音协分会理论委员会　10813
中国音协福建分会　10964
中国音协福建分会民族音乐委员会　10905
中国音协河北分会　11639, 11646, 11647, 11841
中国音协教育委员会　10816
中国音协理论创作委员会　10903
中国音协全国乐器演奏（业余）考级委员会
12213
中国音协全国乐器演奏（业余）考级委员会二胡
专家委员会　12285
中国音协全国乐器演奏考级委员会　12286,
12287, 12288

中国音协全国乐器演奏考级委员会二胡专家委
员会　12286, 12287
中国音协天津分会　11424
中国印度尼西亚友好协会　6780
中国印刷物资公司　306
中国营造学社　1272
中国楹联学会　8192
中国影片经理公司　4884, 4885, 4886
中国影片经理公司中南区公司　13306
中国硬笔书法家协会　7615
中国硬笔书法临习法帖编委会　7602
中国硬笔书法协会　7612
中国油画学会　1088, 1344, 2821, 2826, 2830
中国玉器全集编辑委员会　8653
中国预防医学科学院劳动卫生与职业病研究所
6396
中国云南国际文化交流中心　10147
中国杂技艺术家协会山西分会　12991
中国展览公司　6760
中国展览交流中心　2298
中国照片档案馆　9678
中国政策科学研究会老年政策委员会　2319
中国中外名人文化研究会　8276
中国中外名人文化研究会文化艺术委员会 6838,
8286, 8294
中国中外名人文化研究会艺委会　7364
中国中央电视台　5905
中国作家协会广东分会诗歌工作委员会　12797
中华慈善总会　9293
中华丛书委员会　246, 7973
中华大家唱（卡拉 OK）曲库编委会　11732
中华大家唱卡拉 OK 曲库编委会　11742
中华电影股份有限公司　13172
中华电影联合股份有限公司　13286
中华儿女杂志社　2277

中华钢笔圆珠笔书法研究会　　7432

中华工商联合出版社　　8129

中华化工厂工会　　5236

中华基督教会　　12437

中华基督教青年会全国协会校会组　　12435

中华基督徒布道会文字部　　12441

中华锦绣画报社　　9260

中华浸会女传道联合会　　12433

中华老人文化交流促进会编辑部　　8694

中华乐社　　10785

中华乐社编译部　　12354, 12485

中华旅游纪念品联合开发总公司　　9971

中华美术研究院　　2806

中华美学学会　　077

中华民族文化促进会　　10827

中华平民教育促进会　　12700, 12903

中华清风书画协会　　2271, 8295

中华全国电影艺术工作者协会　　13173

中华全国妇女联合会　　1295, 6757

中华全国集邮联合会青少年集邮工作委员会
　　13188

中华全国漫画作家抗敌协会　　3397

中华全国美术工作者协会　　3530, 6774, 6916

中华全国美术工作者协会上海分会　　276, 3402,
　　3403

中华全国美术协会上海市分会　　2849

中华全国民主妇女联合会儿童福利部　　11110

中华全国木刻界抗敌协会湖南分会　　2977

中华全国木刻协会　　2982, 2984, 2986

中华全国青年联合会文体部　　11706

中华全国手工业合作社总社工艺美术局　　10642

中华全国手工业合作总社　　10175

中华全国体育总会　　9248

中华全国文联抗美援朝宣传委员会　　11563

中华全国文学艺术工作者大会宣传处　　276, 347

中华全国文学艺术工作者代表大会宣传处　276

中华全国戏剧界抗敌协会晋察冀边区分会
　　12808

中华全国新闻工作者协会　　2693

中华全国学生联合会　　8876, 11391

中华全国学生联合会歌曲编辑部　　11468

中华全国音乐工作协会贵州省分会筹委会
　　11396

中华全国音乐工作者协会　10954, 10980, 10991,
　　11138, 11560, 11563, 11570, 12137, 12393

中华全国音乐工作者协会成都分会10790, 11567

中华全国音乐工作者协会杭州分会编辑出版部
　　11353

中华全国音乐工作者协会山西分会　　11395,
　　11400, 12656

中华全国音乐工作者协会上海分会　　10849,
　　10954, 11389, 11390, 11391, 11392,
　　11393, 11563, 11938

中华全国音乐工作者协会天津分会　　11561

中华全国音乐工作者协会西北区分会　　12137

中华全国音乐工作者协会重庆分会11396, 11568

中华全国音乐工作者协会重庆市分会　　11400

中华全国音乐界抗敌协会晋察冀分会　　11548

中华全国总工会　　279, 8872, 8880, 9287

中华全国总工会工人歌舞团　　11077, 11418,
　　11781, 11880, 12112, 12148

中华全国总工会女职工部　　9034

中华全国总工会宣传部　　11702

中华全国总工会宣教部文艺处　　11707

中华人民共和国成立十周年纪念画册编辑委员
　　会　　8879

中华人民共和国第八届运动会征歌办公室
　　11526

中华人民共和国第一机械工业部教育司　　4900

中华人民共和国电力工业部　　3386

中华人民共和国对外文化联络局　　502，1219，
　　12656
中华人民共和国对外文化联络委员会363，10724
中华人民共和国公安部治安局　　　　　4997
中华人民共和国国歌征集小组办公室　　11696
中华人民共和国国家教育委员会　　　　12634
中华人民共和国国家旅游局　　　　　　9112
中华人民共和国国务院对外文化联络局　361，
　　10980，12559
中华人民共和国建设部《迈向新世纪的中国城
　　市》编辑委员会　　　　　　　　　8909
中华人民共和国建筑工程部设计总局北京工业
　　设计院　　　　　　　　　　　　　10562
中华人民共和国交通部　　　　　　　　8903
中华人民共和国教育部　　　　601，10793
中华人民共和国教育部翻译室　　　　　10792
中华人民共和国林业部　　　　8893，9065
中华人民共和国林业部宣传司　　　　　11483
中华人民共和国农牧渔业宣传司　　　　8888
中华人民共和国农业部农垦司宣传处　　8898
中华人民共和国乒乓球协会　　　　　　9248
中华人民共和国水利部　　　　8872，8896
中华人民共和国体育运动委员会　　　　4907
中华人民共和国外交部档案馆　　　　　8301
中华人民共和国卫生部　　　　　　　　3364
中华人民共和国文化部　015，291，292，336，338，
　　346，2298，12559，12671
中华人民共和国文化部编　　　　　　　344
中华人民共和国文化部电影事业管理局　11890，
　　12414，13276，13292，13302
中华人民共和国文化部电影事业管理局音乐处
　　　　　　　　　　　　　　　　　　11890
中华人民共和国文化部对外文化联络局　351
中华人民共和国文化部教科司规划处　　353
中华人民共和国文化部教育科技司　　　352

中华人民共和国文化部教育司　　　　　085
中华人民共和国文化部群文司　　　　　1324
中华人民共和国文化部群众文化局　　　13016
中华人民共和国文化部文化艺术人才中心　351
中华人民共和国文化部艺术局　　　　　261
中华人民共和国文化部艺术事业管理局　11403，
　　11424，11575，11576，11580，11598，
　　11940，12105，12247，12595，12604，12626
中华人民共和国文化部中国展览交流中心　376
中华摄影文学编委会　　　　　　　　　8904
中华书法研究会　　　　　　　7448，7482
中华书局　　　　　　　1473，7661，10345
中华书局上海编辑所　　1594，2973，2992，2994，
　　2995，2996，2997，2998，3012，7790，7964
中华苏维埃共和国临时中央政府土地人民委员
　　部　　　　　　　　　　　　　　　3066
中华图案研究会　　　　　　6742，10239
中华图书集成编辑所　　　　　　　　　12857
中华舞史研究编辑部　　　　　　　　　12579
中华戏曲音乐院　　　　　　　　　　　13010
中华信义会　　　　　　　　　　　　　12436
中华学术院　　　　　　　　　　　　　10862
中华音乐人交流协会　　　　　　　　　10889
中华印刷局　　　　　　　　　　　　　8117
中黄咸阳地委宣传部　　　　　　　　　9278
中家斌　　　　　　　　　　　　　　　6180
中俭　　　　　　　　　　　9911，10096
中乐研究社　　　　　　　　　　　　　11824
中联书店编辑部　　　4891，4895，4896，4902
中联中华联合宣传处　　　　　　　　　13290
中联中华影片公司联合宣传处　　　　　13286
中流　2932，3549，3712，5105，5385，5437，5703，
　　5873，5886，6019
中录沈阳音像制作中心　　　　　　　　9450
中路百纪　　　　　　　　　　　　　　6944

中路有纪　　　　　　　　6944, 6981
中南部队艺术学院音工队　　　11392
中南工业大学工会　　　　　　11985
中南海画册编辑委员会　1346, 2229, 2254, 2302,
　　　2468, 2692, 8273, 8319, 8887
中南行政委员会文化局　　　　11406
中南军区兼第四野战军政治部选　11568
中南军区政治部文艺工作团　　12137
中南军政委员会文化部　　　　　214
中南民主妇联　　　　　　　　8869
中南区土地　　　　　　　　　8869
中南区戏剧观摩演出大会　　　13014
中南人民广播电台　　　　　　11393
中南人民文学艺术出版社　　1282, 1427
中南文工团　　　　　　　　　11561
中南文学艺术界联合会筹委会　11392, 12222
中南文学艺术联合会筹会　　　12326
中南文艺界抗美援朝宣传委员会　11566, 11567
中南音乐专科学校　　　　　11435, 12194
中南音乐专科学校艺术生产办公室创作组
　　　　　　　　　　　11595, 12195
中南音专艺术生产委员会创作组　12189
中南中苏友好协会　　　　　　10128
中宁　　　　　　　　　　　　4940
中平　　　　　　　　　　　　12690
中仁　　　　　　　　　　　　4939
中日青年友好联欢筹备办公室　12380
中山　　　　　　　　　　　　6234
中山大学出版社　　　　　　　11723
中山大学电教中心　　　　　　13247
中山大学艺术学研究中心　　　　195
中山大学中文系　　　　　　　5321
中山海外联谊会　　　　　　　9485
中山陵园　　　　　　　　　　8890
中山市文学艺术联合会　　　　2815

中师书法教育专业委员会　　　7370
中苏文化协会编译委员会　　　12677
中苏友好协会　　　　　　　3404, 8868
中苏友好协会总会　013, 362, 6844, 6931, 10127,
　　　10128, 10129, 10130, 10132
中田勇次郎　　　　　　　　　7280
中外出版社　　　　　　　　　12496
中外群众歌曲曲库编辑部　　　11750
中蔚　　　　　　　　　　　　6374
中西庚南　　　　　　　　　　8460
中西俊明　　　　　　　　　　8797
中西音乐大会　　　　　　　　10949
中喜　　　　　　　　　　　　5906
中小学唱歌比赛会　　　　　　12354
中兴　　　　　　　　　　　　5583
中绣　　　　　　　　　　　　8163
中叙皇　　　　　　　　　　　13227
中宣部宣传教育局　　　　　　13157
中学水彩画研究协会　　　　　2923
中央爱国卫生运动委员会　　209, 3364
中央大学学生自治会出版股　　11365
中央档案馆　7567, 8158, 8163, 8223, 8253, 8332
中央电视台　5755, 5842, 5858, 7106, 7107, 8159,
　　　8160, 8288, 11481, 11928, 13296
中央电视台《电视艺术通论》编写组　13057
中央电视台《红楼梦》剧组　　13123
中央电视台电教部　　　　11471, 12662
中央电视台动画部　6543, 6686, 6707, 6714, 6724,
　　　6740, 6741
中央电视台青少部　　　　　　12044
中央电视台社教部　　　　　　13295
中央电视台书画院　　　　　6768, 12048
中央电视台文化生活组　　　8180, 8221
中央电视台文艺部　　　　11924, 11925
中央电视台文艺中心　　　　　11158

中央电视台研究室　　6349, 11158, 11513, 13298,
　　13316, 13317
中央电视台银河少年电视艺术团　　12049
中央电视台中国电视剧制作中心　　6244, 6245,
　　6246, 6248, 6252, 6253, 6255, 6256, 6263,
　　6266, 6268, 6271, 6278
中央电影局　　13025
中央电影局东北电影制片厂　　4885, 4886, 8868
中央电影局东北电影制片厂译　　13254
中央电影局发行处宣传科　　13087
中央电影局放映训练班形象教室全体教员
　　13274
中央电影局技术委员会　　13305
中央电影局科学教育电影制片厂　　8871, 13256,
　　13257
中央电影局科学教育电影制片厂总编辑室
　　13291
中央电影局上海电影制片厂　　13248
中央电影局艺术处　　13025
中央电影局艺术委员会　　13025, 13026, 13027,
　　13028, 13029, 13088, 13174, 13305
中央歌剧舞剧院　　12449
中央歌剧院　　12783
中央歌舞剧院　　13004
中央歌舞团　　11598, 12248, 12262, 12609
中央工校校友会重庆分会编辑　　11709
中央工艺美术学院 354, 3075, 3080, 3086, 10180,
　　10196, 10236, 10237, 10348, 10746, 10747
中央工艺美术学院工艺美术学系　　10193
中央工艺美术学院绘画系　　3070
中央工艺美术学院基础部　　10189, 10322
中央工艺美术学院庞薰琹艺术研究会　　2182
中央工艺美术学院染织·服装艺术设计系 10363
中央工艺美术学院染织美术系 2493, 2860, 6623,
　　10251, 10365

中央工艺美术学院染织系　　10207
中央工艺美术学院学术委员会　　10569
中央工艺美术学院学术委员会《中央工艺美术
　　学院设计作品选》编委会　　10233
中央工艺美术学院装潢美术系　　10725
中央工艺美术学院装潢设计系　　6598
中央工艺美术学院装潢艺术设计系 10569, 10770
中央工艺美术学院装饰绘画系 2418, 3079, 3080,
　　3085, 3098
中央工艺美术学院装饰绘画系壁画工作室 3538
中央工艺美术学院装饰艺术设计系　　8624
中央广播事业管理处　　11538
中央广播艺术团建团三十周年纪念册编委会
　　348
中央国家机关工会联合会　　342
中央乐团　　11463, 11665, 11686, 11856, 11965,
　　12201, 12202, 12228, 12229
中央乐团木管五重奏组　　12229
中央陆军军官学校　　11385
中央漫画部　　3519
中央美术学院　　1356, 2716, 3069, 4945, 4983,
　　4992, 5018, 5046
中央美术学院版画系　　2919
中央美术学院版画系同学　　2996
中央美术学院版画战斗组 3014, 3160, 3162, 3163
中央美术学院电脑美术工作室　　131
中央美术学院雕塑系　　2921
中央美术学院附属中等美术学校业务教研室
　　1127, 2894
中央美术学院附中　　4968
中央美术学院附中高三班　　1756
中央美术学院附中教师　　1846, 3554, 3555
中央美术学院附中业务教研室　　1324, 1354
中央美术学院附中业余美术学校业务教研室
　　1150

中央美术学院附中专业课教研室　　　2894

中央美术学院工艺美术研究室　　8628, 10243,
　　10247, 10346

中央美术学院国画系二、三年级同学　　1427

中央美术学院华东分院研究室　　　013

中央美术学院华东分院油画系　　　3120

中央美术学院会中创　　　3086

中央美术学院暨华东分院敦煌艺术考察队　6618

中央美术学院抗美援朝委员会　　　3067

中央美术学院美术史系外国美术史教研室　184

中央美术学院美术史系艺术理论教研室　130

中央美术学院美术史系中国美术史教研室　257

中央美术学院美术史研究室　　　172, 363

中央美术学院青年艺术研究会　　　2882

中央美术学院实用美术系　　10241, 12977

中央美术学院实用美术系研究室　　10240

中央美术学院同学编委会　　　1282

中央美术学院研究部　　2474, 3068, 4879

中央美术学院油画系　　　2855

中央美术学院油画系二年级　　　4919

中央美术学院中国画系　　695, 2318, 2921

中央民族歌舞团创作研究室　　　11777

中央民族歌舞团收集　　　12342

中央民族乐团　　　12265

中央民族学院　　　8660

中央民族学院"革命委员会"政工组　11650

中央民族学院编辑组　　　11795

中央民族学院分院　　　10348

中央民族学院少数民族文学艺术研究所　11297

中央民族学院研究组　　　10346

中央民族学院艺术系　　　12097

中央民族学院艺术系创作组　　　12585

中央民族学院艺术系文艺理论组　　10962

中央民族音乐研究所　　　12309

中央群众艺术馆　　11412, 11416, 11579, 11770,

12152, 12247, 12588, 12605, 12606, 12607

中央人民广播电台　　11046, 11483, 12033, 12359,
　　13268

中央人民广播电台《少年时代》节目组　11715

中央人民广播电台对台湾广播　　　11801

中央人民广播电台对台湾广播部　3439, 11800

中央人民广播电台湖北记者站　　　5152

中央人民广播电台柬埔寨语组　　　12372

中央人民广播电台民族管弦乐团　12147, 12246,
　　12262, 12321, 12327, 12328

中央人民广播电台少儿部　　12018, 12020

中央人民广播电台少儿部《星星火炬》组　12446

中央人民广播电台少年儿童部　　12020

中央人民广播电台少年儿童广播编辑部　11996,
　　11997, 12001

中央人民广播电台少年儿童广播部　　12008

中央人民广播电台文艺部　11476, 11481, 11703,
　　11704, 12376, 12377, 12379, 12757,
　　12758, 12759

中央人民广播电台文艺部戏剧组　　12921

中央人民广播电台文艺部戏曲组　11867, 11868,
　　12820

中央人民广播电台文艺广播部　　11840

中央人民广播电台文艺音乐组　　11294

中央人民广播电台戏曲组　　　11833

中央人民广播电台小喇叭组　　　12045

中央人民广播电台星星火炬节目组　　12033

中央人民广播电台音乐广播编辑部　11292, 11586

中央人民广播电台音乐广播部　　11424, 11426

中央人民广播对台湾广播部　　　11469

中央人民政府人民革命军事委员会军事训练部
　　12223

中央人民政府人民革命军事委员会总参谋部军
　　乐团　　11536, 11573, 12222, 12223

中央人民政府人民革命军事委员会总政治部文

化部　　　　2850, 11569, 11570, 12681
中央人民政府文化部电影局　　　13275
中央人民政府文化部电影局东北电影制片厂
　　　　　　13230
中央人民政府文化部电影局宣传科　13174
中央人民政府文化部电影局艺术委员会　12812,
　　13026, 13072, 13174, 13175, 13200,
　　13215, 13291, 13306
中央人民政府文化部电影事业管理局艺术委员
　　会　　13026, 13081, 13215, 13305, 13306
中央人民政府文化部对外文化联络事务局　359
中央人民政府文化部科学普及局　　13302
中央人民政府文化部艺术事业管理局　11402,
　　11575, 11576
中央人民政府文化局电影局艺术委员会　13215
中央实验歌剧院　　　　　　12093
中央手工业管理局　　　　　10226
中央书画院　　　　　　　　115
中央台青少年部　　　　　　11472
中央卫生部卫生教育所　　　3097
中央文化部电影局　　13274, 13290, 13306
中央文化部艺术管理局　　　11574, 11576
中央文化部艺术局　　　　　12583
中央文化部艺术事业管理局　11575, 11576
中央文史研究馆 2046, 2145, 2183, 2224, 2238, 2256
中央"五七"艺术大学美术学院七四届普通班
　　　　　　1292
中央"五七"艺术大学美术学院　　3862
中央"五七"艺术大学美术学院赴藏雕塑组8659
中央"五七"艺术大学音乐学院钢琴系　11223
中央"五七"艺术大学音乐学院管弦系　11182
中央"五七"艺术大学音乐学院理论组　10961,
　　11028
中央"五七"艺术大学音乐学院作曲理论系11335
中央戏剧学院　　　　12801, 12812, 12827

中央戏剧学院编辑室　　　　12683
中央戏剧学院导演师资进修班集体　5572
中央戏剧学院附属歌舞剧院　12594
中央戏剧学院教材编译组　　12812
中央戏剧学院教务处11138, 12812, 12825, 13012
中央戏剧学院教务科　　　12683, 12797
中央戏剧学院研究部音乐室创作室　11394
中央新闻纪录电影制片厂　8879, 12051, 13094,
　　13229, 13231, 13233, 13235, 13237,
　　13245, 13291, 13292
中央训练团　11366, 11379, 11381, 11385, 11386
中央音乐教分处编译室　　　10792
中央音乐声学系　　　　　　11114
中央音乐系民族音乐教研室　12337
中央音乐学院　　　10793, 10839, 10953, 11293,
　　11306, 11396, 11401, 11413, 11417,
　　11443, 11444, 11571, 11586, 11593,
　　11600, 11939, 11945, 11947, 12011,
　　12096, 12157, 12158, 12169, 12170,
　　12186, 12190, 12195, 12244, 12259,
　　12368, 12369, 12425, 12493, 12494, 12496
中央音乐学院《民族音乐结构研究论文集》编辑
　　组　　　　　10908
中央音乐学院编辑室　　　10844, 10856
中央音乐学院编译室　　　10792, 10849, 10854,
　　10857, 10923, 11076, 11178, 11179,
　　11219, 11267, 12352
中央音乐学院创作研究室　12374, 12378
中央音乐学院电子琴考级专家委员会　11286
中央音乐学院钢琴考级专家委员会　11246
中央音乐学院钢琴系　　12216, 12517, 12518
中央音乐学院钢琴系钢琴共同课教研组 11220
中央音乐学院歌剧系　　　12423
中央音乐学院管弦系　　　12158
中央音乐学院华东分院编译室　11076, 11218

中央音乐学院华东分院创作委员会　　11765

中央音乐学院华东分院教学研究室编译组

　　　　　　　　　　　　　　　11215

中央音乐学院华东分院理论作曲系　　11412

中央音乐学院华东分院民族音乐研究室　12138

中央音乐学院华东分院研究室编译组　10791,

　　11040, 11074

中央音乐学院考级委员会　10837, 10838, 11174,

　　11176, 12458

中央音乐学院理论系亚非拉音乐组　　12372

中央音乐学院民间音乐研究所　　11765

中央音乐学院民族器乐系　　12257, 12258

中央音乐学院民族研究所　　12326, 12327

中央音乐学院民族音乐教研室　　12322

中央音乐学院民族音乐研究所　10901, 10902,

　　10954, 10955, 11138, 11139, 11164,

　　11292, 11300, 11332, 11350, 11766,

　　11767, 11768, 11769, 11771, 12070,

　　12106, 12108, 12138, 12246, 12262,

　　12308, 12309, 12321, 13014

中央音乐学院民族音乐研究所古代音乐研究室

　　　　　　　　　　　　　　　10954

中央音乐学院上海分院创作委员会　　11568

中央音乐学院上海分院教研室　　11072

中央音乐学院上海分院抗美援朝工作委员会

　　　　　　　　　　　　　11563, 11566

中央音乐学院上海分院声乐系　　11939

中央音乐学院上海分院研究室　　11074

中央音乐学院声乐系　　11113, 11114, 11115,

　　11118, 11416, 12427

中央音乐学院手风琴考级专家委员会　　11250,

　　11260

中央音乐学院学报编辑部　　11117

中央音乐学院学报社　　12214

中央音乐学院研究部　10980, 11073, 11110,

11177, 11563, 11564, 11567, 11568,

　　11570, 11764, 11765, 12244, 12245

中央音乐学院研究部搜集　　11764

中央音乐学院研究所　　11571

中央音乐学院音乐理论系　　12257, 12258

中央音乐学院音乐学系　　10981

中央音乐学院中国音乐研究会　　10959

中央音乐学院中国音乐研究所　10904, 10959,

　　10960, 11164, 11293, 11334, 11356,

　　11768, 11789, 12058, 12117, 12148,

　　12245, 12251, 12310

中央音乐学院中国音乐研究所民族音乐研究班

　　10903, 11144, 11145, 11293, 11788, 12051

中央音乐学院作曲系干部班一　　11444

中一　　10483

中吟　　5535

中印友好协会　　7058, 8668

中英杰　　5914

中羽　　7063

中玉　　8853

中原　　5337

中原大学文艺研究室　　11559, 11560

中原歌声编辑部　　11650

中原歌舞团　　12672

中原石刻艺术馆　　7801

中云　　12002

中沢圭子　　10744

中中　　4478

中州书画编辑部　　312

中州书画社　　1580

忠多　　6043

忠福　　4706

忠湖　　6477

忠华　　9669, 9677

忠坚　　5109

| 忠民 | 9254 | 钟定强 | 1450 |
|---|---|---|---|
| 忠年 | 2019, 4399 | 钟笃明 | 4899 |
| 忠培 | 13176 | 钟峰 | 10139 |
| 忠清 | 5628 | 钟锋 | 10139 |
| 忠仁 | 9906 | 钟甫平 | 13246 |
| 忠翔 | 6945 | 钟高渊 | 5352, 6225, 6331 |
| 忠向东 | 9314 | 钟高远 | 6590 |
| 忠孝 | 5131 | 钟耕略 | 6801 |
| 忠星 | 9900 | 钟光 | 5874 |
| 忠义 | 9999 | 钟光葵 | 9790 |
| 忠元 | 2705, 4279 | 钟桂英 | 6243, 6252, 6253, 6268 |
| 终南印社 | 8565 | 钟国民 | 5192 |
| 钟安 | 3725, 4967, 5017 | 钟国仁 | 1140 |
| 钟安之 | 1167, 1168 | 钟国仕 | 6198 |
| 钟标龙 | 5486 | 钟国章 | 3378, 7637 |
| 钟兵 | 8648, 11528 | 钟海宏 | 2190 |
| 钟伯光 | 5265 | 钟涵 | 535, 548, 2733, 2817 |
| 钟伯友 | 2888 | 钟鸿 | 13275 |
| 钟长朗 | 401 | 钟华民 | 13131 |
| 钟长清 | 2907, 6036, 6199 | 钟怀 | 5535, 8902 |
| 钟长生 | 920, 1825, 2033, 2589, 3990 | 钟惠英 | 4944, 4978, 5061, 5104, 5131, 5141 |
| 钟长声 | 3952 | 钟纪明 | 13247 |
| 钟诚 | 5550 | 钟家骥 | 7350 |
| 钟冲父 | 1649 | 钟家佐 | 8242 |
| 钟楚浩 | 2757, 5230 | 钟建波 | 12626 |
| 钟传幸 | 12885 | 钟建东 | 1371, 6615, 7065, 10322 |
| 钟大丰 | 13192 | 钟建明 | 8834, 10125, 10137 |
| 钟大陆 | 5673 | 钟建文 | 11301 |
| 钟大年 | 13297 | 钟建星 | 5587, 5602, 5661, 5688, 5733 |
| 钟大源 | 8451 | 钟健 | 7559, 7608 |
| 钟道隆 | 11100 | 钟江村 | 1155 |
| 钟道泉 | 1744, 1983, 2491 | 钟锦荣 | 10214, 10370, 10379 |
| 钟德华 | 10699 | 钟晶晶 | 3967 |
| 钟恬栞 | 13073, 13074, 13111, 13119, 13120, 13154 | 钟景 | 3436 |
| 钟鼎 | 644 | 钟景辉 | 12692 |

钟敬之　248, 12758, 12777, 12851, 13022, 13183

钟静文　13295

钟开天　2229, 5392, 5451, 5768, 5796, 5888, 6087, 6208

钟戢　8180

钟克豪　7332, 7814, 7997, 8086, 8361

钟坤　026

钟雷　13179

钟磊　6125

钟离果　9070, 9327

钟理　13178

钟理文　5623, 5815, 5842

钟立昆　2046

钟立民　11495, 11520, 12019, 12033, 12370

钟莉　6379

钟莲生　5520, 5670, 6131

钟良彬　499

钟梁　6632

钟林周　7521, 7538, 7542, 7587

钟灵　3403, 3404, 3405, 11943, 12017

钟凌　7078

钟龄　5357, 5931

钟令　5357

钟龙宝　11499

钟迈浩　5799, 6216

钟茂兰　608, 2950, 10216, 10278, 10330

钟美莲　10650

钟明　4080, 5028, 5055, 6641, 8621

钟明冰　5341, 5386

钟明德　12587, 12729, 12776, 13020

钟明善　7155, 7160, 7260, 7300, 7331, 7377, 7382, 7798, 7933, 8192, 8213, 8359

钟鸣　5785, 5996, 6066, 11726

钟鸣天　3536, 3554, 3558, 3596, 3612

钟南　10748

钟宁　361, 10395, 10396, 10397, 10615, 10751, 10769, 11142

钟培华　8405

钟平黎　10324

钟芘兰　10355

钟其华　3573

钟起煌　6475, 11929, 13154

钟锵　12591

钟乔　12705, 13317

钟乔总　8964

钟亲皓　1178, 7644

钟勤　3465

钟庆民　11683

钟权　8490, 8514

钟群　3150

钟戎　5170, 5243, 6246, 6337, 6370

钟荣　6224

钟荣光　8802

钟孺乾　824, 2230, 4372, 5373, 6718

钟瑞琨　6260

钟山　5233, 6495, 8748

钟善祥　11154

钟绍京　7599, 7834, 7839, 7854, 7872, 7875, 7892, 7906, 7911, 7927

钟绍僮　8323

钟绍幼　5007

钟生荣　4870

钟声　8163, 12225, 12972

钟胜　7078

钟盛　7077

钟石　9447

钟世家　3242, 3248, 5203

钟世章　11870

钟式震　2113, 4198

钟寿矶　6344

钟寿芝 904

钟叔 5268

钟淑清 4832

钟淑贞 10265, 10735

钟蜀珩 153, 159, 1115, 5517, 10378, 10429

钟树稷 6374

钟泰华 1029

钟涛 5358

钟韬 5866, 6110

钟天宝 5304, 5380

钟天山 1670

钟彤定 5363

钟万喜 2308

钟为 3593, 3628, 3635, 3726, 3742, 5054, 5124, 5514, 5616, 5943, 5989

钟维国 7283, 11123, 12021, 12446, 12447

钟伟 7377

钟伟明 3455

钟伟茗 4405

钟伟若 992, 994

钟蔚帆 1083, 5749

钟文 8808

钟文斌 2046, 2125, 2373, 2452, 3896, 4096, 4353, 4646, 4713, 4732, 4737, 5620, 5843

钟文芳 809

钟文芳主 7736

钟文龙 3432, 3433

钟文略 9644

钟文明 13153

钟文毅 8753, 9417

钟雯 11043, 11112

钟午 4534, 4577

钟锡九 8275

钟贤昶 5611

钟祥 9237, 9383

钟祥县"革委会" 5183

钟祥县文化局创作组 5391

钟向东 2671, 8815, 8818, 9007, 9008, 9016, 9029, 9350, 9383, 9384, 9389, 9395, 9399, 9406, 9418, 9421, 9434, 9456, 9545, 9574, 9589, 9590, 9594, 9596, 9597, 9606, 9610, 9617, 9624, 9625, 9640, 9646, 9647, 9673, 9683, 9706, 9719, 9727, 9863, 9940, 9980, 9997, 10040

钟向荣 9346

钟小季 6506, 6548

钟晓阳 5248, 5265, 5783

钟筱琛 3124, 3712

钟孝矾 7099

钟孝君 8242

钟新和 9075, 9997

钟信 696, 8876

钟秀山 8682, 8714

钟炫 11995

钟训正 2888, 9098, 9117

钟瑶君 11282

钟繇 7663, 7721, 7757, 7777, 7778, 7781, 7803, 7808

钟耀松 2280

钟一鸾 3647, 4909, 4911, 4977, 5000

钟仪 9381, 9582, 9590, 9833

钟以勤 1074, 2826

钟义良 12247, 12274, 12321, 12328

钟义明 1099, 1100, 1103

钟艺兵 4776, 6366, 13165

钟毅青 8990

钟音 5140

钟银兰 1695

钟应星 6092, 6189, 6195

钟庸 4883, 5473

| | | | |
|---|---|---|---|
| 钟泳天 | 6093 | | 3933, 3940, 10556 |
| 钟友山 | 5328 | 钟子坚 | 4920, 5014 |
| 钟友循 | 13065 | 钟子林 | 10925, 10982, 10990 |
| 钟幼芝 | 10362 | 钟子芒 | 4905, 5423 |
| 钟玉冰 | 10600 | 钟子璋 | 9800 |
| 钟玉成 | 5418 | 种市藏一 | 12365 |
| 钟玉如 | 5948 | 种榆主人 | 8506 |
| 钟育淳 | 692, 964, 4418 | 仲呈祥 | 13315, 13318 |
| 钟原 | 5311 | 仲达 | 12372 |
| 钟远 | 7671 | 仲冬和 | 11265, 11302, 12271 |
| 钟悦 | 11520 | 仲芳树 | 10813 |
| 钟越 | 6315 | 仲刚 | 10636 |
| 钟云燕 | 1195 | 仲河 | 7437, 7441, 7450, 7471 |
| 钟泽骐 | 11151, 11187 | 仲河选 | 7471 |

钟增亚　808, 2344, 3240, 3997, 4539, 5300, 5331,
　　5360, 5393, 5451, 5660, 5771, 5915, 5999,
　　6102

| | | | |
|---|---|---|---|
| | | 仲河燕林 | 7464 |
| 钟展模 | 8196 | 仲华 | 6457 |
| 钟昭华 | 11994 | 仲跻和 | 3776, 3787, 4025 |
| 钟昭良 | 8178 | 仲济和 | 1806 |
| 钟肇恒 | 021, 486, 491, 636, 6850, 8692 | 仲坚 | 6675 |
| 钟正川 | 2230 | 仲锦秀 | 6683 |
| 钟正训 | 9874, 9999 | 仲康 | 5208 |
| 钟知一 | 10274 | 仲礼 | 5546 |
| 钟植 | 9139, 9923 | 仲明 | 3986 |
| 钟志诚 | 5192, 5193, 5644, 5916 | 仲奇 | 6115 |
| | | 仲秋 | 8916 |

钟志宏　3261, 3300, 3710, 4906, 4950, 4968, 5001,
　　5003, 5016, 5028, 5105, 5213, 5857, 5858

| | | | |
|---|---|---|---|
| | | 仲仁 | 928, 1493 |
| | | 仲仁恭 | 12884 |

钟志坚　4938, 4942, 4950, 4972, 4983, 4986, 5001,
　　5002, 5007, 5040, 5060, 5086, 5089, 5090,
　　5091, 5392, 5904

| | | | |
|---|---|---|---|
| | | 仲田安津子 | 10779 |
| | | 仲伟 | 11508 |
| | | 仲武 | 4183, 6247 |
| | | 仲星明 | 10391 |
| 钟志金 | 564, 1155 | 仲修 | 4996, 5048 |
| 钟志祥 | 5321 | 仲野半四郎 | 446 |
| 钟志一 | 3766, 3825 | 仲元 | 6471 |
| 钟质夫 | 940, 985, 1443, 1747, 2491, 2535, 3595, | 仲兆麟 | 3820 |

| | | | |
|---|---|---|---|
| 仲子 | 4978 | 周爱国 | 8645, 10265, 10285 |
| 仲子通 | 11373 | 周安华 | 054, 12699, 13167 |
| 众斌 | 6335 | 周安礼 | 6198, 6201, 6264 |
| 众成 | 8255 | 周安琪 | 3097, 3139, 3143, 3155 |
| 众诚 | 10744 | 周百琦 | 8622 |
| 众化 | 7577 | 周百嵘 | 12642 |
| 众人 | 6382, 6385, 6390 | 周百宜 | 10599 |
| 众生 | 6521, 6531, 6532, 6549 | 周宝玲 | 10830, 11742 |
| 众生工作室 | 6515, 6521, 6522, 6532, 6542 | 周宝珠 | 866 |
| 众生广告商社 | 3498 | 周保和 | 4903 |
| 众威 | 5896, 6046, 6072 | 周保珊 | 8117 |
| 众文编辑部 | 10308 | 周豹健 | 5242 |
| 众文图书公司 | 10282 | 周本湘 | 11499 |
| 众文图书股份有限公司编辑部 | 8747 | 周彼 | 9218 |
| 众喜 | 6514 | 周必大 | 7688 |
| 众香主人 | 12750 | 周必玉 | 9436 |
| 众志 | 6056, 6446, 6456 | 周必云 | 9365, 9395, 9405, 9411, 9424, 9441, 9559, 9560, 9575, 9590, 9635, 9648, 9649, 9658, 9668, 9677, 9856, 10061, 10068, 10104 |
| 重草 | 5206 | | |
| 重圭 | 6517 | 周碧初 | 2768, 2783, 2814 |
| 重慧 | 6455 | 周彪 | 3504, 3505, 3506, 3507, 3508, 3509, 3510, 3511, 3512, 3513, 3515, 3517 |
| 重俊 | 2093 | | |
| 重力 | 9712 | 周宾贤 | 11042 |
| 重森弘淹 | 8705 | 周彬 | 2244 |
| 重石 | 7628 | 周斌 | 6163, 6335, 6932, 6933, 6934, 7388, 7557, 12709, 12778, 13161 |
| 重珠 | 6394 | | |
| 舟方 | 8847 | 周冰 | 10705, 12571, 12611 |
| 舟木嘉浩 | 6396 | 周秉清 | 12051 |
| 舟山地区 | 5251 | 周炳 | 8507 |
| 舟山地区演出队 | 9211 | 周炳长 | 3078 |
| 舟石 | 5993 | 周炳辰 | 3108 |
| 舟彤 | 4647 | 周炳呈 | 3863 |
| 舟游 | 5923 | 周炳元 | 7600, 7602 |
| 舟子 | 523, 12817 | 周波 | 1813, 2190, 3775, 4041, 5479, 5601, 5777, 5875, 5890, 6036, 6157, 7397, 9362 |
| 周艾文 | 5612 | | |
| 周爱兵 | 6423 | | |

| | | | |
|---|---|---|---|
| 周伯华 | 8708, 13204 | 周承人 | 12797, 13224, 13226 |
| 周伯平 | 9237 | 周承延 | 5345 |
| 周伯琦 | 8011 | 周澄 | 2486 |
| 周补田 | 2826, 3225, 3293, 3830, 3949, 5366 | 周澄编 | 904 |
| 周仓志 | 5371, 5379, 5454, 5492, 5597, 5600, 5799, | 周驰 | 7951, 7952, 7956, 7957 |
| | 6083, 8808, 8809, 9059, 9222, 9231, 9232, | 周持 | 7297 |
| | 9537 | 周赤舟 | 7654 |
| 周苍志 | 9238, 13119 | 周崇坡 | 5323, 5721 |
| 周沧米 | 2190, 2584, 2916, 3568, 3576, 3584, | 周崇涨 | 1183 |
| | 10407 | 周川 | 6120 |
| 周昌壁 | 11975 | 周传发 | 6184, 6232, 6248, 6254, 6262, 6407 |
| 周昌谷 | 871, 1726, 1729, 1865, 1884, 1912, 1954, | 周传基 | 13059, 13177, 13206, 13221, 13269, |
| | 3666, 3742, 4943, 8260 | | 13299, 13316 |
| 周昌华 | 5617, 5955, 5997, 6020, 6199 | 周传家 | 266, 3524, 12697, 12705, 12709, 12779, |
| 周昌米 | 5019 | | 12853, 12890 |
| 周长春 | 5445, 5694, 5852, 5967, 6085 | 周传喜 | 10058 |
| 周长根 | 3233 | 周传瑛 | 12772 |
| 周长忽 | 2215 | 周串 | 5609 |
| 周长积 | 10590 | 周创庆 | 6237 |
| 周长江 | 5506, 5755 | 周春 | 6525 |
| 周长泰 | 8749 | 周春才 | 3477, 5898, 6562 |
| 周长信 | 1315 | 周春铭 | 6565 |
| 周长智 | 3789 | 周春芽 | 1402, 5553, 5939 |
| 周畅 | 9246 | 周聪 | 10711 |
| 周朝栋 | 5295 | 周琮凯 | 6763, 10194, 10220 |
| 周朝荣 | 8767 | 周翠堤 | 7066 |
| 周潮 | 12093, 12167 | 周翠园 | 3050 |
| 周臣 | 1575, 1584 | 周存绪 | 4891, 4922, 5120 |
| 周晨恩 | 6301, 6638 | 周存致 | 8945 |
| 周玚杰 | 4921, 4975, 5071, 5743, 6516 | 周达书 | 2000 |
| 周成 | 416, 2318 | 周大 | 8532 |
| 周成为 | 5981 | 周大川 | 3856 |
| 周成章 | 3557 | 周大春 | 6216 |
| 周成正 | 4917, 4925, 5430, 5552 | 周大风 | 10869, 11141, 11144, 11158, 11255, |
| 周诚 | 12691 | | 11620, 11867, 12102, 12103, 12107 |

| | | | |
|---|---|---|---|
| 周大凤 | 11833 | 周东臣 | 13144 |
| 周大辅 | 7208 | 周东申 | 2889 |
| 周大光 | 2031, 10375 | 周东生 | 2060, 4675 |
| 周大华 | 7464 | 周笃估 | 6326 |
| 周大奎 | 8688 | 周笃佑 | 5077, 5111, 5121, 5186, 5555, 5588, 6208, 6325, 6337 |
| 周大韧 | 5828 | | |
| 周大伟 | 4802, 4821 | 周度 | 2644 |
| 周大正 | 1820, 1828, 2747, 2752, 3119, 3120, 3762, 3774, 3788, 3895, 4060, 5203, 6052, 6163 | 周度其 | 634, 1132, 5975, 5976, 6254, 6462 |
| | | 周渡鹤 | 6556 |
| | | 周端庄 | 3123, 3124, 3125, 3126, 3339, 3368, 4174, 4249, 4829 |
| 周到 | 7771, 7803, 7823, 7824, 7941 | | |
| 周道民 | 9826 | 周敦戡 | 12281 |
| 周道明 | 1326, 2844, 8671, 8762, 8905, 8959, 9387, 9589, 9600, 9818 | 周恩连 | 3849, 5918, 6484 |
| | | 周而复 | 4890, 6533, 8202, 8250, 8434 |
| 周道南 | 8578 | 周二学 | 769, 1063, 1064 |
| 周道生 | 2835 | 周发书 | 3590, 3706, 5557 |
| 周道悟 | 2714, 3148, 3149 | 周发兴 | 7564 |
| 周道银 | 4344, 5525, 5580, 5676, 5893, 6055 | 周帆 | 044 |
| 周道振 | 1582 | 周凡 | 1730, 6020 |
| 周德飑 | 9731 | 周范林 | 10589 |
| 周德聪 | 8392 | 周方 | 4930, 11384, 12592 |
| 周德帆 | 9708 | 周方白 | 017, 472, 1094, 8604 |
| 周德浩 | 10387 | 周方德 | 5254 |
| 周德清 | 10933 | 周芳 | 3507, 3516, 8290 |
| 周德仁 | 9836 | 周芳德 | 5702 |
| 周德生 | 6380 | 周昉 | 1486, 1524, 1525 |
| 周德懿 | 4926 | 周飞跃 | 8407, 8408 |
| 周德蕴 | 1718 | 周腓力 | 7024 |
| 周登富 | 13225 | 周分廷 | 310 |
| 周迪苏 | 13133 | 周菜 | 6281, 6297 |
| 周荻 | 5246 | 周丰 | 7456, 7559 |
| 周殿福 | 12817 | 周丰年 | 5427 |
| 周鼎 | 9781 | 周枫 | 9261, 12363, 12364, 12392, 12414, 12415, 12416, 12423, 12426, 12427, 12449 |
| 周定 | 5846 | | |
| 周东爱 | 5220 | 周枫译 | 12363 |

周峰 5331, 5455, 5457, 5612, 8781, 10179, 10349, 10706, 10769

周锋 719

周逢俊 2701

周凤鸣 6584

周凤鸣 6584

周凤五 7313

周福东 11731

周福金 12958

周福星 5553, 6053

周甫 11514

周复三 10821

周傅基 11141

周富德 3901

周馥 8108, 8114

周刚 1152, 1176, 2344, 10187

周钢鸣 10952, 11383

周高 6576, 6577

周高起 383

周戈 1192, 2568

周公和 4973, 4974, 4992, 5011, 5062, 5119, 5130

周公太 432

周功鑫 418

周观武 13191

周冠生 047

周光 1213

周光国 4992

周光玠 3096, 3128, 3322

周光钧 10765

周光秦 2721

周光荣 708, 1254, 5957, 10195

周光召 6553, 6554

周光真 10768

周光中 4953, 4971, 4986, 4993, 4995, 5011, 5024, 5053, 5073, 5116, 5134, 5142, 5235

周光中生 5056

周光祖 5761, 6255

周广发 4459

周广平 10834

周广仁 11241, 12206, 12212

周广喜 8778

周贵良 5507, 5844

周贵余 3945

周贵瑜 4263

周桂发 7387

周桂林 5208, 5357

周桂清 9803, 9902

周国斌 1144, 1154, 1162

周国成 8435

周国城 8190, 8191, 8220

周国栋 11093

周国华 11341

周国瑾 10836

周国军 1338, 2040, 2105, 3311, 3973, 4160, 4174, 4291, 4310, 4363, 4373, 4406, 4447, 4503, 4523, 4536, 4580, 4737, 4789, 4816

周国平 5299

周国清 079

周国庆 5282

周国岩 3825

周国帧 2871

周国桢 10646

周国仲 8285

周海歌 1140, 2919, 2965

周海鸣 5649

周海燕 6493

周海鹰 8301

周寒梅 243

周汉平 5106, 6026, 6045, 6139, 6146

周翰庭 2230

| | |
|---|---|
| 周翰雯 | 12908 |
| 周行 | 11059 |
| 周行仁 | 7702 |
| 周浩明 | 10604 |
| 周浩然 | 7430 |
| 周浩中 | 035 |
| 周皓 | 12284 |
| 周合 | 6473 |
| 周和平 | 355 |
| 周河 | 10556, 12836 |
| 周荷君 | 11234, 12211 |
| 周荷生 | 3212, 4916 |
| 周鹤苓 | 1978, 4584 |
| 周鹤亭 | 12630, 12654 |
| 周恒 | 11951 |
| 周恒泽 | 12177 |
| 周红 | 1418, 11507 |
| 周红斌 | 11065 |
| 周红良 | 9238 |
| 周红旗 | 5356, 5396, 5413 |
| 周宏冰 | 5937 |
| 周宏茂 | 6289 |
| 周宏图 | 7191 |
| 周宏智 | 1153 |
| 周泓 | 10698 |
| 周泓冰 | 7511, 7589 |
| 周洪 | 8341, 10292, 10581 |
| 周洪才 | 3132, 3642 |
| 周洪达 | 4977, 5025 |
| 周洪良 | 4758, 8826 |

周洪全 1965, 2085, 2506, 2633, 4132, 4193, 4254, 4348, 4468, 4480, 4533, 4615, 4727, 4728, 4790, 10456

周洪生 1937, 1960, 2087, 2098, 2169, 2185, 2444, 2567, 4217, 4248, 4429, 4436, 4491, 4501,

4610, 4633, 4640, 4649, 4667, 4691, 4697, 4765, 4782, 4818, 4821

| | |
|---|---|
| 周洪声 | 1880, 2353, 4159 |
| 周鸿俊 | 1415, 2204, 8285, 12782 |
| 周鸿民 | 3366 |
| 周鸿藻 | 776 |
| 周华 | 6332, 12044 |
| 周华斌 | 12782, 13019 |
| 周华金 | 7585, 8313 |
| 周华君 | 2019, 2053, 2343 |
| 周华山 | 13133 |
| 周化 | 10865, 10892 |
| 周化岭 | 11614 |
| 周化忠 | 13224 |
| 周怀民 | 1731, 1768, 1771, 2170, 2244, 2418 |
| 周槐 | 9347, 9821 |
| 周欢 | 13221 |
| 周桓 | 5818, 5990, 6018 |
| 周晖 | 468, 666 |
| 周辉 | 7771 |
| 周回锁 | 10450 |
| 周惠 | 6397, 12348 |
| 周惠萍 | 11244, 11245 |
| 周惠琴 | 8374 |
| 周惠英 | 3575, 3597, 3679, 3721 |

周慧珺 4762, 8139, 8154, 8159, 8167, 8175, 8177, 8179, 8180, 8181, 8183, 8188, 8207, 8213, 8237, 8323, 8427, 8438

周积寅 476, 577, 580, 689, 715, 798, 816, 823, 853, 1277, 1684, 1689, 2269, 3069, 7732, 8071

| | |
|---|---|
| 周吉 | 10915, 10920, 11494 |
| 周吉士 | 1423, 7627, 10346 |
| 周纪华 | 5087 |
| 周季水 | 4893, 4899, 4986 |

| | | | |
|---|---|---|---|
| 周济 | 672, 7227 | 周建业 | 12140 |
| 周济人 | 5388, 5766, 7313, 7325 | 周建一 | 5996, 6147 |
| 周济祥 | 611, 3037, 10758 | 周建远 | 7552, 7600 |
| 周济洋 | 218 | 周建志 | 1950, 3193, 3260, 3304, 4130, 4260, 4328, 4413, 5253, 5528, 6016 |
| 周继厚 | 10652 | | |
| 周继骥 | 6199 | 周剑 | 3483, 3488 |
| 周继善 | 1093, 1163 | 周剑云 | 12744, 13021, 13288, 13289 |
| 周继鑫 | 6264 | 周健 | 3376, 5020, 5325, 5885, 5971, 10722, 13140 |
| 周继雄 | 3819, 5208, 5357 | 周健行 | 6310 |
| 周寄远 | 6743 | 周鉴明 | 7483 |
| 周骥良 | 5657, 5658, 5788 | 周江鸿 | 5719 |
| 周加宝 | 107 | 周皎 | 1331 |
| 周加华 | 1414 | 周节之 | 8588 |
| 周佳发 | 6401, 6410 | 周洁正 | 5463 |
| 周佳桦 | 6869 | 周介生 | 4969 |
| 周家驹 | 459 | 周今觉 | 1650 |
| 周家模 | 7656 | 周金花 | 12608 |
| 周家雄 | 11949 | 周金环 | 040, 064 |
| 周家柱 | 1124, 1139, 1145 | 周金康 | 2107, 2450, 2456, 2802 |
| 周嘉 | 4620 | 周金品 | 1484 |
| 周嘉福 | 2424, 3836, 3964 | 周金灼 | 5055, 5118, 5136, 5331, 5514, 5550, 5639, 5658, 5709, 5978 |
| 周嘉华 | 5387, 5421, 6089 | | |
| 周嘉谟 | 8438 | 周津津 | 4953 |
| 周嘉勋 | 10225 | 周锦骝 | 9258 |
| 周嘉玉 | 4952, 4963, 4965, 4970, 4978, 4988, 4998 | 周锦涛 | 12798 |
| 周嘉胄 | 1064, 1065, 1066 | 周瑾 | 11279 |
| 周稼骏 | 6241 | 周进 | 8114, 8544, 10279, 10284 |
| 周兼白 | 5125 | 周进修 | 1086 |
| 周建夫 | 1210, 2886, 6920, 8618 | 周晋 | 881 |
| 周建国 | 5294, 5308, 6460 | 周京 | 5760, 6178 |
| 周建华 | 5522 | 周京明 | 7369 |
| 周建梅 | 10393 | 周京新 | 718, 828, 1347, 2909, 6607 |
| 周建明 | 6095, 11798 | 周经 | 13248 |
| 周建枢 | 11052 | 周经络 | 3762 |
| 周建鑫 | 5716, 5767, 6276 | 周菁葆 | 265, 10967 |

| | | | |
|---|---|---|---|
| 周旌 | 6482 | 周康元 | 8455, 8555 |
| 周井源 | 1338 | 周克家 | 159 |
| 周景宾 | 5338 | 周克明 | 6335 |
| 周景行 | 13063 | 周克芹 | 5857, 5972 |
| 周竞 | 4890, 5428 | 周克勤 | 6250, 6472 |
| 周靖波 | 13083 | 周克文 | 823 |
| 周静梅 | 11336, 12313 | 周孔昭 | 2866 |
| 周静秋 | 5002, 5047, 5052, 5523 | 周鲲 | 2847 |
| 周静梓 | 7636 | 周来 | 12682, 12801 |
| 周居宁 | 5287, 5357 | 周来达 | 11161 |
| 周炬敏 | 5875 | 周兰君 | 6556, 6706 |
| 周娟姑 | 11809 | 周乐棠 | 9559 |
| 周觉钧 | 2344, 2438 | 周雷 | 9580, 13121 |
| 周军 | 8263, 8997, 8998, 8999, 11406 | 周磊 | 7166, 8612 |
| 周君言 | 1101, 1104, 1109, 2873, 2883, 2906, 2915, 8647 | 周楞伽 | 6097, 6404, 6412, 6413, 6418 |
| 周俊鹤 | 943, 966, 2880, 2908, 4196, 4201, 10447, 10460 | 周黎 | 3792, 3889, 5410 |
| | | 周黎扬 | 13012 |
| 周俊杰 | 3266, 7160, 7300, 7306, 7353 | 周礼贤 | 7342, 7559 |
| 周俊克 | 12104 | 周力 | 9594 |
| 周俊生 | 8858 | 周立 | 6373, 7021, 11282 |
| 周俊彦 | 8850, 8955, 9011, 9023, 9103, 9106, 9377, 9396, 9403, 9410, 9420, 9423, 9433, 9434, 9437, 9566, 9593, 9604, 9609, 9611, 9612, 9613, 9620, 9621, 9636, 9638, 9644, 9646, 9658, 9661, 9662, 9665, 9670, 9671, 9693, 9694, 9701, 9709, 9710, 9711, 9712, 9719, 9844, 9882, 9892, 10000, 10073 | 周立波 | 5016, 5360, 5532 |
| | | 周立福 | 7452, 7457, 7480, 7610 |
| | | 周立军 | 7902 |
| | | 周立民 | 6651 |
| | | 周立明 | 6301, 6640, 6643 |
| | | 周立仁 | 8254 |
| | | 周丽华 | 10604 |
| | | 周丽丽 | 428, 430 |
| 周卡仪 | 5383 | 周丽莲 | 543 |
| 周凯 | 2318, 12604, 13240 | 周丽雅 | 10620 |
| 周凯光 | 5786, 5827, 8851, 9448 | 周笠 | 1645 |
| 周凯模 | 454 | 周连鹏 | 8305 |
| 周楷 | 115, 514, 617, 618, 1081, 1082, 1169, 6799 | 周连易 | 6249 |
| 周康明 | 12037 | 周莲 | 8242 |
| 周康渝 | 5572, 5765 | 周莲甫 | 1566 |

| | | | |
|---|---|---|---|
| 周良 | 6424, 9456, 9766, 10009, 12969, 12971 | 周律 | 12940 |
| 周良沛 | 11819 | 周绿云 | 2008 |
| 周良仁 | 1140 | 周路 | 10702, 10718 |
| 周良思 | 5278 | 周銮书 | 430 |
| 周良增 | 11265 | 周銮诒 | 8545 |
| 周良之 | 5331, 5493, 5772 | 周抡园 | 2453 |
| 周良知 | 5844, 6144 | 周曼金 | 10664 |
| 周亮工 | 770, 771, 779, 795, 8451, 8487, 8488, 8494, 8495, 8517, 8527 | 周茂东 | 6488, 6490, 6494 |
| | | 周茂非 | 351 |
| 周谅量 | 5427 | 周茂斋 | 1704 |
| 周列文 | 6718 | 周玫 | 433 |
| 周林 | 4829, 12646 | 周梅 | 860, 6530 |
| 周林林 | 6276 | 周梦彪 | 8495 |
| 周林生 | 1813 | 周泌军 | 9847 |
| 周林一 | 3375, 6658 | 周密 | 638, 639, 10932, 10939, 12734 |
| 周琳 | 1111, 2907, 5365, 5368, 5979 | 周妙中 | 12771 |
| 周璘 | 5028, 5101 | 周民震 | 081, 5419, 5855, 11899, 12121, 13231 |
| 周霖 | 1767, 1794, 1984, 3645 | 周民中 | 11524 |
| 周麟 | 8482 | 周旻 | 531 |
| 周伶 | 6564 | 周珉 | 5746 |
| 周玲 | 11743, 11751, 11983, 11988, 12218 | 周敏生 | 1711 |
| 周玲荪 | 2712, 2922, 12185, 12487 | 周敏文 | 2708 |
| 周鸽群 | 3931 | 周明 | 2470, 3103, 3119, 3691, 3723, 5778, 6211, 10709 |
| 周菱 | 1422, 1815, 2018 | | |
| 周翎 | 8006 | 周明安 | 1952, 2343, 2688, 4330 |
| 周令飞 | 12822 | 周明焯 | 1718 |
| 周令豪 | 3094, 3536, 3627, 3707, 3727, 3751, 4100, 10408 | 周明锦 | 8532 |
| | | 周明秦 | 8534, 8535 |
| 周令剑 | 3596 | 周明泰 | 8110, 12739, 12745, 12746, 12747, 12863 |
| 周令谟 | 3593, 5111 | 周明祥 | 13241 |
| 周令钊 | 2720, 3088, 3548, 5710 | 周明星 | 1148 |
| 周龙伟 | 7564 | 周明祖 | 12592 |
| 周鲁兵 | 8618 | 周鸣岐 | 8149, 8153, 8154 |
| 周鲁封 | 12299 | 周鸣琦 | 6150 |
| 周履靖 | 644, 730, 731, 867, 928, 929, 986 | 周铭孙 | 11249, 12214, 12220 |

| | | | |
|---|---|---|---|
| 周末 | 2415, 3383, 10722 | 周启源 | 13237 |
| 周牧山 | 1640 | 周起 | 8770 |
| 周慕莲 | 12918, 12919, 12920, 12922, 12931 | 周起应 | 10979 |
| 周慕桥 | 3057 | 周千秋 | 689 |
| 周乃光 | 5797 | 周迁 | 4909 |
| 周萧 | 8285 | 周茜 | 6127 |
| 周南 | 1847, 5439 | 周桥 | 7387 |
| 周南捷 | 11516 | 周钦岳 | 9369, 9438, 10033 |
| 周南泉 | 412, 415, 423 | 周秦 | 11876 |
| 周年 | 4992 | 周勤 | 1162, 5023 |
| 周培灿 | 5639 | 周勤龄 | 11676, 11677, 11965, 11967 |
| 周培德 | 2919 | 周沁军 | 9093 |
| 周培良 | 5633, 5820, 8838, 9117, 9995, 10000 | 周青 | 1193 |
| 周培桐 | 5074 | 周青青 | 10913, 10916, 11813 |
| 周培贤 | 12214 | 周轻鼎 | 8620, 8629, 8631 |
| 周培竹 | 7313 | 周清 | 6681, 6682 |
| 周沛然 | 10790, 11105, 11107, 11390, 11549 | 周清立 | 4148 |
| 周彭 | 10578 | 周清利 | 1865 |
| 周鹏飞 | 8260 | 周清缮 | 8512 |
| 周鹏生 | 8639 | 周清源 | 2080, 3807, 3869, 4034, 4094, 4158, 4195, 4313, 4344 |
| 周平 | 5693, 10603 | 周晴 | 6471 |
| 周平远 | 075 | 周庆 | 12997 |
| 周苹 | 2018, 10195 | 周庆复 | 3215, 5280 |
| 周萍 | 2090, 2643, 4293, 4369, 4566, 4625, 4762, 10278 | 周庆宁 | 11215 |
| 周其昌 | 12278 | 周庆翔 | 12586 |
| 周其惠 | 7146 | 周庆轩 | 10409 |
| 周其忠 | 589 | 周庆云 | 8532, 8534, 10949, 11030, 11331 |
| 周奇 | 11743 | 周庆政 | 9793 |
| 周琦 | 2883 | 周琼 | 7914 |
| 周启 | 1572 | 周裘丽 | 1256 |
| 周启成 | 6102 | 周权 | 1597, 1605, 1700 |
| 周启登 | 12404 | 周全 | 7021 |
| 周启明 | 8285 | 周全友 | 5484, 5615, 5657, 5788, 5959 |
| 周启人 | 8536 | 周荃 | 6401, 6410 |

周确 8739

周群 4225, 5094, 10466

周群超 135

周人杰 4933

周仁德 8675, 8757, 9101, 9116, 10036, 10045, 10115, 10349

周仁锡 12300, 12301

周荣初 5341, 5386

周荣发 5885

周荣富 10244

周荣光 6200

周荣华 7557

周荣生 6206

周荣寿 12342

周荣新 5724

周荣耀 5741

周荣震 5606

周容撰 4036

周榕林 8204

周如松 10993, 11149

周茹萍 11059, 11062, 11205

周儒云 4361

周汝昌 2355, 7258

周汝谦 913

周锐 5997, 6435, 6466, 6478, 6535, 6649, 6707

周瑞金 8782

周瑞康 10867

周瑞文 5251, 5713, 5731, 6215, 6350, 10289, 10293

周瑞祥 12911, 12912, 12913

周瑞庄 3094, 3095, 3096, 3110, 3115, 3117, 3121, 3126, 3129, 3147, 3210, 3235, 3245, 3290, 3291, 3296, 3303, 3312, 3315, 3317, 3323, 3324, 3327, 3330, 3335, 3338, 3345, 3351, 3353, 3355, 3360, 3362, 3364, 3366,

3369, 3375, 3377, 3378, 4112, 4260

周润华 11333

周润明 11337, 12316

周润通 12313

周若兰 1147, 3712

周若瑟 7839

周珊 10586

周善甫 8418

周尚仪 10762

周韶华 114, 480, 518, 800, 1793, 1897, 1912, 1936, 2033, 2170, 2215, 2295, 2318

周少立 6743

周少宁 6743

周少强 5890, 5904, 6233, 6306

周少三 12639

周绍斌 192

周绍坎 3283

周绍良 7800

周绍森 1751, 10270

周绍森 3113

周绍文 3810, 3839, 3956, 4027, 4275, 4392, 4494, 4620

周申 5191, 5252, 5256, 5335, 5337, 5363, 5390, 5407, 5420, 5430, 5434, 5469, 5476, 5495, 5507, 5510, 5602, 5633, 5677, 5690, 5755, 5800, 5833, 5956, 5963, 5965, 5968, 5982, 5996, 6024, 6120, 6128, 6138, 6158, 6160, 6183, 6270, 6340, 6431, 6461, 6486, 6498, 6501, 6507, 6524, 6579, 6580, 6764, 11370

周申明 8276, 8296

周申木 5200

周升达 4449, 4560, 4703

周升桓 8044

周升寅 2071, 2640, 4389, 4449, 4560, 4703

周生军 5397

| | | | |
|---|---|---|---|
| 周生香 | 2191, 8243 | 周淑英 | 6910 |
| 周声发 | 6200 | 周舒真 | 4915 |
| 周胜 | 5982, 5983, 6127 | 周树坚 | 2004, 7274, 7532, 7572, 7737, 8179, 8283 |
| 周胜利 | 11494 | 周树铭 | 3124 |
| 周胜西 | 6383 | 周树桥 | 2756, 2764, 2766, 3277 |
| 周盛泉 | 3466 | 周树人 | 1553 |
| 周诗成 | 1174, 1178, 2852, 3154, 3557, 5034 | 周水涛 | 072, 129 |
| 周石僧 | 12243 | 周顺理 | 5664 |
| 周石松 | 2539 | 周顺贤 | 8598 |
| 周时奋 | 5435 | 周思晨 | 6649 |
| 周实 | 13191 | 周思聪 | 1278, 1298, 1441, 1830, 1847, 1849, 1850, 2190, 2191, 2277, 2344, 2601, 2903, 3311, 3927 |
| 周士达 | 6390, 6642 | | |
| 周士钢 | 1331 | | |
| 周士红 | 10895 | 周思福 | 9886 |
| 周士心 | 856, 928, 937, 939, 945, 983, 1276 | 周思言 | 8397 |
| 周氏今觉庵 | 1569 | 周泗阳 | 10306 |
| 周世斌 | 10878, 11175 | 周松林 | 6407 |
| 周世范 | 5246, 5391, 5958 | 周嵩尧 | 847, 1468 |
| 周世明 | 1339 | 周诵新 | 6130, 6160 |
| 周世平 | 9846, 9996 | 周素琳 | 2924 |
| 周世荣 | 416, 421, 10272, 10276, 10318, 10648 | 周棠 | 1679, 12306 |
| 周仕尧 | 6596 | 周特生 | 5475, 12914 |
| 周是一 | 1151 | 周倜 | 4056, 5443, 5454, 5525, 6137, 6178, 7282, 7303, 7667, 7668, 7737, 7742, 7743, 7887, 7890, 8201, 8202, 8344, 8345, 8346, 8352 |
| 周适怀 | 13245 | | |
| 周守经 | 7243 | | |
| 周守忠 | 3878 | 周天华 | 5289 |
| 周瘦鹃 | 13287 | 周天民 | 1427, 1428, 2487, 2491, 2492, 2497, 2708, 2863, 10258 |
| 周书凡 | 8889 | | |
| 周叔昭 | 6201 | 周天球 | 1570 |
| 周淑芬 | 1402 | 周添成 | 7581 |
| 周淑兰 | 411, 10181 | 周田 | 9754 |
| 周淑丽 | 5557, 5658, 8804, 9219, 9525, 10025, 13095 | 周铁衡 | 1746, 1749, 1753, 1758, 1772, 2053 |
| | | 周铁侠 | 8770, 9021, 9251, 9344, 9380, 9553, 9554, 9557, 9573, 9964 |
| 周淑莲 | 11156 | | |
| 周淑屏 | 3467, 3477 | 周廷波 | 3619 |

| | | | |
|---|---|---|---|
| 周廷诚 | 13191 | 周文矩 | 1526 |
| 周廷栏 | 10747 | 周文林 | 2340, 10917 |
| 周廷佐 | 8495 | 周文谟 | 12250 |
| 周庭铎 | 9793 | 周文清 | 7949 |
| 周童耀 | 7379 | 周文祥 | 3050 |
| 周万诚 | 4970 | 周文尧 | 12590 |
| 周望 | 12320 | 周翁园 | 12071 |
| 周微我 | 11234, 11256 | 周芜 | 789, 1209, 1211, 3038, 3041, 3052, 3054, |
| 周薇 | 157, 11253, 11260, 12504, 12505, 12527 | | 3065, 6605, 6606 |
| 周巍峙 | 081, 11359, 11360, 11544, 11564, 11628, | 周武忠 | 10587, 10605 |
| | 12064 | 周希南 | 11993 |
| 周为松 | 3899 | 周希娅 | 4836 |
| 周维培 | 11159, 12790, 12793 | 周翕园 | 12075, 12079, 12086 |
| 周维奇 | 2906 | 周锡 | 4189 |
| 周维先 | 5868 | 周锡光 | 4754 |
| 周维新 | 2053 | 周锡珖 | 1188, 4501, 4753, 4754, 4757, 4758 |
| 周伟 | 6508, 6509, 6524, 6543, | 周锡曼 | 4318 |
| | 6545, 6556, 6557, 6563, 6565, 6669, 6706, | 周锡生 | 6261, 6379 |
| | 11206, 11927, 13238 | 周锡韦复 | 852 |
| 周伟民 | 5309 | 周锡祥 | 5011 |
| 周伟明 | 4294 | 周喜 | 4581 |
| 周伟雄 | 10753 | 周细刚 | 8612 |
| 周伟钊 | 6542, 6689 | 周霞 | 1201 |
| 周伟忠 | 1193 | 周暹 | 8530, 8532 |
| 周苇 | 5283 | 周闲 | 8015 |
| 周卫 | 1079, 5376, 5638, 6440, 10701 | 周贤福 | 145 |
| 周卫东 | 049, 210 | 周显义 | 4936 |
| 周卫国 | 2960, 12788, 12974 | 周显祖 | 12297 |
| 周卫明 | 813 | 周铣诒 | 8545 |
| 周卫平 | 5927 | 周宪 | 029, 043 |
| 周位中 | 12653 | 周宪彻 | 1238, 5510, 5977 |
| 周温玉 | 11060, 11064, 12432 | 周相姬 | 12615 |
| 周文 | 11751, 11752 | 周湘 | 1709 |
| 周文戈 | 7070 | 周湘麟 | 8326 |
| 周文海 | 7650 | 周湘泉 | 2329 |

周详　　5357, 7021, 7138

周祥　　5001

周祥德　　7419

周祥钰　　12056, 12059, 12060

周翔　5770, 6046, 6088, 6219, 6287, 6313, 6352, 6455, 6468, 6494, 6645, 11558, 12662

周向东　　7741

周向林　　1088, 1156

周肖　　5324, 5359, 5686

周虓　　5087

周小川　　13009

周小弟　　4683

周小虎　　11201, 12182, 12483

周小静　　10846, 10897, 13009

周小兰　　6805

周小强　　6094

周小申　2368, 3953, 4178, 4254, 4393, 4407, 4446, 4624, 4705

周小燕　　11125

周小英　　6873

周小愚　　4549

周小筠　　1826, 3892, 5244

周晓　　6658, 11265

周晓斌　　13280

周晓芳　　6493

周晓光　　1339, 2449

周晓健　　12644

周晓洁　　10391, 10734, 10777

周晓琳　　269

周晓群　　5267, 5332, 5744, 5875

周笑先　　12894

周啸邦　　13284, 13285

周心慧　　1216, 3064

周辛易　　214

周欣力　　6225

周新　　022, 488

周新如　　4531, 5263

周鑫　　6650, 10750

周炘　9370, 9390, 9392, 9563, 9586, 9587, 9593, 9600, 9608, 9613, 9615, 9618, 9620, 9627, 9650, 9666, 10040, 10055

周信芳　　9146, 12867, 12868, 12877

周信芳艺术研究会　　12877, 12894, 12895

周兴发　　5436

周兴俊　　8302, 8314, 8323, 8340

周兴嗣　7775, 7949, 8354, 8366, 8408, 8439

周星　619, 923, 1268, 13064, 13068, 13081

周星莲　　7232

周星诒　　1458

周杏仁　　5038

周秀岐　　1766

周秀清　　1805

周旭　2244, 2325, 7384, 7388, 7394, 7396, 8408, 10375, 10396, 10754

周绪琛　　1996

周续赓　　12770

周学功　　4890

周学利　　4105

周学勤　　8912

周学森　　8625

周学熙　　8110

周学忠　　5820

周雪　　10883

周雪芬3581, 3707, 4937, 4950, 4970, 4995, 5017, 5024, 5081

周雪凯　　6804

周雪石　　10892, 10899

周迅　　5056, 10153

周雅俐　　12636

周亚勋　　12883

周延甲 12320

周延礽 1272

周妍 7347, 7355, 7816

周岩 100, 266

周炎运 6275

周彦 028, 138, 8020, 8507, 12905, 13237, 13238

周彦昌 9229, 9233, 9237, 9239, 9241, 13106

周彦生 982, 983, 1342, 1866, 1889, 1904, 1930,
1931, 1939, 2171, 2500, 2535, 2556, 2604,
2697, 3956, 4165, 4348, 4368, 4563, 4642

周艳炀 5511

周艳翔 7065

周晏子 13151

周晏自 13103

周雁明 9452, 9728

周雁鸣 9010, 9539, 9553, 9584, 9585, 9602, 9603,
9640, 9666, 9712, 9720, 9859, 10029

周雁鸣 9536, 9538

周燕丽 1392

周扬 009, 061, 437, 438, 12602, 12900

周阳高 909, 2336, 2660

周洋 4356, 4401, 8161

周仰谷 8592

周耀锟 12281

周耀群 10893, 10926, 10984

周也庄 2906

周业明 6430

周一清 1213, 5596, 6093

周一云 1340

周一之 8910

周夷玉 12135

周怡 5830, 13148

周贻白 12748, 12753, 12754, 12755, 12816, 12837

周贻向 12756

周以炘 7658

周艺平 4100

周屹 8842, 9314, 9463, 9509, 9716, 10069, 10071,
10072, 10076, 10117

周奕 2044

周逸枫 12019

周裔 12648

周毅 9067, 9814, 9993, 9994, 10138

周毅如 5790, 6198

周翼南 808

周银强 5772, 9358, 9554

周应斌 217

周应愿 8450

周英 2097, 2245, 4794

周英恋 10603

周英黔 3835

周颖 2410, 2706, 2710, 5297, 6997, 6998, 6999,
7099, 7100, 7101, 7102, 7105, 7122, 7123,
7124, 7125, 7126, 10686

周颖如 8319

周影 7120

周庸 1633

周永昌 12093

周永达 10821, 10867

周永镐 5391

周永红 153, 10224

周永家 2020, 2230, 2278, 2344, 5343

周永健 7314, 8243

周永年 5734, 5741, 5825

周永生 3840, 5249, 5256, 5273, 5288, 5305, 5311,
5313, 5395, 5447, 5494, 5528, 5557, 5566,
5938, 5941, 5982, 6128, 6561

周永松 6306

周永先 2665

周永祥 6209

周永信 12771

| | |
|---|---|
| 周勇 | 2894, 6449, 8818, 9397, 9422, 9424, 9431, 9435, 9444, 9449, 9675, 9681, 10065, 10072 |
| 周用 | 1570 |
| 周用金 | 12143 |
| 周攸 | 8826, 9219, 9222 |
| 周游 | 11275 |
| 周友华 | 11135, 11733, 12388 |
| 周有 | 9237 |
| 周有恒 | 4998, 5225, 5365 |
| 周有俊 | 9388, 9636, 9641 |
| 周有骏 | 9409, 9410, 9570, 9598, 9609, 9613, 9633, 9643, 9679, 9680, 9682, 10047 |
| 周有武 | 1192, 2945, 3209, 3221, 3306, 3318, 5837, 6282, 6301, 6307, 6309 |
| 周幼马 | 9776, 9902 |
| 周于德 | 10565 |
| 周于栋 | 529 |
| 周于怀 | 2556 |
| 周渝生 | 213 |
| 周宇安 | 8276 |
| 周禹林 | 9517 |
| 周玉春 | 7427, 7429 |
| 周玉峰 | 7818, 8404 |
| 周玉虎 | 3818 |
| 周玉阶 | 8503 |
| 周玉满 | 3658, 3701, 4972 |
| 周玉明 | 10863 |
| 周玉玮 | 2791, 2826, 3931, 3970, 4051 |
| 周玉霞 | 9015 |
| 周玉元 | 9006 |
| 周郁辉 | 5594, 12019, 12030 |
| 周育德 | 12852, 12854 |
| 周钰樵 | 5841 |
| 周裕国 | 2712 |

| | |
|---|---|
| 周裕锴 | 6802 |
| 周元镐 | 5391 |
| 周元骏 | 5269, 5624, 5941 |
| 周元勋 | 6455 |
| 周原 | 5241, 5298, 5816, 5979 |
| 周源 | 10001 |
| 周苑 | 6052, 6076, 6090 |
| 周月波 | 2458 |
| 周月秋 | 2434 |
| 周岳峰 | 3430, 6461 |
| 周悦林 | 4218 |
| 周跃潮 | 3263, 6084 |
| 周跃峰 | 11758, 12413 |
| 周越 | 7179 |
| 周赟 | 11330 |
| 周云发 | 5226 |
| 周云根 | 3824, 3962 |
| 周云海 | 958 |
| 周云锦 | 398 |
| 周云亮 | 3922 |
| 周云瑞 | 4890, 12138 |
| 周芸萍 | 12239 |
| 周运锦 | 13319 |
| 周运真 | 8194, 8247 |
| 周宰元 | 5536 |
| 周再刚 | 4782, 4790 |
| 周在建 | 8488 |
| 周在浚 | 8488 |
| 周在延 | 8488 |
| 周则生 | 4307, 5705, 9006 |
| 周泽国 | 3118 |
| 周泽闻 | 2244, 2898 |
| 周泽优 | 5601 |
| 周曾浩 | 5240 |
| 周增瑚 | 6366 |

| | | | |
|---|---|---|---|
| 周展 | 4693 | 周知 | 11014 |
| 周张跃 | 11257, 11289, 11290 | 周至诚 | 6267 |
| 周昭坎 | 1383, 3123, 3142, 3145, 3150, 3270, 3284, 3317, 3323, 3357, 3737, 3968 | 周至宇 | 3827, 3954 |
| | | 周至禹 | 128, 10570 |
| 周昭怡 | 8211, 8384 | 周志诚 | 588 |
| 周兆进 | 4544 | 周志芬 | 10838 |
| 周兆钧 | 5298 | 周志辅 | 12712, 12869, 12888 |
| 周兆颐 | 1819, 1877, 1982, 8161, 10431 | 周志高 | 7284, 7352, 7411, 7762, 8210, 8211, 8220, 8346 |
| 周哲文 | 8557, 8558, 8561, 8571 | | |
| 周浙平 | 068 | 周志坚 | 10279, 10282, 10286, 10296, 10311 |
| 周珍元 | 5033 | 周志龙 | 1350, 2318 |
| 周振德 | 8698, 8708, 8763 | 周志强 | 10588, 11878 |
| 周振芳 | 12086 | 周志新 | 5256 |
| 周振惠 | 2598 | 周志义 | 4085 |
| 周振佳 | 11959 | 周志禹 | 12437 |
| 周振平 | 8991 | 周志卓 | 5268, 5327 |
| 周振清 | 3786 | 周治国 | 11514 |
| 周振天 | 5253, 5883, 13319 | 周智诚 | 3224, 3288 |
| 周振锡 | 10918 | 周智立 | 11280 |
| 周镇昌 | 6010 | 周稚云 | 7407, 7408, 7410, 7586 |
| 周整鸿 | 12604, 12608, 12655 | 周中 | 5025, 5262 |
| 周正 | 185, 557, 1073, 1089, 1402, 2764, 3275, 4004, 5003, 5006, 5013, 10217, 10739 | 周中民 | 5983 |
| | | 周忠厚 | 020 |
| 周正安 | 11190 | 周忠全 | 11513 |
| 周正行 | 5131 | 周忠仁 | 4843, 9906 |
| 周正健 | 12220 | 周钟麟 | 7288, 7806 |
| 周正良 | 451, 5066 | 周仲康 | 12336 |
| 周正伦 | 9939 | 周仲明 | 6330 |
| 周正松 | 11108 | 周重凯 | 11210 |
| 周正兴 | 9615 | 周竹寒 | 9240 |
| 周之恒 | 1620 | 周柱铨 | 10971 |
| 周之林 | 2191 | 周庄 | 051 |
| 周之冕 | 1563, 1564, 1581 | 周卓人 | 5137 |
| 周之骐 | 043, 176, 251 | 周卓文 | 5519 |
| 周之士 | 7197 | 周子安 | 12319 |

| | | | |
|---|---|---|---|
| 周子海 | 4981 | 朱宝堂 | 978 |
| 周子芹 | 7367 | 朱宝勇 | 11122 |
| 周子义 | 2829 | 朱保钧 | 8622 |
| 周子章 | 12644 | 朱彬 | 12134 |
| 周宗佾 | 078 | 朱冰 | 197, 3015, 4153, 4981, 5454 |
| 周宗汉 | 5290, 11293, 11430, 12196 | 朱冰泉 | 981, 1003 |
| 周宗凯 | 1279 | 朱兵 | 7549 |
| 周宗濂 | 347, 408, 2147, 8461, 10649 | 朱秉义 | 11035 |
| 周宗奇 | 5258, 5436 | 朱炳荪 | 12832 |
| 周宗毅 | 7603, 7610, 10334, 10335 | 朱波 | 8868, 8869, 9261 |
| 周宗源 | 3829 | 朱伯达 | 7441 |
| 周祖馥 | 12329, 12342 | 朱伯谦 | 427 |

周祖强 633, 3356

周祖贻 8758, 8898, 9352, 9419, 9485, 9666, 10018, 10045, 10059, 10061, 10062, 10104

朱伯雄 016, 057, 104, 179, 180, 185, 368, 507, 510, 512, 514, 515, 516, 576, 585, 849, 1071, 1101

| | | | |
|---|---|---|---|
| 周祖元 | 218 | 朱补筌 | 8494 |
| 周佐愚 | 495, 601, 5651, 5990 | 朱昌徽 | 11988 |
| 周作民 | 1776, 3751, 3965, 8057 | 朱长安 | 11333 |
| 周作明 | 10342 | 朱长龄 | 5703 |
| 周作人 | 3491 | 朱长寿 | 10616 |
| 洲天 | 5191 | | |
| 週二学 | 1064 | | |

朱长文 7182, 7183, 7193, 7684, 11315, 11316, 11333

| | | | |
|---|---|---|---|
| 宙芳 | 6680 | 朱常淓 | 7201, 12293 |
| 朱艾南 | 11807 | 朱畅敏 | 8721 |
| 朱安平 | 5315, 5392, 5550 | 朱朝献 | 12615 |
| 朱安群 | 808 | 朱朝阳 | 6536 |
| 朱白 | 4886 | 朱陈春田 | 10377 |
| 朱白亭 | 2531 | 朱晨 | 7684, 7703 |
| 朱白云 | 6074, 6094 | 朱晨光 | 116, 6796, 10674, 10712 |
| 朱柏丽 | 6678 | 朱称俊 | 2113 |
| 朱宝贺 | 13212 | 朱偊 | 1607, 1617, 1635 |
| 朱宝林 | 3890 | 朱成标 | 2145, 4503, 4583, 4643, 4644, 4733 |
| 朱宝强 | 11686 | 朱成方 | 8739 |
| 朱宝山 | 3862, 4091 | | |
| 朱宝善 | 2453, 2536 | | |

朱成梁 5403, 5404, 5596, 5819, 5863, 6145, 6146, 6313, 6314, 6475, 8914, 10005

朱成林　2827, 3204

朱成荣　4947

朱成蓉　13118

朱成章　8762

朱诚　6438

朱诚荣　4946, 5126

朱承斌　6051, 6065, 6162

朱珵　12292

朱崇昌　7309, 7369, 7435, 7455, 7513

朱崇典　8498

朱崇光　6675

朱畴沧　13248

朱川　3975

朱传迪　11203, 11812

朱传雄　5978

朱春华　10391

朱春树　9140

朱纯一　3038

朱淳　10201, 10613

朱从信　10201

朱存理　730, 734, 735, 736, 737, 738, 771, 7683, 7684, 7707

朱耷　1444, 1477, 1534, 1614, 1617, 1635, 1647, 1648, 1652, 1653, 1655, 1656, 1659, 1663, 1665, 1669, 1674, 1684, 1687, 1690, 1695, 8078, 8079, 8089, 8092, 8099

朱达　7513

朱大保　8619

朱大海　1832, 3221, 3380, 3894, 5423, 5518, 5841, 5905

朱大鹏　5769

朱大贤　4913

朱大叶　10773, 10774, 10776, 10778, 10779, 10780, 10782

朱大镛　8513

朱丹　3335, 4838, 5366, 5629, 5967, 6014, 8174, 9129, 9476, 9479

朱丹丹　6557

朱丹枫　4966, 5465

朱丹南　320

朱丹文　7037

朱道平　2449

朱道萍　8821

朱道忠　11311

朱德　8141

朱德安　3388

朱德群　1390, 2827

朱德荣　11713

朱德润　380, 383, 10195

朱德贤　3304, 4033, 4099

朱德炘　8178, 8260

朱德星　5351, 5594

朱德庸　3417, 3429, 3446, 3447, 3458, 3459, 3504, 3519, 3525

朱德元　4785

朱德源　8392

朱狄　046, 174, 194

朱迪　1775, 3565, 3625, 3657, 3666, 3674, 3736, 5121

朱迪思·盖斯特　13111

朱迪卓　3490

朱迪作　3622

朱荻　7627

朱蒂·玛汀　1136

朱典淼　12730

朱丁元　9063

朱定昌　6428, 13154

朱定一　3001, 3150, 3722

朱东　5121

朱东仁　13249

朱冬青 5279

朱栋 1051

朱栋霖 12703, 13017

朱端 2619

朱端钧 12904, 12906

朱敦俭 3310, 3328, 3337, 3340, 4338

朱锷 6929, 10771, 10772, 10773, 10776, 10779, 10780

朱恩光 10092

朱恩吉 2583, 4818

朱恩健 5368

朱尔沛 8698

朱发雄 11711, 11718

朱帆 2398, 2882, 3727, 4966, 5325, 5545

朱凡 9756

朱方蔼 753

朱方明 10394

朱芳千 849

朱飞 9773

朱丰顺 058

朱凤平 11767

朱凤岐 4781

朱枫 1742, 9882, 10253, 10663, 10665

朱峰 608, 2870

朱逢泰 664

朱凤 10361

朱凤岐 2070, 2077, 2114, 2144, 4521, 4585, 4618, 4648, 4696, 4714, 4744, 4786

朱凤竹 599, 621, 1092, 1093, 7626, 10238, 10239, 10367

朱蒂 3340, 4202, 4356, 4401, 4511

朱福民 12771

朱福渠 11279

朱福侠 12897

朱福铮 7034

朱复戡 8243, 8564, 8581

朱富民 9594

朱冈歧 2149

朱刚 2665, 2893, 6940, 10213

朱根华 3422, 3518, 6942

朱工一 12188, 12198, 12494

朱关田 7169, 7320, 7398, 7399, 7730, 7731, 7732, 8171, 8197, 8211, 8340, 8469, 8581

朱光华 6311

朱光明 8722, 8746, 8754, 9348, 13271

朱光潜 012, 015, 251

朱光荣 2413, 3766, 5488

朱光天 5955

朱光玉 4943, 4945, 4962, 4979, 5037, 5038, 5039, 5051, 5056, 5057, 5068, 5075, 5081, 5096, 5097, 5113, 5117, 5126, 5139, 5388, 5396, 5459, 5482, 5483, 5497, 5543, 5547, 5559, 5636, 5637, 5707, 5714, 5868, 5871, 5892, 5921, 5952, 5961, 6030, 6091, 6092, 6317, 6410

朱广庆 7144, 12337

朱广新 4063

朱广智 8807, 9220, 9990

朱圭 1677, 2973, 2995

朱桂卿 2165

朱国诚 10988

朱国方 4771

朱国芳 5633

朱国华 11509

朱国梁 12445

朱国勤 586, 1248, 5289, 5829, 6516, 10188, 10300, 10768

朱国庆 047

朱国荣 101, 255, 542, 545, 551, 5830, 8609, 8612, 8613, 8655

| | | | |
|---|---|---|---|
| 朱国治 | 5261 | 朱会平 | 10772 |
| 朱海 | 6270 | 朱绘英 | 1803, 2740, 2745 |
| 朱海良 | 7280, 7884 | 朱惠良 | 396, 397, 795, 1511, 7736, 8086 |
| 朱海汀 | 4625, 4628 | 朱慧琴 | 10836, 12523 |
| 朱海廷 | 3877 | 朱积华 | 10745 |
| 朱海文 | 5175, 5227 | 朱基元 | 2407, 5955, 5960 |
| 朱涵 | 11222 | 朱吉成 | 5477, 5951, 6038 |
| 朱汉生 | 13075, 13143 | 朱记荣 | 8519 |
| 朱皓华 | 5510 | 朱技能 | 5077 |
| 朱和羹 | 7147, 7231 | 朱季海 | 499, 802, 897 |
| 朱恒 | 636, 912, 2458 | 朱季贤 | 11101 |
| 朱红 | 2186, 4827, 10255 | 朱继经 | 11005 |
| 朱宏 | 8394 | 朱继荣 | 1403 |
| 朱宏修 | 3594, 3607, 3655, 10407, 10409 | 朱加 | 2879 |
| 朱虹 | 5305, 5369, 5404, 5405, 5554 | 朱佳 | 3492, 5898 |
| 朱洪 | 5875 | 朱佳强 | 7035 |
| 朱洪国 | 5919 | 朱家安 | 1949, 3108, 3610, 3657, 3804, 3841, 4101 |
| 朱洪萌 | 6571 | | |
| 朱洪云 | 6493, 6494, 6575, 6588 | 朱家标 | 7690, 7691 |
| 朱鸿达 | 8535, 8536 | 朱家骅 | 13153 |
| 朱鸿年 | 3279, 3282, 3613, 3666, 3684, 3716, 4030, 4371 | 朱家济 | 8220, 8437 |
| | | 朱家潘 | 421, 7672, 10192, 12863, 12864, 12876 |
| 朱鸿祥 | 8477, 8550 | 朱家骏 | 10838 |
| 朱鸿谊 | 11234 | 朱家陆 | 2278 |
| 朱鸿猷 | 765 | 朱家烨 | 300 |
| 朱厚烷 | 12290 | 朱家实 | 8690, 10142, 10143 |
| 朱瑚 | 12601 | 朱家旺 | 8335 |
| 朱华昆 | 3778 | 朱家雄 | 1256 |
| 朱华明 | 12389 | 朱家珠 | 5268 |
| 朱华堂 | 5870, 6078, 6450 | 朱嘉 | 1794 |
| 朱怀林 | 5078 | 朱嘉铭 | 2187, 4073, 4087, 4091, 4116, 4185, 4242, 4266, 4364, 4365, 4413, 4421, 4547, 4577, 4610, 4633, 4732, 4820 |
| 朱怀新 | 1253, 1255 | | |
| 朱辉 | 120, 1167, 1170, 1178, 1344, 1349, 2959, 2960, 3240, 4158, 6119 | | |
| | | 朱嘉权 | 984 |
| 朱辉军 | 087, 13070, 13079 | 朱嘉雯 | 6559 |

| | | | |
|---|---|---|---|
| 朱简 | 8453, 8482, 8483, 8484 | 朱金河 | 5956, 9608, 9613, 9660, 9661 |
| 朱建 | 10867, 11074 | 朱金科 | 9308 |
| 朱建安 | 2486 | 朱金楼 | 025, 477, 512 |
| 朱建侯 | 11366 | 朱金泉 | 5207 |
| 朱建华 | 6091, 6092 | 朱金山 | 5671 |
| 朱建民 | 6394 | 朱金文 | 7579 |
| 朱建明 | 10919, 12789, 12900, 12947, 12948 | 朱津平 | 6647 |
| 朱建平 | 5482, 5483 | 朱锦鸾 | 313, 1484 |
| 朱建萍 | 11066 | 朱锦衣 | 10681 |
| 朱建通 | 11288 | 朱进 | 6285, 9375 |
| 朱建新 | 2113, 7252 | 朱经白 | 10833, 12155 |
| 朱建友 | 4023 | 朱晶 | 13159 |
| 朱建忠 | 6118 | 朱景和 | 13084, 13297, 13316 |
| 朱剑 | 9697, 13187, 13195 | 朱景辉 | 10179 |
| 朱剑芒 | 678 | 朱景琪 | 10509, 12978 |
| 朱健 | 11105 | 朱景玄 | 840 |
| 朱健朴 | 1161, 1255, 1266 | 朱景彝 | 8115 |
| 朱践耳 | 11665, 11961, 12153, 12172, 12190, 12194, 12196, 12199, 12201, 12225, 12226, 12232, 12235, 12330 | 朱景义 | 11146 |
| | | 朱径白 | 11235 |
| | | 朱敬华 | 7355 |
| 朱鉴 | 3962, 4588, 4894, 4915, 8178, 8179, 13257 | 朱敬修 | 10873, 10926 |
| 朱江 | 6252 | 朱敬仪 | 10572 |
| 朱江练 | 10758 | 朱静 | 13265 |
| 朱疆源 | 021 | 朱静美 | 12831 |
| 朱绛 | 11545, 11546 | 朱静伟 | 3909 |
| 朱角 | 12708 | 朱玖莹 | 7795 |
| 朱杰 | 636 | 朱驹 | 11361, 11390, 11581 |
| 朱杰勤 | 242 | 朱军 | 4781, 4786, 12954 |
| 朱洁 | 134 | 朱军山 | 2645 |
| 朱介生 | 11153, 12100, 12102, 12104, 12276 | 朱俊凤 | 9127 |
| 朱介堂 | 2079, 2147, 2445, 2450, 2578, 4370, 4392, 4404, 4463, 4474, 4492, 4517, 4571, 4586, 4594, 4616, 4635, 4643, 4665, 4692, 4728, 4734, 4737, 4740, 9738 | 朱俊贤 | 2949 |
| | | 朱开益 | 8647 |
| | | 朱凯 | 642 |
| | | 朱侃如 | 7021 |
| 朱介英 | 1174 | 朱康林 | 3484, 5854, 5877 |

| | |
|---|---|
| 朱康勤 | 11491, 12445 |
| 朱抗 | 5393, 5674, 6513, 6514 |
| 朱克可 | 015 |
| 朱克玲 | 12721 |
| 朱克运 | 3205, 3797 |
| 朱铿 | 2545 |
| 朱孔阳 | 1281 |
| 朱寇民 | 9618 |
| 朱宽涛 | 6890 |
| 朱葵 | 1308, 1374, 1419, 2340, 2487, 3959, 9067, 9068 |
| 朱昆槐 | 11155 |
| 朱锟 | 8525 |
| 朱拉夫列夫 | 13259 |
| 朱来顺 | 10022 |
| 朱兰发 | 4041 |
| 朱岚 | 9770 |
| 朱楞 | 3664 |
| 朱黎江 | 6242 |
| 朱黎黎 | 5350, 5446, 5997, 6104, 6217 |
| 朱黎明 | 11273 |
| 朱黎云 | 2904 |
| 朱礼生 | 5202 |
| 朱里 | 11926 |
| 朱里千 | 11769, 11950 |
| 朱理存 | 1820, 1828, 1835, 1836, 1968, 3023, 3294, 4000 |
| 朱理惺 | 10789 |
| 朱力 | 7040, 8816, 8904, 8958, 9063, 9080, 9098, 9137, 9224, 9308, 9338, 9348, 9393, 9789, 9790, 9811, 9832, 9838, 9860, 9950, 10026, 10030, 10036 |
| 朱力光 | 1340 |
| 朱力士 | 344, 5531, 5671, 5848 |
| 朱立凤 | 8917 |

| | |
|---|---|
| 朱立宏 | 4918 |
| 朱立人 | 070, 10981, 12657, 12659, 12660, 12671 |
| 朱立仁 | 1091 |
| 朱立升 | 2470 |
| 朱立伟 | 7573 |
| 朱立元 | 12701 |
| 朱丽 | 10365 |
| 朱丽丹 | 6210 |
| 朱丽丽 | 3943 |
| 朱丽漱 | 1410 |
| 朱丽蓉 | 6568 |
| 朱丽云 | 6151, 6676 |
| 朱利安 | 370 |
| 朱利安·弗里曼 | 194 |
| 朱利和 | 5396 |
| 朱利华 | 9526 |
| 朱俪 | 3871 |
| 朱莉 | 11259 |
| 朱笠 | 5089 |
| 朱连生 | 3909, 10260 |
| 朱连威 | 5345, 5534, 5949 |
| 朱良华 | 5298 |
| 朱良楷 | 12280 |
| 朱良仪 | 4952, 5081, 5346 |
| 朱良志 | 112, 719 |
| 朱林飞 | 12390 |
| 朱琳 | 2556, 6220, 6221 |
| 朱琳珺 | 7654, 10339 |
| 朱苓尹 | 13317 |
| 朱玲 | 6063 |
| 朱玲飞 | 11711 |
| 朱岭 | 5237 |
| 朱六善 | 7295, 7593 |
| 朱龙华 | 172, 189, 193, 363, 504, 505, 506, 507, 508, 510, 513, 6781, 8603 |

| | | | |
|---|---|---|---|
| 朱龙泉 | 10331 | 朱乃文 | 2536 |
| 朱履贞 | 7216, 7231 | 朱乃正 | 1391, 1763, 2053, 2262, 2321, 2753, 2795, |
| 朱鹭 | 11952 | | 2812, 2863, 2867, 2898, 2915, 2933, 3107, |
| 朱轮 | 5110 | | 3217, 3625, 4192, 8148, 8156, 8160, 8187, |
| 朱玛 | 13035, 13052, 13053, 13117, 13182, 13227 | | 8193 |
| 朱曼殊 | 2319 | 朱南 | 10065 |
| 朱梅厂 | 7629 | 朱南溪 | 11620, 11961, 12263, 12902 |
| 朱梅邨 | 1746 | 朱楠 | 10059 |
| 朱梅村 | 4382 | 朱楠秋 | 11889 |
| 朱孟描 | 6047 | 朱念慈 | 830, 831 |
| 朱梦庐 | 939, 1671 | 朱宁斌 | 5868 |
| 朱妙根 | 232 | 朱农 | 9137 |
| 朱岷甫 | 3762, 5383, 5534, 5564, 5592, 5608 | 朱培初 | 10198, 10358, 10359, 10363, 10737 |
| 朱敏 | 863 | 朱培尔 | 8130, 8289, 8591 |
| 朱敏芳 | 10182, 10189 | 朱培均 | 1973 |
| 朱敏慎 | 5248 | 朱培钧 | 949, 1930, 2113, 2319 |
| 朱敏霞 | 5474, 5476, 5552 | 朱佩君 | 1737, 1932, 1954, 2624, 4004 |
| 朱明 | 1119, 6296, 6404 | 朱鹏 | 4984, 5519, 5806, 6091 |
| 朱明斌 | 9834, 9850, 10038, 10046 | 朱蘋 | 12634, 12637, 12654 |
| 朱明德 | 2906 | 朱朴 | 477, 482, 520, 549 |
| 朱明科 | 12272 | 朱朴存 | 2524, 2545 |
| 朱明铿 | 6010 | 朱其昌 | 5261, 5333, 5344, 5483 |
| 朱明山 | 5258, 5302 | 朱其镜 | 8506 |
| 朱明远 | 5254, 5306, 5342 | 朱其善 | 8323 |
| 朱明珠 | 12352 | 朱其焱 | 8121 |
| 朱鸣冈 | 2979, 3040 | 朱其作 | 5299, 5686 |
| 朱鸣岗 | 2851 | 朱奇山 | 921 |
| 朱铭 | 177, 367, 523, 556, 588, | 朱奇源 | 7658 |
| | 592, 5606, 8610, 8632, 8635, 8646, 10181, | 朱琦 | 6548, 8610 |
| | 10273, 10387, 10612 | 朱旗 | 6481 |
| 朱铭善 | 4758, 5033, 5110, 6946, 7062, 10309 | 朱屺瞻 | 483, 497, 1321, 1322, 1432, 1741, 1859, |
| 朱墨 | 5543, 5572, 6315 | | 1897, 1954, 2002, 2017, 2143, 2171, 2193, |
| 朱谋垔 | 841, 847, 1269 | | 2234, 2278, 2344, 2513, 2539, 2667, 8584, |
| 朱穆之 | 217 | | 10435 |
| 朱乃华 | 8981 | 朱屺瞻艺术馆 | 2344 |

| | | | |
|---|---|---|---|
| 朱启连 | 11319 | 朱如娅 | 8705 |
| 朱启良 | 8964 | 朱儒楚 | 117, 7349, 7398 |
| 朱启钤 | 1270 | 朱汝珍 | 8022 |
| 朱起东 | 10993, 11168, 11171, 12156, 12157, 12162, 12187, 12455, 12479 | 朱锐 | 1535 |
| | | 朱瑞冰 | 10977 |
| 朱谦之 | 11027 | 朱瑞云 | 12108 |
| 朱切夫 | 12496 | 朱润斋 | 6021 |
| 朱琴葆 | 3010 | 朱若极 | 1654 |
| 朱青 | 6941, 6971 | 朱森林 | 3460, 3494 |
| 朱清 | 10097 | 朱沙 | 10562 |
| 朱清宇 | 8762 | 朱善 | 12950 |
| 朱清渊 | 12572, 12640 | 朱善长 | 5411 |
| 朱庆觥 | 12274 | 朱善定 | 10758 |
| 朱庆虹 | 11929, 12402 | 朱上海 | 5479, 5481, 5819 |
| 朱庆亮 | 8570 | 朱上如 | 3034 |
| 朱庆坪 | 6397 | 朱上上 | 211 |
| 朱庆祺 | 3540, 4938 | 朱少坤 | 10860, 10861, 10984 |
| 朱庆武 | 3776 | 朱少玲 | 13065 |
| 朱庆学 | 3262 | 朱少尤 | 4953, 5007 |
| 朱庆增 | 12119 | 朱笙均 | 12365, 12371 |
| 朱琼爱 | 12731 | 朱省斋 | 787, 792 |
| 朱琼颐 | 351 | 朱圣节 | 161 |
| 朱秋华 | 10819, 10884, 12725 | 朱圣廉 | 3776 |
| 朱秋僧 | 5124 | 朱圣明 | 7634 |
| 朱权 | 11136, 12053, 12135, 12289, 12290, 12309 | 朱胜利 | 10298 |
| 朱全增 | 2325 | 朱时昔 | 2756 |
| 朱泉林 | 3951 | 朱时雨 | 2757 |
| 朱然 | 4905, 4928, 4968, 5094 | 朱士杰 | 2798 |
| 朱人鹤 | 12825, 12832 | 朱士佐 | 12294 |
| 朱人俊 | 13249 | 朱世宏 | 3508, 3513 |
| 朱人骏 | 13262 | 朱世昆 | 5983 |
| 朱仁冬 | 2071 | 朱世民 | 11076, 11077, 11078 |
| 朱仁夫 | 7162, 7165, 7166, 7215 | 朱世明 | 4061, 5648, 6068 |
| 朱仁星 | 400, 417 | 朱世瑞 | 11096 |
| 朱荣昌 | 8267 | 朱世源 | 7386 |

| | |
|---|---|
| 朱守道 | 8302 |
| 朱守聚 | 2021, 2131, 2141, 4605 |
| 朱守伟 | 4977 |
| 朱守纬 | 4904, 4989, 4993, 5098 |
| 朱守宪 | 9576, 9725, 9740 |
| 朱寿铺 | 644, 710 |
| 朱瘦竹 | 12839 |
| 朱枢 | 8701, 8737, 8740, 10055, 10138, 10141 |
| 朱淑媛 | 4396, 4429 |
| 朱淑清 | 3454 |
| 朱淑贤 | 8597, 8598 |
| 朱淑媛 | 2143, 2353, 3763, 3924, 4037, 4100, 4102, 4125, 4139, 4181, 4190, 4214, 4282, 4312, 4322, 4330, 4447, 4473, 4491, 4533, 4554, 4607, 4632, 4643, 4702, 4744, 6683 |
| 朱舒和 | 5061 |
| 朱曙征 | 3723, 3724 |
| 朱术坰 | 10343 |
| 朱述新 | 5345 |
| 朱漱梅 | 8286 |
| 朱双海 | 5716, 6393, 6394 |
| 朱双云 | 12902, 12906, 13287 |
| 朱烁渊 | 12902 |
| 朱松 | 5266 |
| 朱松发 | 2453, 2880 |
| 朱松年 | 4928, 4953, 4955 |
| 朱嵩林 | 9065 |
| 朱诵邠 | 11683, 12611 |
| 朱苏进 | 13160 |
| 朱稣典 | 10174, 10785, 10789, 11032, 11034, 11068 |
| 朱素臣 | 3033, 5416, 6595, 12108 |
| 朱橚 | 2993 |
| 朱棠 | 11327, 12290 |
| 朱棠溪 | 8381 |
| 朱涛 | 7449, 7607, 8348, 8387, 9968, 10024 |
| 朱腾云 | 12989 |
| 朱天 | 4903 |
| 朱天纯 | 10278 |
| 朱天玲 | 3053 |
| 朱天民 | 8980 |
| 朱天明 | 8595, 8598, 10280, 10600 |
| 朱天纬 | 11507, 12044, 12387, 13159 |
| 朱天文 | 13142, 13248, 13297 |
| 朱田 | 4881 |
| 朱铁民 | 3089, 5325 |
| 朱廷惠 | 7269 |
| 朱廷镠 | 12302, 12303 |
| 朱廷献 | 7311 |
| 朱廷璋 | 12302, 12303 |
| 朱同 | 3214, 3219, 3222, 11176 |
| 朱彤 | 062 |
| 朱琬然 | 317 |
| 朱万芳 | 1129, 1147, 1450 |
| 朱万曙 | 12709 |
| 朱威烈 | 365 |
| 朱微明 | 13249, 13250, 13258, 13259, 13260, 13261, 13262 |
| 朱为弼 | 8020 |
| 朱为先 | 4969 |
| 朱唯践 | 6064, 6432 |
| 朱惟明 | 5574 |
| 朱维践 | 5981 |
| 朱维民 | 1386 |
| 朱维明 | 3905, 4096, 4170, 5774, 5798, 5869, 5968, 6494, 6925 |
| 朱维胜 | 9965 |
| 朱维维 | 6971 |
| 朱维熊 | 10255 |
| 朱维之 | 438 |
| 朱伟 | 2827, 10760, 10826, 11211 |

| | |
|---|---|
| 朱伟达 | 10707, 10714 |
| 朱伟杰 | 5880 |
| 朱伟明 | 5646 |
| 朱纬 | 10895 |
| 朱卫国 | 6528 |
| 朱未 | 5270 |
| 朱渭忠 | 7630 |
| 朱文 | 4937, 6707 |
| 朱文光 | 625 |
| 朱文侯 | 1790, 1793, 3568 |
| 朱文姬 | 4986 |
| 朱文俊 | 3811 |
| 朱文良 | 8723, 8773 |
| 朱文泉 | 5853, 5860 |
| 朱文叔 | 600 |
| 朱文顺 | 13241, 13243 |
| 朱文松 | 1234 |
| 朱文相 | 12729 |
| 朱文熊 | 8120 |
| 朱文秀 | 340 |
| 朱文扬 | 4905, 4960 |
| 朱文郁 | 7264, 7547, 8209, 8381 |
| 朱文照 | 7293 |
| 朱文洲 | 11966 |
| 朱文铸 | 1867, 1893 |
| 朱纹 | 12984 |
| 朱闻 | 8442 |
| 朱吻冰 | 3399 |
| 朱无挂 | 8601 |
| 朱五一 | 7583 |
| 朱务清 | 7625 |
| 朱西一 | 10205 |
| 朱希斌 | 2070, 2108, 2160, 4540, 4679, 4683, 4709, 4775, 4781 |
| 朱希煌 | 1929, 2062, 2095, 2382, 2383, 2394, 4141, |

| | |
|---|---|
| | 4182, 4258, 4273, 4372, 4388, 4396, 4518, 4568, 4668, 4697, 4700, 4711, 4723, 4730 |
| 朱希江 | 5335, 5449 |
| 朱希宁 | 134 |
| 朱晞微 | 11227 |
| 朱锡昌 | 5316 |
| 朱锡庚 | 8015 |
| 朱锡华 | 12111 |
| 朱锡林 | 2215 |
| 朱溪豫 | 8794 |
| 朱熙元 | 5260, 5301 |
| 朱熹 | 7686, 7687, 7954, 7957, 7967, 7976, 7977, 7990, 8012, 8013 |
| 朱熹年 | 4922 |
| 朱袭明 | 12660 |
| 朱隰苓 | 8056 |
| 朱喜 | 5000, 7957, 12936 |
| 朱遐友 | 6209 |
| 朱仙油 | 10234 |
| 朱先立 | 5067, 5106 |
| 朱先平 | 7325 |
| 朱显碧 | 10830 |
| 朱铣 | 552 |
| 朱现昌 | 3847 |
| 朱宪民 | 8843, 8844, 8899, 8910, 8911, 8978, 9028, 9364, 9394, 9406, 9546, 9607, 9618, 9794, 9842, 9941 |
| 朱宪卿 | 7639 |
| 朱祥 | 6209 |
| 朱翔 | 133 |
| 朱翔飞 | 4509 |
| 朱向前 | 13158 |
| 朱向群 | 5113, 5345 |
| 朱象衡 | 7177, 7198, 7199 |
| 朱象贤 | 8447, 8448 |

| | | | |
|---|---|---|---|
| 朱小丰 | 13075 | 朱馨欣 | 5015, 5715, 10408 |
| 朱小冈 | 6002, 6206 | 朱信 | 10683 |
| 朱小果 | 5882 | 朱兴邦 | 7917, 8404 |
| 朱小行 | 10362 | 朱兴存 | 12205 |
| 朱小平 | 613 | 朱兴华 | 619, 5408, 8130 |
| 朱小强 | 12423 | 朱兴年 | 3089 |
| 朱小未 | 8632 | 朱荇菁 | 12316 |
| 朱晓 | 4187, 4328, 4367 | 朱休 | 5706 |
| 朱晓钢 | 149 | 朱修立 | 1436, 1902, 1927, 2473, 2605, 3605, 4032, 4089, 4276, 10409 |
| 朱晓谷 | 12335 | 朱秀 | 1550 |
| 朱晓江 | 3508 | 朱秀坤 | 951, 1885, 1953, 1974, 2097, 2291, 2539, 2567, 2638, 2640, 2652, 4182, 4434, 4528, 4639, 4724, 10029, 10431 |
| 朱晓苗 | 11057 | | |
| 朱晓农 | 149 | | |
| 朱晓鸥 | 5786, 5878 | | |
| 朱晓平 | 8985 | 朱秀颖 | 2385 |
| 朱晓茜 | 8865 | 朱秀珍 | 10606 |
| 朱晓婷 | 6009 | 朱旭 | 141, 3071, 3206, 3586, 3610, 3642, 3701, 3703, 3729, 3740, 3765, 3977, 3988, 4037, 5944, 10413 |
| 朱晓文 | 6705, 6706, 6712, 6715 | | |
| 朱晓燕 | 13219 | | |
| 朱晓舟 | 3686 | 朱旭初 | 8542, 8543 |
| 朱孝达 | 849, 5555, 6167 | 朱绪 | 13005 |
| 朱孝臧 | 8039 | 朱绪常 | 698 |
| 朱笑达 | 6126 | 朱煦 | 5952, 9579, 9799 |
| 朱心 | 4966 | 朱宣咸 | 2551, 3059 |
| 朱心如 | 8121 | 朱宣烨 | 10770 |
| 朱欣 | 4979 | 朱萱 | 5498 |
| 朱欣生 | 2506, 2660 | 朱玄 | 921 |
| 朱欣馨 | 3232 | 朱学达 | 3584, 3609, 3693, 3700, 5039, 5375 |
| 朱新 | 5104 | 朱学德 | 8576 |
| 朱新昌 | 5352, 5817, 5926, 6151, 6218, 6228, 6324 | 朱学工 | 11208 |
| 朱新华 | 11990 | 朱学清 | 5361 |
| 朱新晖 | 5050, 12833, 12834 | 朱雪梅 | 6663 |
| 朱新建 | 6120 | 朱勋 | 7049 |
| 朱新龙 | 2295, 5314, 5414, 5506, 5712, 5985, 6324 | 朱训德 | 2309, 6061, 6224, 6290, 6408, 6608, 7430, 7504 |
| 朱新民 | 2308 | | |

| | | | |
|---|---|---|---|
| 朱雅芬 | 11244 | 朱义方 | 8209 |
| 朱雅杰 | 4141 | 朱义章 | 7800 |
| 朱亚荣 | 11752, 11877, 11928, 12536, 12557 | 朱艺芬 | 1374 |
| 朱延龄 | 4524, 5083, 5511, 6247, 6316, 6648, 8961, 12005 | 朱亦秋 | 2473 |
| 朱延令 | 5458 | 朱逸安 | 11314 |
| 朱延明 | 9886 | 朱毅勇 | 2820 |
| 朱延生 | 13186 | 朱翼盦 | 7726 |
| 朱岩 | 615, 3775, 3805, 3844, 3960, 4000, 4039, 4067, 4161, 4233, 4259, 4281, 4429, 4470 | 朱阴桥 | 12642 |
| 朱琰 | 381, 382, 8451 | 朱垠嶙 | 1277 |
| 朱彦 | 5548, 10771 | 朱应鹏 | 003, 243, 847 |
| 朱雁冰 | 10882 | 朱婴 | 11307, 11395, 11396, 11398, 11567, 11568, 12145, 12146 |
| 朱焰 | 1892, 4972, 5225 | 朱瑛 | 13192, 13194 |
| 朱锡林 | 5291 | 朱膺 | 2785, 3664, 3681 |
| 朱仰慈 | 2874, 10318, 10686, 10731 | 朱鹰 | 6277 |
| 朱尧文 | 12087 | 朱颖辉 | 12782 |
| 朱尧洲 | 11171 | 朱颖人 | 704, 810, 823, 859, 964, 2113, 2262, 2504, 2617, 2665, 2673 |
| 朱瑶春 | 975 | 朱映岚 | 12483 |
| 朱曜奎 | 1091, 5217 | 朱拥 | 4938 |
| 朱耀伟 | 11103 | 朱雍 | 579, 847 |
| 朱也青 | 3247 | 朱永佳 | 7448 |
| 朱野坪 | 7613, 8401, 8437 | 朱永锴 | 5497 |
| 朱叶 | 6686 | 朱永灵 | 2185, 8103 |
| 朱晔 | 3561 | 朱永纬 | 9240 |
| 朱一立 | 11941 | 朱永炜 | 8827, 8828, 8829, 8830, 8831, 9881 |
| 朱一嫣 | 2090, 4595, 4603, 4698, 4741, 4818 | 朱咏北 | 10834 |
| 朱衣 | 12920 | 朱勇钧 | 8499 |
| 朱仪 | 3640, 3662, 4275 | 朱涌兴 | 5766 |
| 朱宜生 | 10725 | 朱用纯 | 8045 |
| 朱贻德 | 2820, 5456, 5846 | 朱友功 | 12226 |
| 朱颐厓 | 644, 710 | 朱有钰 | 5408 |
| 朱彝尊 | 779, 780, 1051, 8022 | 朱有臻 | 10837, 10838 |
| 朱以撒 | 7299, 7329, 8387 | 朱幼虹 | 9948 |
| 朱以中 | 5549, 12915, 12916 | 朱宇南 | 877, 1120, 5220, 5954 |

| | |
|---|---|
| 朱宇楠 | 6045 |
| 朱羽 | 1769, 2347, 3689, 3731, 4968, 5041, 5042, 5069, 5096, 5120, 5121, 5138, 5354, 5372, 5383, 5584, 5713, 6044, 6067, 6429 |
| 朱羽君 | 8691, 8693, 8727, 8741, 8775, 8886, 13063, 13069, 13271 |
| 朱雨湘 | 11212 |
| 朱围仁 | 12382 |
| 朱玉 | 9338, 9340 |
| 朱玉成 | 4887, 4969 |
| 朱玉芬 | 12931, 12932 |
| 朱玉厚 | 10200 |
| 朱玉龙 | 5339, 5492, 8594 |
| 朱玉琪 | 5648 |
| 朱郁之 | 11308, 12274 |
| 朱育和 | 13135 |
| 朱育莲 | 2309, 2580, 2649, 2652, 2653, 2654, 4256 |
| 朱育万 | 143 |
| 朱育文 | 8754 |
| 朱裕平 | 407, 414, 425, 427, 429 |
| 朱裕陶 | 9374, 9418, 9434, 9576, 10630 |
| 朱渊元 | 6194 |
| 朱元红 | 4972, 5006 |
| 朱元君 | 458 |
| 朱元善 | 001, 342 |
| 朱源清 | 3932 |
| 朱岳凌 | 6234, 6345 |
| 朱云 | 6218, 6292 |
| 朱云飞 | 2012 |
| 朱云风 | 8745, 9063, 9129, 9136, 9365, 9544, 9817, 9827 |
| 朱云峰 | 10019 |
| 朱芸 | 6594, 6595 |
| 朱芸芳 | 5079, 5665 |
| 朱耘 | 6391 |
| 朱允敦 | 3154 |
| 朱载烨 | 12290, 12291 |
| 朱载堉 | 10999, 11000, 11020, 11021, 11022, 11029, 12307, 12584 |
| 朱则平 | 12043, 12161 |
| 朱瞻 | 1790 |
| 朱章超 | 1757, 2715, 3098, 6778, 6779, 6845 |
| 朱兆钦 | 2441 |
| 朱照 | 7147 |
| 朱照廉 | 7226 |
| 朱照林 | 8636 |
| 朱照洗 | 10743 |
| 朱肇洛 | 12710 |
| 朱者赤 | 1412 |
| 朱振芳 | 1837, 1844, 2072, 2123, 2141, 2164, 2376, 2384, 4692, 4738, 4741, 5544, 6134, 6183, 6668, 6671, 6673, 6677 |
| 朱振锋 | 7472 |
| 朱振庚 | 1143, 2882, 6533, 10704 |
| 朱振华 | 8114 |
| 朱振明 | 11876 |
| 朱振山 | 10915, 11820, 12423, 12424 |
| 朱振周 | 8230 |
| 朱争平 | 1349 |
| 朱正本 | 11414, 11613, 11619 |
| 朱正刚 | 1148 |
| 朱正伦 | 1374, 6499 |
| 朱正明 | 8798 |
| 朱正善 | 3226 |
| 朱正文 | 6542 |
| 朱之赤 | 644, 1460, 1461 |
| 朱之蕃 | 8357, 8473 |
| 朱之风 | 9590 |
| 朱之谦 | 10872, 10874 |
| 朱芝 | 4967 |

| | |
|---|---|
| 朱枝 | 4988 |
| 朱知崎 | 1313 |
| 朱执绥 | 10791, 11996, 11997, 11999 |
| 朱执信 | 8114 |
| 朱植人 2814, 3359, 5230, 5339, 5884, 6131, 6242, 6353, 6399 | |
| 朱植仁 | 5984 |
| 朱志辅 | 7624 |
| 朱志复 | 8513 |
| 朱志贵 | 3457 |
| 朱志勇 | 4253, 5357, 5617 |
| 朱志元 | 2000 |
| 朱中恺 | 11160 |
| 朱中庆 | 11708, 12181 |
| 朱忠福 | 2751, 5404, 6070 |
| 朱忠民 | 2380 |
| 朱忠祥 | 9770 |
| 朱钟瑞 | 8504, 8505 |
| 朱钟堂 | 12171 |
| 朱钟优 | 4962 |
| 朱仲德 | 10580, 10741 |
| 朱仲禄 | 12607 |
| 朱仲蔚 | 10321 |
| 朱仲岳 | 418, 806, 7903, 7986, 7988, 7991 |
| 朱重兴 | 2345 |
| 朱舟 | 10906 |
| 朱舟澄 | 1647 |
| 朱舟枫 | 1426 |
| 朱珠 | 5102, 12205 |
| 朱竹修 | 1735, 3083 |
| 朱竹庄 1939, 2571, 2656, 2658, 2660, 4930, 5063, 5769 | |
| 朱铸禹 | 573, 574 |
| 朱子鹤 | 2487 |
| 朱子客 | 2445 |

| | |
|---|---|
| 朱子奇 | 12359 |
| 朱子荣 | 2671, 5629, 5726 |
| 朱子容 2026, 2031, 2135, 2435, 2441, 2450, 2451, 2452, 2508, 2576, 2577, 2580, 2583, 2653, 2672, 2674, 4377, 4416, 4534, 4550, 4594, 4641, 4670, 4724, 4787, 4800, 4826, 5130, 5624, 5779, 5780, 5827, 5874, 9453, 9892, 9898, 10536 | |
| 朱子蓉 | 2076, 2096, 4924 |
| 朱子奢 | 7832 |
| 朱子虚 | 7360 |
| 朱梓 | 1600 |
| 朱紫云 | 11307, 11832, 12275 |
| 朱自谦 | 2589, 6311 |
| 朱自强 | 6423, 6428, 6431 |
| 朱自清 | 7030 |
| 朱宗 | 5387 |
| 朱宗敬 | 11376 |
| 朱宗琪 | 12824 |
| 朱宗文 | 7203, 8016, 8020 |
| 朱宗之 1846, 1850, 3726, 4909, 5031, 5080, 5099 | |
| 朱祖德 | 8636 |
| 朱祖威 | 10532 |
| 朱祖贻 | 6017 |
| 朱作英 | 11284, 12556 |
| 茱蒂·马汀 | 1182 |
| 茱莉安娜·萨克森 | 13020 |
| 珠海市人民政府口岸办公室 | 11521 |
| 珠海市文化局 | 11489, 11521 |
| 珠海市文学艺术界联合会 | 2294 |
| 珠海市新华书店凤凰店 | 8945 |
| 珠海市音乐学会 | 11489 |
| 珠江电影制片厂 5179, 5182, 5185, 5189, 13247 | |
| 珠江电影制片公司 | 6236 |
| 珠影 | 4193 |

株洲市"革命委员会"政治部 5167

株洲市"革委会"政治部文化组 11454

株洲市歌舞剧团创作 11695

诸彪 2345

诸迪 527, 615, 2817, 2954, 2955, 2957

诸福章 5841, 5938

诸葛卜怡 6461

诸葛栋 4733

诸葛冠伦 2910

诸葛铠 10214, 10330, 10563

诸葛亮 8203

诸葛仁 9131

诸葛增华 3865

诸葛增仁 3195, 5457, 5780

诸葛增义 3195

诸葛志刚 10290

诸葛志润 2319

诸国祥 9459

诸涵 1962

诸航 11286

诸合侠军 6468

诸可宝 1601

诸乐三 1439, 1781, 1784, 1786, 1864, 1929, 1984, 2000, 2199, 2623, 2625, 3989, 8582

诸黎敏 981

诸乃方 1636

诸宁 13112

诸品娟 10681

诸如樵 4951, 5039

诸升 652, 654, 930, 931, 1452

诸松桂 5302

诸韬 5383

诸庭樵 303, 304, 5515, 5939

诸闻韵 1717

诸侠军 6319

诸夏 7198, 7199

诸辛 4920, 4950

诸应书 9379, 9598

诸有韬 3382

诸毓 2502, 4419

诸镇南 4975, 5236, 5308, 5334, 5414, 5780, 5819

诸志祥 5619, 5620, 6249, 6250, 6273, 6274, 6286, 6524, 6654, 6666, 6672

诸中英 3820

诸子旺 6485

诸宗元 854, 7240

猪俣胜人 13184

竹禅 671, 862, 1640

竹川 5098

竹村嘉夫 8697

竹笛 11968

竹芳 5917

竹风 11077, 11083, 12246

竹河圣 7066

竹均琪 2367, 4211, 4273, 4355, 4394, 4395, 4414, 4424, 4438, 4455, 4462, 4483, 4493, 4508, 4510, 4513, 4530, 4537, 4607, 4618, 4636, 4638, 4648, 4664, 4840, 4845

竹君 150, 10748

竹君琪 4460

竹口唯 10926

竹林 5785

竹马 5094, 5751

竹梅 4773, 5081, 5616, 5723, 5757, 5809, 6057, 6092, 6142, 6180

竹鸣 4737

竹内林书 10756

竹内敏雄 038

竹内栖凤 6841

竹内胜太郎 471

竹青　　　　　　　　　6219, 6372
竹人　　　　　　　　　　　5991
竹仁　　　　　　　　　　　6605
竹山君　　　　　　　　　　8260
竹石　　　　　　　　　　　5945
竹书　　　　　　　　　　　5105
竹堂　　　　　　　　　　　7324
竹田直树　　　　　　　　　8677
竹翔飞 2381, 3783, 4052, 4078, 4109, 4267, 4273,
　　　4354, 4410, 4463, 4487, 4528, 4616, 4671,
　　　4842
竹啸翁　　　　　　　　6071, 6074
竹漪　　　　　　　　12372, 12428
竹颖　　　　　　　　4262, 10465
竹影　　　　　　　　　　　5272
竹筠琪　　　　　　　　　　4316
竹子　　　　　　　　　　13209
竺伯康　　　　　　　　　12811
竺陔南　　　　　　　　　　6990
竺光译　　　　　　　　　　5608
竺蕾　　　　　　　　　5821, 5850
竺楠　　　　　　　　　　　5620
竺乾华 5247, 5282, 5306, 5345, 5363, 5366, 5383,
　　　5398, 5401, 5402, 5449, 5475, 5500, 5510,
　　　5516, 5548, 5560, 5563, 5574, 5603, 5616,
　　　5639, 5681, 5689, 5706, 5721, 5764, 5771,
　　　5793, 5811, 5893, 5910, 5975, 6003, 6031,
　　　6067, 6120, 6121, 6324, 6327, 6372, 6675
竺少华 5197, 5222, 5228, 5260, 5289, 5322, 5326,
　　　5354, 5626, 5627, 5673, 5827, 5851, 5916,
　　　6051, 6270
竺士慧　　　　　　　　　　1258
竺志华　　　　　　　　　111, 810
主　　　　　　　　　　　　5877
主玛·于江　　　　　　　　2902

主遐举　　　　　　　　　　1909
主音　　　　　　　　11507, 12403
主月　　　　　　　　　　11715
住田京　　　　　　　　　　6980
驻川音工人　　　　　　　11650
驻沪海军某部《西沙之战》创作组　　5238
驻沪空军部队"韩玉芬同志的先进事迹"连环画
　　　创作组　　　　　　　5169
驻沪空军部队政治部　　　　3201
驻马店市文化局　　　　　12777
驻浙空军部队　　　　　　5169
柱山　　　12295, 12296, 12298, 12300, 12303
柱子　　　　　　　　　　6947
祝安尼　　　　　　　　　　1258
祝斌　　　　　　　　　　6717
祝博　　　　　　　　　　10397
祝长生　　　　　　　　　9978
祝承耀　　　　　　　　　8909
祝大年　　　1412, 1897, 2295, 2602
祝炱　　　　　　　　　　2535
祝盾　　　　　　　　　11169
祝凤喈　　11324, 11329, 12297, 12306
祝福新　　1076, 3244, 3931, 3962, 4103
祝富荣　　　　　　　　　2477
祝高龙　　　　　　　　　5844
祝海威　　　　　　　　12698
祝贺　　　　　　　　　　5021
祝恒讦　　　　　　　　11968
祝恒谦 11696, 11797, 11966, 12164, 12172, 12313
祝基棠　　　　　　　　　8969
祝家　　　　　　　　　　7148
祝嘉　　7147, 7148, 7159, 7243, 7246, 7247, 7253,
　　　7262, 7294, 7323, 8341
祝建华　　　　　　　　　3818
祝君波　　　　　　　　　347

祝昆 2829

祝林恩 2776, 2779, 3215, 3241, 3721, 3989, 4043, 4232, 5560, 6053

祝冒勋 5748

祝敏申 7267, 7279

祝暮安 6942

祝平 5199, 5208, 5785

祝泉源 3148

祝十成 12119, 12121

祝石 2993

祝世广 152

祝遂之 2215, 7455, 8578

祝涛 1927, 3972, 5700, 5720

祝武 5848

祝湘石 11331

祝翔选 7423

祝小白 5037

祝阳仁 6543

祝尧龄 8507

祝以信 2220

祝益民 3019

祝英培 8821, 9084, 9234, 9238, 10103

祝永华 3506, 3518

祝友之 12078

祝云清 9841, 9843, 9847

祝允明 1579, 7147, 7730, 8040, 8044, 8048, 8050, 8052, 8053, 8059, 8062, 8063, 8065, 8066, 8076, 8079, 8086, 8090, 8092, 8098, 8099, 8101, 8103

祝韵琴 2871, 10214, 10260

祝璋 5981

祝肇年 12698, 12755

祝振玉 6695

祝正祥 5280

祝枝山 4867, 8068, 8072, 8074, 8084, 8088, 8089, 8092, 8095, 8102, 8107

祝重寿 1241

祝逐之 8243

祝自明 5469

铸华 6567

撰委员会 7388

庄宝仁 6809

庄本立 10805

庄伯和 095, 111, 127, 260, 448, 583, 8476, 8606, 10193, 10675, 10688, 10699

庄才庆 8859

庄彻 8700, 8756

庄春江 10832, 11487, 11706

庄村 10016

庄存与 10944

庄大伟 2884, 2885, 5266, 5276, 6460, 6468, 6472, 6579, 6661, 6679, 6682, 6684, 6689, 6716

庄枫 11398, 11400, 11567, 12360, 12441

庄凤威 8034

庄福祥 11748

庄根生 5257, 5278, 5356, 5720, 5886, 6051

庄浩然 12698

庄灏坚 152

庄河县农民版画学习班 3024

庄弘醒 2797, 5308, 5355, 5406, 5481, 5486, 5571, 5882

庄宏安 5247, 5279, 5673, 5696, 5711, 5713, 5739, 5770, 5773, 5807, 5905, 5926, 5927, 5939, 5962, 6014, 6019, 6044, 6047, 6070, 6071, 6073, 6096, 6101, 6104, 6112, 6131, 6151, 6156, 6159, 6161, 6188, 6286, 6288, 6292, 6311, 6333, 6391, 6404, 6456, 6484, 6489

庄华 9559, 10022

庄辉 7335, 8341

庄惠菁 2338

| | | | |
|---|---|---|---|
| 庄蕙菁 | 2329, 2834 | | 8799, 8800, 8801, 13273 |
| 庄家汉 | 1332, 6353 | 庄世宗 | 10704 |
| 庄稼 | 5497, 5654, 8661, 8664 | 庄寿红 | 2215 |
| 庄稼汉 | 3450, 3453, 6336 | 庄淑芬 | 10395 |
| 庄景 | 12483 | 庄淑芝 | 12949, 12950 |
| 庄景辉 | 2319 | 庄树鸿 | 1898, 2284 |
| 庄景雄 | 10385, 10559 | 庄司浅水 | 5929 |
| 庄菊池 | 13204 | 庄肃 | 772, 833 |
| 庄俊豪 | 6422 | 庄素娥 | 814, 1400 |
| 庄浪 | 5257 | 庄素英 | 4303 |
| 庄浪县文化馆 | 11807, 12105 | 庄涛 | 11677 |
| 庄磊 | 9506 | 庄天明 | 7359, 7403 |
| 庄立民 | 2391, 4777, 4812, 4823 | 庄廷伟 | 8324 |
| 庄丽凤 | 10270 | 庄威 | 5439 |
| 庄利经 | 711, 3940 | 庄葳 | 4255, 6089 |
| 庄路 | 5740 | 庄圩 | 8611 |
| 庄眉 | 5570, 5817 | 庄玮 | 368 |
| 庄梦雄 | 3943 | 庄纹岳 | 1225 |
| 庄敏瑾 | 5468, 5781 | 庄希社 | 10586 |
| 庄名渠 | 2262 | 庄希祖 | 2201, 7395, 7732, 7920, 7927 |
| 庄明景 | 9071, 9080 | 庄锡昌 | 118, 13200, 13264 |
| 庄沐 | 12409 | 庄锡华 | 048 |
| 庄南鹏 | 10596 | 庄锡龙 | 3435, 3513, 3516, 3527, 3528 |
| 庄农 | 4937 | 庄闲 | 8342 |
| 庄奴 | 5733, 11517 | 庄閒 | 8112 |
| 庄努 | 5019, 5028, 5056, 5637, 5638, 5640, 5645, 5683, 5692, 5693, 5722, 5751, 5758, 5775, 5776, 5781, 5797, 5820, 5850, 5872, 6001 | 庄小尖 | 2278 |
| | | 庄小雷 | 5270, 5324, 5791 |
| | | 庄辛 | 518 |
| 庄荣 | 10619 | 庄新兴 | 8090, 8463, 8551, 8552, 8554, 8555 |
| 庄少陵 | 11192, 11195, 11208, 11497, 11720, 11734, 11744, 11745, 12429, 12478, 12480, 12481, 12482, 12483 | 庄雄景 | 10385 |
| | | 庄修田 | 626, 1070, 6896, 8724, 12659 |
| | | 庄秀玲 | 7099, 8852 |
| 庄申 | 215, 256, 575, 848 | 庄学本 | 9326 |
| 庄生 | 8814 | 庄学军 | 5208 |
| 庄胜雄 | 8710, 8791, 8793, 8794, 8795, 8796, 8798, | 庄雅婷 | 12981 |

| | | | |
|---|---|---|---|
| 庄亚宁 | 9571 | 准之 | 6364 |
| 庄严 | 1509, 4874, 12604 | 拙樗子 | 8523 |
| 庄严出版社编辑部 | 795 | 倬章 | 1271 |
| 庄言 | 2829, 3152 | 卓别林 | 6095 |
| 庄岩 | 6708 | 卓昌勇 | 608, 3300, 3978, 4072, 4077, 4164, 4190, |
| 庄杨 | 4903 | | 4209, 4287, 4324, 4336, 4435, 4455, 4472, |
| 庄因 | 6607 | | 4701, 4783, 8708, 8774, 10598 |
| 庄荫棠 | 12710 | 卓朝晖 | 6223 |
| 庄音豪 | 11243 | 卓定谋 | 7238, 7240, 7241, 7303, 8118 |
| 庄映 | 11882 | 卓尔昌 | 466 |
| 庄永明 | 11821 | 卓芳玲 | 11336 |
| 庄永平 | 10969, 11157, 11307, 11335, 11339, 12156 | 卓夫 | 4972, 5808, 5964 |
| 庄永兴 | 5008, 5636, 9360 | 卓戈云 | 13032 |
| 庄玉君 | 10385 | 卓鹤君 | 703, 824, 911, 2421, 2481, 2592, 4733 |
| 庄裕安 | 10846, 10898 | 卓宏谋 | 1705 |
| 庄元 | 4916 | 卓家琪 | 3310 |
| 庄原 | 6386, 9255 | 卓家棋 | 5963, 8893 |
| 庄月江 | 5426 | 卓家祺 | 2698 |
| 庄臻凤 | 11321, 11322, 11324, 12293, 12296, 12302 | 卓坚 | 11744 |
| 庄征 | 1409, 10288 | 卓君庸 | 7248, 8051, 8053, 8412 |
| 庄之明 | 5985 | 卓洛特尼茨基 | 13264 |
| 庄中 | 9857, 9858 | 卓玛吉 | 6278, 6355 |
| 庄珠娣 | 4674, 7272, 7327, 7606, 8190 | 卓冒勇 | 2156 |
| 庄庄 | 612 | 卓敏浩 | 3865 |
| 庄壮 | 10964, 11816 | 卓然 | 2566, 2584, 2625 |
| 庄子尖 | 1391 | 卓杉山 | 6491 |
| 庄子明 | 5573 | 卓尚虎 | 1315 |
| 庄子平 | 6427, 10223, 10224, 10338 | 卓盛德 | 7306 |
| 庄子湾 | 1693, 1694, 1695 | 卓守忠 | 6377, 6378 |
| 装饰编辑委员会 | 10177 | 卓天 | 5698 |
| 壮陶阁 | 1640 | 卓廷 | 2880 |
| 壮兴发 | 8609 | 卓文心 | 13306 |
| 壮游画会编辑委员会 | 1707 | 卓祥燕 | 502 |
| 追星 | 11510 | 卓晓宁 | 5582 |
| 缀玉轩 | 12857 | 卓孝复 | 1645 |

| | | | |
|---|---|---|---|
| 卓昕 | 5823 | 子龙 | 10357 |
| 卓雅 | 8983 | 子路 | 8830, 8831, 8895 |
| 卓岳峻 | 4315 | 子民 | 6138 |
| 卓越 | 11210 | 子敏 | 1692, 1716 |
| 卓允 | 6303, 6371 | 子木 | 10352 |
| 卓钟霖 | 5136 | 子南 | 1989, 2477, 4216, 4258, 4375, 4399, 4534, 4548, 4710 |
| 琢英 | 5103, 5112, 5116 | | |
| 姿娅 | 2895 | 子牛 | 10775, 11968 |
| 兹比格纽·律夫力基 | 7035 | 子蹊 | 6184, 7091 |
| 兹古里吉 | 13291 | 子洽 | 6332 |
| 兹莱迪·古斯塔夫 | 12474, 12475 | 子青 | 5062, 6472 |
| 资华筠 | 12571, 12573, 12581, 12625 | 子然 | 6332 |
| 资盟 | 10977 | 子仁 | 6723 |
| 资民筠 | 10826 | 子荣 | 6230 |
| 淄博市"革委"文化局 | 11674 | 子容 | 4815, 5744 |
| 淄博市精神文明建设委员会办公室 | 11491 | 子上人 | 3460 |
| 淄博市群众艺术馆 | 11491 | 子思 | 6580 |
| 訾世增 | 3844 | 子微 | 6415, 6501 |
| 子苍 | 4945 | 子心 | 2161 |
| 子楚 | 6026, 6177, 6178, 6185, 6196, 6248 | 子辛 | 6219, 6251 |
| 子纯 | 2074, 4716, 4764 | 子馨 | 3551 |
| 子聪 | 4947, 4976, 5035, 5043, 5464, 5699, 5873, 5940, 5969, 5976, 6589 | 子野 | 5039 |
| | | 子叶 | 7639, 8597 |
| 子丛 | 624 | 子页 | 10179 |
| 子肩 | 4172 | 子月 | 6561, 13166 |
| 子健 | 10014 | 子悦 | 6005 |
| 子健鹰 | 9772 | 子瞻 | 5940 |
| 子君 | 5844, 5863, 6233 | 秭归县人民政府 | 8967 |
| 子楷 | 1258, 1259 | 梓人 | 5453 |
| 子旷 | 553 | 梓潼县文化局 | 12944 |
| 子坤 | 5689 | 紫辰 | 5321, 5738, 5876, 5877, 6040, 11764 |
| 子力 | 9682 | 紫辰史程 | 5877 |
| 子良 | 7346, 8438 | 紫晨 | 11039 |
| 子陵 | 6313 | 紫光 | 11937 |
| 子柳 | 6534 | 紫江 | 4941 |

| | | | |
|---|---|---|---|
| 紫金县扫盲协会 | 4916 | 宗济族 | 4926 |
| 紫金县文教局 | 4916 | 宗家顺 | 7367 |
| 紫禁城出版社 | 427, 9122, 9132 | 宗江 | 12177 |
| 紫荆 | 7049 | 宗介华 | 6558, 6654, 11929 |
| 紫汕 | 6229, 8820 | 宗静草 | 1771, 3607, 3638, 4921, 4944, 4995, 5040, 5058, 5103, 5352, 5398, 5444, 5459, 5475, 5575, 5581, 5673, 5916, 5943, 6010 |
| 紫水 | 6992 | | |
| 紫微 | 12782 | | |
| 紫曦 | 805 | 宗静风 | 3551, 3584, 3607, 4731, 4969, 4997, 5002, 5037, 5047, 5052, 5058, 5385, 5523, 6189, 6209 |
| 紫晓 | 9529, 9533 | | |
| 紫燕 | 4219, 4382, 10732 | | |
| 紫夜工作室 | 6716 | 宗静秋 | 5040 |
| 紫雨 | 6730 | 宗亮晨 | 4883, 10661 |
| 自贡市文化局 | 273 | 宗亮东 | 13022 |
| 自立书店 | 11567 | 宗亮寰 | 4884 |
| 自由鸟 | 6489 | 宗琳 | 6518 |
| 自治区摄影选集编辑组 | 8883 | 宗懋 | 5842 |
| 字辰 | 6323 | 宗美智子 | 7046 |
| 字琦 | 10142 | 宗璞 | 5101, 5747 |
| 宗白华 | 067, 079, 508, 576 | 宗其香 | 1164, 1733, 1737, 1754, 2924 |
| 宗柏 | 11185 | 宗前修 | 5952 |
| 宗秉新 | 13023 | 宗群 | 11568 |
| 宗炳 | 905 | 宗韶 | 8516 |
| 宗伯 | 12411 | 宗舜年 | 1460 |
| 宗诚 | 6205 | 宗同昌 | 1318 |
| 宗道 | 6450 | 宗万华 | 1950, 1994, 2255, 2586, 2706, 4091, 4113, 4172, 4184, 4213, 4232, 4243, 4262, 4264, 4285, 4335, 4347, 4355, 4391, 4421, 4431, 4535, 4554, 4635, 4642, 4682, 4701, 4776, 4788, 4817, 4832, 4848, 4850, 10088, 10092, 10559 |
| 宗典 | 496 | | |
| 宗凡 | 12600 | | |
| 宗福先 | 5431, 5432 | | |
| 宗国栋 | 1164 | | |
| 宗海 | 7536, 10302 | | |
| 宗和 | 5546 | 宗卫 | 4640 |
| 宗宏亮 | 7572, 10324 | 宗文 | 3495 |
| 宗湖 | 8598 | 宗文龙 | 314, 2127, 3300, 3379, 3435, 3872, 5989, 6265 |
| 宗华 | 11836, 12110, 13246 | | |
| 宗慧 | 6546 | 宗祥 | 5792 |

宗晓军 12559
宗彦 5917
宗尧 5576
宗以黄 600
宗逸山 7462, 7516
宗英 12833
宗永建 10397
宗玉 5647, 5707
宗玉珍 9457
宗源瀚 770, 1460
宗震名 11870
踪跡 3108, 3113
踪岩夫 967, 982
总裁 3399
总参通信部 11493
总后勤部政治部 5153
总政文化部 8260
总政宣传部 2341
总政治部老干部学院 2273
总政治部文化部 13139, 13280
总政治部宣传部 6584, 6585, 6592
总装备部 336
琢田敦 148
邹爱民 10833
邹安 1059
邹安鬯 11321
邹安华 10051
邹邦彦 10240, 10723
邹宝琛 10618
邹保罗 8721
邹本东 9005, 9337, 9919, 9942, 9948, 9949
邹本忠 2895
邹伯宗 11376, 11546, 12356
邹才干 3943, 4110
邹昌义 3455, 5755

邹昌政 6642, 6649, 6656, 6657, 6658, 6659, 6684, 6689, 6695, 7003
邹长海 11126
邹常玉 3306, 4059
邹传安 956, 1966
邹淙栩 3583, 3598
邹达青 3272, 3791
邹达清 3020, 3765, 5890
邹大为 9577, 9584, 9592, 9598, 9620, 9643, 9649
邹德博 4832
邹德基 8016, 8021, 8023, 8027
邹德依 177, 327, 331, 332
邹德兴 4239
邹德中 474, 642
邹德忠 7907, 7914, 8194, 8232, 8286
邹登鳌 1472
邹典佐 4105, 4114, 4205, 4465, 4510, 4516, 4645, 5804
邹端 8493
邹二华 10750
邹方锷 7242
邹淦 5059
邹工 3785
邹浩 3867
邹禾 6501
邹红 12699, 12704
邹宏权 11719
邹洪根 5229, 5423, 5444, 5525, 5947, 5993, 5995, 6141, 6160
邹怀伦 5260, 5360
邹环生 12138
邹辉 4066
邹辉明 12235
邹惠兰 12879
邹积凡 1978, 4047, 4160

邹积范　　　　1809, 1919, 4331, 4613

邹积衡　　　　5574, 5616, 5820, 6169

邹纪华　　　　　　10737, 10740

邹季　　　　　　　　　6163

邹济潮　　　　　　　　5540

邹继德　　　　　　　　6001

邹家政　　　7644, 8597, 10280, 10309

邹简　　　　　6653, 6664, 6693

邹建平　　　050, 112, 113, 460, 540,
　　542, 547, 812, 815, 830, 1301, 5769, 5825,
　　5992, 6069, 8744, 10885

邹建源　　　　　　　　1409

邹健东　　　8888, 8900, 9001, 9062

邹金生　　　12056, 12059, 12060

邹锦　　　　　　　　　4971

邹靖　　　　　　　　　8021

邹九巷　　　　　　　11748

邹军　　　　　　　　　5133

邹君富　　　　　　7642, 10381

邹君文　　4308, 4379, 4402, 4485, 4719, 10308,
　　10743

邹骏　　　　　　　　　1598

邹轲　　　　　　　12342, 12344

邹克胜　　　　　　7418, 7426

邹立贵　　　　5222, 5393, 5810

邹立文　　　　　　　　5345

邹莉　　2039, 2401, 4195, 4289, 4346, 4421, 5581,
　　5798, 5957, 6177, 6258, 6295, 6339

邹连聪　　　　　　　　7084

邹联聪　　　　　　7844, 9548

邹良才　　　　　　　　3837

邹良材　　　　　　　　3887

邹鲁　　　　　　　　11959

邹美坚　　　　　　　　1426

邹梦禅　　　　　　　　8178

邹梦龙　　　　　　　　5917

邹敏纳　　　　　　10581, 10744

邹敏讷　　205, 211, 6830, 6835, 6875, 6876, 6877,
　　6878, 10582, 10600, 10744

邹明　　　　　　　　　2345

邹宁　　　　　　　　　7127

邹平　　　　　　　　12914

邹平县"革命委员会"政治部宣传组　　5201

邹平章　　　　　　　　3866

邹启宇　　　　　　　　453

邹起程　　9064, 9813, 9822, 9827, 9853, 10028

邹起奎1949, 2390, 3385,  3948, 4015, 4097, 4103,
　　4107, 4119, 4121, 4145, 4158, 4184, 4226,
　　4235, 4245, 4264, 4310, 4314, 4315, 4332,
　　4363, 4429, 4436, 4465, 4544, 4561, 4588,
　　4690, 4740, 9701, 9725, 10440

邹强　　　　　　　3221, 9705

邹勤　　　　6684, 6689, 6695, 7003

邹庆波　　　　　　　　6355

邹泺　　　　　4890, 4956, 4987, 5006

邹仁远　　　　　　　　1570

邹若闲　　　　　　8741, 8768

邹善萤　　　　　　　　5057

邹圣脉　　　　　　　　1460

邹胜泉　　　　　　　　5797

邹盛林　　　　　　　　5312

邹士方　　　　　　　　5333

邹士华　　　　　　3470, 3477

邹世俊　　　3917, 5459, 5816

邹树亮　　　　　　　11342

邹四新　　　　　　　　6501

邹涛　　　　　　　　　2295

邹宛香　　　　　　　　6055

邹王宾　　　　　　　　8028

邹为瑞　　　　　　2220, 2280

| | |
|---|---|
| 邹维之 | 4940, 4956, 5013, 5063, 5089, 5120 |
| 邹伟胜 | 12830 |
| 邹文 | 433, 10748 |
| 邹文正 | 2466 |
| 邹锡元 | 8243 |
| 邹仙月 | 12801 |
| 邹贤敏 | 166 |
| 邹显吉 | 1645, 1649 |
| 邹显仁 | 12066 |
| 邹向前 | 5024, 5256, 5272, 5351, 5626, 5633, 5658, 5843, 5887, 5943, 6007, 6091 |
| 邹潇湘 | 4985 |
| 邹小工 | 4085 |
| 邹晓萍 | 4181 |
| 邹晓青 | 3868 |
| 邹晓清 | 2068, 3788, 3986, 4020, 4070, 4082, 4113, 4232, 4329, 4371, 4434, 4576 |
| 邹晓松 | 1452 |
| 邹新运 | 8782 |
| 邹雅 | 1250, 1283, 1726, 1929, 6775, 7143, 8644 |
| 邹延白 | 4589 |
| 邹燕凌 | 10894 |
| 邹一兵 | 10284 |
| 邹一桂 | 674, 931, 932, 933, 1614, 1635, 1646 |
| 邹忆青 | 5994 |
| 邹奕孝 | 10939, 10948 |
| 邹毅 | 5532, 5537, 5629, 5654, 5716, 6310, 8651, 8980 |
| 邹英 | 041 |
| 邹影焰 | 12611, 12650 |
| 邹永琼 | 10681 |
| 邹雨林 | 11955 |
| 邹玉凤 | 4746 |
| 邹玉凤 | 2363, 4651 |
| 邹元斗 | 1600 |
| 邹元国 | 10658 |
| 邹跃进 | 077, 3061 |
| 邹越 | 6538 |
| 邹越非 | 2072, 3497, 3504, 3509, 3514, 4804, 4817, 4830, 5211, 5226, 5263, 5390, 5485, 5538, 5539, 5567, 5630, 5671, 5672, 5682, 5685, 5843, 5856, 5867, 5907, 5924, 5937, 5980, 5993, 6065, 6069, 6107, 6108, 6470, 6542, 6555, 6568, 6569, 6576, 6589, 6677, 6700 |
| 邹越清 | 2377, 4675, 5567, 5671, 5685, 5907, 5980, 6107, 6108 |
| 邹蕴璋 | 6406 |
| 邹泽林 | 6305 |
| 邹喆 | 1665, 1668, 1692 |
| 邹正彤 | 10772 |
| 邹志强 | 7603, 7609 |
| 邹钟灵 | 1280 |
| 邹宗绪 | 1785, 2469, 3556, 3594, 3607, 3638, 3654, 3655, 4066, 10407, 10409 |
| 邹祖福 | 322 |
| 走向 2000 年的中国编辑委员会 | 8859 |
| 组画创作组 | 2420 |
| 俎翠林 | 2058, 2059, 2089, 2115, 2122, 2152, 2172, 2182, 4581, 4659, 4681, 4701, 4729, 4735, 4786, 4791, 4798, 4809, 4815, 4816, 4819, 4821, 4823, 4824, 4825, 4832, 4834, 4850, 4858, 4860, 4861, 4862, 4865, 4866, 6193 |
| 俎徽 | 4800 |
| 俎瑞亭 | 8739, 8769 |
| 俎微 | 2124 |
| 俎薇 | 2050, 2093, 4561 |
| 祖秉和 | 582, 10181 |
| 祖秉河 | 517 |
| 祖成才 | 6591 |

| | | | |
|---|---|---|---|
| 祖春 | 3716 | 左尔坦·赛伯 | 1195 |
| 祖代 | 12667 | 左耳 | 5569 |
| 祖莪 | 2278 | 左福信 | 9345 |
| 祖辉 | 6586 | 左国顺 | 3205, 3210, 3222, 3337 |
| 祖克勤 | 8837 | 左海 | 3003 |
| 祖良 | 5411 | 左汉桥 | 2216 |
| 祖茂友 | 8782 | 左汉中 | 325, 330, 419, 2076, |
| 祖民 | 6684 | | 4269, 4458, 4645, 4799, 5932, 6558, 9024, |
| 祖乃性 | 10390 | | 10333, 10655, 10691, 10697, 10698 |
| 祖强 | 11709 | 左汉钟 | 3902 |
| 祖卿 | 11716 | 左华成 | 872 |
| 祖石 | 5443 | 左华红 | 6928 |
| 祖慰 | 5500 | 左辉 | 623, 1095 |
| 祖文 | 2454, 2581, 2807, 3341, 4796 | 左家忠 | 8882 |
| 祖馨 | 6408, 6517, 6677, 6678 | 左建华 | 162, 3810, 3862 |
| 祖言 | 5336 | 左克成 | 7297, 7357, 7893, 7911, 7912, 8001, 8399, |
| 祖友义 | 2467, 5877, 5878, 9258, 9462 | | 8403 |
| 祖蒸 | 12607 | 左拉 | 5953 |
| 醉庵居士 | 1054 | 左莱 | 12771, 12916 |
| 醉墨轩主人 | 1269 | 左黎 | 9525 |
| 醉山张 | 549 | 左马 | 5111, 5118, 5119 |
| 醉陶委员会 | 10649 | 左明太 | 5261 |
| 醉薇居士 | 12856 | 左娜 | 10302 |
| 尊闻阁王 | 1270 | 左泥 | 5205 |
| 尊闻阁主人 | 1270, 1465 | 左培鼎 | 8180 |
| 尊闻社 | 11137 | 左鹏军 | 12794 |
| 尊子 | 3431, 3442 | 左平 | 13243 |
| 遵义地区文化局 | 12064 | 左齐 | 5036, 8243 |
| 遵义市文化局 | 11806 | 左乾 | 1090, 7645, 7646, 8598, 10316 |
| 遵义中国书画印研究会 | 7513 | 左清义 | 11310 |
| 昨飞 | 5583 | 左权民歌编委会 | 11783 |
| 昨非 | 1755, 5042 | 左士林 | 4995 |
| 左呈秀 | 4990 | 左太传 | 5081, 5098 |
| 左川 | 3438, 3449, 3494, 3888 | 左托夫 | 360 |
| 左德承 | 403 | 左宛君 | 11180 |

| | |
|---|---|
| 左文 | 4787 |
| 左文强 | 5542 |
| 左弦 | 12966 |
| 左孝本 | 13127, 13190 |
| 左笑鸿 | 4978, 5042, 5074 |
| 左辛会 | 5236 |
| 左秀灵 | 602, 8603 |
| 左旭初 | 10401 |
| 左羊 | 10234 |
| 左一兵 | 5339 |
| 左宜德 | 11165 |
| 左宜有 | 626, 7253, 7254, 7257, 7258, 7306, 7665, 11165 |
| 左义 | 2065, 2121, 4795, 4827 |
| 左义林 | 6596 |
| 左毅 | 1804, 5325 |
| 左瑛 | 4701, 4729 |
| 左映雪 | 6801 |
| 左右 | 6632 |
| 左月 | 12831 |
| 左战勤 | 3622 |
| 左珍玲 | 10137 |
| 左志丹 | 1261, 3050, 3061 |
| 左志明 | 9938 |
| 左庄伟 | 118, 366, 520, 537, 591, 592, 8610, 8612 |
| 左宗棠 | 8026, 8030, 8078 |
| 佐恩 | 6789, 6798, 6924 |
| 佐尔丹 | 12552 |
| 佐尔顿 | 13253 |
| 佐口七郎 | 128, 10213 |
| 佐兰·耶夫提克 | 7017 |
| 佐力 | 9366, 9944 |
| 佐临 | 13205 |
| 佐藤 | 7010 |
| 佐藤邦夫 | 150 |
| 佐藤晃一 | 10767, 10782 |
| 佐藤敬之 | 8593 |
| 佐藤谦三 | 11180 |
| 佐藤晴美 | 7048 |
| 佐藤三平 | 6958 |
| 佐藤泰生 | 558 |
| 佐藤秀石 | 10190 |
| 佐藤正治 | 8736, 8753 |
| 佐藤忠男 | 13062, 13128, 13132, 13207, 13209, 13220, 13313 |
| 佐藤紫云 | 872 |
| 佐侠 | 6070 |
| 佐治·伯里曼 | 160 |
| 佐佐木彻雄 | 13269 |
| 佐佐木宗雄 | 7008 |
| 作凡 | 11627, 11957, 11958, 11960, 11963, 12094 |
| 作良 | 3068 |
| 作新实业有限公司 | 8982 |
| 作中 | 3113, 4943, 5004 |

## 符号

| | |
|---|---|
| Б.马伊齐尔 | 12425 |
| Б.约干松 | 1069 |
| Г.А.普加琴科娃 | 372 |
| Г.Г.涅高兹 | 11222 |
| Г.弗里特金 | 11043 |
| Г.罗沙里 | 13249 |
| Г.斯米尔诺夫 | 1095 |
| Д.З.布尼莫维奇 | 8718 |
| Д.И.耶伏尔尼茨基 | 1068 |
| Д.布尼莫维奇 | 8715 |
| Д.卡米尔尼茨基 | 13013 |
| Д.日林斯基 | 6833 |
| Е.勃拉根斯基 | 13249 |
| 3.鲍恰尔尼科娃 | 12660 |

| | |
|---|---|
| И.В.斯波索宾 | 11041, 11080 |
| И.И.希什金 | 6890 |
| И.М.柴柯夫 | 8615 |
| И.安涅恩斯基 | 13249 |
| И.鲍卡 | 13248 |
| И.库克琳娜 | 11113 |
| И.列宾 | 091 |
| К.Г.莫斯特拉斯 | 11180 |
| К.С.斯坦尼斯拉夫斯基 | 12678, 12684 |
| К.皮皮纳什维里 | 13250 |
| К.维诺葛拉德斯果依 | 13250 |
| Л.И.列穆佩 | 372 |
| Л.京兹布尔格 | 10849 |
| Л.拉波泊 | 12796 |
| П.巴甫连科 | 13250 |
| Ю.也开立契克 | 8680 |
| Ю.叶凯尔契克 | 8681 |
| Ю.佐洛托夫 | 196 |
| Я.弗里德 | 13249 |
| Я.泰慈 | 4889 |
| たまだこしみつ | 7005, 7009 |
| エイト企画 | 1248 |
| メイズボックス ×oh | 7145 |

## 数字

| | |
|---|---|
| 3DART 研究会 | 7145 |
| '93 河北书画展编委会 | 1370 |
| '97 广州国际艺术博览会会刊编辑部 | 350 |
| 《'98 上海百家艺术精品展》论文集编辑委员会 | |
| | 120 |
| '99 全国大学生艺术节组委会办公室 | 11756 |
| '99 上海艺术博览会图录编辑委员会 | 205 |
| '99 昆明世博会指挥部宣传文化大型活动部 | 2340 |
| '99 炎帝杯国际书画大展组委会 | 2319 |
| 《1986 年家庭生活台历》编写组 | 10482 |

| | |
|---|---|
| 《1987 年家庭生活台历》编写组 | 10494 |
| 1975 年秋季中国出口商品交易会 | 8806, 8884 |
| 1989 年春节联欢晚会画册编辑部 | 8895 |
| 4800 部队业余美术创作组 | 3203 |
| 5251 部队 | 3183 |
| 5671 部队政治部 | 3200 |
| 6409 部队政治部业余美术学习班 | 3184 |
| 6453 部队政治部 | 5145 |
| 8136 部队政治部 | 5145, 5146 |
| 8136 部队政治部青海画报社 | 5146 |
| 51030 部队政治处 | 5315 |
| 52858 部队美术组 | 5317 |
| 52863 部队政治处 | 5419 |
| 52864 部队业余美术组 | 5375 |
| 55662 部队创作组 | 5333 |
| 83313 部队一连故事组 | 5401 |
| 83351 部队业余美术组 | 5311 |

## 字母

| | |
|---|---|
| А.Я.齐斯 | 034 |
| А.В.温涅尔 | 1069 |
| А.D.菲奥雷 | 545, 546, 547 |
| А.Е.魏尔 | 12507, 12514 |
| А.Н.拉克基奥诺夫 | 6907 |
| А.阿庚 | 6913 |
| А.巴特洛夫 | 13249 |
| А.别里阿什维里 | 13250 |
| А.别林 | 13216 |
| А.德斯蒙德 | 10887 |
| А.杜甫仁科 | 13250 |
| А.格里戈里乌 | 12377 |
| А.格林齐篷 | 12208 |
| А.郭尔费斯库 | 12377 |
| А.哈钦斯 | 10897 |
| А.卡普列尔 | 13249 |

| | | | |
|---|---|---|---|
| A.坎托尔 | 12508 | B.拉姆 | 11190 |
| A.雷巴阔夫 | 13249 | B.米古林 | 8714, 8715, 8716, 8717 |
| A.莫迪里阿尼 | 6828 | B.米库林 | 8715 |
| A.诺维科夫 | 12425 | B.契尔斯科夫 | 13249 |
| A.普图师柯 | 13227 | B.施洛特尔 | 10895 |
| A.斯别施聂夫 | 13249 | B.施特罗姆 | 11209 |
| A.托尔斯泰 | 4901 | B.斯美塔那 | 12449 |
| A.瓦尔坦诺夫 | 8702 | B·凯缅诺夫 | 090 |
| A.叶高罗夫 | 12425 | Basil Lam | 11190, 11274 |
| A.佐托夫 | 360 | BernardF.Dick | 13067 |
| A·И·查木士金 | 502 | Bonamy Robref | 13010 |
| A·Ф·柯罗斯丁 | 6916 | Brian Schlotel | 10885 |
| A·Я·齐斯 | 043 | Brunner, L. | 7019 |
| A·布劳 | 6860 | B 门 | 8972 |
| Alec Hyatt King | 11175, 11274, 11275, 11277 | C.M.爱森斯坦 | 13273 |
| Alice G.Thorn | 10788 | C.H.瓦西连科 | 11081 |
| Andrew Loomis | 601 | C.A.玛廷森 | 12513 |
| Arthur Hutchings | 10883 | C.H.霍曼 | 11178, 11183 |
| Ascher | 13202 | C.I.雅可伯逊 | 8683 |
| B.И.什梅略夫 | 13277 | C.M.索洛维也夫 | 8682 |
| B.A.拉宾 | 617 | C.P.巴尔巴涅尔 | 13278 |
| B.A.李哈切夫 | 13226 | C.S.路易斯 | 6099 |
| B.B.普斯科夫 | 8682 | C.爱森斯坦 | 13158 |
| B.C.Coquelin | 12809 | C.安东诺夫 | 13201 |
| B.E.查哈瓦 | 12803 | C.贝尔曼 | 12455 |
| B.M.瓦斯涅佐夫 | 6890 | C.波尼亚托夫斯基 | 11189 |
| B.P.加利莫夫 | 6907 | C.车尔尼 | 12495, 12521, 12525, 12526 |
| B.阿列克谢夫 | 13250 | C.德彪西 | 12494 |
| B.巴尔留节克 | 13275 | C.弗莱什 | 11181 |
| B.布聂也夫 | 13250 | C.霍格伍德 | 11276 |
| B.查哈瓦 | 12796 | C.金德姆 | 10605 |
| B.霍加斯 | 7036 | C.柯普拉许 | 12454 |
| B.卡尔梅科夫 | 11043 | C.莫洛佐夫 | 8681 |
| B.克雷茨许马 | 6845 | C.莫奈 | 6873 |
| B.克卢思 | 12528 | C.帕尔默 | 10898 |

C. 托洛普采夫 13181

Cardinal Communication Graphics 10758

Carter Harman 10987

CARUSO 11110

Cecil J.Sharp 12654

Charles R.Hoffer 10838

Chris Garratt 7020

Christopher Hogwood 11276

Christopher Palmer 10886

Claire Chapman 12435

CLMP 7000, 7001

CoCo 3459, 3466

Cole，S. 8740

Comu·艺术家工作室 10771, 10774, 10775, 10776, 10779, 10780

D. 阿诺德 10886, 10896, 10920

D. 考克斯 11277

D. 马修斯 11255, 11260

D. 斯卡拉蒂 12528

D. 滕利 10882

David Cox 11274

Denis Arnld 10880

Denis Arnold 10882

Denis Matthews 11255, 11256

Dorothy.B. 13178

DT 企画 7145

E-M. 伯纳姆 11262

E. M. 福斯特 6583

E.H. 格里格 12542

E.H. 贡布里希 028, 051, 055, 10195

E.L. 维恩 11183

E.M. 戈尔捷耶娃 10903

E.M. 戈尔陀夫斯基 13264

E.O. 卜劳恩 7019

E.R. 巴洛斯 7036

E. 爱当斯 7037

E. 鲍狄埃 12398

E. 格罗塞 008

E. 吉廿 13299

E. 马奈 6787

E. 麦德华 13223

E. 萨蒂 12533

Edgar Dale 13087

Eillis McDonald 10756

Elam J.Anderson 12353

Elsa Boto.Alves 6906

Enterprises，N.E.T. 7145

Erik Holsinger 11100

Erik Smith 10886, 10896

F.J. 海顿 12513

F.M. 6891

F. 布雷夫 12376

F. 李斯特 12520

F. 马扎斯 12463

F. 门德尔松 12542

F. 希夫 6906

Frank Tirro 10990

G.B. 伯里曼 161, 553

G.P. 泰勒曼 12528

G. 哈模司 13249

G. 卡明斯基 6906

G. 罗西尼 12450

G. 威尔第 12449

G. 扎拉雷 6291, 6296, 6303, 6304

Garratt.C. 7020

George A.Wedge 11074

George Clack 13191

Gerald B.Sperling 10148

Giannetti, 13054

Gillian Souter 10773

| | | | |
|---|---|---|---|
| Goodrich | 6909 | J.A.Westrup | 11275 |
| Н.Г.鲁金 | 146 | J.A.韦斯特拉普 | 11278 |
| H.H. | 6779 | J.B.克拉莫 | 12532 |
| Н.Ф.霍穆切茨基 | 10174 | J.C.Fillmore | 10922 |
| H.C.Robbins Landon | 11274 | J.C.佩卢 | 6910 |
| H.de 土鲁斯·劳特累克 | 6827 | J.D.Chen | 1506 |
| H.E.开塞 | 12478 | J.H.克瓦本纳·恩凯蒂亚 | 10863 |
| H.G.布洛克 | 025,055 | J.J.德卢西奥 - 迈耶 | 072,129 |
| H.H.谢列布列尼柯夫 | 12658 | J.L.斯泰恩 | 12691 |
| H.奥特韦 | 11278 | J.S.巴赫 | 12453,12524 |
| H.博宾斯卡 | 5942 | J.S.斯塔温斯基 | 13249 |
| H.博思 | 12458 | J.T. | 7013 |
| H.盖尔 | 11167,11278 | J.费伯 | 10136 |
| H.哥德施密特 | 10981 | J.怀特 | 10803 |
| H.吉尔伯特 | 3510 | J.奇塞尔 | 11264 |
| H.科里 | 8717 | J.希格斯 | 11080 |
| H.克留柯夫 | 12415 | J.耶克林 | 11162 |
| H.连柯夫 | 13227 | J.伊文思 | 13249 |
| H.洛什柯夫 | 13250 | J·斯哥费尔德 | 10140 |
| H.麦克唐纳 | 11276 | Jansson.T. | 6717,7137 |
| H.日林斯卡娅 | 374 | Jean Hautstont | 11363 |
| H.瑞茨 | 10151 | Jevtic，Z. | 7019 |
| H.施托伊雷尔 | 12524 | Jhohn Shaw | 1170 |
| H.因伐尔特 | 452 | John McCabe | 11255 |
| HaroldL.K.Siu | 215 | Jones，S. | 7025 |
| Helga Eng | 1250 | K.哈尔特克林 | 1099 |
| Hogarth，W. | 064 | K.列依吉米斯吉尔 | 4927 |
| Hugh Ottaway | 11275 | K.罗斯 | 5632 |
| HXHY 艺术工作室 | 6526 | K.马尔西列维奇 | 13201 |
| I.基斯 | 11276 | K.斯坦尼斯拉夫斯基 | 12677 |
| I.克里斯蒂诺尤 | 12376 | K.尤恩 | 363 |
| I.玛察 | 358 | Ka-ve | 6891 |
| Irving Stone | 6863 | Kave，F.M. | 6860 |
| Ivor Keys | 11274 | Kenneth | 10881 |
| J.S.巴赫 | 12426,12465 | Keyzey，P. | 13303 |

| | | | |
|---|---|---|---|
| L.A. 曼海姆 | 8733 | Mezzatesta, F. | 8731 |
| L.D. | 13054 | Michael Kennedy | 11166 |
| L.G. 亚历山大 | 5710, 7032 | Michael Talbot | 10897 |
| L.V. 贝多芬 | 12542 | Michael Taldot | 10883 |
| L. 戴维斯 | 11277 | Mosco Carner | 10893 |
| L. 兰茨霍夫 | 12489 | Murray Sheehan | 8601 |
| L. 罗贝尔 | 8682 | N.E.B.Woltors | 12832 |
| L. 普罗菲塔 | 12376 | N.Rimski Korsakov | 11069 |
| Laurence Davies | 11275 | N. 戴梅特里亚特 | 12377 |
| Lewsis, R. | 8798 | N. 李米扬诺夫 | 12425 |
| Loon, B.V. | 7025 | N. 马诺洛夫 | 11192 |
| Lyhde, R. | 6861 | N. 诺比列斯库 | 6291, 6296, 6303, 6304 |
| Lzzi, G. | 8731 | O. 菲利浦 | 13249 |
| М.Л. 斯塔费茨卡娅 | 034 | O. 古尔布兰生 | 7024 |
| М.П. 穆索尔斯基 | 12548 | O. 舍夫契克 | 12463 |
| M.A. 萨拉多夫 | 6907 | P.A.Scholes | 10922 |
| M.H. 崔干诺夫 | 8718 | P.A. 雷诺阿 | 6827, 6853 |
| M.M. 巴索夫 | 13299 | P.M. 马腊费奥迪 | 11118 |
| M. 巴克森德尔 | 543 | P. 安德雷耶斯库 | 12377 |
| M. 戴维森 | 10605 | P. 巴福德 | 11277 |
| M. 杜米特莱斯库 | 12377 | P. 狄盖特 | 12398 |
| M. 菲多洛瓦 | 13249 | P. 该丘斯 | 11070, 11088 |
| M. 费里曼 | 8791 | P. 哈尔斯曼 | 10152 |
| M. 格林卡 | 12541 | P. 皮戈特 | 11277 |
| M. 霍尔曼 | 12669 | P. 塞尚 | 6828 |
| M. 肯尼迪 | 11276, 11277 | Patricia Fallows-Hammond | 11259 |
| M. 拉威尔 | 12548 | Patrick Piggott | 12554 |
| M. 莱伊支曼 | 13249 | Peter Williams | 11254, 11260 |
| M. 朗弗尔德 | 8801 | Phil G.Goulding | 10883, 10884 |
| M. 李沃夫斯基 | 12425 | Philip Barford | 11274 |
| M. 罗姆 | 13033 | Philip Radcliffe | 11258, 11263 |
| M. 齐阿乌列里 | 13250 | Pincus, E. | 13202 |
| M. 史密士 | 12795, 12796 | PINK | 3467, 3484 |
| M. 苏立文 | 211 | Pugh.P. | 7020 |
| Mcevoy, J.P. | 7022 | R.L. 史蒂文生 | 5889 |

| | | | |
|---|---|---|---|
| R.阿威顿 | 10152 | Schonberg, H.C. | 10988 |
| R.菲斯克 | 11276 | Sigmund Spaeth | 11269 |
| R.汉涅 | 363 | Stanley Sadie | 11275, 11277 |
| R.克赖顿 | 10895 | T.D.曼格尔森 | 10149 |
| R.兰达 | 10222 | T.H.柏顿绍 | 11075 |
| R.希克斯 | 8710, 8793, 8794, 8795, 8796, 8798, | T.拉普泊 | 12803 |
| | 8799, 8800, 8801, 13273 | V.Cox | 11992 |
| R.辛普森 | 11276 | V.M.莆理契 | 006 |
| R.雅各布 | 11273 | V.凡·高 | 6827 |
| R.约尔古列斯库 | 12377 | V.佛理采 | 006 |
| Richard Appignanesi | 7020 | Valerie Mcleish | 10881 |
| Richard·杜 | 11724 | Voogel, E. | 13303 |
| Rober Alton | 12162 | W.A.马修 | 10840 |
| Robert Simpson | 11274 | W.A.莫扎特 | 12476, 12477, 12522, 12523, 12534 |
| Robert B.Rhode | 8790 | W.D.依曼钮尔 | 8733 |
| Robert Layton | 12554 | W.T.O. | 13000 |
| RobertBrandon | 12661 | W.辟斯顿 | 11081 |
| Roger Hicks | 8791 | W.伏马卡 | 6909 |
| Ronald Crichton | 10881 | W.劳赫 | 12522 |
| Royo, L. | 7142, 7143 | W.舒里安 | 13070 |
| Rueda, M., Rodriguesz, M. | 7021 | Wallgh, C. | 1073 |
| S.H.艾顿思 | 5749 | Watkins, S.A. | 7021 |
| S.Macpherson | 11072 | WCW 工作室 | 6729 |
| S.W.Bushell | 089 | Willian Olioer | 6859 |
| S.奥布拉茨特索夫 | 12679 | Wingert, P.S. | 8602 |
| S.华西列耶夫 | 12425 | Wolfram, E. | 10200 |
| S.赖那克 | 171 | X.ZH. | 2976 |
| S.萨尔加多 | 10153 | X.伍康妮 | 10959 |
| S.沃尔什 | 11276 | X.伊瓦诺夫 | 13250 |
| Saeth, S. | 11269 | Y.卡什 | 10153 |
| Sara Day | 10756 | Z.艾蒂克-舍勒 | 10761 |
| Scala | 6812 | Zarete, O. | 7022 |
| Schaub, G. | 8771 | | |